Fürstenbg.
Ravensbrück
Lychen
Templiner
Himmelpfort
Templin
Gersmalde
Zehdenick
Gransee
Liebenwalde
Zerpenschleuse
Oranienburg
Biesenthal
Bernau
Klosterfelde
Wandlitz
Basdorf
Schönerlinde
Schönfliess
Hennigsdf
Spandau
Charlottenburg
BERLIN
Weissensee
Lichtenberg
Pankow
Reinickendf.
Wedding
Moabit
Rixdf.
Tegel
Buch
Seebg.
Neuenhagen
Hoppegarten
Karow
Schwanebeck
Lindenbg.
Falkenbg.
Friedrichsfe
Friedrichshgn
Kladow
Gatow
Staaken
Döberitz
Brieselang
Pausin
Sommerfeld
Kremmen
Schwante
Velten
Birkenwerder
Hohen Neuendf.
Mühlenbeck
Löwenbg. i. M.
Rüthnick
Menz
Dannenwalde
Zootzen
Bredereiche
Gandenitz
Herzfelde
Milmersdf.
Joachimsthal
Gr. Schönebeck
Eberswalde
Melchow
Prenden
Stolzenhagen
Lanke
Zühlsdf.
Schmachtenhgn.
Wensickendf.
Ladeburg
Börnicke
Zepernick
Blumbg.
Krummensee
Mehrow
Malchow
Blankenbg.
Buchholz
Rosenthal
Hermsdf.
Dalldf.
Heiligensee
Nd. Neuendf.
Schönerlinde
Steglitz
Tempelhof
Schöneberg
Wilmersdf.
Grunewald
Dahlwitz
Schöneiche
Kaulsdf.
B
a
r
n
i
U
K
M

THEODOR FONTANE

WANDERUNGEN DURCH DIE MARK BRANDENBURG

Vollständige Ausgabe in 5 Bänden
zusammen 2468 Seiten

Erster Band
DIE GRAFSCHAFT RUPPIN

Zweiter Band
DAS ODERLAND
Barnim-Lebus

Dritter Band
HAVELLAND
Die Landschaft um Spandau,
Potsdam, Brandenburg

Vierter Band
SPREELAND
Beeskow-Storkow und Barnim-Teltow

Fünfter Band
FÜNF SCHLÖSSER
Altes und Neues aus Mark Brandenburg
Namen- und Ortsregister für alle fünf Bände

NYMPHENBURGER

THEODOR FONTANE

WANDERUNGEN
DURCH DIE MARK BRANDENBURG
ERSTER BAND

DIE GRAFSCHAFT RUPPIN

NYMPHENBURGER

Die Texte dieser Ausgabe sind ungekürzt.
Bei der Herausgabe wurde auf die Wohlfeile Ausgabe (Volksausgabe) von 1892 und auf die Erstausgaben zurückgegriffen, wo nötig auf Erstdrucke in Zeitschriften.

Unter Mitwirkung von Kurt Schreinert herausgegeben von Edgar Gross.

Die zugehörigen Anmerkungen befinden sich am Schluß jedes Bandes.

Das Personen- und Ortsregister für die fünf Bände dieser Ausgabe befindet sich am Schluß des Bandes »Fünf Schlösser«.

Der Registerband XIII a der 2. Abteilung der Nymphenburger Fontane-Ausgabe kann auch für diese Ausgabe verwendet werden.
Er enthält ein ausführliches Register aller Personen und geographischen Namen zu den »Wanderungen durch die Mark Brandenburg« und zu dem Band »Fünf Schlösser«, außerdem Nachweise.

Das Umschlagfoto zeigt Schloß Rheinsberg.
Foto: NDR, Hamburg

Erscheinungsjahre der Auflage des ersten Bandes zu Fontanes Lebzeiten:
1862, 1865, 1875, 1883, 1892, 1896.

Einbandgestaltung: Wolf Bachmann, München
Druck und Bindung: Ebner Ulm
Printed in Germany 1984
ISBN 3-485-00291-7

VORWORT ZUR ERSTEN AUFLAGE

»Erst die Fremde lehrt uns, was wir an der Heimat besitzen.« Das habe ich an mir selber erfahren und die ersten Anregungen zu diesen »Wanderungen durch die Mark« sind mir auf Streifereien in der Fremde gekommen. Die Anregungen wurden Wunsch, der Wunsch wurde Entschluß.

Es war in der schottischen Grafschaft Kinroß, deren schönster Punkt der Levensee ist. Mitten im See liegt eine Insel und mitten auf der Insel, hinter Eschen und Schwarztannen halb versteckt, erhebt sich ein altes Douglasschloß, das in Lied und Sage vielgenannte Lochleven-Castle. Es sind nur Trümmer noch, die Kapelle liegt als ein Steinhaufen auf dem Schloßhof und statt der alten Einfassungsmauer zieht sich Weidengestrüpp um die Insel her; aber der Rundturm steht noch, in dem Queen Mary gefangen saß, die Pforte ist noch sichtbar, durch die Willy Douglas die Königin in das rettende Boot führte, und das Fenster wird noch gezeigt, über dessen Brüstung hinweg die alte Lady Douglas sich beugte, um mit weit vorgehaltener Fackel dem nachsetzenden Boote den Weg und womöglich die Spur der Flüchtigen zu zeigen.

Wir kamen von der Stadt Kinroß, die am Ufer des Levensees liegt, und ruderten der Insel zu. Unser Boot legte an derselben Stelle an, an der das Boot der Königin in jener Nacht gelegen hatte, wir schritten über den Hof hin, langsam, als suchten wir noch die Fußspuren in dem hochaufgeschossenen Grase und lehnten uns dann über die Brüstung, an welcher die alte Lady Douglas gestanden und die Jagd der beiden Boote, des flüchtigen und des nachsetzenden, verfolgt hatte. Dann umfuhren wir die Insel und lenkten unser Boot nach Kinroß zurück, aber das Auge mochte sich nicht trennen von der Insel, auf deren Trümmergrau die Nachmittagssonne und eine wehmütig-unnennbare Stille lag.

Nun griffen die Ruder rasch ein, die Insel wurde ein Streifen, endlich schwand sie ganz und nur als ein Gebilde der Einbildungskraft stand eine Zeitlang noch der Rundturm vor uns auf dem Wasser, bis plötzlich unsre Phantasie weiter in ihre Erinnerungen zurückgriff und ältere Bilder vor die Bilder dieser Stunde schob. Es waren Erinnerungen aus der Heimat, ein unvergessener Tag.

Auch eine Wasserfläche war es; aber nicht Weidengestrüpp faßte das Ufer ein, sondern ein Park und ein Laubholzwald nahmen den See in ihren Arm. Im Flachboot stießen wir ab und so oft wir das Schilf am Ufer streiften, klang es, wie wenn eine Hand über knisternde Seide fährt. Zwei Schwestern saßen mir gegenüber. Die ältere streckte ihre Hand in das kühle, klare Wasser des Sees, und außer dem dumpfen Schlag des Ruders vernahm ich nichts als jenes leise Geräusch, womit die Wellchen zwischen den Fingern der weißen Hand hindurchplätscherten. Nun glitt das Boot durch Teichrosen hin, deren lange Stengel wir (so klar war das Wasser) aus dem Grunde des Sees aufsteigen sahen; dann lenkten wir das Boot bis an den Schilfgürtel und unter die weitüberhängenden Zweige des Parkes zurück. Endlich legten wir an, wo die Wassertreppe ans Ufer führt, und ein Schloß stieg auf mit Flügeln und Türmen, mit Hof und Treppe und mit einem Säulengange, der Balustraden und Marmorbilder trug. Dieser Hof und dieser Säulengang, die Zeugen wie vieler Lust, wie vielen Glanzes waren sie gewesen? Hier über diesen Hof hin hatte die Geige Grauns geklungen, wenn sie das Flötenspiel des prinzlichen Freundes begleitete; hier waren Le Gaillard und Le Constant, die ersten Ritter des Bayardordens, auf- und abgeschritten; hier waren, in buntem Spiel, in heiterer Ironie, fingierte Ambassaden aus aller Herren Länder erschienen und von hier aus endlich waren die heiter Spielenden hinausgezogen und hatten sich bewährt im Ernst des Kampfs und auf den Höhen des Lebens. Hinter dem Säulengange glitzerten die gelben Schloßwände in aller Helle des Tags, kein romantischer Farbenton mischte sich ein, aber Schloß und Turm, wohin das Auge fiel, alles trug den breiten historischen Stempel. Von der andern Seite des Sees her grüßte der Obelisk, der die Geschichte des Siebenjährigen Krieges im Lapidarstil trägt.

So war das Bild des Rheinsberger Schlosses, das, wie eine Fata Morgana, über den Levensee hinzog, und ehe noch unser Boot auf den Sand des Ufers lief, trat die Frage an mich heran: so schön dies Bild war, das der Levensee mit seiner Insel und seinem

Douglasschloß vor dir entrollte, war jener Tag minder schön, als du im Flachboot über den Rheinsberger See fuhrst, die Schöpfungen und die Erinnerungen einer großen Zeit um dich her? Und ich antwortete: nein.

Die Jahre, die seit jenem Tag am Levensee vergangen sind, haben mich in die Heimat zurückgeführt und die Entschlüsse von damals blieben unvergessen. Ich bin die Mark durchzogen und habe sie reicher gefunden, als ich zu hoffen gewagt hatte. Jeder Fußbreit Erde belebte sich und gab Gestalten heraus, und wenn meine Schilderungen unbefriedigt lassen, so werde ich der Entschuldigung entbehren müssen, daß es eine Armut war, die ich aufzuputzen oder zu vergolden hatte. Umgekehrt, ein Reichtum ist mir entgegengetreten, dem gegenüber ich das bestimmte Gefühl habe, seiner niemals auch nur annähernd Herr werden zu können; denn das immerhin Umfangreiche, das ich in nachstehendem biete, ist auf im ganzen genommen wenig Meilen eingesammelt worden: am Ruppiner See hin und vor den Toren Berlins. Und sorglos habe ich es gesammelt, nicht wie einer, der mit der Sichel zur Ernte geht, sondern wie ein Spaziergänger, der einzelne Ähren aus dem reichen Felde zieht.

Es ist ein Buntes, Mannigfaches, das ich zusammengestellt habe: Landschaftliches und Historisches, Sitten- und Charakterschilderung, – und verschieden wie die Dinge, so verschieden ist auch die Behandlung, die sie gefunden. Aber wie abweichend in Form und Inhalt die einzelnen Kapitel von einander sein mögen, darin sind sie sich gleich, daß sie aus Liebe und Anhänglichkeit an die Heimat geboren wurden. Möchten sie auch in andren jene Empfindungen wecken, von denen ich am eignen Herzen erfahren habe, daß sie ein Glück, ein Trost und die Quelle echtester Freuden sind.

Berlin, im November 1861. *Th. F.*

Statt eines regelrechten Vorwortes heute lieber ein Wort über »reisen in der Mark«.

Ob du reisen sollst, so fragst du, reisen in der Mark? Die Antwort auf diese Frage ist nicht eben leicht. Und doch würde es gerade mir nicht anstehn, sie zu umgehen oder wohl gar ein »nein« zu sagen. So denn also »ja«. Aber »ja« unter Vorbedingungen. Laß mich Punkt für Punkt aufzählen, was ich für unerläßlich halte.

Wer in der Mark reisen will, der muß zunächst Liebe zu »Land und Leuten« mitbringen, mindestens keine Voreingenommenheit. Er muß den guten Willen haben, das Gute gut zu finden, anstatt es durch krittliche Vergleiche tot zu machen.

Der Reisende in der Mark muß sich ferner mit einer feineren Art von Natur- und Landschaftssinn ausgerüstet fühlen. Es gibt gröbliche Augen, die gleich einen Gletscher oder Meeressturm verlangen, um befriedigt zu sein. Diese mögen zu Hause bleiben. Es ist mit der märkischen Natur wie mit manchen Frauen. »Auch die häßlichste – sagt das Sprichwort – hat immer noch sieben Schönheiten.« Ganz so ist es mit dem »Lande zwischen Oder und Elbe«; wenige Punkte sind so arm, daß sie nicht auch ihre sieben Schönheiten hätten. Man muß sie nur zu finden verstehen. Wer das Auge dafür hat, der wag' es und reise.

Drittens. Wenn du reisen willst, mußt du die Geschichte dieses Landes kennen und lieben. Dies ist ganz unerläßlich. Wer nach Küstrin kommt und einfach das alte graugelbe Schloß sieht, das, hinter Bastion Brandenburg, mehr häßlich als gespensterhaft aufragt, wird es für ein Landarmenhaus halten und entweder gleichgültig oder wohl gar in ästhetischem Mißbehagen an ihm vorübergehen; wer aber weiß: »hier fiel Kattes Haupt; an diesem Fenster stand der Kronprinz«, der sieht den alten unschönen Bau mit andern Augen an. – So überall. Wer, unvertraut mit den Großtaten unserer Geschichte, zwischen Linum und Hakenberg hinfährt, rechts das Luch, links ein paar Sandhügel, der wird sich die Schirmmütze übers Gesicht ziehen und in der Wagenecke zu nicken suchen; wer aber weiß, hier fiel Froben, hier wurde das Regiment Dalwigk in Stücke gehauen, dies ist das Schlachtfeld von Fehrbellin, der wird sich aufrichten im Wagen und Luch und Heide plötzlich wie in wunderbarer Beleuchtung sehen.

Viertens. Du mußt nicht allzusehr durch den Komfort der »großen Touren« verwöhnt und verweichlicht sein. Es wird einem selten das Schlimmste zugemutet, aber es kommt doch vor, und keine Lokalkenntnis, keine Reiseerfahrung reichen aus, dich im voraus wissen zu lassen, wo es vorkommen wird und wo nicht. Zustände von Armut und Verwahrlosung schieben sich in die Zustände modernen Kulturlebens ein und während du eben noch im Lande Teltow das beste Lager fandest, findest du vielleicht im »Schenkenländchen« eine Lagerstätte, die alle Mängel und Schrecknisse, deren Bett und Linnen überhaupt fähig sind, in sich vereinigt. Regeln sind nicht zu geben, Sicherheitsmaßregeln nicht zu treffen. Wo es gut sein könnte, da triffst du es vielleicht schlecht und wo du das Kümmerlichste erwartest, überraschen dich Luxus und Behaglichkeit.

Fünftens und letztens. Wenn du das Wagstück wagen willst – »füll deinen Beutel mit Geld«. Reisen in der Mark ist alles andre eher als billig. Glaube nicht, weil du die Preise kennst, die Sprache sprichst und sicher bist vor Kellner und Vetturinen, daß du sparen kannst; glaube vor allem nicht, daß du es deshalb kannst, »weil ja alles so nahe liegt«. Die Nähe tut es nicht. In vielen bereisten Ländern kann man billig reisen, wenn man anspruchslos ist; in der Mark kannst du es nicht, wenn du nicht das Glück hast, zu den »Dauerläufern« zu gehören. Ist dies nicht der Fall, ist dir der Wagen ein unabweisliches Wanderungsbedürfnis, so gib es auf, für ein Billiges deine märkische Tour machen zu wollen. Eisenbahnen, wenn du »ins Land« willst, sind in den wenigsten Fällen nutzbar; also – Fuhrwerk. Fuhrwerk aber ist teuer. Man merkt dir bald an, daß du fortwillst oder wohl gar fortmußt, und die märkische Art ist nicht so alles Kaufmännischen bar und bloß, daß sie daraus nicht Vorteil ziehen sollte. Wohlan denn, es kann dir passieren, daß du, um von Fürstenwalde nach Buckow oder von Buckow nach Werneuchen zu kommen, mehr zahlen mußt, als für eine Fahrt nach Dresden hin und zurück. Nimmst du Anstoß an solchen Preisen und Ärgernissen – so bleibe zu Hause.

Hast du nun aber alle diese Punkte reichlich erwogen, hast du, wie die Engländer sagen, »Deine Seele fertig gemacht« und bist du zu dem Resultat gekommen: »ich kann es wagen«, nun denn, so wag' es getrost. Wag' es getrost und du wirst es nicht bereuen. Eigentümliche Freuden und Genüsse werden dich begleiten. Du wirst Entdeckungen machen, denn überall, wohin du kommst, wirst du, vom Touristenstandpunkt aus, eintreten wie in »jungfräuliches Land«. Du wirst Klosterruinen begegnen, von deren Existenz höchstens die nächste Stadt eine leise Kenntnis hatte;

du wirst inmitten alter Dorfkirchen, deren zerbröckelter Schindelturm nur auf Elend deutete, große Wandbilder oder in den treppenlosen Grüften reiche Kupfersärge mit Kruzifix und vergoldeten Wappenschildern finden; du wirst Schlachtfelder überschreiten, Wendenkirchhöfe, Heidengräber, von denen die Menschen nichts mehr wissen, und statt der Nachschlagebuchs- und Allerweltsgeschichten, werden Sagen und Legenden und hier und da selbst die Bruchstücke verklungener Lieder zu dir sprechen. Das Beste aber, dem du begegnen wirst, das werden die Menschen sein, vorausgesetzt, daß du dich darauf verstehst, das rechte Wort für den »gemeinen Mann« zu finden. Verschmähe nicht den Strohsack neben dem Kutscher, laß dir erzählen von ihm, von seinem Haus und Hof, von seiner Stadt oder seinem Dorf, von seiner Soldaten- oder seiner Wanderzeit, und sein Geplauder wird dich mit dem Zauber des Natürlichen und Lebendigen umspinnen. Du wirst, wenn du heimkehrst, nichts Auswendiggelerntes gehört haben wie auf den großen Touren, wo alles seine Taxe hat; der Mensch selber aber wird sich vor dir erschlossen haben. Und das bleibt doch immer das Beste.

Berlin, im August 1864. *Th. F.*

VORWORT ZUR VOLKSAUSGABE

Der erste Band der »Wanderungen« – dem die drei andern in rascher Reihenfolge folgen werden – erscheint hier in einer Volksausgabe, die, wie dies schon bei den früheren Auflagen der Fall war, abermals eine nicht unbeträchtliche Erweiterung erfahren hat. Das Kapitel Wilhelm Gentz, in dem ich zu meiner Freude viel Autobiographisches mitteilen oder doch benutzen konnte, ist neu, während das den Lebensgang von Alexander Gentz darstellende Kapitel Gentzrode, einer zugleich die mannigfachsten Verhältnisse der Stadt wie der Grafschaft behandelnden Umarbeitung unterzogen wurde. Ein weiterer Aufsatz, den ich mit Rücksicht auf die hervorragende Bedeutung des darin zu Schildernden: Geheimerat Hermann Wagener (»Kreuzzeitungs-Wagener«, geboren am 8. März 1815 im Pfarrhause zu Segeletz), diesem ersten Bande gerne noch hinzugefügt hätte, mußte mit Rücksicht auf den ohnehin überschrittenen Raum zurückgestellt werden. Vielleicht daß sich später, wenn auch von anderer Hand, eine Einreihung ermöglicht.

Berlin, 9. März 1892. *Th. F.*

AM RUPPINER SEE

WUSTRAU

Da liegen wir zwei Beide
Bis zum Appell im Grab.

Der Ruppiner See, der fast die Form eines halben Mondes hat, scheidet sich seinen Ufern nach in zwei sehr verschiedene Hälften. Die nördliche Hälfte ist sandig und unfruchtbar und, die freundlich gelegenen Städte Alt- und Neu-Ruppin abgerechnet, ohne allen malerischen Reiz, die Südhälfte aber ist teils angebaut, teils bewaldet und seit alten Zeiten her von vier hübschen Dörfern eingefaßt. Das eine dieser Dörfer, Treskow, war bis vor kurzem ein altes Kämmereigut der Stadt Ruppin; die drei anderen: Gnewkow, Karwe und Wustrau sind Rittergüter. Das erstere tritt aus dem Schilf- und Waldufer am deutlichsten hervor und ist mit seinem Kirchturm und seinen Bauernhäusern eine besondere Zierde des Sees. Es gehörte seit Jahrhunderten der Familie von Woldeck; jetzt ist es in andere Hände übergegangen. Der letzte von Woldeck, der dies Erbe seiner Väter innehatte, war ein Lebemann und passionierter Tourist. Seine Exzentrizitäten hatten ihn in der Umgegend zu einer volkstümlichen Figur gemacht; er hieß kurzweg »der Seebaron«. Das Wort war gut gewählt. Er hatte mit den alten »Seekönigen« den Wanderzug und die Abenteuer gemein.

Karwe gehört den Knesebecks, Wustrau dagegen ist berühmt geworden als Wohnsitz des alten Zieten. Sein Sohn, der letzte Zieten aus der Linie Wustrau, starb hier 1854 in hohem Alter. Es gibt noch Zietens aus anderen Linien und überall, wo nachstehend vom »letzten Zieten« gesprochen wird, geschieht es in dem Sinne von: der letzte Zieten von Wustrau.

Wustrau, wie viele märkische Besitzungen, bestand bis zur Mitte des vorigen Jahrhunderts aus vier Rittergütern, wovon zwei dem General von Dossow, eins den Zietens, und eins den Rohrs* gehörte.

Wann die Zietens in den teilweisen Besitz von Wustrau gelangten, ist nicht mehr sicher festzustellen. Ebensowenig kennt man das Stammgut der Familie. In der Mark Brandenburg befinden sich neun Ortschaften, die den Namen Zieten, wenn auch in abweichender Schreibart, führen. Als die Hohenzollern ins Land kamen, lagen die meisten Besitzungen dieser Familie bereits in der Grafschaft Ruppin. Hans von Zieten auf Wildberg, das damals ein fester und reicher Burgflecken war, war geschworener Rat beim letzten Grafen von Ruppin, und begleitete diesen auf den Reichstag zu Worms. Die Wildberger Zieten besaßen Langen und Kränzlin; andere Zweige der Familie hatten Lögow und Buskow inne und einen Teil von Metzelthin. Die Wustrauer

* In dem schönen, höchst anmutig gelegenen Schloßgarten von Wustrau befindet sich bis diesen Augenblick, und zwar nur wenige Schritte vom See entfernt, das ehemalig Rohrsche Herrenhaus, ein alter Fachwerkbau, der jetzt teils als Gärtnerwohnung, teils als Orangeriehaus dient. Das Haus ist interessant, einmal dadurch, daß es uns zeigt, wie schlicht und anspruchslos der Landadel früher lebte, andererseits durch die Ornamentierung, die Graf Zieten eben diesem Hause gegeben hat. Als nämlich der Perleberger Dom im ersten Drittel dieses Jahrhunderts restauriert und der alte Schmuck desselben beseitigt wurde, kaufte Graf Zieten allerhand Glasmalereien und Holzschnitzwerk, namentlich Heiligenbilder und Engelsfiguren auf und begann mit Hilfe derselben die Fassaden und Fenster des alten Rohrschen Herrenhauses zu schmücken. Im ersten Stocke desselben befindet sich eine Rüst- und Antiquitätenkammer von sehr ungleichem Wert; Gleichgültiges und Alltägliches steht neben wirklichen Raritäten. Das Sehenswerteste ist ein kleiner Holzaltar, vielleicht von vier Fuß Höhe, der zwischen seinen beiden Säulchen ein ziemlich gut gemaltes Heiligenbild trägt. Wahrscheinlich stellt es eine heilig gesprochene schlesische Fürstin (die heilige Hedwig) dar, denn dies Frauenbild, voll schöner Milde im Ausdruck, hält in der Linken einen Krummstab, während ihre rechte Hand auf einer Grafen- oder Fürstenkrone ruht. Dieser Altar befand sich in einem schlesischen Kloster, wo bald nach der Schlacht von Hohenfriedberg der damalige Generalmajor von Zieten Quartier genommen hatte. Bei Tische saß er im Refektorium des Klosters diesem Bilde gegenüber und sah lange zu ihm auf. Die Äbtissin, die von Zietenschen Husaren nicht das Beste erwarten mochte, nahm Anstoß daran und es kam zu einem Gespräch zwischen ihr und dem General. Er sagte ihr unbefangen, daß er das Bild betrachte, weil es ihn Zug um Zug an seine geliebte Frau, fern daheim am Ruppiner See, erinnere, und das Gespräch nahm nun eine freundliche Wendung. Bald darauf erfolgte der Weitermarsch. Einige Tage später bemerkte Zieten eine riesige Kiste auf einem seiner Gepäckwagen und begann zu schelten. Da hieß es denn zur Entschuldigung: »Die Nonnen hätten die Kiste aufgeladen und Vorsicht eigens zur Pflicht gemacht, denn sie gehöre dem General Zieten, der sie mit heim nehmen wolle nach Wustrau.« Nun befahl Zieten die Kiste zu öffnen und man fand — Altar und Altarbild.

Zieten, scheint es, waren nicht reich; sie litten unter den Nachwehen des Dreißigjährigen Krieges und der Schwedenzeit. Der Vater Hans Joachims lebte denn auch in noch sehr beschränkten Verhältnissen. Erst Hans Joachim selbst verstand sich auf Pflug und Wirtschaft fast so gut wie auf Krieg und Säbel und machte 1766 durch Ankauf der anderen Anteile ganz Wustrau zu einem Zietenschen Besitztum. Es blieb bei seinem Sohne, dem letzten Zieten, bis 1854. Dieser ernannte in seinem Testamente einen Schwerin zum Erben. Daß dieser der nächste Verwandte war, wurde vielleicht noch von der Vorstellung überwogen, daß nur ein Schwerin würdig sei, an die Stelle eines Zieten zu treten. Albert Julius von Schwerin, der jetzige Besitzer von Wustrau, ward 1859 unter dem Namen von Zieten-Schwerin in den Grafenstand erhoben.

Wustrau liegt an der Südspitze des Sees. Der Boden ist fruchtbar, und wo die Fruchtbarkeit aufhört, beginnt das Wustrausche Luch, eine Torfgegend, die an Ergiebigkeit mit den Linumer Gräbereien wetteifert. Das eigentliche Dorf, saubere, von Wohlstand zeugende Bauernhäuser, liegt etwas zurückgezogen vom See; zwischen Dorf und See aber breitet sich der Park aus, dessen Baumgruppen von dem Dache des etwas hoch gelegenen Herrenhauses überragt werden. Dieses letztere gleicht auf ein Haar den adligen Wohnhäusern, wie sie während der zweiten Hälfte des vorigen Jahrhunderts in märkischen Städten und Dörfern gebaut wurden. Unser Pariser Platz zeigt zu beiden Seiten noch ein paar Musterstücke dieser Bauart. Erdgeschoß und Beletage, ein hohes Dach, ein Blitzableiter, zehn Fenster Front, eine Rampe, das ganze gelb getüncht und ein Wappen oder Namenszug als einziges Ornament. So ist auch das alte Herrenhaus der Zieten, das freilich seinerseits eine reizende Lage voraus hat. Vorder- und Hinterfront geben gleich anziehende Bilder. Jene gestattet landeinwärts einen Blick auf Dorf, Kirche und Kirchhof, diese hat die Aussicht auf den See.

Wir kommen in einem Boot über den See gefahren, legen an einer Wasserbrücke an und springen ans Ufer. Ein kurzer Weg, an Parkgrün und blühenden Linden vorbei, führt uns an den Eingang des Hauses. Der Flur ist durch eine Glaswand in zwei Teile geteilt, von denen der eine, der mit Bildern und Stichen behängt ist, (darunter der bekannte Kupferstich Chodowieckis: Zieten sitzend vor seinem König) als Empfangshalle dient. Der andere Teil ist Treppenhaus.

Wir steigen die eichene, altmodisch-bequeme Treppe hinauf

und treten oben in eine nach vornhin gelegene Zimmerreihe ein. Es sind fünf Räume; in der Mitte ein großer vier- oder fünffenstriger Saal, zu beiden Seiten je zwei kleinere Zimmer. Die kleineren Zimmer sind durchaus schmucklos, nur über den Türen befinden sich Ölbilder, Kopien nach niederländischen Meistern. Das ist alles. Das Zimmer rechts vom Saal ist das Sterbezimmer des letzten Wustrauer Zieten. Der historische »alte Zieten« starb in Berlin, und zwar in einem jetzt umgebauten, dem Friedrich-Wilhelms-Gymnasium schräg gegenüber liegenden Hause der Kochstraße.

Das Zimmer links vom Saal heißt das Königszimmer, seitdem Friedrich Wilhelm IV., etwa in der Mitte der vierziger Jahre, die Grafschaft Ruppin durchreiste und in Wustrau und Köpernitz, (auf welch letzterem Gute damals noch die siebzigjährige Marquise La Roche Aymon lebte) einen längeren Besuch machte.

Der große Saal ist die eigentliche Sehenswürdigkeit des Hauses. Alles erinnert hier an den Helden, der diese Stätte berühmt gemacht hat. Eine Kolossalvase zeigt auf ihrer Rückseite die Abbildung des auf dem Wilhelmsplatze stehenden Zietendenkmals, an den Wänden entlang aber gruppieren sich Porträts und Skulpturen der allermannigfachsten Art. Unter diesen bemerken wir zunächst zwei Büsten des »alten Zieten« selbst. Sie stehen in Wandnischen auf hohen Postamenten von einfacher, aber gefälliger Form. Die eine dieser Büsten, ein Gipsmodell vom berühmten Bildhauer Tassaert, ist ein großes Wertstück, durchaus Porträt, das noch bei Lebzeiten des alten Zieten nach der Natur gefertigt wurde, die andere dagegen entstammt der neueren Zeit und erweist sich einfach als eine Marmorausführung des Tassaertschen Modells. Die Arbeit dieses alten Meisters ist ganz vortrefflich, vor allem von einer Lebenswahrheit, die den Schadowschen alten Zieten zu einer bloßen Tendenzstatue herabdrückt. Schadow hat nicht den Husarenvater als Porträt, sondern das Husarentum als solches dargestellt. Von dem Moment ab, wo man den wirklichen alten Zieten (den Tassaertschen) gesehen hat, wird einem das mit einem Male klar. Dies übergeschlagene Bein, diese Hand am Kinn, als ob mal wieder ein lustiger Husarenstreich ersonnen und ausgeführt werden solle, das alles ist ganz im Charakter des Husarentums, aber durchaus nicht im Charakter Zietens, der von Jugend auf etwas Ernstes, Nüchternes und durchaus Schlichtes hatte. Er hatte ein verwegenes Husarenherz, aber die Husarenmanieren waren ihm fremd. Es bedarf wohl keiner besonderen Hervorhebung, daß mit diesem allen kein Tadel gegen den Schadowschen Zieten ausgesprochen sein soll, der – nach der Seite des Geistvollen hin – ganz unzweifelhafte Vorzüge hat, dessen vielbetonte realistische Auffassung aber mehr scheinbar als wirklich ist.

Das Postament der Modellbüste zeigt sich bei näherer Betrachtung als ein Schrein von weiß-lackiertem Holz; ein Schlüsselchen öffnet die kaum bemerkbare Tür desselben. In diesem einfachen Schrein befindet sich der Säbel* des alten Zieten, nicht jener türkische, den ihm Friedrich II. nach dem zweiten Schlesischen Kriege zum Geschenk machte, sondern ein gewöhnlicher preußischer Husarensäbel. Er zog ihn während des ganzen Siebenjährigen Krieges nur einmal, und dies eine Mal zu seiner persönlichen Verteidigung. Am Tage vor der Schlacht von Torgau, 2. November 1760, als er in Begleitung einer einzigen Ordonnanz auf Rekognoszierung ritt, sah er sich plötzlich von sechs österreichischen Husaren umstellt. Er hieb sich im buchstäblichen Sinne durch und steckte den blutigen Säbel ruhig wieder in die Scheide. Nie sprach er von dieser Affäre. Die Blutflecke, ein rotbrauner Rost, sind noch deutlich auf der Klinge sichtbar.

Kaum minder interessant als dieser im ganzen Kriege nur einmal gezogene Säbel, sind die sechzehn lebensgroßen Bildnisse, die ringsum die Wände bedecken. Es sind die Porträts von sechzehn Offizieren des Zietenschen Regiments, alle 1749, 1750 und 1751 gemalt. Die Namen der Offiziere sind folgende: Rittmeister Langen, von Teiffel, von Somogy, Kalau vom Hofe, von Horn, von Seel, von Wieck, von Probst, von Jürgaß, von Bader; die Leutnants von Reitzenstein, von Heinecker, von Troschke, und die Kornetts von Schanowski, Petri und von Mahlen. Mit Ausnahme des letzteren starben sie alle im Felde; von Seel fiel als Oberst bei Hochkirch, von Heinecker bei Zorndorf, von Jürgaß bei Weiß-Kosteletz; von Wieck starb als Kommandant von Ko-

---

* Außer diesem einfachen Husarensäbel existieren noch zwei Zietensche Prachtsäbel, von denen er den einen 1762 vom Kaiser Peter III. von Rußland, den anderen, einen »türkischen«, schon vorher 1746 von König Friedrich II. zum Geschenk erhielt. Von diesem erhielt er auch gegen Ende seines Lebens einen Krückstock. Die Krücke desselben ist von Elfenbein und ein eigenhändiges Schreiben des Königs läßt sich in gemütvoller Weise darüber aus, warum sie von Elfenbein und nicht von Gold sei. Stock und Handschreiben befinden sich beide in der Großherzoglichen Bibliothek zu Weimar. Der von Peter III. herrührende Prachtsäbel ist im Besitze des Zietenschen Husarenregiments. Zietens Tigerdecke, sowie seine Zobelmütze mit dem Adlerflügel befanden sich früher in der Berliner Kunstkammer und sind jetzt, wenn ich nicht irre, im Hohenzollernmuseum in Schloß Monbijou.

morn in Ungarn; wie er dort hinkam – unbekannt. Im ersten Augenblick, wenn man in den Saal tritt und diese sechzehn Zietenschen Rotröcke mit ungeheuren Schnauzbärten auf sich herabblicken sieht, wird einem etwas unheimlich zu Mute. Sie sehen zum Teil aus, als seien sie mit Blut gemalt, und der Rittmeister Langen, der vergebens trachtet, seinen Hasenschartenmund durch einen zwei Finger breiten Schnurrbart zu verbergen, zeigt einem zwei weiße Vorderzähne, als wollte er einbeißen. Dazu die Tigerdecke – man möchte am liebsten umkehren. Hat man aber erst fünf Minuten ausgehalten, so wird einem in dieser Gesellschaft ganz wohl, und man überzeugt sich, daß eine Rubenssche Bärenhatz oder ähnlich traditionelle Saal- und Hallenbilder hier viel weniger am Platze sein würden. Die alten Schnurrwichse fangen an, einem menschlich näher zu treten, und man erkennt schließlich hinter all diesem Schreckensapparat die wohlbekannten märkisch-pommerschen Gesichter, die nur von Dienst wegen das Martialische bis fast zum Diabolischen gesteigert haben. Die Bilder, zumeist von einem unbekannten Maler Namens Häbert herrührend, sind gut erhalten und mit Rücksicht auf die Zeit ihrer Entstehung nicht schlecht gemalt. Das Schöne fehlt noch, aber das Charakteristische ist da.

Der große Saal, in dem diese Bilder neben so manchem anderen historischen Hausrat sich vorfinden, nimmt mit Recht unser Hauptinteresse in Anspruch, aber noch vieles bleibt unserer Aufmerksamkeit übrig. Das ganze Schloß gleicht eben einer Art Zietengalerie, und nur wenige Zimmer treffen wir an, von deren Wänden uns nicht, als Kupferstich oder Ölbild, als Büste oder Silhouette, das Bildnis des alten Helden grüßte. Alles in allem gerechnet, befinden sich wohl vierzig Zietenporträts in Schloß Wustrau. Viele von diesen Bildnissen (besonders die Stiche) sind allgemein gekannte Blätter; nicht so die Ölbilder, deren wir, ohne für Vollständigkeit bürgen zu wollen, zunächst acht zählen, sieben Porträts, und das achte ein Genrebild aus der Sammlung des Markgrafen Karl von Schwedt. Es stellt möglicherweise die Szene dar (vgl. Zietens Biographie von Frau von Blumenthal S. 56), wo der damalige Major von Zieten an den Oberstleutnant von Wurmb herantritt, um die Remontepferde, die ihm zukommen, für seine Schwadron zu fordern, eine Szene, die bekanntlich auf der Stelle zu einem wütenden Zweikampfe führte. Doch ist diese Auslegung nur eine mutmaßliche, da die hier dargestellte Lokalität zu der von Frau von Blumenthal beschriebenen nicht paßt. Die sieben Porträts, mit Ausnahme eines einzigen, sind sämtlich Bilder des »alten Zieten«, und deshalb, aller Abweichungen in Uniform und Haltung unerachtet, im einzelnen schwer zu charakterisieren. Nur das älteste Porträt, das bis ins Jahr 1726 zurückgeht und den »alten Zieten«, den wir uns ohne Runzeln und Husarenuniform kaum denken können, als einen jungen Offizier bei den von Wuthenowschen Dragonern darstellt, zeichnet sich schon dadurch vor allen anderen Bildnissen aus. Zieten, damals siebenundzwanzig Jahre alt, trägt, wie es scheint, einen Stahlküraß, und über demselben eine graue Uniform (früher vielleicht weiß) mit schmalen blauen Aufschlägen. Ob das Bild echt ist, stehe dahin. Von Ähnlichkeit mit dem »alten Zieten« natürlich keine Spur.

Wir verlassen nun den Saal und das Haus, passieren die mehr dem Dorfe zu gelegene Hälfte des Parkes, überschreiten gleich danach die Dorfstraße und stehen jetzt auf einem geräumigen Rasenfleck, in dessen Mitte sich die Dorfkirche erhebt. Der Chor liegt dem Herrenhause, der Turm dem Kirchhofe zu. Zwischen Turm und Begräbnisplatz steht eine mächtige alte Linde. Die Kirche selbst, in Kreuzform aufgeführt, ist ein Ideal von einer Dorfkirche: schlicht, einladend, hübsch gelegen. Im Sommer 1756, kurz bevor es in den Krieg ging, wurde der Turm vom Blitz getroffen. Das Innere der Kirche selbst unterscheidet sich von anderen Dorfkirchen nur durch eine ganz besondere Sauberkeit und durch die Geflissentlichkeit, womit man das patriotische Element gehegt und gepflegt hat. So findet man nicht nur die übliche Gedenktafel mit den Namen derer, die während der Befreiungskriege fielen, sondern zu der allgemeinen Tafel gesellen sich auch noch einzelne Täfelchen, um die Sonderverdienste dieses oder jenes zu bezeichnen. An anderer Stelle gruppieren sich Gewehr und Büchse, Lanze, Säbel, Trommel und Flügelhorn zu einer Trophäe. Zwei Denkmäler zieren die Kirche. Das eine (ohne künstlerische Bedeutung) zu Ehren der ersten Gemahlin Hans Joachims, einer geborenen von Jürgaß, errichtet, das andere zu Ehren des alten Zieten selbst. Dies letztere hat gleichen Anspruch auf Lob wie Tadel. Es gleicht in seinen Vorzügen und Schwächen allen anderen Arbeiten des rasch-fertigen, hyperproduktiven Bernhard Rode*, nach dessen Skizze es von dem

* Von Bernhard Rode rührt auch das große, zur Verherrlichung des alten Husarengenerals gemalte Ölbild her, das sich, neben den Bildern anderer Helden des Siebenjährigen Krieges (alle von B. Rode) in der Garnisonkirche zu Berlin befindet. Die Komposition auch dieses Bildes ist Dutzendarbeit und trotz der Prätension, geistvoll sein zu wollen, eigentlich ohne Geist. Auch

Bildhauer Meier ausgeführt wurde. Wem eine tüchtige Technik genügt, der wird Grund zur Anerkennung finden; wer eine selbständige Auffassung, ein Abweichen vom Alltäglichen fordert, wird sich nicht befriedigt fühlen. Ein Sarkophag und ein Reliefporträt, eine Minerva rechts und eine Urania links, das paßt so ziemlich immer; ein gedanklich-bequemes Operieren mit überkommenen Typen, worin unsere Bildhauer das Unglaublichste leisten. Wenn irgendein Leben, so hätte gerade das des alten Zieten die beste Gelegenheit geboten zu etwas Neuem und Eigentümlichem. Der Zieten aus dem Busch, der Mann der hundert Anekdoten, die samt und sonders im Volksmund leben, was soll er mit zwei Göttinnen (einige sagen, es seien symbolische Figuren der Tugend und Tapferkeit), die ihn bei Lebzeiten in die sicherste Verlegenheit gebracht hätten. Vortrefflich ist nur das Reliefporträt in weißem Marmor, das sich an dem dunkelfarbigen Aschenkruge des Denkmals befindet, und außer einer im Schloß befindlichen Zieten-Silhouette sehr wahrscheinlich das einzige Bildnis ist, das uns den immer en face abgebildeten Kopf des Alten auch einmal in seinem Profile zeigt. Daß dieses Profil nicht schön ist, tut nichts zur Sache.

Alles in allem, das Marmordenkmal des alten Helden reicht an ihn selber nicht heran; es entspricht ihm nicht. Da lobe ich mir im Gegensatz dazu das schlichte Grab, unter dem er draußen in unmittelbarer Nähe der Kirche schläft. Der Raum reichte hin für vier Gräber, und hier ruhen denn auch die beiden Eltern des alten Zieten, seine zweite Gemahlin (eine geborene von Platen) und er selbst. Das Äußere der vier Gräber ist wenig von einander verschieden. Ein Unterbau von Backstein erhebt sich zwei Fuß hoch über dem Rasen, auf welchem Ziegelfundamente und dann die Sandsteinplatte ruht. Noch nichts ist verfallen. Auch der gegenwärtige Besitzer empfindet, daß er eine historische Erbschaft angetreten hat und eifert getreulich dem schönen Vorbilde des letzten Wustrauer Zieten nach, dessen ganzes Leben eigentlich nur ein Kultus seines berühmten Vaters war.

---

hier ein bequemes Operieren mit traditionellen Mittelchen und Arrangements. Eine Urne mit dem Reliefbilde Zietens in Front derselben; am Boden ein Löwe, der ziemlich friedlich in einer Zietenschen Husarentigerdecke drin steckt wie ein Kater in einem Damenmuff; außerdem eine hohe Frauengestalt, die einen Sternenkranz auf die Urne drückt, - das ist alles. Das Reliefporträt ist schlecht, nicht einmal ähnlich, aber die Urania oder Polyhymnia, die ihm den Sternenkranz bringt, ist in Zeichnung und Farbe um ein wesentliches besser, als gemeinhin Rodesche Figuren (er war ein Meister im Verzeichnen) zu sein pflegen.

1786 starb Hans Joachim von Zieten. Achtundsechzig Jahre später folgte ihm sein Sohn Friedrich Christian Emil von Zieten, achtundachtzig Jahre alt, der letzte Zieten aus der Linie Wustrau. Wir treten jetzt an sein Grab*. Es befindet sich unter der schon erwähnten schönen alten Linde, die zwischen der Kirche und dem leis ansteigenden Kirchhofe steht. Hinter sich die lange Gräberreihe der Bauern und Büdner, macht dies Grab den Eindruck, als habe der letzte Zieten noch im Tode den Platz behaupten wollen, der ihm gebührte, den Platz an der Front seiner Wustrauer. Ähnliche Gedanken beschäftigten ihn sicherlich, als er zehn oder zwölf Jahre vor seinem Tode dies Grab zu bauen begann. Ein Hünengrab. Der letzte Zieten, klein wie er war, verlangte doch Raum im Tode. Denn er baute das Grab nicht bloß für sich, sondern für das Geschlecht oder den Zweig des Geschlechts, das mit ihm schlafen ging. Mit Eifer entwarf er den Plan und leitete den Bau. Eine Gruft wurde gegraben und ausgemauert, und schließlich ein Riesenfeldstein, wie sich deren so viele auf der Wustrauer Feldmark vorfinden, auf das offene Grab gelegt. Am Fußende aber geschah die Ausmauerung nur halb, so daß hier, unter Einführung eines schräg laufenden Stollens, eine Art Kellerfenster gewonnen wurde, durch das der alte Herr in seine letzte Wohnung hineinblicken konnte. Mit Hilfe dieser Zuschrägung wurde denn auch später der Sarg versenkt. Als Friedrich Wilhem IV. im Jahre 1844 den schon oben erwähnten Besuch in Wustrau machte, führte ihn der Graf auch an die Linde, um ihm daselbst das eben fertig gewordene Grab zu zeigen. Der König wies auf eine Stelle des Riesenfeldsteins und sagte: »Zieten, der Stein hat einen Fehler!«, worauf der alte Herr erwiderte: »Der drunter liegen wird, hat noch mehr.«

Diese Antwort ist so ziemlich das Beste, was vom letzten Wustrauer Zieten auf die Nachwelt gekommen ist. Einzelne andere Repliken und Urteile (z. B. über die Schadowsche Statue, sowie über Bücher und Bilder, deren Held sein Vater war) sind unbedeutend, oft ungerecht und fast immer schief. Er sah alles

---

* Friedrich Christian Emil von Zieten, dessen schon Seite 15 und 16 kurz Erwähnung geschah, war der einzige Sohn Hans Joachims aus seiner zweiten Ehe mit Hedwig Elisabeth Albertine von Platen. Dieser letzte Zieten aus der Wustrauer Linie wurde den 6. Oktober 1765 geboren und starb am 29. Juni 1854. Er war Rittmeister, Landrat des Ruppiner Kreises, und Ritter des Schwarzen Adlerordens. Wurde gegraft am 15. Oktober 1840. (Aus Hans Joachims erster Ehe mit Leopoldine Judith von Jürgaß war eine Tochter geboren worden, die sich später mit einem Jürgaß auf Ganzer verheiratete. Vgl. das Kapitel Ganzer.)

zu einseitig, zu sehr von einem bloß Zietenschen Standpunkt aus, um gerecht sein zu können, selbst wenn ihm ein feinerer ästhetischer Sinn die Möglichkeit dazu gewährt hätte. Dieser ästhetische Sinn fehlte ihm aber völlig. Selber eine Kuriosität, brachte er es über die Kuriositätenkrämerei nie hinaus. Sein Witz und Humor verstiegen sich nur bis zur Lust an der Mystifikation. Den Altertumsforschern einen Streich zu spielen, war ihm ein besonderer Genuß. Er ließ von eigens engagierten Steinmetzen große Feldsteine konkav ausarbeiten, um seine Wustrauer Feldmark mit Hilfe dieser Steine zu einem heidnischen Begräbnisplatz avancieren zu lassen. Am Seeufer hing er in einem niedlichen Glockenhäuschen eine irdene Glocke auf, der er zuvor einen Bronzeanstrich hatte geben lassen. Er wußte im voraus, daß die vorüberfahrenden Schiffer, in dem Glauben, es sei Glockengut, innerhalb acht Tagen den Versuch machen würden, die Glocke zu stehlen. Und siehe da, er hatte sich nicht verrechnet, und fand nach drei Tagen schon die Scherben. Solche Überlistungen freuten ihn, und man kann zugeben, daß darin ein Äderchen von der Herzader seines Vaters sichtbar war. Im übrigen aber war er unfähig, zu dem Ruhme seines Hauses auch nur ein Kleinstes hinzuzufügen; er fühlte sich nur als Verwalter dieses Ruhmes, ein Gefühl freilich, das ihm unter Umständen Bedeutung und selbst Würde lieh. Wo er für sich und seine eigenste Person eintrat, in den privaten Verhältnissen des alltäglichen Lebens, war er eine wenig erfreuliche Erscheinung: kleinlich, geizig, unschön in fast jeder Beziehung. Von dem Augenblick an aber, wo die Dinge einen Charakter annahmen, daß er seine Person von dem Namen Zieten nicht mehr trennen konnte, wurde er auf kurz oder lang ein wirklicher Zieten. Er war nicht adlig, aber gelegentlich aristokratisch. Dies Aristokratische, wenn geglüht in leidenschaftlicher Erregung, konnte momentan zu wahrem Adel werden, aber solche Momente weist sein Leben in nur spärlicher Anzahl auf. Sein bestes war die Liebe und Verehrung, mit der er ein halbes Jahrhundert lang die Schleppe seines Vaters trug. In diesem Dienste verstieg sich sein Herz bis zum Poetischen in Gefühl und Ausdruck, wofür nur ein Beispiel hier sprechen mag. Auf dem mit Rasen überdeckten Kirchenplatz, etwa hundert Schritte vom Grabe Hans Joachims entfernt, erhebt sich ein hoher, zugespitzter Feldstein mit einer in den Stein eingelegten Eisenplatte. Und auf eben dieser Eisenplatte stehen in Goldbuchstaben folgende Worte:

Im Jahre 1851 den 23. April stand an dieser Stelle das Blüchersche Husaren-Regiment, um den hier in Gott ruhenden Helden, den berühmten General der Cavallerie und Ahnherrn aller Husaren, Hans Joachim von Zieten, in Anerkennung seiner hohen Verdienste durch eine feierliche Parade zu ehren. Ruhe und Friede seiner Asche! Preis und Ehre seinem Namen! Er war und bleibt der Preußen Stolz.

»Ahnherr aller Husaren« – ein Poet hätte es nicht besser machen können.

KARWE

»Vivat et crescat gens Knesebeckiana in aeternum.«

I

Karl Friedrich von dem Knesebeck

Unser Weg führt uns heute nach Karwe. Es liegt am Ostufer des Ruppiner Sees, und ein Wustrauer Fischer fährt uns in einer halben Stunde hinüber. Ein besonderer Schmuck des Sees an dieser Stelle ist sein dichter Schilfgürtel, der namentlich in Front des Karwer Parkes wie ein Wasserwald sich hinzieht und wohl mehrfach eine Breite von hundert Fuß und darüber haben mag. An dieses Schilfufer knüpft sich eine Geschichte, die uns am besten in das starke und frische Leben einführt, das hier ein halb Jahrhundert lang zu Hause war, und von dem ich Gelegenheit haben werde, manchen hübschen Zug zu erzählen.

Es war im Jahre 1785. Der Sohn des alten Zieten auf Wustrau war Kornett im Leibhusarenregiment seines Vaters und der Sohn des alten Knesebeck auf Karwe war Junker im Infanterieregiment von Kalkstein, das damals in Magdeburg stand. Der Zufall wollte, daß beide zu gleicher Zeit Urlaub nahmen und auf Besuch nach Haus kamen. Die beiden Nachbarfamilien lebten auf dem besten Fuß miteinander und auch die jungen Leute unterhielten einen freundschaftlichen Verkehr. Man sah sich oft und machte gemeinschaftliche Partien. Es war im August, See und Himmel blauten, und der Schilfwald, der sich im Wasser spiegelte, stieg wie eine grüne Mauer aus dem Grunde des Sees auf. An solchem Tage begegneten sich Junker und Kornett am Ufer, plauderten hin und her von der Strenge des Dienstes und von der Lust des Krieges, und kamen endlich überein, in Ermangelung wirklichen Kampfes, zwischen Karwe und Wustrau eine Seeschlacht aufzuführen. Man machte auch gleich den Plan. Die Knesebeckschen sollten von Karwe her heftig angreifen und die Zietenschen bis nach Wustrau hin zurückdrängen, dann aber sollten diese sich rekolligieren und die Knesebeckschen in ihren Schilfwald zurückwerfen. So war es beschlossen. Man schied mit herzlichem Händeschütteln und freute sich auf den andern Tag. Die Eltern nahmen Anteil und beide Dörfer gerieten in Aufregung. Nach Ruppin hin ergingen Einladungen an befreundete Offiziere, Pulver wurde beschafft, und während Kornett und Junker ihre Dispositionen trafen, verwandelten sich die Herrenhäuser von Karwe und Wustrau in Kriegslaboratorien, darin allerhand Feuerwerk, Schwärmer, Raketen und Feuerräder in möglichster Eile hergestellt wurden. So kam der ersehnte Abend. Mit dem Glockenschlage neun liefen beide Flotten aus, jede sechs Kähne stark, das Admiralsboot vorauf. Als man aneinander war, begann die Schwärmerkanonade, vom Ufer her scholl der Jubel einer dichtgedrängten Menschenmenge, und als ein pot à feu seine Leuchtkugeln in die Luft warf, zogen sich verabredetermaßen die Zietenschen nach Wustrau hin zurück. Aber nur auf kurze Distanz. Eh' sie noch in die Nähe des Hafens gekommen waren, wandten sie sich wieder und drei große Raketen fast horizontal über das Wasser hinschießend, gingen sie jetzt ihrerseits mit verdoppeltem Ruderschlag zur Attacke über. Die Karweschen hielten einen Augenblick Stand, aber nicht lange, dann begann ihre Retraite. Die Wustrauschen setzten nach und waren eben auf dem Punkt, die Fliehenden bis in das dichte Schilf hinein zu verfolgen, als ein lautes, staunendes Ah, das vom Ufer her herüberklang, die Verfolgenden stutzen ließ und ihre Blicke nach rückwärts lenkte. Die Sieger waren gefangen. Im Karweschen Schilf hatte sich eine Flotille versteckt gehalten, die der Junker vom Regimente von Kalkstein als Mietstruppe für diesen Tag angeworben und von seinem Taschengelde bezahlt hatte. Es waren Fischerboote von Alt-Friesack her, vierundzwanzig an der Zahl, jedes mit einer Laterne hoch am Mast. In langer Linie kamen sie aus dem Schilf hervor und legten sich quer vor. Das Laternenlicht war hell genug, die Fischergestalten zu zeigen, wie sie da standen mit vorgehaltenem Ruder, bereit, jeden Fluchtversuch zu vereiteln. Die Wustrauschen machten gute Miene zum bösen Spiel und sprangen lachend ans Ufer. Nie wurden Gefangene schmeichelhafter begrüßt. Als sie in den Karweschen Park traten, sahen sie dicht vor dem Herrenhause eine Ehrenpforte errichtet, an deren Spitze das von Lichtern umgebene Bild des alten Zieten leuchtete, darunter die Unterschrift: Voilà notre modèle. Am andern Tage erhielt der Junker von dem Knesebeck eine Einladung nach Wustrau. Der alte sechsundachtzigjährige Zieten, der gemeinhin einen grauleinenen Kittel trug, saß heute in voller Uniform auf seinem Lehnstuhle und rief den eintretenden Junker zu sich heran: »Komm her, mein Sohn, und küsse mich. Werde so ein braver Mann wie dein Vater.« Knesebeck trat heran und bückte sich, um dem Alten die Hand zu küssen. Dieser aber legte beide Hände auf den Kopf des Junkers und sprach bewegt: »Gott segne dich!« –

Das ist die Geschichte von der Seeschlacht bei Karwe; sie kann es aufnehmen mit manchem großen Sieg. Wer aber am Ruppiner See zu Haus ist, den freut es zu sehen, was auf seinem schmalen Uferstreifen an Männern gewachsen ist.

*

Auch wir kommen heute von Wustrau – minder rasch, aber sicherer, als damals der Kornett von Zieten – und nähern uns, ohne unsere Rückzugslinie gefährdet zu sehen, auf einer der vielen, durch den Schilfwald sich hinziehenden Straßen dem Holzsteg, an dem die Boote anzulegen pflegen. Und nun springen wir ans Ufer und befinden uns in dem Park von Karwe. Er ist ziemlich groß angelegt, mit vielem Geschmack in einem einfach edlen Stile, das Ganze vorwiegend eine Schöpfung unseres »Junkers vom Regiment von Kalkstein«, des am 12. Januar 1848 verstorbenen Feldmarschalls von dem Knesebeck. Dieser ausgezeichnete Mann wird überhaupt den Mittelpunkt alles dessen bilden, was ich in weiterem zu erzählen habe, da er, wie der Hauptträger des Ruhmes der Familie, so auch zugleich derjenige ist, der am segensreichsten an dieser Stelle gewirkt und den toten Dingen entweder den Stempel seines Geistes aufgedrückt oder ihnen durch irgendeine Beziehung zu seiner Person zu einem poetischen Leben verholfen hat. –

Wir haben den Park seiner Länge nach passiert und stehen jetzt vor dem Herrenhause. Es ist einer jener Flügelbauten, wie sie dem vorigen Jahrhundert eigentümlich waren, und erinnert in Form und Farbenton an das Radziwillsche Palais in Berlin. Nur ist es kleiner und ärmer an Rokokoschmuck. Auch das Eisengitter fehlt. Eine hohe Pfauenstange mit einem Pfauhahn darauf überragt vom Wirtschaftshofe her das Dach, und der vorgelegene Grasplatz steht in Blumen; aber trotz dieser Farbenpracht macht alles einen ernsten und beinah düstern Eindruck und läßt uns auch ohne praktische Probe glauben, daß das Karwer Herrenhaus ein Spukhaus sei.

Karwe gehört den Knesebecks in der vierten Generation. Der Urgroßvater des jetzigen Besitzers kaufte es im Jahre 1721 von dem Vermögen seiner Frau und errichtete das Wohnhaus, das wir, wenn auch verändert und erweitert, auch jetzt noch vor uns sehen. Die Umstände, die diesen Kauf und Bau begleiteten, sind zu eigentümlicher Art, um hier nicht erzählt zu werden. Der Urgroßvater Karl Christoph Johann von dem Knesebeck, zu Wittingen im Hannoverschen geboren, trat früh in preußische Kriegsdienste. Er war ein großer, starker und stattlicher Mann, aber arm. Die Regierungszeit Friedrich Wilhelms I. indes war just die Zeit, wo das Verdienst des Großseins die Schuld des Armseins in Balance zu bringen wußte und gemeinhin noch einen Überschuß ergab. Karl Christoph Johann war sehr groß, und so erfolgte denn eine Kabinettsordre, worin die reiche Witwe des Generaladjutanten von Köppen, eine geborne von Bredow, angewiesen wurde, den Oberstleutnant von dem Knesebeck zu ehelichen. Die Hochzeit erfolgte und Karwe wurde, wie schon erwähnt, erstanden. Aber die Huldbeweise gegen den stattlichen Oberstleutnant hatten hiermit ihr Ende noch nicht erreicht. Im Kopfe des Königs mochte die Vorstellung lebendig werden, daß die reiche Witwe bis dahin eigentlich alles und die Gnade Seiner Majestät nur erst sehr wenig getan habe, und so versprach er denn dem jungen Paare das neue Wohnhaus in Karwe einrichten und sogar zum Aufbau desselben die Balken und den Kalk liefern zu wollen. Und wirklich, bald stand das Haus da, und die zugesagte Möblierung erfolgte mit einer Munifizenz, die bei dem sparsam gewöhnten Könige überraschen mußte. Selbst königliche Familienporträts, zum Teil von der Meisterhand Pesnes, wurden geliefert und in einem Empfangssaale des ersten Stocks in das Mauerwerk fest eingefügt. Wir werden gleich sehen, wie wichtig es für den neuen Besitzer von Karwe war, diese stattliche Bilderreihe nicht aufgehängt, sondern eingemauert zu haben. Denn kaum noch, daß einige Monate ins Land gegangen waren, als ein großer Planwagen vor dem Knesebeckschen Hause vorfuhr und den Befehl überbrachte, das durch königliche Munifizenz erhaltene Ameublement wieder zurückzuliefern. Es waren nicht die Zeiten, um solcher Ordre nicht sofort zu gehorchen, und so versanken denn sämtliche Spiegel, Kommoden und Tische, die der gebornen von Bredow bereits lieb und teuer geworden waren, in die Heu- und Strohbündel des draußen harrenden Wagens. Was zu dieser Ordre geführt, ob einfach Laune oder aber die ökonomische Erwägung, »daß der von Knesebeck au fond reich genug sei, um nunmehro sich auch ohne geschenkte königliche Möbel behelfen zu können«, ist nie bekannt geworden. Der Planwagen fuhr ab, und ließ nichts zurück als die eingemauerten Bilder und einen alten Eichentisch, den sehr wahrscheinlich seine Unscheinbarkeit gerettet hatte.

Wir treten nun in das Haus selber ein. Das erste Zimmer mit der Aussicht auf den Park ist das Bibliothekzimmer. Auf schlichten Regalen stehen schlichte Einbände, keine Goldschnittsliteratur zum Ansehen, sondern Bücher zum Lesen, »Krieger für den Werkeltag«. Es sind Bücher und Broschüren, die der alte Feldmarschall in seinem achtzigjährigen Leben gesammelt hat und über deren Inhalt und Richtung seine eigenen Worte Auskunft geben mögen: »Mit meinen Studien in Geschichte, Philosophie und schönen Wissenschaften ging es besser; sie interessierten mich über alles, besonders Geschichte und Lebensbeschreibungen, zu denen auch bis ins späte Alter mir die Neigung geblieben ist.« Die poetische Grundanlage des alten Herrn spricht sich in diesen Worten aus; hätte es je eine schaffende dichterische Natur gegeben, der nicht Biographien und Memoiren die liebste Lektüre gewesen wären! –

Aus dem Bibliothekzimmer tritt man in das dahinter gelegene Empfangs- und Familienzimmer. Es ist groß und geräumig und macht vor allem den Eindruck behaglichen Geborgenseins. An Bildern weist es nichts von besonderem Interesse auf, außer einer Ansicht von dem in der Nähe von Salzwedel gelegenen Schloß Tilsen, dem alten Familiensitze der Knesebecks. Die eigentliche Sehenswürdigkeit dieses Zimmers ist jener alte Eichentisch, der der Versenkung in den Planwagen glücklich entging. Und doch war dies schlichte Wirtschaftsstück das eigentlichste Wertstück des Ameublements, wenn auch damals nicht, so doch jetzt. Dieser Tisch nämlich bildete seinerzeit einen Teil der langen Tafel, an der die Sitzungen des Tabakskollegiums gehalten wurden. Es existieren solcher Tische nur noch zwei, dieser Knesebecksche in Karwe und ein Zwillingsbruder desselben in Potsdam. Eine Decke von braunem schwerem Seidenzeug verhüllt wie billig die eichene Derbheit dieses nicht salonfähigen Möbels, dessen Konstruktion ganz eigentümlicher Art ist. Die Platte besteht aus zwei abgestutzten Dreiecken und ruht auf sechs Füßen, die wiederum ihrerseits zwei Dreiecke bilden. Verbindungshölzer und Eisenkrampen halten das Ganze zusammen und stellen einen Bau her, der allen Anspruch darauf hatte, nicht beachtet zu werden, als die Trumeaux hinausgetragen wurden.

Links neben dem Empfangssaale befindet sich das Arbeitszimmer des gegenwärtigen Besitzers. Es ist sehr klein, etwas geräuschvoll gelegen und selbst zur Nachtzeit ohne wünschenswerte Ruhe. Die „Dame im schwarzen Seidenkleid« nämlich, als welche der Karwer Spuk auftritt, beginnt von hier aus ihren Rundgang, und wer mag ruhig und gemütlich ein Buch lesen, wenn er fürchten muß, die schwarze Frau steht hinter ihm und liest mit, wie zwei Leute, die aus einem Gesangbuch singen.

Über dem Schreibpult im selben Zimmer hängt ein sehr gutes Crayonporträt des Feldmarschalls, und auf einem Tischchen daneben steht ein porzellanenes Schreibzeug mit einer Rosengirlande, ein Geschenk vom alten Gleim, der dem Feldmarschall in seinen Halberstädter Leutnantstagen nah befreundet war.

Zur Rechten des Empfangszimmers ist der Speisesaal. Hier befinden sich neben anderen Schildereien vier Familienporträts: zunächst der Ahnherr des Hauses, einem Grabsteinrelief nachgebildet, das sich in der Kirche zu Hannoversch-Wittingen bis diesen Tag erhalten hat. Unmittelbar darunter hängen die Bilder des Urgroßvaters und Großvaters des jetzigen Besitzers, von denen wir den ersteren als stattlichen und reich verheirateten Oberstleutnant bei der Garde, den andern als Vater des Junkers vom Regiment von Kalkstein bereits kennengelernt haben. Er wurde bei Kolin durch Arm und Leib geschossen und war der, auf den der alte Zieten die schon vorzitierten Worte bezog: »Gott segne dich und werde so brav wie dein Vater.« Unter diesen beiden Porträts hängt das vortrefflich ausgeführte Ölbild des Feldmarschalls von dem Knesebeck, damals (unmittelbar nach dem Befreiungskriege) noch Generalleutnant in der Okkupationsarmee. Das Porträt zeigt in seiner linken Ecke den Namen: »Steuben; Paris, 1814«, kurze Worte, die genugsam für den Wert des Bildes sprechen.

Aus dem Speisesaale treten wir in das angrenzende Wohnzimmer, wo, über dem Schreibtisch der Dame vom Hause, eine Kopie des Correggioschen Christuskopfes auf dem Schweißtuche der heiligen Veronika unsere Aufmerksamkeit fesselt. Das Original bildet jetzt, wenn nicht neuerdings wiederum Änderungen stattgefunden haben, eine Zierde unseres Berliner Museums. Früher hing es im Wohnzimmer zu Karwe, an derselben Stelle, die sich jetzt mit der bloßen Kopie behelfen muß. Interessant ist es, wie das Original in den Besitz der Familie kam. Der Feldmarschall bereiste, wahrscheinlich 1819, Italien und kam nach Rom. Kurz vor seiner Rückreise wurde ihm von einem Trödler ein Christuskopf zum Verkauf angeboten, dessen hohe Schönheit auch seinem Laienauge auf der Stelle einleuchtete. Er kaufte das Bild für eine ansehnliche Summe. Kaum aber war er im Besitz desselben, als sich das Gerücht verbreitete, eins der italienischen Klöster sei beraubt worden – der Correggiosche Christuskopf auf dem Schweißtuche der heiligen Veronika sei fort. Der nächste Tag brachte die amtliche Bestätigung, und Belohnungen wurden ausgesetzt für die Wiederbeschaffung und selbst für den Nachweis des berühmten Gemäldes. Knesebeck begriff die Gefahr und traf seine Vorkehrungen. Das Bild ward in ein Wagenkissen eingenäht, und der glückliche Besitzer, der bis dahin kaum selber gewußt haben mochte, was er besaß, nahm auf seinem neuen Schatze Platz und brachte so sein schönes Eigentum glücklich über die Alpen. Ich kann nicht sagen, wie lange das Bild in Karwe blieb, mutmaßlich nur kurze Zeit. Jedenfalls nahm das Haus Knesebeck, das zu Anfang des 18. Jahrhunderts von den Hohenzollern ein halbes Dutzend Familienporträts geschenkt erhalten hatte, zu Anfang des 19. Jahrhunderts Veranlassung, den Hohenzollern ein Gegengeschenk zu machen und warf (in aller Loyalität sei es gesagt) einen Correggioschen Christuskopf gegen sechs Pesnesche Kurfürsten unzweifelhaft siegreich in die Waage. Friedrich Wilhelm III. akzeptierte in Gnaden das Geschenk und willigte gern in Erfüllung des einen Wunsches, den Knesebeck bei Überreichung des Bildes geäußert hatte, »daß dasselbe nämlich unwandelbar in der königlichen Hauskapelle verbleiben möge.« Diese Zubewilligung ist indessen im Laufe der Zeit entweder vergessen oder aber aus einem Humanitätsgefühle der Hohenzollern »die nichts Schönes für sich allein haben wollen« absichtlich geändert worden. Das Bild gehört nicht mehr der Hauskapelle, sondern dem Bildermuseum an. Nur bei Gelegenheit der Taufe des jungen Prinzen Friedrich Wilhelm, dessen Geburt im Januar 1859 alle loyalen Herzen in Stadt und Land mit Freudigkeit erfüllte, kam auch der Correggio wenigstens vorübergehend wieder zu seinem zugesagten Recht und wanderte auf vierundzwanzig Stunden aus den Museumssälen in den prächtigen Kuppelbau der Schloßkapelle hinüber. –

Wir machen von den Zimmern des Erdgeschosses aus noch einen Rundgang durch die Räume des oberen Stockwerkes, inspizieren im Hof den historischen alten Kaleschwagen, in dem 1812 der damalige Oberst von Knesebeck die berühmte Reise nach Petersburg antrat, um dem Kaiser Alexander zuzurufen: »Krieg und wieder Krieg! Die Quadratmeilen Rußlands sind die Rettung Europas« – und kehren dann in das Empfangs- und Familienzimmer zurück, dessen bequeme Polsterstühle zu einer kurzen Rast einladen. In diesem Zimmer pflegte Knesebeck auch in seinen alten Tagen noch, die Hände auf dem Rücken und den kurzen Sammetrock durch eine Schnur zusammengehalten, mit großen Schritten auf und ab zu gehen. Hier war die Arbeitsstätte seiner Gedanken, hier, wo er im besten Mannesalter sein Gehirn zersonnen hatte, wie Rettung zu schaffen und dem Feinde seines Landes, zugleich dem Feinde alles echten Lebens siegreich beizukommen sei. Und hier fand er es. Hören wir, was er selber darüber schreibt: »Die Karte von Rußland kam nicht von meinem Pult. Ich sah die unermeßliche Fläche, berechnete die möglichen Märsche des Eroberers, und siehe da, die beiden großen Alliierten Rußlands: der Raum und die Zeit, traten mit einer Lebendigkeit vor meine Seele, die mir keine Ruhe mehr ließ. Zur Gewißheit wurd' es mir: so ist er zu besiegen und so muß er besiegt werden.«

Wir alle wissen jetzt, wie praktisch-richtig das poetisch Geschaute jener nächtlichen Stunden gewesen ist. Das glänzendste Zeugnis aber stellt unserem Knesebeck Napoleon selber aus. Dieser hatte den Knesebeckschen Plan gekannt, aber ignoriert. Im Frühjahr 1813 fand folgende Unterhaltung zwischen ihm und dem bis dahin am preußischen Hofe beglaubigten Grafen von St. Marsan statt. Napoleon: Erinnern Sie sich noch eines Berichtes, den Sie mir im Jahre 1812 von einem gewissen Herrn von Knesebeck geschickt haben? St. Marsan: Ja, Ew. Majestät. Napoleon: Glauben Sie, daß er im gegenwärtigen

Kriege mitfechten wird? St. Marsan: Allerdings glaube ich das. Napoleon: Der Mensch hat richtig vorausgesehen, und man darf ihn nicht aus dem Auge verlieren.

Das war im Frühjahr 1813. Andere Zeiten kamen, der sechsundvierzigjährige Oberst von dem Knesebeck war ein Siebziger geworden, und statt der Karte von Rußland und vorausberechneter Schlachten und Märsche, lagen jetzt die Memoiren derer auf dem Tisch, die damals mit ihm und gegen ihn die Schlachten jener Zeit geschlagen hatten. Nach einer Epoche reichen und tatkräftigen Lebens war auch für ihn die Zeit philosophischer Betrachtung gekommen. Die Leutnantstage von Halberstadt wurden ihm wieder teuer, das Bild des alten Gleim trat wieder freundlich vor ihn hin, und der Mann, der zeitlebens wie ein Poet gedacht und gefühlt hatte, fing als Greis an, auch jenem letzten zuzustreben, das den Dichter macht – der Form. Ähnlich wie Wilhelm von Humboldt in Tegel, saß der alte Knesebeck auf seinem väterlichen Karwe und beschloß ein bedeutendes und ereignisreiches Leben mit dem Konzipieren und Niederschreiben von Sinn- und Lehrgedichten, von Episteln und Epigrammen.

Sprecht mir doch nur immer nicht:
»Für die Nachwelt mußt du schreiben!«
Nein, das lass ich weislich bleiben,
Denn es lohnt der Mühe nicht!
Was die alte Klatsche spricht,
Die ihr tituliert Geschichte,
Bleibt, beseh'n beim rechten Lichte,
Doch nur Fabel und Gedicht,
Höchstens ein Parteigericht.

Das klingt hart, aber wenn irgendwer kompetent war, so war er es. Es nimmt der Wahrheit seines Ausspruches nichts, daß eine leise Bitterkeit seine Sentenzen gelegentlich färbte:

Wie du gelebt, so geh zu Grabe,
Still, prunklos, wenig nur gekannt.
Was du für Welt, für Vaterland,
Für andere hier getan, sei stumme Gabe –
Des Gebers Name werde nie genannt.

So schrieb er am Abend seines Lebens.

Bis tief in die Nacht hinein saß er an seinem Pult. Die schwarze Frau kam und ging, aber das Knistern ihrer Seide störte ihn nicht; er, der dem großen Gespenst des Jahrhunderts mit siegreichen Gedanken entgegengetreten war, war schußfest gegen die Geister.

Ein Jahr vor seinem Tode ward er Feldmarschall. Drei Jahre früher war ihm ein erster Enkel geboren worden, zu dessen Taufe der König versprochen hatte, nach Karwe zu kommen. Er kam nicht, aber statt seiner traf ein Entschuldigungsbrief ein, dessen Namenszug mit Hilfe eines angehängten Schnörkels in ein Wickelkind auslief. Vor diesem Wickelkind, das natürlich den kleinen Knesebeck repräsentieren sollte, stand der König selbst (ein wohlgelungenes Porträt von königlicher Hand) und machte dem Täufling seine Verbeugung. Darunter die Worte: »Vivat et crescat gens Knesebeckiana in aeternum.«

*

Wir verließen das Empfangszimmer und traten wieder in den Park. An einer der schönsten Stellen desselben hatte uns die Gärtnersfrau ein Nachmittagsmahl serviert: saure Milch mit einer überaus einladenden, chamoisfarbenen Sahnenschicht. Um uns her standen einundzwanzig Edeltannen und neigten sich gravitätisch in dem Winde, der ging. Diese einundzwanzig Tannen pflanzte der alte Feldmarschall im Sommer 1821, als die Nachricht nach Karwe kam, daß Napoleon am 5. Mai auf St. Helena gestorben sei. Auch dies Datum schuf noch eine letzte Berührung zwischen den alten Gegnern; der 5. Mai war der Geburtstag Knesebecks, wie er der Todestag Napoleons war.

Unter den Papieren des Feldmarschalls aber fanden sich bei seinem im Januar 1848 erfolgten Hinscheiden nachstehende Zeilen, die der Ausdruck seines Lebens und vielleicht ein treffendes Motto märkischen Adels sind:

Mit dem Schwerte sei dem Feind gewehrt,
Mit dem Pflug der Erde Frucht gemehrt;
Frei im Walde grüne seine Lust,
Schlichte Ehre wohn' in treuer Brust.
Das Geschwätz der Städte soll er flieh'n,
Ohne Not von seinem Herd nicht zieh'n,
So gedeiht sein wachsendes Geschlecht,
Das ist Adels Sitt' und altes Recht.

II

Eine Revue vorm alten Fritz

Es war im Frühjahr 1783, so erzählt der Feldmarschall von dem Knesebeck in seinen Memoiren, und die Truppen, die zur Magdeburgischen Inspektion unter General von Saldern gehörten, hatten unweit der Dörfer Pietzpuhl und Körbelitz, auf der sogenannten Pietzpuhler Heide, anderthalb Meilen von Magdeburg, ein Lager bezogen. Es war gegen Mittag und der König konnte jeden Augenblick eintreffen, da er sehr früh am Morgen von Sanssouci aufzubrechen pflegte. Bekanntlich fuhr er mit Bauerpferde-Relais. Die Reise ging trotz des gräulichen Sandes fortwährend in einer Karriere; was fiel, fiel und wurde nur mäßig vergütigt. Sein Quartier nahm er in einem kleinen Häuschen am Nordwestende des Dorfes Körbelitz.

Sobald er ankam, dies wiederholte sich alljährlich, stieg er zu Pferde und ritt gleich zur Abnahme der Spezialrevue zu den Truppen. Die Regimenter, nach der Anciennetät gelagert, standen dann jedes in folgender Ordnung aufmarschiert. Vor dem ersten Zuge des ersten Bataillons zuerst der Kommandeur des Regiments, zu Fuß mit Esponton (nur die Generale waren zu Pferde), hinter dem Kommandeur die Junker des Regiments, die dem Könige noch nicht vorgestellt waren, hinter den Junkern die Rekruten des Jahres nach der Größe in drei Gliedern aufmarschiert. So erwarteten wir ihn jetzt.

Der schönste Frühlingstag glänzte zu unseren Häupten, die weite Heide war mit Zuschauern zu Wagen und zu Pferde überdeckt und der Kräuterduft des Thymian würzte die Luft. Da sah man eine dicke Staubwolke in der Ferne, die sich uns nahte, und stiller und stiller ward es – je näher sie kam. Es war Friedrichs Wagen; bei Körbelitz angelangt, hielt er. Der König stieg zu Pferde.

Es war ein ungeheuer großer Schimmel, ein Engländer, den er dies Jahr noch ritt. Im nächsten Jahre, oder vielleicht auch erst 1785, kam er auf einem kleinen Litauer-Schimmel, Langschwanz. Sowie er zu Pferde war, setzte er es gleich in Galopp, so daß bei dem weit ausgreifenden großen Tiere das ganze Gefolge hinter ihm Karriere ritt.

So kam der siebzigjährige königliche Greis. Ungefähr dreißig

Schritt vor der Linie parierte er zum Schritt, nahm das Augenglas, sah die Linie von weitem hinunter, ob alles gut gerichtet war, und nun hielt er dicht vor uns Junkern, ein kleiner alter Mann mit ungeheuren großen Augen und durchdringendem Blick.

Er sah uns an, wandte sich zu Saldern, der unweit von ihm zu Pferde war, und sagte: »Saldern, was sollen die vielen Boucles da? eine Boucle ist genug!« – (Es waren ihm nämlich unsere vier mit Talg und Puder eingespritzten steifen Haarlocken aufgefallen, die wir an jeder Seite des Vorderkopfes trugen. Eine große Haarlocke zur Seite war damals gerade Mode, und jeder von uns dachte daher still bei sich: das ist unser Mann! Von diesem Augenblick an verschwanden denn auch diese vier Perücken-Plagelocken und eine trat an deren Stelle.)

Den Krückstock auf den rechten Fuß im Steigbügel gestemmt, fragte er nun die Fahnenjunker, und es kam zu folgendem Gespräch, mit jedem der Reihe nach.

»Wie heißt er?« »Hilitan, Ew. Majestät.« – »Wie heißt er?« und ohne die Antwort abzuwarten, mit immer steigendem ungnädigen Ton ihm folgende Namen gebend: »Kilian, Pelikan, Er ist nicht von Adel?« hob er schon den Stock, um ihn auszustoßen, als dieser ihm zurief: »Ew. Majestät haben mich von den Kadetts hergeschickt; ich bin ein Westpreuße.« – »So!« – Und sei es nun, daß er sich kein Dementi geben wollte, da er ihm dort gut getan hatte, genug, der Stock ward wieder auf die Steigbügel gesetzt. Hilitan aber ward von uns jungen Leuten von jetzt an nie mehr anders als Pelikan oder Kilian gerufen, und behielt diesen Namen, womit ihn Friedrich getauft hatte. – Er nahm übrigens später ein schlechtes Ende und verscholl.

Der zweite hieß Hauteville. Er war aus Sardinien; sein Vater hatte ihn, nachdem er seine Studien vollendet, an Friedrich empfohlen und anvertraut, um in dessen Armee sein Glück zu machen. Als er in Potsdam angekommen war, hatte der König ihn, um deutsch zu lernen, zu den Kadetts geschickt und später zu unserm Regiment. So war er bereits einige zwanzig Jahre alt geworden. Bei uns hieß er »der Papa« und wir fragten ihn wohl zuweilen: wann seine Frau und Kinder nachkommen würden? Er hatte Erlaubnis erhalten, den König zu bitten, ihn bald zu avancieren. Als Friedrich auf die Frage: »Wie heißt er?« seinen Namen hörte, sprach er zu ihm ein paar Worte italienisch, dann französisch, und als Hauteville mit seiner Bitte herausrückte und immer dringender ward, fragte er ihn etwas unwillig in deutscher Sprache: »Ob er denn auch deutsch könne?« und als Hauteville deutsch replizierte: »Kann jetzt alles kommandiere, Ihro Majestät, und bitte untertänigst«, so fiel er ihm in die Rede: »Nun Herr, beruhige er sich doch, ich werd ihn ja nicht vergessen«, und in sechs Wochen war Hauteville Leutnant beim Grenadierbataillon Meusel. Später hat er ein Füsilierbataillon in Schlesien gehabt.

Der dritte hieß Brösicke. Als der König seinen Namen hörte, sagte er bloß: »Er ist aus der Mark« und gleich zum Folgenden:

»Wie heißt er?« – »Suhm, Ew. Majestät.« – Der König: »Sein Vater ist der Postmeister?« – »Ja, Ew. Majestät.« – Der König: »Wenn sein Vater nicht 4000 Taler hat, soll er an mich schreiben.« – Der Vater des Suhm war nämlich schwer blessiert (wenn ich nicht irre, hatte er beide Beine verloren), und hatte die Stelle als Versorgung erhalten. Er war ein Bruder des Suhm, mit dem Friedrich in Korrespondenz war, die gedruckt ist.

Nun kam die Reihe an mich. »Wie heißt er?« – »Knesebeck, Ew. Majestät.« – »Was ist sein Vater gewesen?« – »Leutnant bei Ew. Majestät Garde.« – Der König: »Ach, der Knesebeck!« und mit ganz veränderter, teilnehmender Stimme gleich zwei Fragen hintereinander an mich richtend, fuhr er fort: »Wie geht es denn seinem Vater? Schmerzen ihn seine Blessuren noch?« Mein Vater war nämlich bei Kolin schwer blessiert und quer durch den Leib und Arm geschossen. »Grüß Er doch seinen Vater von mir!« Und als er sich schon wenden wollte, noch einmal sich umsehend und den Zeigefinger der rechten Hand, an welcher der Stock baumelte, emporhebend und mich noch einmal ansehend, sagte er mit gnädiger Stimme: »Vergeß Er es mir auch nicht!« –

Ach, seitdem sind fünfundsechzig Jahre verflossen (so schließt Knesebeck), und ich habe diesen Gruß, der gleich bestellt wurde, da ich Urlaub dazu erhielt, und noch weniger den Ton der Stimme vergessen, mit welchem er gesprochen wurde.

*Lob des Krieges**

Es leb' der Krieg! Im wilden Kriegerleben
Da stählet sich der Mut!
Frei kann die Kraft im Kriege nur sich heben,
Der Krieg, der Krieg ist gut.

Den falschen Freund, der listig Treue heuchelt,
Krieg macht ihn offenbar.
In offner Schlacht das blanke Schwert nicht schmeichelt,
Und jeder Hieb spricht wahr.

Der Krieg ist gut! Er weckt die Kraft der Jugend
Und zieht in seinem Schoß
So manchen Sinn für hohe, wahre Tugend
Zu schönen Taten groß.

Der Krieg ist gut! Er ruft aus feigem Schlummer
Den trägen Weichling auf,
Er lohnt Verdienst, und schafft er manchen Kummer,
Löst er auch manchen auf.

Der Krieg ist gut! Im Reiben seiner Kräfte
Ist für die Welt Gewinn.
Der Krieg macht froh, im Wechsel der Geschäfte
Nimmt er die Grillen hin.

Er lehrt die Kunst, das Leben zu verachten,
Wenn es die Pflicht gebeut,
Und immer nur es als ein Gut betrachten,
Das man der Tugend weiht.

Er lehret uns entbehren und genießen,
Er würzt auch schwarzes Brot –
Und wenn durch ihn auch manche Tränen fließen,
Er gibt den schönsten Tod.

---

* Der alte Feldmarschall von dem Knesebeck hat eine ziemliche Anzahl von Gedichten hinterlassen. Eins der seinerzeit populärsten ist das vorstehende. Es stammt aus den Leutnantstagen in Halberstadt (1792).

Es leb' der Krieg! Wo hohe Kraft nur sieget,
Nicht Trägheit Lorbeern flicht,
Es leb' der Krieg! Unsterblichkeit erfliegest,
Wer durch ihn Palmen bricht.

Es leb' der Krieg! Nur dem geb' er Verderben,
Der frech den Frieden bricht.
Zur Schlacht, zur Schlacht! Wir alle lernten sterben
Für Vaterland und Pflicht.

RADENSLEBEN

Es ist so still; die Heide liegt
Im warmen Mittagssonnenstrahle.
Th. Storm

Erst hab' ich weniger auf dich geachtet,
Jetzt siehst du mich vor deiner Größe beben,
Seit ich »Mariä Himmelfahrt« betrachtet.
Platen

I

Nicht unmittelbar am Ruppiner See, vielmehr eine halbe Meile landeinwärts, liegt Radensleben, seit über zweihundert Jahren ein Quastsches Gut.

Der ursprüngliche Besitz der Quaste oder »Quäste« lag und liegt noch im Westen des Ruppiner Sees, am fruchtbaren Rande des Rhinluches hin. Garz, Vichel, Rohrlack, sind alt-Quastsche Güter, von denen ich in einem spätern Abschnitt erzählen werde, aber über das am Ostufer des Sees gelegene Radensleben sei schon an dieser Stelle berichtet. Alexander Ludolf von Quast erstand es bald nach Schluß des Dreißigjährigen Krieges und gründete neben der Garzer Linie die Linie Radensleben. Sie blüht bis diesen Tag. In einem Zimmer des Herrenhauses, auf dunkelrotem Hintergrunde, hängt streng und ernst das Bildnis Alexander Ludolfs.

Radensleben, das wir in wenig mehr als viertelstündiger Fahrt von Karwe aus erreichen, gilt als eines der schönsten Güter der Grafschaft, und zu seinen weiten Acker- und Wiesenflächen gesellen sich große Forstbestände, die sich zum Teil bis in die

Rheinsberger Gegend hin ausdehnen. Aber was unser Interesse weckt, das ist ein anderes, ist die poetische, beinah absolute Stille, die ihren Zauberkreis um dies Stück Erde zieht.

Das Ruppiner Land ist überhaupt eins von den stillen in unserer Provinz, die Eisenbahn streift es kaum und die großen Fahrstraßen laufen nur eben an seiner Grenze hin; aber die stillste Stelle dieses stillen Landes ist doch das Ostufer des schönen Sees, der den Mittelpunkt unserer Grafschaft bildet und von ihr den Namen trägt. Durchreisende gibt es hier nicht, und jeder, dem man begegnet, der ist hier zu Haus; kein anderer Verkehr als der der Dörfer untereinander, und es bleibt selbst fraglich, ob das Handwerksburschentum in anderen als in verschlagenen Exemplaren an dieser Stelle betroffen wird.

Noch einmal also, keine »Passanten«. Es legt hier nur an, wer landen will.

*

Wir sind unter diesen, fahren eben in die breite, mit prächtigen Bäumen besetzte Dorfstraße ein, und halten vor dem alten Herrenhause, einem geräumigen, aber anspruchslosen Bau, dessen Fachwerkwände die schlichte Art des vorigen Jahrhunderts zeigen. Ein traulich-wohnlicher Zug ist um das Ganze her, und im selben Augenblick, wo wir eintreten, erkennen wir auch, daß das Haus nach gut märkischer Art tüchtiger ist, als es von außen her erschien, und daß seine Fachwerkwände nur eine Hülle sind, hinter der sich ein massiver älterer Bau verbirgt. Zugleich bemerken wir eine doppelarmige Treppe, die breit und mit niedrigen Stufen ansteigend, nach rechts und links hin auf die oberen Korridore mündet.

Es ist warm, und so nehmen wir in der Vorhalle Platz, um die Wohltat von Luft und Licht und den vollen Blick in die Anlagen des Gartens zu haben. Eine künstlerische Hand hat hier unverkennbar die Linien gezogen, und die Frage tritt an uns heran: wer war hier tätig? wer schuf diese Durchsichten? wer richtete diese Statuen auf? wer gab ihnen die malerischste Stelle?

Und nun verlassen wir die Vorhalle wieder, um erst im Erdgeschoß und dann im oberen Stock eine lange Zimmerreihe zu passieren, und siehe da, im reichen Anblick aller hier angesammelten Schätze wird uns zugleich Antwort auf unsere Frage. Kunst, echte Kunst überall. Das gut Märkische schwindet und der Zauber italischer Ferne steigt vor uns auf.

Erst eine Landschaft Blechens, hell, prächtig, fremdländisch.

Der heiße Sonnenschein liegt auf dem schattenlosen Marktplatz und blau dehnt sich das eingebuchtete Meer, an dessen Horizont ein Kuppelturm emporsteigt.

Wie schön! Und indem wir weiterschreiten, tun sich die goldenen Tore des Südens immer herrlicher vor uns auf. Alle Namen, die vor Perugino und Raphael geglänzt, die Schöpfer moderner Malerei, hier sprechen sie zu uns. Giotto und Giottino, Fiesole und Orcagna, Fra Bartolomeo und Pietro Spinello Aretino, die beiden Lippis, vor allem der mächtige Mantegna – alle, die groß waren, ehe die größeren kamen, sie sind hier um uns versammelt. Die Welt der Madonnen erschließt sich uns, und aus ihren Rahmen auf uns niederblickend, tun sie, was sie immer taten, und lächeln Freudigkeit und Hoffnung in unser Herz. Da ist eine »Mutter Gottes anbetend vor dem Kinde«, ein Terracottarelief von Luca della Robbia, und da ist eine zweite (mit einem Stieglitz auf dem Händchen des Christkinds) in der lieblich naiven Art Filippino Lippis. Hier fällt das faltenreiche, lang herabwallende Kopftuch über die ernsten, hoheitkündenden Züge der »Himmelskönigin«, wie Fra Bartolomeo die Jungfrau gemalt, und hier breitet eine Madonna Giovannis da Milano ihren schwarzen, mit rot und Goldbrokat gefütterten Mantel um Päpste, Mönche und Heilige aus und erhebt sich mit ihnen, um ihre Schützlinge mit gen Himmel zu tragen. Selbst das große Bild in der Kirche »Annunziata« zu Florenz, das alljährlich dem anbetenden Volke nur einmal gezeigt wird – künstlerische Begeisterung hat nach flüchtigem Schauen die schönsten Köpfe desselben festzuhalten gewußt, und die hinweggelauschten Bildnisse Marias und des verkündenden Engels, sie haben jetzt eine Stätte hier, in dem stillen Herrenhause der stillen Grafschaft.

Manches Kunstwerk wohl, von dem die Welt nicht weiß, verbirgt sich in märkischen Dörfern. Grabdenkmälern von Rauch und Schadow, von Canova und Thorwaldsen bin ich begegnet, Bilder aller Länder und Schulen seit Papst Julius' Tagen hab ich gesehen – aber Bilder aus den Tagen der Kindheit und Keuschheit aller modernen Kunst, solche Bilder hat nur das Herrenhaus zu Radensleben. Kein anderes märkisches Dorf kennt Fiesole und Mantegna, am wenigsten hat es sie.

Da sind wir wieder in der Halle. Kühle weht, und wir blicken noch einmal hinunter in den Park, hinter dessen Bäumen die Abendröte verglüht. Seine feingezogenen Linien überraschen uns nicht länger mehr. Wo Madonna weilt, da weilt auch die Schönheit.

RADENSLEBEN

II

Nachstehend geb ich eine Aufzählung dessen, was sich im Herrenhause zu Radensleben an Kunstschätzen vorfindet. Ich verweile dabei nur bei dem Bemerkenswertesten.

1. Altitalienische Bilder

1. Madonna hält mit beiden Händen das auf ihrem Schoße sitzende Christuskind. Im Hintergrunde drei Cherubimköpfe. Gewand der Madonna mit reichem Muster modelliert, und sodann vergoldet und bemalt. Flaches Relief aus gebrannter Erde (Terracotta), in reich vergoldetem Rahmen. Dieser hat die Inschrift Ave Maria gratia plena, Dominus tecum. Wahrscheinlich eine Arbeit von Mino da Fiesole. Ein Exemplar, nach derselben Form gegossen, befindet sich im Berliner Museum.

2. Madonna, halbe Figur, anbetend vor dem Kinde; zur Rechten drei Engel, links Johannes. Madonna und Christkind sehr schön. Terracottarelief von etwa zweieinhalb Fuß Durchmesser. Von der Bemalung und Vergoldung sind nur noch schwache Reste vorhanden. Trotzdem ein Prachtstück der Sammlung. Nach der Ansicht Metzgers, eines Kunsthändlers in Rom, durch dessen Vermittlung Herr von Rumohr viele Sachen fürs Berliner Museum ankaufen ließ, von Luca della Robbia. Der einzige Zweifel, den Metzger unterhielt, war der, daß ihm kein Werk des Luca von ähnlicher Schönheit vorgekommen sei.

3. Madonna mit dem Kinde, Johannes und Engeln. Von Fra Filippo Lippi. Wie fast alle folgenden Bilder auf Holz gemalt.

4. Vermählung der heiligen Katharina. Die sitzende Madonna hält auf dem Schoße das Christuskind und neigt sich mit demselben der vor ihr zur Linken knienden heiligen Katharina entgegen, welche vom Christuskinde den Ring empfängt. Eine vorzügliche Arbeit von Sandro Botticelli, einem Schüler des Fra Filippo Lippi.

5. Madonna mit dem Kinde, welches einen Stieglitz in den Händen hält. Ein weißer Schleier fällt unter der Krone der Madonna auf den dunkel schwarzblauen Mantel herab, welcher auf der Brust durch eine Agraffe gehalten, sich seitwärts öffnet und das rote Gewand sehen läßt. Höchst wahrscheinlich von Fra Filippo Lippi, doch in mancher Beziehung an seinen Sohn Filippino Lippi erinnernd.

6. Madonna mit dem Kinde. Wahrscheinlich von Filippino Lippi.

7. Madonna; auf Goldgrund. Sie trägt einen schwarzen Mantel mit rot-goldnem Brokat gefüttert. Unter dem Mantel birgt sie Päpste, Mönche, Heilige. Sehr altes Bild von Giovanni da Milano.

8. Krönung Mariä. Ausgezeichnetes Bild; der Maria in Santa Croce zu Florenz (von Giotto) und ebenso der heiligen Jungfrau in der Brera zu Mailand so nahe stehend, daß es Kenner mehrfach für ein Originalbild von Giotto gehalten haben. Die später erfolgte Reinigung ließ die Jahreszahl 1338 hervortreten, wonach es also zwei Jahre nach Giottos Tode gemalt wurde. Doch zählt es immer zu den ältesten und besten Schulbildern. (Dies Bild befindet sich zur Zeit in Berlin, in der Wohnung der Frau von Hengstenberg.)

9. Maria und der verkündende Engel. Zwei Köpfe, nach dem großen und berühmten Bilde in der Kirche Annunziata in Florenz gemalt. Das große Bild wird alljährlich nur einmal dem Volke gezeigt; der Maler hat diese beiden Köpfe, nach einmaligem Sehen, aus dem Gedächtnis auf die Leinwand gebracht.

10. Madonna. Von Fra Bartolomeo. Aus der Gipfelzeit der Malerei; an Schönheit vielleicht allen Bildern der Sammlung voranstehend. Ein großes dunkles Kopftuch, unter dessen Falten das rote Kleid nur wenig hervorsieht, wallt tief herab. Der Kopf selbst zeigt einen leidenden Ausdruck. Die Formen sind edel, das Ganze voll technischer Vollendung.

11. Christus auf Goldgrund, unter einem Baldachin. In sienesischer Kunstweise, mit grünuntermalten Fleischtönen und aufgesetztem Rot.

12. und 13. Zwei Sepiazeichnungen von Mantegna. Es ist ein Pergamentblatt von ungefähr ein Fuß Höhe und sieben bis acht Zoll Breite, das auf beiden Seiten bemalt ist. Auf der einen Seite erblickt man einen Märtyrer (wahrscheinlich Sankt Jakobus), der von den Seinen Abschied nimmt und sie segnet. Die Zeichnung auf der anderen Seite ist von noch größerer Schönheit. Sie stellt dar: »Der tote Christus von Engeln beklagt.« Das Bild zeigt eine gewisse Verwandtschaft des Ausdrucks und der Behandlung mit dem entsprechenden Mantegnabilde im Berliner Museum. Die erste Seite (Sankt Jakobus, der Abschied nimmt und segnet) ist wahrscheinlich eine Skizze zu dem bekannten Deckengemälde von Mantegna: »Gang zum Richtplatz und Heilung des Gichtbrüchigen« in der Kirche degli Eremitani

in Padua. – Beide Bilder zeigen eine reiche Renaissancearchitektur; was die Art des Vortrags angeht, so ist die eine mehr in gemalter, die andere mehr in gestrichelter Manier. Das Pergamentblatt selbst ist sehr wahrscheinlich aus einem Mantegnaschen Studienbuch genommen.

14. und 15. Zwei Heilige (fast Lebensgröße), halbe Figur, unter Spitzbogeneinrahmung. Wahrscheinlich früher ganze Figur und später abgesägt. In giottesker Manier; vielleicht von Giottino.

16. Ein Apostel (dreiviertel Lebensgröße), halbe Figur. Abgesägt wie das vorige. Nach Metzgers Ansicht mutmaßlich von Orcagna herrührend. Auf der unteren Hälfte des Bildes, aber ebenfalls auf der Vorderseite, befindet sich eine mit weiß konturierte Skizze zu einer Madonna. Diese Skizze ist wenig mehr als fünfzig Jahre alt und hat der Maler derselben das alte Bild lediglich als Untermalung benutzt.

17. Das Gastmahl des heiligen Dominikus. Dominikus setzt sich, mit seinen Mönchen, im Refektorium zu Tisch und erhebt die Hände bittend gen Himmel, während der Bruder Schaffner den leeren Korb umstülpt. Engel erscheinen und bringen Brote. Das sehr beschädigte Bild enthält noch Spuren von großer Schönheit und zierlichster Malerei, namentlich in der Behandlung der Köpfe. Es ist ein Bild von Fiesole. Metzger hat es auf das Bestimmteste dafür erklärt.

18. Ein kleiner Altar mit Vorgängen aus dem Leben des heiligen Laurentius.

19. Die Begegnung des Paulus und Petrus von Pietro Spinello-Aretino.

20. Verschiedene Madonnen des vierzehnten und fünfzehnten Jahrhunderts, teils aus gotischer, teils aus früher Renaissancezeit.

2. Anderweitige Bilder und Kunstschätze

1. Eine Handzeichnung von Dürer. Der dornengekrönte Christus vor dem Tode auf dem Kreuze sitzend. Auf grauem Papier angetuscht und meisterlich mit weiß aufgehöht. Mit Dürers Monogramm und der groß in Weiß aufgesetzten Jahreszahl 1519. Aus der ehemalig Crennerschen Sammlung erstanden (siehe Waagens Reisen durch Deutschland). Soll früher in Besitz des letzten Fürstabts von St. Emmeran gewesen sein.

2. und 3. Zwei schöne kleine Landschaften von Huysmans; in Poussinscher Art komponiert. Dunkel, viel Braun und tiefes Blau des Himmels. In Saftigkeit und Frische an dunklere Bilder Claude Lorrains erinnernd.

4. Friedrich II. Die inkorrekte Inschrift lautet: L'auriginal a Eté fait d'après le Roy, par Amadée van Loo. Anno 1766.

5. Porträt Blüchers. Wahrscheinlich von Weitsch.

6. Marktplatz von Ravello bei Amalfi. Von Blechen. Links eine hohe Mauer mit einem rundbogigen Eingang in eine Kirche. Auf dem Markt eine schöne Fontäne und in einiger Entfernung ein einzelner Baum, in dessen Schatten Lazaronis lagern. Rechts der Blick auf das dunkelblaue Meer. Der Kontrast zwischen der glühenden Sonne und der kleinen Schattenpartie am Brunnen ist sehr schön.

7. Zwei Arbeiten von Bouterweck.

a) Eine Sibylle. (Ölbild, sehr dunkel.) Ein Herd mit geheimnisvollen Zeichen und allerhand Zauberhölzern. Die Sibylle selbst liest in einem geheimnisvollen Buch, während es auf dem Herde braut und kocht. Krieger kommen, um sie gefangen zu nehmen.

b) Die Furien tragen die Leiche der Klytemnästra zum Orkus. Orest, Pylades und Iphigenia blicken dem finstren Zuge nach. Sepiaskizze, aufgehöht mit weiß; eine sehr ausgezeichnete Arbeit.

8. Der Daumen (von Marmor) einer übermenschlich großen Figur. Die letztere, auf Sizilien gefunden, gehörte dem südlichsten Teile der Ostreihe der Tempel in Selinus an, deren übrige, im Museum zu Palermo befindlichen Skulpturen, der Blütezeit der griechischen Kunst (fünftes Jahrhundert) angehören. Damals wurden vielfach die unbedeckt bleibenden Teile des Körpers: Kopf, Hände, Füße, an die Figur angesetzt, und zwar waren Kopf, Hände, Füße von Marmor, während die Figur selber von bloßem Kalkstein war. Es läßt sich annehmen – um so mehr, als man deutlich erkennt, daß dieser Daumen nicht etwa abgebrochen ist –, daß er ebenfalls einer solchen Figur angesetzt war. Ob diese Figur die Tempelstatue selber oder eine der Statuen der Giebelfelder war, ist natürlich nicht mehr festzustellen. Rauch konnte die vollendete Schönheit und Natürlichkeit dieses Fragments nicht genug bewundern.

3. Schinkelsche Jugendarbeiten

aus der Zeit von 1796 bis 1803

Diese von Schinkel aus der Zeit von seinem fünfzehnten bis zu seinem zweiundzwanzigsten Jahre herrührenden Arbeiten waren früher in Berlin und über die Grafschaft Ruppin hin zerstreut (einen Hauptteil besaß Herr von Rathenow in Berlin) und wurden durch den verstorbenen Geheimrat von Quast auf Radensleben allmählich gesammelt. Sie bilden eine Kollektion von relativ hervorragendem Wert. Ihre künstlerische Bedeutung, einige Blätter abgerechnet, ist nicht groß, desto größer aber ist ihre kunsthistorische. Den Entwicklungsgang Schinkels von frühauf zeigend, ergänzen sie das, was das Schinkelmuseum an Arbeiten des Meisters bietet, in einer nicht leicht zu überschätzenden Weise.

Es sind Federzeichnungen, sowie Bilder und Skizzen in Tusche und Gouache.

Federzeichnungen:

1. Kopie nach Rembrandt. 1796.
2. Medaillonkopf Friedrichs des Großen.
3. Juno.
4. Pallas Athene.
5. Porträt.
6. Zwei Köpfe.

(3.–6.: Wahrscheinlich aus 1796 oder 1797.)

7. Säulenkapitäle, dorische, ionische, korinthische.
8. Rousseau-Grotte.
9. Die Kränzliner Kirche. 1804.

(1804 war er noch in Italien. Die Jahreszahl ist also entweder nicht richtig, oder das Blatt rührt von jemand anderem her.)

In Tusche:

1. Kopie nach Hogarth.
2. Seelandschaft.
3. Seelandschaft. Berlin 1797.
4. Landschaft mit Pyramide. 20. August 1797.
5. bis 8. Vier kleine Landschaften, alle aus dem Jahre 1797.
9. Größere Landschaft.
10. Ruinen des alten Theben. 1798.

11. Felsenhöhle. In bunter Tusche.
12. Remter in Marienburg. In bunter Tusche.
13. Saal der Fünfhundert in Paris. In bunter Tusche.
14. bis 20. Landschaften in schwarzer Tusche. Aus den Jahren 1798 und 1799.
21. Landschaft in bunter Tusche.
22. und 23. Grabdenkmäler in schwarzer Tusche*.
24. Landschaft in rotbrauner Sepia.

In Gouache:

1., 2. und 3. Kleine Landschaften. 1797. Sehr sauber ausgeführt.
4. Neapel. 1798.
5. Potsdam bei Sonnenaufgang von Babelsberg aus. 1798.
6. Landschaft. Albumblatt. 1799.
7. dito. 1799.
8. Entwurf einer Gartenpartie. 1800.

Zu diesen Bildern gesellen sich schöne Sammlungen von Münzen und Gemmen, vor allem zahlreiche Wappen mit Handzeichnungen und Skizzen interessanter Architekturen in Deutschland, Frankreich und Italien. In bezug auf Preußen ist diese Sammlung höchstwahrscheinlich die vollständigste, die existiert; sie umfaßt alle Provinzen, besonders Rheinland, Mark, Ost- und Westpreußen.

---

* Ein solches von Schinkel herrührendes Grabdenkmals- oder Mausoleumsbildchen besitze ich ebenfalls. Vielleicht das einzige Blatt, was aus der Epoche von 1796 bis 1799 außer den Radenslebenschen Blättern noch existiert. Es stellt einen nach zwei Seiten hin von dunklen Baumpartien eingeschlossenen Bau dar. Nach links hin öffnet sich der Blick auf eine kleine Landschaft, die dem Beschauer zugekehrte Langseite des Mausoleums aber trägt die Inschrift: »Tranquillitati« und darunter ein sauber ausgeführtes Basrelief, Pluto und Proserpina, zu deren Füßen ein Bittender kniet. Es ist rechts in der Ecke mit »Schinkel 99 fecit« bezeichnet. Dies Bildchen (neun Zoll breit, fünf Zoll hoch) befand sich in Händen des Küsters in Darritz, eine halbe Meile von Kränzlin, dem es wahrscheinlich als sein Erinnerungsstück aus der Kränzliner Pfarre zugefallen war. Er hat es mir später überlassen.

NEU-RUPPIN

I

Ein Gang durch die Stadt. Die Klosterkirche

> Lieblich weht's vom See herüber,
> Leise, langsam, wie verdrossen
> Ziehen still die Wolken drüber,
> Gleichen Schritts mit unsern Rossen...
> Drüben liegt im Sonnenscheine
> So ein alt und sauber Örtchen,
> Kirch' und Turm von rotem Steine,
> In der Mauer Ausfallpförtchen.
>
> *George Hesckiel*

Wir kennen jetzt das Süd- und Ostufer des Ruppiner Sees, haben Wustrau und Karwe und Radensleben durchstreift und schicken uns nun an, der alten Hauptstadt dieses Landesteiles unseren Besuch zu machen, der Stadt Ruppin selbst, die dem See, woran sie liegt, wie der ganzen Grafschaft den Namen gegeben hat. In schräger Linie kreuzen wir, nachdem wir Karwe und seine Uferstation wieder erreicht haben, die an dieser Stelle ziemlich breite Fläche, laben uns, die Julisonne zu unseren Häupten, an der feuchten Kühle des Wassers und traben endlich, nach glücklicher Landung, in offenem Wagen die kahle, staubige Chaussee entlang, unsere Regenschirme als Schutz- und Schattendächer über uns. Grau wie die Müllertiere erreichen wir die Stadt, sehen mit geblendeten Augen anfänglich wenig oder nichts und atmen erst auf, als wir vor dem Gasthofe zum Deutschen Hause halten und freundlich bewillkommt in die Kühle des Flures treten. Moselwein und Selterwasser stellen hier unsere Lebensgeister wieder her und geben uns Mut und Kraft, eine erste Promenade zu machen und dem Pflaster der Stadt zu trotzen. In unseren dünnsohligen Stiefeln werden wir freilich mehr denn einmal an jenen mecklenburgischen Gutsbesitzer erinnert, den seine revoltierenden Hintersassen auf spitzen Steinen hatten tanzen lassen.

Ruppin hat eine schöne Lage – See, Gärten und der sogenannte »Wall« schließen es ein. Nach dem großen Feuer, das nur zwei Stückchen am Ost- und Westrande übrigließ (als wären von einem runden Brote die beiden Kanten übriggeblieben), wurde die Stadt in einer Art Residenzstil wieder aufgebaut. Lange, breite Straßen durchschneiden sie, nur unterbrochen durch stattliche Plätze, auf deren Areal unsere Vorvordern selbst wieder kleine Städte gebaut haben würden. Für eine reiche Residenz voll hoher Häuser und Paläste, voll Leben und Verkehr, mag solche raumverschwendende Anlage die empfehlenswerteste sein, für eine kleine Provinzialstadt aber ist sie bedenklich. Sie gleicht einem auf Auswuchs gemachten großen Staatsrock, in den sich der Betreffende, weil er von Natur klein ist, nie hineinwachsen kann. Dadurch entsteht eine Öde und Leere, die zuletzt den Eindruck der Langenweile macht.

Die Billigkeit erheischt hinzuzufügen, daß wir es unglücklich trafen: das Gymnasium hatte Ferien und die Garnison Mobilmachung. So fehlten denn die roten Kragen und Aufschläge, die, wie die zinnoberfarbenen Jacken auf den Bildern eines berühmten Niederländers (Cuyp) in unserm farblosen Norden dazu berufen scheinen, der monotonen Landschaft Leben und Frische zu geben. Alles war still und leer, auf dem Schulplatze wurden Betten gesonnt, und es sah aus, als sollte die ganze Stadt aufgefordert werden, sich schlafen zu legen.

Aber nicht die Öde und Stille der Stadt haben uns zu beschäftigen, sondern ihre Sehenswürdigkeiten, klein und groß. Treten wir unsere Wanderung an. Vor dem malerisch im Schatten hoher Linden gelegenen Rathaus, in dessen Erdgeschoß sich auch die Hauptwache befindet, ruht auf leichter Lafette eine 1849er Kriegstrophäe, während in Front des stattlichen Gymnasialgebäudes (auf das wir weiterhin in einem eignen Kapitel zurückkommen) die Bronzestatue König Friedrich Wilhelms II. aufragt, die die Stadt nach dem großen Feuer von 1787 ihrem Wiedererbauer errichtete. Das in etwas mehr denn Lebensgröße hergestellte Bildnis ist eine Arbeit Friedrich Tiecks, gedanklich wenig bedeutend, aber in Form und Haltung jenes künstlerische Maß bekundend, das, wo andere Vorzüge fehlen, selbst schon wieder als Vorzug gelten kann.

Mehr als dies Denkmal nimmt unsere Aufmerksamkeit die alte Klosterkirche in Anspruch, die sich an der Ostseite der Stadt in unmittelbarer Nähe des Sees erhebt und das einzige Gebäude von Bedeutung ist, das bei dem mehr erwähnten großen Brande verschont blieb. Diese Klosterkirche ist ein alter, in gotischem Stile aufgeführter Backsteinbau aus der Zeit um 1250 und gehörte dem unmittelbar daneben gelegenen Dominikanerkloster zu, von dem seit Restaurierung der Kirche auch die letzten Spuren verschwunden sind. Über diese Restaurierung selbst gibt eine die halbe Wand des Kirchenschiffs bedeckende Inschrift folgende Auskunft: »Dieses Gotteshaus wurde seit dem Jahre 1806 wiederholt durch feindliche Truppen entweiht und verfiel während des Krieges dergestalt, daß es über 30 Jahre nicht für den öffentlichen Gottesdienst benutzt werden konnte. Durch Königliche Gnadenwohlthat wurde dieses erhabene Denkmal ächt Deutscher Kunst und Frömmigkeit seiner eigentlichen Bestimmung zurückgegeben, indem es auf Befehl Sr. Majestät Friedrich Wilhelm's III. wiederhergestellt und in Gegenwart seines Nachfolgers, Sr. Majestät Friedrich Wilhelm's IV., feierlich eingeweiht wurde am 16. Mai 1841.«

Über dieser Inschrift befindet sich eine andere aus der zweiten Hälfte des sechzehnten Jahrhunderts, worin die Überweisung dieser Kirche seitens des Kurfürsten Joachims II. an die Stadt Ruppin ausgesprochen wird. Ähnliche Notizen im Lapidarstil gesellen sich hinzu und mindern in etwas den Eindruck äußerster Kahlheit und Öde, woran die sonst schöne Kirche bedenklich leidet. Dies Verfahren, durch Inschriften zu beleben und anzuregen, sollte überhaupt überall da nachgeahmt werden, wo man zur Restaurierung alter Baudenkmäler schreitet. Selbst Leuten von Fach sind solche Notizen gemeinhin willkommen, dem Laien aber geht erst aus ihnen die ganze Bedeutung auf. Und zu diesen Laien gehört vor allem die Gemeinde selbst. Ohne solche Hinweise weiß sie selten, welche Schätze sie besitzt. Ja, das Maß der Unkenntnis und Indifferenz ist so groß, daß es denen zu denken geben sollte, die nicht müde werden, von dem Wissen und der Erleuchtetheit unserer Zeit zu sprechen. Auffallen muß namentlich, wie absolut nichts unser Volk von der vorlutherischen Periode seiner Geschichte weiß. Man kennt weder die Dinge, noch die Worte dafür, und unter zwanzig Leuten auf dem Lande wird nicht einer wissen, was der »Krummstab« sei. In der Ruppiner Klosterkirche fragte ich die Küsterfrau, welche Mönche hier wohl gelebt hätten?, worauf ich die Antwort erhielt: »Ich jlobe, et sind kattolsche gewesen.«

Die Ruppiner Klosterkirche wird in der oben zitierten Inschrift ein »erhabenes Denkmal ächt Deutscher Kunst« genannt, was richtig und nicht richtig ist, je nachdem. Die Mittelmark, im Gegensatze zur Altmark und dem Magdeburgischen, ist im ganzen genommen so wenig hervorragend an Baudenkmälern aus der gotischen Zeit, daß keine besondere Schönheit nötig war, um mit unter den schönsten zu sein.

Das Innere der Kirche, trotz seiner Inschriften, ist immer noch gerade kahl genug geblieben, um sich der »Maus und Ratte« zu freuen, die der den Deckenanstrich ausführende Maler in gewissenhaftem Anschluß an eine halb legendare Tradition an das Gewölbe gemalt hat. Die Tradition selbst aber ist folgende. Wenige Tage, nachdem die Kirche, 1564, dem lutherischen Gottesdienst übergeben worden war, schritten zwei befreundete Geistliche, von denen einer noch zum Kloster hielt, durch das Mittelschiff und disputierten über die Frage des Tages. »Eher wird eine Maus eine Ratte hier über die Wölbung jagen«, rief der Dominikaner, »als daß diese Kirche lutherisch bleibt.« Dem Lutheraner wurde jede Antwort hierauf erspart; er zeigte nur an die Decke, wo sich das Wunder eben vollzog.

Unser Sandboden hat nicht allzuviel von solchen Legenden gezeitigt, und so müssen wir das Wenige wert halten, was überhaupt da ist.

Die Klosterkirche ist eine Schöpfung Gebhards von Arnstein, Grafen zu Lindow und Ruppin. Dies mag uns, im nächsten Kapitel, zu einer kurzen Besprechung dieses berühmten Geschlechtes führen.

2

Die Grafen von Ruppin

> Die Särge seiner Ahnen
> Standen die Hall' entlang.
> Es stand an kühler Stätte
> Ein Sarg noch ungefüllt,
> Den nahm er zum Ruhebette,
> Zum Pfühle nahm er den Schild.
>
> *Uhland*

Friedrich Wilhelm III., wenn er im Auslande reiste, liebte es, unter dem Namen eines »Grafen von Ruppin« sein Inkognito zu wahren. Auch andere königliche Hohenzollern haben ein Gleiches getan, Friedrich der Große z. B. als er kurz nach seiner Thronbesteigung eine Reise nach Bayreuth und in die westfälischen Landesteile machte. Diese Tatsache mag es rechtfertigen, wenn wir uns auch heute noch, wo der letzte jenes alten Grafengeschlechtes längst zu seinen Vätern versammelt wurde, die Frage vorlegen: wer waren die Grafen von Ruppin?

Mit den erobernden Anhaltinern kamen auch die thüringisch-mansfeldischen Grafen von Arnstein in die Marken und wurden früher oder später mit Lindow* und Ruppin belehnt. Bis ins dreizehnte Jahrhundert hinein nannten sich die so neubelehnten Grafen immer nur bei ihrem alten Geschlechtsnamen: Grafen von Arnstein, und nahmen später erst den Titel der »Grafen zu Lindow« an. Grafen zu Ruppin wurden sie jederzeit nur irrtümlich und ausnahmsweise genannt, da das Ruppiner Land eine Herrschaft und keine Grafschaft war. Wir aber, ohne historisch-genealogische Skrupel, folgen der später allgemein gewordenen Sitte und sprechen in nachstehendem von den »Grafen zu Ruppin.«

Die Grafen zu Ruppin waren die mächtigsten Vasallen der brandenburgischen Markgrafen und auch die treuesten wohl. In einem Zeitraume von drei Jahrhunderten schwankten sie nur einmal, und zwar in der zweiten Hälfte des vierzehnten Jahrhunderts, als die Verwirrungen der bayerisch-luxemburgischen Periode durch das Auftreten des falschen Waldemar ihren Gipfelpunkt erreicht hatten.

Die Ruppiner Grafen waren anders wie andere im Lande. War es nun der Umstand, daß sie, als mächtigste Lehnsträger, ebenso oft fast neben den Markgrafen als unter ihnen standen, oder waren es in Kraft erhaltene Traditionen aus dem alten Kulturlande Thüringen her, gleichviel, ihr Auftreten hatte wenig gemein mit der Haltung des halb rauflustigen, halb bäuerischen Landadels um sie her, und die Künste des Friedens standen ihnen höher als jenes Waffenhandwerk, das sich selber Zweck ist oder gar einem fremden Interesse dient.

»Streitbare Grafen«, comites bellicosissimi, werden sie zwar gelegentlich in alten Urkunden genannt, und die Geschichte, wie nicht verschwiegen werden soll, erzählt sogar von einzelnen, die südlich im Mailändischen und nördlich auf der Heide von Schleswig als Krieger geglänzt, aber das Glück war ihnen selten hold und schien sie durch Nichterfolge belehren zu wollen, daß ihr Schlachtfeld ein anderes sei. Sie waren mit am Cremmer Damm (1334) und wurden geschlagen, sie zogen in ihren vielfachen Fehden mit den Pommerherzögen regelmäßig den kürzeren und Graf Otto – der tapferste, der bei Falköping an der Seite des Schwedenkönigs Albrecht gegen die »schwarze Marga-

* Dies Lindow ist nicht das märkische Städtchen gleichen Namens, zwei Meilen östlich von Ruppin, dessen Klosterruinen bis diesen Tag höchst malerisch zwischen dem Wutz- und dem Gudelacksee liegen, sondern die Grafschaft Lindow in der Nähe von Zerbst.

rete« stritt – teilte das Schicksal seines königlichen Freundes und wurde mit ihm geschlagen und gefangen. Und wie die Schicksale des Hauses, so schien auch die Natur selber die Ruppiner Grafen auf ein anderes Feld als das des Krieges verweisen zu wollen, denn während es von den Grafen zu Pappenheim heißt, daß sich auf ihrer Stirn zwei blutrote Schwerter gekreuzt hätten, erzählt der Chronist von den Ruppiner Grafen nur, »daß sie mit einem Loch im Ohrläppchen geboren worden seien.« Welch entschiedener Hinweis auf das zartere Geschlecht!

Sie waren nicht comites bellicosissimi, aber sie waren sicherlich, wie sie in anderen Urkunden genannt werden, viri nobiles et generosi. Feine Sitte und wahre Frömmigkeit zeichneten sie aus; sie standen fest zur Kirche, und »Mitleid und Guttätigkeit« waren erbliche Züge. Graf Ulrichs Sprichwort hieß:

Hew ick Geld, so mütt ick gewen
Andre Stände mütten ock lewen;

und als vorher oder nachher ein anderer Graf Ulrich hinausgetragen wurde, sang man im ganzen Lande Ruppin:

Ullrich, det was en gode Herr
Schade, dat he lewt nich mehr.

Aber die Ruppiner Grafen begnügten sich nicht mit »Frömmigkeit und Guttätigkeit«, sondern verfügten auch über apartere Züge. Graf Waldemar war ein passionierter Tourist, wenn man ein so modernes Wort will gelten lassen, und Graf Burchard, ein Freund des dichterischen Markgrafen Otto mit dem Pfeil, dichtete selbst und turnierte mit Versen so gut wie mit Lanzen. Das war damals nicht Landesbrauch in den Marken, und nur die Grafen von Ruppin, in deren Adern noch thüringisches Blut floß, konnten derlei Dinge wagen. Spärliche Zeilen aus Burchards Dichtertum sind auf uns gekommen, Worte, die er an Elisabeth, sein »geliebt Gemahl« gerichtet hat. Sie lauten:

Fulget Elisabeth et floret inter uxores
Quas Rupina fovet clarissimas inter sorores,
Haec mea Lux, mea spes per omnes inter nitores.

Also etwa:

Es leuchtet Elisabeth unter den Frauen
Wie Ruppin unter seinen Schwestern zu schauen,
Mein Trost, meine Hoffnung, um drauf zu bauen.

Die Ruppiner Grafen waren von ihrem ersten Auftreten an Männer von Welt, von Wissen, von Voraussicht und Klugheit, und da sich derartige Elemente, wie durchaus wiederholt wer den muß, in damaliger Zeit hierlandes schwer betreffen ließen, so war ihre vorzüglichste Wirksamkeit in aller Bestimmtheit vorgezeichnet: es waren ritterliche Herren, aber vor allem Hofleute, Diplomaten. Sie kannten und übten die schwere Kunst der Nachgiebigkeit und wußten zwischen Festigkeit und Eigensinn zu unterscheiden. Daher begegnen wir ihnen oft auf den Reichstagen in Konstanz und Worms, als Begleiter und Berater ihrer markgräflichen Herren, und wo es einen Streit zu schlichten gab, da waren die Ruppiner Grafen die Vertrauensmänner beider Parteien, und das Schiedsrichteramt lag, wie erblich, in ihren Händen.

Sie waren ein bevorzugtes, hochvornehmes Geschlecht, ein Ge schlecht vom feinsten Korn, aber eines mußten sie vermissen – die Liebe ihrer Untertanen. Haftitius, der Chronist, erzählt uns: »die Grafen waren fromm und demütig und guttätig, aber waren doch wenig geliebt und geachtet trotz aller Gütigkeit. Denn obwohl die Herren Grafen oftmals den Rat und die fürnehmsten Bürger zu Neuen-Ruppin mit ihren Weibern und Kindern zu Gaste geladen und unter den Bäumen zwischen Alten- und Neuen-Ruppin haben Maien-Lauben machen und Tänze aufführen lassen, sie auch wohl traktieret und alles Liebste und Beste ihnen angetan, so sind doch Rat und Bürger den Herren Grafen immer entgegen gewesen.«

Woran es lag, wer die Schuld trug – wer mag es sagen? Kaum Vermutungen lassen sich aussprechen. Einen ersten Grund zu Zerwürfnissen gaben vermutlich die Geldverhältnisse des gräflichen Hauses, die, zumal im Laufe des fünfzehnten Jahrhunderts, von Jahrzehnt zu Jahrzehnt immer zerrütteter wurden. Rat und Bürgerschaft mußten aushelfen, die Verpfändungen begannen; so ging der Glanz des Hauses hin, und mit dem Glanz endlich Ansehen und – Liebe. Alles sank hin, zuletzt das Geschlecht selber.

Der letzte war Graf Wichmann, geboren 1503 auf dem alten Seeschloß zu »Alten-Ruppin«. Kaum vier Jahre alt, verlor er beide Eltern, und nur die Großmutter, Anna Jakobine, eine geb. Gräfin von Stolberg-Wernigerode, stand neben dem verwaisten Kinde. Sie war eine stolze, herrschlustige Frau, und während Johann von Schlabrendorf, Bischof zu Havelberg, nur dem Namen nach die Vormundschaft führte, führte sie Anna Jakobine in Wirklichkeit. Während der Zeit dieser Vormundschaft, im Jahre 1512, fand zu Ruppin auch jenes große, mehrfach beschriebene Turnier statt, das damals im ganzen Lande von sich reden machte und mit einer Pracht begangen wurde, wie sie weder in Berlin noch zu Cölln an der Spree bis dahin gesehen worden war. Kurfürst Joachim erschien mit einem reichen Gefolge von bewaffneten Rittern und dreihundert Speerreitern, und mit dem Kurfürsten kam sein Bruder, der Kurfürst Albrecht von Mainz. Die Kurfürstin kam in einer vergoldeten, mit Atlas bedeckten Kutsche (der ersten, deren in Norddeutschland Erwähnung geschieht) und wurde von zwölf anderen Wagen, die mit purpurfarbenen Decken behangen waren, in welchen »das Hof-Frauenzimmer« saß, begleitet. Ihnen folgten die Herzöge Heinrich und Albrecht von Mecklenburg, Johann und Heinrich von Sachsen, Philipp von Braunschweig, die Bischöfe von Havelberg und Brandenburg und andere Fürsten mehr. Der Kurfürst und der Herzog Albrecht von Mecklenburg erwiesen sich als die stärksten und gewandtesten beim Turnier. Da die Bewirtung so vornehmer Gäste wohl nur kleineren Teils durch die Stadt und vorwiegend aus dem gräflichen Säckel erfolgte, so ist es nicht unwahrscheinlich, daß die gedachte Ehre den finanziellen Ruin beschleunigte.

1520 starb der Bischof von Havelberg, und der siebzehnjährige Wichmann wurde mündig erklärt. Der Druck großmütterlicher Autorität hatte die rasche Entwicklung seiner Gaben nicht zurückhalten können, und der Kurfürst selbst war es, der dem früh herangereiften Grafen, trotz seiner Minderjährigkeit, die Verwaltung des väterlichen Erbes anvertraute. War doch der Kurfürst selbst mit fünfzehn Jahren zur Herrschaft über die Marken gelangt. Graf Wichmann nahm denn auch den Hans von Zieten zu Wildberg zu seinem geschwornen Rat und ging 1521 im Gefolge des Kurfürsten auf den Reichstag zu Worms; aber der Stern des Hauses stand im Niedergang und sein Erlöschen war nah. Zu dem Schwinden von Hab und Gut, zu jeder äußeren Zerrüttung gesellte sich, wie es scheint, auch eine zerrüttete Gesundheit. Wodurch zerrüttet, steht dahin. Der Graf war ein Freund der Jagd und der Frauen, wenigstens erklärt sich nur so die erste Strophe des alten, weiterhin mitgeteilten Liedes.

Auf der Jagd war es auch, wo ihn die tödliche Krankheit befiel. Verschiedene seiner Hofleute rieten zu einem Arzt, aber in Neuen-Ruppin war keine ärztliche Hilfe zu beschaffen (die

Städte Ruppin, Wusterhausen und Gransee hatten seit 1466 einen gemeinschaftlichen Bader) und einen Arzt von Berlin herbeizuholen, dazu war man bereits zu arm. Das Fieber wuchs, und um es zu bekämpfen, heizte man, similia similibus, das Zimmer des Kranken wie einen Backofen und gab ihm Met und Wein. Er starb schon nach wenigen Stunden. Die alte Gräfin, Anna Jakobine (gest. 1526), die ihn unbeschadet ihrer Herrschsucht von Herzen geliebt hatte, war untröstlich über den Tod des Enkels, und die Mönche in Ruppin beklagten den Verlust in folgendem Lied:

Der edle Herr Wichmann zog jagen aus,
Eine falsche Frau ließ er zu Haus
Mit ihren vergüldeten Ringen.

»Ach Kersten, lieber Jäger mein,
Mir ist von Herzen allzu weh,
Ich kann nicht länger reiten.«

Sie machten ihm die Stube heiß,
Darinnen ein Bett war weich und weiß,
Drin sollte der Herre ruhen.

Sie schenkten ihm Met und schenkten ihm Wein,
Das nahm dem Herrn das Leben sein,
Dem edlen Herrn Wichmanne.

»Großmutter und lieb Schwester mein,
Steckt in meinen Mund ein Tüchelein
Und kühlt doch meine Zunge.

Daß ich nun von Euch scheiden soll,
Das machet all' der bittre Tod;
Wie gern noch möcht ich leben.«

Ein schwarzer Wagen, drin legten sie ihn,
Sie führten zu Nacht ihn nach Ruppin,
Sie begruben ihn in das Kloster.*

---

* Über der alten Gruft der Grafen zu Ruppin in der im vorigen Kapitel ausführlicher erwähnten Klosterkirche, standen folgende von der Hand der Mönche herrührende Reimzeilen:

Sie schossen ihm nach sein Helm und Schild,
Sie hingen auf sein Wappenbild
Am Pfeiler im hohen Chore.

Die alte Gräfin murmelte still:
»O weh, o weh, mein liebes Kind,
Daß ich hier steh – die Letzte.«

Wenige Tage nach dem Tode Graf Wichmanns erschien Kurprinz Joachim (der spätere Joachim II.), um dem Leichenbegängnis beizuwohnen und die Untertanen in Eid und Pflicht zu nehmen. Das Lehn war erledigt und die Herrschaft Ruppin ward als Kreis in die Kur- und Mittelmark eingereiht. Die Hohenzollern aber gesellten von jenem Tage an zu der stattlichen Reihe ihrer anderen Namen und Titel auch noch den eines »Grafen von Ruppin«.

3

Die Zeit unter den Grafen. Bis zum Dreißigjährigen Krieg

Nun fahre wohl, Landfriede! nun, Lehndienst gute Nacht!
Es herrscht der freie Ritter, der alle Welt verlacht.

All die Zeit über, namentlich während des vierzehnten und fünfzehnten Jahrhunderts, hatte Ruppin, wie die Mehrzahl der märkischen Städte, seine Fehden mit dem umwohnenden Adel, Fehden, zu denen sich von Zeit zu Zeit auch innere städtische Streitigkeiten und sogar Volksausbrüche gegen das Gebahren der niederen Geistlichkeit gesellten.

Hierunner is der edlen Herrn van Lindow Grafft
Van Olders hefft se gewerket Godes Krafft,
Dorch oren (ihren) Veddern Broder Wichman,
Want hy allererst huff (hub) dat Kloster an.
Greve Ghenerd, de uns de Stede hefft gegeven
Van synet und alle synes geslechte wegen,
De is de erste, de syn Graff hie hefft ghekaren.
Gott geve dat erer aller Sylen nimmer werden verlaren.

In den Kämpfen zwischen der Stadt und dem Landadel spielte die sogenannte »Kuhburg«* eine Rolle. Sie stand auf den Kahlenbergen, eine Meile nördlich von der Stadt, auf dem Wege nach Rheinsberg, und diente zunächst als »Lug ins Land«. Rückten die Feinde an, so gab der Wächter sein Zeichen und die Bürger, die gemeinhin als Besatzung in diesem Turme lagen, brachen nun mit ihren Knechten und Reisigen hervor, teils um das Vieh zu retten, teils um dem Angriff zu begegnen. Zu nachhaltigen Unternehmungen kam es selten, besonders nachdem beide Parteien die Nutzlosigkeit einer ernsteren Kriegführung erprobt hatten. Die Adligen, nach vielfach gescheiterten Versuchen, waren ebenso abgeneigt, die wohlverwahrte Stadt** anzugreifen, als die

* Diese »Kuhburg« existierte noch im Anfange des vorigen (18.) Jahrhunderts; später wurde sie abgetragen und ihr Mauerwerk bei Aufführung des Ruppiner Rathauses mit verwandt. Solcher »Kuhburgen« (d. h. Burgen oder Türme zum Schutz der Viehherden, besonders der Kühe) gab es damals viele in der Mark und noch heute lassen sich einzelne derselben nachweisen. Sie sollten vor Gefahr schützen, aber vor allem sie rechtzeitig erkennen lassen. Deshalb lagen diese Warten in der Regel so hoch wie möglich; am vorteilhaftesten war der »Lug ins Land« bei Gransee gelegen. (Die zwei oder drei einzeln stehenden Türme, denen man noch jetzt auf dem Wege nach Rheinsberg begegnet und die gelegentlich auch wohl als solche »Warten« angesehen worden sind, sind aus verhältnismäßig neuer Zeit und dienten als Fanaltürme, als nächtliche Wegweiser, wenn Kronprinz Friedrich in raschem Ritt von Ruppin nach Rheinsberg zurückkehrte.)

** Alle Städte der Grafschaft: Ruppin, Gransee, Wusterhausen, Rheinsberg, waren außerordentlich fest. Was Ruppin angeht, so zogen sich dreifache Wälle - die an der Nordwestseite bis diese Stunde wohl erhalten sind und eine besondere Zierde der Stadt bilden - um die hohe Mauer herum, die von fünfundzwanzig Wachthäusern besetzt war. An Gewappneten war kein Mangel. Die Stadt hatte acht Hauptleute und neben einer Art Miliz auch noch eine Anzahl berittener Knechte, die mit Handbüchsen, Panzern, Kaskets und Seitengewehren bewaffnet waren. Die Bürger waren durchgängig zum Kriegsdienst verpflichtet und mit Armbrüsten, Spießen und Lanzen bewaffnet. Eigentliche Söldner oder Lanzknechte kommen vor 1520 in den Kämmereiregistern nicht vor. Die Kriegsgerätschaften werden ohne Ausnahme in Ruppin verfertigt. Die Stadt hatte ihren Schwertfeger oder »Armbostyrer« (auch Harnswischer oder Harnsputzer genannt), ihren »Pulvermeker«, der das Büssen-Krut und Büssen-Lodt (Pulver und Blei) herzustellen hatte, endlich ihren Büchsenmeister, der die »groten und kleinen Büssen« (Kanonen und Gewehre) gießen und in Stand halten mußte. Zu jedem der fünfundzwanzig Wachthäuser gehörte eine »Büsse« oder auch zwei. Die Stadt konnte, nach einer mäßigen Berechnung, fünfhundert Gewappnete ins Feld stellen. Aber dennoch hören wir, historisch verbürgt, von keiner einzigen eingenommenen Burg. Nur die Tradition erzählt von einigen wenigen Fällen derart (z. B. Kränzlin).

Bürger eine Scheu hatten, sich an der Einnahme unzugänglicher »Sumpfburgen« zu versuchen. Die immer bedrohte Sicherheit hatte auf beiden Seiten zu einem ausgebildeten Defensivsystem geführt, und während jetzt der Grundsatz gilt: »daß der Angriff stärker sei als die Verteidigung«, galt damals das Umgekehrte. So begnügte man sich mit Überfällen, bei denen die Bürger insoweit den kürzeren zogen, als ihr Handel und Wandel ein größeres und bequemeres Angriffsobjekt bot. 1365 und 1386 werden in einem Ruppiner Schloßregister die gefürchtetsten Feinde aus der Umgegend genannt. Es sind: Tacke de Wontz, Reinecke von Gartz, Wedego von Walsleben, Lüdecke von Winterfeld, Claus von Winterfeld und Hans von Lüderitz. Die drei erstgenannten Familien sind ausgestorben.

Es kamen selbstverständlich auch »stillere Zeiten«. Aber wenn in diesen die Fehde ruhte, so ruhte doch selten der Groll im Herzen, und aller Orten, wo Adel und Bürger bei Wein und Bier, bei Spiel und Festlichkeit zusammen kamen, war immer Gefahr vorhanden, die alte Fehde neu ausbrechen zu sehen. Die bitterste der Art, die lange nachwirkte, fiel in die zweite Hälfte des fünfzehnten Jahrhunderts. Es verhielt sich damit wie folgt.

In einem Wirtshause Ruppins saßen Adlige und Bürger beieinander; man trank, man schwatzte, aus dem Schwatzen wurde Streit, ein Adliger zog seine Waffe und stach einen der Bürger nieder. Die Tat wurde ruchbar auf der Stelle, und die Stadt, die damals noch ihre eigene Gerichtsbarkeit hatte, ließ den Übeltäter greifen, gefangen setzen und verurteilte ihn zum Tode durch das Schwert. Als das Urteil und die zur Vollziehung festgesetzte Zeit unter dem Adel der Umgegend bekannt wurde, versammelten sich die Edelleute dicht vor dem Tore in der Nähe der Richtstätte, um ihren Standesgenossen zu befreien. Der Rat jedoch, der davon Kunde erhielt, traf seine Maßregeln. Er hielt das Außentor verschlossen und ließ dem Verurteilten zwischen dem Außen- und Innentor (»nahe bei dem ersteren, damit die Ritter es hören könnten«) den Kopf abschlagen. Dann wurde das Außentor geöffnet und die Edelleute durften den Leichnam ihres gerichteten Standesgenossen zur Bestattung mit sich nehmen. Der Adel klagte bei dem Markgrafen, wahrscheinlich bei Albrecht Achill, und der Stadt, der in diesem Falle trotz ihrer eigenen Gerichtsbarkeit die Pflicht obgelegen hätte, eine höhere Instanz anzurufen – wurde als Strafe auferlegt: hinfort keinen freien Adler mehr im Wappen zu führen, sondern einen verkappten. Noch bis zu Anfang des vorigen (18.) Jahrhunderts deutete ein eisernes Kreuz zwischen Außen- und Innentor die Stelle an, wo die Stadt, über ihr Recht hinaus, einen ihrem Gericht nicht unterstellten Adligen vom Leben zum Tode gebracht hatte.

Ob der »verkappte Adler« den Ruppinern ein besonderes Herzeleid angetan, stehe dahin, jedenfalls aber sahen sie sich von härteren und fühlbareren Folgen betroffen, als sie, bei anderer Gelegenheit, ebenfalls ihren Rechtseifer nicht gezügelt und an einem Geistlichen, an dem Diakonus Jakob Schildicke, eine »rasche Justiz« geübt hatten. Die Sache war die:

In der Stadt Ruppin, wie in der Umgegend, waren seit einiger Zeit Diebstähle aller Art verübt worden; Geld, Tuch, goldene und silberne Geräte wurden sowohl aus Privathäusern wie aus Kirchen entwendet. Verdacht entstand gegen diesen und jenen, verschiedene wurden eingezogen; alle jedoch mußten wieder entlassen werden, weil die Untersuchung nichts gegen sie ergab. Endlich setzte der Magistrat eine Haussuchung fest, von der auch die Geistlichen, deren Ruppin damals gegen fünfzig zählte, nicht ausgeschlossen blieben. Und wirklich, in der Wohnung des Jakob Schildicke fand man das gestohlene Gut. In seinem geistlichen Ornate ward er ins Gefängnis geführt und sein eigenes Geständnis, das am andern Tage erfolgte, überzeugte die Richter von seiner Schuld. Aber dies eigene Geständnis genügte nicht und durch Glockenläuten wurde das Volk zusammengerufen, um unter Gottes freiem Himmel ein ordentlich Gericht zu halten und die Strafe für diesen seltenen Verbrecher festzusetzen. So wollten es Richter und Magistrat. Das Volk indes war gegen jeden Aufschub, und verlangte stürmisch und ohne gesetzliche Prozedur die augenblickliche Hinrichtung. Zwei Bürger, Koppe Königsberg und Heinrich Keller, wurden durchs Los zu Vollstreckern gewählt (man hatte damals, wenigstens in den kleineren Städten, noch keinen Nachrichter) und Jakob Schildicke hing am Galgen, ehe noch eine Stunde vergangen war. Dies Stück Volksjustiz – dem entgegenzutreten Richter und Magistrat nicht die Macht hatten – rief innerhalb der gesamten Geistlichkeit einen Sturm des Unwillens hervor, die Bischöfe von Havelberg und Brandenburg brachten es vor den Papst und Ruppin ward in den Bann getan. Handel und Verkehr stockten, die Tore waren wie gesperrt, und jeder Ruppiner, der sich außerhalb der Stadt betreffen ließ, war vogelfrei. Es kostete viel demütiges Bitten, eh' endlich, nach sechs Jahren, die Absolution erwirkt werden konnte, der umwohnende Adel aber fand es bequem, keine Notiz von der Freisprechungsbulle zu nehmen und seine Angriffe, unter dem Titel: »im Dienst der Kirche«, fortzusetzen.

Die Frage entsteht: Wie stellten sich die Grafen, die doch die nächstoberste Macht im Lande waren, zu all diesen Übergriffen? Waren sie nie zur Hand, um die Städte gegen den Adel, und nie zur Hand, um den Adel gegen die Städte zu schützen? Es scheint, daß ihnen früh der Zügel der Herrschaft entfiel; mühsam sich selber bei Ansehen haltend, waren sie viel zu schwach, um in jedem gegebenen Falle, gleichviel nun wie sich die Rollen tauschten, das Recht des Schwächeren gegen den Stärkeren wahrzunehmen.

Schutz und Ordnung kamen erst in diesen Landesteil, als ein neues, lebendiges Regiment an die Stelle des alten, hinfälligen trat, mit anderen Worten, als die Hohenzollern – nach dem Tode des letzten Grafen Wichmann – das Ruppiner Land als Lehn eingezogen und sich selber als die Herren desselben etablierten. Dies war 1524, wie wir gesehen.

Es kam nun ein Jahrhundert rasch wachsender Prosperität. Die Stadt wußte sich den Hohenzollern zu verpflichten und empfing dafür, neben der Bestätigung alter Privilegien, neue Freiheiten und Vorrechte. Die Zünfte und Innungen waren stark besetzt und Handel und Verkehr blühten unter den Joachims, wie es die Stadt nie vordem gekannt hatte. Der Dreißigjährige Krieg, der wenige Jahrzehnte später dem allen ein Ende machte, warf keine voraufziehenden Schatten in die Ruppiner Gemüter, ahnungslos lebte jeder dem Augenblick und an die Stelle der kriegerischen Erregtheit, in die einst die nachbarlichen Fehden die guten Bürger von Ruppin versetzt hatten, traten jetzt die friedlicheren Aufregungen, zu denen abwechselnd eine Predigt gegen die Pluderhosen oder eine dem Kurfürsten zu leistende »Huldigung« einen immer erwünschten Anlaß gaben.

Die erste Huldigung, die Stadt und Grafschaft nach dem Tode des letzten Grafen (1524) dem damaligen Kurprinzen Joachim darbrachten, war entweder von besonderer Nüchternheit oder die Aufzeichnung faßte sich allzu kurz. Desto mehr erfahren wir über die Huldigung, die, gegen Ausgang desselben Jahrhunderts, die Ruppiner dem Kurfürsten Joachim Friedrich leisteten. Kaspar Witte, einer der beiden Bürgermeister, hat den Hergang selbst beschrieben. Es heißt darin:

Am 23. Juni 1598 kamen der Kurfürst samt Gemahlin zur Huldigung nach Neu-Ruppin; mit ihnen waren die Kanzlei und der Hofstaat. Der ganze alte und neue Rat, dazu die Deputierten von Wusterhausen und Gransee, von Lindow, Zehdenick und Alt-Ruppin, als sie hörten, daß der kurfürstliche Zug die Grenze überschritten habe, fuhren auf drei Wagen bis an den Egelpfuhl, um daselbst Se. Durchlaucht zu begrüßen. Nachdem sie zwei Stunden gewartet hatten, kam der Kurfürst. Der Rat und die Deputierten gingen ihm vierzehn bis sechzehn Schritte entgegen. Er gab jedem die Hand. Der Kanzler Johann von Löben (der Schwiegervater des später so berühmt gewordenen Konrad von Burgsdorf) stellte sich darauf neben den Wagen, und der regierende Bürgermeister, Andreas Berlin, hielt eine lange Rede und überreichte die Schlüssel der Stadt. Der Kanzler antwortete in einer kurzen Rede. Nun bewegte sich der Zug langsam in die Stadt. Der Magistrat und die Deputierten begleiteten den kurfürstlichen Wagen auf beiden Seiten zu Fuß, ungeachtet es stark regnete, wofür sie aber durch die Unterhaltung mit Sr. Durchlaucht schadlos gehalten wurden. Vom Rosengarten bis zum Rathause stand die Bürgerschaft in zwei Reihen, unter ihnen einhundertundfünfzig »Buntröcke« oder Soldaten, welche Ehrenschüsse taten. Darauf speiste der Kurfürst samt seiner Gemahlin auf dem Rathause; ihnen zunächst saßen die beiden durchnäßten Bürgermeister, Andreas Berlin und Kaspar Witte. Es herrschte ein heiterer ungezwungener Ton und Graf Hunert von Zerbst, der dazumalen kurfürstlicher Hauptmann auf dem Seeschloß von Alt-Ruppin war, »brachte viel Scherz und launige Rede an, von Jungfern und Frauen, von Ehebrecherei und anderer Löffelei«. (Unser Gewährsmann Bratring, dem wir diese Stelle entnehmen, bemerkt dazu vorwurfsvoll, daß angenehme Zweideutigkeiten also auch damals schon in gebildeter Gesellschaft betroffen worden seien.)

Die Anwesenheit des kurfürstlichen Paares dauerte zwei Tage. »Der Magistrat hatte die sämtliche Dienerschaft beschenkt, zugleich aber mit allen Köchen und Kammerknechten sich gezankt« und war deshalb froh, als am dritten Tage die Huldigungsfeierlichkeiten vorüber waren.

Wenn Bürgermeister und Deputierte, wie wir aus dieser Kaspar Witteschen Relation ersehen, sich mit »Köchen und Kammerknechten zankten«, so stiegen sie, in besonderer Erwägung dessen, was es damals mit dem Ruppiner Magistrat auf sich hatte, eigentlich tief unter sich selbst herab, denn nach anderen Berichten, die uns vorliegen, hatte Ruppin, etwa um dieselbe Zeit, wo Joachim Friedrich zur Huldigung erschien, nicht mehr und nicht weniger als sein augusteisches Zeitalter. Die Stadt, so bemerkt der Chronist, trat eben damals in eine Periode ein, die wir mit Recht die gelehrte nennen dürfen. Der Adel, in dessen Händen bis dahin sich die vorzüglichsten Magistratsstellen befunden hatten, ging auf seine nachbarlichen Güter zurück und statt seiner nahmen »gelehrte und berühmte Männer« die erledigten Sitze ein. Ruppin entfaltete sich zu einem Beschützer der Musen und freien Künste, und die Kämmereiregister aus dem Schluß des sechzehnten Jahrhunderts geben uns Auskunft darüber, in welcher Weise das Mäzenatentum der Stadt damals nachgesucht und betätigt wurde. Im Jahre 1573 überschickte Nikolaus Rensperger, Künstler und Mathematiker zu Halle, einen geschickt gearbeiteten Quadranten und empfing »dreiunddreißig Groschen« nebst einem Dankesschreiben; – die meisten Arbeiten aber, die eingingen, waren literarisch-theologischer Natur und wurden in artigster Form entgegengenommen. Petrus Sinapius aus Gartz schickte sein gelehrtes Carmen »de Sanctis Angelis« (1580), Balthasar Leutinger überreichte 1585 sein Werk »de Principio theologico«. Die Honorare, die zur »Ermunterung ferneren Fleißes« bewilligt wurden, waren nicht bedeutend, Petrus Sinapius erhielt zwei Gulden sieben Groschen, Balthasar Leutinger ein Gulden und elf Groschen; wie bescheiden aber auch diese Ehrensolde sein mochten, sie hatten ihren Wert und ihre Bedeutung in der Vergleichung untereinander. Die eigentlichen belles lettres, so scheint es, kamen schon damals zu kurz und George Pondo, der, unter dem Titel »der Knabenspiegel« eine Komödie zu überreichen wagte, erhielt seine Arbeit zurückgesandt unter einfacher Beifügung von sechs Groschen.

Wie seltsam diese Dinge, besonders auch diese Summen uns heutigen Tages erscheinen mögen, sie waren weder kleinlich noch komisch zu ihrer Zeit, und das gelehrte Ruppin von 1570, indem es auf ein halbes Jahrhundert in den Rang und Reigen deutscher Universitätsstädte eintrat, genoß vorübergehend die Ehren eines literarischen Tribunals. Erst der Dreißigjährige Krieg machte dem allen ein Ende. Einzelnes aus jener Unglücksepoche gebe ich später, namentlich in dem Kapitel Gottberg.

4

Andreas Fromm

Hispansche Mönche, öffnet mir die Tür! ...
Laßt hier mich ruh'n, bis Glockenton mich weckt.
Platen

In der Epoche des »gelehrten Ruppin« war es, daß Andreas Fromm, nicht der gekannteste, aber höchst wahrscheinlich der gelehrteste Mann, den die Ruppiner Lande hervorgebracht haben, um 1615 geboren wurde, nach einigen in der Stadt Ruppin selbst, nach andern in dem benachbarten Dorfe Plänitz. Ich lasse gleich eingangs folgen, was ich über den Lebensgang dieses mit der Kirchengeschichte der Mark in engem Zusammenhange stehenden Mannes in Erfahrung bringen konnte. Dieser Lebensgang, wie fast immer bei Künstlern und Gelehrten, zeigte im großen und ganzen keine Verkettung äußerlich interessanter Lebensschicksale. Fromms hervorragende Teilnahme jedoch an den theologischen Streitigkeiten der Paul-Gerhardt-Zeit, sein Übertritt zum Katholizismus, um diesen Streitigkeiten zu entgehen, endlich seine angebliche, wenn auch durchaus nicht erwiesene Verfasserschaft der Lehninschen Weissagung, machen sein Leben zu einem Gegenstande, der Anspruch darauf hat, an dieser Stelle beschrieben zu werden.

Andreas Fromm, nachdem er die lateinische Schule in Ruppin und Perleberg, schließlich das »graue Kloster« in Berlin besucht hatte, studierte Theologie in Frankfurt und Wittenberg, wurde Rektor in Alt-Damm, bald darauf Professor der Philosophie am Gymnasium zu Alt-Stettin und sah sich 1651 plötzlich und ohne vorgängige Schritte seinerseits von Berlin aus als Propst an die Petrikirche berufen. Er nahm auch an. Mitglieder des Berlin-Cöllner Magistrats hatten ihn wenige Monate früher, während eines Besuches in der Hauptstadt, im Hause seines Vetters, des Archidiakonus Johannes Fromm, kennengelernt, und der Eindruck, den er bei dieser verhältnismäßig flüchtigen Begegnung gemacht hatte, war bedeutend genug gewesen, um bei eintretender Vakanz sich seiner in erster Reihe zu erinnern.

Unser Fromm trat, bewillkommt von Magistrat und Gemeinde, in sein neues Amt ein; drei Jahre später, 1654, ward er zum Mitgliede des geistlichen Konsistoriums ernannt, das damals aus dem ersten Konsistorialrat Joh. George Reinhardt (nicht zu verwechseln mit dem starren Lutheraner, Archidiakonus Elias Sigismund Reinhart), aus dem Hofprediger Stosch, dem Kammergerichtsrat Seidel und Andreas Fromm bestand. Gottfried Schardius war Protonotar.

Die ersten Jahre vergingen verhältnismäßig in Frieden, die von ihm gehegten Erwartungen erfüllten sich, und alle gleichzeitigen Zeugnisse sprechen sich in hohem Maße günstig über seine Gaben und seine Wirksamkeit als Prediger und Seelsorger aus. Er übernahm freiwillig den Religionsunterricht in den oberen Klassen des Cöllnischen Gymnasiums, benutzte die wöchentlichen Betstunden, die Bibel vorzulesen und zu erklären, stellte mit seinen Geistlichen Disputationen an und erwies sich dabei, mehr als es den Eiferern hüben und drüben lieb war, als ein Mann des Friedens, der Versöhnung und des schönen Maßes, dem es am Herzen lag, das echt biblische Christentum an die Stelle des schroff-lutherischen und schroff-calvinistischen zu setzen.* Als Lutheraner geboren und erzogen, stand er freilich

---

* In einem Gutachten, das der Kurfürst eingefordert hatte, schrieb er im wesentlichen wie folgt: »Ew. Kurf. Durchlaucht fragen, welchergestalt die lang disiderierte christlich-brüderliche Verträglichkeit gestiftet werden könne. Ich halte dafür, das würde helfen, daß beide Teile eine Zeitlang das Streiten ließen, legten beiderseits ihre Partikular-Konfessionen eine Weile an die Seite, nähmen die Bibel und gingen damit zurück in die ersten fünfhundert Jahre der Christenheit, täten, als wenn sie zu derselben Zeit lebten, da diese Spaltung noch nicht war, setzten sich in Demut zu den Füßen der bewährtesten heiligen Väter ... und suchten aus der Väter Lehren, nach Anweisung des Vicentii Lirinensis, das zusammen, quod ubique, quod semper, quod ab omnibus creditum est, womit dann z. B. fortfallen würde, was Augustinus über Gnadenwahl und Prädestination Hartes gesagt hat ... Täte man so, man würde in kurzer Zeit von Luther und Calvin und Formula Concordiae wenig mehr hören, und was die neuen Lehrer auseinander gepredigt haben, das würde Gott durch die alten Lehrer bald wieder zusammenbringen.«

Die Formula Concordiae (»Konkordienformel«) ist, wie es der Name anzeigt, ein Einigungsbuch, in dem sich die Lutheraner über gewisse Streitfragen einigten, und feststellten, was hinfüro in betreff dieser Fragen das Richtige sein solle und was nicht. Dies Einigungsbuch, das aus einem kürzer abgefaßten und einem weiter ausgeführten Teile (die aber beide dieselben Fragen behandeln) besteht, wurde, auf Veranlassung des Kurfürsten August von Sachsen, von zwölf lutherischen Theologen ausgearbeitet und 1580 veröffentlicht. Zweck war: das Eindringen einzelner calvinistischer Lehren in das Luthertum zu verhindern. Es sind elf Streitfragen, worüber die Formula Concordiae Festsetzungen trifft. Die wichtigsten sind: die Lehre von der Erbsünde, vom freien Willen, von den guten Werken, vom heiligen Abendmahl und von der Vorherbestimmung und Gnadenwahl. Die Konkordienformel, in ihrer Bekämpfung dessen, was sie calvinistische Irrlehre nennt, betont selbstverständlich die leibliche Gegenwart Christi im heiligen Abendmahl und lehnt sich gegen die Prädestinationslehre auf. Wer sich zur Formula Concordiae bekannte, hatte dadurch seine Gegnerschaft gegen den Calvinismus ausgesprochen.

innerhalb der lutherischen Kirche, aber ohne von der Unantastbarkeit einzelner den Streit nährender und zum Teil erst in nach-lutherischer Zeit vereinbarten Glaubenssätze durchdrungen zu sein. Die »Formula Concordiae«, die von den Wittenbergischen Ultras als Palladium der reinen Lehre verehrt und als ein rechter Prüfstein für das volle Maß der Rechtgläubigkeit angesehen ward, erschien ihm lediglich als eine unselige Scheidewand zwischen Lutheranern und Calvinisten. Er glaubte, wenn nicht an eine Verschmelzung, so doch an eine Versöhnung der beiden Konfessionen, an die Möglichkeit eines einträchtigen Nebeneinandergehens und beklagte deshalb die unerbittliche Rechthaberei der Lutheraner, deren Starrsinn (um die Mitte des siebzehnten Jahrhunderts, wo der Streit neu aufzuleben begann) die Möglichkeit einer Ausgleichung oder auch nur eines gegenseitigen sich Geltenlassens immer weiter hinausrückte.

Widerstand nun schon dieser Starrsinn überhaupt seiner ganzen, zu Nachgiebigkeit und Kompromiß geneigten Natur, so widerstrebten ihm ganz besonders die Formen, in denen lutherischerseits der Streit geführt wurde. Die Wittenberger, die Formula-Concordiae-Männer, die damals noch keineswegs die Unterdrückten waren und eher Zwang übten als litten, die Wittenberger, sage ich, waren ihm einfach zu derb, und ihre Parteischriften erfüllten ihn mit Abneigung und Unbehagen. Titel, wie: »Eine unzeitige, abgeschmackige, falsche Prophetenfeige und synkretistische, dicke, fette General-Lüge, welche sich neuerdings eingefunden hat usw.«, waren damals in der polemischen Literatur der Wittenberger an der Tagesordnung, und Ausrufe wie: »die Calixtiner sind verdammt«, wurden allsonntäglich auf den Berliner Kanzeln gehört. Diakonus Heinzelmann an der Nikolaikirche, einer der größten Eiferer, predigte damals wörtlich: »So verdammen wir denn die Papisten, die Calvinisten und auch die Helmstädter. Mit einem Worte, wer nicht lutherisch ist, der ist verflucht.« Das war nicht ein Auftreten, das dem feineren Sinn unseres Fromm gefallen konnte; Gesinnung wie Sprache waren ihm ein Schmerz und ein Greuel, und er schrieb, als ihm jene Heinzelmannschen Worte hinterbracht worden waren, an den Hofprediger Bergius: »Ach, lieber Gott, wo will doch solche Teuffelei endlich hinaus.«

Keineswegs geneigt, wegen einzelner offener Fragen rundab mit dem Luthertum zu brechen, aber verletzt durch die Art, in der sich das orthodoxe Luthertum tagtäglich äußerte, bildete sich bei ihm wie von selbst eine gewisse Hinneigung zu den Reformierten aus. Sie waren die feineren Leute und deshalb seinem Wesen näher verwandt. Man kann auch heute noch, innerhalb der politischen Welt, vielfach dasselbe beobachten. Konservative wie Liberale, die zufällig in ihrem zunächst gelegenen Kreise nur gröblich gearteten Elementen ihrer eigenen Partei begegnen, ziehen es vor, in Leben und Gesellschaft mit ihren Gegnern zu verkehren, sobald sie wahrnehmen, daß diese Gegner ihnen in Form und Sitte näher verwandt sind. Die Verschiedenartigkeit der Ansichten kann zwischen feineren Naturen unter Umständen zu einem Bindemittel werden, aber grob und fein schließen einander aus. So ähnlich war es mit unserem Fromm. Das Maßvollere, das dem Schmähen und Schimpfen Abgeneigtere, das die Calvinisten (was sonst auch ihre Mängel sein mochten) vor den zelotischen Wittenbergern auszeichnete, tat seiner Natur wohl, und aus dieser Empfindung heraus gestaltete sich alsbald ein Freundschaftsverhältnis zu einigen der reformierten Geistlichen, ganz besonders zum Hofprediger Stosch. Leider sollte dasselbe nicht zu seinem Glücke führen. Die vertraulichen Briefe, die er durch Jahre hin an Stosch richtete und die alle darauf hinausliefen, den Eigensinn und die Untoleranz der Wittenberger zu verurteilen, entschieden später, als das Verhältnis zwischen den Freunden sich zu trüben begann, über sein Schicksal.

Diese Trübung des Verhältnisses konnte aber schließlich kaum ausbleiben, ja der Entwicklungsgang, den der Kirchenstreit in unserem Lande nahm, führte direkt darauf hin. Wir werden sehen wie.

Die Lutheraner hatten, um ein schon oben gebrauchtes Wort zu wiederholen, eine Reihe von Jahren hindurch eher Zwang geübt als Zwang gelitten. Aber dies änderte sich. Auf die siegreichen Jahre der Formula Concordiae folgten die bittern Jahre des »Revers«, mit dem es in Kürze die nachstehende Bewandtnis hatte. Der Kurfürst, der Zänkereien müde, deren tiefere Bedeutung er nicht einsah, entschloß sich zu einem energischen Vorgehen gegen den immer lauter werdenden Unfrieden in der Kirche. Er erließ Edikte »gegen das unnötige Eifern, Gezänk und Disputieren der Geistlichen auf den Kanzeln«, Edikte, zu deren Inhalt und sachlicher Berechtigung die Geistlichen sich durch Unterzeichnung eines Reverses bekennen mußten.* Der

---

* Solche »Reverse« existierten in verschiedener Fassung. Eine Formel lautete wie folgt: Daß Wir Endes benannte Prediger bei der Lutherischen Kirchen zu Berlin in Unserm Lehr-Ambte bey den Glaubens- und Lebens-Lehren, und

Schritt war vielleicht unvermeidlich und das Harte, was darin lag, zum guten Teile wohlverdient, dennoch war es ein Zwang, der auf einen Schlag die ganze Sachlage umgestaltete und aus denen, die bis dahin die Drückenden gewesen waren, plötzlich die Gedrückten machte. Ein Notschrei ging durch das Land, Städte- und Ständeversammlungen protestierten gegen die kurfürstliche Forderung, aber ohne Erfolg. Der Kurfürst bestand auf den Revers. Viele unterzeichneten; andere weigerten sich, legten ihr Amt nieder und gingen außer Landes. Unter diesen letzteren war beispielsweise Paul Gerhardt.

So war der allgemeine Verlauf, und die Frage entsteht: Wie stellte sich unser Andreas Fromm zu dieser veränderten Sachlage? Die Antwort kann nicht zweifelhaft sein. Fromm, der dem Zelotismus der Wittenberger jahrelang voll Unwillen und Unbehagen den Rücken gekehrt und den Duldungsprinzipien der Reformierten sich zugewandt hatte, mußte das leis geknüpfte Band auch wieder lösen, als er erkannte, daß die Reformierten ihren Sieg nur erfochten hätten, um schließlich eine noch härtere Unduldsamkeit zu üben, als die der Wittenbergischen Eiferer gewesen war. Er war, wie wir gesehen haben, eine auf Freiheit, Maß und Schönheit gestellte Natur, und jede Art der Bedrükkung ihm gleich verhaßt. Mehr denn einmal wurde er Zeuge der Gewissensangst, die einzelne Geistliche bei Unterschrift des Reverses empfanden, und der Entschluß reifte in ihm heran, sich

---

namentlich auch in denen zwischen Uns und den Reformirten schwebenden streittigen Puncten bey Dr. Lutheri Meinung und Erklährung, wie selbige in Augustana Confessione und deren Apologia enthalten, und demnach auch in Gemeinschaft der Allgemeinen Lutherischen Kirchen beständig zu bleiben gemeint seien, jedoch aber bei Tractirung der gedachten Controversien Uns zugleich unverbrüchlich halten wollen, wie in den Churft. Brandenburgischen Edictis de anno 1614, 1662 und 1664 Uns anbefohlen ist, Solches thun wir mit diesem eigenhändig unterschriebenen Revers angeloben, urkunden und bekennen.

Diese Edikte, die sich untereinander ergänzen, verboten das Studieren in Wittenberg, ordneten Rückberufung der dort Studierenden innerhalb drei Monaten an und äußerten sich in betreff der Zänkereien wie folgt: »So mögen denn die Wittenberger sich des unseligen Verdammens und Verketzerns, sowie der Verhöhnung der Personen und aller höhnischen Vorstellung ihrer Lehren enthalten und sich also bezeigen, daß sie neben der Wahrheit auch den Frieden suchen, und die brüderliche Liebe unter den Christen eher erwecken als dämpfen.« Ähnliche Ermahnungen, besonders aber die Aufforderung, gewisse Hypothesen nicht als die alleinige Wahrheit anzusehen, kehren in den Edikten vielfach wieder. Es war unbedingt hart für die Lutheraner, darüber einen »Revers« ausstellen zu sollen.

gegen diese Bedrückung aufzulehnen. Die Gelegenheit bot sich bald. Johann Müller, Prediger zu Ribbeck, der einer Streitsache wegen vor das Konsistorium geladen war, sollte bei dieser Gelegenheit unterschreiben und weigerte sich dessen mit der Versicherung, »daß die Unterschrift wider sein Gewissen sei«. Als man immer heftiger in den erschrockenen Mann eindrang, konnte sich Fromm nicht länger halten. Er erklärte es für Unrecht, einen Revers zu fordern, wenn jemand sein Gewissen dadurch beschwert fühle, und brach zuletzt in die Worte aus: »Vim patitur Ecclesia Lutherana«, die Lutherische Kirche leidet Zwang.

Dies Wort, von einem Mitgliede des Konsistoriums inmitten einer Sitzung derselben ausgesprochen, konnte nicht verfehlen, ein außerordentliches Aufsehen zu machen. Es wurde dem Kurfürsten hinterbracht. Dieser, der wie es scheint unserem Fromm wohlwollte, verlangte nur, »daß das Scandalum hinweg genommen und die Äußerung vonseiten des Propstes als eine Übereilung anerkannt werde«. Aber hierzu konnte sich Fromm nicht verstehen. Er schrieb an den Kurfürsten, er habe anfangs, da er noch auf Toleranz zwischen den beiden Parteien gehofft, das Unheil, das nun herauskomme, nicht vor Augen gesehen und habe zugegeben, soviel das Gewissen nur zugeben könne. Nunmehr aber sei er, re diu et accurate pensitata, der Ansicht, daß die begehrten Reverse von den Lutherischen nicht mit gutem Gewissen ausgestellt werden könnten. »Ich bitte«, so schließt er, »um Gottes und so vieler geängstigten Gewissen Willen, Ew. Churfürstliche Durchlaucht erbarme sich doch und überhebe sowohl die Prediger als die Ordinandos des Reverses, und lasse uns doch in Gnaden widerfahren, was den Päpstlichen nicht versaget wird.«

Nach dieser Erklärung wurde Fromm aus dem Konsistorium entlassen. Die Beziehungen zwischen ihm und den Reformierten waren abgebrochen, und was das Schlimmste war, auch das Luthertum zeigte sich abgeneigt, demjenigen, der so lange sein wenigstens scheinbarer Gegner gewesen war, jetzt goldene Brükken zu bauen. Es gab nur ein Mittel, eine kirchliche Gemeinschaft wieder zu gewinnen und dies Mittel hieß: Widerruf, Lossagung von aller Synkretisterei und Glaubensvermengung. Fromm, vergeblich nach einem anderen Ausweg suchend, war endlich bereit, unter das Joch hinwegzugehen, aber er mochte das beschämende Wort des Widerrufs wenigstens nicht in Berlin, nicht innerhalb seiner alten Umgebung sprechen. Auch stand der reformierte Stosch mit den Frommschen Briefen im Hintergrund und wartete auf einen éclat. Diesen »Eclat« wollte Fromm unter allen Umständen vermeiden. So verließ er denn heimlich die Stadt, am 20. Juli 1666, in der er jahrelang, wie selbst seine Gegner nicht zu bestreiten wagten, segensreich gewirkt hatte.

Er ging nach Wittenberg, wo er in die Hände des strengen Abraham Calow fiel. Dieser unterzog ihn einer Prüfung und nahm ihn endlich in die streng-lutherische Gemeinschaft wieder auf, nachdem der scheinbar Bekehrte den in Sachsen gebräuchlichen Religionseid geschworen und dieselbe Formula Concordiae unterschrieben hatte, gegen die er, während der Jahre seiner besten Kraft, als gegen einen Druck und Zwang der Gewissen (wie später gegen die Reverse) geeifert hatte.

Die Umkehr, hart wie sie war, hätte wenig zu bedeuten gehabt, wenn sie ehrlich gemeint gewesen wäre. Aber sie war nicht ehrlich gemeint und konnte es nicht sein. Alles, was unserem Fromm jemals als Bedrückung und Unfreiheit, gleichviel von welcher Seite her, erschienen war, erschien ihm jetzt nicht minder so, und wenn er nichtsdestoweniger dem Ansinnen Abraham Calows nachgab, so folgte er mehr einer stumpfen Verzweiflung, als einer neuen, freudigen Überzeugung.

Daß ihn Wittenberg wenig befriedigte, zeigte sich bald. Die Superintendentur in Eisenberg im Sächsischen war vakant geworden, und alles deutete darauf hin, daß ihm dieselbe zufallen werde; aber diese Aussicht, statt ihn zu erheben, drückte ihn vollends nieder. Abraham Calow und Formula Concordiae, Wittenberg und starres Luthertum, alles lag bergeschwer auf ihm, schwerer denn je zuvor, und seine Seele sehnte sich nach Freiheit oder wenigstens nach Ruhe. So beschloß er zu fliehen. Eine Reise vorschützend, machte er sich von Abraham Calow fort, und ging mit seiner Frau und fünf Kindern heimlich und in aller Stille nach Prag. Zu Anfang des Jahres 1668 legte er daselbst in einer Kirche der Jesuiten das katholische Glaubensbekenntnis ab. Nicht lange darauf wurde er in den gewöhnlichen Abstufungen zum Priester geweiht. Sein Übertritt machte Aufsehen, sowohl innerhalb der protestantischen wie katholischen Welt, und ein Jesuit, namens Tanner, entwarf einen ausführlichen Bericht über die Feierlichkeiten, die bei der Konversion stattgefunden hatten. Die Protestanten ihrerseits begnügten sich, Spottverse auf ihn zu machen, und einer stellte aus seinem Namen Andreas Fromm das Anagramm zusammen: den fraß Roma. Fromm selbst lebte noch eine Reihe von Jahren und starb 1685 als Kanonikus zu Leitmeritz in Böhmen. Während dieser seiner letzten Epoche, die, wenn nicht die glücklichste, so doch jedenfalls die friedlichste Zeit seines Lebens war, soll er, nach Ansicht Otto Schulz's (des bekannten Berliner Schulrats und Herausgebers der Paul Gerhardtschen Lieder), die Lehninschen Weissagungen geschrieben und die Muße, die ihm der Katholizismus gewährte, zu einem Verurteilungsgedicht der protestantischen Hohenzollern benutzt haben. Ich kann diese Ansicht nicht teilen.*

Ebensowenig kann ich mich denen anschließen, die den ehemaligen Propst von St. Petri zu einem zweideutigen, mindestens zu einem schwachen Charakter haben stempeln wollen. Er war einfach ein Mann, der in einer kirchlichen Zeit, die durchaus ein »Entweder-Oder« verlangte, sich mit Wärme für ein »Weder-Noch« entschied. Er war ein feinfühliger Mann, dem alles Gröbliche und Rücksichtslose widerstrebte, er war ein freisinniger Mann, dem alles tyrannische Wesen, gleichviel ob es Hof oder Geistlichkeit, Volk oder Regierung übte, widerstand. Als der lutherische Zelotismus drückte und peinigte, neigte er sich dem glatteren und mehr weltmännischen Calvinismus zu, als umgekehrt die Reformierten Gewissenszwang zu üben begannen, stellte er sich wieder – nicht der Dogmen halber, sondern als freier Mann – auf die lutherische Seite. Es gebrach ihm an dogmatischer Strenge, das wird zuzugeben sein, aber er hatte die

---

* Ausführlicher über die Lehninsche Weissagung spreche ich bei Gelegenheit von »Kloster Lehnin«, in einem späteren Bande dieser Wanderungen. Hier nur so viel, daß bekanntlich der Streit noch immer schwankt, ob die Lehninsche Weissagung wirklich von einem Lehniner Mönche ums Jahr 1300, oder aber, als Falsifikat, in einer späteren Epoche geschrieben wurde. Die meisten Stimmen vereinigen sich dahin, daß die sogenannte Prophezeiung am Schluß des siebzehnten Jahrhunderts in den letzten Lebensjahren des Großen Kurfürsten oder doch nur wenig später entstanden ist, trennen sich aber in der Frage, wer der Verfasser gewesen sei. Jeder, der sich mit der »Weissagung« beschäftigt hat, hat auch seinen eigenen Kandidaten aufgestellt. Der Kandidat unseres Otto Schulz heißt - Andreas Fromm. Drei Beweise bringt er für die Verfasserschaft des letzteren bei: 1. er hatte vor vielen anderen die Fähigkeit und 2. vor vielen anderen die Veranlassung (Groll, Bitterkeit) dazu; endlich 3. war er der spezielle Freund Martin Seidels, in dessen Bibliothek man (nach Seidels Tode) das Manuskript der »Weissagung« vorfand. Diese drei Punkte sind sehr geschickt zusammengestellt, aber sie genügen keineswegs. Nach der ganzen Charakteranlage Fromms liegt kein Grund zu der Annahme vor, daß er seine Sicherheit und seine Muße zu einem Angriff auf die Hohenzollern (die dem Unfrieden und den Zänkereien gerade ebenso abhold waren, wie er selbst) hätte benutzen sollen. Das lag nicht in ihm. Außerdem sprechen Einzelheiten, besonders in den acht Zeilen, die sich auf George Wilhelm und den Großen Kurfürsten beziehen, gegen diese Annahme, teils durch das, was sie sagen, noch mehr durch das, was sie nicht sagen.

schönsten Seiten des Christentums: die Liebe und die Freiheit. Wäre er eine schwache oder gar eine zweideutige Natur gewesen, hätte er sein irdisches Wohl über sein ewiges gesetzt, so hätten wir die Wandlung, die ihn wieder zu den Lutherischen zurückführte, sich nie an ihm vollziehen sehen. Seine Briefe an Stosch hatten ihn bereits halb in das Lager der Calvinisten hinübergeführt, und er brauchte auf dem betretenen Wege nur einfach weiter zu schreiten, um einer glänzenden Laufbahn sicher zu sein. Die Reformierten hätten ihn freudig begrüßt und die Lutheraner ihn ohne Verwunderung scheiden sehen. Er tat es aber nicht und hatte den Mut, auf halbem Wege stillzustehen und sich zwischen die Parteien zu stellen. Er wußte, daß sein Schicksal in Stoschs Händen lag, aber er sprach dennoch in voller Sitzung des Konsistoriums sein »Vim patitur ecclesia Lutherana«, weil, über die Klugheit und alle Berechnung hinaus, sein Herz immer bei den Unterdrückten war. Daß er sich dem Abraham Calow auf kurze Zeit überantwortete, statt gleich den Schritt in den Ruhehafen des Katholizismus zu tun, mag man tadeln, aber die Mutter dieser ängstlich nach dem Ziele tappenden Verirrung war die – Verwirrung. Pastor Reinhart, einer von den hartköpfigsten Lutheranern jener Epoche, soll freilich, lange bevor die geschilderte Katastrophe kam, über unseren Fromm geäußert haben: »der Kerl sieht aus wie ein Jesuit und er wird auch noch einer werden«, aber aus diesem Kraftspruch, der ohne Not zu einer Art Prophezeiung gemacht worden ist, ist doch einfach nur der Schluß zu ziehen, daß unser Andreas Fromm von St. Petri ein Mann von glatteren Formen war, als Elias Sigismund Reinhart von St. Nikolai. Übrigens existiert bekanntlich auch heute noch kein Geistlicher, und wenn er an der Grenze der Lichtfreundschaft stände, dem nicht irgend einmal nachgesagt worden wäre: »er säh' aus wie ein Jesuit und würd' auch noch einer werden.«

Andreas Fromm flüchtete in den Katholizismus. Die aus Gewissenhaftigkeit und Eigensinn, aus Überzeugungstreue und engherziger Philisterei geborenen Zänkereien jener Epoche trieben ihn an ein Ziel, an das er, in den glücklichen Jahren seines Wirkens, nicht einmal gedacht haben mochte. Konsistorialrat Martin Friedrich Seidel, Fromms besonderer Freund, schrieb über ihn: »Wollte Gott, es wäre dieser Fromm mit Glimpf und gütlichen Mitteln bei unserer lutherischen Kirche behalten und von solchen extremen Schritten abgehalten worden. Ich muß ihm das Zeugnis geben, daß ihm Gott stattliche Gaben verliehen hatte.« Und selbst Otto Schulz, der sonst eher als Ankläger denn als Verteidiger unseres Fromm auftritt, schließt mit den Worten: »Seine innerste Gesinnung war christlich; nichts als das Gezänk im Innern der evangelischen Kirche und das Schwanken, sowohl in der Lehre als in der Verfassung, haben ihn aus der Kirche herausgetrieben.«

5

Kronprinz Friedrich in Ruppin

Die Wetter waren verzogen
Und die Sonne wieder schien, -
Es spannt sich ein Regenbogen
Auf dem dunklen Grunde Küstrin.

I

Das der Thronbesteigung des großen Königs vorhergehende Jahrzehnt, also der Zeitraum von 1730–1740, pflegt in zwei ungleiche Hälften geteilt zu werden, in die düstern Tage von Küstrin und in die lachenden Tage von Rheinsberg.

Diese Einteilung, die sich neben andrem auch durch den Reiz des Gegensatzes empfiehlt, mag der ganzen Welt ein Genüge tun, nur die Stadt Ruppin hat ein Recht dagegen zu protestieren und eine Dreiteilung in Vorschlag zu bringen. Zwischen den Tagen von Küstrin und Rheinsberg liegen eben die Tage von Ruppin.

Es ist wahr, die Ruppiner Episode ist unscheinbarer, undramatischer, kein Katte tritt auf das Blutgerüst und kein Bayard-Orden wird gestiftet, aber auch diese stilleren Tage haben ihre Bedeutung. Versuch' ich es, ihnen in nachstehendem ihre Existenz zurückzuerobern.

Am 26. Februar war Kronprinz Friedrich von Küstrin in Berlin wieder eingetroffen, und zwölf Tage später (am 10. März) erfolgte seine Verlobung. Aller Zwiespalt schien vergessen. »Obristlieutenant Fritz«, über dessen Haupte vor nicht allzu langer Zeit das Schwert geschwebt hatte, war wieder ein »lieber Sohn« und Oberst und Chef eines Regiments. Dies Regiment, das bis dahin kompanieweis in den kleinen Städten der Priegnitz und des Havellandes, in Perleberg, Pritzwalk, Lentzen, Wittstock, Kyritz und Nauen in Garnison gelegen und nach seinem frühern Chef den Namen des von der Goltzschen Regiments geführt hatte, wurde jetzt zu größerer Bequemlichkeit für den

Kronprinzen in Ruppin und Nauen konzentriert. Das Regiment selbst aber erhielt den Namen »Regiment Cronprintz«.

Bratring, in seiner Geschichte Ruppins, schreibt, daß im Jahre 1732 das zweite Bataillon des Prinz von Preußen Infanterieregiments nach Ruppin verlegt worden sei. Dies ist in doppelter Beziehung nicht ganz richtig. Es gab damals noch gar kein Prinz von Preußen Infanterieregiment, weil es noch keinen Prinzen von Preußen gab. Erst 1744 wurde Prinz August Wilhelm zum Prinzen von Preußen ernannt und seinem Regiment der entsprechende Name gegeben. Sein Regiment hieß bis dahin das Prinz Wilhelmsche Regiment. Dies stand allerdings zu Neu-Ruppin in Garnison, es kam aber 1732 – und dieser Irrtum ist der gewichtigere – nicht nach Ruppin, sondern ward umgekehrt von Neu-Ruppin nach Spandau fortverlegt, um dem einrückenden Regiment Kronprinz – bis dahin von der Goltz – Platz zu machen.

Wenn wir, wie in nachstehendem geschehen soll, die Erlasse des Königlichen Vaters zusammenstellen, die jener Zeit der Wiederversöhnung angehören und sich damit beschäftigen, dem wieder angenommenen Sohne sein Entree und sein Leben in Neu-Ruppin möglichst angenehm zu machen, so wird man von der Vorsorglichkeit und einer gewissen Zärtlichkeit des Vaterherzens (eines Vaters, der achtzehn Monate früher mit dem Tode gedroht hatte) nicht wenig überrascht. So scheint es ihm beispielsweise zu Ohren gekommen zu sein, daß Ruppin auf einem seiner Plätze, dem noch jetzt existierenden Neuen Markt, einen alten Militärgalgen für die Deserteure habe. Voll feinen Gefühls erkennt er, daß das an die Küstriner Novembertage von 1730 erinnern könne, und in folgenden Erlassen trifft er Vorsorge, daß dem Auge des Sohnes solch Anblick erspart weden möge. »Der Galgen soll außer der Stadt herausgeschafft, auch die Pallisaden an die Mauer gesetzt und alle Schlupflöcher zugemacht werden. Muß alles gegen den 20. Juni fertig sein. Auch soll das Haus dicht bei des Obristen von Wreech Quartier, so der Kronprinz von Dero Quartier choisiret, gehörig aptiret werden.« (Potsdam, Reskript vom 24. Mai 1732.) Aber nicht nur der häßliche Schmuck des Neuen Marktes soll fort, die ganze Stadt soll sich dem Einziehenden, dem neuen Mitbürger, in ihrem besten Kleide präsentieren und so heißt es in einer zweiten Order vom Tage darauf: »das Prinz Wilhelmische Regiment soll den 1. Juni aus Neu-Ruppin ausmarschiren. Dann soll gleich der Koth aus der Stadt geschafft und die Häuser, die noch nicht abgeputzt sind, sollen abgeputzt werden.«

Wir haben in vorstehendem festzustellen gesucht, welches Regiment damals als »Regiment Cronprintz« nach Ruppin und Nauen hin verlegt wurde; schwerer ist es, sich zu vergewissern, welches Bataillon in Ruppin und welches in Nauen lag. Wir finden darüber Widersprechendes. Am 22. April (1732) erläßt der König folgendes Reskript an den Kriegsrat Lütkens: »Das erste Bataillon des cronprintzlichen Regiments soll in Nauen und das andre Bataillon in Neu-Ruppin vom 1. Juli 1732 an einquartieret werden«, und im Einklang mit dieser Order schreibt derselbe Kriegsrat Lütkens noch am 20. Juni an den Ruppiner Magistrat: »So wird denn also das zweite Bataillon des besagten Regiments am 26. Juni in Ruppin einmarschieren.« Aber der König oder der Kronprinz müssen plötzlich ihre Ansicht hierüber geändert haben, denn schon Anfang Juni heißt es in einem Briefe aus Ruppin: »Unsere neue Garnison ist eingerückt, das erste Bataillon des Regiments ›Cronprintz‹ ist hier, auch der Cronprintz selbst, der Obrist-Wachtmeister usw.« Diese letztere Angabe stimmt auch mit Preuß überein. Ingleichen bestätigen die Papiere, die mir zur Hand sind, die Angabe, daß von den fünf Kompanien des zu Nauen in Garnison liegenden Bataillons eine weggenommen und der Ruppiner Garnison zugeteilt wurde. In einem Reskripte vom 30. November 1733 heißt es: »Von den 5 Compagnien des Cronprintzlichen Regiments, die zu Nauen liegen, soll eine Compagnie und zwar die des von Calebutz nach Neu-Ruppin hin verlegt werden.« Dies geschah, weil Nauen zu klein war für eine so große Garnison. So viel von dem Regiment, dem der Kronprinz als Chef und Oberster vorgesetzt war.

Die nächste Frage ist: wann traf der Kronprinz in Neu-Ruppin ein? Preuß sagt: »bereits im April«. Dies scheint nur in gewissem Sinne richtig zu sein. Er war allerdings im April dort, aber wie wir annehmen müssen, nur auf einen oder auf wenige Tage, nur ausreichend, um eine passende Wohnung zu suchen. Der König in dem oben zitierten Reskript (vom 24. Mai) schreibt: »Die Wohnung, die der Cronprintz zu seinem Quartier choisiret, soll aptiret werden«, woraus sich mit ziemlicher Gewißheit ergibt, daß er, der Kronprinz, vorher selber da war, um eben die Wahl zu treffen. Aber ebenso sicher scheint es, daß er erst Ende Juni zu wirklichem Aufenthalt in Ruppin eintraf, denn nicht nur, daß den Personen, die für die »Abtirung« der Oberst von Wreechschen Wohnung Sorge zu tragen hatten, ausdrücklich bis zum 20. Juni Zeit gelassen ward, es schreibt auch der Fähnrich von Buddenbrock am 22. Juni: »Die neue Garnison wird am 26. d.

erwartet und der Cronprintz wird im Wreechschen Hause logiren.« Also er war noch nicht da und traf erst, mutmaßlich am gleichen Tage mit seinem Bataillon, gegen Ende des Juni am neuen Wohnort ein.

Das Palais, das er bezog, lag in der Nähe der Stadtmauer, nur durch einen Garten von ihr getrennt, und war durch die Verbindung zweier Nachbarhäuser, der Wohnung des mehrgenannten Obersten von Wreech und des Oberstleutnants von Möllendorff, die bis dahin wahrscheinlich das Prinz Wilhelmsche Regiment geführt hatten, in aller Eile hergestellt worden. An Komfort mochte Mangel sein und dieser Umstand trug gewiß das Seine dazu bei, daß, zwei Jahre später, das Rheinsberger Schloß gekauft und, nachdem es hergerichtet war, zum entschieden bevorzugten Aufenthaltsort gewählt wurde.

Suchen wir nun festzustellen, wie der Kronprinz seine Ruppiner Tage zubrachte.

Was ihn nachweisbar zumeist in Anspruch nahm, war die Ausbildung seines Regiments und die Verschönerung der Stadt. Die ernstliche Beschäftigung mit dem »Dienst« fing an, ihm den Soldatenstand lieb zu machen. Er achtete auf kleines und großes, nichts erschien seinem Interesse zu gering. Standen Revuen vor dem Könige bevor, so wurden beide Bataillone zusammengezogen, um dem Regiment durch gemeinschaftliche Manövres eine Haltung wie aus einem Guß zu geben. Der Kronprinz sah seine Anstrengungen belohnt. Sein Regiment bewährte sich gleich bei der ersten Revue so glänzend, daß es durch Erscheinung und Exerzitium allgemeine Bewunderung erregte. Die neue Uniform, in der es erschien, war der von des Königs Grenadierregiment ähnlich, aber mit silberner Stickerei und karmesinfarbenen Aufschlägen.* Der strenge Vater war befriedigt.

Kaum minder als der »Dienst« beschäftigte ihn die Verschönerung der Stadt. Daß Ruppin bis diesen Augenblick sich seines

---

* Gleich nach seinem Eintreffen in Ruppin fand zu Ehren der neuen Uniform (das Goltzische Regiment hatte bis dahin blau und Gold getragen) folgende Szene statt. Der Kronprinz lud die Offiziere vor eins der Tore, wo sie einen brennenden Holzstoß fanden. Erfrischungen wurden gereicht. Als alles guten Humors war, begann der Prinz: »Nun, meine Herren, da wir hier alle versammelt sind, dächte ich, wir erzeigten der Goltzischen Uniform die letzte Ehre.« Dabei zog er Rock und Weste aus und warf sie ins Feuer. Die Offiziere taten desgleichen. Unter lautem Gelächter folgten schließlich auch die Beinkleider. In neuer Uniform kehrte man in die Stadt zurück. Diese Szene ist charakteristisch für den Ton, der herrschte.

»Walls«, eines prächtigen, mit schönen und zum Teil sehr alten Bäumen bepflanzten Promenadenweges erfreut, ist des Kronprinzen Verdienst. Hier erwies er sich, von einem richtigen Gefühl geleitet, ausnahmsweise als Konservator, während er ja im allgemeinen den Geschmack seiner Zeit teilte, die sich eitel darin gefiel, an die Stelle des poetisch Mittelalterlichen, die Flachheit des Kasernenbaus oder die Schnörkelei des Rokoko zu setzen. Drei Wälle hatten in alter Zeit die Stadtmauer zu weiterem Schutz umgeben. Schon während der zwanziger Jahre des vorigen Jahrhunderts war mit Abtragung dieser Wälle begonnen und das dadurch gewonnene Land als Gartenland parzelliert worden. Kaum aber war der Kronprinz in Ruppin erschienen, so erkannte er, welchen Schmuck man auf dem Punkte stand, der Stadt zu rauben. Dies erkennen und dagegen einschreiten war eins.

Die Miscellanea historica unseres Gewährsmannes, des Dr. Bernhard Feldmann, geb. 1704 in Berlin, gest. 1776 in Neu-Ruppin, enthalten darüber folgendes: »Schon 1732 inhibirte S. K. Hoheit die Abtragung und konservirte also die noch übrigen, land- oder nordwärts vom Rheinsbergischen bis zum Berliner Thore gelegenen Wälle, so noch stehen und mit alten Rüstern, Eichen, Buchen, Haseln usw. bewachsen sind; auch ließ sie der Kronprinz mit vielerlei Sorten Bäumen bepflanzen und an ihrem Ende (beim Berliner Thore) mit einem schönen Garten zieren, wodurch der ›Wall‹ zum angenehmsten, beschatteten Spaziergang voll Nachtigallen geworden ist.«

Kronprinz Friedrich hatte vier volle Jahre, von 1732–1736, seinen festen Wohnsitz in Ruppin, aber nur während des ersten Jahres gehörte er dem Ruppiner Stilleben mit einer Art Ausschließlichkeit an. Vom Juni 1733 an drängten sich die Ereignisse, die ihn oft monatelang und länger von »Haus und Garten, die ihm lieb geworden waren« fernhielten. Seiner Vermählung im Juni 1733 folgte vier Monate später die Erwerbung Rheinsbergs und ehe noch der Umbau des Rheinsberger Schlosses zur Hälfte beendet war, führte die Wiedereröffnung der Feindseligkeiten zwischen Frankreich und dem Kaiser (im Sommer 1734) unseren Kronprinzen an den Rhein. Am 7. Juli war er in Wiesenthal, wo der Generalleutnant von Röder mit den preußischen Truppen im Lager stand. Aber »im Kaiserlichen Heere war nur noch der Schatten des großen Eugen«, der einundsiebenzigjährige Held hatte sich überlebt. Philippsburg ging verloren; das tatenlose Hin- und Herziehen ward unerträglich, und ausgangs Oktober erblicken wir den Prinzen wieder daheim in seiner »geliebten Garnison«.

Zweierlei hatte ihm der lorbeerarme Kriegszug eingetragen; zunächst und allgemein einen Einblick in die Schwächen der Kaiserlichen Armee, daneben speziell und allerpersönlichst – einen Freund. Dieser Freund war Chazot.

Wie das Jahre 1734 einen längeren Aufenthalt am Rhein gebracht hatte, so brachte das folgende Jahr eine mehrmonatliche Reise nach Ostpreußen. Uns aber beschäftigen diese Ausflüge nicht, wir halten uns vielmehr innerhalb der Bannmeile von Ruppin und versuchen ein Bild dieser späteren Ruppiner Tage.

Das Rheinsberger Schloß schmückt und erweitert sich mehr und mehr, der Tag der Übersiedelung jedoch ist noch fern und die bescheidenen Ruppiner Räume müssen zunächst noch genügen. Die Stadtwohnung läßt viel zu wünschen übrig, aber es bedrückt nicht, denn wenigstens die Sommermonate gehören dem »Garten am Wall«. Hier lebt er heitere, mußevolle Stunden, die Vorläufer jener berühmt gewordenen Tage von Rheinsberg und Sanssouci. Allabendlich, nach der Schwere des Dienstes, zieht es ihn nach seinem »Amalthea«* hinaus. Der Weg durch die häßlichen Straßen der alten Stadt ist ihm unbequem, so hat er denn für ein Mauerpförtchen Sorge getragen, das ihn unmittelbar aus dem Hofe seines »Palais« auf den Wall und nach kurzem Spaziergang unter den alten Eichen in die lachenden Anlagen seines Gartens führt. Da blüht es und duftet es; Levkojen und Melonen werden gezogen, und auf leise ansteigender Erhöhung erhebt sich der »Tempel«, der Vereinigungspunkt des Freundeskreises, den der Kronprinz hier allabendlich um sich versammelt. Das Souterrain enthält eine Küche, der »Tempel« selbst aber ist einer jener oft abgebildeten Pavillons, die auf sechs korinthischen Säulen ein flachgewölbtes Dach tragen und sich in den Parks und Gärten jener Epoche einer besonderen Gunst als Eßzimmer erfreuten. Der Mond steht am Himmel, in dem dichten Gebüsch des benachbarten Walls schlagen die Nachtigallen, die Flamme der Ampel, die von der Decke herabhängt, brennt unbeweglich, denn kein Lüftchen regt sich, und keine frostig abwehrende Prinzlichkeit stört die Heiterkeit der Freunde. Noch ist kein Voltaire da, der seine Pikanterien mit graziöser Handbewegung präsentiert, noch fehlen die Algarotti, d'Argens und Lamettrie, all die berühmten Namen einer späteren Zeit, und Offiziere seines Regiments sind es zunächst noch, die hier der Kronprinz um sich

* Amalthea, die Nymphe, welche den Jupiter mit der Milch einer Ziege ernährte, auch diese Ziege selbst. Also hier etwa Milchwirtschaft, Meierei.

versammelt: von Kleist, von Rathenow, von Knobelsdorff,* von Schenkendorff, von Gröben, von Buddenbrock, von Wylich, vor allem – Chazot.**

Das Leben, das er mit diesen Offizieren führte, war frei von allen Fesseln der Etikette, ja ein Übermut griff Platz, der unseren heutigen Vorstellungen von Anstand und guter Sitte kaum noch entsprechen dürfte. Fenstereinwerfen, Liebeshändel und Schwärmer abbrennen zur Ängstigung von Frauen und Landpastoren, zählte zu den beliebtesten Unterhaltungsmitteln. Man war noch so unphilosophisch wie möglich.

So kam der August 1736, um welche Zeit der Umbau des Rheinsberger Schlosses beendet war. Von da an beginnen die glänzenden und vielgefeierten Rheinsberger Tage. Aber diese Rheinsberger Tage, die das Ruppiner Leben verdunkelt haben, waren doch nicht so völlig das Ende desselben wie gewöhnlich geglaubt wird. Vielmehr fand jetzt ein Austausch, eine Art Rückzahlung statt, und wenn von 1733 an die Rheinsberger Ausflüge Ruppin um die andauernde Anwesenheit des Kronprinzen gebracht hatten, so war von jetzt an Ruppin der Gegenstand und das Ziel beständiger, wenn auch zum Teil durch den »Dienst« gebotener Besuche. Viele seiner Briefe geben Auskunft darüber, wie teuer ihm die Stadt, in der er vier glückliche Jahre verlebt hatte, geworden war. Entweder tragen jene Briefe das Datum Ruppin und führen dadurch den Beweis längeren oder kürzeren Aufenthalts daselbst, oder flüchtige, von Potsdam, Berlin und anderen Punkten aus geschriebene Zeilen, sprechen eine Sehnsucht aus nach seiner »geliebten Garnison«. So schreibt er im Juni 1737 an Suhm: »Den 25. geh' ich wieder nach ›Amal-

---

* Dieser von Knobelsdorff ist nicht Georg Wenzeslaus von K., der berühmte Baumeister und Freund des Königs, sondern Karl Siegmund von K. aus dem Hause Bobersberg. Er blieb bei Chotusitz (Czaslau). Georg kam allerdings 1735 auf Besuch nach Ruppin, legte den Garten an und baute den »Tempel«, der auf einer Kuppel die Statue Apollos trug. Der Besuch wird aber nur wenige Wochen gedauert haben. Anderseits wiederum, so kurz dieser Aufenthalt war, war er doch lang genug, um G. von K. 1736 von Rom aus schreiben zu lassen: »Die Instrumentalmusik hier hat mich noch nie in Verwunderung gesetzt und ich wünschte wohl, denen Römern ein Ruppinsches Konzert hören zu lassen.«

** Chevalier Chazot, der während der Rheinkampagne (1734) im französischen Heere diente, hatte das Unglück, einen Anverwandten des Herzogs von Boufflers im Duell zu töten. Er floh deshalb in das Lager des Prinzen Eugen, zunächst nicht um in Dienst zu treten, sondern nur um ein Asyl zu finden. Beim Prinzen Eugen lernte ihn der Kronprinz kennen, dem er später nach Ruppin hin folgte.

thea‹, meinem Garten in Ruppin. Ich brenne vor Ungeduld, meinen Wein, meine Kirschen und meine Melonen wieder zu sehen«, und 1739 noch (am 16. Juni) heißt es in einem vom Ruppiner Garten aus datierten Briefe: »Ich werde morgen nach Rheinsberg gehen, um allda nach meiner kleinen Wirtschaft zu sehen; hier wollen keine Melonen reif werden, so gerne wie ich auch gewollt, daß ich meinem gnädigsten Vater die Erstlinge des Jahres hätte schicken können.«

Diese beiden Briefe sind insoweit wichtig, als sie keinen Zweifel darüber lassen, daß Kronprinz Friedrich seinem »Amalthea« zu Ruppin keineswegs den Rücken kehrte, vielmehr vom August 1736 an eine Art Doppelwirtschaft führte und an die Gärten und Treibhäuser beider Plätze die gleichen Ansprüche erhob. Sonntags las er in Ruppin seine Predigt, während Des Champs vor der Kronprinzessin und dem Hofe in Rheinsberg predigte.

Selbst noch unmittelbar nach der Thronbesteigung (im Sommer 1740) sah die Stadt Ruppin den nunmehrigen König Friedrich II. mehrfach in ihren Mauern, und bis zum Spätherbst desselben Jahres blieb es zweifelhaft, ob Ruppin oder Potsdam oder Rheinsberg der erklärte Lieblingsaufenthalt des neuen Königs werden würde. Großartige Gartenanlagen, wie sie damals entworfen wurden, schienen für Ruppin zu sprechen, aber die weite Entfernung von der Hauptstadt führte schließlich zu anderen Entschlüssen. Die Terrassen von Sanssouci wuchsen empor und – Ruppin war vergessen. Es ist zweifelhaft, ob der große König in seiner sechsundvierzigjährigen Regierung es jemals wiedergesehen hat.

Die Frage bleibt uns zum Schlusse, was wurde aus diesen Schöpfungen, großen und kleinen, die die Anwesenheit des Kronprinzen ins Dasein rief? Was haben einhundertundfünfzig Jahre zerstört, was ist geblieben?

Zunächst das Stadt-Palais. 1744 schenkte es der König an seinen jüngsten Bruder, den Prinzen Ferdinand, der zum Chef des in Ruppin garnisonierenden Regiments ernannt worden war. In dieser seiner Eigenschaft als Chef des nunmehrigen Regiments Prinz Ferdinand, scheint genannter Prinz bis 1787, wo das große Feuer die Stadt zerstörte, wenigstens zeitweilig in Ruppin residiert und das vormalig kronprinzliche Palais bewohnt zu haben.* Dies ergibt sich mit einiger Gewißheit aus der Existenz

* Bielefeld schreibt allerdings 1754: »Der Prinz Ferdinand hat in Ruppin, wo sein Regiment steht, kein passendes Palais gefunden, besonders für den Fall

zweier etwa aus dem Jahre 1780 herstammender Bildnisse, die – bei Gelegenheit des Brandes von 1787 gerettet – einem anderen Gebäude wie dem Prinz Ferdinandschen Palais nicht wohl angehört haben können. Es sind dies die Bildnisse der Kaiserin Katharina von Rußland und der Königin Maria Antoinette, Porträts, die hier schwerlich anzutreffen gewesen wären, wenn nicht der Prinz auch noch in der Zeit nach dem Siebenjährigen Kriege wenigstens vorübergehend an dieser Stelle geweilt hätte. Was die Porträts selber angeht, so macht das der schönen Habsburgerin einen sehr gefälligen Eindruck, während das der Kaiserin Katharina mit dem Andreaskreuz auf der Brust nicht bloß durch Umwandlung aus einem ursprünglichen Kniestück in ein Bruststück, sondern weit mehr noch durch einen plump aufgetragenen Firnis an Wert und Ansehen verloren hat. Die Transponierung in ein Bruststück erfolgte, wie mir der gegenwärtige Besitzer vertraulich mitteilte, lediglich unter Anwendung einer großen Zuschneideschere, und war nötig, weil die ganze untere Partie der Kaiserin schwer gelitten hatte. Der Erzähler selbst ahnte dabei nichts von dem Bedeutungsvollen seiner Tat, am wenigsten aber von der historischen Gerechtigkeit, die die große Zuschneideschere geübt hatte.

Das »Palais« selbst ist niedergebrannt, und ein apart aussehendes Haus (das sogenannte Molliussche Haus) ist auf dem Grund und Boden aufgeführt worden, auf dem 1732 die nachbarlichen Häuser des Obersten von Wreech und des Oberstleutnants von Möllendorff zu einer Art von prinzlichem Palais verbunden worden waren. Die Straße, die zu diesem Hause führt, führt wie billig den Namen der Prinzenstraße, und ein prächtiger alter Lindenbaum, der seine Zweige vor dem poetisch dreinschauenden grauweißen Hause ausbreitet, schafft ein Bild, wie's dieser Stelle paßt und kleidet.

Zwischen dem Hause und der Stadtmauer liegt ein Gärtchen. Wir passieren es und stehen vor der auf den »Wall« hinausführenden Mauerpforte, die der Kronprinz allabendlich be-

---

seiner Vermählung. Er kaufte daher einige Häuser und Gärten, die er vereinigte und bequem und schön einrichtete. Der Garten besonders ist freundlich, und alle Nachtigallen der Gegend scheinen darin zusammenzukommen.« Dies klingt so, als ob Prinz Ferdinand nicht das Palais bezogen hätte, das sein älterer Bruder als Kronprinz bereits innegehabt und das seit 1740 leer stand. Und in der Tat möglich ist es, daß ein Prinz-Ferdinand-Palais eigens erst eingerichtet wurde, wahrscheinlicher aber erscheint es mir, daß der Prinz das Palais bezog, das nun einmal da war. Auch stimmt die Beschreibung ganz zu der Lokalität, die der Kronprinz bewohnt hatte.

nutzte, wenn er nach dem Dienst und der Arbeit des Tages sich erhob, um im »Tempel« den obenbenannten Freundes- und Offizierskreis um sich her zu versammeln.

Die Tür existiert nicht mehr, und es bedarf eines Umwegs, um die Außenseite der Mauer und dadurch zugleich den »Wall« zu gewinnen.

Seine schattigen Gänge führen uns jetzt nach »Amalthea«. Hier im Garten ist noch manches, wie's ehedem war. Allerhand Neubauten entstanden, aber die Einfassung blieb, und die hohen Platanen im Hintergrunde, die über die Mauer hinweg mit den draußen stehenden Bäumen Zwiesprach halten, sind noch lebendige Zeugen aus den friderizianischen Tagen her.* Vor allem existiert noch der »Tempel« selbst. Aber freilich, es sind keine Säulen mehr, die das Kuppeldach tragen, sondern ein solides Mauerwerk mit Tür und Fenstern ist an ihre Stelle getreten und bildet ein mäßig großes Rundzimmer, das eben ausreicht zu einem Souper zu sechs.

Wir sind die glücklich Geladenen. Der Wein lacht in den Gläsern, die Girandolen brennen und vom Garten her durch die offenstehende Tür treffen Mondlicht und Abendkühle den froh versammelten Kreis. Es ist, als wäre die alte Zeit wieder da, und ungesucht wird unser Beisammensein zu einer Darstellung aus: »Kronprinz Friedrich in Ruppin.« Unsere Kostüme freilich lassen viel vermissen (denn an was erinnerten unsere Reiseröcke weniger als an die silbergestickten Uniformen der Offiziere des kronprinzlichen Regiments), aber was den Kostümen fehlt, wird aufgewogen durch die künstlerische Treue der Kulissen und Requisiten. Die Spiegel mit ihren Rahmen in Barock, die Tische mit ihren ausgeschweiften Füßen, die Atlasgardinen, endlich das die »Geburt der Venus« darstellende Deckenbild – alles erinnert an jenes aus prosaischen und poetischen Elementen so reizvoll und so wunderlich gemischte Stück Zeit, das sein Kleid in den Schlössern der Ludwige, seinen historischen Gehalt aber in den Schlössern der Friedriche empfing. Und dort ist er selbst, der seinem Jahrhundert den Namen gab. Aus der Nische hervor leuchtet sein Auge, um ihn her aber, an den Wandpfeilern entlang, schließt sich ein bunter

* In eben diesem Garten hat der Besitzer einen zugespitzten, etwa sechs Fuß hohen Granitstein errichtet, der die Inschrift trägt: »Hier überdachte Friedrich der Einzige als Kronprinz die Pläne, die er als König zur Ausführung brachte.«

Kreis von Zeitgenossen: Prinz Heinrich und Voltaire, Zieten und Lessing, Gluck und Kant.

Unsere Gläser klingen zusammen.

»Es lebe die alte Zeit.«

Aber draußen schlugen die Nachtigallen, und ihr Schlagen klang wie ein Protest gegen die »alte Zeit« und wie ein Loblied auf Leben und Liebe.

II

Seitdem das vorstehende Kapitel geschrieben ward, ward auch von anderer Seite her der Versuch gemacht, der darin angeregten Frage näherzutreten. Hauptmann Becher vom Ruppiner Regiment Nr. 24 (zur Zeit Kompanieführer im 3. ostpreuß. Regiment Nr. 4 in Danzig) hat mit Hilfe der umfangreichen Korrespondenz aus den dreißiger Jahren des vorigen Jahrhunderts festzustellen gesucht, wie die Ruppiner Tage des Kronprinzen verliefen, und diese reiche und den Gegenstand vielleicht erschöpfende Bechersche Arbeit ist es, der ich auszugsweise das Material zu nachstehendem entnommen habe.

Unterm 13. Juni 1734 wurde seitens des strengen Vaters eine Instruktion* aufgesetzt, die bestimmt war, die Lebensweise des »Kronprinzen Liebden« zu regeln.

Darin heißt es:

»Wenn Er zu Hause speiset, so soll Seine Tafel nicht mehr als von 8 Schüsseln sein, jedesmal 4 und 4, des Abends aber soll weiter nichts als kalter Braten gegeben werden. Insonderheit befehlen S. K. M., daß an seiner, des Kronprinzen Tafel, nichts gesprochen werde, so wider Gott und dessen Allmacht, Weisheit und Gerechtigkeit, noch wider dessen heiliges Wort läuft; desgleichen denn keine groben Scherze noch schmutzige Zoten gesprochen werden müssen, falls aber sich jemand in des Kronprinzen Gegenwart so weit vergäße, so soll ihm gesagt werden que ce ne sont point des Discours qu'on doit tenir en presence du Prince Royal, et qu'il voudrait mieux de parler d'autres affaires.«

---

* Diese Instruktion hatte speziell die Regelung des kronprinzlichen Lebens im Feldlager der vom Prinzen Eugen kommandierten Reichsarmee (zu der der Kronprinz im Sommer 1734 abging) vor Augen. Es darf aber wohl angenommen werden, daß die Grundsätze, die der König bei dieser Gelegenheit aussprach, ebensowohl für den unmittelbar voraufgehenden und unmittelbar folgenden Ruppiner Garnisondienst wie für den Kriegsdienst am Rheine galten.

„Alle Sonntage soll der Kronprinz dem Gottesdienst beiwohnen, auch alle Woche zwei bis dreimal in die Betstunde mitgehn.«

»Und dieweilen nach dem göttlichen Wort Unzucht, Saufen und Spielen ernstlich verboten ist, wollen sich S. K. M. von Dero Kronprinzen Liebden dergleichen weder versehen noch vermuthen. Falls aber doch ein Exceß stattfinden und des Kronprinzen Liebden (was Gott verhüten wolle) in Sünde und Laster verfallen sollte, so befehlen S. K. M. denen beiden Generalmajors v. Schulenburg und v. Kleist Ihm darüber sofort gehörige Erinnerung zu thun und Ihn aufs höchste zu bitten und zu ermahnen, davon abzustehen, zugleich aber alles an S. K. M. per Estafette zu melden. Auch sollen Kronprinzen Liebden nicht Karten noch Würfel spielen, auch nicht paar oder unpaar oder wie die Spiele sonst noch heißen mögen.«

So einige der wichtigsten Punkte der im ganzen fünfundzwanzig Paragraphen umfassenden Instruktion. Worauf der König vorzugsweise Gewicht legte, das war Einfachheit und Sparsamkeit, anständiger Ton, Kirchlichkeit und Keuschheit.

Daß der Kronprinz diesem Ideale während seiner Ruppiner Tage nachgekommen wäre, wird sich nicht behaupten lassen. Von der Keuschheit gar nicht zu reden, ward allwöchentlich mit Sehnsucht auf die Delikatessen bringende Hamburger Post gewartet, und wie's drittens und letztens mit dem »anständigen Tone« und der Kirchlichkeit aussah, dafür mag die nachstehende Geschichte zeugen, die Büsching erzählt.

»Einige Male (und zwar immer zur Tafelzeit) war der Feldprediger beim Kronprinzen erschienen, und hatte bei der Gelegenheit im Gespräch mit dem ihn empfangenden Adjutanten darauf hingewiesen, ›daß er bei dem vorhergehenden Herrn Obersten regelmäßig zu Mittag gespeist habe‹. Der Kronprinz ließ ihn aber nichtsdestoweniger abweisen und sprach in Gegenwart der Offiziere geringschätzend von ihm. Der Feldprediger nahm daraus Veranlassung in seinen Predigten auf den Kronprinzen zu sticheln. ›Herodes (so hieß es in einer dieser Predigten) lasse die Herodias vor sich tanzen, und ihr hinterher des Johannes Kopf geben.‹ Herodes war der Kronprinz, Herodias das lustige Offizierkorps, der Johannes aber bedeutete natürlich den nicht zur Tafel geladenen Feldprediger. Um ihn für diese Stichelreden zu strafen, begab sich der Kronprinz nächtlicherweile mit einigen jungen Offizieren des Regiments in des Feldpredigers Wohnung, auf deren Hof eine große Pfütze war. Und nun wurden ein paar Scheiben eingeschlagen, Schwärmer in die Schlafkammer geworfen, und der Feldprediger aus dem Bett in den Hof oder mit andern Worten in die Pfütze gejagt.«

Dies und Schlimmeres kam zur Kenntnis des Hofes, speziell der Königin, und als der Kronprinz erfuhr, »daß man davon wisse«, war er beflissen durch Versicherungen seiner Wohlanständigkeit den Effekt solcher Ausplaudereien abzuschwächen. Es lag ihm begreiflicherweise daran, den kaum besänftigten Vater nicht aufs neue gegen sich eingenommen zu sehen, und so schrieb er denn unterm 23. Oktober 1732 von Ruppin aus an General Grumbkow:

»Ich lebe jetzt, weiß Gott so zurückgezogen, wie nur möglich; der Regimentsdienst, die Exercitien, die ökonomischen Kommissionen, mit welchen mich der König bedacht, beschäftigen mich vollauf; darauf folgt das Essen, die Parole, und wenn ich dann nicht über Land reite, so zerstreue ich mich durch Lektüre und Musik. Gegen 7 Uhr bin ich mit den Offizieren, den Capitainen oder mit Bodenberg (wahrscheinlich Buddenbrock) oder Anderen zusammen und spiele mit ihnen. Um 8 Uhr soupire ich, um 9 Uhr ziehe ich mich zurück, und lebe so einen Tag wie den anderen. Nur wenn die Post aus Hamburg kommt, lade ich mir etwa drei bis vier Personen zu Gast und speise mit denselben in meinen Zimmern, da ich die Ausgabe, zehn Personen solch theure Leckerbissen vorzusetzen, nicht machen kann. Meine einzige Zerstreuung besteht im Wasserfahren, oder daß ich einige Schwärmer in meinem vor der Stadt liegenden Garten steigen lasse. Das sind meine Vergnügungen, und ich wüßte kaum, was man anders in einem so untergeordneten Orte anfangen könnte. Natürlich wünsch ich von ganzem Herzen, daß dem König über das Alles die Augen geöffnet würden. Ich glaube kaum, daß es etwas Unschuldigeres giebt und daß man stiller leben kann. Man hat – unter uns gesagt – der Königin die Meinung beigebracht, ich sei über die Maßen ausschweifend, und sie scheint es zu glauben. Ich kann mir gar nicht erklären, wie man dazu kommt, denn wenn ich auch nicht leugnen will, daß auch mein Fleisch bisweilen schwach ist, so braucht man doch um einer kleinen Sünde willen nicht als der größte Wüstling verschrieen zu werden. Ich kenne Keinen, der es nicht eben so machte, Viele aber, die es schlimmer treiben, und doch spricht, ich weiß nicht wie es kommt, Niemand von ihnen. Ich gestehe, daß mir das sehr nahe geht, und wenn ich in der Lage wäre, würde ich den elenden Subjekten, welche solche Gerüchte unter der Hand verbreiten, meinen Zorn fühlen lassen. – Sie sehen, lieber Freund, daß ich sehr aufrichtig bin, und Ihnen ohne Hintergedanken alles sage; denn ich weiß, daß Sie für meine Schwächen einige Nachsicht haben und wissen, (oder doch wenigstens hoffen) daß die Zeit mich weise machen werde. Ich thue mein Möglichstes, um es zu werden; doch glaube ich kaum, daß Cato in seiner Jugend Cato war.«

Wird den in diesem Briefe gemachten »Zugeständnissen« noch einiges zugelegt, so gewinnen wir mutmaßlich ein richtiges Bild von dem privaten und gesellschaftlichen Leben des Kronprinzen in Ruppin.

Neben diesem privaten und gesellschaftlichen Leben aber (oder richtiger wohl ihm vorauf) existierte selbstverständlich noch ein anderes: das soldatische Leben, der »Dienst«.

Der Dienst war das Corrigens der Debauchen.

Der Kronprinz hatte sich vorgenommen, »daß sein Regiment kein Sallat-Regiment (wie der König bei schlechten Regimentern sich auszudrücken beliebte) werden sollte«, und machte sich daher, um ihn selber sprechen zu lassen, den Grundsatz zu eigen: »Ich exerziere, ich habe exerziert und ich werde exerzieren!«

Aber das Exerzieren allein tat es nicht. Ebenso wichtig oder noch wichtiger war die Beschaffung von Rekruten, besonders von Riesenrekruten. Und auch nach dieser Seite hin wünschte sich der Sohn dem Vater angenehm zu machen. Von Ruppin aus (15. September 1732) war es denn auch, daß er folgenden berühmt gewordenen Brief nach Potsdam hin richtete:

„Allergnädigster König und Vater! Ich habe die Gnade gehabt, jetzunt meines allergnädigsten Vaters Ordre mit dem neuen Werbe-Reglement in aller Unterthänigkeit zu erhalten, und werde auch beim Regiment in allen Stücken suchen zu conformiren. Bei die meisten Compagnien aber seind noch 8-zöllige Leute, incl. erstes Glied, und werden wir Mühe haben, solche dieses Jahr herauszukriegen. Auch habe aus dem Werbe-Reglement gesehen, daß wenn Offiziere große Kerls wissen so über 6 Fuß haben, sie solche angeben sollen, wenn sie nicht mit Gutem zu persuadiren wären. Hier unweit von Perleberg ins Mecklenburgische hält sich ein Schäferknecht auf, welcher 6 Fuß 4 Zoll gewiß haben soll. Mit Gutem ist nichts mit ihm auszurichten. Aber wenn er die Schafe hütet, so ist er alleine auf dem Felde, und könnte man ihn mit ein paar Offiziers und ein paar tüchtige Unteroffiziers schon kriegen. Es ist derselbe, da schon mal die Husaren nach seind geschickt gewesen. Ich habe Offiziers allhier, die sehr wohl dort bekannt seindt; also wollte fragen, ob mein allergnädigster Vater befehlet, daß man ihn aufheben solle oder nicht, und wofern es mein allergnädigster Vater vor gut findet, so will ich schon praecautiones nehmen, daß die Sache gut gehen soll, und ohne daß sonderlich Lärm daraus wird. Denn ich kenne den Amtmann, unter welchem der Kerl steht, und kann man dem schon das Maul stopfen.«

Aller Anstrengungen unerachtet, wie sie sich aus diesem Schriftstück ergeben, wurde der Kronprinz nichtsdestoweniger durch andere Regimentschefs übertroffen, was ihn, ebenfalls von Ruppin aus, zu folgendem Entschuldigungs- und Klagebrief an den Obersten und Hofjägermeister von Hacke, Günstling des Königs, veranlaßte.

»Das ist keine Kunst, daß des Fürsten (Leopold v. Dessau) und die magdeburgischen Regimenter schön sind, wenn sie Geld vollauf haben und kriegen darnach auch noch 30 Mann umsonst! Ich armer Teufel aber habe nichts und werd' auch mein Tage nichts kriegen. Bitte, lieber Hacke, bedenk' Er doch das. Und wo ich kein Geld habe, so führe ich künftiges Jahr Asmus allein als Rekrut vor, und wird mein Regiment gewiß Kroopzeug sein. Sonsten habe ich ein deutsches Sprichwort gelernt, das heißt: »Versprechen und Halten, Ziemt wohl Jungen und Alten« ... Ich verlasse mich allein auf Ihn, mein lieber Hacke. Wo Er nicht hilft, so wird es schlecht aussehn. Heute habe wieder angeklopft (an den König um Geld geschrieben) und wo das nicht hilft, so ist es gethan. Wenn ich noch könnte Geld geliehen kriegen, so wäre es gut. Aber daran ist nicht zu denken. So helft mir doch, lieber Hacke! Ich versichere, daß ich allzeit danken werde. Der ich jederzeit meines lieben Herrn Hauptmanns ganz ergebener Diener und Freund bin, Friedrich.«

In der Tat, er wußte nicht aus noch ein, und der hervorstechendste Zug dieser »Ruppiner Tage« war vielleicht die Geldmisere.

Schon als er nach Ruppin kam, war er, der Kronprinz, wie aus den Berichten des österreichischen Gesandten Seckendorff an den Prinzen Eugen hervorgeht, aller Orten Geld schuldig. Und der kaiserliche Hof ließ sich denn auch eine so schöne Gelegenheit nicht entgehen, sich durch kleine Dienstleistungen künftiger Gegendienste zu versichern. Anfang 1732 schon instruierte Prinz Eugen den Gesandten Seckendorff wie folgt: »Ew. Excellenz Obsorge muß vornehmlich darauf gerichtet sein, dem Kronprinzen nach und nach in Ansehung Kaiserlicher Majestät diejenigen Principien beizubringen, die zu unzertrennlicher Befestigung der zwischen den beiden Höfen dermalen unterlaufenden engen Freundschaft nöthig; zu welchem Ende man auch von hier aus sowohl mit dem Gelde, als mit anderem so zu des Prinzen Vergnügen gereichen mag, an die Hand gehen wird. Nur daß Ew. Exc. die nöthige Obsorge tragen, daß weder der König noch sonst jemand anders wegen des dem Kronprinzen zu gebenden Geldes einigen Argwohn schöpfe.«

Danach wurde denn auch verfahren, und Seckendorff machte den Anfang mit Übersendung von 500 Dukaten, welche er, zwischen Bücher verpackt, nach Ruppin hinschickte. Der richtige Empfang sollte durch die zerrissenen Stücke des Briefes bescheinigt werden. Der Kronprinz antwortete umgehend von Ruppin aus: »Das Buch, welches Sie mir geschickt haben, finde ich ganz charmant und schicke Ihnen in einem Couvert das »Lied« (die zerrissenen Stücke des Briefes) welches Sie von mir zu haben wünschen.« –

Wenn Friedrich anfangs noch glauben konnte, daß er das Geld, welches ihm später beinah regelmäßig in heimlicher Weise gezahlt wurde, von Seckendorff persönlich erhalte, so wurde er durch diesen selbst bereits unterm 13. April 1733 über die wirkliche Sachlage aufgeklärt: »Sie können versichert sein, daß der Kaiser Seinerseits nichts versäumen wird, Ew. Königlichen Hoheit diejenige Achtung zu bezeigen, welche Se. Majestät vor den persönlichen Verdiensten Ew. K. H. gefaßt hat. Die Summe, welche Ew. K. H. mir schulden, ist schon bezahlt; Ew. K. H. werden, glaub ich, leicht errathen, durch wen. Da Ew. K. H. mir die gegenwärtige Noth schildern (sie betraf die Hochzeitsreise nach Braunschweig, zu welcher der König nichts extraordinär bewilligen wollte) werde ich Ihnen den Rest der Unterstützung auszahlen.«

Unzweifelhaft war es dem Kronprinzen ein peinliches Gefühl, durch den Gesandten eines fremden Hofes Gelder zu erhalten. »Weil dies jedoch«, wie er sich selber ausdrückte, »immerhin noch besser war als Hungers zu sterben«, so nahm er auch noch 1735 unbedenklich eine kaiserliche Unterstützung von 3000 Dukaten an.

Erst von 1737 ab wurden diese Verlegenheiten in etwas geringer. Um diese Zeit erhielt er, außer dem Gute Zernikow, auch noch eine königliche Zulage von 12 000 Talern und etwas später das etwa bis zu gleicher Höhe (12 000 Taler) sich erhebende Einkommen von dem Trakehner Gestüt. All dies half, gewiß, aber es half nicht viel, und erst nach seiner Thronbesteigung sah er sich in der Lage, sich seiner zahlreichen, aus den Ruppiner und Rheinsberger Tagen herstammenden Verpflichtungen entledigen zu können.

Ob auch gegen den österreichischen Hof?

Er hätte wenigstens die dazu nötigen Summen aus Schlesien leicht bestreiten können.

6

General von Günther

> Und Ihm,
> Von dem ich Ehre und irdisches Gut
> Zu Lehen trage und Leib und Blut,
> Ihm hab' ich mich ganz ergeben.

Johann Heinrich Günther, ein ausgezeichneter Führer leichter Truppen, der glorreich fortsetzte, was unter Zieten und Belling begonnen worden war, ward im Sommer 1736, also in demselben Jahre, wo Kronprinz Friedrich nach Rheinsberg hin übersiedelte, zu Neu-Ruppin geboren. Er war aus bürgerlichem Stande. Sein Vater stand als Feldprediger beim Regiment Kronprinz und zeichnete sich durch Kanzelberedsamkeit aus.

Der Sohn, unser General Günther, gehört unbestreitbar zu den bedeutendsten unter den Neu-Ruppiner Persönlichkeiten, und doch ist es mir zweifelhaft, ob unsere Darstellung vor ihm haltmachen und ihm die pflichtschuldigen Honneurs erweisen würde, wenn nicht im Laufe der Zeit geflüstert worden wäre, daß General Günther ein illegitimer Sohn des Kronprinzen Friedrich gewesen sei. Torheit! Günthers Adjutant und Biograph, der spätere Kriegsminister von Boyen, spricht von der Mutter als von einer »guten und frommen Frau«, was er vermieden haben würde, wenn zu jenem Gerücht auch nur die kleinste Veranlassung vorgelegen hätte. Woraus dies Gerücht überhaupt entstand, ist nachträglich schwer zu sagen. Vielleicht einfach aus dem Aufsteigen eines Bürgerlichen und Feldpredigersohns bis zum Freiherrn und Generalleutnant, wobei nur übersehen wurde, daß beides, Nobilitierung wie Hochavancement, erst gegen das Ende seiner Tage hin und nicht seitens des großen Königs, sondern von seiten König Friedrich Wilhelms III. erfolgte. Kurzum alles Mythe, für deren Entstehung wir außer dem Umstande, »daß das Oberst von Wreechsche Haus (das der Kronprinz in Ruppin bezog) durch seinen bloßen Namen schon an die kurz vorhergegangenen intimen Beziehungen zur schönen Frau von Wreech in Tamsel bei Küstrin erinnerte« keine andere Erklärung finden können als die Sucht des Menschenherzens, hervorragende Persönlichkeiten durch Ausstaffierung mit sogenannten »interessanten Verhältnissen« womöglich noch interessanter zu machen.

Johann Heinrichs Jugendjahre scheinen Jahre der Entbehrung gewesen zu sein. Nichtsdestoweniger setzte die Mutter alles daran, ihn für das geistliche Amt zu erziehen, in welchem der Vater des Knaben bereits Befriedigung und Auszeichnung gefunden hatte. Die Universität Halle bot dazu in mehr als einem Sinne die Mittel, und bald nach Ausbruch des Siebenjährigen Krieges, wahrscheinlich im Jahre 1757, trat unser Günther seine theologischen Studien an der gerade damals so berühmten Hochschule an. Aber diese Studien währten nicht lange. War es, daß die wachsende Not des Vaterlandes den festen Willen heranreifte, Gut und Blut dafür einzusetzen, oder war es andrerseits die Überzeugung, daß vielleicht morgen schon ein Zwang da eintreten würde, wo heute noch die Möglichkeit eines freien Entschlusses war, gleichviel, der Eintritt in die preußische Armee erfolgte.

Ernst Moritz Arndt in seinen »Wanderungen und Wandelungen mit dem Freiherrn vom Stein« erzählt den Hergang nach Mitteilungen, die er dem Geh. Kriegsrat Scheffner zu verdanken scheint, im wesentlichen wie folgt:

»Bald nach Ausbruch des Siebenjährigen Krieges standen vier untereinander befreundete Jünglinge in den Listen der Hochschule Halle eingeschrieben. Sie hießen Scheffner, Neumann, l'Estocq und Günther. Alle vier haben sich später auf verwandtem Felde ausgezeichnet. Eines Abends beim Kommers führte das Gespräch darauf hin, daß sie binnen kürzester Frist für die Armee gepreßt und eingekleidet werden würden. Nach einigem Hin- und Hererwägen reifte der Entschluß in ihnen, lieber gleich als Freiwillige in ein Husarenregiment einzutreten. Scheffner, nachdem er ehrenvoll gedient, lebte noch 1813 als Kriegs- und Domänenrat in Königsberg; Neumann wurde durch seine tapfere Verteidigung Kosels, l'Estocq durch seinen entscheidenden Angriff in der Schlacht bei Preußisch-Eylau berühmt; Günther aber glänzte während des polnischen Feldzuges von 1794 als organisatorisches Talent und verdient in gewissem Sinne ein Vor-Scharnhorst genannt zu werden.«

Boyen stellt den Hergang minder poetisch dar. Danach war es kein »berühmtes Husarenregiment«, in das unser Günther eintrat, sondern das »Kommissariat«. Er gab aber freilich diese prosaisch unkriegerische Stellung bald auf, focht zunächst in dem Freibataillon von Angelelly, dann im sogenannten Trümbachschen Korps und kam erst nach dem Schluß des Krieges als Stabsrittmeister zum Kürassierregiment Vasold. Während des Krieges war er mehrfach verwundet worden. Die Beförderungen gingen jetzt langsam, und zwanzig Jahre verflossen, bevor er vom Stabsrittmeister bis zum Oberstleutnant avancierte. Als solcher erhielt er 1783 das Kommando über die schwarzen Husaren. Zwei Jahre später wurde er Oberst, und 1788 ernannte ihn König Friedrich Wilhelm II. zum Chef des Bosniakenregiments.

Diese fünfundzwanzig Friedensjahre – der bayerische Erbfolgekrieg war kaum als ein Krieg zu rechnen – hatten unserm Günther wenig Gelegenheit gegeben, nach außen hin zu zeigen, von welchem Metall er sei. Nur in einem allerengsten Kreise wußte man schon damals, was man an ihm besaß. In kleinen Garnisonsstädten vergingen ihm die Jahre. 1789 ward er Generalmajor. An dem Champagnefeldzug und der Rheinkampagne nahmen die Truppen, bei denen Günther stand, nicht teil, und auch die letzten zehn Jahre seines Lebens würden mutmaßlich ohne kriegerische Lorbeeren für ihn geblieben sein, wenn nicht Kosciuszkos Auftreten und der unprovozierte Angriff Madalinskis auf eine kleine südpreußische Landstadt (am 15. März 1794) das Signal zu einem kurzen, aber erbitterten Kampfe an den Ufern der Weichsel und Narew gegeben hätte. Die nun folgenden Sommermonate waren es, die Günther in den Stand setzten, sich als einen Parteigänger und Avantgardenführer von ungewöhnlicher Begabung zu zeigen, als einen raschen und kühnen Reitergeneral, wie er seit den Tagen Zietens nicht dagewesen war. Droysen, in seinem Leben Yorks (York war Offizier in Günthers Korps) schildert unsern General wie folgt: »An der Spitze seiner Bosniaken, in den hastigen Plötzlichkeiten des Parteigängerkrieges, war er in seinem Element, er selbst immer voran. Seine Schlauheit und körperliche Gewandtheit gaben ihm die Lust der Gefahr; er verstand es, sie bei seinen Leuten bis zur Tollkühnheit zu steigern, aber indem er es rücksichtslos mit jedem

Gegner aufzunehmen schien, lag seiner Kühnheit die besonnenste Berechnung zugrunde. So verstand er es, den Leuten die Zuversicht des Erfolges zu geben. Eine kurze Anrede – dann ging es mit niederwerfendem Ungestüm auf den Feind. Kam es besonders hart, so hielt er wohl eine Ansprache wie die folgende: ›Alles ist reiflich und behutsam erwogen; auch hab' ich getan, was zu allen Dingen den Segen bringt, habe Gott den Herrn um seinen allmächtigen Beistand angefleht; wenn wir aber doch nicht gewinnen, so hole euch verfluchte Kerle alle der Teufel, denn dann tragt ihr allein die Schuld.‹«

Nach Vorausschickung dieser allgemeinen Bemerkungen, die den Mann und den Geist, der in seiner Truppe lebendig war, sehr anschaulich schildern, wenden wir uns den Ereignissen selber zu, die ihm Gelegenheit gaben, solche Ansprachen zu halten.

Die polnischen Besitzungen Preußens (das sogenannte Südpreußen) waren damals viel ausgedehnter als jetzt und nur schwach mit Truppen besetzt. Die Aufgabe, die den Führern nach Ausbruch der Feindseligkeiten zufiel, war deshalb die, eine unendlich langgezogene Grenze mit einer Armee zu decken, die kaum zehntausend Mann zählen mochte. Unser Günther erhielt den linken Flügel und hatte eine zwanzig Meilen lange Linie, die sich am Narew und seinen Nebenflüssen entlang von Ostrolenka bis Grajewo erstreckte, mit zehn Eskadrons und einem Bataillon zu verteidigen. Es schien fast unmöglich, das Land lag offen da, und der an Zahl weit überlegene Feind hatte es sichtbarlich in seiner Macht, überall durchzubrechen. Hier war es nun, wo das Prinzip sich glänzend bewährte, nach welchem Günther, während der voraufgegangenen Jahre, die seinem Befehl unterstellten Reiterregimenter im Dienste geübt und in mehr als dem gewöhnlichen Sinne für den Krieg vorbereitet hatte. Der Kern dieses seines Prinzips hatte darin bestanden, die einzelnen Eskadrons, die von Stadt zu Stadt in den Grenzdistrikten Süd- und Ostpreußens in Garnison lagen, in einer beständigen Kriegführung mit und untereinander zu erhalten. Es war immer Krieg. Wie eine Art Reisegeneral war er abwechselnd hier und da, stellte sich an die Spitze bald dieser, bald jener Schwadron und fiel, sei's Tag, sei's Nacht, über die Truppen eines andern Garnisonplatzes her. Dadurch hatte er, in vieljähriger Übung, ein Korps von seltener Schlagfertigkeit ausgebildet, eine Truppe genau der Art, wie sie jetzt erfordert wurde, wo es darauf ankam, eine Handvoll Leute heute vielleicht über weite Strecken hin auszustreuen und morgen schon auf ein gegebenes Zeichen wieder zu konzentrieren. Es war die Kunst, mittelst eines lebendigen und aus vielen Teilen zusammengesetzten Gliederstabs, eine dünne, zwanzig Meilen lange Grenzlinie zu ziehen und eben diesen lang ausgezogenen Stab im Nu wieder zu einem kompakten und widerstandsfähigen Bündel zusammenzuklappen. In dieser Kunst erwies sich Günther als Meister. Späher und eingebrachte Gefangene erhielten ihn über alle Pläne des Feindes in bester Kenntnis, und wo immer dieser den Durchbruch versuchen mochte (um dann im Rücken das Land zu insurgieren) – überall fand er entweder den Riegel fest vorgeschoben oder aber Günther ergriff die Offensive, warf sich den Anrückenden entgegen und schlug sie. War dies unmöglich, so imponierte er ihnen doch genugsam, um sie schließlich zum Rückzug zu bewegen. Die Gefechte bei Kolno und Demniki (am 9. und 18. Juli) werden nicht nur für die Lebensgeschichte Günthers bedeutsam und ehrenvoll, sondern namentlich auch für die Geschichte des »kleinen Kriegs« ein paar Musterbeispiele bleiben.

Die Geschicklichkeit, mit der General Günther operierte, konnte nicht ermangeln, an höchster Stelle die Aufmerksamkeit auf einen so ausgezeichneten und zu gleicher Zeit so vom Erfolge gekrönten Offizier hinzulenken, und wiewohl erst der dritte General beim Korps, übertrug ihm der König nichtsdestoweniger das Oberkommando über alle am rechten Weichselufer (so schreibt Boyen, es muß aber unbedenklich das linke heißen) stehenden Truppen, deren Bestimmung es war, mit den Russen unter Suworow gemeinschaftlich gegen Warschau vorzudringen und durch Einnahme der Hauptstadt den Herd des Aufstandes zu ersticken. So sah sich denn Günther, der bis dahin über den Parteigängerkrieg nicht hinausgekommen war, plötzlich an die Spitze einer »Armee« gestellt und der Bestimmung gegenüber, in Selbständigkeit und fast im großen Stile zu operieren. Freudig und mutvoll erfaßte er die ihm gewordene Aufgabe und sah im Geiste bereits eine zweite ruhmreiche Schlacht bei Warschau geschlagen, unter dessen Mauern die Brandenburger schon einmal gekämpft und den lange schwankenden Kampf zur Entscheidung gebracht hatten. Aber es war anders beschlossen. Noch eh das Korps die Weichsel überschreiten konnte, traf bereits die Nachricht von der Erstürmung Pragas ein. Warschau, zitternd vor der eisernen Hand Suworows, hatte seine Tore den Russen geöffnet. Der Krieg war zu Ende, und nach einer interimistischen Verwaltung der Provinz (Süd-Preußens) nahm der Friedensdienst und das Garnisonsleben in den kleinen Städten aufs neue seinen Anfang. Günther und die Bosniaken, deren Chef er blieb, kamen nach Tykoczyn. Von hier aus trat er in Briefwechsel mit dem damaligen Kirchenrat, späteren Bischof Dr. Borowski, demselben, der nach 1806 dem unglücklichen jungen Königspaare (Friedrich Wilhelm III. und Louise) ein Trost und eine Stütze und überhaupt durch seine unwandelbare Treue und Zuversicht in der Geschichte jener Prüfungsjahre eine hervorragende Erscheinung wurde. Der Briefwechsel zwischen Günther und Borowski beginnt 1799 und dauert fast bis zum Tode des ersteren fort. Einzelne dieser Briefe sind in den »Preußischen Provinzial-Blättern« (Königsberg 1836) veröffentlicht worden, Briefe, die uns den frommen und demütigen Sinn des Generals in schönstem Lichte zeigen.

Die Auszeichnungen drängten sich jetzt. 1795 wurde Günther Generalleutnant, zwei Jahre später erhob ihn Friedrich Wilhelm III. (gleich nach seiner Thronbesteigung) in den Freiherrnstand, und endlich 1802, nach der Revue, erhielt er den Schwarzen Adlerorden. Aber nur eine kurze Spanne Zeit noch war ihm vergönnt, sich dieser Ehren und Auszeichnungen zu freuen. Ein halbes Jahr später, am 22. April 1803, starb er. Als der Adjutant bei ihm eintrat, fand er den General am Schreibtisch, den Kopf auf die Seite geneigt – tot. Der Tod war als ein Längsterwarteter an ihn herangetreten. Schon am Tage zuvor hatte er zu sterben geglaubt und bei einer Truppenvorstellung, die er selbst noch leitete, seinen Adjutanten gebeten, ihm zur Seite zu bleiben, um ihn auffangen zu können, wenn er vom Pferde stürze. Bis zuletzt war ihm das »Ich dien'« ein Stolz und ein Bedürfnis gewesen.

Günther war sechsundvierzig Jahre lang Soldat. Sein Ruhm wurzelt in den Kämpfen von 1794. Wenn trotz dieser Kämpfe sein Name nicht heller glänzt, so liegt das in einer Verkettung von Umständen, unter deren Ungunst manche hervorragende Kraft jener Zeit und speziell jener polnischen Kämpfe zu leiden gehabt hat. Der Krieg war unpopulär, und die Schroffheit Suworows, die des Guten in derselben Weise zu viel tat, wie die oberste Leitung preußischerseits (freilich ohne Verschulden unseres Günthers) zu wenig getan hatte, war nicht geeignet, dem Kampfe gegen Polen eine ihm fehlende Teilnahme zu wecken. Man schämte sich fast des Krieges, und die Tat des einzelnen litt unter dem Mißkredit, in dem das Ganze stand. Dies würde vollauf genügen, um das Vergessensein ruhmvoller Aktionen aus dem Jahr 1794 erklärlich zu machen, aber was recht eigentlich in diesem Sinne wirkte, war doch ein anderes noch. Und kaum ist es nötig, dieses andere zu nennen. Der Untergang des alten und das Wiedererstehen eines neuen Preußens waren Weltereignisse, die, nach Art einer Flut, die Marksteine einer unmittelbar voraufgegangenen kleinen Geschichtsepoche hinwegspülten. Es ist Aufgabe späterer Zeiten, solche in Triebsand begrabenen Denksteine wieder aufzurichten. Und dazu sollten diese Zeilen ein Versuch sein.

Günthers eigentlichste Bedeutung scheint übrigens nach dem übereinstimmenden Urteile seiner Zeitgenossen vor allem in seiner Persönlichkeit gelegen zu haben. Boyen preist ihn auf jeder Seite, und da junge Adjutanten gewöhnlich diejenigen sind, die ihrem alten General (und oft mit nur zu gutem Grund) am wenigsten Bewunderung entgegentragen, so sind wir wohl zu dem Schlusse berechtigt, daß in diesem Fall eine siegende Gewalt vorlag, die alles Bekritteln tot machte. Etwas Mysteriöses, das um und an ihm war, steigerte dabei sein Ansehen nicht wenig. Es hieß von ihm, daß er die drei Gelübde der Keuschheit, der Armut und des Gehorsams abgelegt habe. Und daß dies von jedem geglaubt wurde, zeigt am besten, wie sein Leben war. Es hieß, daß er nie ein Weib berührt habe »drum sei er so gewaltig von Körper«.* Das Gelübde der Armut hielt er nicht minder treu. Von seinem reichen Gehalt nahm er für seine Person nur 300 Taler; was von dem Übrigen nicht für die Offizierstafel und für Lohn und Bedienung daraufging, wurde den Armen gegeben. Die Tafel war reichlich besetzt, aber er selbst aß regelmäßig nur eine Soldatensuppe und ein einfaches Stück Fleisch. Als er einen jungen Offizier zum Nachbar flüstern hörte, daß der Alte sich seine frugale Kost sehr gut schmecken lasse, ward auch noch das Fleisch aus der Suppe getan. Denn wie er an Umsicht, Raschheit und verschlagener Tapferkeit ein Geistesverwandter des alten »Husarenvaters« auf Wustrau war, so war er es auch in Schlichtheit, Rechtschaffenheit und Unbestechlichkeit. Die Worte des Prinzen

---

* Boyen hat auch in bezug hierauf eine etwas prosaischere Version. Er schreibt: »Günther zog sich früh aus dem Treiben der Welt und der Gesellschaft zurück. Was ihn zu dieser Zurückgezogenheit bestimmte, ob es schmerzlich zerrissene Lebensverbindungen waren (also unglückliche Liebe, aber nichts von einem Keuschheitsgelübde) mag dahingestellt bleiben.« Auch der »Gewaltigkeit seines Körpers« erwähnt Boyen nicht; vielmehr spricht er viel von der Kränklichkeit des Generals, die nur in dessen moralischer Kraft ihr Gegengewicht gefunden habe. Er war auch hierin ganz dem alten Zieten verwandt, der bekanntlich immer leidend und zu Zeiten völlig hinfällig war.

Heinrich, die Zieten so schön charakterisieren (»er verachte alle diejenigen, die sich auf Kosten unterdrückter Völker bereicherten«), passen ebenso auf Günther. Seine kurze Verwaltung Südpreußens war deshalb in mehr als einer Beziehung ein Segen für jene Landesteile. Seine Uneigennützigkeit erwarb ihm die Achtung von Freund und Feind, und selbst die polnische Bevölkerung näherte sich ihm und unterwarf sich in streitigen Fällen seiner Entscheidung. Von Suworow, den er öfter sah, wurde er in ausgezeichneter Weise empfangen. »Ich freue mich, heute einen wahren General kennenzulernen« waren die ersten Worte, womit der damals im Zenith seines Ruhmes stehende Praga-Erstürmer unsern General begrüßte, und als Günther mehrere Jahre später ein in Südpreußen zurückgebliebenes, völlig vergessenes russisches Magazin unaufgefordert an Suworow zurückliefern wollte, rief dieser verwundert aus: »Solch einen Glauben hab' ich in Israel nicht funden.« Freilich, es war so unrussisch wie möglich.

An Gehorsam, an Diensttreue war ihm keiner gleich. Seine stete Klage war, daß der König schlecht bedient werde. Nach Natur und Überzeugung war er ein Mitglied jenes hohen Kriegerordens, der sich während der Regierungszeit des großen Königs gebildet hatte, und dessen erste und einzige Regel lautete »im Dienste des Vaterlandes zu leben und zu sterben«. Das Opfer war Gebot, war Leidenschaft. Preußen über alles. Noch wenige Wochen vor seinem Hinscheiden, als ihm erzählt wurde, daß die Grenadierbataillone die alten Grenadiermützen wieder erhalten hätten, rief er aus: »Gott gebe, daß mit den alten Mützen auch der alte Geist der Gleimschen Grenadiere wieder da sein möge, dann werden sie und Preußen unüberwindlich sein.« Der Tod ersparte ihm die bittre Erfahrung, daß der »alte Geist« unwiederbringlich verloren war.

Es war ihm in einem der Pflicht und dem Dienste gewidmeten Leben nicht vergönnt worden, die höchsten Aufgaben zu lösen, Aufgaben, zu denen er, der Aussage aller derer nach, die ihm nahestanden, wohl befähigt gewesen wäre. Wenn ihm aber das Höchste zu tun auch versagt blieb, das Beste lebte nicht nur in ihm, er betätigte sich auch darin.

Mög' es dem Vaterlande nie an Männern fehlen gleich ihm!

7

Karl Friedrich Schinkel

> Ehrwürdig dünkt euch gotische Kunst
> mit Recht; . .
> Doch schätz' ich mehr Einfaches, dem
> ersten Blick
> Nicht gleich enthüllbar.
>
> *Platen*

Unter allen bedeutenden Männern, die Ruppin, Stadt wie Grafschaft, hervorgebracht, ist Karl Friedrich Schinkel der bedeutendste. Der »alte Zieten« übertrifft ihn freilich an Popularität, aber die Popularität eines Mannes ist nicht immer ein Kriterium für seine Bedeutung. Diese resultiert vielmehr aus seiner reformatorischen Macht, aus dem Einfluß, den sein Leben für die Gesamtheit gewonnen hat, und diesen Maßstab angelegt, kann der »Vater unsrer Husaren« neben dem »Schöpfer unsrer Baukunst« nicht bestehen. Wäre Zieten nie geboren, so besäßen wir (was freilich nicht unterschätzt werden soll) eine volkstümliche Figur weniger, wäre Schinkel nie geboren, so gebräch' es unsrer immerhin eigenartigen künstlerischen Entwicklung an ihrem wesentlichsten Moment. Ich komme weiterhin ausführlicher auf diesen Punkt zurück.

Karl Friedrich Schinkel wurde am 13. März 1781 zu Neu-Ruppin geboren. Wir wissen wenig von den ersten Jahren seiner Kindheit. Wenn Berühmtheiten in ihren alten Tagen sich entschließen, ihre Biographie zu schreiben, so geschieht es wohl, daß die ersten, also die sich mit ihrer Kindheit beschäftigenden Kapitel, zugleich auch die interessantesten werden. Die Betreffenden, nachdem sie am Tische von Fürsten und Herren gesessen und sich genugsam von der Wahrheit des »alles ist eitel« überzeugt haben, kehren dann mit einer rührenden Vorliebe zu den Spielen ihrer Kindheit zurück und verweilen lieber bei diesen als bei dem Ordens- und Ehrenempfang ihrer späteren Jahre. Anders, wenn Berühmtheiten es verschmähen oder vergessen, ihre Lebensschicksale niederzuschreiben und nur das zu unserer Kenntnis kommt, was andere von ihnen wissen. Diese »anderen« wissen in der Regel wenig oder nichts von den Kinderjahren des berühmten Mannes, sie lebten damals kaum, und der Berühmte hat die vielleicht hübschesten Kapitel seines Lebens mit ins Grab genommen. So oder ähnlich verhält es sich mit Schinkel. Er hat seine Biographie nicht geschrieben, und wiewohl seine mittlerweile herausgegebenen »Briefe und Tagebücher« ein Material von seltener Reichhaltigkeit für das spätere Leben Schinkels bieten, so schweigen sie doch über seine Kinderjahre. Ich habe an seinem Geburtsorte nachgeforscht. Es lebten noch Personen, die ihn als Kind gekannt hatten, und ich gebe in nachstehendem, was ich über ihn erfuhr. Sein Vater war Superintendent in Ruppin und starb infolge der Anstrengungen, die er während des großen Feuers, das im Jahre 1787 die ganze Stadt verzehrte, durchzumachen hatte. Auch die Superintendentenwohnung ward in Asche gelegt, so daß von dem Hause, darin Schinkel geboren wurde, nichts mehr existiert. Es stand ungefähr an derselben Stelle, wo sich die jetzige Superintendentenwohnung befindet, aber etwas vorgelegen, auf dem jetzigen Kirchplatz, nicht an demselben. Die Mutter Schinkels (eine geborene Rose und der berühmten gleichnamigen Gelehrtenfamilie, der die Chemiker und Mineralogen Valentin, Heinrich und Gustav Rose zugehörten, nahe verwandt) zog nach dem Hinscheiden ihres Mannes in das sogenannte Predigerwitwenhaus, das, damals vom Feuer verschont geblieben, sich bis diesen Tag unversehrt erhalten hat. In diesem Hause, mit dem alten Birnbaum im Hof und einem dahinter gelegenen altmodischen Garten, hat Schinkel seine Knabenzeit vom sechsten bis vierzehnten Jahre zugebracht.

Aus seiner frühesten Jugend ist nur folgender kleiner Zug aufbewahrt worden. Sein Vater zeichnete ihm öfter allerlei Dinge auf Papier, namentlich Vögel. Der kleine Schinkel saß dann dabei, war aber nie zufrieden und meinte immer: »Ein Vogel sähe doch noch anders aus.« Sein Charakter nahm früh ein bestimmtes Gepräge an; er zeigte sich bescheiden, zurückhaltend, gemütvoll, aber schnell aufbrausend und zum Zorn geneigt. Eine echte Künstlernatur. Auf der Schule war er nicht ausgezeichnet, vielleicht weil jede Art der Kunstübung ihn von früh auf fesselte und ein intimeres Verhältnis zu den Büchern nicht aufkommen ließ. Seine musikalische Begabung war groß; nachdem er eine Oper gehört hatte, spielte er sie fast von Anfang bis zu Ende auf dem Klavier nach. Theater war seine ganze Lust. Seine ältere Schwester schrieb die Stücke, er malte die Figuren und schnitt sie aus. Am Abend gab es dann Puppenspiel.

In seinem vierzehnten Jahre zog seine Mutter nach Berlin, und Schinkel kam nur noch besuchsweise nach Ruppin, besonders nach Kränzlin, einem nahebei gelegenen Dorfe, an dessen Pfarrherrn seine ältere Schwester verheiratet war. Nach Kränzlin hin, wie schon hier bemerkt werden mag, adressierte er auch seine Briefe aus Italien, wohin er im Jahre 1803 seine erste Reise antrat. Dies Dorf und sein Predigerhaus blieben ihm teuer bis in sein Mannesalter hinein. Unter seinen Jugendarbeiten im Radenslebener Herrenhause (s. S. 46) befindet sich auch eine Zeichnung der Kränzliner Kirche.

Das Berliner Leben unterschied sich zunächst wenig von den Tagen in Ruppin. Hier wie dort eine Wohnung im Predigerwitwenhause, hier wie dort Besuch des Gymnasiums. Auch auf der Berliner Schule, dem grauen Kloster, ging es nicht glänzend mit dem Lernen, die Kunst hatte ihn bereits in ihrem Bann. Er zeichnete mit Eifer, und wir sind so glücklich, einige dieser seiner ersten Versuche zu besitzen. Es sind Porträtköpfe (Rembrandt, Friedrich der Große und ein Unbekannter), alle drei aus dem Jahre 1796 und mit großer Sauberkeit von dem damals fünfzehnjährigen Schinkel ausgeführt. Indessen so wertvoll uns diese Blätter jetzt erscheinen müssen, so waren sie doch nichts anderes als Zeichnungen nach Vorlegeblättern, wie sie, ohne daß sich später ein Schinkel daraus entwickelt, tagtäglich gemacht zu werden pflegen. Er entbehrte, trotz alles künstlerischen Dranges, noch jeder Klarheit, und der zündende Funke war noch nicht in seine Seele gefallen. Daß er der Kunst und nur ihr angehöre, dies Bewußtsein kam ihm erst später. Freilich bald.

Es war im Jahre 1797 auf der damals stattfindenden Ausstellung, daß ein großartiger, vom jungen Gilly herrührender phantastischer Entwurf eines Denkmals für Friedrich den Großen den tiefsten Eindruck auf ihn machte und ihn empfinden ließ, wohin er selber gehöre. Er verließ die Schule (1798), ward in das Haus und die Werkstatt beider Gillys, Vater und Sohn, eingeführt und begann seine Arbeiten unter der Leitung dieser beiden ausgezeichneten Architekten. Eine enthusiastische Verehrung für den Genius des früh hingeschiedenen jüngeren Gilly blieb ihm bis an sein Lebensende.

Es existieren Arbeiten aus dieser ersten Schinkelschen Zeit und alle zeigen den Gillyschen Einfluß. Kein Wunder. Auch das Genie schafft nicht lediglich aus sich selbst und Schinkel entbehrte noch der lebendigen Anschauungen, die ihm die Kraft oder auch nur die Möglichkeit zu freier Entfaltung hätten geben können. Jedenfalls war das Verhältnis Schinkels zu Gilly von kürzester Dauer; schon nach zwei Jahren, am 3. August 1800, starb dieser liebenswürdige und geistreiche Künstler. Er hinterließ ihm zweierlei: den ausgesprochenen Wunsch, seine Arbeiten durch ihn (Schinkel) vollendet zu sehen, dann aber die Sehnsucht nach Italien. Im Durchblättern der Gillyschen Mappen hatte der jugendliche Schüler desselben vom ersten Augenblick an erkannt, wo das Richtige, das Nacheifernswerte zu finden sei.

Arbeiten, übernommene und eigene, hielten unsern Schinkel noch fast drei Jahre lang in der Heimat fest; endlich, im Frühjahr 1803, kam die lang ersehnte Stunde, und seine Fahrt ins »schöne Land Italia« begann. Er machte diese Reise an der Seite seines Freundes, des Architekten Steinmeyer, und nach längeren und kürzeren Aufenthalten an den alten deutschen Kunststätten: Dresden, Augsburg, Nürnberg, Wien, betrat er Italien zu Anfang August desselben Jahres, um es bis nach Sizilien hin zu durchwandern. Seine Briefe und Reisetagebücher geben Auskunft darüber, mit welch empfänglichem Sinn, zugleich auch mit welcher Gereiftheit des Urteils er die Kunstschätze Italiens studierte und Land und Leute beobachtete. Vor allem sprach das Land zu ihm von seiner malerischen Seite, das Architektonische trat zurück, und ein Blick auf die zahlreichen Landschaftszeichnungen, die dieser Reiseepoche angehören, bestätigt durchaus die Ansicht Waagens, daß Schinkel, wenn er statt der Bekanntschaft Gillys des Architekten, die Bekanntschaft eines Malers von gleichem Talent gemacht hätte, sehr wahrscheinlich ein hervorragender Maler geworden wäre. Musik, Skulptur, Malerei, Baukunst – für alle hatte er eine ausgesprochene Begabung und für die Malerei in so hervorragender Weise, daß mit Recht von ihm gesagt worden ist »er habe architektonisch gemalt und malerisch gebaut«.

Italien bot diesem malerischen Zuge die reichste Anregung, und die entsprechende Beschäftigung führte sehr bald zu einer Meisterschaft in der Behandlungsweise, die alles Unselbständige von ihm abstreifte. Seine früheren Sachen (bis 1803) zeigten etwas Steifes, in Italien aber eignete er sich eine ganz eigentümliche Technik an, die ihn, durch eine erstaunliche Breite und Kraft im Vordergrunde (wobei ihm die meisterhaft geführte stumpfe Rohrfeder treffliche Dienste leistete) in den Stand setzte, die Wirkung vollständiger Bilder zu erreichen. Seine großen Ansichten von Messina, Palermo, der Ebene von Portinico usw., die alle dem Jahre 1804 angehören, wurden später von Goethe »groß und bewundernswürdig« genannt.* Schinkel

---

* Goethe war überhaupt voller Anerkennung für Schinkel. 1820 war letzterer in Gesellschaft von Rauch und Friedrich Tieck in Weimar auf Besuch, und

pflegte die Hauptlinien solcher landschaftlichen Aufnahmen am Tage sehr flüchtig, aber in der Perspektive höchst sorgfältig auf das Papier zu werfen und diese Umrisse dann am Abend mit der staunenswertesten Treue und von einem nie irrenden Gedächtnis unterstützt im einzelnen auszuführen.*

Während der ganzen Reise prävalierte in ihm der Maler. Er war unzweifelhaft als Architekt nach Italien gezogen, aber nur wenige seiner Briefe aus jenen Reisejahren beschäftigen sich mit

---

Goethe, dem vorzugsweise diese Reise gegolten hatte, schrieb über diese schönen Tage: »Von Jugend auf war meine Freude mit bildenden Künstlern umzugehen. Herr Geh.-Rath Schinkel machte mich mit den Absichten seines Theaterbaues bekannt und wies zugleich unschätzbare landschaftliche Federzeichnungen vor, die er auf einer Reise in's Tyrol gewonnen hatte. Die Herren Tieck und Rauch modellirten meine Büste, ersterer zugleich ein Profil von Freund Knebel. Eine lebhafte, ja leidenschaftliche Kunstunterhaltung ergab sich dabei, und ich durfte diese Tage unter die schönsten des Jahres rechnen.«

* Es scheint fast, daß alle hervorragenden Künstler die oft ans Wunderbare grenzende Gabe besitzen, das allerflüchtigst Wahrgenommene auf viele Jahre hin, um nicht zu sagen für immer, in ihrer Vorstellung zu bewahren. Das Geschaute fällt wie ein Lichtbild in ihre Seele und fixiert sich daselbst. William Turner sollte zu einer bestimmten Gelegenheit die »Landungsbrücke von Calais« malen, und man erwartete, er werde hinüberfahren, um das Bild nach der Natur anzufertigen. Er war aber ein oder zwei Jahre vorher nach Paris gereist, und hatte sich, auf dem Dampfschiffe stehend, ohne die geringste Ahnung davon, daß ihm solche Aufgabe jemals zufallen würde, die Szenerie von Calais (bloß dadurch, daß sein Auge einen Moment darauf ruhte) so vollständig eingeprägt, daß er das bestellte Bild in frappantester Naturwahrheit aus dem Kopfe malen konnte. - Ein anderes Mal zeichnete er mit raschen Strichen einen Dreimaster aufs Papier, den er länger als zwanzig Jahre vorher auf der Reede von Spithead hatte tanzen sehen. Das Schiff existierte noch in Portsmouth oder Plymouth und man verglich die Zeichnung damit. Zum Staunen aller ergab sich, daß Turner sogar die Zahl und Stellung der Stückpforten völlig richtig wiedergegeben hatte. —

Auch aus dem Kreise Berliner Künstler wird ähnliches berichtet. Der polnische Graf Cz. verliert plötzlich sein einziges Kind, eine Tochter von zehn Jahren. Er ist untröstlich und will wenigstens eine Büste von der Hingeschiedenen besitzen. Er wendet sich wenige Tage später an einen unserer Bildhauer, dieser aber muß ablehnen, als er erfährt, daß nur eine schon vor etwa sechs Jahren angefertigte Kreidezeichnung von der jungen Komtesse vorhanden sei. Auf dem Heimwege begegnet der Bildhauer seinem Freunde dem Maler M. und erzählt ihm das eben Erlebte. Der Maler, als er den Namen des Grafen hört, hält im Gehen inne und fragt: »War das nicht Graf Cz., dem wir vor kaum drei Wochen am ›großen Stern‹ begegneten? Er fuhr mit einer Dame; rückwärts saß ein schönes Kind?« »Das war er«, antwortete der Bildhauer. »Nun, dann läßt sich vielleicht helfen.« Und der Maler zeichnete alsbald einen Kopf, der vollständig ähnlich befunden und nach dem seitens des Bildhauers die Büste angefertigt wurde.

Architektur. Selbst die herrlichen Tempeltrümmer von Girgenti regten überwiegend die dichterische Phantasie des Landschaftsmalers an; zu baukünstlerischen Betrachtungen über die hehren Überreste hellenischen Altertums gelangte er nirgends und die Renaissancebauten Ober- und Mittelitaliens ließen ihn ebenfalls kalt. Am meisten Eindruck machte die sarazenische Baukunst auf ihn und ihre phantastischen Reize umstrickten ihn überall von Venedig bis Sizilien; – es sprach sich auch hierin seine Neigung zum Malerischen aus.

Die italienische Reise, wie jede Reise, hatte freilich auch ihre Schattenseiten, ihre Plagen und ihre Sorgen. Eine humoristischere Feder als die Schinkels würde uns davon ein anschauliches Bild entworfen haben, aber immer etwas auf dem Kothurn, steigen seine Schilderungen nur selten ins Genrehafte hinab. Es widerstand seiner Natur, die kleinen Leiden des Daseins zu betonen und nur mitunter klang es durch. Die Vetturinfahrt nach Rom und die ersten römischen Tage (im Spätherbst 1803) zwangen ihm einen Notschrei ab. »Bände könnte ich schreiben über das Thema, – so heißt es in einem der ersten Briefe – wie einem eine schöne Reise durch Gauner und Schurken verdorben werden kann. Der Ärger über die infamsten Betrügereien hat mich unfähig gemacht, das tausendfach Schöne mit voller Teilnahme zu genießen. Die dicke, immer uns hindernde Maschine von einem Bedienten (den Sie aus Venedig kennen) war mit einem abscheulichen Kerl von Vetturin verschworen, um uns zugrunde zu richten. Nun habe ich das Fieber und bin abgespannt und ermattet.«

So schrieb Schinkel unmittelbar nach seiner Ankunft. Aber die Situation, anstatt sich an Ort und Stelle wenigstens zu bessern, wurde von Tag zu Tag nur schwieriger, das Geld blieb aus und unser Fieberkranker, dem kräftige Speisen verordnet waren, mußte von Semmel und Weintrauben leben. Wer weiß, was geworden wäre, wenn nicht der Hauswirt, voll jenes Zartsinns, von dem die Italiener trotz aller Vetturine doch auch ihre Proben geben, sich ins Mittel gelegt und von freien Stücken offeriert hätte, »bis auf weiteres mit seiner Küche vorliebnehmen zu wollen.« Dies geschah und – endlich kam das Geld. Schinkel und sein Reisegefährte (Steinmeyer) bestellten nun eine gebratene Ente, worauf der Italiener lachend erwiderte: capisco, i denari son' venuti.

Die Rückreise nach Deutschland ging über Paris, dessen jedoch in den betreffenden Briefen nur flüchtig Erwähnung geschicht;

die Sehnsucht, nach fast zweijähriger Abwesenheit, stand wieder nach der Heimat und Ende Januar 1805 war er zurück.

Hier bot sich für seine Wirksamkeit als praktischer Architekt vorläufig wenig, und durch die unglückliche Katastrophe, die das Jahr darauf hereinbrach, wurde vollends alle Aussicht gestört. Dies war ein Unglück. Waagen indes äußert sich dahin, daß das, was anfänglich unbedingt als eine schwere Fügung des Schicksals erscheinen mußte, schließlich der mehrseitigen Entwickelung Schinkels fördersam gewesen sei und auf seine reifere Ausbildung zum praktischen Architekten den wohltätigsten Einfluß ausgeübt habe.

Wir lassen dies dahin gestellt sein und verzeichnen unsererseits nur die Tatsache, daß unser Ruppiner Superintendentensohn, den wir uns gewöhnt haben als Architekten und nur als solchen zu kennen und zu bewundern, daß unser Schinkel, sag' ich, zum Teil der eigenen Neigung, aber mehr noch dem Zwange gebieterischer Umstände nachgebend, zehn Jahre lang (von 1805 bis 1815) vorwiegend ein Landschaftsmaler war. Er malte große hochpoetische Landschaften in Öl, vor allem jenen reichen Zyklus perspektivisch-optischer Bilder (meist für die Gropiusschen Weihnachtsausstellungen), worin er fast aus allen Teilen der Welt das Schönste und Interessanteste vor den staunenden Augen seiner Landsleute entrollte: Ansichten von Konstantinopel, Nilgegenden, die Kapstadt, Palermo, Taormina mit dem Ätna, den Vesuv, die Peterskirche, die Engelsburg und das Kapitol in Rom, den Mailänder Dom, das Chamonixtal, den Markusplatz, den Brand von Moskau, die Leipziger Schlacht, Elba, St. Helena usw. Vor allem verdienen hier die 1812 für das kleinere Gropiussche Theater gemalten »Sieben Wunder der alten Welt« einer besonderen Erwähnung. Sie gaben ihm eine erwünschte Gelegenheit, neben der vollen Entfaltung seines malerischen Geschicks, sich auch als genialen Architekten aufs glänzendste zu bewähren. Franz Kugler nannte diese Arbeiten »die geistreichsten Restaurationen der Wunderbauten des Altertums.«

Auch Staffeleibilder in großer Zahl entstanden um diese Zeit: Landschaften in Öl, Gouache, Aquarell und Sepia. Er entwikkelte auf diesem Gebiet eine Vielseitigkeit, wie die Kunstgeschichte sonst kein Beispiel aufweist, so daß er nach der Meinung Waagens als der mutmaßlich größte Landschaftsmaler aller Zeiten dastehen würde, wenn er die Technik der alten Meister besessen und seine ganze Kraft diesem Fache hätte zuwenden können. Denn er vereinigte das lebhafte und innige

Gefühl für die bescheidenen, anspruchslosen Reize einer nordischen Natur, welche uns die Bilder eines Ruisdael, eines Hobbema so anziehend machen, mit dem Liniengefühl und dem Sinn für zauberhafte Beleuchtung eines Claude Lorrain. Andere seiner Bilder erinnern durch eine gewisse Klassizität und kühle, harmonische Farbenwirkung an die Landschaften Nikolaus Poussins.

Was uns, die wir die Mark durchreisen und beschreiben, mit besonderer Genugtuung erfüllt, ist der Umstand, daß die herrlichen Gegenden des Südens, in denen er so lange geschwelgt, ihn nicht unempfindlich für die Reize seiner märkischen Heimat gemacht hatten. Er verachtete unsere Landschaft keineswegs, wie so viele tun, die sich dadurch das Ansehen feineren Kunstverständnisses zu geben vermeinen. Neben Palermo oder Taormina malte er »die Oderufer bei Stettin«, und selbst »Stralau und die Spree« erschienen seinem Künstlerauge nicht zu gering. Alle unsere großen Landschafter haben in diesem Punkte empfunden wie Schinkel. Ich nenne nur Blechen, anderer jüngerer, wie Riefstahl und Bennewitz von Loefen zu geschweigen.

Vieles von den zahlreichen Arbeiten jener Epoche – namentlich alles bloß Dekorative, für eine bestimmte Gelegenheit Entworfene – ist verlorengegangen, anderes ist in den Schlössern und Herrenhäusern der Mark zerstreut, in denen ich, wie z. B. in Neu-Hardenberg, Steinhöfel, Radensleben und Friedrichsfelde einer ganzen Anzahl von Gouache- und Ölbildern begegnet bin.* Wie manches aber auch dem Auge entzogen oder verlorengegangen sein mag, das Wesentlichste, das er als Landschafter geleistet, ist unserer Hauptstadt erhalten geblieben, und die jetzt der National-Galerie zugehörige Wagnersche Sammlung bietet uns Gelegenheit, einen Einblick in die reiche schöpferische Kraft Schinkels auch als Maler zu tun. Die Technik ist seitdem eine andere geworden und die Schinkelsche Farbe, wie nicht geleugnet werden soll, hat zum Teil etwas kalkig-nüchternes, das uns heutzutage, wo wir an die Farbenzauber der Achenbachs gewöhnt worden sind, befremdlich ansieht, aber als stilisierte Landschaften sind sie schwerlich seitdem ihrem inneren Gehalte nach übertroffen worden.

Bis hierher haben wir uns fast ausschließlich mit Schinkel dem Maler beschäftigt, der Friedensschluß von 1815 aber schuf einen

* In den betreffenden Kapiteln des 1., 2. und 4. Bandes dieser »Wanderungen« sind diese Bilder und Zeichnungen ausführlicher beschrieben.

plötzlichen Wandel, und von nun ab tritt der Baumeister in den Vordergrund. Es fällt diese Wandlung der Verhältnisse (nachdem er übrigens schon 1810 in die Ober-Bau-Deputation berufen war) mit seiner Ernennung zum Geheimen Oberbaurat zusammen. Man darf fast sagen, er wurde lediglich auf Vertrauen und Diskretion hin in diese Stellung eingeführt, denn noch war es ihm versagt geblieben, durch irgendeinen ausgeführten Bau von Bedeutung die Aufmerksamkeit oder gar die Bewunderung der Fachleute auf sich zu ziehen.

Fünfundzwanzig Jahre lang, in runder Zahl von 1815 bis 1840, war er nun als Baumeister im großen Stile tätig, und in eben diesem Zeitraume gelang es ihm, »Berlin – wie seine Verehrer sagen – in eine Stadt der Schönheit umzugestalten«, jedenfalls aber unserer Residenz im wesentlichen den Stempel aufzudrücken, den sie bis diese Stunde trägt. Denn auch das, was nach ihm gebaut worden ist, ist zu gutem Teile Geist von seinem Geist. Wenige Städte (wenn überhaupt) zeigen etwas Gleiches. In Hamburg, München, Petersburg liegen die Dinge doch anders, und selbst die London-City, die in gewissem Sinne als eine Schöpfung Christopher Wrens betrachtet werden darf, bietet nur ähnliches.

Es verlohnt sich zu zeigen, worin der Unterschied liegt.

Wenn man in London auf der Blackfriarsbrücke steht und neben der Kuppel von St. Paul die zweiundfünfzig Türme überblickt, die, bis an den Tower hin und darüber hinaus, das Häusermeer der City überragen, so darf man sagen, dies in Nebel und Sonne zauberhaft daliegende Stück London ist das Werk Christopher Wrens, – alles war niedergebrannt und auf dem Trümmerschutt des alten London fiel ihm die Aufgabe zu, ein neues London aufzurichten. Aber dennoch, wie schon angedeutet, stellt sich auch hier eine sehr wesentliche Verschiedenheit heraus. Was Wren für die London-City tat, war unendlich mehr und unendlich weniger. Wren hat der City nach außen hin eine bestimmte Physiognomie gegeben, was sich von Schinkel in bezug auf Berlin nicht sagen läßt. Eingetreten in beide Städte jedoch erkennen wir, daß Wren, den die großen Aufgaben des Kirchenbaues beschäftigten, ohne jeden bemerkenswerten Einfluß auf die Straßen und Häuser, auf die Details der Stadt geblieben ist, während dasselbe Berlin, das nach außen hin kaum einen einzigen Schinkelschen Zug verrät, in seinem Innern den Stempel Schinkels trägt. Inwieweit dies der Fall ist, das wird am ehesten erhellen, wenn ich einfach aufzähle, welche Häuser und Paläste, welche Brücken und Plätze wir der fünfundzwanzigjährigen baukünstlerischen Tätigkeit unseres Schinkels verdanken.

Es sind: die Königswache, die Domkirche (Restauration), das Kreuzbergmonument, das Monument für den General von Scharnhorst auf dem Invalidenkirchhof, das Schauspielhaus, das Potsdamer Tor und die Wachthäuser rechts und links neben demselben, das alte Museum samt Lustgarten und Springbrunnen, die Schloßbrücke samt ihren Statuen, die Friedrich-Werdersche Kirche, die vier Kirchen einerseits in Wedding und Moabit, andrerseits vor dem Rosentaler Tor und auf dem Gesundbrunnen, die Palais der Prinzen Karl und Albrecht, die neuen Packhofsgebäude, das Graf Redernsche Palais, die Einfahrt in die Neue Wilhelmstraße, die Sternwarte am Enckeplatz, die Bauschule.

Bedeutsam wie diese Bauten sind – vorzüglich für den, der die Geschichte derselben verfolgt und die Schwierigkeiten in Anschlag bringt, die sich der Ausführung entgegenstellten –, so geben sie doch zum kleinsten Teile nur eine Vorstellung von der umfassenden und geradezu Staunen erregenden Tätigkeit, die Schinkel zunächst innerhalb der Hauptstadt und ihrer Umgebung* und im weiteren im Lande Preußens überhaupt entfaltete.

Wenn wir uns annähernd ein richtiges Bild davon entwerfen wollen, welcher Art und welchen Umfanges sein Schaffen war, so müssen wir nicht allein das im Auge haben, was er widerstrebenden Gewalten gegenüber aus Berlin wirklich machte, sondern vor allem auch das, was er daraus machen wollte; wir müssen in den Kreis seiner schöpferischen Tätigkeit alles das mit hineinziehen, was in hundert ausgeführten Blättern auf dem Papiere lebt, aber an der Ungunst der Zeiten scheiterte. An der Stelle, wo jetzt das Potsdamer Tor steht, sollte sich beispielsweise die große Friedenskathedrale zur Erinnerung an die Freiheitskriege erheben. Die Linden entlang gedachte er in Statuen und Denkmälern eine monumentale Siegesstraße zu ziehen, und an Stelle des alten Domes sollte ein wirklicher Dom hoch in die Luft steigen, glänzend genug, um sich den anderen Prachtbauten jenes Platzes würdig anzureihen. So waren die Pläne, aber nur die Mappen

* In Potsdam führte Schinkel folgende Bauten aus: das Kasino, Schloß Glienicke, die Nikolaikirche, das Kavalierhaus auf der Pfaueninsel, die Brücke zu Glienicke, Charlottenhof, Schloß Babelsberg (teilweis). In Tegel: das Schlößchen; in Stralau: die Kirche. Dazu verschiedene Villen in der Umgegend von Berlin.

Schinkels geben Auskunft darüber, was damals alles gedacht, entworfen, erstrebt wurde. Das wenigste trat ins Leben. »Er diente einem sparsamen König in einer geldarmen Zeit.«

Diese Mappen, die eigentlichste Hinterlassenschaft Schinkels, sind es, die uns ein Bild der Gesamttätigkeit des Meisters erschließen, einer Tätigkeit, die fast alle Gebiete des künstlerischen Lebens umfaßte. Gab es eine neue Spontinische Oper, wer anders als Schinkel konnte die Dekorationen, gab es ein fürstliches Begräbnis, wer anders als Schinkel konnte die Zeichnung zu Monument oder Grabstein entwerfen? Das ganze Kunsthandwerk – dieser wichtige Zweig modernen Lebens – ging unter seinem Einfluß einer Reform, einem mächtigen Aufschwung entgegen. Die Tischler und Holzschneider schnitzten nach Schinkelschen Mustern, Fayence und Porzellan wurden Schinkelsch geformt, Tücher und Teppiche wurden Schinkelsch gewebt. Das Kleinste und das Größte nahm edlere Formen an: der altväterische Ofen, bis dahin ein Ungeheuer, wurde zu einem Ornament, die Eisengitter hörten auf, eine bloße Anzahl von Stangen und Stäben zu sein, man trank aus Schinkelschen Gläsern und Pokalen, man ließ seine Bilder in Schinkelsche Rahmen fassen und die Grabkreuze der Toten waren Schinkelschen Mustern entlehnt. In dieser Welt Schinkelscher Formen leben wir noch*, die wenigsten unter uns wissen es, aber dies Nichtwissen ändert nichts an der Tatsache. Seine Schule blüht und durchdringt unser Leben.

Seiner Umfassendheit entsprach seine Rastlosigkeit. Selbst am Teetische, dem Gange der Unterhaltung folgend, zeichnete er mit Feder und Bleistift vor sich hin. Nur Reisen, immer ersehnt und immer willkommen, unterbrachen von Zeit zu Zeit den Gang der Geschäfte, das Gleichmaß des Schaffens. Freilich auch diese Reisen waren wieder Arbeit, aber doch nebenher eine Erfrischung, wie nichts anderes sie gewährte. 1820 war er in Jena und Weimar, um Goethe zu besuchen »an dessen persönlichem Umgang er sich erquickte«; 1824 riß er sich abermals auf fünf Monate los, um in Gesellschaft des Professors Waagen Italien zum zweiten Male zu besuchen. Wir verweilen aber lieber bei einem in Begleitung seines Freundes Beuth im Frühjahr und Sommer 1826 nach Paris, England und Schottland hin unternommenen Ausfluge, weil wir in den speziell diese Reise schildernden, ziem-

* Es darf nicht vergessen werden, daß dieser Aufsatz vor mehr als zwanzig Jahren geschrieben wurde. Bis zum Jahre 60 und dann immer mehr sich abschwächend bis zum Jahre 70 hin hatte das vorstehend Gesagte Gültigkeit; seitdem aber hat die Welt der Renaissance die Schinkelsche Welt abgelöst.

lich reichhaltigen Briefen und Blättern am meisten Frische, Behagen und gute Laune und das reifste und zutreffendste Urteil über Dinge und Zustände zu finden glauben. Die Schilderungen sind von einer merkwürdigen Präzision. So schreibt er aus dem »Ossian-Lande«, von Staffa und Jona zurückkehrend, an seine Frau:

»Die Fahrt ging durch den Sound of Mull zwischen der Insel Mull und der Halbinsel Morven hindurch, die mit hohen Küsten ihre Gipfel fast in ewigem Nebel verstecken. Doch gab es hier und da herrliche Sonnenblicke, wo dann die Gebirge, die aus Fels und Sumpf bestehen, in ihrer ganzen Nacktheit bis zur Spitze gespensterhaft hervortreten. Viele einzelne Felseninseln und Vorgebirge erstrecken sich ins Meer und tragen hier und da einmal einen alten Turm oder ein Kastell; sonst gewahrt man an den schroffen und wilden Küsten entlang nur Hütten aus schwarzem Stein, schlecht zusammengepackt und mit Stroh gedeckt, über welches ein mit Steinen beschwertes Netz von Stricken aus Heidekraut gelegt ist, um gegen Sturm zu schützen. Auffallend dabei ist es, wie modisch die armen Einwohner dieser Hütten in mancher Beziehung sich kleiden. Namentlich der Kopfputz. In Lumpen gehüllt und barfuß, stülpen die Weiber dennoch ein feines Häubchen oder einen Hut mit Krausen und Band über das ungekämmte Haar.«

Dann die Beschreibung Staffas. »Um zwölf Uhr etwa hatten wir Staffa erreicht. Man sieht beim Anfahren die ganze Architektur des Basalts und landet bei der Fingalshöhle. Nur die eine der beiden hübschen Töchter (auch Schinkel findet die Töchter Englands und Schottlands immer hübsch, und mit Recht) war mitgegangen, während die Mutter und Schwester wegen Seekrankheit in Tobermory hatten zurückbleiben müssen. Das Meer ist in der Höhle, die wie eine Kirche erscheint, sehr tief und hebt sich im Hintergrunde mit jeder einströmenden großen Welle über zwölf bis fünfzehn Fuß in die Höhe, wobei dann das donnernde Brausen nicht aufhört. Unsere deutschen Reisegenossen sangen im Hintergrunde eine Harmonie, die im Wogengeräusch wie Orgeltöne klang, zumal die ganze Höhle selbst einer großen Orgel gleicht und die fünfzig Fuß hohen Basaltsäulen ganz regelmäßig, wie Pfeifen nebeneinander stehen. Die Decke wölbt sich spitzig aus nicht ganz formierten wilden Massen zusammen. Das Meer erscheint hinten in der Höhle sehr grün, und dadurch entsteht in dem ganzen schwarzen Basaltgestein für das Auge die Empfindung vom schönsten Purpur. Nachdem wir uns an diesem großartigen Naturspiele hinreichend ergötzt hatten, gingen wir die gefahrvollen Wege auf den abgebrochenen Säulen zurück; dann erstiegen wir, den Felsen hinauf, die mit dünner Erdschicht überdeckte, obere Fläche der Insel. Einige wilde Pferde und ein paar Kühe, die einzigen Bewohner des Eilands, rissen beim Anblick der aus der Tiefe heraufkletternden Gesellschaft mit wütender Schnelligkeit nach der entgegengesetzten Seite aus, wobei mir Walter Scotts Schilderungen im Piraten einfielen. Man hat angefangen, ein kleines steinernes Hüttchen als eine Art von Wirtshaus oben zu bauen.« (Existiert nicht mehr.)

Solchen Schilderungen pflegte Schinkel, mitten in die flüchtige Schreiberei des Briefes hinein, eine ebenso flüchtig entworfene Skizze des Gesehenen beizufügen, und es ist ein großes Verdienst Alfreds von Wolzogen, bei Herausgabe der Schinkelschen Briefe dem Text diese Zeichnungen mit beigegeben zu haben. Wer das Glück hat, diese wilden, hochpoetischen Gegenden der schottischen Westküste zu kennen, wird frappiert sein, in diesen wenigen, rasch mit Tinte hingekritzelten Skizzen das alte Ossian-Land wieder vor sich aufsteigen zu sehen.

Auch den Briefen aus England, wie gleich hier bemerkt werden mag, sind solche Federzeichnungen beigegeben, flüchtige Skizzen, die durch die überaus geniale Art der Behandlung an ähnliche Arbeiten des schon einmal zitierten William Turner erinnern, der, wie Schinkel, es verstand, mit zwölf Strichen und ebenso vielen Punkten ein ganzes Landschaftsbild zu geben. Die Schinkelsche Skizze von Manchester (S. Aus Schinkels Nachlaß. Band II, S. 144) ist mir nach dieser Seite hin immer wie ein kleines Wunderding erschienen. Ebenso scharf aber wie er zu sehen verstand, so scharf und zutreffend wußte er auch zu urteilen, und die kurzen kritischen Bemerkungen, die sich durch diese England-Briefe hindurchziehen, sind von höchstem Interesse. »Mr. Connel, Mr. Kennedy und Mr. Morris«, so schreibt er, »haben Gebäude sieben bis acht Etagen hoch, und so lang und tief wie das Berliner Schloß. Man sieht Gebäude stehen, wo vor drei Jahren noch Wiesen waren, aber diese Gebäude sehen so schwarz aus, als wären sie hundert Jahre im Gebrauch. Die ungeheuren Baumassen, bloß von einem Werkmeister, ohne alle Architektur und nur für das nackteste Bedürfnis allein aus rotem Backstein aufgeführt, machen einen höchst unheimlichen Eindruck.« In Liverpool ißt er vortrefflich zu Mittag und schläft gut, kehrt indessen doch mit dem Eindruck heim, »daß Liverpool zwar eine ernorme, aber im ganzen doch eine unansehnliche Stadt sei.«

Diese Ruhe und Sicherheit in der Betrachtung der Dinge ist es, was diesen Briefen einen solchen Reiz verleiht. Alles Große, Reiche, Schöne findet eine willige, nirgends mäkelnde Anerkennung, zugleich aber steht dieser Anerkennung ein unerschütterliches Urteil zur Seite, das sich nicht beirren und weder durch Scheinkünste noch durch Massen oder Zahlen imponieren läßt. Schinkel selbst zählte später diese Reise zu seinen liebsten Erinnerungen.

Die Art, wie Schinkel zu reisen pflegte, gewährte ihm (ich deutete dies schon an) eine große geistige Erholung, aber eine körperliche kaum. Denn er, dessen ganzes Wesen überhaupt derart auf das Geistige gerichtet war, daß er sich mit allen physischen Bedürfnissen so kurz und mäßig wie nur immer möglich abfand, hatte gerade dann am allerwenigsten ein Ohr für die Forderungen des Körpers, wenn sein Geist (wie immer auf Reisen geschah) doppelte und dreifache Nahrung empfing. So kam es, daß seinc ursprünglich robuste Natur vor der Zeit zu wanken begann, weshalb er sich auch von 1832 an fast alljährlich genötigt sah, statt zu Reisen für Auge und Herz, zu Badekuren seine Zuflucht zu nehmen. Marienbad, Karlsbad, Kissingen wurden abwechselnd gebraucht. Auch im Sommer 1839 war er wieder in Kissingen gewesen, hatte von dort aus München besucht, wo die eben damals entstandenen griechischen Landschaften Rottmanns noch einen überaus harmonischen Eindruck auf ihn gemacht hatten, und allen Briefen nach, die eintrafen, schien er ein Genesener und bei heiterster Stimmung zu sein. Aber schon bei seiner Rückkehr nach Berlin zeigte sich eine große Erschöpfung. Er nahm noch teil an allem, indes die Mattigkeit wuchs. Auch ein Ausflug im nächsten Sommer versagte den Dienst und schwer krank kehrte er am 7. September (1840) nach Berlin zurück. Eine allgemeine Apathie kam über ihn, der Puls zeigte kaum noch fünfzig Schläge in der Minute, und eine Verdunkelung des einen Auges gab zur Befürchtung des Schlimmsten Veranlassung. Ein Aderlaß wurde angeordnet, aber schon nach wenigen Minuten sank er in eine tiefe Ohnmacht, um nie wieder zum vollen Bewußtsein zurückzukehren. Und doch lebte er noch länger als ein Jahr.

»Ich habe ihn – so erzählt sein Biograph Prof. Waagen – in diesem Zustande nur selten gesehen. Der Anblick war mir zu schmerzlich. Als ich aber bei Thorwaldsens Anwesenheit im Jahre 1841 diesem die Entwürfe für die Malereien in der Museumshalle zeigte, wurde er, lange dabei verweilend, so von deren Schönheit ergriffen, daß er dem Verlangen, ihren hoffnungslos daniederliegenden Urheber einen Augenblick zu sehen, nicht widerstehen konnte. Als ich mit ihm an das Bett trat, fixierte ihn Schinkel sehr aufmerksam und sagte, ihn erkennend, leise: ›Thorwaldsen!‹ Dann nach einer kleinen Pause: ›Sie gehen nach Rom?‹ Er versuchte noch mehr zu sprechen. Aber Thorwaldsen, überwältigt von dem Gefühl, den Freund, den er früher in Rom so frisch und lebenskräftig gesehen und von dessen geistiger Tätigkeit er noch eben so herrliche Beweise gehabt, in solchem Zustande zu erblicken, flüsterte mir zu: ›Ich kann es nicht mehr aushalten‹ und wandte sich, indem die Tränen seinen Augen entstürzten, von ihm ab. Der Vergleich des hilflos daliegenden Schinkel, dessen Alter ihm noch eine Reihe von Jahren zu leben erlaubt hätte, mit dem kräftigen, in aller Fülle der Gesundheit vor ihm stehenden, so viel älteren Thorwaldsen*, hatte etwas unbeschreiblich Erschütterndes.«

Dies war im Sommer 1841. Das Leben zog sich noch bis in den Herbst desselben Jahres hin. Im September erfolgte ein Blutsturz, der Vorbote des Todes. Ein Fieber stellte sich ein, das ihn nicht wieder verließ. Am 9. Oktober starb er.

Am 12. Oktober wurde er auf dem Friedhofe der Dorotheenstädtischen oder Friedrich Werderschen Gemeinde (vor dem Oranienburger Tore) bestattet. Es ist derselbe Friedhof, auf dem auch Fichte, Hegel, Franz Horn, Schadow, Beuth und Borsig ihre Ruhestätte gefunden haben. Ein unabsehbares Gefolge hatte sich angeschlossen, da alle Gewerke, die in irgendeiner Beziehung zu der Ausführung architektonischer Werke stehen, mit erschienen waren. Professor Stier hielt eine begeisterte Rede.

Das Grabmal, das ihm das Jahr darauf auf dem Friedhofe errichtet wurde, war eine Nachbildung des Hermbstädtschen Monuments, das Schinkel selbst einige Jahre früher entworfen hatte. Man folgte dabei dem Rate Beuths, der sich wiederholentlich dahin äußerte: »man könne dem hingeschiedenen Freunde kein besseres Denkmal geben, als seine eigenen Arbeiten.« Das Monu-

---

* Thorwaldsen starb drei Jahre später. Ihm war freilich ein schönerer Tod gegönnt. Er war mit Oehlenschläger im Kopenhagener Theater und ein nationales Stück, dessen Titel ich vergessen habe, wurde gegeben. An einer schönen, ergreifenden Stelle, als aller Augen auf die Bühne gerichtet waren, fühlte Oehlenschläger, wie das weiße, mächtige Haupt Thorwaldsens langsam und beinahe leblos schon auf seine Schultern niederfiel, und sich erhebend, rief er mit mächtiger Stimme in die Bühne hinein: »Still! Thorwaldsen stirbt« . . . Und alles wurde still.

ment ist etwa sechs Fuß hoch, aus Granit und Bronze aufgeführt und trägt neben Namen und Daten die Inschrift:

Was vom Himmel stammt, was uns zum Himmel erhebt
Ist für den Tod zu groß, ist für die Erde zu rein.

Wir wenden uns jetzt der Frage nach der äußeren Erscheinung Schinkels, nach seinem Charakter und, soweit diese Frage nicht schon berührt wurde, nach seiner kunst-reformatorischen Bedeutung zu.

Zunächst seine äußere Erscheinung. Er war von mittlerer Größe und schlankem Körperbau; zu seiner gesunden Gesichtsfarbe paßte das früh schon silbergrau erglänzende, lockige Haupthaar vortrefflich. Meist trug er einen blauen Überrock und jederzeit weißeste Wäsche. Er war nicht schön, aber der ernst-milde Ausdruck seines unregelmäßig geformten Gesichts, dabei sein schöner, elastischer Gang, verrieten den Mann höherer Begabung. Am treffendsten hat ihn Franz Kugler geschildert: »Wenigen Menschen war so, wie ihm, das Gepräge des Geistes aufgedrückt. Was in seiner Erscheinung anzog und auf wunderbare Weise fesselte, darf man nicht eben als eine Mitgift der Natur bezeichnen. Schinkel war kein schöner Mann, aber der Geist der Schönheit, der in ihm lebte, war so mächtig und trat so lebendig nach außen, daß man diesen Widerspruch erst bemerkte, wenn man seine Erscheinung mit kalter Besonnenheit zergliederte. In seinen Bewegungen war ein Adel und ein Gleichmaß, um seinen Mund ein Lächeln, auf seiner Stirn eine Klarheit, in seinem Auge eine Tiefe und ein Feuer, daß man sich schon durch seine bloße Erscheinung zu ihm hingezogen fühlte. Noch größer aber war die Gewalt seines Wortes, wenn das, was ihn innerlich beschäftigte, unwillkürlich und unvorbereitet auf seine Lippen trat.«

Die Anzahl der Bildnisse, die wir von ihm besitzen, ist ziemlich zahlreich. Wolzogen zählt acht Skulpturen (Büsten, Reliefs, Statuetten) und zwanzig eigentliche Bilder (Zeichnungen, Stiche, Ölporträts usw.) auf. Dazu kommt die große, von Drake gefertigte Bronzestatue, die seit einigen Jahren, neben den Statuen von Beuth und Thaer, auf dem Platz vor der Königlichen Bauschule steht. Ich leiste darauf Verzicht, die einzelnen Porträts Schinkels hier namhaft zu machen, nur das sei hervorgehoben, daß dem Wolzogenschen Werke, und zwar in vorzüglicher photographischer Nachbildung, vier Bildnisse Schinkels aus seinen verschiedenen Lebensepochen beigegeben sind. Es sind dies: 1. der zweiundzwanzigjährige Schinkel nach einem Ölbilde von Johann Karl Rößler (Rom 1803); 2. der vierunddreißigjährige Schinkel nach einer Kreidezeichnung von ihm selbst; 3. der dreiundvierzigjährige Schinkel nach einem Ölbilde von Begas (Berlin 1824); 4. der zweiundfünfzigjährige Schinkel nach einem Ölbilde von Carl Schmid aus Aachen. Hieran reiht sich ein fünftes Bild, Holzschnitt, das einer kleineren Arbeit Wolzogens »Schinkel als Architekt, Maler und Kunstphilosoph« beigegeben ist und nach einem von Krüger gemalten, dem Grafen Raczinsky zugehörigen Bilde angefertigt wurde. Auch das sei noch hinzugefügt, daß sich das Porträt Schinkels auf den Reliefbildern der Blücherstatue von Rauch und des Beuthdenkmals von Kiß befindet.*

Was den Charakter Schinkels angeht, so hat ihn niemand trefflicher geschildert als Waagen, der ihm, so viele Jahre hindurch, in Kunst und Leben nahestand. Er sagt von ihm: »An die Spitze der zahlreichen Vorzüge dieses reich begabten Naturells stelle ich seine hohe sittliche Würde, seine seltene moralische Kraft, seine noch seltenere Selbstverleugnung und außerordentliche Herzensgüte.«

Durch diese Eigenschaften erhielt er für alle Lebensbegegnisse eine sichere Haltung und für öfters bedenklich erscheinende Lebensentschlüsse (z. B. jung und mittellos die große Reise nach Italien anzutreten) überhaupt für alle schwierigsten, langwierigsten und oft unangenehmsten Arbeiten eine eiserne Ausdauer. Nie habe ich eine so entschiedene, ja fast grausame Herrschaft des Geistes über den Körper beobachtet, als es bei ihm der Fall war. Nirgends sprach sich seine Selbstverleugnung schöner aus, als wenn Lieblingspläne von ihm, welche er in allen Teilen mit voller Hingebung streng durchgebildet hatte, entweder gar nicht zur Ausführung kamen oder doch mannigfach verändert und beschnitten wurden.** Wie lebhaft auch der Schmerz war, den er

---

* Schinkels Porträtfigur an der Blücherstatue befindet sich auf dem Seitenfelde rechts, dem Opernhause zu. Es ist ein Soldat, der sich, nach der Schlacht, an sein Pferd lehnt, während Verwundete und Erschöpfte um einen großen, über dem Feuer hängenden Kessel herum sitzen. - Auf dem Beuthdenkmal ist Schinkel derjenige, der sich (Seitenfeld rechts) mit dem Entwurf des Musters zu einem Gewebe beschäftigt.

** In solchen Momenten war ihm der kunstsinnige Kronprinz ein Trost und eine Erhebung. »Kopf oben, Schinkel; wir wollen einst zusammen bauen«, das war die Zauberformel, vor der alle Trübsal schwand. Charlottenhof, »das in Rosen liegt«, war nur ein Anfang, ganz andere Dinge noch waren geplant und harrten ihrer Ausführung. Ob das Einvernehmen dasselbe geblie-

bei solchen Gelegenheiten empfand, so erzeugte er doch nicht jene so leicht begreifliche Verdrossenheit, welche in ähnlichen Fällen meist das Interesse an einer Aufgabe aufhebt, er nahm vielmehr von neuem seine ganze Kraft zusammen, um alles zu retten, was unter den beschränkenden Umständen zu retten war. Ja, er entwickelte öfter daraus wieder eigentümliche Schönheiten.

Er bildete an seinen Werken mit einer ungeschwächten Liebe fort. Dessenungeachtet war er nichts weniger als blind für dieselben eingenommen. Mit echter Bescheidenheit betrachtete er sie immer nur als mehr oder minder gelungene Annäherungsversuche an eine in ihm lebendig gewordene Kunstidee. Ein unbedingtes und allgemeines Lob verletzte ihn daher, dagegen spiegelte sich seine Zufriedenheit auf die liebenswürdigste Weise auf seinem Gesicht, wenn jemand von selbst den Sinn seiner feineren künstlerischen Intentionen auffand und hervorhob. So kam es, daß er auch in seinen spätesten Jahren mit der Kunst keineswegs abgeschlossen hatte, sondern sich immer im freisten und frischesten Vorwärtsstreben befand. In der regen Begierde, etwas Neues zu lernen, in der Biegsamkeit und Empfindlichkeit seines Geistes für Aufnahme neuer, künstlerischer Eindrücke ist er immer ein Jüngling geblieben. Wie streng er aber in jeder Beziehung sich selbst beurteilte, so mild, so liebevoll anerkennend war er gegen andere. Nur innere Unwahrheit, falsche Ostentation, hohles Aufblähen, leerer Dünkel, geistige Trägheit, Oberflächlichkeit und Gemeinheit waren Eigenschaften, welche im Leben wie in der Kunst zu sehr mit seiner innersten Natur in Widerspruch standen, als daß sie nicht sein Mißfallen, bisweilen seinen lebhaften Tadel hervorgerufen hätten. Und in diesem Punkte, Wesen von Schein, Wahrheit von Lüge zu unterscheiden, besaß er eben vermöge seiner großen Reinheit einen sehr feinen, in unseren Tagen immer seltener werdenden Sinn. Sein ganzes Wesen war so durchaus auf das Geistige gerichtet, daß man von ihm, im Gegensatze zu de-

ben wäre, wenn Schinkel die Thronbesteigung Friedrich Wilhelms IV. um mehr als wenige Monate überlebt hätte, steht freilich dahin. Fast möchten wir es bezweifeln. Der König war eben König, und Schinkel, wenn auch in vielem nachgiebig, war doch sehr fest in seinen Kunstprinzipien. Die einzige Begegnung, die sie noch hatten, verlief nicht ermutigend. Schinkel, wenige Tage nach der Thronbesteigung bereits zum Könige berufen, war nicht da; er war ohne Urlaub nach Ruppin gereist. Als er erschien, wurde er mit den Worten empfangen: »Sie haben sich wohl vor dem Kanonendonner gefürchtet, der meinem Volke meine Thronbesteigung verkündete.« Gewiß wäre alles auf eine Weile hin wieder eingeklungen; aber, wie immer auch, der König war eben — der Kronprinz nicht mehr.

nen, die nur leben, um zu essen, ohne Übertreibung sagen konnte: er aß nur, um zu leben. Was man anderen gewöhnlicheren Menschen mit Recht zum hohen Verdienst anrechnet, die größte Uneigennützigkeit, die strengste Rechtlichkeit, verstand sich bei einem so hohen, durchaus edlen Charakter wie Schinkel von selbst und nur selten ist mir im Leben eine Natur begegnet, auf welche Goethes schöne Worte über Schiller: »Und hinter ihm in wesenlosem Scheine, lag, was uns alle bändigt, das Gemeine« in so vollem Maße ihre Anwendung gefunden hätten.

So viel über seinen Charakter. Wir wenden uns jetzt ausschließlich dem Künstler zu und legen uns zunächst die zwei Fragen vor:

1. Bestimmte die Antike, in deren Geist er zu bauen trachtete, von Anfang an seine Richtung? und

2. inwieweit beherrschte ihn diese Richtung überhaupt? Gehorchte er ihr ausschließlich, oder erkannte er Mängel und Grenzen innerhalb derselben an?

Zunächst ad 1. Die Hellenik war nicht ein Patengeschenk, das irgendeine griechische Fee unserem Schinkel gleich bei seiner Geburt mit in die Wiege gelegt hätte, sie war ein mühevoll Erobertes, das er erst nach langem Suchen fand. Es ist wahr, daß sich in all jenen Schinkelschen Bauwerken, die vorzugsweise vor unserer Seele stehen, wenn wir von Schinkel sprechen, kaum ein Schwanken, kaum eine prinzipielle Unsicherheit nachweisen läßt, aber wir müssen uns hüten, hieraus, wie aus dem zufälligen Umstande, daß einige seiner frühesten aus der Gilly-Zeit herstammenden Jugendarbeiten einen gewissen antikisierenden Charakter tragen, den Schluß zu ziehen: »er sei immer Hellene gewesen und habe schon mit achtzehn Jahren auf demselben Grund und Boden gestanden, auf dem er dreißig Jahre später, während der Blütezeit seines Schaffens stand.«

Diese Annahme wäre durchaus unrichtig. Seitdem wir eine völlige Schinkelliteratur haben, seitdem uns zuletzt noch das mehrgenannte Wolzogensche Werk einen Einblick verschafft hat in den Entwicklungsgang des Meisters, haben wir auch Gewißheit darüber, daß Schinkel, als er im Jahre 1816 die neue Wache zeichnete, nicht einfach wieder an seine Gilly-Zeit anknüpfte, sondern daß umgekehrt der Wiederaufnahme dessen, was er dreizehn Jahre früher ohne volles künstlerisches Bewußtsein praktisch geübt hatte, ernste Kämpfe vorausgingen, Kämpfe, die nie ganz abschlossen und sich bis in die letzten Jahre seines Lebens hinzogen.

Ohne bei den italienischen Briefen Schinkels verweilen zu wollen, die genugsam zeigen, daß ihn damals die mittelalterlich-sarazenischen Bauten weit mehr interessierten als die griechischen Tempel, für die er doch in erster Reihe hätte schwärmen müssen, – verweisen wir an dieser Stelle lediglich auf die Zeichnungen und Pläne zu der großen, schon erwähnten Friedenskathedrale, die auf dem Leipziger Platz errichtet werden sollte. Die Beschäftigung mit diesem Kathedralenbau fällt in das Jahr 1817 und 1818, und die Hellenik hatte zu dieser Zeit noch so wenig ausschließlich Besitz von ihm genommen, daß er diesen Erinnerungsbau nicht als einen griechischen Tempel, sondern umgekehrt als einen großen gotischen Dom (mit Kuppel) auszuführen gedachte. Also 1818 noch Gotiker.

Dieser Bau kam nicht zur Ausführung, und es scheint allerdings, als ob sich die Anschauungen Schinkels von jener Zeit an der Gotik immer mehr ab- und der Antike immer mehr zugewandt hätten. Aber – und hiermit gehen wir zu unserer zweiten Frage über – auch in dieser seiner späteren Epoche ließ er sich von der Vorliebe für das Griechentum niemals so beherrschen, daß er es in bestimmten Fällen nicht den einfach-natürlichsten Erwägungen unterzuordnen gewußt hätte. Mit anderen Worten, seine Begeisterung wurde nie zur Prinzipienreiterei. Vielfach liegen die Beweise dafür vor. Ähnlicher Einseitigkeiten, wie sie beispielsweise der Professor Hirt äußerte, der, als es sich um die Errichtung eines Luther-Denkmals handelte, »das Denkmal in griechischem Stile wollte, weil das Gotische durchaus der Barbarei angehöre«, – ähnlicher Einseitigkeiten war Schinkel durchaus unfähig, ja er besaß umgekehrt ein feinstes Unterscheidungsvermögen dafür, wieweit die griechische Kunst reichte und wieweit nicht. Als es ein Projekt zu einem Mausoleum für die Königin Luise zu entwerfen galt, entschied er sich höchst bemerkenswerter Weise für Anwendung des gotischen Stils und schrieb eigens: »Die harte Schicksalsreligion des Heidentums hat hier das Höchste nicht schaffen können. Die Architektur des Heidentums ist in dieser Hinsicht bedeutungslos für uns. Wir können Griechisches und Römisches nicht unmittelbar anwenden, sondern müssen uns das für diesen Zweck Bedeutsame selbst erschaffen. Zu dieser neuzuschaffenden Richtung der Architektur gibt uns das Mittelalter einen Fingerzeig.« Auch in diesem Briefe wieder betont er mehrfach die »überlegenen Schönheitsprinzipien des heidnischen Altertums«, aber er ist zugleich feinsinnig genug, um zu fühlen, »daß diesen überlegenen Schönheitsprinzipien nicht die Gesamtheit unseres modernen Lebens, weder in seinen höchsten geistigen Forderungen (wie in der Kirche), noch in seinen hundertfach neugestalteten praktischen Bedürfnissen untergeordnet werden könne.« Er selbst hat sich darüber vielfach verbreitet und mustergültige Worte niedergeschrieben. Die Schönheit der Hellenen, dahin ging seine Meinung, sollte uns im großen und ganzen beherrschen, aber sie sollte uns nicht in dem Kleinkram des Lebens, da wo sie nicht ausreichte oder nicht hingehörte, tyrannisieren.

Die Frage ist aufgeworfen worden – und mit dieser Betrachtung schließen wir –, ob unserer Stadt durch die Hellenik ein besonderer Dienst geleistet worden ist, oder ob es nicht vielleicht ein Gewinn gewesen wäre, wenn Schinkel am Scheidewege (1818) sich schließlich anders entschieden und eine Kunstreformation im gotischen statt im griechischen Geiste beschlossen hätte. Die Antwort auf die Frage wird notwendig verschieden lauten, wir unsrerseits aber glauben uns Glück wünschen zu dürfen, daß der Würfel so fiel, wie er fiel. Es ist unzweifelhaft, daß ein Mann von Schinkels eminenter Begabung auch die Gotik hätte wieder beleben können; aber selbst seine Begabung würde nur immer ein gotisches Interim geschaffen haben. Der Eklektizismus – der heutzutage in allen Künsten, am meisten aber in der Baukunst vorherrscht und der, weil er beständig zu Prüfung und Vergleich auffordert, auch die kritische Begabung weit über alles andre hinaus ausbildet – der Eklektizismus, sag' ich, mußte schließlich notwendig dabei ankommen, unter dem Verschiedenen, das sich ihm darbot, das Einfachere, das Stil- und Gesetzvollere, vor allem das Ausbildungsfähigere zu adoptieren. Wenn Schinkel nicht dabei anlangte, so würde doch die Wiederbelebung der Gotik, natürlich vom Kirchenbau abgesehen, immer nur eine gotische Episode geschaffen haben. Schinkel hat uns vor dieser Episode bewahrt.

Auf dem Friedrich-Werderschen Kirchhof ragt sein Denkmal auf, und andere Denkmäler werden folgen. Am schönsten aber lebt sein Gedächtnis in der Schule fort, die er gegründet und deren alljährlich wiederkehrendes Erinnerungsfest (das Schinkelfest) ein lebendiges Zeugnis ablegt von der Liebe zu dem geschiedenen Meister, zugleich auch von seiner Bedeutung.

Wenn beim Wein die Herzen klopfen
Und das Fest zum Liede drängt,
Ziemt sich's, daß die ersten Tropfen
Man den großen Toten sprengt,

Segnend waltet ihr Gedächtnis
Über uns, Gestirnen gleich,
Und in ihrer Kraft Vermächtnis
Fühlen wir uns groß und reich.

8

Michel Protzen

> Deutsch und verständlich. Euer Exzellenz schalten und walten im Lande. Das ist meine Stube. - Halten zu Gnaden.
>
> *Schiller*

Aus meiner frühesten Jugend entsinn' ich mich seiner. Er war damals erst ein Vierziger, hieß aber schon der »alte Protzen«. Aufrecht stand er in der großen Rundtür seines Gasthofes und sah die Straße hinunter wie König Polykrates:

Dies alles ist mir untertänig;
Gestehe, daß ich glücklich bin.

Er trug einen Rock von altdeutschem Schnitt mit ungeheuren Knöpfen und einen Kamm auf dem Scheitel. In den Nacken hinein fielen ihm die weißen Locken, und sein mächtiger Kopf, der durch die Pockennarben eher gewann als verlor, erinnerte an das Kurfürstenbild auf der langen Brücke. Michel hieß er und Michel war er, der deutsche Michel in optima forma. Wie jeder Landesteil in einer bestimmten und dann typisch werdenden Figur kulminiert, so die Grafschaft Ruppin in Michel Protzen. Denn er war ein Autochthone dieser Grafschaft und stammte mit derselben Wahrscheinlichkeit aus Dorf Protzen, wie die Zietens aus Dorf Zieten oder die Schadows aus Dorf Schadow stammen.

Ein deutscher Bürger, wenn er diesen Namen verdienen soll, muß dreierlei haben: einen Besitz und ein Recht und ein Freiheitsgefühl, das aus Besitz und Recht ihm fließt.

So war es im Mittelalter, in den Reichs- und Hansastädten.

Aber als das Königreich Preußen ins Dasein sprang, stand es in deutschen Landen überall ziemlich schlecht mit dieser Dreiheit. Hier fehlte Besitz, dort Recht, und das Gefühl der Freiheit konnte nicht aufkommen. Nirgends aber lagen die Dinge kümmerlicher als in der Mark, weil nirgends die Besitzverhältnisse kümmerlicher lagen. Besitz schafft nicht notwendig Freiheit (Despotieen sind despotisch auch dem Reichtum gegenüber), aber der umgekehrte Satz ist richtig: keine Freiheit ohne Besitz. Und zehn Morgen Sandland sind kein Besitz. Der Ackerbürger des vorigen Jahrhunderts war ein ärmlicher, in die Stadt verschlagener Bauersmann, der, unmittelbar unter den Druckapparat des absoluten, überallhin eingreifenden Staates gestellt, sich nicht einmal der Täuschung einer Freiheit hingeben konnte, die für den zerstreut im Sande wohnenden und der Kontrolle mehr entrückten Landbewohner gelegentlich noch vorhanden war.

So war die Regel.

Aber nach der Lehre vom Gegensatz hat nicht nur jede Regel ihre Ausnahme, sondern die Ausnahme gestaltet sich gelegentlich auch um so extremer, je extremer die Regel ist. Inmitten der häßlichsten Menschen findet man wunderbare Schönheiten, Askese blüht in Zeiten sittlichen Verfalls, und in Epochen der Unfreiheit und bürgerlichen Verkommenheit sprießen die Beispiele höchster Bürgertugend auf. An der Entfaltung jedes Übermuts gehindert, gedeiht in solchen Ausnahmefällen der echteste Mut, die Selbstsucht wird gehindert, ins Kraut zu schießen, und so wächst sich denn ein die Keime des Idealen in sich tragendes Einzelindividuum, unter dem allgemeinen Walten der Unfreiheit und recht eigentlich infolge dieser Unfreiheit, in einen Idealzustand der Freiheit hinein.

So glücklich lagen nun die Dinge bei Michel Protzen nicht. Er war nichts weniger als eine Idealgestalt, am wenigsten nach der Seite der Freiheit hin. Durchaus herrisch von Natur, wurzelte das Stück Bürgertum, das er vertrat, nicht in geklärten Anschauungen oder in dem Enthusiasmus eines frei fühlenden und nur das Große und Allgemeine im Auge habenden Herzens, sondern in dem Eigensinn und Eigennutz eines festen und sich selbst zum Mittelpunkt setzenden Egoisten. Er erinnerte durchaus an jene deutsch-mittelalterlichen Tage, wo man die Freiheit nicht um der Freiheit, sondern um seiner selbst willen liebte. Alles in Selbstsucht getaucht, aber anziehend und fesselnd, wie jedes, was aus Natur und Leidenschaft emporwächst. Dieser Gruppe von Gestalten gehörte Michel Protzen zu. Nichts von Idee und Prinzip, desto mehr von Charakter.

Und so war er von Jugend auf. Als 1806 ein französischer General im Gasthause seines Vaters wohnte, gab es Anstoß, daß unser damals erst halberwachsener Michel sich weigerte, die französischen Offiziere zu grüßen. Als Strafe ward ihm schließlich zudiktiert, bei Tische hinter dem Stuhle des Generals zu stehen und diesen zu bedienen. Er gehorchte und verharrte in seinem Trotz. Dreißig Jahre später führte derselbe Charakterzug, der darin bestand, keiner Regung seiner Seele, berechtigt oder nicht, je Zaum und Zügel anzulegen, zu einem ähnlichen Zerwürfnis mit dem Ruppiner Offizierkorps, an dessen Spitze gerade damals der durch Tapferkeit, Originalität und Anekdoten gleich berühmte Oberst von Petery stand. Michel Protzen ließ das Zerwürfnis fortbestehen, trotz des materiellen Schadens, der ihm daraus erwuchs.

Er war ebenso populär, wie er derb war, und das will viel sagen. Die bloße Grobheit an sich leistet das nicht, und erst wenn sie sich, wie bei Protzen, entweder mit Humor und Originalität oder aber andererseits mit Mut und Gesinnung paart, erobert sie die Herzen. Mannigfach sind die Anekdoten, die darüber im Schwange gehen. Rellstab, damals auf der Höhe seines Ruhmes, kam nach Ruppin, um seine Schwester zu besuchen. Er erschien zu Fuß und bat in Michel Protzens Gasthaus um ein Zimmer. »Mein Gasthof ist nicht für Leute mit Ränzel und Regenschirm.« Und bei anderer Gelegenheit vor Gericht zitiert und in Gegenwart des Klägers zu zwei Taler Strafe verurteilt, weil er sich an diesem, einem Klempnergesellen, mit einer Ohrfeige vergriffen hatte, applizierte er demselben sofort eine zweite und zahlte vier Taler.

Ein Mann von solchem Gefüge war selbstverständlich nicht nur in aller Mund, er gab auch den Ton an. Wenn über Nacht der erste Schnee gefallen war, stellte er sich am andern Morgen an die Ecke seines Gasthauses und weckte die Stadt durch das weithin schallende Knallen seiner Schlittenpeitsche. Dann dehnte sich der Ruppiner und sagte: »Jetzt ist Schlittenzeit.« Aber noch eh' er den seinigen aus der Remise schaffen und die mageren Braunen einspannen konnte, fuhr schon Michel Protzen mit Schneedecken und Schellengeläute durch die breiten Straßen der Stadt an ihm vorüber.

Ganz und gar eine deutsche Figur, in vielem ein Landsknechthauptmann vom Wirbel bis zur Zeh', besaß er auch den tief im germanischen Wesen liegenden Zug zum Hazard. Wie unsre Urväter, spielte er um all und jedes, und nur das Ganze setzte er nicht ein, nicht Freiheit und Leben. Piquet und Whist en deux zählten zu seinen Lieblingsbeschäftigungen, und wenn sein Gegner um den Einsatz verlegen war, ging es, je nach Laune und Zahlungsmöglichkeit, um Klafter Holz und Gänse.

Er war populär, aber nicht eigentlich beliebt. Um beliebt zu sein, dazu war er zu gefürchtet. Niemand war sicher vor ihm, denn sein Mund und seine Hand (wie schon an einem Beispiele gezeigt) waren gleich schlagfertig. Dazu gebrach's ihm an Gebelust, an jener Generosität, auf die hin die Schlagfertigkeit unter Umständen schon etwas sündigen kann. Gelegentlich war er nicht ohne Gutmütigkeit, aber sie glich bloßen Anfällen wie von Gicht oder Podagra. Wie alle Despoten war er launenhaft.

Die letzten Jahre seines Lebens söhnten mit manchem aus. Im März 1848 stand er fest zu König und Gesetz. Er hatte vom Spießbürgertum zu viel gesehen, als daß er sich von der Herrschaft desselben eine »neue Ära« hätte versprechen können. Er lachte und – war gröber denn zuvor.

So kam der Dezember 1855. Eines Morgens lief es durch die Stadt: Michel Protz ist tot. Das halbe Ruppin folgte, und das ganze hat ihm in den Jahren, die seitdem vergangen sind, ein huldigendes Andenken bewahrt. Was verletzte, ist vergessen, was gefiel, ist in dankbarer Erinnerung geblieben. Er erinnert in manchem an Schadow, in anderem an Geist von Beeren; denn auch darin war er deutsch, speziell norddeutsch, daß sein ganzes Wesen mit Schabernack und Till-Eulenspiegelei durchsetzt war.

Das Grabdenkmal, das ihm auf dem »alten Kirchhof« errichtet wurde, gibt die einfachen Daten seiner Geburt und seines Todes. –

Ein gutes Porträt von ihm befindet sich in Händen des Kaufmanns Kunz.

9

Gustav Kühn

»Bei Gustav Kühn
In Neu-Ruppin.«

In der Mitte der Stadt, gegenüber dem Häuserviereck, darin Schinkel und Günther und auch der Held unseres letzten Kapitels: Michel Protzen, das Licht der Welt erblickten, erhebt sich ein kleines, nur drei Fenster breites Häuschen, dem ein neu aufgesetztes Stockwerk nur wenig zu gesteigertem Ansehen verhilft. Auf dem schmalen Hofe des Häuschens aber drängen sich die Hintergebäude und jeder Zollbreit Erde ist benutzt. Hier erinnert die Beschränktheit und zu gleicher Zeit die sorgliche Ausnutzung des Raumes an den Geschäftsbetrieb englischer Zeitungslokalitäten. Aber was sind die Londoner Blätter im Vergleich zu jenen kolorierten Blättern, die aus dieser kleinen Ruppiner Offizin hervorgehen? Was ist der Ruhm der Times gegen die zivilisatorische Aufgabe des Ruppiner Bilderbogens? Die

Times, die sich mit Recht das »Weltblatt« nennt, gleicht immer nur dem anglikanischen Geistlichen, dem hochkirchlichen Bischof, der, an schmalen Küstenstrichen entlang, in den großen, reichbevölkerten Städten der andern Hemisphäre seine Wohnung aufschlägt und seines Amtes wartet, der Gustav Kühnsche Bilderbogen aber ist der Herrnhutsche Missionar, der überall hin vordringt, dessen Eifer mit der Gefahr wächst und der die eine Hälfte seines Lebens in den Rauchhütten der Grönländer, die andere Hälfte in den Schlammhütten der Fellahs verbringt. Chamisso erzählt in seiner »Reise um die Welt«, daß er, nach selbst gemachter Erfahrung, Kotzebue für den verbreitetsten Schriftsteller halten müsse, denn er sei demselben, und zwar einem Bande seiner Komödien, 1818 auf der Insel Tahiti begegnet. Aber noch einmal, was will eine solche Verbreitung sagen neben der Verbreitung jener Dreipfennigbogen, die mit der wohlbekannten Notiz: »Bei Gustav Kühn in Neu-Ruppin« über die Welt flattern. Gebiete, die Barth und Overweg, die Richardson und Levingstone erst aufgeschlossen, – der Kühnsche Bilderbogen war ihnen vorausgeeilt und hatte längst vor ihnen dem Innersten von Afrika von einer Welt da draußen erzählt. Er flieht die Gegenden, drin der Kupferstich und das Ölbild vorwalten, aber wo die Glaskoralle und der Zahlpfennig ein staunendes Ah und die Begierde nach Besitz wecken, in den engeren und weiteren Bezirken des Königs von Dahomey – da ist er zu Haus. Den Maranon und den Orinoko aufwärts, wo die Kolibris wie Blüten und die Blüten wie Schmetterlinge sich schaukeln, dort, wo alles Glanz und Farbe ist, tritt er kühn und siegreich auf und stellt die Kolorierkunst seiner Schablone – die unbeeinflußt von den neuen Gesetzen der Farbenzusammenstellung ihre ehrwürdigen Traditionen wahrt – siegreich in die Zauber der Tropennatur hinein. Auf den Inseln der schottischen Westküste war es mir selbst vergönnt, diese Landsleute, diese Boten aus der engeren Heimat zu begrüßen. Die Fingalshöhle, die Gestalt König Fingals selbst, die wie ein Nebelphantom auf der öden Klippe von Morven stand, war nicht mächtig genug gewesen, diese Sendboten abzuhalten, sie waren eingezogen in die Hütten der Macleans und Macdonalds.

Lange bevor die erste »Illustrierte Zeitung« in die Welt ging, illustrierte der Kühnsche Bilderbogen die Tagesgeschichte, und was die Hauptsache war, diese Illustration hinkte nicht langsam nach, sondern folgte den Ereignissen auf dem Fuße. Kaum, daß die Trancheen vor Antwerpen eröffnet waren, so flogen in den

Druck- und Kolorierstuben zu Neu-Ruppin die Bomben und Granaten durch die Luft; kaum war Paskewitsch in Warschau eingezogen, so breitete sich das Schlachtfeld von Ostrolenka mit grünen Uniformen und polnischen Pelzmützen vor dem erstaunten Blick der Menge aus, und tief sind meinem Gedächtnisse die Dänen eingeprägt, die in zinnoberroten Röcken vor dem Danewerk lagen, während die preußischen Garden in Blau auf Schleswig und Schloß Gottorp losrückten. Dinge, die keines Menschen Auge gesehen, die Zeichner und Koloristen zu Neu-Ruppin haben Einblick in sie gehabt, und der »Birkenhead«, der in Flammen unterging, der »Präsident«, der zwischen Eisbergen zertrümmerte, das Auge der Ruppiner Kunst hat darüber gewacht. Andere, ähnliche Unternehmungen sind seitdem ins Dasein getreten, der Münchener Bilderbogen hat seine Welttour gemacht, Winkelmann und Söhne haben durch Abbildungen von Stauffacher, Franz Moor und der Jungfrau von Orleans der dramatischen Kunst die Schleppe getragen, aber was immer ihre Erfolge gewesen sein mögen, sie haben sich schlechter auf den Geschmack des großen Publikums verstanden und haben die rechte Stunde mehr als einmal versäumt. Da liegt es. In jedem Augenblicke zu wissen, was oben aufschwimmt, was das eigentlichste Tagesinteresse bildet, das war unausgesetzt und durch viele Jahrzehnte hin Prinzip und Aufgabe der Ruppiner Offizin. Und diese Aufgabe ist glänzend gelöst worden, so glänzend, daß ich Personen mit sichtlichem Interesse vor diesen Bildern habe verweilen sehen, die vor der künstlerischen Leistung als solcher einen unaffektierten Schauder empfunden haben würden. Aber die Macht des Stoffs bewährte sich siegreich an ihnen, und sie zählten (wie ich selbst) mit leiser Befriedigung die Leichen der gefallenen Dänen, ohne sich in ihrem künstlerischen Gewissen irgendwie bedrückt zu fühlen.

Die Frage nach dem Recht dieser Bilder, »die den Geschmack mehr verwildern als bilden«, ist aufgeworfen und dabei hinzugesetzt worden, daß Leistungen der Art in künstlerisch gesegneteren Zeiten und bei feiner gearteten Völkern eine bare Unmöglichkeit sein würden. Vielleicht. Nach der künstlerischen Seite hin sind diese Dinge preiszugeben, aber sie haben eine andere, nicht minder wichtige Seite. Sie sind der dünne Faden, durch den weite Strecken unseres eigenen Landes, litauische Dörfer und masurische Hütten, mit der Welt draußen zusammenhängen. Die letzten Jahrzehnte mit ihrem rasch entwickelten Zeitungswesen, mit ihrer ins Unglaubliche gesteigerten Kommunikation haben darin freilich viel geändert, aber noch immer gibt es abgelegene Sumpf- und Heideplätze, die von Delhi und Khanpur, von Magenta und Solferino nichts wissen würden, wenn nicht der Kühnsche Bilderbogen die Vermittlung übernähme. Seine Uhr ist noch nicht abgelaufen, und das schmale Haus in der Ruppiner Friedrich-Wilhelm-Straße hat noch immer seine Bedeutung.

10

Johann Christian Gentz

> Tor! wer die Augen nach dem Jenseits richtet,
> Sich über Wolken seinesgleichen dichtet;
> Er stehe fest und sehe hier sich um,
> Dem Tüchtigen ist diese Welt nicht stumm.
> Was braucht er in die Ewigkeit zu schweifen,
> Was er erkennt, das will er auch ergreifen.

Fast unmittelbar neben dem Michel Protzschen Hause, dem Gustav Kühnschen schräg gegenüber, lag das Gentzsche Haus, so geheißen nach Johann Christian Gentz, der hier, durch fast ein halbes Jahrhundert hin (und dann sein Sohn) ein für Ruppiner Verhältnisse großes kaufmännisches Geschäft hatte. Johann Christian war ein Original und zugleich ein Mann, der, innerhalb der gewerblichen und merkantilen Welt, von der Pike an gedient hatte. Derartige Persönlichkeiten haben in ihren Lebensgängen immer etwas Verwandtes: sie finden eine Stecknadel, heben sie sorglich auf und heften schließlich mit dieser Stecknadel ein Adels- resp. Grafendiplom an ihre Gobelinwand, oder aber sie gehen, spekulativer angelegt, an der Stecknadel vorüber, beteiligen sich, unter Einzahlung eines Minimalbeitrages, an irgendeiner wundertätigen Sparkassengründung und endigen mit Erbauung von Schulen und Kirchen und Christianisierung eines meistbietend erstandenen Südseearchipels. England und Amerika sind reich an solchen Erscheinungen. Mitunter lenken sie nebenher auch noch ins Politische über, zeigen einem verblendeten oder auch nicht verblendeten Fürsten den »Abgrund, an dem er wandelt« und werden schließlich auf einem Gruppenbilde (Hautrelief in Marmor) in irgendeiner Guildhall zur Bewunderung und Nacheiferung kommender Geschlechter ausgestellt.

In diese Gruppe gehörte nun unser Johann Christian Gentz

sicherlich nicht. Der historische Stil war ihm fremd; er war ganz und gar Genre. Die Geschichtsbücher werden deshalb nichts von ihm zu vermelden haben; der »Kenner« aber, der aparten Erscheinungen liebevoll nachgeht und das Beachtens- resp. Berichtenswerte nicht bloß da findet, wo Glockenklang und Kanonendonner ein Leben begleiten, ein solcher wird sich an einer Gestalt, wie die des »alten Gentz«, immer herzlich erfreuen, weil sie, mit Vermeidung alles alltäglich Wiederkehrenden und blassen Allgemeinen, so viel farbenfrische Lokaltöne zeigt. Eine Figur, wie die seinige, war nur in der Mark und innerhalb dieser vielleicht nur wieder im Ruppinschen möglich, denn er hatte nicht bloß kleinbürgerliche Verhältnisse (wie sie dieser Grafschaft eigentümlich sind) zur Voraussetzung, sondern baute seinen Reichtum auch auf etwas spezifisch Ruppinschem auf: auf dem Torf. Soll er in wenig Strichen charakterisiert werden, so darf man sagen, er war eine merkwürdige Mischung von Schlauheit und Bonhommie, von innerlicher Freiheit und äußerlichem sich Schicken, von Pfennigängstlichkeit und Unternehmungskühnheit, alles auf Grundlage tief eingewurzelten und mit Vorliebe gepflegten Spießbürgertums.

Der äußere Gang seines Lebens ist bald erzählt. Von illustrierenden Zügen füg' ich nur einzelnes hinzu.

*

Johann Christian Gentz wurde den 26. Juli 1794 geboren. Sein Vater war ein kleiner Tuchmacher und der Sohn trat mit dreizehn Jahren in das väterliche Handwerk ein. Dann kamen Wanderjahre. 1820, inzwischen von seinen Kreuz- und Querzügen zurückgekehrt, verheiratete er sich mit Juliane Voigt und erstand von ihrem Vermögen, 2000 Taler, ein kleines Eisen- und Kurzwarengeschäft, das sich schon damals in dem eingangs erwähnten Hause (dem Gustav Kühnschen schräg gegenüber) befand. Er fühlte was vom Handelsgeist in sich und diesem Geiste folgend, ging er bald von dem Eisen- und Kurzwarengeschäft zum Bank- und Wechselgeschäft über; endlich wurde das Wustrauer Luch erstanden und Gentzrode gegründet, über welche Gründung ich, am Schluß dieses Bandes, in einem besonderen Abschnitt ausführlich berichte. Diese Gründung von Gentzrode war das letzte große Unternehmen. Aber ehe die Tausende dafür verausgabt werden konnten, mußten die Einer und Zehner erworben werden. Das forderte einen langen und mühevollen Weg.

Wie er diesen Weg machte, welche Mittel er ersann, um zu seinem Ziele zu gelangen, ist bezeichnend für den Mann. Um drei Uhr war er auf und begann damit den Laden selber auszufegen. Dies verriet Kraft und Energie und vor allem jenen Mut, der dem Gerede der Leute Trotz bietet. Eine Art von Genie aber entwickelte er in seinem Verkehr mit dem Publikum. Von einer seiner Meßreisen hatte er eine acht Fuß hohe Spieluhr mitgebracht, die fünf Lieder spielte. Wollte nun eine wohlhabende Bauernfrau, die nach seiner Meinung noch nicht genug gekauft hatte, den Laden wieder verlassen, so zog er an der Uhr, die sofort »Schöne Minka, du willst scheiden« zu spielen begann. Die Frau blieb nun, um weiter zu hören, und fiel als Opfer ihrer Neugier oder ihres musikalischen Sinnes. Als die Uhr defekt geworden war, schaffte er statt ihrer eine Schwarzdrossel an, die in gleicher Lage pfeifen mußte:

Mein Schätzchen, mein Schätzchen, kommst immer her
Und bringst mir gar nichts mit?

Der schon vorerwähnte Kauf der Wustrauer Wiesen erfolgte gegen 1840 und legte, wenigstens nach damaligen Begriffen, das Fundament zu wirklichem Reichtum. Was bis dahin erworben war, bedeutete nicht viel mehr als eine mittlere Wohlhabenheit. Im Luch aber lag ein Schatz. Erst von jenem Zeitpunkt ab hob sich, mit der finanziellen Lage des Besitzers, auch der Torfbetrieb überhaupt. In unseren residenzlichen Heizungsverhältnissen bildet übrigens der Torf, wie hier parenthetisch bemerkt werden darf, nur eine »Episode«, die rapid ihrem Abschluß entgegen geht. Anfang dieses Jahrhunderts begann sie zu blühen, und ehe hundert Jahre um sein werden, wird sie gewesen sein. Wie bei der Newcastler Steinkohle, so ist auch beim Linumer Torf sein Ende vorausberechnet.

Aber zurück zu unserem Christian Gentz.

Etwa 1855 schied er aus den Geschäften, dieselben seinem jüngeren Sohne Alexander (s. das Kapitel Gentzrode) überlassend. In einem am »Tempeltore« gelegenen Garten, unter den Bäumen des Walls, verbrachte er mit Vorliebe seine Tage, ländlichen Beschäftigungen hingegeben, die nur, von 1857 ab, durch häufige Nachmittagsfahrten auf das in Gründung begriffene Gut und dann und wann auch durch weitere Reisen unterbrochen wurden. Die weiteste dieser Reisen ging nach Paris, wo sein älterer Sohn, der Maler Wilhelm Gentz, damals lebte. Völlig umgewandelt, wenigstens in seiner äußeren Erscheinung, kam er von dieser Reise zurück. Er trug einen eleganten Anzug aus dem Schneiderkunstatelier von Dusantoy, dazu einen langen, weißen Bart und einen Fez. In diesem Aufzuge verblieb er auch bis an sein Lebensende, mit Ausnahme der Dusantoyschen Schöpfung, die, selbstverständlich, einige Jahre später durch bescheidenere Produkte heimischer »Ateliers« ersetzt werden mußte. Seines weißen Bartes war er ganz besonders froh und widerstand allen Aufforderungen ihn abzulegen. »Ich habe lange genug einem hochlöblichen Publikum gedient und einen Philisterbart getragen; nun will ich endlich frei sein und einen Demokratenbart tragen.«

Dies führt uns auf seine Gesinnung, auf sein Glaubensbekenntnis in politischen und kirchlichen Dingen. Personen, die sich aus dem Nichts emporarbeiten, haben immer eine Neigung ins Extrem zu verfallen und entweder alles dem lieben Gott, oder aber alles sich selber anzurechnen. Zählen sie zu den ersteren, also zu den gläubig-kirchlichen Leuten, so sind sie meist auch loyal, Ordnungsmänner par excellence, und werden, mit einem Ordenskissen vorauf, schließlich als Geheime Kommerzienräte hinausgetragen; gehören sie jedoch umgekehrt zu der zweiten oder der ungläubigen Gruppe, so stehen sie, wie zur Großautorität Gottes, gewöhnlich auch zu den Kleinautoritäten der diesseitigen Welt in einem sehr zweifellustigen Verhältnis und haben in ihrer ungrammatikalischen Weisheit eine tiefe Neigung, alles, was nicht ihren Gang geht, unsagbar töricht zu finden. Innerhalb der Politik sind sie dann jedesmal treue Anhänger des Satzes »alles für das Volk, alles durch das Volk«. Und so war auch der alte Gentz. Die Zeiten sind vorüber, wo man sich berechtigt glauben durfte, daraus einen moralischen Makel herzuleiten. Das Recht einer freien Entwicklung der Geister, nach rechts oder links hin, ist zugestanden; nicht Ziel und Richtung gelten fürder als das sittlich Entscheidende, sondern der Weg. Wessen Weg über Treubruch, Verrat und Undankbarkeit führt, den kann kein hohes Prinzip, keine glänzende Fahnenschrift retten; wer umgekehrt lautere Wege wandelt, dem gegenüber ist es gleichgültig, wenigstens vom ethischen Standpunkt aus, wohin diese Wege leiten.

Welche Wege nun wandelte Christian Gentz? Wir lassen dabei die bisher berührten Punkte fallen und beziehen die Frage nicht mehr auf Politik und Kirche, sondern auf sein Leben überhaupt. Die Antwort wird verschieden ausfallen, je nachdem der

Beantwortende die Lust und Fähigkeit mitbringt, Menschen und Dinge mit dem Maßstabe zu messen, der in den Menschen und Dingen selber gelegen ist. Macaulay sagt, bei Beurteilung des Macchiavellischen »Fürstenspiegels« etwa das folgende: »Die Anklagen, die dieser Fürstenspiegel erfahren hat, gehen zumeist daraus hervor, daß der germanische Norden Europas andere Ideale hegt als der romanische Süden. Dem Germanen bedeuten Tapferkeit und Treue das Höchste, der Italiener dagegen zollt der überlegenen Klugheit, der List, der feingesponnenen Intrige dieselbe Bewunderung, die wir jedem Percy Heißsporn entgegentragen, der ein Dutzend Schotten zum Frühstück verzehrt.«

Hieraus ist leicht die Nutzanwendung auf den vorliegenden Fall gezogen. Im allgemeinen sind wir hierlandes und zumal in den Herzen unserer Besten immer noch von jenem altpreußischen Gefühl durchdrungen, das in dem schönen »ich dien'« seinen selbstsuchtslos-hingebenden und zugleich stolzen Ausdruck gefunden hat. »Meine Seele Gott und mein Blut dem König!« ja, diese Devise lebt noch in hunderttausend Herzen, und der Himmel woll' es fügen, daß uns das entsprechende Gefühl bis in weite Zukunftstage hinein erhalten bleibt. Aber so gewiß es gestattet sein muß, sich in schwärmerischem Eifer zu dieser Empfindung zu bekennen, so gewiß ist es doch auch, daß dies eine Feiertagsempfindung ist, neben der eine Durchschnitts- und Alltagsbetrachtung ihre volle Berechtigung hat. Die Montmorencys haben ihr Gesetz und die Torf-Exploitierungs-Gesellschaften haben es auch. Man kann nicht verlangen, daß diese beiden Gesetze untereinander stimmen.* Wer bis zwanzig Jahr ein Tuchmacher

---

* Es existiert ein natürlicher Gegensatz zwischen dem Chevaleresken und dem Merkantilen, der natürliche Gegensatz von geben und nehmen. Schon der einfache Kalkul: »ich kaufe zu 1 und verkaufe zu 2«, enthält ein Etwas, das dem noblesse oblige widerstreitet, dem überall, wo es echt ist, die Neigung innewohnen muß, den vorstehenden Rechnungssatz umzukehren. In den höchsten Handelssphären haben sich freilich diese Gegensätze von geben und nehmen gelegentlich versöhnt, und die Kaufhäuser erwiesen sich dann den Fürstenhäusern verwandt, in denen sich die Gewinnfragen zu Kulturfragen gestalteten. Aber so gewiß es in Jahrhunderten, die nicht allzuweit zurückliegen, solche Handelshäuser gegeben hat, so gewiß ist es doch auch, daß unsere Sandmark - von Berlin selbst ist abzusehen - jederzeit der unglücklichste Boden für sie gewesen ist. Hier war, als Regel, immer nur der Kleinhandel zu Hause, der, bis in die neueste Zeit hinein, seine Normen weder aus Venedig und Florenz, noch aus Amsterdam und dem alten Hansa-Lübeck entnehmen konnte.

und dann weitere zehn Jahr ein kleiner Krämer war, kann nicht zugleich bei Roncesvalles gefochten oder König Roberts Herz in einer silbernen Kapsel gen Jerusalem getragen haben. Finanzielles und Romantisches, das »Goldene Kalb« und das »Goldene Vlies«, sie schließen einander aus, und im Schoße der merkantilen Welt, ein paar glänzende Ausnahmen zugegeben, ist es längst zum Axiom erhoben worden: was nicht verboten ist, ist erlaubt. Freiherren und Grafen gehorchen einem ungeschriebenen Kodex der Ehre, sollen es wenigstens; der Torfgraf seinerseits kennt kein anderes Gesetz der Ehre als – das Landrecht.

An diesem Gesetze gemessen, wird unser alter Christian Gentz, und viele mit ihm, in Ehren bestehen. Es ist ein Fehler, wie schon eingangs bemerkt, an Gestalten wie diese den sans peur et sans reproche-Maßstab legen zu wollen. Jeder werde in seinem Kreise treu und tüchtig befunden. Hier war der Kreis ein geschäftlicher und lag einerseits im Wustrauer Luch, andererseits auf den »Kahlenbergen«. Ein unendlicher Gottessegen ersproß an beiden Stellen aus der Urbarmachung von Sumpf und Sand und war auch zunächst dabei nur ein Egoistisches, nur das Ich gemeint, das Allgemeine durfte bald daran teilnehmen. Überall aber wo Segen geboren wird, forsche man nicht allzu kritisch nach dem Motiv, das ihn ins Dasein rief. Ein Kaufmann sei ein Kaufmann und wolle gewinnen. Das ist nicht bloß sein Recht, sondern auch seine Pflicht.

Aber freilich der überflügelte Dilettantismus ist auch auf diesem Gebiete stets geneigt, den strengsten Kritiker abzugeben und nötigenfalls, so nichts anderes verfangen will, die Böller einer »höheren Sittlichkeit« abzufeuern. Sie springen aber beim ersten Schuß.

Johann Christian Gentz starb am 4. Oktober 1867 und fand seine Ruhestätte auf dem alten Ruppiner Kirchhof, innerhalb des Familienbegräbnisplatzes »am Wall«. Dort ruht auch sein jüngerer Sohn Alexander.

11

Wilhelm Gentz

I

In Ruppin. Kindheit. Jugend
(Von 1822 bis 1843)

Wilhelm Gentz, der ältere Sohn Christian Friedrich Gentz', wurde den 9. Dezember 1822 zu Neu-Ruppin geboren. Er besuchte das Gymnasium seiner Vaterstadt, das damals unter Leitung Direktor Starkes, eines ausgezeichneten Griechen- und Aristoteles-Kenners, eine Glanzepoche hatte, wenigstens nach der höheren wissenschaftlichen Seite hin. Die Verwaltung freilich war schwach und wog die sonstigen Vorzüge fast wieder auf. W. Gentz absolvierte, trotz schon früh erwachter künstlerischer Neigung, sein Abiturientenexamen Ostern 1843. In autobiographischen Aufzeichnungen, die mir vorliegen, hat er, wie über anderes, so auch über seine Kinder- und Knabenjahre, die Gymnasialzeit mit eingerechnet, in der ihm eigenen Weise berichtet. An diesen Aufzeichnungen Änderungen vorzunehmen, habe ich mich wohl gehütet. W. Gentz gehört zu den Erzählern, denen beim Erzählen »immer noch was einfällt« und die diesen Einfällen dann auch Ausdruck geben. Dadurch entsteht eine Vortragsweise, die der herkömmlichen Technik allerdings widerstreitet und den ruhig ebenmäßigen Gang der Erzählung mehr oder weniger behindert, was gelegentlich selbst den, der sich dieser Exkurse freut, auf Augenblicke stören kann. Alles in allem aber bedeutet diese Vortragsweise doch einen Vorzug, weil etwas überaus Anregendes dadurch zum Ausdruck kommt, das nicht immer den Formensinn, aber desto mehr das Interesse befriedigt.

Und nun gebe ich ihm selber das Wort.

»... Mein Vater, ein Tuchmachergesell, heiratete meine Mutter, die damals schon einen kleinen Laden besaß. Ich soll mehr der Mutter als dem Vater ähnlich gewesen sein, auch in den Charaktereigenschaften. Von früh an war ich geschickt zu allerhand Handarbeiten und saß gern in den Zimmerecken umher, um Silhouetten aus schwarzem Papier auszuschneiden. Das Zeichnen und Austuschen spielte bei uns Geschwistern eine große Rolle. Nur mein ältester Bruder, der schon mit einigen zwanzig Jahren an der Schwindsucht starb, hatte keine Begabung dafür, besaß statt dessen aber ein so glänzendes Gedächtnis, daß er in seiner langen Krankheit, bloß mit Grammatik und Wörterbuch in der Hand, mehrere Sprachen für sich allein erlernte.

Mein Schulunterricht begann in der Bürgerschule. Während ich diese noch besuchte, bat ich die Eltern, mich zum Gymnasialzeichenlehrer Masch in den Zeichenunterricht zu schicken. Das wurde denn auch gewährt. Ich erhielt eine zufällig im Hause sich vorfindende Zeichenmappe, die so groß war, daß ich sie kaum umspannen konnte. Mit dieser unterm Arm, schlich ich mich ängstlich ins Gymnasium, wohin ich noch nicht gehörte und deshalb fürchtete, von den anderen Lehrern gesehen und fortgewiesen zu werden. Diese Furcht dauerte denn auch an, bis ich die Bürgerschule verließ und auch in den anderen Lehrgegenständen ins Gymnasium aufgenommen wurde.

Vater und Mutter, auf den Erwerb bedachte Naturen, waren fortwährend in Laden und Küche beschäftigt, was zur Folge hatte, daß wir Kinder einigermaßen verwilderten. Wir streiften vor den Toren der Stadt umher, um Pflanzen, Käfer, Vogeleier und allerhand Naturgegenstände zu sammeln, so daß unser Zimmer bald einem Naturalienkabinett glich. Die Schränke waren gefüllt mit Herbarien, Insekten, Steinen und Muscheln. Auf Pappe aufgezogene Fische hingen an den Wänden, auf den Spinden standen selbsterlegte und ausgestopfte Vögel. Mein Vater hatte mir nämlich eine Flinte gekauft, so daß ich Sonnabendnachmittag auf die Jagd gehen konnte. Dadurch wurde der Sinn geweckt, die Natur zu beobachten. Aber das Lernen in der Schule ward vernachlässigt. Ein Hauslehrer mußte deshalb aushelfen und uns wieder ins Geleise bringen.

Ein solcher Hauslehrer ward in der Person eines Kandidaten der Theologie gefunden. Er hieß Dr. Paetsch, war Privatdozent an einer Universität gewesen und anfangs der dreißiger Jahre Hilfsgeistlicher des Ruppiner Superintendenten Bientz geworden, von dem er dann, bei B.'s endlichem Hinscheiden, eine ganze Galerie langer Pfeifen geerbt hatte, die nun als Schmuck an den Wänden seines Zimmers hingen. Lange freilich paradierten sie da nicht, wurden vielmehr auf unseren Rücken zerschlagen. Das dadurch erzielte Resultat war aber auch ein glänzendes, insoweit es uns zu durchaus folgsamen Kindern machte. Wir liefen keinen Schritt mehr über den Rinnstein vor dem Hause, der die Grenze bezeichnete, bis wohin wir gehen durften. Dr. Paetsch war streng, worunter indes unsere Liebe zu ihm nicht litt. Ich brachte ihm gern des Morgens den brennenden Fidibus ans Bett, da seine

Gewohnheit war, vor dem Aufstehen eine Pfeife Tabak zu schmauchen. Er fand, daß ich gut schreiben konnte, weshalb ich seine Briefe an die hohen Herrschaften, an den König und verschiedene Prinzen und Prinzessinnen, abschreiben mußte, denen er seine in Ruppin gehaltenen und dann in Druck gegebenen Predigten schickte. Er empfing dafür einen Dukaten, und wenn es sehr hoch kam, einen Doppellouisdor. Übrigens soll er in Ruppin die besten Predigten gehalten haben, was freilich nach dem damaligen Stande der Ruppiner Predigerkunst nicht viel sagen will. Während seiner Privatdozentenjahre, weil er neben dem Tabak auch eine Passion für edle Getränke hatte, war sein ererbtes Vermögen von ihm aufgezehrt worden. Später ward er Pastor in Rudow, wo ich ihn mal von Ruppin aus in den Ferien zu Fuß besuchte. Wie er als Hirt seine Gemeinde geführt, weiß ich nicht. Den Pfarrgarten verwaltete er so, daß bald kein Obstbaum, kein Stachelbeerstrauch mehr übrig blieb, weil bei der Unausreichendheit seiner Kircheneinnahmen für Holz und Torf alles in den Ofen wandern mußte. Seiner Richtung nach war er, wie sonst im Leben, auch auf religiösem Gebiet ein Schöngeist und für Schleiermacher enthusiasmiert. Während der Predigtzeit durften wir nicht ins Freie gehen – sonst aber unterließ er es, auf unser religiöses Bewußtsein einzuwirken.

Meine Hauptlektüre bestand damals in Reisebeschreibungen. Ein besonderes Entzücken gewährten mir die afrikanischen Entdeckungsreisen ins Kapland von Le Vaillant und besonders die von Mungo Park am Niger, nach Timbuktu hin, ein Buch, darin ich noch vor kurzem mit Vergnügen geblättert habe. Als Quartaner las ich viel über Ägypten, infolgedessen ich meiner Mutter auf ihre Frage ›was ich werden wollte‹ zuversichtlich erklärte, daß ich vorhätte, nach Kairo zu gehen und die Pyramiden zu erforschen. Ja, ich fing an, Geld zu sparen, um seiner Zeit die Reise beginnen zu können.

Schinkel besuchte um diese Zeit jährlich seine Schwester in Ruppin und kam auch mal ins Haus meines Vaters, was darin seinen Grund haben mochte, daß eine Nichte von ihm mit einem Bruder meiner Mutter verheiratet war. Trotz meiner Jugend ist mir doch seine Erscheinung unvergeßlich im Gedächtnis geblieben.

Einige Jahre später saß ich, eine Nacht hindurch, mit Christian Rauch im Postwagen zusammen (zwischen Halle und Potsdam), und auch seine Züge prägten sich mir ein, ja, ich erinnere mich noch einiger seiner Gespräche. Durch einen Ruppiner Landsmann, der in seinem Atelier Dienste tat, fand ich Gelegenheit, seine Werkstatt zu besichtigen und bekam sogar die Rauchsche Goethestatuette geschenkt, die ich nun, wie ein Kleinod, mit heimnahm und während der Nachtfahrt von Berlin nach Ruppin in dem unbequemen Marterwagen keinen Augenblick aus den Händen ließ. Die Statuette, die ich noch besitze, habe ich oft, wenn ich aus der Schule nach Hause kam, mit Freude betrachtet.

Als Sekundaner benutzte ich die Ferien, um, der Sixtinischen Madonna halber, zu Fuß nach Dresden zu wandern. Ich hatte gelesen, daß das Bild von Raphael das schönste der Welt wäre. Welch Genuß mußte es sein, dasselbe zu sehen! Bilder auch zu verstehen, schien mir selbstverständlich. Ich war daher verwundert, daß mir andere Bilder der Galerie noch besser gefielen. Sie lagen wohl meinem Verständnis näher. Und als etwas Eigentümliches muß ich es auch ansehen, daß mir die Elginschen Abgüsse der Parthenonfiguren des Phidias schon damals einen sehr großen Eindruck machten. Vielleicht trug die Liebe für klassisches Altertum, die der Direktor des Ruppiner Gymnasiums, Professor Dr. Starke, uns einzuflößen verstanden hatte, nicht unwesentlich dazu bei, desgleichen die häufige Lektüre Lessings, Goethes und besonders Winkelmanns, dessen Geschichte der griechischen Kunst ich damals mit Vorliebe studierte.

Etwas später, als Primaner, reiste ich in den Ferien nach Kopenhagen, um Thorwaldsens Werke kennenzulernen. Bis Lübeck ging es zu Fuß. Dort empfing ich, angesichts der schönen Kirchen und Rathäuser, zuerst eine Ahnung mittelalterlicher Kunst.

Die heimatliche Mark, so großen poetischen Genuß sie auch durch ihre Seen, Wälder und Wiesen gewähren kann, ist doch andererseits nicht geeignet, uns die Romantik des Mittelalters nahezubringen. Daher blieb mir denn auch bis ins reifere Mannesalter hinein die strenge Kunst (die recht eigentlich vaterländische) der Dürer und Holbein fremd. Jetzt freilich glaube ich zu verstehen, daß die Holbein, Dürer und van Eyck auch ein Höchstes in der Kunst geleistet haben. Bessere Zeichnungen, das heißt charakteristischere, als die Porträts von Holbein in Basel, kann ich mir in ihrer Art nicht vorstellen.

Ehe ich das Abiturientenexamen nicht gemacht, durfte ich auch Ruppin nicht verlassen. Nun aber war der Moment der Freiheit da. Ich erinnere mich noch des seligen Gefühls, als ich im Postwagen saß und meiner Vaterstadt Lebewohl gesagt hatte. Mit den übrigen Personen, die den Postwagen füllten, ein Wort zu sprechen, war mir unmöglich, und ich mußte Bemerkungen über mein schroffes und unliebenswürdiges Wesen mit anhören. Die Leute hatten ganz recht; aber ich war in meinen Gedanken zu glücklich, um an ihrem Geplauder Gefallen finden zu können.«

II

In Berlin im von Klöberschen Atelier. Reise nach Antwerpen und London (Von 1843 bis 1845)

Ostern 1843 traf W. Gentz, zwanzig Jahre alt, in Berlin ein und begann, wie er es den Eltern zugesagt hatte, mit Vorlesungenhören an der Universität. Bald indessen gab er es wieder auf und mühte sich, in ein Maleratelier einzutreten. Dies war aber in dem damaligen Berlin nicht leicht, weil sich zu jener Zeit nur wenige Malerprofessoren mit privater Ausbildung von Schülern beschäftigten, und diese wenigen sich meist nur dann dazu bereit zeigten, wenn der von ihnen Aufzunehmende schon vorher Schüler der Akademie gewesen war. Hierin lag die Hauptschwierigkeit für W. Gentz, weniger darin, daß es den damaligen Malern Berlins an Lehrfähigkeit oder wohl gar an Fähigkeiten überhaupt gefehlt hätte. Dies war nicht eigentlich der Fall, eine Versicherung, die mir eine willkommene Gelegenheit gibt, einen Blick auf die Berliner Kunstzustände der ersten vierziger Jahre zu werfen.

Augenblicklich herrscht eine starke Neigung vor, das damalige Berlin unter Friedrich Wilhelm IV. zu verkleinern, nicht bloß auf politischem, sondern auch auf literarischem und künstlerischem Gebiet. Es stand damit keineswegs so schlimm, wie die Verkleinerer wahr haben wollen, und was speziell die bildenden Künste betrifft, so bedarf es nur eines Durchblätterns alter Kataloge, um sich, ich will nicht sagen vom Gegenteil, aber doch von dem Übertriebenen in der gegenwärtig beliebten Geringschätzung damaliger Kunstleistungen zu überzeugen. An der Spitze – wenn auch längst aus der Zeit seines eigentlichen Schaffens heraus – stand kein Geringerer als der alte Schadow selbst, immer noch durch Blick und, wo ihn dieser im Stich ließ, durch künstlerischen Instinkt ausgezeichnet. Neben ihm Rauch. Beide, wenn auch zumeist nur auf ihrem eigensten Gebiete groß, hatten doch immerhin künstlerischen Allgemeineinfluß genug, um auch auf dem Schwestergebiete der Malerei Verirrungen zurückzudrängen und Nicht-Talente nicht überheblich werden zu lassen. Solche Nicht-Talente mochten viele da sein, aber neben ihnen auch Genies wie Franz Krüger (»der Paraden- oder Pferde-Krüger«) und Blechen, der große Landschafter, der Schöpfer des epochemachenden Bildes »Semnonenlager auf den Müggelbergen« – zwei Namen, die nur genannt zu werden brauchen, um das Maler-Berlin der vierziger Jahre nicht verächtlich erscheinen zu lassen. Und welcher Kreis Mitstrebender um sie her! In voller Kraft stand der ältere Meyerheim und entzückte nicht bloß Berlin, sondern die gesamte deutsche Kunstwelt durch Bilder, die Naturwahrheit und Anmut in sich vereinigten. Adolph Menzel, wenn auch erst ein »Werdender«, begann bereits eine Gemeinde leidenschaftlicher Anhänger um sich zu sammeln; Eduard Hildebrandt, noch um zwei Jahre jünger als Menzel, gab demunerachtet bereits die Proben seines eminenten Talents, während Eduard Magnus, dessen Jenny Lind-Porträt (in der Nationalgalerie) bis heute ein respektvolles Interesse weckt, ebenso durch sein Wissen wie durch seine Kunst anregend wirkte. Wach, der ältere Begas, Daege, von Klöber standen, und nicht unverdient, in Ehren und Ansehen, und durch alle hin schritt, um eben diese Zeit, eine angestaunte Erscheinung, ein »Geist«, – der große Cornelius.

So stand es damals – nicht ungünstig, wie mir scheinen will – und wenn trotzdem ein so Berufener wie W. Gentz mit nur wenig Anerkennung von unserem damaligen Kunstzustande, speziell der Malerei, spricht, so möchte ich den Grund dafür weniger in den schwachen Kunstleistungen, als in einer schwachen Kunstverwaltung suchen, in Zuständen, unter deren Herrschaft niemand recht wußte, wer Koch und wer Kellner war. Solche Zustände, so nehme ich an, fand W. Gentz vor und gab nun seinem berechtigten Unbehagen darüber in Urteilen Ausdruck, die wenigstens darin zu weit gingen, daß sie manches auf dem Gebiete künstlerischen Schaffens liegende Gute nicht genugsam würdigten. Indessen zu hart oder nicht, unseres W. Gentz' Urteile liegen nun mal vor und haben schon einfach um der Tatsache willen, daß sie Selbsterfahrenes schildern (wie wenige sind noch da, die jene Tage miterlebt haben), Anspruch darauf, an dieser Stelle gehört zu werden.

»... Ich war nun also«, so schreibt W. Gentz, »um Ostern 1843 in Berlin und hörte Kollegien über Ästhetik. Aber der ganze Gelehrtenkram fördert einen ausübenden Künstler sehr wenig; das begriff ich bald. Das Handwerk der Kunst erfordert die ganze Kraft des Künstlers, und glücklich, wer mit der Erlernung des Handwerksmäßigen frühzeitig beginnen kann. Die alten Künstler überragen die modernen einfach deshalb, weil sie auf den

Schulbänken nicht ihre schönste Jugendzeit verbringen mußten, diese kostbare Jugendzeit, die am geeignetsten ist, die großen technischen Schwierigkeiten spielend überwinden zu lernen. Die Rubens, van Dycks waren mit achtzehn Jahren schon derartig Meister in ihrer Kunst, daß sie Schulen errichten konnten. Welch Vorsprung uns Modernen gegenüber. Kunst, wie so oft gesagt, ist einfach Können. Das Können war, zu Beginn dieses Jahrhunderts, bei uns Deutschen großenteils verlorengegangen. Die Franzosen hatten ihre Kunsttraditionen, mit Hilfe ihrer École des beaux arts, nie ganz aufgegeben, weshalb sich ihre mit der Revolution und dem Empire beginnende Neuepoche glänzender als die Deutschlands gestalten konnte. Die Carstens, Overbeck, Cornelius usw. leiteten das Wiedererstehen deutscher Kunst mehr durch ihre geistigen Eigenschaften ein, als durch einen gesunden Realismus.

Die Kunstzustände Berlins, speziell auf Malerei hin angesehen, waren in den dreißiger und vierziger Jahren ziemlich kläglich. Cornelius mit seinen großartigen Intentionen, Kaulbach mit seiner reichen Gestaltungskraft, die beide nur vorübergehend hier wirkten, fanden keinen rechten Boden. Der Berliner als Norddeutscher ist seiner Natur nach Realist. Und Gottfried Schadow war ein solcher. Wenngleich er die Akademie nicht mehr aus ihrer Gesunkenheit herausreißen konnte, so übte er doch auf die Bildhauerkunst noch immer eine so bedeutende Wirkung aus, daß die Schule von Berlin die bedeutendste Deutschlands wurde. Christian Rauchs Tätigkeit zeigt das klar. Und auch heute noch steht Reinhold Begas an der Spitze der deutschen Plastik. Der gesunde Realismus in den zeichnenden Künsten, der mit Chodowiecki anhub, kam durch A. Menzel zu weiterer Blüte. Sein Genie ward bei seinem Auftreten nur von wenigen erkannt. Man hielt ihn wohl für einen talentvollen und reichen, aber doch zugleich auch für einen bizarren Künstler. Der ältere Begas, Wach, von Klöber erkannten seine Größe nicht und ahnten noch weniger, daß er berufen sein würde, später gewaltig über ihnen zu thronen, und gerade diese waren es doch, die damals den Ton angaben. Karl Begas hatte bei Gros in Paris eine gute Schule genossen, Wach und Klöber nur eine mäßige in Italien. Vielleicht war von Klöber der begabteste von ihnen, aber durch sein fragmentarisches Können zum Lehrer wenig geeignet.

Der ältere Begas hatte, als ich zu lernen anfangen wollte, sein Schüleratelier aufgegeben, Wach wollte mich nur aufnehmen, wenn ich die Akademie durchgemacht hätte (worin er wohl recht haben mochte), von Klöber aber nahm jeden auf, also auch mich, weil die Ausbildung von Schülern für ihn vorwiegend eine finanzielle Frage war. Da ich sehr fleißig anderthalb Jahre bei ihm arbeitete, so machte ich auch Fortschritte, konnte mir aber selber damit nicht genügen und ging nach Antwerpen, um auf der dortigen Akademie meine Studien fortzusetzen. Dies »nach Antwerpen geh'n« war in den vierziger Jahren bei den deutschen Malern Mode geworden, eine Mode, die sich seit Ausstellung der Gallaitschen und de Biefveschen Bilder in Berlin entwickelt hatte. Die Abdankung Karls V. gilt auch heute noch als ein gutes Bild; sonst aber sind die de Biefve, de Kayser und Wappers (welcher letztere zu meiner Zeit Direktor der Akademie von Antwerpen war) von ihrer Höhe herabgestiegen. Ihre Kunst kam nicht von innen heraus, und alles Gute, was sie besaßen, hatten sie einfach in Paris gelernt. So dauerte denn auch der Ruf der Antwerpener Schule nicht lange. Immerhin war der neunmonatliche Aufenthalt in dem malerischen Antwerpen mit seiner großartigen Kathedrale belehrend und interessant für mich. Ich lernte dort erst die Größe eines Rubens kennen und verstehen.

In der Ferienzeit reiste ich nach London hinüber, fand aber nur wenig Gelegenheit, die moderne Malerei der Engländer näher kennenzulernen. Das Kolorit Turnerscher Bilder fesselte mich am meisten. Erst 1855, auf der Pariser Weltausstellung, bekam ich großen Respekt vor der naiven und charakteristischen Naturauffassung der Engländer. Die englische Abteilung wurde denn auch von den Franzosen als die originellste sämtlicher Völker angesehen.«

III

Erster Aufenthalt in Paris. Reise nach Spanien und Marokko (1847). Reise nach Ägypten und Nubien (1850). Etablierung in Paris (Von 1845 bis 1857)

Der Aufenthalt W. Gentz' in Antwerpen hatte neun Monate gewährt; von Antwerpen ging er nach Paris, wo er im Herbst 1845 eintraf, um daselbst, wenn auch mit manchen Unterbrechungen von nicht unbeträchtlicher Dauer, bis 1857 zu verbleiben.

Ich gebe, bevor ich ihn selbst wieder redend einführe, zuvor eine diese Gesamtzeit von zwölf Jahren umfassende Skizze.

W. Gentz trat, als er nach Paris kam, zunächst als Schüler in ein Meisteratelier ein, in dem er von 1845 bis zum Frühjahr 1847 verblieb. Zugleich war er im Louvre viel mit dem Kopieren alter Bilder, besonders aus der spanischen Schule, beschäftigt, was schließlich Veranlassung für ihn wurde, nach Spanien und zwar über Bordeaux nach Madrid zu gehen, um hier die Velasquez und Ribera an der Quelle zu studieren. Einmal in Madrid, mußten Sevilla, Cadix, Gibraltar folgen, woran sich dann – die Sehnsucht, Afrika zu sehen, war groß – Tanger und Marokko wie selbstverständlich anreihten. Ein an Abenteuern reicher Ausflug, über den er selbst (s. den Verfolg dieses Kapitels) in höchst anziehender Weise berichtet hat; aber auch über die achtzehn Monate in Paris, die voraufgingen. Und so geben wir ihm über eben diesen Pariser Aufenthalt, wie dann später über die spanisch-marokkanische Reise, hier wieder das Wort.

»... Als ich nach Paris kam, standen sich zwei Richtungen in der Malerei schroff gegenüber, die klassische und die romantische; die der dessinateurs und die der coloristes, wie sie sich selbst nannten. Erst später bildete sich die Schule der Realisten unter Führung von Courbet. Ingres, der letzte große Schüler von David, wurde als »grand homme« verehrt; er galt den französischen Künstlern als größter Maler seiner Zeit. In Deutschland fand er wenig Anerkennung. Populär war er auch in Frankreich nicht. Seine Kunst ist die Kunst für die Kunst, nicht fürs Volk, ganz so wie bei Cornelius. Ingres ist aber doch bei uns unterschätzt worden; sein Können war bedeutend. Eugen Delacroix, der größte Kolorist der Franzosen (wie um vieles später bei uns Makart), war den Deutschen durch die große Vernachlässigung der Zeichnung auch nicht allzu sympathisch, jedoch immer noch mehr als Ingres, weil sie bei diesem den Mangel koloristischen Sinnes fühlten. Delacroix ist Geistesverwandter von Byron und Victor Hugo. Zwischen ihnen stand Horace Vernet und Paul Delaroche, der eigentliche Gründer der modernen Geschichtsmalerei. Beide verdienten ihre Popularität auch bei uns. Namentlich hat Paul Delaroche einen großen Einfluß auf die deutschen Maler gehabt. Er stand der Ingresschen Richtung näher, Horace Vernet mehr der des Delacroix.

Die Franzosen sind sehr launisch mit ihren Gunstbezeigungen, und die Mode, wenn man das Wort auch auf die Kunst anwenden darf, wechselt bei ihnen sehr schnell. Vernet und Delaroche galten bei meiner Ankunft in Paris schon als abgetan. Da mir eigentlich der geschichtliche Sinn abgeht, so lag mir P. Delaroche ferner. An Horace Vernet interessierte mich das orientalische Element in seinen Bildern und die Anwendung desselben auf biblische Darstellungen. Am meisten war ich berauscht vom Kolorit des Delacroix. Ich sage absichtlich ›berauscht‹, da ich mir selbst keine Rechenschaft darüber zu geben wußte. Delacroix hat sehr wenig Schüler gebildet und besaß auch kein Schüleratelier. Das bedeutendste und am zahlreichsten besuchte Atelier hatte Delaroche, welches Atelier, als ich nach Paris kam, an Delaroches Stelle, der es aufgegeben, Gleyre übernommen hatte. Einige Jahre darauf besuchte ich auch das Couture-Atelier. Bei Gleyre glaubte ich mich in der Zeichnung befestigen zu können; Couture war mehr Kolorist. Durch seine »Décadence des Romains« hatte dieser letztere großes Aufsehen gemacht und einen bedeutenden Zufluß von Schülern erhalten, besonders auch von Deutschen, Feuerbach und Henneberg unter ihnen. Gleyre, ein Schweizer aus Genf, war ein nobler Charakter, hoch und klassisch gebildet, verkehrte viel mit Schriftstellern, war uneigennützig, ließ sich von den Schülern nur seine Auslagen an Miete, Heizung und Modellen bezahlen. Sein Horizont war ein weiterer wie der von Couture, der mit Vorliebe von der ›art parisien‹ sprach. Coutures Römer waren Pariser. Jeder lernte bei ihm schnell. Aber seine Lehre war ein Rezept, ein Schema. Man mußte sich später dessen wieder zu entledigen suchen; in der Tat, er war hauptsächlich Techniker, und Gleyre sagte von ihm, freilich zu weit gehend, ›daß er nur die cuisine de la peinture verstünde‹. Coutures Ideal in der Malerei war Paul Veronese. Im Exterieur hatte Couture große Ähnlichkeit mit Gussow. Wenn heute, nachdem die von Courbet geführten Realisten eine große Wandlung herbeigeführt haben, ganz andere Richtungen maßgebend geworden sind, wenn die Impressionisten und Pleinairisten einerseits und die Kabinettsmaler mit minutiösester Ausführung, von Meissonier ausgehend, andererseits den Tag beherrschen, so haben doch die Hauptwerke Gleyres und Coutures eine Stelle im Louvre gefunden, eine große Ehre, die nur den Werken zuteil wird, die, früher fürs Luxemburgmuseum vom Staat angekauft, noch zehn Jahre nach dem Hinscheiden ihrer Autoren, von einer Jury für würdig dazu erachtet werden. Die übrigen Werke nicht mehr lebender Künstler werden an die Privatmuseen verteilt.«

»... Während der Studienzeit bei Gleyre machte ich eine längere Reise, dreiviertel Jahr, nach Spanien und Marokko. Nach Spanien deshalb, um die im Louvre begonnenen Studien nach alten Meistern zu vervollständigen. Ich malte im Museum zu Madrid während dreier Monate eine Anzahl Skizzen nach Tizian, Velasquez, Ribera, Alonso Cano usw. Das Madrider

Museum ist, in bezug auf Bilder, eines der besten in Europa, gegen fünfzig Bilder Tizians, des Lieblingsmalers von Karl V. und Philipp II., zieren dasselbe. Fünfzehn Raphaels sind da, und die spanischen Meister, für die ich eine Vorliebe hegte, sind selbstverständlich vollzählig, so daß sich allein vier große Säle mit Velasquez' Werken vorfinden. Velasquez ist vielleicht der Maler, der den Übergang zur modernen Auffassung der Malerei einleitete. Er war wenigstens der erste Geschichtsmaler im eigentlichen Sinn des Wortes, in seinem berühmten Gemälde ›Las Lanzas‹ genannt, welches die Übergabe von Breda darstellt. Die Rubensschen Geschichtsbilder konnten sich des allegorischen Beiwerks nicht entledigen. Velasquez' Genrebilder mit lebensgroßen Figuren sind auch schon im modernen Sinne konzipiert, z. B. der Besuch in einer Gobelinfabrik, ein Bild, das Gerôme für das bestgemalte Bild überhaupt erklärt hat. Die Spanier halten ihre großen Meister auch hoch in Ehren; Murillo gilt ihnen als der ›pintor del cielo‹, Velasquez als der der ›tierra‹. Merkwürdigerweise hat auch Murillo höchst realistische Genrefiguren (München, Louvre) gemalt. Die Porträts des Velasquez stehen in ihrer Art auf dem Gipfelpunkt des Erreichbaren. Der geistreiche Blick derselben erhascht, nach dem Ästhetiker Vischer, ›den reinsten Phosphor der Persönlichkeit‹.

Man hat in Spanien immer das Gefühl, daß es eine Weltmacht war; häufig begegnet man noch dem Flitter vergangener Größe. Interessant ist das Volksleben, die Tänze auf öffentlichen Plätzen, das Zigeunertreiben, das Aufregende der blutigen Stierkämpfe, die Hingabe der Frauen, die klangvolle Sprache, die äußerste Lebendigkeit in der Komödie und Posse, die Gastfreundschaft, dazu die Fülle der Abenteuer, deren man dort mehr erleben kann, als in anderen Ländern.

Im Alcazar von Sevilla und in Granada lernte ich die Blüte arabischer Architektur kennen und befreundete mich mit dem Architekten Herrn von Diebitsch, der damals in der Alhambra seine Studien machte. Von Cadix ging ich mit einem kleinen vollgepackten Marktboot nach Marokko hinüber; die Fahrt sollte acht Stunden dauern, ein Sturm trieb uns aber vierundzwanzig Stunden umher. In Tanger sah ich zum erstenmal ein Stück fremden Erdteils, das sich mir tief einprägte und auf meine spätere Entwicklung einen großen Einfluß übte. Fast alles war anders wie in Europa, wo die nivellierende Kultur die sonst so verschiedenen Länder in der äußeren Erscheinung ziemlich gleich gemacht hat. Die Trümmer der Beschießung von Tanger und

Mogador durch die Franzosen waren, eine Folge der großen Indolenz der Bewohner, noch nicht fortgeräumt. Am Strande (einen Hafen besaß Tanger noch nicht) und vor den Toren der Stadt lagen Hunderte von Arabern, Berbern und Kabylen, die von Algerien hierher verschlagen waren, in Fetzen und Lumpen, unter ebenso zerrissenen Zelten halb nackt umher. Sie machten den Tag zur Nacht. Es war die Zeit des Fastenmonats Ramadan, wo von Sonnenauf- bis Sonnenuntergang nicht Speise noch Trank genossen werden darf. Ein Unglücklicher, der seinen Durst nicht bezwingen konnte, glaubte heimlich trinken zu können, ohne dabei bemerkt zu werden. Aber das wilde, scharfe Auge des Hafenkapitäns hatte den Sünder erspäht, und sofort riß er, in seinem religiösen Fanatismus, eine Latte vom Zaun, (ein Nagel war darin stecken geblieben) und hieb auf den Armen ein, daß das Blut herumspritzte. Dazu war der Anzug dieses improvisierten Henkers rot vom Turban bis zu den Maroquinschuhen. Das war so ein Stück patriarchalischer Rechtsprechung. Ich mußte ein paar Stunden unter dem wilden Volk warten, ehe ich die Tore passieren durfte, da erst die Pässe revidiert werden mußten, – der meinige durch den schwedischen Generalkonsul; denn wir hatten damals noch keinen Vertreter dort. Ein Russe, der Sohn des Gouverneurs von Sibirien, wurde überhaupt nicht eingelassen und mußte mit dem nächsten Schiff wieder abreisen. Zurück fuhr ich, viele Wochen später – wie hier vorgreifend gleich bemerkt werden mag – auf einem französischen Kriegsschiff, auf dem sich der berühmte französische Kriegsmaler Raffet befand; eben dies Kriegsschiff sollte das hier lagernde algerische Gesindel nach Oran zurückschaffen. Dabei hatte ich denn Gelegenheit, noch manche Seltsamkeiten dieses Gesindels kennenzulernen.

Von Tanger aus besuchte ich die Höhlen der Riffpiraten und die malerische Stadt Tetuan. Dem Pascha derselben hatte ich keinen Besuch gemacht, weil solche Besuche jedesmal mit großen Geldopfern, die ich damals nicht machen konnte, verbunden sind. Er rächte sich aber dafür; denn als ich von Tetuan nach Tanger zurück wollte, gab er mir vier Begleiter mit auf den Weg, für die ich pro Tag zwanzig Dollars bezahlen mußte. Und dabei verlangte er vorweg eine schriftliche Erklärung, dahingehend, ›daß ich ihn nicht verantwortlich machen wollte, wenn mir ein Überfall zustieße‹. Ich blieb nämlich eine Nacht unterwegs, da mir ein Tagesritt von zwölf Stunden, den ich auf der Hinreise gemacht, zu anstrengend war. Meine Begleiter, wie vorauszusehen, schliefen gleich ein, statt abwechselnd die Wache zu halten, weshalb ich sie persönlich übernehmen mußte. Dies wurde mir dadurch leichter, daß wir an einem Orte lagerten, wo kurz zuvor eine Karawane angekommen war, mit vielen im Atlasgebirge eingefangenen Affen, die nun von den scharenweis herbeikommenden wilden Hunden angebellt wurden, was einen Höllenlärm verursachte.

Nach Spanien zurückgekehrt, glaubte ich mich in meine Heimat versetzt, so groß war der Unterschied zwischen europäischem und afrikanischem Leben. In Tanger und Tetuan mußte ich mich durch einen spanischen Dolmetscher mit den Arabern verständlich machen; in Madrid mietete ich mich jetzt in eine spanische Familie ein, um die Sprache schneller zu erlernen. Durch die Liebenswürdigkeit der Damen, besonders der Töchter des Hauses, gelang mir's auch einigermaßen.

Auf der weiteren Rückreise durch Südfrankreich hatte ich einen Unfall, und ward im Gebirge oben vom höchsten Sitz der Messagerie durch Sturz des Wagens wohl zwanzig Fuß herabgeschleudert, derart, daß ich acht Tage meinen Kopf nicht bewegen konnte.«

So verlief die genau dreiviertel Jahr umfassende spanisch-marokkanische Reise W. Gentz', die, wie hier parenthetisch bemerkt werden mag, trotz der vorerwähnten kostspieligen Militäreskorte von Tetuan nach Tanger, trotz etlicher »accidents« (darunter der Postwagenunfall) und endlich trotz reichlich in Afrika gemachter Einkäufe, nur gerade viertausend Francs, also etwa tausend Taler gekostet hatte, was nicht ermangeln wird, den Neid aller ungeschickt und teuer Reisenden, zu denen ich mich leider selber zu zählen habe, zu wecken.

Ende 1847 oder Anfang 1848 war W. Gentz wieder in Paris zurück und unterzog sich hier eben der Ausführung seiner mitgebrachten Skizzen, als die Februarrevolution dazwischen trat und ihm Veranlassung gab, auf fast Jahresfrist in seine märkische Heimat (Ruppin) zurückzukehren. Hier entstanden zunächst verschiedene Porträts, darunter die Bildnisse seiner Eltern, worauf er dann, auf längere Zeit, nach Dresden ging, um daselbst einige Kopien italienischer Meister, namentlich Tizians und Correggios, zu fertigen. Die Sehnsucht nach den seiner Kunst so förderlichen Kreisen der französischen Hauptstadt zog ihn aber, im selben Jahre noch, wieder nach Paris zurück, woselbst er nun das Jahr darauf (1849) sein erstes großes Bild malte: »Der verlorene Sohn in der Wüste«.

Dies Bild, »Der verlorene Sohn«, wurde im Herbst 1850 auch in Berlin ausgestellt und erfuhr daselbst sowohl seitens des Publikums wie der Kritik eine sehr günstige Aufnahme. Die Freude darüber wurde W. Gentz aber nicht unmittelbar zuteil; denn um eben die Zeit, wo die günstigen Beurteilungen in den Blättern erschienen, war er längst nicht mehr in Berlin, auch nicht in Paris, sondern in Ägypten, wohin er schon im März genannten Jahres (1850) seine zweite große Afrikareise, die auch seine größte blieb, angetreten hatte.

Begleiten wir ihn auf dieser seiner Fahrt.

Am 10. März war er in Marseille, am 26. in Kairo. Hier blieb er, erfaßt von dem ganzen Zauber des Orients, volle sieben Monate. Am 2. November endlich bestieg er eine Dahabîye, ein großes Nilboot, um auf ihm die bekannte Nilfahrt bis zum zweiten Katarakt und dem nahe gelegenen Wadi Halfa zu machen. Alle Vorbereitungen waren getroffen und in der Abreisestunde schrieb er seinen Eltern: »Das Mieten eines Schiffes macht so viele Schwierigkeiten, wie wenn man bei uns daheim ein Rittergut kauft. Zwei volle Tage habe ich zur Verfertigung des Kontraktes nötig gehabt. Mit den Schiffsleuten ist nicht mehr aufzustellen als mit dem brutalsten Vieh, und danach behandelt man sie auch. Den kleinsten Punkt muß man im Kontrakt regeln, ist dieser aber gut abgefaßt, so kann man, ohne alle Sorge, dem Kapitän in Kontraventionsfällen bei jedem Scheich einer Stadt eine gehörige Tracht Hiebe auf die Fußsohlen aufzählen lassen. Selbst wenn man einen solchen Kerl niederschösse, würde kein Hahn danach krähen. Mein Dragoman ist ein ehrlicher, verständiger Mann. Außerdem habe ich einen Reisebegleiter gefunden, einen Galizier, Herrn von Wrublewski, mit dem ich schon früher den Ausflug nach Sakkara gemacht habe. Zur Sicherheit sind alle Vorkehrungen getroffen. Ich habe mir eine Doppelflinte, einen Säbel, einen Yatagan und einen Dolch außer meinen beiden Pistolen gekauft. Auch eine kleine Reiseapotheke. Übrigens bin ich akklimatisiert. Meine Provision habe ich für drei Monate eingerichtet: Sechzig Pfund Schiffszwieback, zwanzig Flaschen Rum und Kognak, einen Sack Kartoffeln, Reis, Makkaroni, Kaffee, Tee. Kurzum genug. Für den täglichen Bedarf findet man sehr viel Wild, und mein Begleiter ist ein guter Jäger. Die Wunder des grauen Altertums werden bald vor unseren Blicken sein.«

Am 15. November war er in Karnak und Luxor, am 16. in Esneh, am 21. am ersten Katarakt (Assuan und Philä); vom 24. bis 26. zwischen Korosko, Deri und Ibrim, am 3. Dezember am zweiten Nilkatarakt und am Tage darauf in Wadi Halfa. Hier befand er sich am vorgesteckten Ziel, von dem aus er die Rückfahrt antrat. Am 13., nach kurzem Verweilen in Abu-Simbel und Kelabscheh, war er wieder am ersten Katarakt, wo er besonders der im Nil gelegenen Felseninsel Philä seine Aufmerksamkeit schenkte. Am 18. in Edfu. Dann, während der ganzen Weihnachtswoche abermals in Karnak und Luxor, die jetzt beide mit aller Gründlichkeit von ihm durchforscht wurden, bis er am 1. Januar in Dendare und am 8. in Kairo eintraf, das, trotz der Fülle des auf seiner Nilfahrt Gesehenen, den alten Zauber auf ihn ausübte. Noch etwa sechs Wochen blieb er daselbst; dann, Ende Februar, brach er auf und verbrachte den März auf einer Wanderung durch Palästina, Syrien, Klein-Asien. In Smyrna lernte er den Prinzen Friedrich von Schleswig-Holstein* kennen, mit dem er, von jener Zeit an, bis zum Tode desselben, in freundschaftlichem Verkehr blieb, nachdem er ihn noch im Jahre 1874 auf seinem Schlosse Noer, in der Nähe von Eckernförde, besucht hatte.

Anfang April war W. Gentz in Konstantinopel und Ende desselben Monats in Korfu. Von da ging er, über Pest und Wien, ins elterliche Haus zurück, an das er, alle die Zeit über, zahlreiche Briefe gerichtet hatte. Daheim nahm er seine malerische Tätigkeit rasch wieder auf, und nachdem er, durch Jahr und Tag hin, nur gezeichnet und skizziert hatte, ging er jetzt mit doppelter Lust an ein großes Bild: »Der Sklavenmarkt in Kairo«, das das Jahr darauf in Berlin ausgestellt wurde.

Zu gleicher Zeit beschäftigte ihn die Herausgabe seiner, von Ägypten her, an die Eltern gerichteten Briefe, und zu Weihnachten 1852 erschienen denn auch »Briefe aus Ägypten und Nubien« – Verlag von Karl Barthol in Berlin – ein vorzügliches Buch, das durch all das, was seitdem an Reiseliteratur über Ägypten erschienen ist, von seiner Bedeutung wenig und von seinem Reize nichts verloren hat. Dieser Reiz besteht zum Teil in dem, was ich schon wiederholentlich als »Gentzsche Vortragsweise« bezeichnet habe, noch mehr aber in jener ein gutes Wissen und einen freien Blick zur Voraussetzung habenden Fähigkeit, die

---

* Prinz Friedrich von Schleswig-Holstein, Sohn des Prinzen von Noer, wurde 1803 geboren und starb 1881. Er erhielt 1870 vom König von Preußen für sich und seine Deszendenz den Titel Graf von Noer, Prinz Friedrich war ein begeisterter Orientalist, der, nachdem er jahrelang in Indien gelebt, über seine Reisen in Kleinasien geschrieben und zuletzt ein sehr beachtenswertes Werk: »Geschichte des Kaisers Akbars des Großen« hinterlassen hat.

großen Erscheinungen der Kunst, der Geschichte, des Lebens überhaupt, in ihrem Zusammenhange zu begreifen. Zum Beweise dessen mag es mir gestattet sein, aus dem an Anschauungen und Betrachtungen gleich reichen Buche wenigstens eine Stelle hier zitieren zu dürfen. So heißt es aus Dendare am 1. Januar 1851; »Wie Ägypten selbst als ein eigentümlicher, nur aus sich selbst verständlicher Organismus anzusehen ist, so prägen auch die ägyptischen Kunstwerke: ganze Ortschaften mit Tempeln, Obelisken, Grabdenkmälern, Sphinxalleen, eine in sich einige Totalität aus, welche der hierarchischen Gliederung und Ordnung des Lebens entspricht. Nur von diesem Gesichtspunkte aus wird die Kunst jener zurückliegenden Jahrtausende verständlich. Das Einzelne, und wäre es der kolossalste Obelisk, kann für sich allein keine Vorstellung von der Großartigkeit altägyptischer Kunstintentionen geben, – in dem Reichtum von Bauwerken, mit denen ein solcher Einzelobelisk zu einem Ganzen verbunden war, war er nichts als eine verschwindende Größe. Nur wer die verbliebenen Baureste im großen und ganzen übersieht, vermag einigermaßen zu würdigen, welche Großartigkeit künstlerischer Unternehmungen in diesem Lande heimisch war, hier, wo jetzt die Trägheit einer Sklavenbevölkerung nichts ahnt von jenem gewaltigen Geist, an dessen ewigen Monumenten sie gleichgültig vorbeizieht.« ... »Unsere moderne Welt«, so fährt Gentz in demselben Briefe fort, »hat, nach dem Untergange des griechischen Lebens, die Künste von einander separiert. Bei der weltfeindlichen Tendenz der katholischen Kirche konnte, zunächst wenigstens, im früheren Mittelalter kein großartiges Kunstleben erwachen; der gotische Kirchenbau vereinigte später zwar mehrere Künste von neuem, aber doch immer nur in einer den höchsten Aufgaben der Kunst widerstreitenden Begrenzung, da der durch das Transzendentale bestimmte Charakter der Gotik sich nicht bemüßigt sehen konnte, die schöne Erscheinung festzuhalten. Nur das geistige und körperliche Leiden kommt in den alten Heiligenbildern zur Darstellung. Als dann aber später (in Raphael und anderen) die Malerei sich anließ, mit ihren unerreichten geistig und sinnlich schönen Madonnenbildern die Basiliken Roms zu schmücken, war sie ebenso weit über das eigentliche christlich mittelalterliche Kirchenwesen hinaus, wie die liberalen, in sinnlicher Üppigkeit dahin lebenden Päpste, Julius II. und Leo X., die Zeit der Askese hinter sich hatten.«

Bald nach Erscheinen der ägyptischen Briefe kehrte W. Gentz von Ruppin bzw. Berlin nach Paris zurück, Frühjahr 1853, wohin es ihn längst gezogen haben mochte. Seine Tätigkeit verdoppelte sich und er begann, von 1853 bis 1858, nach dem Vorbilde Horace Vernets, biblische Motive in treuer Wiedergabe orientalischen Wesens, wozu seine zahlreichen Studien ihn befähigten, zu komponieren. Und neben diesen Bildern biblischen Inhalts gab er Darstellungen aus dem Volksleben. Es entstanden um diese Zeit: 1. Sphinx bei Theben; Hirt mit Ziegen im Vordergrund. 2. Ägyptische Studenten. 3. Christus und Magdalena beim Pharisäer Simon. (Von Frau Hauptmann Steinberg in Ruppin gekauft und für die dortige Klosterkirche gestiftet.) 4. Fülle und Elend; früher bekannt unter dem Titel: »Wohl endet der Tod des Lebens Not, doch schauert Leben vor dem Tod.« 5. Christus bei den Sündern und Zöllnern, von den Pharisäern zurecht gewiesen. (Vom Kommerzienrat Zimmermann für die Kunsthalle in Chemnitz gestiftet.) 6. Ägyptische Bettlerinnen. Alle diese Bilder wurden in Paris ausgestellt, die beiden letztgenannten auch in Berlin, wohin er, aller Parispassion und alles internationalen Zuges unerachtet, im Herbste 1857 dennoch zurückzukehren für gut fand.

Die vier Jahre von 1853 bis 1857, während welcher Zeit er – nunmehr auf eigenen Füßen stehend – frei und selbständig schuf, waren ihm in besonders angenehmer Weise vergangen, wozu sehr wesentlich die freundlichen Beziehungen beitrugen, in denen er ebensowohl zu französischen wie zu deutschen Künstlern stand. Gerôme, Boulanger, Louis Hamon, Aubert, sämtlich, wie er selbst, aus der Gleyreschen Schule hervorgegangen, zählten zu seinem Umgang, während er sich mit Ferdinand Heilbuth (Hamburger, aber in Paris geblieben und dort naturalisiert; vor kurzem verstorben) befreundete. Desgleichen stand er auf freundlichem Fuße mit Feuerbach, Viktor Müller, Rudolf Henneberg, Lindenschmidt, Gustav Spangenberg, alle Schüler von Couture, zu dem er sich, wie schon erzählt, nach Austritt aus dem Gleyreschen Atelier, ebenfalls ein Jahr lang gehalten hatte. Alle diese waren gleichaltrig Mitstrebende; seine guten Beziehungen aber beschränkten sich nicht auf diese, sondern erstreckten sich auch auf solche, die damals in der Pariser Malerwelt als anerkannte Meister den Ton angaben: Paul Delaroche, Horace Vernet, Robert Fleury, Ary Scheffer, Courbet, Winterhalter. Und diesen hier Genannten darf auch Ludwig Knaus zugezählt werden, »der (so schreibt G.) schon als Meister dorthin kam, dort, wie überall, eine Ausnahmestellung einnahm und in Paris alles erreichte, was ein Maler erreichen kann.«

IV

Rückkehr in die Heimat. Ruppin. Übersiedlung nach Berlin.
Verheiratung (1861). Reisen. Briefe aus Stockholm
(Von 1857 bis 1874)

1857, wie bereits kurz erwähnt, verließ W. Gentz Frankreich, um nun dauernd in die Heimat zurückzukehren. Aber er blieb, wie jeder Künstler das muß, in intimer Fühlung mit Paris, und so mag denn, ehe ich in Nachstehendem über die zweite Hälfte seines Lebens und Schaffens berichte, zunächst das noch eine Stelle hier finden, was er – aus aller Chronologie herausgerissen und anknüpfend an die gelegentlichen Begegnungen einer späteren Zeit – über die französischen Maler überhaupt, insonderheit über ihren naiven Chauvinismus, also mehr über die Menschen als über die Künstler, und schließlich auch noch über die neueste Pariser Kunstrichtung geschrieben hat.

»... Ich war allezeit«, so schreibt er, »sehr gern in Paris und stand, was ich immer wieder und wieder betonen muß, mit den französischen Künstlern auf bestem Fuße, wennschon ihnen ihre ›Superiorität‹ über uns, und zwar nicht bloß für den Moment, sondern für alle Zeiten, unverbrüchlich feststand. Sie waren darin ganz naiv. Der Gedanke, daß sie von anderen überflügelt werden könnten, ist ihnen bis diese Stunde fremd geblieben. Und so ist es denn auch ein charakteristischer Zug jedes Franzosen, ohne weiteres anzunehmen, daß seine Nation von einer anderen nicht besiegt werden könne. Davon ein Beispiel. Als ich Gleyre im Jahre 1868 das letztemal sprach, lud ich ihn ein, mich in Berlin zu besuchen, ich wolle bei der Gelegenheit sein Führer durch die Museen, wie auch durch die Museen in Dresden usw. sein. ›Ich nehme es an‹, sagte er, ›doch zuvor müssen wir mit den Deutschen uns messen.‹ Die Wut gegen uns datierte schon vom österreichischen Kriege her. ›Aber‹, erwiderte ich ihm, ›Sie sind ja gar kein Franzose, Sie sind ja ein Schweizer; was geht Sie diese Rivalität an?‹ ›Schweizer bin ich, aber durch meinen langen Aufenthalt in Paris mit den Franzosen identifiziert.‹ ›Nun wohl, dann kann ich Ihnen nur erwidern, daß Sie einen Krieg mit uns nicht herbeiwünschen sollten; denn Sie werden, wie die Österreicher, zermalmt werden.‹ ›Das glaube ich nun freilich nicht. Sollten wir aber geschlagen werden, so würden wir (setzte er lachend hinzu) unsern Napoleon wenigstens loswerden‹.«

»Und hier lasse ich«, so fährt Gentz in seinen Aufzeichnungen fort, »gleich noch einen zweiten anekdotischen Zug folgen, der angetan ist, den Chauvinismus der Franzosen und das Hochmaß ihrer gekränkten Eitelkeit in voller Beleuchtung zu zeigen.

Ich hatte Leon Bonnat, der gegenwärtig als größter Porträtmaler der Franzosen gilt, schon 1846 in Madrid bei seinen Eltern kennengelernt. Er war damals erst vierzehnjährig und ich zeichnete sein Porträt. Später, als er seine Studien in Italien vollendet und besonders, wie er mir sagte, die deutschen Künstler dort schätzengelernt hatte, traf ich ihn bei Robert Fleury wieder. Ebenso (1878) auf der Pariser Weltausstellung, auf der ich Kommissar für Deutschland war. Ich führte ihn in unsere Abteilung, wo er sich besonders begeistert über Lenbachs Döllingerporträt aussprach. Auch Menzels und von Gebhardts Bilder wurden von ihm bewundert. Er riet mir aber ab, meinen Sohn nach Paris zum Studium zu schicken, weil er zwar väterlich für ihn sorgen wolle, leider aber nicht die Macht habe, ihn vor etwaigen Insulten von seiten seiner Mitschüler zu schützen.

Das war 1878. Ich bin auch später noch zum Besuch der Jahresausstellungen nach Paris gereist und war immer enthusiasmiert von dem, was ich sah. Heute haben sich ganz andere Richtungen geltend gemacht, als zu meiner Zeit. Wie in der Literatur die Zolas, so haben auch die Maler das Bedürfnis gefühlt, ›qu'on descende dans la rue‹, wie sie sich ausdrücken. Ich muß bekennen, daß viel Wahres darin liegt; man darf nur nicht behaupten, daß das alleinige Gebiet der Kunst auf der Straße zu finden sei.«

Hiermit schließen W. Gentz' auf Paris und das Pariser Kunstleben Bezug habende Betrachtungen ab; was sich sonst noch in seinen Aufzeichnungen findet, berührt andere Punkte.

*

Wilhelm Gentz war nun also wieder daheim und scheint, ehe er sich durch Hauskauf völlig seßhaft machte, seinen Aufenthalt zwischen Berlin und seiner Vaterstadt Ruppin geteilt zu haben. Das war von 1857 bis 1861. In Ruppin, an das ihn ein ausgesprochener Familiensinn und im besonderen die herzlichste Liebe zu dem klugen und eigenartigen Vater kettete, war er mannigfach mit Ausschmückung all der Bauten beschäftigt, die sein Bruder Alexander damals in Stadt und Umgebung entstehen ließ. Einiges davon (so z. B. die Wandbilder in der Gentzschen Stadtwohnung) hat mir immer besonders gut gefallen. In Berlin, das selbstverständlich sein Hauptquartier blieb, bewohnte er vorläufig mietsweise das in der Feilnerstraße gelegene »Feilnersche Haus«.

Von 1861 ab stabilisierte sich sein Leben immer mehr. In eben diesem Jahre verheiratete er sich mit Fräulein Ida von Damitz, Tochter des Kreisbaumeisters von Damitz, aus welcher Ehe ihm in den zwei folgenden Jahren, 1862 und 1863, ein Sohn Ismael und eine Tochter Mirjam geboren wurden. Ismael, auf den sich das malerische Talent des Vaters vererbt hatte, zeigte schon früh eine hervorragende Begabung für das Charakteristische in der Kunst, und mehrere gute Porträts, darunter eine Serie bekannter Berliner Persönlichkeiten: Werner Siemens, Lothar Bucher, Minister Friedberg, Dubois-Reymond, Frau von Großheim, Fanny Lewald, Paul Meyerheim, Max Klinger, Amberg, Max Klein, Saltzmann, Geh. Rat von Bergmann, Geh. Rat Dr. Tobold, Bleibtreu, Albert Hertel, Gussow, Rangabé, Reichstagsmitglied von Benda, Prof. Vogel u. a. m. rühren von ihm her. Mirjam verheiratete sich 1883 oder 1884 mit dem Rittergutsbesitzer von Lambrecht-Benda auf Breitenfelde, Sohn des Reichstagsmitgliedes von Benda auf Rudow bei Berlin. Vom Bildhauer Klein existiert eine hervorragend gelungene Büste von ihr.

Im Jahre seiner Verheiratung (1861) kaufte W. Gentz auch das bis dahin nur mietsweise von ihm bewohnte, noch aus der Schinkelzeit herrührende »Feilnersche Haus«, das damals noch vieles aus den Tagen seines alten Glanzes enthielt, darunter, um nur ein Beispiel zu geben, einen Konzert- oder Musiksaal, der, als Jenny Lind im Jahre 1842 darin zu singen versprochen hatte, der besseren Akustik halber mit kostbarem Ahornholz ausgelegt wurde. Diese Paneelierung ist später mit in die Hildebrandtstraße 5, wohin W. Gentz im Jahre 1869 von der Feilnerstraße her übersiedelte, hinübergewandert, nachdem das ganze Haus mehr oder weniger orientalisiert oder ägyptisiert und mit Skizzen und Bildern, zu nicht geringem Teil von Freunden und Bekannten, geschmückt worden war. Auf dies Haus und seine Einrichtung komme ich weiterhin zurück.

*

Fleiß und Schaffenslust, die W. Gentz von früh auf ausgezeichnet hatten, blieben dieselben in Berlin wie während der nun zurückliegenden Pariser Tage, und eine lange Reihe von Arbeiten, etwa sechzig an der Zahl, entstand in der Epoche von 1857 bis

1874. Ich beschränke mich darauf, die Hauptarbeiten hier aufzuzählen, zugleich unter Angabe, wohin sie kamen und ähnlicher kurzer Notizen.

1858. Eine Sakkieh (Schöpfradmühle) an den Ufern des Nil. – In Berlin und Wien ausgestellt. Befindet sich in einem Museum in Amerika.

1860. Sklaventransport durch die Wüste. – Schon in Paris begonnen; 1860 in Berlin vollendet. Befindet sich im Museum zu Stettin.

Widder und Sphinx in der Thebaïde. – Noch im Besitz von W. Gentz; eine besondere Zierde seines Salons.

Rast einer Karawane in der Wüste. – Befindet sich in Triest.

1861. Volk vor einer Moschee in Kairo. – In der großen deutschen Ausstellung zu Köln ausgestellt und vom Kunstverein in Wien angekauft.

1862. Lager der großen Mekkakarawane in der Wüste. – Befindet sich in Bedford in England.

1863. Pelikane; Erinnerung aus Nubien. – Erhielt die goldene Medaille auf der großen internationalen Ausstellung in Wien.

Die Heilige Nacht. Transparentbild für die Weihnachtsausstellung der Berliner Akademie.

Zwei Araberscheichs im Gebet vor ihren Zelten. -- In sechs Tagen gemalt. Im Besitz des städtischen Museums zu Stettin.

1864. Beduinenlager. – Vom russischen Gesandten in Paris angekauft.

1865. Ankunft einer Karawane in Kairo. – Vom Berliner Kunstverein gekauft; jetzt in Amerika.

Promenade eines Harems. – In Amerika.

Markt in Kairo. – In Amerika.

1866. Arabische Stammsagen nach Rückert. – Für Geh. Rat Ravené in Moabit an die Wand gemalt.

Lagerleben von Beduinen bei Suez. – Für Kommerzienrat Hoffbauer in Potsdam gemalt.

1867. Mekkapilger; Gebet in der Wüste. – Befindet sich in Amerika.

1868. Ein Märchenerzähler bei Kairo. – Besitzer Herr Siemens in Berlin.

Abend am Nil. – Derselbe Besitzer.

1869. Flamingojäger. Zelte; vorn ein Beduine auf einem Kamel. – Miniaturbild; nur anderthalb Zoll im Quadrat.

Darbringung im Tempel. Transparentbild für die Weihnachtsausstellung der Berliner Akademie.

1870. Totenfest bei Kairo. – Befindet sich in der Dresdener Bildergalerie.

1871. Schlangenbeschwörer in Oberägypten. – Befindet sich in Moskau.

1872. Begegnung zweier Karawanen. Früher in der Galerie Stroußberg; jetzt bei A. von Hansemann.

1873. Vor dem Tempel von Abu-Simbel.

Ägyptische Altertums- und Raritätenhändler.

Zu den hier aufgezählten Arbeiten gesellen sich aus der Epoche von 1857 bis 1874 verhältnismäßig viele Porträts: Ch. Fr. Gentz (der Vater), Frau Wilh. Gentz (geb. von Damitz), Frau von Damitz (Schwiegermutter), Kämmerer Gustav Hagen, Frau Schumann, General von Tümpling und verschiedene Porträts von Persönlichkeiten in Gentzrode. Bemerkenswert ist, wie viele der Gentzschen Bilder, darunter mehrere, die vorstehend nicht genannt sind, nach Amerika gingen.

*

Wie kaum erst hervorgehoben zu werden braucht, bedeutete für einen so hervorragend an Weltbewegung gewöhnten Mann wie W. Gentz, ein »sich stabilisieren« nicht zugleich auch ein »Stillsitzen« in Berlin; im Gegenteil, die Reisepassion blieb und er gab ihr jederzeit willig nach. So war er denn, der früheren, im Jahre 1850 auf 1851 unternommenen ägyptischen Reise zu geschweigen, noch dreimal in Ägypten, und zwar 1864 auf 1865, 1868 auf 1869 und 1871. Desgleichen ging er 1871 auf 1872 nach Palästina, um Studien zu seinem großen Bilde »Einzug des Kronprinzen in Jerusalem« zu machen, und 1873 auf 1874 nach Italien. Im letztgenannten Jahre war er auch auf dem Naturforscher- und Anthropologenkongreß in Stockholm, wohin er sich Anfang August begab, und aus seinen damals an seine Frau gerichteten Briefen möchte ich hier um so lieber Mitteilungen machen, als wir W. Gentz, den Menschen, wie den Künstler, immer nur an den Orient geknüpft glauben. Diese Nordlandsbriefe zeigen so recht das Umfassende seiner Beziehungen und Interessen und sind ebenso durch reichen Inhalt, wie ganz besonders auch durch eine knappeste Form der Darstellung ausgezeichnet.

Der erste Brief ist noch von heimischem Boden, aus Noer bei Eckernförde, geschrieben.

Noer, den 1. August 1874

Es regnet augenblicklich sehr stark. Das gibt mir Zeit zum Schreiben. Dienstag abend elfeinhalb trat ich meine Fahrt hierher an; Mittwoch neuneinhalb morgens war ich in Kiel. Ich ging gleich nach Düsternbrook, mein erstes Seebad zu nehmen. Dort traf ich Kosleck, der die Kieler durch seine Trompeten-Konzerte in Aufregung gebracht hat, während er mit seinen Einnahmen weniger zufrieden ist. Für eine Seebadekur scheint sich mir Düsternbrook nicht zu eignen, keine Dünenbildung und das Wasser oft unrein, zumal wenn der Wind das Schmutzwasser vom Hafen hertreibt. Ich selbst traf das Wasser zwar gut und klar, die Buchenwaldung auf der Promenade nach dem Bade prachtvoll, aber auf die Umgebung einer viel größeren Stadt wie Kiel deutend. Das üppige Grün fiel mir auf, das Land war nicht so regenarm gewesen. Land Holstein ist von einer Üppigkeit, die bei uns nicht existiert. Um vier Uhr fuhr ich nach Noer, welches dicht am Eckernförder Busen liegt; man sieht in weiter Ferne Eckernförde liegen, sieht aber auch in weiter Ferne den weiten offenen Horizont des Meeres, was bei Kiel nicht stattfindet. Der Weg nach Noer führt durch die üppigsten Felder und Auen, eingefaßt durch buschige Hecken von Haselnüssen und Brombeeren; überall ragen aus blühenden Gärten die hohen Dächer hervor, auf den Straßen im fetten Erdreich, weht kein Staub. Noer ist kein Dorf, nur eine Herrschaft von etwa zwölftausend Morgen. Das Schloß, 1722 erbaut, ohne architektonischen Schmuck, steht in einem weiten Park. Ich bewohne ein großes Zimmer im ersten Stock, den Meerbusen hinter dichten Baumgruppen überblickend. Des Abends springen Rehe über die Rasenflächen; vor der Veranda, auf welcher der Tee genommen wird, stolzieren ein paar Pfauen, weiße Tauben umschwirren, zur Freude der Kinder, den einfach idyllischen Ort. Die Gräfin ist große Tierliebhaberin, hat zahme Rehe im Hühnerhof und anderes Getier. Auf Menschenumgang muß aber hier verzichtet werden. (Moltke, der augenblicklich in Lübeck, wird in nächster Zeit zum Besuch erwartet.) Der Umgang des Grafen sind seine Bücher, seine Bibliothek, in der er den größten Teil des Tages zubringt; er fühlte sich gestern, da er meinetwegen viel im Freien zugebracht, sehr erquickt; so lange dauernde Luftbäder hatte er lange nicht genommen, wie er mir sagte. In seinem Rock sind offene Hintertaschen für Bücher eingerichtet, die man immer aus denselben herausgucken sieht. Die Gräfin sehnt sich mehr nach Umgang, kultiviert, in Ermangelung desselben, außer der Tierwelt, auch die Blumen. Die älteste

Tochter, jetzt drei Jahr, ist sehr schwächlich; sie heißt nach der Mutter Carmelita. Die neunmonatliche Tochter Luise, nach der verstorbenen Schwester des Grafen genannt, ist ein pausbackiges, frisches Kind. Die Einrichtung im Schloß ist einfach, die Möbel teils modern, teils aus dem Anfang des Jahrhunderts stammend. Die Stuckplafonds gehören der Jetztzeit an. An Bildern sind nur Familienporträts da, zwei von Rahl gemalt, den alten Prinzen von Noer, den Vater, darstellend; dann seine Großeltern, der Herzog von Augustenburg, der Anfang des Jahrhunderts Kultusminister war, und die verwitwete Königin von Dänemark, Tante des Grafen. Der Billardsaal grenzt an mein Zimmer; auf dem Billard wird übrigens nicht gespielt, es liegt voller illustrierter großer Werke, meistens Indien betreffend. Das Studium des Grafen bezieht sich, wie Du weißt, hauptsächlich auf Indien und die Sanskritliteratur. Frau Feuerbach, Mutter von Anselm Feuerbach, war eingeladen, hierher zu kommen, konnte aber, wegen Besuch ihres Sohnes aus Wien, diese Einladung nicht annehmen, Lothar Bucher war 'mal hier. Sonst besteht der Hauptumgang des Grafen aus Engländern, von denen von Zeit zu Zeit jemand herkommt. Der englische Maler Philipp hat ihn auch gemalt. Der Graf war in Karlsbad im Frühjahr; er leidet an Gallensteinen und ist, seit ich ihn zuletzt sah, sehr grau geworden. Auf einer Spazierfahrt durch die zur Herrschaft gehörigen Ortschaften, Wiesen und Wälder sahen wir viel Wild; es ist ein Paradies für Jäger. Das Baden im Meer ist sehr bequem; ein Badekarren steht zu meiner Verfügung; übrigens hat die Sturmflut auch hier große Verwüstungen angerichtet. Gestern hat das Wetter sich aufgeklärt; am Nachmittag fuhren wir pirschen. Heute abend wird mich der Graf nach Kiel zurückfahren lassen, von wo ich um Mitternacht über Korsoer nach Kopenhagen gehe. Du sollst, so läßt Dir der Graf sagen, vor allem frisches Brot und ungekochte Milch vermeiden. Was machen die Kinder? Zeichnet Ismael? Hier ist paradiesische Ruhe, die Dir wohl mehr zusagen würde wie mir. Ich will nun mein viertes Bad nehmen; das nächste hoffentlich in Klampenborg.

Wie immer Dein W. G.

Nun folgen die von Stockholm datierten Briefe in rascher Reihenfolge, meist von Tag zu Tag.

Stockholm, 5. August 1874

In Schweden! Und es sieht just so aus wie bei uns. Die Reise gemacht zu haben, ist vor allem interessant darin, zu beobachten, wie wenig Unterschied zwischen hier und bei uns besteht. Als ich mein Zimmer im vierten Stock nach dem Hof, Hotel Rydberg (das erste Hotel hier) bezog, kam eine Krähe ans offene Fenster geflogen, und obgleich ich ihr nichts zu geben hatte, blieb sie sitzen und schalt gewaltig; sie ließ sich fast anfassen. Als ich das Zimmer verließ, packte ich alles vom Tisch, damit nicht im »Spuklande« (Dr. Arnsteins Ausdruck) etwas spukhafterweise verschwinden könne. Schwärme von Raben waren die einzigen Vögel, die ich von Malmö bis Stockholm sah. Als ich hier angekommen den Omnibus zum Hotel bestieg, sah ich den Baron Wahlberg, den ich zuletzt in Damaskus getroffen hatte; er erzählte mir in der Eile, daß er, wenn er zwanzigtausend Taler gehabt hätte, den Preußen in Sidon einen schlechten Streich gespielt haben würde, Preußen hat nämlich für diesen Preis die zerstörte Kathedrale in Sidon gekauft, die er hätte kaufen können, d. h. wenn er gewußt, daß man Friedrich Barbarossa wirklich dort hätte finden können. Nach seiner Behauptung nun wäre er gefunden; und so kann denn Bismarck sein Barbarossadrama noch prächtiger und unter direkter Anlehnung in Szene setzen. Meinen Freund Bocklund habe ich in der Akademie getroffen; er ist Direktor derselben geworden, ebenso Direktor des Museums, das übrigens genug des Interessanten bietet. – Es ist schauderhaftes Regenwetter. Da erscheint Stockholm nicht wie Neapel; Du weißt, man nennt es das Neapel, wie Kopenhagen das Venedig des Nordens.

Der Graf Noer ließ mich Sonntagabend sehr schnell und bequem an den Kieler Landungsplatz fahren, läßt Dich grüßen und Dich einladen, dort zu baden. Es würde Dir zwar sehr gut, der Stille wegen, gefallen, ich habe ihm aber doch geantwortet, er solle erst uns mit seiner Frau einmal besuchen. In seiner Bibliothek steckt ein kleines Vermögen; er möchte gern, daß ich auf der Rückreise wieder mit herankäme und Virchow mitbrächte. Ich glaube nicht, daß dieser sich dazu bewegen lassen wird, obgleich Virchows Busenfreund, Professor Goldstücker, Sanskritist in London, dort war.

Die Seereise habe ich vollständig verschlafen; ich kam um zehn Uhr an Bord, Ankunft in Malmö morgens zehneinhalb Uhr. In Kiel sah ich beim Soupieren Frau von Saldern mit ihren Kindern und einem fremden Herrn. Die Fahrt von Malmö bis Stockholm dauerte achtzehn Stunden. Gute Gesellschaft im Coupé. Ein belgischer Gesandter, ein Däne, dann Capellini, der Präsident des Kongresses in Bologna vor zwei Jahren, und noch ein anderer Italiener, – alles Kongressisten. Der Name Virchow wirkt hier wie ein Zaubername, selbst bei den Franzosen, die zwar – nachdem sie mich an der Sprache nicht als einen verhaßten Preußen erkannt hatten – in Schreck gerieten, als ich mich als einen solchen deklarierte, nach ihrem Schrecken jedoch mich gleich nach Virchow fragten.

Die Hotels hier und in Kopenhagen sind überfüllt, auch alle Kommissionäre in Anspruch genommen, so daß ich wenig während meines bisherigen kurzen Aufenthaltes im Norden sehen konnte. Wie schön kam mir Kopenhagen vor so und so viel Jahren vor; der Mensch aber ändert sich mit den Zeiten. In der Nähe von Malmö sieht es aus wie bei Lichterfelde, denn viele Wiesen, Massen von Kühen und Pferden weiden auf ihnen; grau bleibt die Landschaft immer. Das ganze Land ist wie besäet mit erratischen Granitblöcken, je größer, je mehr man sich der Hauptstadt nähert. Die vielen Seen erscheinen blauer wie bei uns, Birken fast die durchgängige Vegetation, lila die Farbe der Wiesenblumen. Die Holzhäuser sind ganz rot angestrichen, die Leute sehr artig und honett, die Verpflegung auf den Eisenbahnhöfen idealisch. Man bezahlt eine verhältnismäßig geringe Summe und ißt und trinkt dann kalt oder warm, soviel man will und kann. Das Büfett ist so variiert wie in den feinsten Gesellschaften ... Sollte das Wetter hier immer so schlecht bleiben, würde ich nicht bis Schluß des Kongresses aushalten, sondern spätestens am 14. abreisen. Geht die Kur gut von statten? Wie geht es den Kindern?

Wie immer Dein W. G.

Stockholm, 6. August 1874

In Schweden blühen die Linden spät und spärlich. Ich schicke Dir ein Specimen, wie es eben hier vorkommt, im Stockholmer Tiergarten gepflückt, von wo ich soeben zurückkomme. Man fährt hier viel auf Dampfschiffen, die, omnibusartig, fortwährend herüber und hinüber fahren, und zwar für einen sehr geringen Preis. Das Wetter ist heute weniger schlecht, obgleich ich den ganzen Spaziergang mit aufgespanntem Regenschirm gemacht habe. Da ich mit Hilfe eines von mir aufgetriebenen Kommissionärs mehr habe sehen können, bin ich heute auch zufriedener gewesen als gestern. Ich war im Schloß, wo sich vorzügliche Gobelins befinden; eine bessere Dekoration als selbst Bilder, wenn sie von solcher Schönheit sind wie hier. Natürlich alle französisch. Danach die Synagoge gesehen; maurisch, sehr originell. Alle hier befindliche Statuen, die Gustav Wasas, Gustav Adolfs, Karls XII. usw. (einige davon von Molin und Byström) sind gut. Das skandinavische Museum genau betrachtet. Ein Konservator führte verschiedene Kongreßmitglieder, denen ich mich anschloß; das Waffenmuseum, die Kostüme der schwedischen Könige und Königinnen, das Antikenkabinett, – in allen sehr interessante Sachen. Im »Tiergarten« das Schloß Rosendal gesehen.

Sehr alt ist hier nichts, jedoch finden sich immer Einzelheiten, an denen man lernen kann. Die Vergnügungslokale sind teilweise im Alhambrastil; dasselbe gilt vom Tivoli in Kopenhagen, in dem sich sogar ein sehr schönes chinesisches Theater befindet. Den Vorhang desselben bildet ein chinesischer Pfau, mit ausgebreitetem Schweif. Das Thorwaldsen-Museum, außen bemalt, hat Anklänge ans Altägyptische; der gemalte Fries aber befindet sich unten, parterre, auf schwarzem Grunde. Drinnen auch viel schwarze Farbe. Drei Indianer fuhren auf dem Schiff von Kopenhagen nach Malmö mit uns; sie wurden viel angestaunt. Virchow und Kuhn getroffen. Virchow hatte für mich ein Zimmer im Kung Karl bestellt, was ich leider nicht wußte. Tut mir jetzt leid, ihn nicht vorher in Berlin aufgesucht zu haben. Zur feierlichen, auf morgen angesetzten Eröffnung des Kongresses weiße Krawatte gekauft, die ich ohnehin nötig hatte, weil uns die Stadt Stockholm morgen abend ein Bankett gibt. Meine Einladung trägt die Nummer achthundertneunundachtzig. Übersicht über Stockholm heute morgen vom höchsten Punkt aus genossen. Zum Seebaden hier keine Gelegenheit. Die Bäder befinden sich im Mälarsee. Ich hoffe, es geht Euch wohl.

Wie immer Dein W. G.

Stockholm, 11. August 1874

Seit meinem letzten Briefe vieles erlebt, so daß ich nicht zum Schreiben kam, Lehr- und Genußreiches, auch manches Langweilige. Soeben komme ich von Upsala zurück. Eine Meile über Upsala hinaus, auf dem Odinshügel, werde ich wohl den nördlichsten Punkt auf meiner Erdenlaufbahn erreicht haben. Die Partie war wunderbar. Die Regierung stellte dem Kongreß einen großen Extra-Eisenbahnzug zur unentgeltlichen Verfügung; morgens sieben Uhr ging's fort und um neuneinhalb Uhr hatten wir den Odinshügel erreicht, den man für uns hatte aufgraben lassen. Drei fast gleiche Hügel, pyramidenartig, liegen nebeneinander, von denen der größte dazu bestimmt war, durchsucht zu werden.

Eine wahre Völkerwanderung zeigte sich; meilenweit mußten die Leute herbeigekommen sein, um die Fremden zu sehen. Zur Erquickung reichten uns die Studenten, nach altnordischer Sitte, Met in großen Büffelhörnern. In Upsala selbst empfing uns das Musikchor des Militärs auf der einen Seite, auf der anderen Seite die Musikkapelle der sechzehnhundert Studenten umfassenden Studentenschaft; alles in großer Gala, mit rotseidenen Schärpen, weißen Mützen und vielen Fahnen. Ganz Upsala war in Festkleidern auf den Beinen und bildete eine unabsehbare Chaine. Dazwischen Gesangchöre. Die Fahnen voran, ging's, in langem Pilgerzuge, nach der Carolina rediviva, in Zug, an dem Deutsche, Oesterreicher, Ungarn, Belgier, Brasilianer, Dänen, Finnen, Franzosen, Engländer, Italiener, Norweger, Portugiesen, Niederländer, Russen, Schweizer und Nordamerikaner teilnahmen. Im Park des Botanischen Gartens wurde halt gemacht, und uns, unter aufgepflanzten Fahnen, ein prachtvolles Mahl von der Stadt geboten. Die mit den schönsten Speisen reich besetzten Tische standen, in fast unabsehbarer Reihe, mit den seltensten Blumen geziert, die weiten Alleen des Parks hinauf. Doch ehe man sich zur Tafel niedersetzte, trat jeder zu der hier in der Nähe befindlichen Statue Linnés heran, die für heute mit einem grünen Lorbeerkranze geschmückt war (der Kopf hat einen sehr einnehmenden Ausdruck), um den Hut davor abzunehmen. Studenten bedienten die Tafeln. Der hungrigste und durstigste Magen konnte hier seine Rechnung finden. Dann wurden die Sammlungen und dann der Dom usw. besehen. Bei der Abfahrt wieder Gesang und Musik und nicht endenwollende Hurras. Auf der Hinfahrt saß ich mit Virchow, von Quast, Prof. Massenbach usw. zusammen, auf der Rückfahrt mit dem dänischen Kultusminister Worsaae, einem ausgezeichneten Archäologen. Er erzählte mir, daß er dem Kronprinzen im vorigen Jahre die Kopenhagener Sammlungen gezeigt habe. Mit im Coupé befand sich auch Prof. Hartmann mit seiner Braut und deren Mutter. Überhaupt, es waren wohl hundert Damen mit dabei; im Kongreß selbst sitzen ihrer dreißig, einige sehr gelehrte darunter.

Das Fest, das uns die Stadt Stockholm in Hasselboken, einem schönen Ort im Tiergarten, gegeben, war auch sehr brillant und endete mit Feuerwerk und bengalischer Beleuchtung. Dort war ich mit Dr. Mannhardt, der die besten nordischen Mythologien geschrieben hat, außerdem mit dem Grafen Sierakowsky, der eben aus Indien und Tibet kam, und vielen andern zusammen. Dieses Fest in Hasselboken fand nach Schluß der Eröffnungsitzung des Kongresses statt, während welcher Sitzung es stürmte und regnete. Bei Beginn des Festes aber zeigte der Himmel wieder eine heitere Miene.

Gestern war eine interessante Kongreßsitzung, der der König beiwohnte. Der König – ein Gelehrter und Dichter; sein Vorgänger, Karl XV., war ein ganz tüchtiger Maler – kam gerade zu einer heftigen Diskussion, in die sich Virchow und de Quatrefages, der größte französische Anthropologe, verwickelt hatten, eine Diskussion, aus der Virchow als Sieger hervorging, obgleich der andere (es darf im Kongresse nur französisch gesprochen werden) die Sprache für sich hatte. Ich saß übrigens ganz nahe beim König, ein Herr von großer, stattlicher Erscheinung. Auch die Rednertribüne hatte ich ganz in der Nähe, so daß ich alles verstehen konnte. Die Sitzungen finden im alten Rittersaale statt, der mit den Wappen der ganzen schwedischen Aristokratie geschmückt ist.

In dem Kunst-Museum hat mich der Direktor Bocklund herumgeführt; die andern Museen habe ich mir von Fachgelehrten erklären lassen. Für die Kongreßmitglieder sind alle Kustoden angewiesen, die Schränke zu öffnen, zu erklären usw. Geheimrath von Quast war sehr liebenswürdig. Er sagte mir, daß er meine Briefe aus Jerusalem mit großem Interesse gelesen hätte; sein Sohn (der spätere Abgeordnete und Landrat des Ruppiner Kreises) war vorigen Winter mit seiner Frau in Cairo der Kur wegen.

Stockholm kenne ich nun schon fast auswendig. Ich habe auch Herrn Hammer, der eine der größten Privatsammlungen in jeglicher Art besitzt, besucht; er hat mich selbst eine Stunde herumgeführt. Sein Haus hat dem berühmten schwedischen Bildhauer Byström gehört; es ist sehr originell gebaut; der Besitzer führte mich in fast alle Winkel. Er scheint der reichste Mann hier zu sein ... Ich würde abreisen, wenn nicht noch diverse Festeinladungen bevorständen. Zum Baden gibt es hier leider keine Gelegenheit. Professor Petermann, früher Konsul in Jerusalem, will auch auf acht Tage nach Swinemünde gehen. Der Strand ist dort jedenfalls sehr gut, besser als ich ihn bis jetzt irgendwo gesehen.

Wie immer Dein W. G.

Stockholm, 12. August 1874

Da ich kein Papier mehr zum Schreiben habe, so nimm mit der Rückseite dieses Programms fürlieb... Nachdem wir im Kongreß, durch die Steinzeit hindurch, bei der Bronzezeit angelangt sind, will ich nun auch die Eisenzeit mit durchmachen. Eigentlich wollte ich übermorgen abreisen. Morgen holt der König uns auf vielen kleinen Dampfschiffen ab, um mit uns, erst nach der Insel Björkoe und dann nach Schloß Gripsholm zu fahren. Am Sonnabend, so heißt es, würde er uns nach Schloß Kroningsholm, dem Versailles von Stockholm, zum Abendtisch einladen. Geschieht das, so werde ich erst Sonntagabend abreisen können. Heute morgen waren der König und die Königin wieder in der Sitzung. Virchow führte gerade den Vorsitz und hatte sie zu begrüßen. Ich war wieder ganz vorn placiert. Die Königin hat einen klugen Ausdruck. Heute über Mittag habe ich nochmals die Museen durchlaufen. Zu Abend habe ich von Bocklund, Direktor der Akademie, eine Einladung erhalten. Konzerte hört man hier täglich wenigstens dreimal. Originelles zu kaufen aber gibt es hier nicht, mit Ausnahme norwegischer Schmucksachen, die zu teuer sind. Seine kulinarischen Kenntnisse kann man hier durch allerlei Fischarten, Renntierschinken usw. bereichern. Während der Eisenbahnfahrt setzte sich gestern auf den Waggon, in dem ich saß, eine Krähe, die sich gegen den Stock eines Herrn, der sie necken wollte, wehrte. Alle Fremden, zumal auch Deutsche, sind von Stockholm entzückt; sie kennen aber meistenteils den Süden nicht. In Florenz oder Rom findet man doch anderes und im ganzen genommen Erbaulicheres und Belehrenderes. Die Menschen scheinen hier freilich sehr brav zu sein; von Bettelei merkt man nichts. Geh nur immer nach Swinemünde. Der Unterschied von anderen Seebädern scheint mir wirklich gering zu sein.

Lebe wohl. W. G.

Stockholm, 14. August 1874

Gestern war ein anstrengender Tag. Kaltes Wetter, Regen, abends wieder heiterer Himmel. Um neun Uhr morgens holte der König in vier Dampfschiffen den Kongreß ab; drei Stunden dauerte die Fahrt auf dem Mälarsee bis nach Björkoe, wo die Ausgrabungen der vor etwa 1000 Jahren verschwundenen Stadt stattfanden. In den Laufgräben, die gezogen waren, um die Ausgrabungsschichten näher betrachten zu können, sammelten die Fachleute unzählige Knochen; einige waren auch so glücklich, solche zu finden, in die Runen eingraviert waren. Der König amüsierte sich, immer voran in die Gräben zu klettern und den ihm zunächst Stehenden »prähistorische Beefsteaks«, wie er sich ausdrückte, zu reichen. Das Frühstück wurde verabreicht auf dem höchsten Granitplateau, wo ein Kreuz errichtet stand, zum Andenken an den heiligen Ansgar, der in Schweden hier zuerst das Christentum predigte. Unzählige Landleute waren von den anliegenden Inseln herbeigekommen. Von allen Landsitzen, wo wir vorüberfuhren, Kanonenschüsse: abends bei der Rückkehr waren alle Fenster, selbst die kleiner Hütten erleuchtet; Raketen stiegen in die Luft, manche Schlösser standen in rot und grünem bengalischen Feuer, dazu der weiße Rauch der Kanonenschüsse zwischen dem dunkelgrünen Laub der einsamen Wälder – alles erhöhte die Stimmung der in schwedischem Punsch schwelgenden Gesellschaft. Das Hurrarufen, das Tücherschwenken endete erst bei der Rückkehr abends zehn Uhr in Stockholm. Von Björkoe bis Gripsholm war auch noch eine Tour von anderthalb Stunden. Im Park desselben ward wieder ein großartiges Diner eingenommen, während ein Regenschauer in aller Gemütlichkeit die Tische und Gäste überfiel. Das Schloß ward besehen: große historische Porträtgalerie.

Aus der Gesellschaft von Bocklund kam ich erst um 1 Uhr nachts nach Hause. Von sieben Uhr an bis ein Uhr nur gegessen und getrunken in allen möglichen Formen. Bocklunds Frau eine sehr schöne Frau; die sieben Kinder reizend. Der Junge, in Ismaels Alter, heißt Iwar, das Mirjam entsprechende Mädchen Isarja; sie ist sehr lebhaft und graziös. Die Kinder wurden alle in einer Reihe aufgestellt und mußten den Gästen ein schwedisches Hurra, schwedisch »rha, rha, rha«, bringen, was sehr reizend war. Isabella, Blenda, Harold usw. heißen die andern.

Heute das skandinavische Museum besucht; das wäre was für die Kinder. In Wachs nachgebildete Lappen auf Renntierschlitten, ausgestopfte Renntiere, die dazu gehörige Eis- und Schneelandschaft an die Wände gemalt; ganze Stuben mit Menschen und Gerätschaften hierher geschafft. Dalekarlierinnen in Nationaltracht zeigten uns diese Merkwürdigkeiten.

Morgen sind wir zum König geladen; abends sieben Uhr. Heute will ich noch nach Ulriksdal. Leb' wohl. W. G.

Stockholm, 16. August 1874

Mein Koffer ist gepackt; in einer Stunde werde ich abreisen. Die Coupés werden sehr besetzt sein, doch reisen einige nach andern Richtungen, so Hartmann und Mannhardt nach Norwegen, Virchow nach Finnland. Soeben besah ich noch die Hammersche Sammlung in der Stadt; sie ist größer als unser Gewerbemuseum. In Ulriksdal waren prachtvoll geschnitzte Möbel und Porzellansachen (die schönsten, die ich gesehen) und einige Bilder zu bewundern. Das Fest, das uns gestern abend der König auf Schloß Kroningsholm gab, war außerordentlich schön. Schlimm fing es freilich an: bei strömendem Regen war nur mit größter Mühe eine Droschke bis zum Dampfschiff zu bekommen. Vier Dampfer hatte der König geschickt; der meinige hieß »Garibaldi«. Mit Regenschirmen gingen wir ins Schloß, am Portal von schmetternder Musik empfangen. Bei prachtvoller Illumination war der Aufgang, die Treppen hinauf, sehr großartig. Durch alle Zimmer des oberen Stockwerks, mit Bildern, Gobelins und andern Kostbarkeiten geschmückt, gings bis in den großen Empfangssaal, wo alle Monarchen Europas abgebildet hingen. Ich gehörte zu den zuerst Angekommenen, so daß ich mich in die Nähe der schönsten schwedischen Damenwelt placieren konnte. Der König (in Zivil) hielt dann mit der Königin und der Königin-Witwe seinen Einzug. Letztere war mit Diamanten förmlich überdeckt, eine alte Dame, die sich die größte Mühe gab, ganz besonders liebenswürdig zu erscheinen. Sie kam, da ich so günstig placiert war, gerade auf mich zu und sprach französisch mit mir. Als sie aber erfahren, daß ich aus Berlin sei, sagte sie: »Da können wir ja deutsch sprechen.« Die Königin hatte die schönste Toilette und sah sehr gut aus: gelbe Robe mit blauen Aufschlägen (die schwedischen Farben). Sie trug einen enormen Diamant auf der Brust und Diamantsterne im Haar. Etwa eine Stunde dauerte die Unterhaltung, bei der natürlich die mit Sternen Übersäten am meisten bedacht wurden. Mit Virchow unterhielt sich die Königin besonders lange. Dann wurden wir ins Erdgeschoß geführt, der König mit der Königin-Witwe voran. Da waren alle Zimmer, eine unabsehbare Reihe, mit den schönsten Speisen und Getränken besetzt. Vor allem auch Eis, was not tat. Die höchsten Herrschaften blieben, auch während des Essens, mit ihren Gästen zusammen und die Unterhaltung setzte sich fort. Als wir aufbrachen, hatte sich das Wetter aufgeklärt und es bot sich uns ein zauberhaftes Schauspiel. Die Brücken über den Mälar waren erleuchtet, und die langen Feuerlinien spiegelten sich in dem dunklen Wasser; der Dampf der Schornsteine unserer Schiffe wurde von den Flammen mit erhellt, schwedische Nationallieder erklangen, und die Böller- und Kanonenschüsse endeten erst in Stockholm, wo wir um Mitternacht ankamen. Raketen, Feuerräder und Leuchtkugeln hatten uns derartig umzischt und umknattert, daß wir mehr als einmal fürchteten, auf unserem Schiffe könne ein Unglück geschehen. Jedenfalls sahen wir, wie Raketen in kleine Boote fielen, so daß die Leute Mühe hatten, ihre Kleider zu löschen. Unter grün- und rot-bengalischem Licht, in dem alle Villen erstrahlten, kehrten wir nach Stockholm zurück. Auf baldiges Wiedersehn. Dein W. G.

So W. Gentz' Stockholmer Briefe, woran ich, ehe ich in einem Schlußkapitel in seiner Biographie fortfahre, die Mitteilung knüpfen möchte, daß sich Briefe verwandter Art in großer Zahl im Gentzschen Hause vorfinden. Der Gang seines Lebens bedingte dies. Alljährlich auf langen Reisen abwesend und immer in herzlichem Verkehr, erst mit dem elterlichen Hause, dann mit der eigenen Familie, mußten sich solche Briefschätze wie von selber zusammenfinden. Über den größeren oder geringeren Wert der einen oder anderen Gruppe habe ich kein Urteil, doch schienen mir diese aus weniger bereisten Gegenden stammenden Nordlandsbriefe vor anderen den Vorzug zu verdienen.

V

Des deutschen Kronprinzen Einzug in Jerusalem. Hildebrandtstraße 5.
W. Gentz als Mensch und Künstler
(Von 1874 bis 1890)

Sommer 1874 machte W. Gentz, wie wir in unserem vorigen Kapitel unter gleichzeitiger Mitteilung einer ganzen Anzahl an seine Frau gerichteter Briefe mitteilen durften, seine Stockholmer Reise, der ein kurzer Aufenthalt in Heringsdorf folgte. Zu Beginn des Herbstes war er in Berlin zurück und nahm hier die große Arbeit wieder auf, der er schon seit Jahr und Tag in erster Reihe seine Kräfte widmete: »Des deutschen Kronprinzen Einzug in Jerusalem.« Er beendete dies Bild 1876, in welchem Jahre es auf der Berliner Ausstellung erschien und die große goldene Medaille erhielt. Es ist jetzt eine Zierde der Nationalgalerie, und sowohl um seines Stoffes wie um seiner künstlerischen Vorzüge willen der Aufmerksamkeit jedes Besuchers sicher. Auch ich, wenn ich desselben ansichtig werde, werde von der poetischen Schönheit des zur Darstellung gebrachten Momentes: des Einziehens unter Palmen, jedesmal ergriffen, kann dies Bild aber, so sehr ich es schätze, doch nicht zu W. Gentz' vorzüglichsten oder vielleicht richtiger nicht zu den mir sympathischen Arbeiten zählen. Mir persönlich ist er als afrikanischer Landschafter am liebsten, und diejenigen seiner Bilder, die sich damit begnügen, in wunderbarem Gegensatze die Sterilität und zugleich die schöpferische Fülle der Tropengegend wiederzugeben, also Wüsten- und Wasserflächen, übervölkert von Flamingos und anderem weißgefiederten Volk, entzücken mich mehr, ja fast möchte ich sagen, heimeln mich mehr an. Seine Knabenwanderungen im Wustrauer Luch und am Molchowsee, die von früh an sein Auge schärften, haben ihn durch sein ganzes Leben hin das am tiefsten und eigenartigsten erfassen lassen, was ihn schon als Kind am tiefsten in seiner Künstlerseele berührte: melancholische Flächen und schwermutsvolle Stille.

Herbst 1876 also erschien das Einzugsbild. In der Zeit, die seitdem vergangen ist, schuf er unverändert weiter und kein Jahr verging, ohne daß sein Talent und seine Schaffenslust sich nicht neu betätigt hätten. Aus dieser Fülle, die hinter der Epoche von 1857 bis 1874 nicht zurückbleibt, sei hier nur einiger weniger Bilder erwähnt: Ein Harem auf Reisen, Supraporte für das Pringsheimsche Haus; eine Koranvorlesung; ein Sonnenstreifen (Straße in Algier); Mirjam am Quell als Illustration zu Ebers' Homo sum; Marabustorch und Flamingos; Abend am Nil; Mameluckengräber bei Kairo; Koptische Christen in den ersten Jahrhunderten, und eine große Zahl von Porträts, besonders Negerköpfe. Dazu gesellt sich eine lange Reihe von Illustrationen, unter denen die zu Georg Ebers' großem Werk: »Ägypten in Wort und Bild« in erster Reihe stehen. Es sind (fünfundvierzig an der Zahl) fertige Feder- und Tuschzeichnungen, die auf Holz photographiert und dann geschnitten wurden.

*

Alle diese vorstehend aufgezählten Bilder, entstanden in dem der Künstlerwelt wohlbekannten Hildebrandtstraßen-Hause, das, wie schon hervorgehoben, im Jahre 1869 von W. Gentz erworben und, um sein eigenes Wort noch einmal zu zitieren, »orientalisiert« wurde.

Diesem Hause wenden wir uns jetzt zu. Es besteht aus einem Souterrain, einem Erdgeschoß und einem ersten Stock; im Souterrain befinden sich die Wirtschaftsräume, im ersten Stock die Ateliers von Vater und Sohn, im Erdgeschoß die Familien- und Repräsentationszimmer, vier oder fünf an der Zahl, die völlig eigenartig wirken und in ihrer Mischung von Berliner Nähtisch und ägyptischem Fetisch, von Ramses und Christian Friedrich Gentz, kairensischen Teppichen und Ahornpaneelen aus der Berliner Glanzzeit der Jenny Lind, nirgend ihresgleichen haben, auch in den maurischen Häusern nicht, deren wir vielleicht einige, jedenfalls aber eins in unserer Stadt besitzen: das Diebitschsche Haus am Hafenplatz. Denn all das bisher in wohlüberlegter Gegensätzlichkeit Aufgezählte gibt nur eine schwache Vorstellung von dem, was sich an aparten und untereinander in einer Art Fehde stehenden Dingen hier alles zusammenfindet, Dinge, die berufen scheinen, ein Fünfweltteile-Redenzvous und dabei zugleich das bunte reiche Leben zu veranschaulichen, das der Besitzer aller dieser Herrlichkeiten führen durfte. Was von dem Grund und Boden unserer Hauptstadt gesagt worden ist, »jeder Quadratmeter bedeute schon ein Vermögen«, das gilt fast auch von den Wänden dieser W. Gentzschen Wohnung, und »gekeilt in drangvoll fürchterliche Enge« haben wir hier die bei den verschiedensten Gelegenheiten, als Erinnerungsblätter, an W. Gentz überreichten Skizzen aller möglichen Malerberühmtheiten zusammen. Ich kenne, soweit Berlin in Frage kommt, keinen Privatmann, dessen Wohnung angetan wäre, mit der hier vorhandenen Bilderfülle zu wetteifern, und wenn beispielsweise das an den Wänden der Menzelschen Wohnung Aufgespeicherte, schon weil sich viele »Menzels« darunter befinden, unendlich wertvoller ist, so verschwinden doch, namentlich solange wir der Zahl ihr Recht gönnen, selbst diese Menzelschen Schätze neben der bunten Mannigfaltigkeit des hier bei W. Gentz Gebotenen. Daß übrigens das Gentzsche sich auch inhaltlich sehen lassen kann, das wird sich aus einer bloßen Aufzählung der Bilder und Skizzen genugsam ergeben, trotzdem ich gezwungen bin, an drei Vierteln des Vorhandenen vorüber zu gehen.

Es befinden sich hier:

Friedrich Geselschap: Mädchen von Capri.

Anselm von Feuerbach: Aretins Tod bei einem ihm von Tizian gegebenen Gastmahl.

Otto Knille: Dolce far niente. Ein Tiroler Bursch.

Rudolf Henneberg: 1. Szene vorm Forsthaus. 2. Reiter, ein Wasser durchschreitend.

Gustav Spangenberg: Studienkopf zu Spangenbergs Lutherbild in der Nationalgalerie.

Albert Hertel: Dorf in Abendbeleuchtung.

Georg Bleibtreu: Kaiser Wilhelm und Moltke am Abend des 18. August 1870 (Gravelotte).

von Meckel*: Arabische Wegelagerer.

von Klever (Professor an der Petersburger Akademie): Russisches Dorf am Meer.

Hugo von Blomberg: Benvenuto Cellini im Keller.

Teutwart Schmitson: Bäuerliches Gespann.

Ernst Ewald: Märchenerzähler.

Dörr: Vier Interieurs einer Färberei in Fontainebleau (Dörr war ein Mecklenburger aus Ludwigslust, bildschöner Mensch und um seiner Schönheit willen früh gestorben.)

Ludwig Knaus: Kinderszene aus der Feilnerstraße.

Paul Meyerheim: Ziegen und ein im Grase liegender Junge. Geschenk Paul Meyerheims an sein Patenkind Ismael Gentz.

Fritz Werner: 1. Französische Gefangene im Tempelgarten zu Ruppin. 2. Porträt von W. Gentz, in ägyptischem Kostüm.

Anton von Werner: 1. Almosen-Verteilung auf einem Kirchhofe bei Kairon. 2. Gebet in der Wüste; Abd el Kader.

Ferdinand Heilbuth: Doppelte Nelken in einer japanischen Vase.

Jean Lous Hamon: Im Ringelreihen tanzende Mädchen. (L. Hamon, gest. 1874.)

Diese zweiundzwanzig Bilder und Skizzen, unter denen mir F. Heilbuths »Doppelte Nelken« und J. L. Hamons »Ringelreihen« als die bedeutendsten erschienen sind, geben aber, wie schon angedeutet, nur eine geringe Vorstellung von dem, was sich hier alles auf engstem Raume zusammenfindet. Vieles von dem Verbleibenden (dreißig Bilder und Skizzen) rührt von niemand Geringerem her, als von W. Gentz selbst, und wenn ich in vorstehendem speziell auf Aufzählung dieser Gentzschen Arbeiten, zu denen auch zahlreiche Kopien nach Veronese, Tizian, Velasquez,

* Sohn des berühmten Hallenser Anatomen, ein Schüler Hans Gudes, lebt in Karlsruhe.

Rubens, Jordaens, Giorgone, Correggio, Poussin usw. gehören, verzichtet habe, so geschah es, um diesem Aufsatze nicht über Gebühr einen katalogartigen Charakter zu geben. Abschließend aber möchte ich an eben dieser Stelle noch hervorheben dürfen, daß der reiche Bilderschmuck nur einen Teil der Gesamtausschmückung dieser Räume bietet, die mit ihren aus Afrika mitgebrachten Erinnerungsstücken in erster Reihe den Eindruck eines ethnographischen Museums machen. Da finden sich wunderbar geformte Laternen, Leuchter und Kannen aus arabischen Moscheen, Rauchgefäße, Teller und Tassen, altägyptische Götterfiguren, perlmutterbelegte Sessel, Kaffeemörser und Musikinstrumente: Darabucken und Tamburine.

So das Gentzsche Haus. Und eigenartig wie das Haus, so das Leben in ihm, auch das gesellschaftliche, das, in vielen Punkten mit dem Leben anderer Künstlerhäuser übereinstimmend, sich doch auch wieder durch einen eigentümlich internationalen Zug von ihnen unterscheidet. W. Gentz' zwölfjähriges Leben in Paris, seine bis auf diesen Tag alljährlich fortgesetzten Reisen in immer noch wenig befahrene Gegenden, sein ausgebildeter Sinn für Geographisches, Anthropologisches und Kulturhistorisches überhaupt, sein Wissen, das es ihm ermöglicht, auch eigentlichsten Gelehrten auf ihren Wegen zu folgen – all das hat sich vereinigt, um seinem gastlichen Hause nicht bloß einen künstlerischen, sondern auch einen wissenschaftlichen, halb diplomatischen, alle Gesellschafts- und Völkerklassen umfassenden Stempel zu leihen. Ich würde mich nicht wundern, Tippo Tipp oder Mirambo, oder Bana Heri, oder, wenn er noch lebte, den König Mtesa von Uganda bei Gentz zum Frühstück anzutreffen, Stanleys oder Wißmanns, oder Emin Paschas, als einfacher Selbstverständlichkeiten, ganz zu geschweigen. Ich darf mich nicht rühmen, oft an den Reunions in der Hildebrandtstraße teilgenommen zu haben, aber niemals war ich zugegen, ohne sachlich und persönlich Interessantes erlebt zu haben. W. Gentz liebt es zum Beispiel, seinen Gästen, auf gut Afrikanisch, Bananen vorzusetzen, und er tut wohl daran; denn diese Bananen, ob sie einem nun schmecken oder nicht, sind einfach ein Ausdruck davon, daß man sich, wenn man ihn besucht, nicht auf einer Alltagsheide, sondern auf einem besonderen Boden befindet. Die letzten zwei Male, daß ich dort verkehrte, sind mir unvergeßlich durch die Personen, deren Bekanntschaft ich damals machte resp. erneuerte. Der eine war Wereschtschagin, just auf der Höhe seines Ruhms, schweigsam, und nur erheitert, wenn die pikante Mirjam (damals noch unverheiratet) ihm, ohne Rücksicht auf seine feierliche Miene, kleine Geschichten und Berliner Anekdoten erzählte. Man merkte daran das unter Namen und Autoritäten groß gewordene Kind, das nicht gelernt hatte, Berühmtheiten ängstlich zu nehmen. Der andere, den ich traf, war Hermann Maron, den ich seit länger als fünfundvierzig Jahren (wo wir gemeinschaftlich einen Dichterklub gegründet) nicht wiedergesehen hatte. Wir fanden uns – sehr verändert; sein Leben war wunderbar gegangen, und vier Wochen später schoß er erst seiner Frau, dann sich selber eine Kugel durchs Herz.

*

So viel über W. Gentz und sein Haus. Eine Biographie darf aber auch an dem Menschen, und wenn dieser ein Künstler, an seiner Kunst nicht vorübergehen.

Ich kann ihm hier wieder selber das Wort geben; denn er hat sich mit jener Aufrichtigkeit und Ruhe, die sein ganzes Wesen ausmacht, über sich selbst als Mensch und Künstler ausgesprochen.

»... Ich bin Darwinist«, so schreibt er. »Was ich von Vater und Mutter geerbt, weiß ich nicht sicher herauszubringen. Mein Vater erzählte mir einmal, daß er sich in der Jugend vorgenommen habe, 100 000 Taler erwerben zu wollen. Das war damals, von seinem Standpunkt aus, sehr viel. Mein Bestreben war immer darauf gerichtet, »etwas zu werden«. Kaufmännischen Sinn aber, Erwerbssinn, der äußerlich vorwärts kommen und bescheidene Zustände verbessern will, hatte ich gar nicht, vielmehr einen konservativen Sinn, wie meine Mutter, die sehr sparsam war. Meine Mutter war auch eine sehr versöhnliche Natur und verzieh allen, sogar den größten Feinden, wohin auch die Konkurrenten gehörten. Etwas davon glaube ich geerbt zu haben. Fleißig waren beide Eltern und auch ich ging davon aus, daß ich durch Arbeit ersetzen müsse, was mir an Naturanlage fehlte. In der Jugend war ich exzentrisch und schroff, wovon meine Lehrer damals erzählen konnten; beim »Trommeln« immer der Führer im Streit. Ich zähle mich nicht zu den Herdenmenschen. In meiner Eltern Hause wurde nie gespielt, auch nicht Karten. Ich bin keine eigentlich gesellige Natur und machte meine Reisen meist allein, um von dem mir vorgesteckten Ziel, um anderer willen, nicht abweichen zu müssen. Ich halte es für selbstverständlich, daß jeder, der unter bestimmten Einflüssen seines Landes groß geworden ist, dies Land und seine Nation mehr liebt als andere

Nationen. Ich hasse aber die Kirchturmspolitik. Da andere Völker die leuchtendsten Vorbilder hervorgebracht haben: Homer, Äschylus und Phidias, Christus, Shakespeare, Michelangelo und Tizian, so kann ich nicht einsehen, warum man das Fremde geringer achten soll.

In religiöser Beziehung stehe ich auf dem Schillerschen Standpunkt:

> Welche Religion ich bekenne? Keine von allen,
> Die du mir nennst. – Und warum keine? Aus Religion.

Die Religionsphilosophie hat mich immer sehr interessiert. Ich habe die Vedas, Confucius, die Bibel, den Koran, den heiligen Augustinus, Luther, Spinoza, Lamennais usw. gelesen.

In der Natur und dem Menschenleben scheint mir, und zwar durch den unerbittlichen Kampf ums Dasein, der Pessimismus gerechtfertigt. Die persönliche Freiheit ist mir in der Politik das Ideal. Daher bekenne ich mich nicht zur Sozialdemokratie, die ein Untergraben derselben bedeutet. In Paris früher habe ich mich mit sozialistischen Schriften von Fourier, Considérant, Proudhon usw. bekanntgemacht, möchte dieselben aber nicht noch einmal lesen. Nach Luther ist der Mensch ein übermütig und verzagtes Ding, und ich darf sagen, ich habe beide Seelenstimmungen sattsam erlebt, jedoch mehr die letztere, überhaupt viel an moralischem und künstlerischem Katzenjammer gelitten. Für das Schaffen anderer habe ich mich immer interessiert, daher auch immer gesucht, mit denen verkehren zu können, die sich auf diesem oder jenem Gebiete schöpferisch auszeichneten. Eine Folge davon war, daß ich stets in einem nicht kleinen Kreise gelebt, am liebsten jedoch, außer mit Afrikareisenden wie Barth, Schweinfurth, Nachtigall usw. mit Künstlern verkehrt habe. Nur der Sinn für Musik ist immer ein sehr geringer bei mir gewesen; am liebsten hörte ich Volkslieder und Kirchengesang, dem ich in katholischen Ländern immer gern beigewohnt habe. Mit fast allen Künstlern der letzten Dezennien habe ich verkehrt, darunter von Diebitsch, Henneberg, Gustav Richter, die Meyerheims, Menzel, Knaus, Karl Becker, Bleibtreu, Spangenberg, Geselschap, so verschieden und entgegengesetzt die hier Genannten auch sein mochten. Vielleicht ein Charakterfehler. Ich tröste mich aber mit dem Spinozaschen Satze, daß die schlechten Seiten des Menschen auch zugleich seine Tugenden seien. Viel Eindruck hat auf mich der indische Spruch gemacht: »Tu' was du willst, und du wirst es bereuen.«

So weit Gentz über sich selber. Ich möchte nach eigenen Wahrnehmungen und Erlebnissen ein paar Worte hinzufügen dürfen.

W. Gentz ist in allem das Gegenteil von einem modernen Radaumenschen, und in gänzlicher Abwesenheit von lärmend anspruchsvoller Inszenierung seiner selbst, liegt sein Wesen und sein Wert. Schon im Gespräche mit ihm zeigt sich dies; er kennt weder die »großen Worte«, noch das nervös Prickelnde der Konversation. Wer das verlangt, wird nicht weit mit ihm kommen; wer indessen weiß, daß ein lange gelagerter und ruhig gewordener Rauenthaler, der's aber in sich hat, besser ist als ein moussierender Mosel, der wird Geschmack und Genuß an Gentzscher Reserviertheit und an seiner das langsam Mecklenburgische streifenden Vortragsweise finden. Ich kann nicht einmal behaupten, überaus häufig mit ihm verkehrt zu haben, und bin ihm doch das Anerkenntnis schuldig, unter den etwa »hundert besten Geschichten«, die mich als eiserner Bestand durchs Leben begleitet haben und noch begleiten, ein halbes Dutzend ihm dankbar anrechnen zu müssen. Und das ist sehr viel. Gleich das erste derart, was ich schon vor beinahe zwanzig Jahren aus seinem Munde hörte, kann als ein Musterstück seiner Vortragsweise gelten, einer Weise, die mir darin zu gipfeln scheint, daß er den anderen oft eine halbe Stunde lang sprechen läßt, bis er plötzlich, an einer ihm passend erscheinenden Stelle, nun seinerseits das Wort nimmt, nicht um eine gleichgültige Bemerkung oder kurze philosophische Betrachtung (darin er übrigens Meister ist), sondern um ein figurenreiches Bild einzuschieben. Er ist dann holländischer Maler mit dem Wort und malt heitere Genreszenen, die mich, in ihrer farbenfrischen Anschaulichkeit, immer an humoristische Schilderungen aus Achim von Arnim erinnert haben.

Aber ich wollte von unserem Erzähler erzählen.

Wir schlenderten am Tiergartenrande hin und ich klagte – wie das jedesmal geschieht, wenn man von einer Sommerreise heimkehrt – über die jämmerlichen Essereien in den qualvoll langweiligen Hotels, und wie mir immer noch das Leben in England als ein Ideal vorschwebe, wo man Ruhe habe vor Lachsmayonnaisen und Aal in Aspik, und sich seinem Genuß an Hammelrippen und Seezungen immer wieder freudig hingeben könne; – nur die natürlichen Gerichte hätten einen Wert.

»Ja«, nahm jetzt Gentz das Wort, »das meine ich auch und habe das nie lebhafter empfunden als einmal in Bayern, in Tagen, wo mir das Hotelessen auch so recht zuwider war. Es traf sich, daß ich zu selber Zeit von einem reichen Patrizier, einem

Enthusiasten für Bilder und Archäologisches, zum Frühstück geladen wurde, nahm denn auch an und fand bei meinem Erscheinen schon ein paar andere Gäste vor, mit denen ich mich auch bald danach in ein mit Birkenreisern dekoriertes Eßzimmer geführt sah. Die Fenster standen auf, und alles um uns her war Appetitlichkeit und Frische. Und nun denken Sie sich, was gab es da? Auf einem langen eichenen Tisch lag ein am Spieß gebratenes junges Schwein, aufgebrochen und mit kleinen Thymiansträußen ausgesteckt, was ganz reizend aussah. Wichtiger aber waren lange schmale Spitztüten, die daneben steckten und in denen sich Pfeffer und Salz befand. Nun wurde jedem von uns ein Messer gereicht, das eine ganz eigentümliche Form hatte, beinahe sichelförmig, und so bewaffnet gingen wir in einem Gänsereihen um den Tisch herum, um, wie Jäger, das Revier abzusuchen. Sie werden sich erinnern, daß, wenn man ein Gänsegerüst abknaupelt, es kleine Höhlen und Winkel gibt, wo die eigentlichen Delikatessen liegen, und diese sich halb verbergenden Stellen auch an dem jungen Schweine ausfindig zu machen und dabei dem andern zuvorzukommen, das war nun die Aufgabe. Natürlich wäre ich, als ein Neuling und Uneingeweihter, jämmerlich damit gescheitert, wenn nicht die Liebenswürdigkeit des Wirts sich meiner erbarmt hätte. Da ist mir denn erst klar geworden, was Schweinebraten heißt. Und dazu die Tüten und die Thymiansträuße, und das Kulmbacher Bier (denn es war in der Kulmbacher Gegend), das immer frisch gereicht wurde; – ja, hören Sie, da kann der Halbe Mond in Eisenach oder das Zehnpfundhotel in Thale nicht gegen an, und Sie haben schon ganz recht, wenn Sie sagen, ›nicht bloß das Gesunde, sondern recht eigentlich auch das Feine, das hat man bloß bei den Naturgerichten.« Und wirklich, die was davon verstehen, die haben auch immer so gedacht, obenan Friedrich Wilhelm I., der durchaus für Weißkohl und Hammelfleisch war. Kaiser Wilhelm soll auch den Tag gesegnet haben, wo er Brühkartoffeln kennenlernte, vom seligen Goethe gar nicht erst zu reden. Sie wissen, daß ich die Teltower Rüben meine.«

Das war so ein in Worten gemaltes Gentzsches Bild, und wenn ich auch für den Wortlaut der Geschichte nicht mehr einstehen kann, so weiß ich doch die Hauptsache richtig wiedergegeben zu haben.

Und so verliefen Gentzsche Geschichten überhaupt, nur daß die allerechtesten doch noch einen Beisatz von feinem Spott und sozusagen liebevoller Ausmalung menschlicher Schwächen zu haben pflegten. Eine derartig eulenspiegelisch gefärbte Geschichte möchte ich, als zweite Gentziade, hier noch erzählen, und zwar, wie ich zur Beruhigung der Leser gleich hinzusetzen will, auch als letzte.

»... Nun denn, der sogenannte Marine-Krause (reizender Lebemann und tüchtiger Künstler) war auch Lehrer an der Akademie. Kunsthändler Rudolf Lepke kaufte viel von ihm. Eines Tages hielt Krause wieder seine Klasse und ging eben von Platz zu Platz, als ein allen älteren Malern und natürlich auch allen Akademieschülern wohlbekannter Diener Lepkes eintrat, ein Bild unterm Arm. Krause sah sofort, daß es ein Bild von ihm selber war.

»Nun, Zühlke, was gibt es?«

»Ja, Herr Professor ...« Und Zühlke sah verlegen auf die jungen Akademiker.

»Na, man 'raus.«

»Ja, Herr Professor, Herr Lepke schickt Ihnen das Bild wieder ... Sie hätten alle wieder rote Jacken an ... Und rote Jakken, die wollte keiner mehr, die hätten die Leute jetzt über ... Er sagte, Sie müßten ihnen andere Jacken anziehen, Herr Professor; anders ging es nicht.«

Krause verfärbte sich und rang anscheinend nach Luft. Endlich hatte er sich seine Rolle zurecht gelegt und fuhr nun los, indem er den Berserker ganz kunstgerecht spielte. »Zühlke, 'raus. Was soll das heißen? Lepke ist verrückt geworden. Raus sag' ich.« Und während Zühlke ging, tobte Krause vor seinen Schülern immer noch weiter und stürzte schließlich dem armen Zühlke nach, vor sich hinbrummend, daß er dem Kerl noch ein paar ordentliche Redensarten an den Kopf schmeißen müsse. Dabei warf er die Klassentür forsch zu und sah nun auch wirklich den Korridor hinunter. Da ging Zühlke noch, das Bild unterm Arm.

»Zühlke!«

»Herr Professor ...«

»Zühlke kommen Sie noch mal her. Wissen Sie was, stellen Sie das Bild da hinter die Tür, aber so, daß die Jungens es nicht sehen, wenn sie 'rausstürzen, und sagen Sie Lepken, ich würde den Kerls andere Jacken anziehen. Und grüßen Sie Lepken. Er ist doch wohl?«

»Ganz wohl, Herr Professor.«

»Na, denn is es gut.«

Und sofort die Wutmiene wieder aufsetzend, trat er in den Klassensaal zurück, um noch einiges über den unverschämten Kerl zu sagen.«

So Gentz in seiner zweiten echtesten Geschichte, die mir, neben anderem, auch dadurch unvergeßlich geblieben ist, daß er (wir sprachen gerade von einem durch »Schneidigkeit« sich auszeichnenden Künstler) schmunzelnd hinzusetzte: »Und sehen Sie, so ist der nu gerade auch.« Und wer wollte es bezweifeln, daß er zu solchem Ausspruch ein Recht hatte! Gibt es doch nur ganz wenig Menschen, die frei von solcher Komödianterei sind; andere, die sich wohl frei davon machen möchten, können's nicht, weil sie's von Geschäfts wegen nicht dürfen.

Verbleibt uns, zum Schluß, noch ein Wort über W. Gentz, den Maler. Auch hier wieder können wir seinen eigenen Aufzeichnungen folgen.

»... Ich bin der Ansicht«, so schreibt er, »daß die Kunst modern, d. h. zeitgemäß sein müsse. Ich verehre die alten Künstler im höchsten Grade, ja, finde, daß sie in ihrem Kreise so Vollendetes geleistet, daß es nicht übertroffen werden kann. Ich nenne nur die Sixtinische Madonna und die Gestalten des Phidias. Die moderne Kunst muß also andere Wege einschlagen oder andere Gebiete kultivieren, um damit konkurrieren zu können. Naturalismus – Realismus. Zum Beispiel ein Pferd wie das des ersten Napoleon auf dem winterlichen Rückzuge (von Meissonier) hat nie ein alter Maler so gut gemalt; gemütvolle und humoristische Genreszenen wie Knaus ebensowenig. Das Studium alter Kunst halte ich aber für gut, vielleicht für notwendig. Es gehört schon große Kraft dazu, die Alten so nachzuahmen, daß diese Nachahmungen daneben bestehen können. (Lenbach.) Meiner Neigung nach bin ich Idealist, und doch hat mich meine Naturbegabung nicht dazu befähigt, ideale, phantastische Gestalten und Seelenschilderungen hervorzubringen. Ich habe mich deshalb auf die pittoreske Seite der Natur beschränken müssen. Ich bin mehr Kolorist. Der Farbenzauber übt den größten Reiz auf mich aus, besonders der Tizians, der wohl auf diesem Gebiet das Vollendetste schuf. Den Stil halte ich in der Kunst für notwendig, Stil dahin aufgefaßt, daß er das Triviale, Gemeine, Alltägliche von der Kunst fernzuhalten, aus dem Darzustellenden auszuschließen habe. Stil besitzen demnach auch Rembrandt und Menzel.* Die Kunst soll nach Vollendung streben, soll ehrliche, gründliche Arbeit verrichten und, soweit dies die modernen »Impressioni-

---

* W. Gentz scheint hiernach davon auszugehen, daß beiden berühmten Malern (Rembrandt und Menzel) der Stil abgesprochen worden sei, was möglich, mir aber ganz neu ist.

sten« tun, schließe ich auch diese Richtung innerhalb der Kunst (Fr. von Uhde, Max Klinger) von der Kunst selbst nicht aus. Leider aber wenden sich auch viele junge Künstler dieser Richtung zu, die, bei unleugbarem Talent, doch nicht Energie genug haben, gründlich zu arbeiten und zunächst nur auffallen wollen, was durch den Impressionismus und Intentionismus, dieser äußersten Linken, allerdings möglich ist.

Es ist natürlich, daß ein Künstler das Naheliegende, das Heimatliche, das Vaterländische vollendeter als das Fremde zu schildern vermag. Sollte aber nicht, wie die Wissenschaft, so auch die Kunst dazu berechtigt sein, den ganzen Erdball in ihr Gebiet zu ziehen? Würde jede Nation für sich nur ihr Nationales in Betracht ziehen, so würde zwar dadurch auch der Erdball zur Darstellung gelangen, es müßte dann aber, wenn man sich vor Erstarrung und Enge bewahren wollte, doch immer wieder ein großartiger Kunstaustausch stattfinden, der in der tatsächlichen Anerkennung einer Gleich- oder Mitberechtigung, dem Wesen des Nationalismus doch wieder widersprechen würde.«

So W. Gentz über seine Kunstrichtung, Bemerkungen, denen ich, abschließend, ein paar Worte hinzufügen möchte. So gewiß Paris, seit Horace Vernets Tagen, und vielleicht früher schon, reich an Orientmalern ist, so gewiß ist W. Gentz unter uns ein Unikum geblieben, derart, daß wir vielleicht keinen Künstler haben, selbst große Meister wie Menzel und Knaus nicht ausgeschlossen, mit denen wir eine so bestimmte Vorstellung verknüpfen, wie mit W. Gentz. Er ist Kairo, Jerusalem, Konstantinopel, er ist Sklavenkarawane, Harem, Judenkirchhof und dazwischen Wüste mit Tempeltrümmern und Pyramiden und Fluß und See mit Pelikanen und Flamingos. Die Bilder, die davon abweichen, liegen weit zurück. Der Orient ist seine Welt und der Turban nicht bloß das Kleid, das ihn kleidet, sondern auch das Zeichen, darin er siegt. Ernst, solide, gewissenhaft wie der ganze Mann, ist auch das, was er schafft; ein feiner Humor, der sein Leben durchdringt, adelt auch seine Kunst und heimelt uns daraus an. Er gehört zu den Nicht-Vielen, an denen man sich ermutigen darf, und wenn ich im Streit mit den Verurteilern unserer Zeit aufgefordert werde, Namen zu nennen und den Beweis zu führen für meine günstigere Meinung, so nenne ich auch Wilhelm Gentz und freue mich der Landsmannschaft und daß ich Wand an Wand mit ihm geboren wurde.

*

Diese biographische Skizze wurde 1889 auf 1890 geschrieben. W. Gentz war damals siebenundsechzig Jahre und seine feste und erprobte Gesundheit schien ihm noch eine Reihe von Jahren zu versprechen. Es war aber anders beschlossen. Genau um die vorgenannte Zeit (Winter 1889 und 1890) begab er sich mit Frau und Sohn nach Tunis und Tripolis, wo er sich, mit jugendlichem Feuereifer, rastloser und angestrengtester Tätigkeit hingab. Diese rastlose Tätigkeit und mehr noch der plötzliche Wechsel von Sonnenglut und Kälte, legten den Keim zu einem quälenden Leiden. Mit rührender Geduld ertrug er die Beschwerden der Heimfahrt, ohne mit einem Wort zu klagen. Als Sterbender traf er wieder in Berlin ein und entschlief am 23. August 1890.

12

»Civibus aevi futuri«

> Es trägt Verstand und rechter Sinn
> Mit wenig Kunst sich selber vor.
>
> *Faust*

> Stoß deinen Scheit drei Spannen in den Sand,
> Gesteine siehst du aus dem Schnitte ragen,
> Es ist, als habe hier, am Torfmoor hin,
> Natur die Trödelbude aufgeschlagen.
>
> *Annette von Droste-Hülshoff*

Unter den wenigstens durch Ausdehnung hervorragenden Gebäuden der Stadt nimmt das Gymnasium den ersten Rang ein. Es wurde nach dem Brande von 1787 auf dem Platzviereck errichtet, auf dem wenigstens drei Kölner Dome hätten stehen können, und empfing die Inschrift, die ich diesem Kapitel vorgesetzt habe: Civibus aevi futuri.

Die Ruppiner lateinische Schule zählt zu den ältesten der Mark und 1865 konnte bereits das fünfhundertjährige Bestehen dieser alma mater gefeiert werden. Festgedichte von erheblicher Strophenanzahl erschienen, die das Wachsen der Schule von Jahrhundert zu Jahrhundert begleiteten und dem Ruppiner Bürger, insonderheit dem des Reformationszeitalters, das ehrende Zeugnis ausstellten, »daß er durch Beifall, Lob und reiche Spenden die herzudrängenden Jünger des Wissens tatenstark gemacht«

und das Ansehen der Schule durch ganz Brandenburg hin begründet habe:

»Der Schule Ruf hallt durch die ganze Mark.«

So war es im sechzehnten Jahrhundert und so war es auch im neunzehnten noch. Nur die Beschaffenheit des Rufs, »der immer noch durch die Marken hallte«, war inzwischen ein anderer geworden. Wohl war das Gymnasium eine Wissensquelle geblieben, aber was wenigstens in den Tagen meiner eigenen Jugend ihren besonderen Ruf begründete, war doch vorwiegend der Umstand, daß diese Ruppiner Wissensquelle zugleich eine besondere Trostesquelle geworden war. Hier hatte der »Wilde« sein Refugium, hier fühlte der an der bekannten Klippe Gescheiterte wieder Hoffnung und sah das Rettungsboot vom Lande stoßen. Mancher schon dem Untergehen Nahe, hier ist er durch liebevoll zugeworfene Schwimmgürtel sich selbst und dem Staat erhalten geblieben. Und »Gott sei Dank!« so füge ich in meiner Vorliebe für alle diese Anstalten »von der milderen Observanz« hinzu. Sie sind meines Erachtens ein notwendiger Ausgleich für den andern Orts geübten Rigorismus. Denn ich bekämpfe den Satz und werde ihn bis zum letzten Lebenshauche bekämpfen, daß der Normalabiturient oder der durch sieben Examina gegangene Patentpreuße die Blüte der Menschheit repräsentiere. Das Beste, was wir haben, ist ohne diese vorgängigen Proben geleistet worden. Und so seid mir denn gepriesen ihr Schlupflöcher, wo der Nicht-Mustermensch noch Chancen hat, sich glücklich durchwinden zu können!

Die bei Gelegenheit der Jubelfeier von 1865 erschienenen »Annalen« ermöglichen uns einen historischen Überblick über die Schule, den wir aber nicht allzuweit rückwärts ausdehnen. Vor etwa hundert Jahren erlangte sie während des Doppelrektorates von Lieberkühn und Stuve eine Art europäische Berühmtheit. Beide, die zu den Anhängern Basedows zählten, leisteten Bedeutendes in Erweckung eines frischen Geistes in der Jugend und »die mit Vorliebe gepflegte Anthropologie erzeugte eine praktische Diätetik, die viele Schüler selbst in den Häusern ihrer anders denkenden Eltern dazu bestimmte, freiwillig allem Luxus und aller Verwöhnung, so beispielsweise dem Kaffee, dem Bier und Wein zu entsagen. Sie tranken Wasser, schliefen und badeten kalt und gefielen sich in jeglicher Abhärtung des Körpers.«

Aber dies alles war nur Episode. Die Lieberkühn-Stuvesche Herrschaft währte nur wenige Jahre, von 1777–1786; ein Jahr darauf brannten Stadt und Schule nieder und als 1791 unser jetziges »Civibus aevi futuri« aus der Asche erstand, rückten neue Prinzipes und neue Prinzipien in das Gymnasium ein.

Während des ersten Drittels dieses Jahrhunderts regierte Thormeyer, der Schulmonarch, wie er im Buche steht. Ich habe selbst noch bei meinem Eintritt ins Gymnasium ein Cornelius-Nepos-Kapitel unter seinen Augen oder richtiger unter seinen Nüstern übersetzt, und was Thackeray in seinem Vanity fair erzählt, »daß ihm von Zeit zu Zeit immer noch Mr. Birch in seinen Träumen erscheine«, das kann ich auch von meinen Beziehungen zum alten Thormeyer sagen. Er war eine Kolossalfigur mit Löwenkopf und Löwenstimme, lauter Schreckensattribute, die dadurch nicht an Macht verloren, daß man sich schaudernd erzählte, »er sei überhaupt nur von Stendal nach Ruppin versetzt worden, weil er sich an ersterem Ort an seinem Ephorus hart vergriffen habe«. Das Wort »vergriffen« hatte für meine zwölfjährige Knabeneinbildungskraft etwas ganz besonders Schauerliches.

Ich muß bei diesem Manne noch einen Augenblick verweilen, weil sich mir einige »kunsthistorische Bemerkungen« dabei aufdrängen und weil an einer Erscheinung, wie die seinige, der außerordentliche Unterschied zwischen jetzt und damals zutage tritt. Wird alles Gewicht auf das Autoritative gelegt, so haben wir seitdem offenbare Rückschritte gemacht, soll aber andrerseits von gesundem Sinn, von Schönheit und Freiheit die Rede sein, von jener hohen Freiheit, die doch bei allem Lernen und Wissen immer die Hauptsache bleibt und ohne die die ganze Bekanntschaft mit Plato keine Viertelmetze Kirschen wert ist, so haben wir nicht nur Fortschritte gemacht, sondern existiert überhaupt gar keine Verbindung mehr zwischen damals und heute. Thormeyer galt als ein geistreicher Mann. Möglich, daß er es auf seine Weise war, aber diese Weise war derart, daß uns alles, was er sprach oder schrieb, nur wie Bombast oder ein hochgestelzter Gallimathias berührt. Ein paar Beispiele. »Was für positive und negative Beschlüsse ein Schuldirektor zu fassen hat« schreibt er »hängt nicht von ihm und a priori ab – da weder das Dasein Friedrichs des Großen noch dessen Siebenjähriger Krieg sich a priori beweisen läßt – sondern es hängt von dem Besondersten der Zeit und des Ortes ab.« Dieser Satz, der sich durch einen mindestens kühn gewählten Vergleich auszeichnet – denn zwischen der Vorwegbeurteilung eines zwar erst kommenden, aber doch unter allen Umständen einem bereits existierenden Gesetz unterworfenen Falles und dem Vorwegbeweis eines noch erst in der Zukunft ruhenden Menschendaseins, ist ein gewaltiger Unterschied – bietet all seiner Kühnheit unerachtet nur einen Vorgeschmack dessen, was Thormeyer zu leisten imstande war. Voller, gründlicher haben wir ihn in seinen Büchern, beispielsweis in seinem »Erbauungsbuch für studierende Jünglinge«. Darin befindet sich folgende Betrachtung über die Hände. »Die Hände sind an demjenigen Ort befestigt, wo sie alle ihre Geschäfte auf das geschickteste, beste und leichteste verrichten können. Denn hätten sie ihre Stellung hinten erhalten, so könnten ihnen, bei der übrigen jetzigen Beschaffenheit des Leibes, die Augen nicht zustatten kommen, befände sich aber die eine Hand hinten und die andere vorn, so könnten sie einander nicht Hilfe leisten.«

So Thormeyer. Welche »Erbauung« muß dem dürstenden Jüngling aus diesem Erbauungsbuche geflossen sein! Zu dem Behufe versenkte man sich in Anthropologie und Psychologie, das waren die Früchte, die am Baume höherer Erkenntnis wuchsen. Entsprechend dem allen war der Grad sittlicher Freiheit und stolzer Unabhängigkeit im Leben des Mannes selbst. Ein Donnerer in den Klassen, erwies er sich als »devotest, ersterbend« jeder vorgesetzten Behörde gegenüber, diese mochte sein was und wie sie wollte.

Thormeyer schied 1834 aus. Mit diesem Ausscheiden begannen andere bessere Zustände. Was am Ideal noch fehlen mochte, war zum Teil die Nachwirkung voraufgegangener Zeiten. Starke kam, von dem am Jubelfeste 1865 einer seiner Schüler, Geheimer Rat von Quast, sagen durfte: »Nie hat ein anderer Lehrer, auch der berühmtesten keiner, ähnlich ergreifend und bestimmend auf mich eingewirkt.« Dann folgte W. Schwartz, ein Mann von seltener organisatorischer Kraft, eine Autorität auf dem Gebiete märkischer Sage und Geschichte, dessen segensreichem Wirken die Anstalt unter anderm die Aufstellung und Zugänglichmachung eines ihrer größten Schätze verdankt.

Dieser Schatz ist: Das Zietenmuseum.

Das Zietenmuseum entstand aus einer reichhaltigen Sammlung naturhistorischer, ethnographischer, namentlich aber vaterländischer Altertümer, die, vom verstorbenen Grafen Zieten auf Wustrau begonnen, schon Anfang der fünfziger Jahre, nach testamentlicher Verfügung, an das Ruppiner Gymnasium übergegangen war. Die Verhältnisse gestatteten nicht gleich eine paßliche Aufstellung. Erst bei Gelegenheit der fünfhundertjährigen Jubelfeier ermöglichte sich dies, und zwar in der Aula des Gymnasiums.

Dem Stifter zu Ehren erhielt das Ganze den mehr erwähnten Namen: Zietenmuseum. Eben dieses, inzwischen durch mannigfache Schenkungen bereichert, gliedert sich jetzt in drei Abteilungen, in: 1. eine Bildergalerie, 2. ein ethnographisches und Naturalienkabinett und 3. eine Kollektion vaterländischer Altertümer. Über die zweite Abteilung geh' ich hinweg. Nur über 1 und 3 einige Worte.

Die Porträtgalerie umfaßt die Bildnisse berühmter Männer aus Stadt und Land Ruppin, und zwar: des alten Zieten (Geschenk des Grafen von Zieten-Schwerin auf Wustrau), des Feldmarschalls von dem Knesebeck (Geschenk seines Sohnes, des Majors von dem Knesebeck auf Karwe), des Generalleutnants von Günther (Geschenk der Familie Ebel), des Generals von Wahlen-Jürgaß (Geschenk seines Großneffen, des Herrn Adalbert von Rohr), und endlich des berühmtesten Sohnes der Stadt, Karl Friedrich Schinkels.

Die drei ersten, Zieten, Knesebeck, Günther, sind Brustbilder in Öl, lebensgroß; Wahlen-Jürgaß eine höchst vorzüglich in Blei und schwarzer Tusche ausgeführte Zeichnung; Schinkel ist Büste. Bei jeder Versammlung in der Aula sieht sich der Schüler von den Bildnissen derer umgeben, denen er nacheifern soll in Treue und Mut, in Wahrheit und Schönheit. Daß diese Vorbilder nicht bloß Vorbilder überhaupt, sondern zugleich auch speziellste Heimatsgenossen sind, steigert den Sporn, den sie geben und dadurch ihren Wert und ihre Bedeutung.*

Die Sammlung vaterländischer Altertümer, in Schränken und Glaskästen aufbewahrt, umfaßt etwa zweihundert Nummern, wovon hundert auf das Stein- und hundert andere auf das Bronzezeitalter kommen.

Was die erstere Hälfte, also die dem Steinzeitalter zugehörigen Gegenstände angeht, so scheint mir die Bedeutung derselben nur eine durchschnittliche zu sein. Eine Ausnahme machen wohl nur diejenigen Nummern – sechs an der Zahl – die unfertig gebliebene Waffen und Geräte, sämtlich aus Feuerstein, aufweisen. Irgendeine Störung hinderte den Werkmeister an der Vollendung dieser Dinge, die nun insoweit zu den allerinteressantesten Funden zählen, als sie uns in die Technik einweihen, die vor anderthalb Jahrtausenden oder länger geübt wurde.

---

* Gegenüber den Bildnissen der Generale befinden sich die Porträts der drei letzten Direktoren: Thormeyer, Starke, Schwartz.

Die hundert Nummern aus dem Bronzezeitalter enthalten außer Dutzenden von Framen und Paalstäben, von Harpunen und Lanzenspitzen, einige Unika oder fast Unika, von denen zwei ein besonderes Interesse der Forscher in Anspruch genommen haben: 1. der sogenannte »Kommandostab« und 2. der dreirädrige Thors- oder Odinswagen.

Der »Kommandostab« – den ich übrigens immer noch nicht absolut abgeneigt bin für die Streitaxt eines Häuptlings zu halten, wennschon er sich zu der gleichnamigen Waffe des Mittelalters wie ein Galanteriedegen zu einem Ritterschwerte verhält – ward 1848 auf der Feldmark von Trieplatz gefunden.* Er hat etwa die Länge eines Armes, besteht aus purer Bronze und setzt sich aus Stiel, Beil und sechs kurzen Stacheln zusammen, von denen je drei zu Seiten der Beilwandung stehen. Es ist eine Waffe von solcher Schönheit, dabei zugleich von solcher Intaktheit und Frische der Erscheinung, daß man sie für eine drei oder höchstens fünf Jahrzehnte alte, eben erst vom feinsten Rost überflogene Arbeit eines modernen Meisters halten könnte.

Die Bedeutung dieses Stückes, das in verwandten Exemplaren vorkommen soll, liegt zumeist in seiner Schönheit. Anders aber verhält es sich mit dem zweiten Prachtstück der Sammlung, mit dem Odinswagen. Er galt jahrzehntelang für ein Unikum und

* Herr von Rohr auf Trieplatz, der herrschenden Ansicht sich anschließend, daß dieser »Kommandostab« keine Waffe gewesen sei, schreibt mir darüber, wie zugleich auch über die Art der Auffindung, das Folgende: Die Talränder der Dosse treten an mehreren Stellen bedeutend zurück, wodurch Niederungen, Brüche gebildet werden. Diese, früher mit Espen, Elsen und Gestrüpp dicht bewachsen, dienten in Kriegszeiten als Schlupfwinkel. In den vierziger Jahren, nachdem ich zehn Jahre vorher das Gut übernommen hatte, begann ich damit, in dieser Niederung nach Torf graben zu lassen. Bei dieser Gelegenheit fanden meine Arbeiter, 6 bis 8 Fuß tief, im schönsten Torf, zwei bronzene Streitäxte, zwei Armspangen von demselben Metall, 10 bis 20 Ellen Kupferdraht, vermoderte Baumstämme und Geweihe. Nach der Tiefe der Lage in dem vollkommen reinen Torf zu schließen, müssen diese Gegenstände viele Jahrhunderte lang an dieser Stelle gelegen haben. Es scheint mir klar, daß die Streitäxte oder »Kommandostäbe«, wie man sie jetzt nennt, keine Waffen waren; ihre relative Gebrechlichkeit spricht dagegen. Sie wurden vielleicht von den Liktoren mit den Rutenbündeln den Kohorten vorgetragen, oder wie jetzt von den Führern als Feldmarschallsstab gebraucht. Den römischen Ursprung halte ich für unzweifelhaft und die Auffindung hier spricht nicht dagegen. Die Römer selbst haben sie hier freilich nicht hergebracht, aber die Deutschen, entweder als Beute oder (zurückkehrend aus römischem Kriegsdienst) als Auszeichnung für das von ihnen Geleistete. Im Berliner Museum befinden sich noch einige solcher Kommandostäbe.

unter gewissen Einschränkungen, die ich in Nachstehendem hervorheben werde, ist er es auch geblieben.

Dieser bronzene Wagen wurde 1848 beim Frankfurt-Drossener Chausseebau ausgegraben und kam durch Kauf an den damals noch lebenden Grafen Zieten in Wustrau. Der Wagen 9 Zoll lang und $4^{1}/_{2}$ Zoll hoch, besteht aus drei auf einer und derselben Achse gehenden Rädern und einer gabelförmigen Deichsel. Die Räder haben vier Speichen; die Deichselgabel, nach innen gekehrt, ruht auf der Achse des Wagens, der, wie ein moderner Perambulator, ein Stoßwagen ist. Man könnte ihn auch, nur um die Gattung zu charakterisieren, mit einem dreirädrigen Schubkarren oder mit einem Pfluge vergleichen, der statt von Pferden gezogen, lediglich durch die Kraft eines starken Pflügers geschoben wird. Form etwa so:

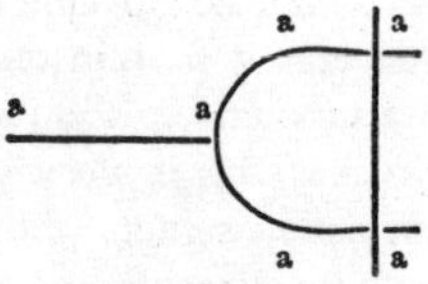

Was nun diesem ohnehin interessanten Gegenstande noch eine besondere Bedeutung leiht, das sind die sechs Vögel, die auf Deichsel und Deichselgabe sitzen, und zwar auf den von mir mit a bezeichneten Stellen. Verschiedene gelehrte Kenner auf dem Gebiete germanischer Altertumskunde: Jakob Grimm, Lisch, W. Schwartz, Kirchner, Rosenberg, haben festzustellen gesucht, erst welcher Art diese Vögel seien, dann welche Bedeutung sie haben möchten – sind aber weder vor sich selbst zu einer Gewißheit, noch unter einander zu einer Einigung gelangt. Jakob Grimm, in seiner Zuschrift an die Mecklenburgischen Jahrbücher, bezeichnet sie in erster Reihe als Gänse, in zweiter als Schwäne; Lisch hebt hervor, daß es möglicherweise Raben oder aber Nachbildungen jener kleinen in Dänemark und Island vorkommenden Wasservögel seien, die dort den Namen Odens fugl, Odinsvögel, führen. Ich meine, es können nur Gänse sein. Noch größer freilich ist die Ähnlichkeit mit jenen wilden Enten, die so oft in Scharen die nordischen Gewässer bedecken.

Der Wagen selbst, darin ist den betreffenden Auslassungen zuzustimmen, kann unmöglich einem technischen Zwecke gedient haben. Kirchner vermutet in ihm einen Wagen Thors, der, bei dem Kultus dieses Gottes, in Priesterhand seine Verwendung fand; Lisch bezeichnet ihn als ein Symbol, beziehungsweise als ein Attribut Wodans oder Odins. Er hebt dabei hervor: »Wir lesen nicht nur von den Wanderungen Odins, sondern auch von seinem Wagen, seinem Weg und Geleit.«

Diese Mitteilungen mögen hier genügen. Was indessen auch die Meinung dieses Attributes gewesen sein möge, der Wagen selbst, der wenigstens in dieser Ausrüstung einzig dasteht,* ist nicht nur ein Schatz der Ruppiner Sammlung, sondern macht auch diese selbst wieder zu einem von der Wissenschaft zu beachtenden Gegenstande.

Das Hauptgewicht freilich ist auf die Bedeutung zu legen, die die Schule selbst, als geistiger Mittelpunkt einer ganz bestimmten Lokalität, aus dieser Sammlung gewinnt. Ebenso wie bei der oben geschilderten Porträtgalerie, liegt auch hier, in dieser Kollektion von Altertümern, etwas Anregendes darin, daß alles Beste, was die Sammlung bietet, entweder in dem immerhin engen Kreise der heimatlichen Provinz oder sogar in dem allerengsten der Grafschaft selbst gefunden ist. Eine Streitaxt, wie die vorstehend geschilderte, ist allerorten interessant, aber sie ist es doppelt und dreifach, wenn sie auf dem Acker meines Gutsnachbarn ausgegraben wurde. Genau dies ist es, was die sonst tote Landschaft, den Elsengrund und das Torfmoor belebt, und auch in den ödesten Heidestrich eine Welt voll Leben zaubert.

Es braucht kaum versichert zu werden, daß sich Torf und Sand nicht darauf kapriziert haben, eine Aufbewahrungsstätte für Raritäten aus den Zeiten Odins zu sein. Auch Späteres ist in diesen Torfboden versenkt worden und auch von diesem Späteren birgt die Ruppiner Sammlung einiges von Interesse. Nur zweier dieser Gegenstände sei hier erwähnt: eines Hakens (zum

---

* Es existiert noch (siehe den 16. Band der Mecklenburgischen Jahrbücher) ein ähnlicher, im Jahre 1843 zu Peckatel bei Schwerin und zwar in einem Kegelgrabe gefundener, ebenfalls aus Bronze gegossener Wagen. Dieser Wagen hat indessen zweimal zwei Räder und einen derartig geformten Langbaum zwischen den zwei Achsen der Vorder- und Hinterräder, daß man sieht, die Bestimmung des Wagens ging dahin, irgend etwas, vielleicht eine Bronzevase, zu tragen. Man darf also den im Zietenmuseum befindlichen Wagen insoweit als ein Unikum ansehen, als er sich von dem in Peckatel gefundenen, nach Form und vielleicht auch nach seiner Bestimmung unterscheidet. - Ein dritter, bei Waren in Mecklenburg ausgegrabener Bronzewagen, ist wieder verlorengegangen.

Ziehen der Ackerfurche) von Eichenholz, und einer eisernen sogenannten Götz-Hand.

Der Haken von Eichenholz, 4 Fuß 5 Zoll lang, wurde bei Entwässerung eines drei Morgen großen Pfuhls in der Nähe des Dorfes Dabergotz gefunden. Der Boden bestand oben aus einer 3 bis 5 Fuß tiefen Torflage, dann Ton, dann Humus, dann Kalk, dann Kiesgrund. Zwischen der Kalk- und Kieslage, im ganzen etwa 10 Fuß tief unter der Oberfläche, ward im November 1822 der Haken gefunden, einige Wochen später auch das noch fehlende Stück, das seinerzeit augenscheinlich die Stelle des Hakeneisens vertreten hatte, da es sich schaufelförmig und aus härterem Holze gearbeitet erwies. Welcher Zeit dieses primitive Ackergerät angehört, dürfte schwer festzustellen sein.*

Die Götz-Hand ist wohl mindestens ein halbes Jahrtausend jünger. Sie ward im Februar 1836 bei der Schiffbarmachung des Rhins, innerhalb der Stadt Alt-Ruppin, dicht neben der langen Brücke gefunden. Diese eiserne Hand ist zum Festschnallen am linken Arm eingerichtet und hat, der Maschinerie nach, wahrscheinlich zur Führung des Zügels mit der Linken gedient. Der Rost hat an einzelnen Stellen das Innere offen gelegt und man sieht mit Hilfe dieser Öffnungen die kleinen Räder des Mechanismus, der sich in seiner Gesamtheit gut genug erhalten hat, um auch jetzt noch die gekrümmten und beweglichen Finger in jede beliebige Stellung bringen und in dieser fixieren zu können. Dies wird durch Schieben an einer Daumplatte und mittelst zweier Knöpfe an der Handwurzel bewirkt.

Der letzte Gegenstand, über den ich berichten möchte, hängt verstaubt und verspinnwebt an einer Fensterwand und hat ebenso wenig gemein mit dem Bronzewagen Odins, wie mit der eisernen Hand irgendeines märkischen Götz. Es ist dies eine Rokokoschöpfung und zwar ein etwa 8 zu 4 Zoll großer Kupferstich, der folgende langatmige Unterschrift führt: »Berlins Menschenliebe kommt Ruppin in der Asche liegend zu Hilfe; – die Hoff-

---

* Ein Aufsatz in den »Märkischen Forschungen« bezeichnet diesen Haken als uralt. Die Tiefe, darin er gefunden wurde, sowie drei steinere Streitäxte, die neben ihm lagen, scheinen ihn allerdings bis in eine früheste Zeit zurückzudatieren, dennoch unterhalte ich Zweifel dagegen und möchte ihn nicht früher setzen als die späte Wendenzeit. Ein neuerdings erschienenes Buch: Andree, Wendische Wanderstudien, Stuttgart 1874, bestärkt mich in dieser Annahme. Es heißt darin S. 147: »Der Deutsche arbeitete mit einem schweren Pfluge, der Slawe mit einem leichten Haken.«

nung zeigt ihr Den, der es wieder erheben wird, Engel des Himmels freuen sich dieser Wohlthaten. Den abgebrannten Ruppinern gewidmet von D. Chodowiecki.«

Eigentümlich wie diese Unterschrift ist das ganze Blatt. Die abgebrannte Ruppina liegt am Boden, der extravaganten Fülle ihrer Formen nach so unterstützungsbedürftig wie nur möglich. Nichtsdestoweniger erscheint Berolina, angetan mit Lorbeer und Mauerkrone, um der wohlkonservierten aber nackten Schwester ihr Gabenfüllhorn entgegenzutragen. Es scheint jedoch, daß jene (Berolina) beim Anblick der Schwester wieder schwankt und erst auf das Erscheinen der Menschenliebe wartet, die denn auch schließlich, halb zuredend, halb tatsächlich drängend, die Zögernde weiter vorwärtsschiebt. Diese drei Figuren bilden die eine Gruppe, neben welche sich, gut miteinander verbunden, eine zweite Gruppe stellt. Die zwischen Wolken ruhende Hoffnung (in Wahrheit eine Pompadour, die sich auf Polstern streckt) zeigt auf die Porträtbüste Friedrich Wilhelms II., Palmen wachsen rätselhaft dazwischen und zu Häupten schweben Engel, die, jeder Askese los und ledig, in nächster verwandtschaftlicher Beziehung zu Amor und Amoretten stehen.

Ein wunderliches Blatt: sinnreich, amüsant und von guter Technik, vor allem auch (was ich nicht gering anschlage) kühn und naiv zugleich. Im ganzen aber, trotz dieser und anderer Vorzüge, wenig erquicklich, mehr Karikatur als Kunst, und interessant allein in seiner Verschmelzung von Genie und Philistrosität, von künstlerischer Freiheit und politischer Befangenheit.

Chodowiecki gilt als ein Meister ersten Ranges, und das Rokoko, das er vertritt, tritt eben jetzt wieder in die Mode. Gut; ich unterwerfe mich den Tatsachen, den Konsequenzen einer natürlichen Entwicklung. Und doch wäre es hart, wenn es hundert Jahre nach Schinkel wieder dahin käme, daß die Berolina (die »Menschenliebe« wie eine Stoßlokomotive hinter sich) der nackt in Asche daliegenden Ruppina das Füllhorn ihrer Gnaden in Gestalt einer Pfefferkuchentüte darbringen und dabei der künstlerischen Zustimmung des Zeitalters sicher sein dürfte.

13

Am Wall

> Hier ist all mein Erdenleid
> Wie ein trüber Duft zerflossen;
> Süße Todesmüdigkeit
> Hält die Seele hier umschlossen.
>
> *Lenau*

Um die Stadt her, zwischen dem Rheinsberger und dem Tempeltor, zieht sich der mehrgenannte »Wall«, ein Überrest mittelalterlicher Befestigungen, jetzt eine mit alten Eichen und jungem Nachwuchs dicht bestandene Promenade der Ruppiner.

Die Septembersonne tut ihr Bestes. Aber das Laub ist doch noch dicht genug, ihr den Zutritt zu wehren; ein Dämmer liegt auf den Steigen und nur nach rechts hin, zwischen den Stämmen hindurch, blitzt es und flimmert es um einen ummauerten Park, dessen eine Seite bis an die Böschung des Walles tritt.

Es lockt uns aus dem Dunkel ins Helle, die Parkpforte steht weit auf und an der sonnigsten Stelle Platz nehmend, saug' ich das Licht ein, um das Frösteln loszuwerden, das mich auf der schattigen Wallpromenade beschlichen.

Entzückend Bild! Aus dem Rasengrunde vor mir wachsen allerlei Hagebuttensträucher auf, kahl und windzerfahren. In diesem friedlichen Augenblick aber hängen die roten Früchte still am Gezweig, und zwischen den Ästen spannen sich Spinneweben aus und schillern in allen Farben des Regenbogens. Hinter dem Buschwerk eine Mauer und hinter der Mauer Gemüsegärten mit Dill und Dolden in langen Reihen, und dann Stoppelfelder weit, weit, und am Horizont ein duftiges Blau und in dem Blau der schwarze Schindelturm einer Dorfkirche.

Der Blick schweift darüber hin, aber immer wieder kehrt er bis in die nächste Nähe zurück und weilt auf einem Rasenteppich, der sich in Falten legt, als wären hier Beete gewesen, Beete, die neuerdings der gleichmachende Rasen unter seine Hand genommen. Hier und da eine Zypresse, halb verwildert, halb eingegangen, und daneben ein Stein, der aus dem Grase eine Hand hoch aufragt. Und nicht der Zufall warf ihn hierher. Erst kaum erkennbar in dem Moose, das ihn umkleidet, erkenn' ich jetzt seine scharf behauene Kante. Die sagt, was es ist.

Und wäre noch ein Zweifel, die seitab gelegene zweite Hälfte des Parkes würde mir Gewißheit geben. Unter den Bäumen hin und nur halb in ihrem Blätterschatten geborgen, erheben sich die Wahrzeichen solcher Stätten: Urnen und Aschenkrüge, Gitter und Grüfte, zerbrochene Säulen und rostige Kreuze. Und an den Kreuzen nur zweierlei noch sichtbar: ein Schmetterling und die gesenkte Fackel. Halb erblindet beides. Aber die sich neigende Sonne goldet es wieder auf.

Ein Sonntag ist's, und über die Feldwege hin ziehen geputzte Menschen; die Kinder verlaufen sich in den Stoppelacker, um die letzten Blumen zu pflücken, und von rechts her, wo ein Gasthaus unter Linden steht, klingen heitere Klänge herüber. Musik! Und siehe da, die Kinder auf dem Acker hören mit Blumenpflücken auf und beginnen sich im Ringelreihen zu drehen. Die Sonne glüht noch einmal auf, Sommerfäden ziehen, und ein gelbes Platanenblatt fällt leis und langsam vor mich nieder.

Wie still, wie schön!

Du »Park am Wall«, welche beneidenswerte Stätte darauf zu ruhen!

DIE RUPPINER GARNISON

REGIMENT PRINZ FERDINAND NR. 34
1742–1806

Unüberwundnes Heer,
O Heer, bereit zum Siegen oder Sterben.
Ewald von Kleist

Bei Jena, da hatte der Preuße verspielt,
Die Franzosen hatten wie Teufels gezielt
Und viel preußisch Blut war geflossen.
George Hesekiel

Die Gründung des Regiments
Uniformierung, Kanton und Garnison

Unmittelbar nach seiner Thronbesteigung ging Friedrich II. an die Umgestaltung, beziehungsweise Neubildung von Regimentern. Bei dieser Gelegenheit entstand aus dem 2. Bataillon des Ruppiner Regiments »Kronprinz« Nr. 15 das Regiment Nr. 34. Der König verlieh es (1742) seinem jüngsten Bruder Ferdinand und gab ihm dementsprechend den Namen: Regiment Prinz Ferdinand. Es führte denselben vierundsechzig Jahre lang bis zur Auflösung der Armee. Die Offiziere, die ihm bei seiner Errichtung zugewiesen wurden, hatten bis dahin teils dem Regimente Nr. 15, teils dem Regimente Nr. 6 angehört. Regiment Nr. 6 waren die berühmten »großen Blauen«, das Potsdamsche Riesenregiment Friedrich Wilhelms I.

Wie das Regiment unmittelbar nach seiner Errichtung beschaffen war, darüber fehlen alle sicheren Notizen. Die Taten des Regiments Prinz Ferdinand sind aufgezeichnet worden, aber weder über Zahl und Zusammensetzung, noch über Uniformierung und Kommando desselben existieren bis zum Jahre 1785 bestimmte und spezielle Angaben.

Erst in der Stammliste des eben genannten Jahres heißt es: Regiment Prinz Ferdinand hat ponceaurote offene Aufschläge, Kragen und Klappen, zitronengelbe Unterkleider (Hose und Weste). Die Offiziere haben Aufschläge, Kragen und Klappen von feinem Plüsch, eine breite gebogene Tresse um den Hut und Achselbänder. Die Grenadiermützen sind oben blau und haben unten weißes Blech.*

* Die Fahne des Regiments war blau mit dem weißen Johanniterkreuz, weißem Mittelschilde und blauem Legendenbande. Die Legende selbst, wie auf allen Friderizianischen Fahnen: pro gloria et patria. Das Johanniterkreuz in der Fahne des Regiments hatte darin seinen Grund, daß Prinz Ferdinand seit 1762 Herrenmeister des Johanniterordens war. Bis dahin führte das Regiment Markgraf Karl Nr. 19 das Johanniterkreuz in der Fahne.

Dementsprechend also war die Erscheinung des Regiments in den letzten Lebensjahren Friedrichs des Großen. Unter seinem Nachfolger wurde die Uniform geändert, ob dies aber unmittelbar nach dem Thronwechsel oder erst nach der Rückkehr aus der Rheinkampagne (1795) geschah, ist nicht mit Bestimmtheit festzustellen gewesen. Im letzten Lebensjahre Friedrich Wilhelms II. war laut Stammliste von 1797 die Uniform des Regiments die folgende: ponceaurote Aufklappen, blaue Aufschläge und Kragen. Die Offiziere haben unter den Klappen drei, auf der Tasche drei und auf dem Aufschlage drei schmale gestickte silberne Knopflöcher; hinten einen gestickten kleinen Triangel und um den Hut eine schmale silberne Tresse, mit einer großen silbernen Agraffe und schwarzer Kokarde. In das »Triangel«-Abzeichen ließe sich allerhand hineingeheimnissen; aber ich verzichte darauf.

Sechs Jahre später, unter Friedrich Wilhelm III., begegnen wir abermals einer Änderung. »Regiment Prinz Ferdinand – so heißt es in der Stammliste von 1803 – hat ponceaurote Kragen, Klappen und Aufschläge. Die Offizieruniform ist mit achtzehn verschlungenen silbernen Schleifen mit losen Puscheln (wie beim Regiment Nr. 10) besetzt; um den Hut eine schmale silberne Tresse. Die Gemeinen haben auf dem Rock sechs weiße wollene Bandschleifen, wovon zwei unter den Klappen und zwei hinten stehen.«

Dies wird genügen, um zu zeigen, daß die sogenannte »alte Armee« wie in ihrem Wert so auch in ihrer Erscheinung keineswegs immer dieselbe war. Das, was 1740 entstand und 1806 begraben wurde, war inzwischen durch viele Phasen gegangen und stellte nicht ein Bild, sondern viele Bilder dar.

Auch die Kanton- und Garnisonsverhältnisse des Regiments blieben im Laufe der Zeit nicht genau dieselben.

Was zunächst den Rekrutierungsbezirk (Kanton) angeht, so heißt es in der Stammliste von 1785: »Das Regiment Prinz Ferdinand hat seinen Kanton im Ruppinschen Kreise und in einem Theile der Priegnitz, dazu in den Städten Ruppin, Nauen, Lindow und Rheinsberg.« Achtzehn Jahre später haben sich diese Dinge geändert, der Bezirk hat sich erweitert und wir finden in der Stammliste von 1803: »Regiment Prinz Ferdinand hat seinen Kanton in Theilen des Ruppinschen und Uckermärkischen Kreises, dazu in einem Theile der Priegnitz. Es gehören ihm zu: dreihundertsechsundsechzig Dörfer, sowie die Städte Alt- und Neu-Ruppin, Lindow, Nauen, Rheinsberg, Lychen, Neustadt a. D., Freienstein, Wilsnack und Templin.«

Sein Hauptgarnisonsort war immer Ruppin, doch scheinen zeitweilig auch in anderen Städten kleine Kommandos gelegen zu haben. 1803 standen die beiden Musketierbataillone in Ruppin, die beiden Grenadierkompanien in Templin und das 3. Bataillon in Nauen.

Wir gehen nun zur Aufzählung der Aktionen über, an denen das Regiment teilnahm.

Das Regiment Prinz Ferdinand

während des Siebenjährigen Krieges

Die voraufgehenden beiden Schlesischen Kriege gaben dem Regimente nur zweimal Gelegenheit, sich zu bewähren; es focht bei Chotusitz (Časlau) am 17. Mai 1742 und bei Kesselsdorf am 15. Dezember 1745. Weitere Details werden nicht berichtet.

Auch die Nachrichten über die Beteiligung des Regiments an den Schlachten des Siebenjährigen Krieges fließen nicht reichlich.

1756 waren die Grenadiere mit bei Lobositz (1. Oktober); die Musketierbataillone befanden sich unter den Truppen, die zur Einschließung des Lagers bei Pirna zurückgeblieben waren. Hier blieben sie bis zur Kapitulation der Sachsen am 15. Oktober.

1757, im Mai und Juni, lag das Regiment vor Prag, an der Belagerung der Festung teilnehmend. Am 7. September fochten die Grenadiere bei Moys (wo Winterfeldt fiel), die Musketiere in der Schlacht bei Breslau am 22. November. Bei Leuthen, 5. Dezember, war das ganze Regiment.

1758 teilten sich die Bataillone; das eine war bei der Belagerung von Olmütz, das andere gehörte mit zur Bedeckung des großen Munitionstransportes für die Belagerer. Dieser Teil des Regiments wurde bei Domstädtel angegriffen, verteidigte sich aber mit so viel Bravour, daß ein Teil der Wagen gerettet wurde.

1759 wird das Regiment nicht genannt. Es scheint also ebensowenig wie bei Zorndorf und Roßbach (1758) so auch bei Kunersdorf nicht mit engagiert gewesen zu sein.

1760 ist das Glanzjahr des Regiments. Die Grenadiere wurden bei Landshut, 23. Juni, unter Fouqué nahezu aufgerieben, der Rest in Gefangenschaft geschleppt; die Musketiere fochten am 15. August in der Schlacht bei Liegnitz und scheinen, neben dem Regiment Anhalt-Bernburg, den Hauptanteil am Siege gehabt zu haben. Der König verlieh allen Kapitänen den pour le mérite, dazu ein Geschenk von hundert Friedrichsd'or. Namentlich dies letztere, bei den damaligen Kassenzuständen, deutet darauf hin, daß es dem Regiment an diesem Tage gelungen sein mußte, sich die Zufriedenheit des Kriegsherrn in einem besonders hohen Grade zu erringen. Andererseits (auch das mag Erwähnung finden) werden nicht viele in der Lage gewesen sein, von dieser besonderen Huld des Königs Nutzen zu ziehen, denn es heißt in aller Kürze: »Die Musketier-Bataillone waren beinah völlig ruiniert worden.«

Die Schlacht bei Liegnitz war die einzige, die dem Regimente zu besonders ruhmreicher Betätigung Gelegenheit gab. Es mag deshalb gestattet sein, bei dieser überhaupt glänzenden und zugleich poetisch-eigentümlichen Aktion einen Augenblick zu verweilen und eine kurze Schilderung derselben zu geben.

»Es war eine ungemein schöne Sommernacht. Der gestirnte Himmel hatte kein Wölkchen und kein Lüftchen wehte. Niemand schlief. Die Soldaten hatten sich zwar mit ihrem Gewehre im Arm gelagert, allein sie waren munter, und da sie nicht singen durften, so unterhielten sie sich mit Erzählungen. Die Offiziere gingen spazieren, und die Generale ritten umher, um alles Nötige zu beobachten. Was den König angeht, so hat Gleim die Situation gegeben:

Auf einer Trommel saß der Held
Und dachte seiner Schlacht,
Den Himmel über sich zum Zelt,
Und um sich her die Nacht.

Es fing an zu dämmern, als sich Laudon näherte, der mit seiner 30 000 Mann starken Armee den linken Flügel der Preußen im Lager angreifen wollte. Bald aber wurde er mit Erstaunen gewahr, daß er die ganze Armee des Königs vor sich habe, dessen zweites Treffen auch sogleich auf ihn losfiel, und ihn von einer in der Nacht aufgeführten Batterie her begrüßte. Das erste Treffen hatte Friedrich zur Beobachtung Dauns bestimmt, der seinem rechten Flügel gegenüberstand. Laudon, auf die Unterstützung seines Oberfeldherrn rechnend, wich dem Kampfe nicht aus, sondern bot den Preußen die Spitze und überließ den Ausgang der Tapferkeit seiner Truppen und dem ihn so oft begleitenden Glück. Er ließ seine Kavallerie vorbrechen, sah aber, daß diese zurückgeworfen und in die Moräste getrieben wurde. Nun erst ging unsere Infanterie vor und schlug nach einem hartnäckigen Kampfe (an dem die Regimenter Prinz Ferdinand und Anhalt-Bernburg in erster Reihe teilgenommen zu haben scheinen) die österreichische Infanterie aus dem Felde. Die letztere machte noch den Versuch, mit einer ganzen Kolonne durch das vor der preußischen Front gelegene Dorf Panthen zu rücken, allein die Unseren steckten es durch Haubitzgranaten in Brand und zwangen den Feind, das Gefecht auf den linken Flügel einzuschränken.

Daun, auf dessen Erscheinen Laudon gerechnet hatte, kam ohne sonderliches Verschulden zu spät, da der Wind so stand, daß der Kanonendonner nicht gleich anfangs gehört wurde, trotzdem die Entfernung nur eine gute halbe Meile betrug.

Laudon, der alles getan und sich persönlich der größten Gefahr ausgesetzt hatte, zog sich nun zurück, und überließ dem Könige das Schlachtfeld. 6000 Österreicher waren gefangen, 4000 tot oder verwundet; dabei waren ihnen 23 Fahnen und 82 Kanonen verlorengegangen. Bei Friedrichs Heere zählte man 1800 Tote und Verwundete, die zu erheblichem Teil auf die beiden genannten Regimenter entfielen.«

Die Auszeichnungen, die dem Regimente Prinz Ferdinand zuteil wurden, habe ich bereits namhaft gemacht. Anders, aber nicht geringer war der Lohn, der dem Regiment Anhalt-Bernburg zufiel. Dieses Regiment hatte sich kurz vorher bei der Belagerung von Dresden (wo es bei einem Ausfall des Feindes zurückgeschlagen worden war) die Ungnade des Königs zugezogen und die gemeinen Soldaten hatten zur Strafe die Seitengewehre, die Unteroffiziere und Offiziere die Huttressen verloren. Dies ward als ein solcher Schimpf empfunden, daß das ganze Regiment entschlossen war, bei nächster Gelegenheit die verlorene Ehre wieder zu erkämpfen oder zugrunde zu gehen. Diese nächste Gelegenheit war: Liegnitz. Der König, dem nichts entging, hatte gesehen, welche Opfer gebracht worden waren. Nach der Blutarbeit ritt er bei dem Regiment vorbei. Die Offiziere schwiegen, vier alte Soldaten aber fielen dem König in den Zügel, umfaßten seine Knie und flehten um die verlorene Gnade. »Ja, Kinder, Ihr sollt sie wieder haben, und alles soll vergessen sein!« Noch am selben Tage erhielten die Soldaten ihr Seitengewehr und die Offiziere ihre Tressen zurück.

Die Schlacht bei Liegnitz hatte nur zwei Stunden gedauert.*

---

* Am hundertjährigen Gedächtnistage der Schlacht bei Liegnitz ist auf einem Höhenzuge in der Nähe des Dorfes Panthen - wie es heißt an eben der Stelle, wo sich der König während der Schlacht aufhielt - eine Erinnerungssäule errichtet worden. Sie ist von Granit, trägt zunächst einen Teller, auf diesem ein Kapitell in Form eines umgestülpten Topfes und auf dem Kapitell einen Adler

Um fünf Uhr früh war alles vorüber. Um neun Uhr marschierte bereits die ganze Armee den Russen unter Tschernitscheff entgegen. Noch am selben Tage wurden drei Meilen zurückgelegt.

Archenholz, dem die vorstehende Schlachtschilderung im wesentlichen entlehnt ist, tut des Regiments Prinz Ferdinand – dessen glänzende und Ausschlag gebende Beteiligung an der Liegnitzer Affäre historisch feststeht – nicht Erwähnung. Überhaupt gehört unser Ruppiner Regiment nicht zu denen, die seitens dieses trefflichen Geschichtsschreibers (dessen Darstellung des Siebenjährigen Krieges ich bei dieser Gelegenheit erneut mit dem allergrößten Interesse gelesen habe) bevorzugt worden sind. Die Regimenter Itzenplitz und Manteuffel, Schwerin und Winterfeldt, Prinz Heinrich und Anhalt-Bernburg, vor allem das Regiment Forcade werden wiederholentlich genannt, auch andere noch, aber dem Regiment Prinz Ferdinand ist nicht eine Zeile gewidmet. Die Billigkeit erheischt hinzuzusetzen, daß mit Ausnahme der Liegnitzer Schlacht die Aktion des Regiments nirgends eine hervorragende gewesen zu sein scheint. 1761 war es noch in Polen und Pommern, namentlich vor Kolberg tätig; 1762 nahm es an der Belagerung von Schweidnitz teil. Dann kam der Frieden. Über das Garnisonsleben, das nun eintrat, spreche ich erst weiter hin, davon ausgehend, daß die Formen dieses Lebens nach der Rheinkampagne nicht wesentlich anders waren, als nach dem Siebenjährigen Kriege.

Das Regiment Prinz Ferdinand

während der Rheinkampagne 1793 und 1794

1792 war das Regiment mit unter den Truppen, die am 19. August 42 000 Mann stark die französische Grenze überschritten und etwa drei Wochen später in die Champagne einrückten. An

von geringer Schönheit. Das Ganze mehr gut gewollt als gut getan. Die Inschrift lautet: »Zur Erinnerung an den 15. August 1760.« Dorf Panthen liegt links in der Tiefe; nach rechts hin ein Wäldchen, das schon in der Schlacht - wiewohl keiner der jetzt darin wachsenden Bäume bis 1760 zurückreicht - eine Rolle gespielt haben soll. In Entfernung einer Meile nach Osten zu zieht sich ein gegenübergelegener, die ganze Gegend beherrschender Höhenzug, auf ihm Schloß und Kirche von Walstatt, letztere ein prächtiger Rokokobau, weithin sichtbar und wie der Point de vue so zugleich auch die Hauptzierde der Umgebung von Liegnitz.

der Spitze des Regiments stand damals Oberst von Koschitzky*, der wahrscheinlich schon aus der Zeit des Siebenjährigen Krieges her dem Regiment angehörte. Wenigstens finde ich in der ältesten, mir bekannt gewordenen Rangliste: »Zustand der preußischen Armee, 1778« von Koschitzky als ältesten Kapitän.

Sehr wahrscheinlich war das Regiment mit bei Valmy (20. September 1792), doch fehlen in den Aufzeichnungen, die mir darüber zugänglich waren, alle bestimmteren Angaben. Erst 1793, während des eigentlichen Rheinfeldzuges, geschieht des Regiments speziell Erwähnung. Es war bei der Kanonade von Ginsheim, später bei der Blockade und Belagerung von Mainz. Die Erstürmung der Zahlbacher Schanze und nach der Übergabe von Mainz die zweimalige Wegnahme des Kettricher Hofes geschah durch das Regiment, welches auch bei der Diversion in die Vogesen die Avantgarde machte. Das 2. Bataillon vertrieb den Feind vom Igelberge bei Lembach.

1794 wurde die Leibkompanie des Regiments »auf dem Sande« von einem weit überlegenen Feinde angegriffen, hielt aber das Feuer desselben mehrere Stunden lang standhaft aus, ohne ihren Posten zu verlassen. Das ganze Regiment war bei dem Angriff auf Lautern und Trippstadt. Ferner war das erste Bataillon bei Johanniskreuz. Es warf den mit überlegener Macht angreifenden Feind und hielt ihn so lange, bis eine allgemeine Retraite erfolgte.

So die spärlichen Aufzeichnungen aus jener Zeit, die wohl nur mit Hilfe von Kriegsministerialakten oder von Briefen und Tagebüchern erweitert werden können. Andere Truppenteile, trotzdem das Regiment Prinz Ferdinand keineswegs zu den »unliterarischen« gehörte, sind nach dieser Seite hin vom Glück begünstigter gewesen. So beispielsweise das Regiment Herzog von Braunschweig in Halberstadt. Aus der Feder Karl Friedrichs von dem Knesebeck (des späteren Feldmarschalls), der, nachdem er anfänglich als Junker im Infanterieregiment von Kalckstein gestanden hatte, dem vorgenannten Regimente Herzog von Braun-

---

* Die Kommandeure des Regiments seit 1778 waren die folgenden: 1778 Oberst von Kalkreuth, 1779 Oberst von Lange, 1784 Oberst von der Marwitz, 1788 Oberstleutnant von Hundt, 1789 Oberstleutnant von Koschitzky. Die beiden folgenden und zugleich letzten Kommandeure waren: von Tschammer und von Bömcken. Wir kommen im Text auf sie zurück. Von anderweiten Offiziersnamen aus dieser Epoche nennen wir: von Kospoth, von Thadden, Graf Schmettau, von Glöden, von Cocceji, von Seydlitz, von Byern, du Rosey, du Trossel, von Clausewitz (der Militärschriftsteller).

schweig angehörte, existieren zahlreiche Briefe, die speziell über die Kriegsereignisse von 1792 bis 1794 die interessantesten Mitteilungen machen, aber Regiment Prinz Ferdinand, unter dessen jüngeren Offizieren sich ein Bruder Karl Friedrichs von dem Knesebeck befand, mußte auf solche Auszeichnungen verzichten. Die Taten, die unberichtet bleiben, sind nicht viel anders wie nicht geschehen.

Das Regiment Prinz Ferdinand

während der Friedensjahre von 1795 bis 1806

1795 kehrte das Regiment vom Rhein in seine alte Garnison zurück. Oberstleutnant von Tschammer, der es nach dem Rücktritte Koschitzkis während des größeren Teils der Kampagne geführt hatte, avancierte zum Obersten und von Glöden, du Rosey, von Seydlitz und von Byern waren um diese Zeit die vier Majore des Regiments. Von Tschammer blieb Kommandeur bis 1800 oder 1801. In diesem Jahre ging das Kommando an Major von Böhmken oder Bömcken (beide Schreibweisen kommen vor) über, der auch, inzwischen zum Obersten avanciert, 1806 das Regiment bei Auerstedt führte.

Die Friedensjahre, die zwischen 1795 und 1806 lagen, scheinen glückliche Jahre gewesen zu sein. Die Stadt wuchs nach dem Brande von 1787 schöner wieder auf und die lichtvollen Straßen und Plätze, die damals im frischen Anstrich ihrer Häuser noch mehr heiter als monoton wirkten, gaben dem ganzen Leben ein freundliches Gepräge. Die glückliche Eigenart der Personen, die an der Spitze der Bürgerschaft wie der Garnison standen, wirkte zu diesem günstigen Resultate mit. Oberst von Tschammer* ge-

* Im Feldzuge von 1806, über den wir weiter hin ausführlicher sprechen, wird sein Name oft erwähnt. Er kommandierte eine Brigade im Rüchelschen Korps, nahm aber, laut Order in Weimar zurückbleibend, an der Schlacht bei Jena nicht teil. Am 21. Oktober, als unsere geschlagene Armee sich in und um Magdeburg gesammelt hatte, wurde General von Tschammer mit Führung einer Division betraut. Diese Division marschierte in der Hohenloheschen Hauptkolonne und bestand aus: Brigade Böhmke: Grenadierbataillone Borcke, Dohna, Losthin, Gaudi, Osten, und aus Brigade Elsner: Grenadierbataillon Hahn, 1. Bat. Arnim, Regiment Hohenlohe, Regiment Braunschweig und Reste des Regiments Winning. Alle diese Truppen, neben anderen (vgl. weiterhin) kapitulierten eine Woche später bei Prenzlau. General von Tschammer hatte bis zuletzt sich Umsicht und Entschlossenheit gewahrt. 1800 oder 1801, bei seiner Ernennung zum General, wurde er Chef des altmärkischen Regiments Nr. 27, Garnison Stendal und Gardelegen, das nun Regiment von Tschammer hieß. Von Tschammer selbst starb 1809 als Kommandant des Berliner Invalidenbataillons.

hörte in die Reihe jener Offiziere der alten Armee, die Pflege des Schönen, Sinn für die Wissenschaften und Eifer für das allgemeine Wohl mit straffer Haltung im Dienst zu verbinden wußten. Er rief eine Garnisonschule ins Leben, gewährte der Stadt bei ihren Anlagen und Verschönerungen mannigfache Hilfe, und war der erste, der in dem damals Tschammerschen jetzt Gentzschen Garten die friderizianischen Erinnerungen zu pflegen begann.

Ein neuer Geist fing an, sich unter dem Einflusse französischer Ideen und Siege zu regen, aber freilich ragte das Alte vielgestaltig in das Neue hinein und während die Stichworte der »Freiheitsära« von Mund zu Mund gingen und Humanität und Toleranz den Inhalt jeder Ressourcenrede bildeten, regierte draußen der Zopf und der Stock unverändert weiter und an nicht wenig Tagen im Jahre tat sich die bekannte Gasse auf und der Delinquent mußte sie durchlaufen. Uns überkommt ein Schauder, wenn wir jetzt die Einzelheiten dieser Vorgänge beschrieben lesen, aber wie Pastor Heydemann in seiner »Geschichte Ruppins« sehr richtig bemerkt: »Die Rücken waren damals härter.« Die Prügelstrafe war allgemein, die Eltern schlugen ihre Kinder, die Lehrer ihre Schüler und wie es beim Nähr- und Lehrstande war, so durfte es ohne viel Aufhebens auch beim Wehrstande sein. Man war an solche Prozeduren gewöhnt und hielt die rauhe Behandlung der Soldaten für ganz in der Ordnung. Ja, die davon Betroffenen sahen es selbst derartig an und versagten ihren Vorgesetzten keineswegs ein gewisses Maß von Zuneigung, wenn sich nur Gerechtigkeit mit der Strenge paarte.

In der Tat, unsere nachträgliche Beurteilung all dieser Dinge trifft nicht voll das Richtige, und um so weniger, wenn wir im Auge behalten, aus welchen Elementen sich die damalige Armee zwar nicht ausschließlich aber doch zu sehr erheblichem Teile zusammensetzte: rohe Gesellen, die nicht eins der zehn Gebote hielten, verlorene Söhne, deren Moral so weit reichte wie ihre Furcht, und Ausländer, die zu allem andern auch noch das Gefühl gesellten: was uns umgibt, sind Fremde oder Feinde.

Ein Vorkommnis, das Heydemann erzählt, ist höchst charakteristisch für die Naturwüchsigkeit damaliger Zustände. Man führte Schäferspiele auf und schrieb Idyllen*, aber man war

---

* Aller Wahrscheinlichkeit nach gehörte das Regiment Prinz Ferdinand um diese Zeit zu den Regimentern von »feinerem Ton und literarischen Allüren«. Dazu wirkte mit, daß ein königlicher Prinz der Chef und ein anderer der

weder nervös noch sentimental. Die Geschichte selbst aber ist die folgende.

Ein Soldat, ein heftiger, leicht aufbrausender Mensch, bewarb sich um die Gunst eines Mädchens, das in der Offizierküche diente. Sie lehnte seine Anträge, die ehrlich gemeint waren, ab. Eines Tages, als sie vom Bäcker gegenüber den für den Offiziertisch bestimmten Braten holte, trat der Soldat mitten auf dem Damm an sie heran und fragte: ob sie noch nicht entschlossen sei, ihn zu heiraten? »Nein.« Im selben Augenblick empfing sie einen Messerstich in den Hals. Sie ließ (auch charakteristisch) den Braten nicht fallen, schritt vielmehr weiter, setzte die Schüssel auf den Tisch und sank dann ohnmächtig zu Boden. Die Wunde war nicht tödlich, aber der Soldat, der sich inzwischen auf der Wache selbst gemeldet hatte, mußte auf Tod und Leben laufen. Er überwand die furchtbare Strafe und diente weiter, während das Mädchen nach Potsdam hin übersiedelte. Eben dahin kam auch der Soldat; ein Zufall fügte es so. Hier nun erneuerten beide ihre Bekanntschaft, Mordversuch und Gassenlaufen waren vergessen und vor dem Altar der Garnisonkirche besiegelten sie den Bund ihrer Herzen.

Die Hauptvorkommnisse des Ruppiner wie jedes damaligen Garnisonslebens waren die Desertionen. Die ganze Bevölkerung, auch die der Nachbardörfer, wurde dabei in Mitleidenschaft gezogen. Ruppin erwies sich für etwaige Fluchtversuche sehr günstig, da mehrere mecklenburgische Gebietsteile derartig eingesprenkelt im Preußischen lagen und noch liegen, daß der Weg bis beispielsweise zur Enklave Netzeband hin kaum zwei Meilen betrug. Netzeband war gleichbedeutend mit Freiheit. In vielen hundert, um nicht zu sagen tausend Herzen hat sich damals alles Denken und Wünschen um die Frage gedreht: werde ich Netzeband erreichen oder nicht? Und alles, was sich nur ersinnen ließ, um das Desertieren unmöglich zu machen, ward infolge davon angewandt. Das Hauptmittel hieß Verheiratung. Der Arm der Frau hielt fester als der Arm des Gesetzes. Aber nicht jeder wollte heiraten. Da galt es denn andere Sicherheitsmaßregeln ausfindig zu machen. Nicht nur durchstreiften Patrouillen die Stadt während der Nacht, sondern auch Unteroffiziere gingen

---

Nachbar des Regiments war. Prinz Ferdinand, wie schon an anderer Stelle hervorgehoben, bewohnte wenigstens zeitweise sein Ruppiner Palais, und Prinz Heinrich zog die Offiziere des Regiments mannigfach in seinen Rheinsberger Kreis. Namentlich das letztere hatte großen Einfluß, denn Prinz Heinrich, wenn's ihm paßte, liberalisierte auch.

von Haus zu Haus und riefen die in Bürgerquartier liegenden Soldaten an, um sich zu überzeugen, daß sie noch da seien Wurde aus diesem oder jenem Grunde dem Anruf nicht geantwortet, so blieb nichts anderes übrig, als den Wirt zu wecken und an die einzelnen Schlafstellen heranzutreten. Erwiesen sich aber all diese Mittel umsonst und war es dem einen oder anderen nichtsdestoweniger gelungen zu entkommen, so ward eine Kanone, die draußen am Wall stand, mehrere Male abgefeuert. Man konnte die Schüsse in Katerbow, einem dicht vor Netzeband gelegenen preußischen Dorfe, hören. Was Friedrich der Große von ganz Preußen gesagt hat, »es müsse immer en vedette sein«, das galt doppelt und dreifach von Katerbow. An Katerbow hing viel. Es war für den Flüchtling, die »letzte Gefahr«, und erst wenn er diese glücklich hinter sich hatte, war er frei. In Ruppin selbst aber ließ man es nicht bei den Alarmschüssen bewenden, die Deserteurglocke auf der Klosterkirche wurde geläutet, und entdeckte man die Stelle, wo der Entronnene über die Mauer gestiegen war, so verfielen die beiden zunächststehenden Schildwachen ebenfalls der Strafe des Gassenlaufens.

Ums Gassenlaufen – fast noch über das Desertieren hinaus – drehte sich ein gut Teil des allgemeinen Interesses. Es gehörte, wie die Hinrichtungen, zu den derberen Volkslustbarkeiten. Das Bedürfnis nach Sensation, das jetzt in »Armadale« oder in dem »Vermischten« unserer Zeitungen seine Nahrung findet, fand damals in den Hergängen des Lebens selbst seine Befriedigung. Es liegen uns ganz minutiöse Schilderungen vor, wie nun die Prozedur eingeleitet und seitens des Profoses die von ihm geschnittenen Ruten – um derentwillen er der »Regiments-Federschneider« hieß – an die in der Gasse stehenden Soldaten verteilt wurden. Aber wir leisten auf Wiedergabe dieser häßlichen Dinge Verzicht und erfreuen uns lieber an humoristischen Zügen, die nicht minder aus den Zeiten jenes militärischen Terrorismus berichtet werden. Aus allen geht hervor, daß man nicht sonderlich eingeschüchtert war und immer noch Muße fand zu Übermut und guter Laune. Selbst zu Wortspielen.

Einer der Soldaten hieß Winter. Es war um die Zeit, wo das Tauwetter begann, und die Eiszapfen schmolzen bereits an den Dächern. Winter, der sich schlüssig gemacht hatte, die nächste Nacht zu entspringen, sah seinen Hauptmann im Fenster liegen, der sich, rauchend, der Märzensonne freute. Winter grüßte hinauf und rief: »Herr Hauptmann, ich glaube der Winter geht ab.« »Das glaub ich auch.« Und am anderen Morgen war Winter fort. Er war über den gefrorenen See nach Wuthenow hin entkommen.

Ein anderer verkleidete sich als Schornsteinfeger. In rußiger Kleidung, eine schwarze Leiter auf der Schulter, den Besen in der Hand, war er glücklich zum Tor hinausgekommen und schritt geradewegs auf das Mecklenburgische zu. Da kam ihm, zu weiterem Glück, ein Netzebander Bauer nachgefahren und fragte: »Schornsteinfeger wohin?« »Nach Netzeband, da brennt ein Schornstein, den ich löschen soll.« »Das ist am Ende bei mir.« »Kann wohl sein.« Und der Bauer ließ nun den vermeintlichen Schornsteinfeger aufsteigen und jagte auf Netzeband zu, wo sich der Gerettete für gute Fahrt freundlich bedankte.

Sehr ansprechend ist die folgende kleine Geschichte, mit der wir diesen Teil des Kapitels schließen wollen. Ein Mann, der später als Lehrer und Oberküster eine bekannte Persönlichkeit in Neu-Ruppin war, gehörte in seiner Jugend ebenfalls dem Regiment Prinz Ferdinand an. Er war verlobt und wünschte sich zu verheiraten, da man aber (weil er zu den Bevorzugten zählte) seines Bleibens im Regiment ohnehin sicher zu sein glaubte, wurde ihm seitens des Obersten der unerläßliche Konsens verweigert. Die Folge davon war: Desertion. Und so schritt denn unser Freund auf Netzeband zu und hatte den halben Weg bereits glücklich zurückgelegt, als er das Prusten von Pferden hinter sich hörte und gleich darauf einen Wagen neben sich sah, in dem, in höchsteigener Person, der gestrenge Herr Oberst saß. Wohin? fragte dieser. »Nach Netzeband; ich will mir Tuch kaufen.« »Da will ich auch hin; setz Dich nur auf den Bock.« Und so fuhr denn der Oberst den Deserteur nach Netzeband hinein. Als sie vor dem Kruge hielten, sprang der Soldat vom Wagen, trat an den Kutschenschlag und sagte: »Herr Oberst, ich melde mich als Deserteur.« Der Oberst wetterte nun durch alle Register durch, legte sich aber endlich aufs Kapitulieren. »Was hilfts! stell deine Bedingungen.« »Generalpardon, Herr Oberst, und den Konsens zu heiraten.« »Beides sollst du haben; steig nur wieder auf.« Und so geschah es. Er kam mit seinem Obersten, als ob nichts vorgefallen wäre, nach Ruppin zurück, und empfing, ohne vorgängige Strafe, die gewünschte Heiratserlaubnis.

Das Regiment Prinz Ferdinand

bei Auerstedt, 14. Oktober 1806

Der Krieg gegen Frankreich war endlich beschlossene Sache. Am 9. August erging die Mobilmachungsorder, und am 31. August verließ das Regiment Prinz Ferdinand Neu-Ruppin, um es nicht wiederzusehen. Nur Individuen kehrten zurück, kein Regiment.

Der Marsch ging zunächst auf Magdeburg, das samt Umgegend den Sammelplatz für die märkischen und magdeburgischen Truppen bildete. Der Herzog von Braunschweig, in seiner Eigenschaft als Oberkommandierender, verlegte am 13. September sein Hauptquartier nach Halle und setzte die bei Magdeburg versammelten Truppen, und unter diesen auch unser Regiment Prinz Ferdinand, am 15. auf Naumburg zu in Bewegung. Am 21. und 22. wurden bei letztgenanntem Orte die Kantonierungen bezogen.

Die Hauptarmee, 57000 Mann stark, bestand aus den Divisionen Schmettau, Wartensleben und Prinz von Oranien und aus einer abermals zwei Divisionen starken Reserve. Die Schlacht bei Auerstedt ward im wesentlichen mit den erstgenannten drei Divisionen, also mit etwa 30000 Mann geschlagen. Den beiden Reservedivisionen – die zweifellos imstande gewesen wären, die Niederlage in einen Sieg zu verkehren – fiel nur die Aufgabe zu, den Rückzug zu decken. Sie hatten hierbei, einzelne Abteilungen abgerechnet, nur geringe Verluste.

Dies vorausgeschickt, wenden wir uns jetzt der so verhängnisvoll gewordenen Bataille zu. Feindlicherseits kommandierte Marschall Davout, unsererseits Herzog von Braunschweig. Hüben und drüben traten drei Divisionen, und zwar echelonartig, in den Kampf ein. Unsere Division Schmettau stieß bei Hassenhausen auf die französische Division Gudin; dieses Dorf, nach kurzer Besitzergreifung unsererseits, ging wieder verloren, und nun wurde Hassenhausen der Punkt, um den sich ein mehrstündiges mörderisches Gefecht drehte. Wer Hassenhausen hatte, hatte den Sieg. Der Division Schmettau folgend, griff diesseitig die Division Wartensleben ein, aber auch der Feind führte jetzt die Division Friant in den Kampf. Alle unsere Versuche, das Dorf wieder in unseren Besitz zu bringen, scheiterten; die Regimenter Alvensleben und Kleist, jenes von der Schmettauschen, dieses von der Wartenslebenschen Division, litten schwer. So standen die Dinge, als auf unserer Seite die Division Prinz von Oranien mit den Brigaden Lützow und Prinz Heinrich auf dem Kampfplatze eintraf. Schon vor ihrem Erscheinen war der Herzog von Braunschweig tödlich verwundet worden, und soweit noch in dem überhandnehmenden Wirrsal von Kommando die Rede sein konnte, war dasselbe auf den König in Person übergegangen. Im richtigen Erkennen dessen, worauf es ankam, dirigierte dieser die Division Oranien ebenfalls gegen Hassenhausen und zwar derart, daß die Brigade Lützow am rechten Flügel der daselbst fechtenden und durcheinandergekommenen Truppenteile, die Brigade Prinz Heinrich aber nach vorgängiger Wegnahme des Dorfes Poppel am linken Flügel eingreifen sollte.

Bei der Brigade Prinz Heinrich befand sich neben dem Grenadierbataillon Rheinbaben und dem Regiment Puttkamer auch unser Regiment Prinz Ferdinand. Wir folgen dem Vorgehen dieser Brigade.

Die Brigade trat an; das Grenadierbataillon Rheinhaben nahm die Tete. Unter persönlicher Führung des Obersten Prinz Heinrich* ging es gegen das ihm als nächstes Angriffsobjekt bezeichnete Dorf Poppel vor. Die Grenadiere vertrieben den Feind mit dem Bajonett, wurden aber beim Heraustreten aus dem Dorfe durch ein so heftiges Gewehrfeuer empfangen, daß sie sich in Unordnung durch Poppel und das ihnen zur Unterstützung nachgesandte zweite Bataillon Puttkamer hindurchzogen. Dieses letztere Bataillon wurde nunmehr von feindlichen Chasseurs angefallen, schlug indessen den Angriff ab, und als jetzt der Rest der Brigade: das erste Bataillon Puttkamer und das erste und zweite Bataillon Prinz Ferdinand, in gleicher Höhe anlangte, zog sich der Feind – wahrscheinlich das 108. französische Linienregiment – zurück.

Das Grenadierbataillon Rheinbaben blieb jenseits Poppel, die übrigen vier Bataillone der Brigade Prinz Heinrich aber gingen in gerader Richtung auf das durch drei französische Regimenter (21., 85. und 12.) teils direkt besetzte, teils in der linken Flanke

---

* Der alte berühmte Prinz Heinrich, der in Rheinsberg lebte, war bereits 1802 gestorben. Von den Brüdern des großen Königs lebte nur noch der jüngste: Prinz Ferdinand, der Chef unseres Regiments. Oberst Prinz Heinrich, von dem wir oben im Text berichten, war ein jüngerer Bruder Friedrich Wilhelms III. und verbrachte nach Beendigung der Napoleonischen Kriege den größten Teil seines Lebens in Italien. Er starb zu Rom 1846. - Der weiterhin genannte Prinz August war ein Sohn des Prinzen Ferdinand und Bruder des bei Saalfeld gebliebenen Prinzen Louis Ferdinand. Prinz August, der 1813 im Kleistschen Korps eine Brigade führte, wurde später der Reorganisator der preußischen Artillerie.

soutenierte Hassenhausen vor, wo sie bald in ein heftiges Artillerie- und Gewehrfeuer gerieten. Die Verluste mehrten sich rasch, und als in diesem kritischen Moment auch französischerseits eine dritte Division – die Division Morand – mit elf frischen Bataillonen in den Kampf eintrat, wichen die Unseren auf der ganzen Linie. Prinz Heinrich hielt mit seinen vier Bataillonen bis zuletzt. An ihn schlossen sich wieder einige vorgebrachte Bataillone der Division Schmettau und das Grenadierbataillon Hanstein an, mit denen er noch einmal zu avancieren versuchte. Bald aber sah er sich isoliert und gezwungen, durch das mittlerweile vom Feinde wiedereroberte Poppel zurückzugehen. An die Spitze seiner Bataillone sich stellend, bahnte er sich den Weg mit dem Bajonett.

Die Grenadierbataillone Rheinbaben und Knebel unter Prinz August von Preußen nahmen an diesem Angriffe teil. Das Pferd des Prinzen Heinrich ward erschossen, der Prinz selbst beim Sturze desselben bedeutend verletzt. Oberst Scharnhorst gab ihm sein eigenes Pferd und passierte das durch den Angriff beider preußischen Prinzen momentan wiedergewonnene Poppel mit dem Gewehr in der Hand. Zwischen Poppel und Taugwitz drängte sich jetzt der ganze linke Flügel zusammen. Der Rückzug ging gegen Auerstedt und seitwärts gegen Reisdorf, teils aufgelöst, teils wieder einigermaßen geordnet.

Die Verluste waren groß. Von der gesamten Infanterie, die gegen Hassenhausen gestanden hatte, war beinah die Hälfte tot oder verwundet. Auch das Regiment Prinz Ferdinand hatte dem entsprechend gelitten. Tot waren: Major von Selasinsky, Stabskapitän von der Hagen, Premierleutnant von Goetze.

Das Regiment Prinz Ferdinand

bis zur Kapitulation von Pasewalk, 29. Oktober

Wie Magdeburg Rendezvous vor Eröffnung der Feindseligkeiten gewesen war, so war es jetzt Sammelplatz für die bei Jena und Auerstedt geschlagenen, und nach dem Tode des Herzogs von Braunschweig beide dem Fürsten von Hohenlohe unterstellten Armeen. Auch unser Regiment Prinz Ferdinand nahm auf Magdeburg seinen Rückzug.* Dem von Hoepfnerschen Werke »Der

* Die beiden Grenadierkompanien des Regiments nahmen ihre Richtung auf Erfurt. Dort haben sie wahrscheinlich am 16. Oktober schon mitkapituliert.

Krieg von 1806 und 1807«, das wie für die Schlacht bei Auerstedt, so auch für das unmittelbar Folgende meine Hauptquelle war, entnehme ich die nachstehenden, in der umfangreichen Gesamtdarstellung jener Vorgänge zerstreuten Notizen.

In der Nacht vom 15. auf den 16. Oktober marschierten die Musketierbataillone des Regiments nach Sondershausen. Am 21. finden wir sie bei Parchau in der Nähe von Burg, am 22. in Nielebock, Kreis Jerichow, am 23. in dem Bismarckschen Schönhausen, ebenfalls Kreis Jerichow, am 24. in Schrepkow, Ostpriegnitz, am 25. in Wittstock hart an der mecklenburgischen Grenze.

Diesen ganzen Marsch vom 21. bis 25. hatte das Regiment im Brigadeverbande gemacht, und zwar innerhalb der Brigade Hagen, die aus folgenden Truppenteilen bestand: Regiment Treuenfels, Regiment Prinz Ferdinand (in Stärke eines Bataillons), ein Bataillon Zenge, ein Bataillon Pirch.

Diese Brigade Hagen war samt mehreren Kavallerieregimentern dem General Schwerin unterstellt, der eine der vier Rückzugskolonnen der gesamten Hohenloheschen Armee kommandierte. Diese vier Rückzugskolonnen waren die folgenden:

1. Hauptkolonne, drei Divisionen stark. Bei dieser Kolonne befand sich Fürst Hohenlohe in Person, sowie Oberst von Massenbach.

2. Arrieregarde, der Hauptkolonne folgend, unter General von Blücher.

3. Rechte Seitenkolonne unter General von Schimmelpfennig.

4. Linke Seitenkolonne unter General Graf Schwerin.

Die Hauptkolonne, die zugleich die Zentrumskolonne war, marschierte über Ruppin, Gransee, Schönermark auf Prenzlau und kapitulierte hier.

Die Arrieregarde, General von Blücher, folgte bis Boitzenburg in der Uckermark. Hier erfuhr der genannte General die am selben Tage (28.) erfolgte Kapitulation der Hohenloheschen Hauptkolonne und bog sofort links-rückwärts aus, um einem gleichen Schicksal zu entgehen. Er erreichte Lübeck und besetzte es. Am 6. November stürmten die Franzosen die Stadt. Am 7. erfolgte die Kapitulation des Blücherschen Korps bei Ratkau.

Die rechte Seitenkolonne, General von Schimmelpfennig, hielt sich am Rhinluche hin, passierte Protzen, Walchow, Langen Rüthnick und Guten-Germendorf und hatte am 26. Oktober das Gefecht bei Zehdenick. Nach diesem Gefecht hörte alle Führung auf. Aber dies gestaltete sich eher zum Guten als zum Schlimmen, und so traf es sich denn, daß von dieser schlecht oder gar nicht geführten Kolonne mehr Truppenteile über die Oder entkamen als von irgendeiner anderen.

Die linke Seitenkolonne, General Graf Schwerin (die unsere), zog sich von Wittstock aus an der preußisch-mecklenburgischen Grenze hin bis über Mirow, Alt-Strelitz-Wesenberg, Hasselförde und Ruthenberg bis Pasewalk, wo sie nach unsagbaren Strapazen eintraf. Besonders hatte die Infanteriebrigade Hagen während dieser Märsche gelitten. Die Leute stürzten vor Hunger und Erschöpfung tot nieder. Der 26. oder 27., an dem man sechs Meilen marschierte, kostete der Brigade ein Drittel ihres Bestandes.

Um vier Uhr nachmittags am 28. Oktober – ich gebe nun Details, soweit solche zu finden waren – rückte die Infanteriebrigade Hagen in Pasewalk ein. Die Kavallerie bezog ein Biwak in der Nähe der Stadt. Gegen Abend erfuhr man die am selben Tage erfolgte Kapitulation Hohenlohes bei Prenzlau. Die Gemüter aller wurden dadurch nur noch bedrückter. Oberst von Hagen, der um diese Zeit an Stelle des Generals Grafen von Schwerin das Kommando der ganzen Kolonne, Kavallerie wie Infanterie, geführt zu haben scheint, berief alle Stabsoffiziere zu einer Konferenz. Man kam überein, trotz äußerster Erschöpfung der Mannschaften, am anderen Morgen um vier Uhr aufbrechen zu wollen, um dann über Löcknitz Stettin zu erreichen.

In der Nacht indes glaubte der Major Prinz Gustav von Mecklenburg-Schwerin vom Regiment Henckel-Kürassiere, welcher die Postenkette kommandierte, Bewegungen auf der Prenzlauer und Stettiner Straße wahrgenommen zu haben. Er ritt deshalb nach Pasewalk hinein und meldete dem Obersten von Hagen: die Kavallerie werde immer mehr vom Feinde eingeschlossen. Der Oberst fragte »was zu tun wäre?«, da die Pferde der Kavallerie zu ermattet seien, um ein Gefecht anzunehmen. Der Prinz antwortete »daß er nur in der Kapitulation einen Ausweg sähe«. So kam diese zustande. Die Bedingungen, die französischerseits durch den Großherzog von Berg gewährt wurden, gingen dahin, daß die Truppen das Gewehr strecken, die Offiziere auf ihr Ehrenwort entlassen und die Gemeinen in die Kriegsgefangenschaft abgeführt werden sollten. Es kapitulierten an dieser Stelle im ganzen 185 Offiziere und 4043 Mann, wovon 110 Offiziere und 2086 Mann auf die Kavallerie: Leibkarabiniers, Heising-, Holtzendorf-, Bünting- und Henckel-Kürassiere entfielen.

Der Rest, 75 Offiziere und 1957 Mann, war Infanterie von der Brigade Hagen, wie schon hervorgehoben: Regiment Treuenfels, je ein Bataillon Pirch und Zenge, und Trümmer vom Regiment Prinz Ferdinand.

Diese Trümmer unseres Ruppiner Regiments wurden nun, in Ausführung des betreffenden Kapitulationsparagraphen, in die Gefangenschaft abgeführt. Ruhmlos war das Ende. Das Schicksal des Ganzen bestimmte das Los des Einzelnen. Ein Gericht vollzog sich, zu groß, zu gewaltig, als daß sich die Krittelei der Menschen, tadelnd oder besserwissend, daran versuchen sollte. Dennoch bleibt wahr, was General von der Marwitz in seinen Memoiren über Pasewalk und Prenzlau geschrieben hat. »Diese Kapitulationen gaben das Signal zu allem was folgte; sie recht eigentlich überlieferten die Festungen. ›Der König hat keine Armee mehr, was helfen ihm noch einige Städte‹, so dachte jeder pflichtvergessene Kommandant. Die Kapitulationen pflanzten den Kleinmut in alle Herzen, streuten die Vorstellungen von Verrat unter das Volk und verbreiteten den jede Tatkraft lähmenden Gedanken, ›daß doch alles verloren‹ sei. Wie eine große mannhafte Tat fortwirkend Größeres erzeugt und aus Männern Helden macht, so sind auch umgekehrt mit der Vollbringung einer schmählichen Tat deren Folgen nicht abgeschlossen, sie bleibt verdammt, fortwährend Mattes und Schwaches zu erzeugen, wirkt wie ein schleichendes Gift und macht Männer zu Weibern.«

Nachspiel

Die Trümmer des Regiments Prinz Ferdinand hatten bei Pasewalk kapituliert und wurden in größeren und kleineren Trupps in die Gefangenschaft abgeführt. Viele befreiten sich unterwegs und ihre Erzählungen bildeten, bis die Ereignisse des Jahres 1813 dazwischentraten, die Lieblingsunterhaltung auf der Bierbank und am häuslichen Herd. Manches davon hat Prediger Heydemann in seinem schätzenswerten Buche »Neuere Geschichte der Stadt Ruppin« aufgezeichnet.

»Einer«, so erzählt Heydemann, »hatte darauf gerechnet, daß die Gefangenen von Pasewalk über Berlin geführt werden würden. Dort gedachte er zu entspringen und bei seiner Schwester Zuflucht zu suchen. Aber die Gefangenen, von französischen Chasseurs transportiert, mußten über Templin, Oranienburg und Potsdam marschieren. Kurz vor Potsdam wurden sie von Nassau-Usingern und Hessen-Darmstädtern übernommen, die sehr streng mit ihnen verfuhren. Man las ihnen vor, daß jeder Gefangene, der auf der Flucht ergriffen würde, ohne weiteres die Kugel vor den Kopf bekäme, und so geschah es auch bei Wittenberg, wo zwei wieder eingefangene Flüchtlinge vor der Front erschossen wurden. Meistens mußten die Gefangenen nachts unter freiem Himmel liegen, ihr Schuhzeug war zerrissen. In Fulda (human genug) wurden zweihundert Paar Schuhe verteilt. An eben diesem Orte erkrankte auch der Gefangene, über dessen Schicksal ich hier berichte. Er beschloß, trotz Krankheit, weiter mit zu marschieren und die nächste Gelegenheit wahrzunehmen. Und diese fand sich denn auch. In Steinau wurde er mit seinen Mitgefangenen in eine Kirche gesperrt, in die bald danach ein alter Mann eintrat, um ihnen Essen zu bringen. Den bat er ohne weiteres ihn zu befreien. ›Wes Glaubens bist du?‹ ›Lutheraner‹. ›Gut, dann will ich dir helfen. Ich habe sieben Kinder; wer weiß, wer ihnen einmal hilft.‹ Und er brachte ihm wirklich alte Kleidungsstücke, die der Gefangene bei Dunkelwerden anzog und in denen er gleich danach unter eine Bank kroch, um von den Aufpassern nicht erkannt zu werden. Da lag er denn in bittersten Ängsten die Nacht hindurch und nahm seine Zuflucht zum Gebet. ›Befiehl Du Deine Wege‹ sagte er in allen seinen Versen zu vielen Malen vor sich her, bis er Trost und Ruhe darin fand. Und endlich brach der ersehnte Morgen an. Da kam, samt anderen Leuten, auch der alte Mann wieder, mit zwei Töpfen in der Hand, als wenn er den Gefangenen etwas zu essen bringen wolle. Die Töpfe waren aber leer. Er gab sie nun dem umgekleideten Soldaten und dieser ging unerkannt zur Kirche hinaus. Erst acht Tage nach Ostern traf der auf diese Weise glücklich Entkommene wieder in Ruppin ein. Ein volles halbes Jahr war seit dem Kapitulationstage vergangen.«

Der Rest der Gefangenen passierte den Rhein und wurde zum größten Teil in und um Nancy interniert. Andere sahen sich bis in die Pyrenäen geschleppt, und da keine Nachrichten von ihnen eintrafen, schuf ihr Schicksal Sorge und Ungewißheit in vielen Herzen. Auch äußere Not blieb nicht aus, namentlich im Kreise der Offiziersfrauen, für die man in jenen Unglücksjahren weder Pensionen noch Unterstützungen hatte. Denn nicht einer jeden ward eine so wunderbare Hilfe zuteil, wie der Frau von der Recke, von der uns Heydemann erzählt. Der Gatte dieser, der sein Ehrenwort zu geben verweigert hatte, war gefangen auf eine der atlantischen Inseln abgeführt worden, und Frau von der Recke glaubte, daß er gefallen sei. Nur sein Handkoffer kam wie durch Zufall in ihre Hände; sie wagte jedoch nicht, ihn zu öffnen, weil sie nur Schmerz und Aufregung davon befürchtete. Ganz zuletzt erst, in immer wachsender Not, entschloß sie sich dazu, mutmaßlich um den Inhalt des Koffers zu Gelde zu machen. Aber welch Erstaunen, als sie, sorglich zwischen die Wäsche gepackt, 50 Friedrichsd'or entdeckte, die Herr von der Recke von seinem Ersparten da hineinlegt hatte. Das half über die Not vieler Monate hinweg, und endlich traf auch ein Brief ein, der Auskunft über das Schicksal des schon Totgeglaubten gab.

Anno 1809 erst kehrten die Gefangenen in ihre heimische Grafschaft zurück. Alle, die noch fähig waren, Waffen zu tragen, traten wieder ein; aber es geschah in neugebildete Regimenter. Das Regiment Prinz Ferdinand war hinüber, und endlich schien selbst die Erinnerung daran erloschen.

Da noch einmal wurde diese wieder wach.

Es war im Mai 1866, die Glocken gingen, und alle die, die's noch nicht wußten, erfuhren auf ihre Frage, daß die alte Frau von Hagen heute begraben werde. Sie war dreiundachtzig. Am 31. August 1806 war der Hauptmann von Hagen (erst seit wenig Wochen vermählt) mit dem Regimente Prinz Ferdinand ausgezogen, und hatte von seinem ersten Marschquartier Fehrbellin aus eine noch verspätet im Superintendentengarten blühende Rose als letzten Liebesgruß an seine Gattin geschickt. Seitdem kein Wort, keine Zeile mehr, denn Hauptmann von Hagen war mit unter denen, die den Tag von Auerstedt nicht überlebten und am Abend, still für immer, am Dorfrande von Hassenhausen lagen.

Die Rose, sein einzig Vermächtnis, hatte ein treues Herz durchs Leben hin begleitet; jetzt war auch dieses still, und über beiden wölbte sich das Grab.

Das war die letzte Erinnerung an das Regiment Prinz Ferdinand.

Sei ruhig, bin in Gottes Hut,
Er liebt ein treu Soldatenblut.

Das jetzige Ruppiner Regiment Nr. 24, das während der Befreiungskriege den Namen: »12. Reserve-Infanterie-Regiment« führte (erst im Mai 1815 erhielt es die Nummer 24), wurde während der Waffenstillstandswochen von 1813 aus drei Reservebataillonen errichtet, und zwar aus dem

4. Reservebataillon des Leib-Infanterieregiments, Major von Herrmann,
4. Reservebataillon des 2. Westpreuß. Infanterieregiments, Major von Laurens,
7. Reservebataillon, Major von Zepelin.

In dieser Reihenfolge bildeten sie das 1., 2. und 3. Bataillon des neuerrichteten Regiments, zu dessen Kommandeur der Major von der Goltz ernannt wurde. Das Regiment kam zum Yorkschen Korps, und zwar zur 8. Brigade Hünerbein, die sich aus dem brandenburgischen Infanterieregiment (jetzt Grenadierregiment Nr. 12), aus dem 14. schlesischen Landwehrregiment und unserem 12. Reserve-Infanterieregiment zusammensetzte.

Am 3. August, Königs Geburtstag, wurden alle drei Bataillone zum ersten Male vereinigt und am 11. August fand am Zobtenberg eine große Parade vor König Friedrich Wilhelm III. und dem Kaiser von Rußland statt. Der spätere Oberstleutnant von Görschen, der als eben ernannter junger Offizier mit in der Parade stand, gibt davon folgende Schilderung:

»Voll höchster Erwartung marschierten wir am Morgen des 11. nach dem Paradeplatze, wo wir das Antlitz unseres teuren Königs sehen und sein ermutigendes ›Guten Morgen‹ hören sollten. Die Truppen wurden aufgestellt, die Kavallerie im ersten, die Infanterie im zweiten Treffen; unsere 8. Brigade am linken Flügel. Jetzt sah man links einen Wald von Federbüschen, und Offiziere, Unteroffiziere, Jäger und Soldaten, alles reckte sich auf den Zehen aus den Kolonnen empor. Der Wald nahte, das Kommando zum Präsentieren wurde gegeben, und aus voller Brust stimmte jeder in das Hurra ein. Noch immer folgten Federbüsche. ›Hast Du ihn gesehen?‹ riefen die Nebenleute einander zu, und andere antworteten über die Glieder und Züge hinweg mit ja oder nein. Der Vorbeimarsch wurde nunmehr befohlen. Mit gespanntester Neugier, aber freilich auch mit desto geringerer

Haltung und Richtung kamen wir vorüber. Ich selbst kehrte mich, als wir in der Nähe der beiden stattlichen Reiter waren, die einige Schritte vor der langen Reihe der zuschauenden russischen und preußischen Offiziere hielten, kurz nach meinem Zuge um, und rief den Jägern zu: »Das ist Er.« Und dann hörte ich, wie sie einander zuflüsterten: »Das ist Er, Er, der den Degen gezogen hat. In eigener Person hat er uns dem Kaiser vorgeführt.« Auf dem Rückmarsch nach dem Lager aber erscholl es überall: »Das war Er, Er hat das Schwert selbst gezogen! Er führt uns selbst; wie sollten wir da nicht siegen!«

Das 12. Reserve-Infanterieregiment
1813

Am 11. August Parade. Am 14. setzte sich die ganze schlesische Armee in Bewegung und rückte aus ihrem Lager bei Strehlen gegen den Bober vor. Nach Ablauf einer Woche begannen für unser Regiment die Gefechte: am 21. August bei Seifersdorf, am 23. bei Goldberg, am 26. Schlacht an der Katzbach. Bei diesem ersten größeren Engagement verweilen wir in der Kürze.

Die Schlacht an der Katzbach

Es kann uns nicht obliegen, eine Schilderung dieser Schlacht überhaupt zu geben, nur das Nötigste finde hier Erwähnung, wobei uns eine Lokalkenntnis zustatten kommt, die wir uns neuerdings (1872) verschaffen konnten.

Das Terrain, auf dem die Schlacht geschlagen wurde, liegt südlich von Liegnitz. Es ist ein nach Süden hin steil abfallendes Plateau, das an eben dieser Stelle von der wütenden Neiße, nach Westen hin aber von der Katzbach begrenzt und umfaßt wird. An der Südwestecke, wo die von Ost nach West fließende wütende Neiße in die von Süd nach Nord fließende Katzbach einmündet, biegt letztere kurz vor dem Einmündungspunkte jener (der Neiße) auf zweitausend Schritt östlich aus und schafft dadurch auf der entsprechenden Strecke einen Wasserdoppellauf. Katzbach und Neiße, sonst in rechtwinkliger Stellung zu einander, laufen hier auf eine kurze Strecke hin parallel und haben nichts als einen schmalen Wiesen- und Weidegrund zwischen sich. Dieser Umstand wurde für die Franzosen besonders verderblich;

General Sacken warf das Neysche Korps in die Katzbach, General York das Macdonaldsche Korps in die Neiße, und zwar speziell da, wo beide Flüsse nebeneinander laufen, weshalb denn auch das Macdonaldsche Korps die größeren Verluste hatte. Im ganzen kann man das Terrain, auf dem die Schlacht unsererseits angenommen wurde, nur mit tiefem Mißtrauen betrachten und muß das Kopfschütteln Yorks noch nachträglich gerechtfertigt finden. Nur wenn wir guten Grund hatten, uns überlegen zu fühlen, hatten wir auch guten Grund, dem Gegner auf so diffizilem Terrain eine Schlacht zu bieten. Aber an solchen »gutem Grunde« gebrach es durchaus. Man stand drei Korps gegen drei, und bei gleicher Zahl hatten die Franzosen damals die Chancen für sich. In der Tat schwankte die Schlacht mehr als einmal, und bei besserer Führung des Feindes hätte uns sehr wohl das Los zufallen können, den Plateauabhang hinunter und in die Katzbach und Neiße hineingeworfen zu werden. »Alles Glück, nichts als Glück« raisonnierte der alte York. Und er hatte recht.

Die Schlacht verlief wie folgt. Sacken hatte den rechten, Langeron den linken Flügel; York schob sich zwischen beide. Langeron, in der Tiefe haltend, führte beinah ein selbständiges, übrigens keineswegs allzu glückliches Gefecht. Die Entscheidung erfolgte auf dem Plateau, auf dem York und Sacken standen, York links, Sacken rechts, mit Front gegen Westen. In eben dieser Front floß die Katzbach, in der linken Flanke die Neiße.

Die Aufstellung des Yorkschen Korps war die, daß die Brigaden Hünerbein und Horn das erste Treffen bildeten, Brigade Herzog Karl von Mecklenburg das zweite, Brigade Steinmetz in Reserve.

Brigade Hünerbein hatte den linken Flügel und lehnte mithin an den Abhang, zu dessen Füßen die Neiße fließt. An der Tete der Brigade standen die Bataillone Laurens, Zepelin und Othegraven, jene von unserem, dieses vom brandenburgischen (jetzigem 12.) Infanterieregiment.

An dieser Stelle begann der Kampf. Drei feindliche Bataillone mit vier Geschützen in der Front anvancierten. Das kupierte Terrain führte zu einer momentanen Teilung, und eins der Bataillone betrat bereits das Plateau, während die beiden anderen noch auf der Schrägung des Abhanges marschierten. Zwischen diesen beiden die vier Geschütze. Jetzt Halt! und Karree. Wir standen einander auf wenige hundert Schritt gegenüber. Hier (deployiert) Brigade Hünerbein, dort die drei, ebenso viele Vierecke bildenden französischen Bataillone. Das Bataillon Othegraven warf sich mit Hurra auf das einzelne, schon auf dem Plateau haltende Bataillon und schlug es mit dem Kolben zusammen. In zehn Minuten lag alles tot am Boden. Unsere am äußersten linken Flügel aufgestellten Bataillone von Laurens und von Zepelin aber stürzten sich gleichzeitig* auf die noch am Abhange marschierenden zwei französischen Karrees, und trieben alles, was nicht dem Kolben und Bajonett erlag, die Schrägung hinunter, in die wütende Neiße hinein. Auch die vier Geschütze wurden genommen.

So wurde durch die Brigade Hünerbein und zwar ganz speziell durch die Bataillone von Othegraven, von Laurens und von Zepelin die Schlacht glänzend eröffnet. Was nun folgte: Kavallerieattacke des Obersten von Jürgaß, dann Aufnahme der zurückgehenden Reiterei durch die Brigade Herzog Karl von Mecklenburg, schließlich das Vorrücken der ganzen Linie, rechts Sakken, links York, gegen das verzettelt auf dem Plateau stehende Macdonaldsche Korps, sind Momente, die jenseits unserer Aufgabe liegen. Die Brigade Hünerbein, und mit ihr unser Regiment, nahm an diesen Hergängen keinen Teil mehr, und hatte nur noch Verluste durch eine von hüben und drüben fortgesetzte Kanonade. Regimentskommandeur Major von der Goltz fiel. Er hielt in Front unseres ersten Bataillons, als ihm sein Adjutant

---

* Bei diesem Vorbrechen unserer beiden Bataillone litten dieselben außerordentlich durch Gewehrfeuer, das sie von links her empfingen. Am Fuße des Abhangs, hart an der wütenden Neiße und durch Buschwerk dem Blicke nahezu entzogen, steckten feindliche Tirailleurs. Gegen diese warf sich aus eigenem Antriebe Leutnant von Gaza mit dem 4. und 5. Zuge seines 3. Bataillons, vertrieb sie und setzte sich seinerseits in den Büschen fest. Hier befand er sich nun, mehr auf ebendem Terrain, auf dem eine Stunde später die Reiterschlacht hin und her wogte. Erst von preußischer Kavallerie niedergeritten, sah er sich plötzlich mit seinen Leuten unter den Säbeln siegreich vordringender französischer Husaren. Er suchte die Hiebe zu parieren, bis endlich ein derberer Hieb, der durch die Kette und den Adler des Tschakos ging, ihm diesen vom Kopfe schlug. Drei Hiebe auf den Kopf und einer in den Arm folgten augenblicklich. Leutnant von Gaza mußte sich gefangen geben und bald darauf sehen, wie die Franzosen, in deren Händen er war, mehrere Gefangene mit Pistolen, die sie des Regens wegen bisher unter dem Dolman verborgen hatten, niederschossen. Schon glaubte er diesem Schicksale glücklich entgangen zu sein, als plötzlich ein einzelner zurückgebliebener Husar zu Fuß auf ihn zulief, und in gebrochenem Deutsch fluchend, ihn mit der Pistole durch den Hals schoß. Leutnant von Gaza fiel wie tot nieder, kam aber wieder zu sich, als beim allgemeinen Vorrücken preußische Kameraden ihn an dieser Stelle fanden. Die Schußwunde durch den Hals war in fünf Wochen heil, die Hiebwunden dagegen waren noch offen, als Leutnant von Gaza am 1. Dezember mit Ersatzmannschaften, von Breslau aus, der Armee folgte.

bemerkte, daß es wohl das Geratenste sein dürfte, den gefährlichen Standpunkt aufzugeben. Von der Goltz aber erwiderte: »An meinem Beispiel hängt alles.« In demselben Augenblicke traf ihn das Sprengstück einer Granate und warf ihn tot vom Pferde.

Der Gesamtverlust des Regiments an diesem Tage betrug 213 Mann. Im Vergleich zu den opferreichen Kämpfen, die noch bevorstanden, eine geringe Zahl.

Major von Laurens übernahm das Kommando.

Auch bei der Katzbachschlacht wiederum zeigte es sich, wie schwer es ist, über den Gang eines Gefechts etwas Sicheres in Erfahrung zu bringen. Es liegen mir vier Beschreibungen* vor, die zum Teil in den wichtigsten Punkten abweichen! Wie die Brigaden untereinander und dann wieder wie die Bataillone jeder einzelnen Brigade gestanden haben, darüber herrscht Widerspruch. Einige lassen das Neysche Korps eine Rolle spielen, nach anderen erschien es so gut wie gar nicht. Ein Bericht spricht von vier Geschützen beim ersten französischen Angriff, ein anderer von drei Batterien. Am meisten Übereinstimmung herrscht noch in betreff unserer Brigade Hünerbein, ganz speziell auch darüber, daß es das Bataillon Othegraven und »zwei andere Bataillone« (nach Zychlinski die unseren) waren, die die Schlacht glänzend einleiteten.

Der Schlacht an der Katzbach folgte als nächstes wichtiges Ereignis der Elbübergang bei Wartenburg am 3. Oktober. Dazwischen lag eine Anzahl von Gefechten, die zum Teil blutiger verliefen als der Katzbachtag. Es waren: am 4. September Gefecht bei Hochkirch, am 15. bei Langen-Wolmsdorf, am 20. bei Groß-Harthau, am 21. bei Bischofswerda. Namentlich das erstgenannte (Hochkirch) legte dem 3. Bataillon, das hier seitens unseres Regiments allein in Aktion trat, große Opfer auf. Es verlor von 479 Mann 108. Unter den Gefallenen war der Kommandeur Major von Zepelin. Den Elbübergang machte unser Regiment mit, ohne in das Gefecht selbst mit verwickelt zu werden. So schritt man auf Leipzig zu, dem blutigen Tage von Möckern entgegen.

---

* Diese vier Beschreibungen sind: 1. der ziemlich detaillierte Text zum Schlachtenatlas. 2. Eine Beschreibung, die auf dem Schlachtfelde verkauft wird (natürlich Abdruck irgendeiner offiziellen Relation). 3. Droysens Schilderung im »Leben Yorks« und 4. Zychlinskis Schilderung in Geschichte des 24. Infanterieregiments.

Napoleon, von dem Heranrücken der schlesischen Armee unterrichtet, stellte derselben das 6. Korps unter Marmont entgegen. Marmont lehnte seinen linken Flügel an Möckern und die Elster, den rechten an den Rietschkebach bei Eutritzsch. Der linke Flügel war der strategisch wichtigere, weil er die nächste Straße nach Leipzig deckte. Um Dorf Möckern und die hart daneben gelegene Höhenposition drehte sich denn auch recht eigentlich der Kampf. Hier setzte das Yorksche Korps seine beste Kraft ein, speziell auch unser Regiment. Das 2. Bataillon focht in der Avantgarde, und war unter den Truppen, die Dorf Möckern nahmen und behaupteten. Das 1. und 3. Bataillon aber richteten, wie das Gros des Korps überhaupt, ihre Angriffe gegen die östlich vom Dorf gelegene Höhe von Möckern. Über beide Kämpfe ein kurzes Wort.

Das 2. Bataillon im Dorfe Möckern

Alle Häuser und Scheunen waren verrammelt und mit Schießscharten versehen; die Tirailleurs prallten ab. Jetzt wurden unsererseits vier Bataillone zum Angriff vorgezogen.

Unser 2. Bataillon und ein Landwehrbataillon hatten die Tete. Der Feind, sechs Bataillone stark, stand hinter den Ziegelscheunen des Dorfes. Trotzdem avancierten die Unsern bis auf hundertundfünfzig Schritt und wechselten Bataillonssalven mit dem Gegner. Nunmehr ging dieser zum Angriff über und unser 2. Bataillon mußte zurück. Inzwischen aber waren die Bataillone der zweiten Linie nachgerückt, und mit diesen vereint gingen wir aufs neue gegen Möckern vor. Das Dorf wurde mit dem Bajonett genommen, verloren und wieder genommen. Ein Häuserkampf folgte. Chaotisches Getümmel. Alle Bataillone, die hier vorgegangen waren, fochten aufgelöst durcheinander.

Das 1. und 3. Bataillon gegen die Höhe von Möckern

Gegen die östlich vom Dorf gelegene Höhe von Möckern waren inzwischen die Brigaden Steinmetz und Karl von Mecklenburg avanciert. Die Bataillone fielen rottenweise. Jetzt erging Befehl auch an die Brigaden Horn und Hünerbein, sich von Lindenthal aus (das sie vorher besetzt hatten) rechts zu schieben und bei Wegnahme der Höhe von Möckern mit einzugreifen. Eine allgemeine Begeisterung ergriff die Gemüter; Generale, Offiziere,

Soldaten, alle waren von dem Gedanken beseelt, daß hier nur zwischen Sieg und Tod zu wählen sei. Unser 1. Bataillon drängte mit anderen aus der zweiten in die erste Linie vor, die feindliche Stellung wurde durchbrochen und Viereck auf Viereck niedergemacht. Leutnant und Adjutant des 3. Bataillons von Johnston* zeichnete sich hierbei durch glänzende Bravour aus, und Leutnant Goßler vom 1. Bataillon folgte, wiewohl verwundet, mit seiner Schützenabteilung dem weichenden Feinde.

Diesem jungen Offizier – später Oberst und Kommandant von Schweidnitz – verdanken wir eine glänzende Schilderung des Tages von Möckern, soweit unser Regiment in Betracht kommt.

»Die Reveille am 16. Oktober brachte uns die Gewißheit, daß es heute zur Schlacht kommen werde. Es war ein feierlicher Morgen. Gewehr und Munition wurden nachgesehen und letztere kriegsmäßig ergänzt. Jeder brachte sein Bindezeug in Ordnung, und alles Überflüssige (namentlich Karten) wurde fortgeworfen.

Es war schon voller Tag, als das Korps gegen Leipzig aufbrach; wir hatten vollständig abgekocht. Die Gewehre wurden beim Antreten geladen. Anfänglich bewegten wir uns in der gewöhnlichen Marschordnung; als es aber das Terrain neben der großen Straße zu gestatten begann, formierten wir Angriffskolonne, was unser Vorgehen gegen die Höhen von Möckern beschleunigte. Bald gerieten wir in ein heftiges Granatfeuer, avancierten aber bis zu einer Terrainfalte, wo wir vor den feindlichen Wurfgeschossen einigen Schutz fanden, und während eines kurzen Haltens Atem schöpfen und unsere schon etwas gelichteten Rotten wieder voll machen konnten. Eine Kanonenkugel schlug hier in unser 1. Bataillon und tötete den Sekondeleutnant Knopki, mit dem ich mich kurz vorher wegen seines reglementswidrigen Platzes in der Kolonne gestritten hatte. Er usurpierte den Platz, der mir zukam, und wurde dafür statt meiner mit dem Tode bestraft. Ich habe mich darüber lange nicht beruhigen können.

Als für uns der Moment zum ersten Bajonettangriff gekommen war, stiegen unsere Stabsoffiziere vom Pferde, und nun

---

* Die Johnstons sind Schotten. Es mag dabei die Bemerkung Platz finden, daß wir eine verhältnismäßig große Zahl berühmter schottischer Namen in unserem Offizierkorps hatten und haben. Obenan steht Feldmarschall Keith. Zur Zeit befinden sich acht Douglas, sechs Gordons, sechs Johnstons, vier Winsloes, drei Macleans und außerdem verschiedene Leslies und Hamiltons, auch Campbell, Bothwell und Buttler in der Armee. Wahrscheinlich ist die Reihe der schottischen Namen hiermit nicht erschöpft.

hörte eigentlich alles Kommando auf. Wir hatten die junge französische Garde samt einem Marinebataillon unter Marmont gegen uns, und im weiteren Vordringen, unter unbarmherzigem Kleingewehr- und Kartäschtfeuer, waren wir ihren Kolonnen häufig ganz nah auf den Leib gerückt. Sie wichen in größter Ordnung zurück, immer nur um wieder Front zu machen. So standen die Dinge, als plötzlich eines der diesseitigen, übrigens nicht unserem Regimente zugehörigen Bataillone kehrtmachte, wodurch die Nachbarbataillone mit zurückgerissen wurden. Die Intervallen gingen verloren, die Treffen vermischten sich, und war dies ein für die Offiziere aller Grade verzweiflungsvoller Augenblick. Da half kein Befehlen und Bitten, auch nicht, daß scharf drunter gefuchtelt wurde. Ich meinerseits ließ mich in meiner jugendlichen Ekstase zu einem Fußfall verleiten. Erfolgloses Bemühen! Einem sechzehnjährigen Tambour unseres 1. Bataillons war es endlich vorbehalten, die Ordnung wieder herzustellen. Er sprang aus dem verworrenen Knäuel heraus und schlug, ganz allein vorgehend und aus Leibeskräften, mit einem Trommelstocke den Sturmmarsch. Das half! Unser Bataillon machte Front und das verlorene Terrain ward um so leichter wiedergewonnen, als der Feind, in Befürchtung eines diesseitigen Kavallerieangriffs, überhaupt gar nicht gefolgt war. Major von Othegraven vom brandenburgischen Infanterieregiment (jetzt Nr. 12) hat diese Handlung des Tambours, unmittelbar nach der Schlacht, als Zeuge zur Sprache gebracht. Der Lohn des Tapferen war das Eiserne Kreuz. Seinen Namen habe ich vergessen, aber er selbst lebt in meiner Erinnerung als ein Hauptheld des Tages fort.

Mit dem Dunkelwerden war auf dieser Seite von Leipzig der Sieg erfochten und General von Horn ließ das Leibregiment einen großen Kreis schließen und einige Hautboisten: Nun danket alle Gott! blasen. Da die Brigaden ganz nahe beieinander standen und die Gewehre zusammengesetzt hatten, während es bei den Vortruppen immer noch knallte, so drängte sich alles zusammen, und ich werde den ungeheuren Eindruck nie vergessen, den es auf die Herzen aller Anwesenden hervorbrachte, als der General, nachdem das Lied verklungen war, sich mit uns allen auf die Knie warf und entblößten Hauptes ein lautloses Gebet verrichtete.

Das war ein freiwilliger Gottesdienst!

Nachdem die Biwaks für die Nacht bezogen waren, wurde Appell gehalten – ein trauriger Appell! Wir hatten wohl zwei Drittel unserer Leute eingebüßt. Unser vortrefflicher Regimentskommandeur, Major von Laurens, war, an der rechten Hand schwer verwundet, zurückgebracht worden. Major von Pfindel, ein lustiger mitten in der Schlacht singender Stabsoffizier, war zum Tode getroffen und starb bald nachher in Halle.

Am Biwaksfeuer wurde verzehrt, was jeder bei sich führte. Dann ruhte ich ungestört bis zur Reveille, wobei mir und einem anderen Kameraden der halbnackte Leichnam eines französischen Offiziers als Kopfkissen diente.

Der Morgen des 17. Oktober war regnicht und kalt. Jeder Lebende und Gesunde freute sich aber dankend seines Daseins, und das Frühstück – schwarzer Kaffee mit Rum – mundete herrlich. Das halb verschimmelte Kommißbrot schmeckte wie Marzipan.

Der alte Hünerbein ging mit uns auf dem nahegelegenen Schlachtfeldterrain umher und wendete mit seinem Krückstock die schon ihrer Kleider beraubten Leichen von Freund und Feind um, wenn sie, wie gewöhnlich, auf dem Bauche lagen und mit ihren Zähnen ins Gras gebissen hatten. Und hier war es auch, wo wir die erschütternde Szene erlebten, daß unser Premierleutnant von Kessel seinen getöteten Bruder vom brandenburgischen Regiment erkannte und ihn durch Soldaten unseres 1. Bataillons in ein Grab verscharren ließ.«

So Oberst Goßler über den »Tag von Möckern«, den er als junger Offizier mitgemacht hatte.

Die Verluste waren enorm, selbst die von Vionville und St. Privat verschwinden daneben. Sie stellten sich, wie folgt: 1. Bataillon, 415 Mann stark, verlor 235; 2. Bataillon, 513 Mann stark, verlor 387; 3. Bataillon, 389 Mann stark, verlor 136. Gesamtverlust, einschließlich von 15 freiwilligen Jägern, 773 Mann. Dazu 12 Offiziere. Major von Laurens (schwer verwundet) erhielt das Eiserne Kreuz 1. Klasse. Nur 559 Mann stark zog unser Regiment dem Rheine zu. Es wuchs aber unterwegs.

Das 12. Reserve-Infanterieregiment

1814

Der Rheinübergang in der Nacht zum 1. Januar

In der Silvesternacht, scharf auf der Scheide der beiden verhängnisvollen Jahre, traf in den Kantonnements der Befehl ein, in aller Stille nach Caub aufzubrechen. Der Rheinübergang stand also nahe bevor. Die Brigade Hünerbein, der man zur Entschädigung für Wartenburg den Vortritt lassen wollte, sammelte sich und trat in geschlossenen Kolonnen zusammen. Mit und in ihr unser Regiment. Es war sternenklar und scharfer Frost; man hörte das Rollen der Diligence, die nach Koblenz hinabfuhr, das Plätschern von Rheinkähnen, die von Lorchhausen und Lorch herangerudert wurden, das Geräusch des beginnenden Brückenbaues, das Auffahren einer zwölfpfündigen Batterie. Drüben blieb alles still und schien entweder ahnungslos oder aber auf Hinterlist zu sinnen. Endlich – die Spannung war aufs höchste gestiegen – begann von $2^1/_2$ Uhr ab die Einschiffung der Avantgardeninfanterie auf den herbeigeschafften Kähnen. Den Übergang eröffneten 200 Füsiliere des Brandenburgischen Infanterieregiments, demnächst folgte unser 2. Bataillon, diesem der Rest der Brigade. Das Licht im Douanenhäuschen jenseits brannte. Die Überfahrt währte eine Viertelstunde. Alles blieb still, bis man das verbotswidrige Hurra hörte, mit welchem die Brandenburgischen Füsiliere das linke Rheinufer begrüßten. Gleich darauf fielen die ersten Schüsse aus dem Douanenhäuschen. Während die Füsiliere ein unbedeutendes Tirailleurgefecht zu bestehen hatten, landete auch unser 2. Bataillon, 271 Köpfe stark. Major Graf Brandenburg dirigierte die 6. und 7. Kompanie unter Führung des Hauptmanns Wiegand auf die große Straße nach Bacharach, die 5. und 8. Kompanie unter Kommando des Majors von Blücher aber seitwärts auf die Straße nach Oberwesel, von woher feindliche Detachements herbeigeeilt waren. Die Felsecke auf der Chaussee zwischen dem Douanenhäuschen und Bacharach war das Ziel, welches der Feind mehrere Male mit Nachdruck zu erreichen und zu halten suchte. Selbst Geschütze fuhren auf. Unser 2. Bataillon, dem eine Kompanie des 3. als Soutien nachgesandt wurde, verjagte den in der Verzweiflung kühnen Gegner, nahm Bacharach und setzte sich darin fest, bis es nach einigen Stunden Befehl erhielt, über Steeg nach dem Dorfe Rheinböllen zu marschieren. Als der Feind Bacharach geräumt hatte, erstiegen unser erstes und drittes sowie das erste Bataillon des Brandenburgischen Regiments den Talrand und besetzten das Dorf Henschhausen, wo demnächst die ganze Brigade sich sammelte. Das Ersteigen der Höhen war umso beschwerlicher, als der Morgen inzwischen Glatteis gebracht hatte. Dies veranlaßte ein häufiges Ausgleiten, welches denn auch nicht ohne Folgen blieb: der interimistische Regimentskommandeur Major von Herrmann beschädigte sich durch einen unglücklichen Sturz vom Felsen so sehr, daß er zurückbleiben und später wegen Invalidität seine Verabschiedung nachsuchen mußte.

Der Marsch der Brigade ging nun zunächst auf Saarbrücken, das am 7. Januar erreicht wurde, dann ins Lothringische hinein. Am 11. stand man bei St. Avold, am 18. aber überschritt man bei Pont à Mousson die Mosel und wurde den zur Einschließung von Metz bestimmten Truppen vorläufig zugeteilt. Das 1. Bataillon kam nach Moulins-les-Metz und Longeville, das 2. und 3. Bataillon in der Nähe von Plappeville, Namen, die seitdem wieder in unserem Ohr und Herzen lebendig geworden sind.

Der Aufenthalt vor Metz dauerte nur kurze Zeit, schon am 26. trafen russische Truppen als Ablösung ein. »Die Unseren wurden dadurch von einem Dienst befreit, der, infolge naßkalter Witterung und von Biwaks im halbgeschmolzenen Schnee, zahlreiche Verluste herbeigeführt hatte.« Aufgabe war gewesen, das formidable Metz womöglich einzunehmen, was beim Yorkschen Korps, das bekanntlich eine schonungslose Kritik gegen alle Anordnungen des Blücherschen Hauptquartiers übte, vielleicht nicht ohne Grund die »Champagner-Disposition« genannt wurde.

Am 26. Januar brachen unsere Bataillone auf und marschierten auf St. Mihiel. Von dort aus auf Commerzy, Ligny, St. Dizier, Vitry, also hart an der jetzigen Straßburg-Pariser Eisenbahnlinie hin. Am 3. Februar standen die Brigaden des Yorkschen Korps vor Vitry.

Am folgenden Tage wurde die Bewegung auf Chalons sur Marne fortgesetzt. Die 8. Brigade langte gegen Mittag vor der Festung an, und schon sollte zum Sturm geschritten werden, als General York von jedem Vorgehen derart Abstand nahm und die Stadt mit Granaten zu bewerfen begann.

Bald sah man Feuer aufgehen. Einige Zeit später ließ sich eine von einem französischen Offizier begleitete Deputation der Bürgerschaft melden, welche der General von York auch empfing. Alles harrte neugierig des Ausganges der Unterredung.

Endlich kam es zur Kapitulation und speziell unsere Brigade, die jetzt vom Prinzen Wilhelm geführt wurde*, rückte tags dar-

* Um diese Zeit fanden innerhalb des Yorkschen Korps überhaupt Neuformationen statt, die großenteils durch die voraufgegangenen schweren Verluste bedingt waren. Auch die 8. Brigade, und innerhalb derselben unser Regiment, wurde von diesem Wechsel der Dinge betroffen. Unser 1. Bataillon, mit dem Füsilierbataillon des Brandenburgischen Infanterieregiments kombiniert, kam unter dem Befehl des Majors von Borcke, das 2. und 3. Bataillon (ebenfalls kombiniert) unter das Kommando des Majors von Blücher. Wir begegnen deshalb in der Folge, und zwar bis zur Einnahme von Paris am 30. März 1814,

auf in die Reimser Vorstadt ein, wo man (wie am Abend vorher in der Vorstadt St. Mihiel) volle Champagnerkeller fand und die schäumende Flüssigkeit, die man für Weißbier hielt, gierig hinunterstürzte. Die Folgen blieben nicht aus, und unter einem wilden Gejauchze drang man endlich in die Stadt selber ein.

Am 6. Februar sollte der Marsch in der Richtung auf Montmirail fortgesetzt werden. Die 8. Brigade blieb in Chalons. Mit ihr unser Regiment. Hier sollte nunmehr dem Champagnerrausch eine sehr unangenehme Ernüchterung folgen; General von York ließ nämlich um zehn Uhr vormittags Generalmarsch schlagen und die Truppen bis nach eingetretener Dunkelheit beim ärgsten Regen unter dem Gewehr stehen.

Mitte Februar war die ganze Blüchersche Armee im »Lager von Chalons« vereinigt; sie zählte jetzt, nachdem auch General von Bülow eingetroffen war, vier Korps. Am 18. brach man auf. Es ging auf Paris.

Unter Gefechten wurde Laon erreicht. Am 9. März früh nahmen die Korps der Blücherschen Armee die durch das Terrain gebotene Aufstellung, das Yorksche Korps in zwei Treffen. Man hörte die Schlacht auf dem rechten Flügel, dem Yorkschen Korps gegenüber aber zeigte sich kein Feind. Endlich nachmittags vier Uhr erschien Marschall Marmont auf der Straße von Reims. Die Batterien begannen ihr Spiel und gegen Abend kam Befehl zum Angriff. Prinz Wilhelm, der jetzt eine Division führte, ging im Sturmschritt gegen das brennende Dorf Athies vor, das Bataillon Borcke mit seinen Schützen in der Front. Es ward immer finsterer; nur das flammende Athies, die auflodernden Biwakfeuer, die brennenden Lunten bei den in Position gebliebenen feindlichen Kanonen und die Sterne leuchteten. Unser Bataillon Blücher folgte links dem Bataillon Borcke; beide drangen in die nordwestliche Ecke des Dorfes ein, stießen erst auf Tirailleure, dann auf Massen. Kein Schuß fiel, aber unter Trommelschall und Hurraruf stürzte man auf den Feind. Rechts weithin, immer ferner und ferner, antworteten andere Bataillone des Prinzen sowie der Division Horn und des Kleistschen Korps im wilden

---

immer nur den Bezeichnungen: Bataillon von Borcke und Bataillon von Blücher. Von den vier Stabsoffizieren, die das Regiment bei seiner Gründung (vergl. S. 209) gehabt hatte, waren zwei tot, zwei schwer verwundet: Major von der Goltz an der Katzbach, Major von Zepelin bei Hochkirch (4. September) gefallen; Major von Laurens bei Möckern, Major von Herrmann beim Rheinübergang durch Sturz vom Pferde blessiert.

Echo. Der überraschte Feind floh im wilden Durcheinander. Man fand neben den eingestürzten Balken der brennenden Häuser die kurz zuvor erst aufgesetzten Feldkessel. Einzelne Abteilungen suchten sich hinter Hecken und Gartenmauern zu retten und schossen aus ihren Verstecken hervor. Aber zu ihrem Unheil. Sie wurden aufgespürt und über den Haufen gerannt. Der Mond ging auf und goß seine Streiflichter, gemischt mit denen des brennenden Dorfes, auf ein kurzes aber wildes Handgemenge; der fliehende Feind, seines Weges unkundig, war ohne Wissen und Wollen in unsere Bataillone hineingeraten. Eine Meile weit ging die Verfolgung.

Nach diesem Tage (9. März) hatte man auf ein rasches Vorwärts gerechnet. Aber es unterblieb und man ging bis in das Biwak bei Athies zurück. Erst am 18. kam wieder Bewegung in den großen Heerkörper. Eine Woche später empfand jeder: nun geht es wirklich auf Paris, und am 19. standen die Spitzen unserer Armeen angesichts der französischen Hauptstadt. Das Yorksche Korps hatte beim Vormarsch die Tete gehabt, die ihm zukam, denn bei ihm war der eigentliche Ernst des Krieges.

So kam der 30.

Schlacht vor Paris, 30. März

Schon um sechs Uhr hörte man Kanonendonner von Pantin und Romainville her, und um zehn Uhr stand die Avantgarde des Yorkschen Korps in Höhe von Pantin. Eine feindliche, hinter der Meierei Le Rouvray stehende Batterie beherrschte die Straße, darauf wir anrückten, und unser Musketierbataillon Blücher wurde zur Unterstützung der Avantgarde vorgezogen. Im Laufschritt, um dem Kartätschfeuer der bei Le Rouvray feuernden Batterie möglichst zu entgehen, ward eine eiserne, über den Ourcqkanal führende Brücke passiert und Le Rouvray selbst von unserem Bataillon Blücher besetzt, während andere Bataillone in Pantin einrückten. Die feindliche Batterie ging zurück. Mit ihr verschiedene Bataillone, die bis dahin die Position gehalten hatten.

In diesem Augenblick erhielt Major Blücher Befehl, dem sich zurückziehenden Feinde zu folgen. Aber dieser war minder erschüttert, als man diesseits erwartet hatte, kam zum Stehen und empfing die Nachstürmenden mit mehreren Salven. Gleichzeitig eröffnete eine jenseits des Kanals aufgefahrene Batterie ihr Feuer gegen die Unseren und so in Front und Flanke zusammengeschossen, blieben im Nu 210 von 343 Mann. Fast zwei Drittel also waren tot oder verwundet. Der Rest, zurückeilend, suchte das schützende Vorwerk (Meierei Le Rouvray) zu erreichen. Der Feind nach. Da rafften Hauptmann von Rathenow und Leutnant von Johnston ein paar Gruppen Fliehender zusammen, warfen sich den Verfolgern entgegen und retteten dadurch die Meierei.*

Das andere Bataillon unseres Regiments, Major von Borcke, nahm nur mit einem Schützenzuge an den mehr nördlich sich hinziehenden Kämpfen teil und hatte geringe Verluste.

Tags darauf, am 31. März, war »Einzug in Paris«. Linie und Landwehr blieben bekanntlich davon ausgeschlossen. Unsere Bataillone besetzten an diesem Tage die Barrieren de l'Etoile und du Bassin.

Am 30. Mai Friedensschluß. Bald darauf Rückkehr der Truppen in die Heimat.

Das 24. Infanterieregiment
1815

Unser Regiment – damals noch unter seinem alten Namen: 12. Reserve-Infanterie-Regiment – war am 8. Juli 1814 in die ihm zugewiesene Garnison Luxemburg eingerückt. Major von Laurens, von seiner Verwundung hergestellt, übernahm wieder das Kommando. Nicht eben zum Vorteil des Regiments wurden viele Rheinländer eingestellt, was sich jetzt, nachdem sie aus »Muß-Preußen« längst zu loyalen Alt-Preußen geworden sind, ohne besonderen Anstoß sagen läßt. Sie wollten damals keine guten Preußen sein.

Die Reorganisation war nur erst oberflächlich beendet, als eine kurze Meldung das Friedenswerk unterbrach: »Napoleon zurück von Elba!« Also wieder Krieg. Am 27. Mai 1815 verließ unser

---

* Bei dem Zurückgehen des Bataillons war Unteroffizier Saame, ein ausgezeichneter Soldat, schwer verwundet liegen geblieben. Man meldete dem Hauptmann von Rathenow, der ihn ganz besonders schätzte, Saame habe nach seinem Kapitän gerufen und hinzugesetzt: der werde schon sorgen, daß er nicht in Feindes Hand falle oder verblute. »Freiwillige vor!« rief Rathenow. Keiner meldete sich. Da eilte Rathenow selbst auf den Kampfplatz zurück, alsbald gefolgt vom Hauptmann von Bismarck. Sie fanden den sterbenden Kameraden und trugen ihn nach Le Rouvray zurück. Jetzt vermißte Bismarck seinen Säbel, den er zwischen den Toten hatte liegen lassen. Das ging nicht; also nochmals zurück. Mit einer leichten Schußwunde kam er davon; seinen Säbel hatte er wieder.

Regiment – das seit dem 1. Mai letztgenannten Jahres den Namen 24. Infanterie-Regiment führte – Luxemburg und marschierte in die Niederlande hinein, um seine Stellung innerhalb der 1. Brigade des I. Korps einzunehmen. Die Stärke des Regiments belief sich, alles in allem, auf etwa 2200 Mann und zwar: 1. Bataillon 21 Offiziere und 717 Mann, 2. Bataillon 19 Offiziere und 727 Mann, Füsilier-Bataillon 20 Offiziere und 694 Mann, Summa 60 Offiziere und 2138 Mann.

Die 1. Brigade, General von Steinmetz, bestand aus dem Brandenburgischen Infanterieregiment Nr. 12, und dem 24. Regiment und dem 1. Westfälischen Landwehrregiment. Dazu das 6. Ulanenregiment und eine Fußbatterie. Am 7. war Revue der Brigade, am 8. Vorlesung der Kriegsartikel, am 9. kündigte sich der Feind an, aber sein Erscheinen verzögerte sich. Am 14. Aufstellung auf der großen Straße nach Binche; am 15. fanden bereits einzelne Rencontres statt. So kam der Tag von Ligny, der auch unserm Regiment erhebliche Opfer auferlegte.

Ligny, 16. Juni

Napoleon stand bei Fleurus mit vier Korps: Grouchy, Gérard, Vandamme und den Garden, Blücher eine Meile weiter nördlich, hart links an der von Fleurus auf die Chaussee Brüssel-Namur führenden Straße. Er hatte nur drei Korps zur Hand; das vierte Korps (Bülow) war noch zurück. Im Vertrauen auf die Unterstützung Wellingtons – die später, nach Lage der Sache, ausbleiben mußte – nahm er die Schlacht an. Diese hat man sich einigermaßen ähnlich vorzustellen wie die Schlacht bei Vionville: drei an einer Chaussee liegende stark besetzte Dörfer, gegen die sich von Süden her drei Angriffskolonnen richten. Was am 16. August 1870 die Dörfer Mars la Tour, Vionville und Rezonville waren, das waren am 16. Juni 1815 die Dörfer St. Amand, Ligny und Sombreffe. Gegen die rechten Flügeldörfer geschah an beiden Tagen nichts Erhebliches; wie sich der eine Tag bei Mars la Tour und Vionville entschied, so der andere bei St. Amand und Ligny.

St. Amand, Ligny, Sombreffe – so folgten die Dörfer einander von West nach Ost. Da wir mit Front gegen Süden standen, von wo Napoleon angriff, so war St. Amand unser rechter, Sombreffe unser linker Flügel; Ligny Zentrum.

St. Amand war durch das Zietensche, Ligny durch das zweite, Sombreffe durch das Thielemannsche Korps besetzt.

Um zwei Uhr ging Napoleon vor. Vandamme, französischer linker Flügel, gegen St. Amand, Gérard, Zentrum, gegen Ligny, Grouchy, französischer rechter Flügel, gegen Sombreffe. Nach mehrstündigem Hin- und Herschwanken entschied sich der Kampf dadurch, daß Napoleon, die Garden zur Unterstützung Gérards vorziehend, mit diesen unser Zentrum bei Ligny durchbrach. Blücher, sich an die Spitze einiger Kavallerieregimenter setzend, suchte die Schlacht wieder herzustellen. Aber vergeblich. Geworfen, entging er nur wie durch ein Wunder der Gefangennahme.

Soviel über den Gang der Schlacht überhaupt.

Unser Regiment stand am diesseitigen rechten Flügel (Zietensches Korps) teils bei St. Amand, teils tausend Schritt weiter nördlich bei dem Dorfe St. Amand la Haye. Hier nahm es an den erbitterten Kämpfen dieses Nachmittags teil. Wir geben nur einige Details.

»Um einundeinhalb Uhr durchschritt der greise Feldmarschall das Biwak der 1. Brigade: 12. und 24. Infanterieregiment und ermunterte die Soldaten mit ein paar kräftigen Worten: ›Seht dort bei Fleurus, da zieht sich's zusammen. Nun gilt es, Kinder.‹

Um dieselbe Stunde erhielt unser Füsilierbataillon, Major von Blücher, Order, in St. Amand einzurücken. Bis dahin hatte das Bataillon in einem Garten in Front des Dorfes gelegen. In Gemäßheit dieser Order war man eben damit beschäftigt, die südwestliche Lisiere von St. Amand mit Tirailleurs zu besetzen, als der Gegenbefehl eintraf, statt in das Dorf, in die Reserve zu rücken. Das Bataillon verließ St. Amand und marschierte bis St. Amand la Haye, wo es östlich neben dem Dorfe Stellung nahm. Hier befand sich ein Backofen, von dessen Höhe aus, über St. Amand hinweg nach Fleurus zu, unsere Offiziere die Einleitungen zum Gefecht, wie sie auf französischer Seite stattfanden, deutlich verfolgen konnten.

Inzwischen sahen unsere auf einem Höhenzuge unmittelbar nördlich von St. Amand stehenden Musketierbataillone ebenfalls über dies Dorf hinweg und nahmen gleicherweise das Vorrücken der Vandammeschen Kolonnen wahr, die sich von Fleurus aus gegen St. Amand dirigierten. Dieses war nach Abzug unseres Füsilierbataillons durch das 29. Regiment besetzt worden. Vandamme griff mit Übermacht an, bemächtigte sich des Dorfes und warf die Neunundzwanziger hinaus. Als er indessen von der nordöstlichen Lisiere her in Kolonnen debouchieren wollte, ging ihm unsere 1. Brigade, rechts das 12., links das 24. Regiment, entgegen und drang mit einer glücklichen Attacke in das Dorf ein. Kaum war dieser Erfolg errungen, als frische feindliche Streitkräfte St. Amand wieder zu nehmen trachteten. Dies versagte jedoch. Unsere Musketiere gewannen sogar Terrain, nachdem sie dem Feinde, der sich mit der größten Erbitterung schlug, Gehöft nach Gehöft und Hecke nach Hecke hatten abringen müssen.

Aber der Feind führte jetzt abermals neue Bataillone gegen St. Amand vor. Unser Regiment mußte die südwestliche Lisiere wieder aufgeben, da es an Patronen zu mangeln begann, und das Gefecht im Dorfe selbst erneuerte sich nunmehr. Endlich traf unsererseits die 2. Brigade Pirch zur Ablösung ein. Schwierig war es, die in lauter Trupps zerstreuten Mannschaften aus dem wütenden Kampfe herauszuziehen. Endlich gelang es. Laurens bestimmte als Sammelplatz einen tief gelegenen Punkt zwischen Ligny und St. Amand la Haye. Leider sicherte diese Vertiefung nicht ausreichend gegen das Einschlagen von Geschossen, und beide Musketierbataillone erlitten hier noch erhebliche Verluste. Dem Leutnant von Wulffen riß eine Granate den Kopf weg, eine andere rasierte fünf Mann vom rechten Flügel der 5. Kompanie, eine dritte traf Laurens Pferd und schleuderte diesen aus dem Sattel.

Was nun noch folgte, war, soweit unser Regiment in Betracht kommt, ein Hin- und Hermarschieren. Es ging nach Sombreffe und wieder zurück.

Auf diesem Rückmarsch indes war es unsern Vierundzwanzigern noch beschieden, an dem in gewissem Sinne wichtigsten Moment des Tages teilzunehmen. Blücher selbst, um Ligny wiederzugewinnen, führte zum Schluß des Tages, wie schon erwähnt, ein paar Kavallerieattacken aus. Aber sie mißglückten, Blücher stürzte und lag unterm Pferde. Die französischen Reiterungewitter donnerten über das Feld hin. In diesem Augenblicke trafen wie durch glücklichen Zufall unsere Musketierbataillone an dem Wasserlauf ein, der hart an Mont Potriaux vorüberfließt. Laurens ließ Karree schließen und kommandierte: »Zweites Glied, Feuer!« Dies wechselte darauf mit dem dritten Glied die Gewehre und eine zweite Salve folgte. Beide hatten ihre Wirkung, die Reitermasse stob seitwärts und wurde von dem Punkt abgedrängt, wo Blücher unterm Pferde lag. Vielleicht wandten diese Salven eine Gefangennahme ab, die, nach allgemeiner Annahme, verhängnisvoll gewesen wäre.

Der Rückzug – Gneisenaus unsterbliches Verdienst – ging auf Wavre, das heißt den Engländern entgegen. Der Gesamtverlust, den unser Regiment an diesem Tage erlitt, belief sich auf 14 Offiziere und 340 Mann, die zur Hälfte auf das 2. Bataillon entfielen.

Belle-Alliance, 18. Juni

Wie bei Ligny an tapferer Verteidigung, so nahm unser Regiment bei Belle-Alliance an der siegreichen Offensive teil, die die letzten Stunden dieses Tages brachten. Es gehörte zu den Truppen, die recht eigentlich die Schlacht entschieden. Ihr bloßes Erscheinen bedeutete den Sieg.

Es war etwa sechs Uhr, als die 1. Brigade von Steinmetz auf dem Schlachtfelde eintraf. In diesem Moment waren die Engländer im Zurückweichen und getrennt vom Bülowschen Korps.

Die 1. Brigade (und in ihr unser 24. Regiment) stellte dadurch, daß sie zum Angriff vorging, den Feind warf und die Engländer zu neuem Vorrücken veranlaßte, die Verbindung wieder her und entschied auf diese Weise die Niederlage des französischen rechten Flügels. Auf einer von einem französischen Generalstabsoffizier herrührenden Zeichenskizze finden wir an einer Stelle, wo zwei Bataillone an der Spitze des heranziehenden Zietenschen Korps in den Plan eingezeichnet sind, zugleich die Worte: Arrivée du corps du Général Zieten, qui decida la défaite de l'aile droite. Diese »zwei Bataillone« sind die Musketiere unseres 24. Regiments.

Der Feind wich, setzte sich aber noch einmal auf den dominierenden Höhen südwestlich von Smohain. Unsere Musketierbataillone, unter Laurens persönlicher Führung, folgten. Sie hatten die französische Garde gegenüber, die jetzt mit höchster Anstrengung unsere so gut wie vollzogene Vereinigung mit den Engländern wieder zu lösen trachtete. Die diesseitige Tirailleurkette wurde verstärkt und wieder verstärkt, bis zuletzt die halben Bataillone aufgelöst kämpften. Alles umsonst. Der heftige Widerstand der alten Garde brachte den Angriff ins Stocken; ein Wanken begann, das ein Weichen zu werden drohte. In diesem Augenblick trat Laurens, wie es in den Berichten heißt, »mit seiner kräftigen Gegenwart« ein, schob das Füsilierbataillon nach links, um dadurch Verbindung mit dem rechten Flügel des 4. Korps zu gewinnen, nahm gleichzeitig die Soutiens der Musketierbataillone zusammen und führte sie, durch die Tirailleurschwärme hindurch, zu neuem Angriff vor. Im Vorgehen wurde nach rechts hin Verbindung mit den Bergschotten gewonnen, die an dieser Stelle standen und kämpften. Vorwärts! Wohl erkannte man die Gefahr, als es so gerade im Sturmschritt auf die alte Garde losging, die noch dazu durch eine vorteilhafte Stellung begünstigt war, aber siehe da, es gelang. Der Feind wurde geworfen. Seit Beginn dieses Angriffs war kaum eine halbe Stunde vergangen. Von Position zu Position in den Kessel zurückgedrängt, zog sich die Garde von Frichermont auf la Belle-Alliance zu.

Der Nebel hatte sich inzwischen gänzlich geteilt. Noch einmal sah man die feindliche Kavallerie anrücken, jedoch bald Halt und Kehrt machen. Endlich verschwanden die französischen Kolonnen hinter Planchenoit.

Die prächtigste Sommernacht zog herauf und ein glänzender Vollmond beleuchtete das Schlachtfeld, auf welchem die Engländer und Preußen nunmehr als Sieger vereint ruhen durften.

Unser Regiment vereinigte sich bei la Haye-Sainte und bezog daselbst ein Biwak, dicht neben ihm einige Bataillone Hochländer. Als man sich einigermaßen eingerichtet hatte, ließ Laurens die Hautboisten und Sänger vor die Mitte des Lagers treten und zuerst »Nun danket alle Gott«, dann »Heil Dir im Siegerkranz« anstimmen. Als die Hochländer diese Melodie hörten, die wie bekannt zugleich die der englischen Nationalhymne ist, fühlten sie sich freudig überrascht, fielen ein und sangen ihr »God save the King« mit, indem sie mit tränenvollen Augen ihren preußischen Waffengefährten in die Arme stürzten. Dann wurde noch lang in die Nacht hinein gejubelt und getanzt, obgleich der Boden von dem furchtbaren Regen der vorigen Nacht sehr aufgeweicht und durch die Kavallerieattacken gräßlich durchknetet war. Vierundzwanziger und Bergschotten im frohsten Durcheinander.

Die Verluste des Regiments waren mit Rücksicht auf das große Resultat gering zu nennen*: 137 Mann an Toten und Verwundeten, die, wie bei Ligny so auch hier, größerenteils auf die beiden Musketierbataillone entfielen.

---

* So verhältnismäßig gering die Verluste des Regiments an diesem Entscheidungstage waren, so groß waren sie in den kleineren, jetzt halbvergessenen Kämpfen, die noch folgten. Am 29. Juni traf man in der Nähe von Paris ein; am 2. Juli hatten unsere Musketierbataillone die Gefechte bei Sèvres und Issy. Dieselben kosteten uns 9 Offiziere und 322 Mann, jedes dieser Gefechte mehr, als Waterloo gefordert hatte.

Die Friedensjahre

Von 1815 bis 1848

Am 2. November 1815 trat das Regiment den Rückmarsch in die Heimat an; es marschierte über Brüssel, Köln, Braunschweig, Magdeburg nach Breslau und Neisse. In diesen Garnisonen wurde die Demobilisierung ausgeführt.

1817 trat das Regiment aus dem 6. (schlesischen) Armeekorps in das 3. (brandenburgische) über und wurde nach Frankfurt a. O. hin gelegt. In Frankfurt und Umgegend stand das Regiment drei Jahre und rückte erst im September 1820 in seine neuen Garnisonen Ruppin und Prenzlau ein.

Die Regimentskommandeure der Vierundzwanziger waren von 1815 bis 1848 die folgenden: Oberstleutnant von Laurens bis 1816, Oberst von Romberg bis 1821, Oberst von Petery bis 1834, Oberst von Wulffen bis 1838, Oberst Chlebus bis 1844, Oberst Ehrhardt bis 1848. – 1824 wurde der Erbgroßherzog Paul Friedrich von Mecklenburg-Schwerin Chef des Regiments, 1842 der Sohn Paul Friedrichs, der jetzt regierende Großherzog Friedrich Franz.

Das 24. Regiment im Jahre 1848 und 1849

Am 24. Februar 1848 erfolgte die »Februarrevolution« und in weniger als drei Wochen zog das revolutionäre Wetter über ganz Europa hin. Überall fand es reichlichen Zündstoff und überall schlug es ein. Auch bei uns. Es war eben nicht alles so, wie es sein sollte. Die Zusagen von 1815 waren unerfüllt geblieben, ein Druck war da, eine Luft, die das freie Atmen hinderte. Auch die Besten, wenn sie nicht Unzufriedene waren, waren wenigstens unbefriedigt.

Aus dieser Stimmung heraus erwuchs unser »18. März«. Ohne den stillen Vorschub, den das gesamte Volksgefühl den Krawallern von Fach leistete, wäre dieser Tag nicht möglich gewesen.

Die junge Freiheit war geboren. Aber sie konnte ihren unmittelbaren Ursprung nicht verleugnen, und mit jedem Tage wurde es klarer, daß sie von der Gasse stammte. Das vielzitierte »Schaumspritzen« eines freiheitlichen Geistes wurde mehr und mehr unbequem und die hohe Libertas trug das Kleid des Rehbergers. Unser Regiment war es, dem damals die Aufgabe zufiel, die Ausschreitungen der Hauptstadt im Zaume zu halten, weniger durch direktes Eingreifen, als einfach durch seine Gegenwart. Die Übermütigsten wußten, daß wenigstens ein loyaler Faktor da war, mit dessen 3000 Bajonetten gerechnet sein wollte.

Sehr bald nach dem »18. März« waren unsere Vierundzwanziger in die Hauptstadt eingerückt und hatten in den Kasernen des 2. Garderegiments und der Gardeartillerie Quartiere bezogen. Speziell diese Kasernen waren wohl mit Rücksicht auf die nahe gelegene »Oranienburger Vorstadt« gewählt worden. Der Sicherheitsdienst befand sich in den Händen der Bürgerwehr und nur einige wichtigere Punkte wurden unseren Vierundzwanzigern zugewiesen. Unter diesen das Zeughaus.

Eben dieses war auch am 14. Juni wieder durch eine Füsilier-Kompanie Vierundzwanziger besetzt worden, als sich am Nachmittage genannten Tages jene Ereignisse vorbereiteten, die unter dem Namen der »Zeughaussturm« bekanntgeworden sind. Ein sehr lehrreiches Kapitel in der Geschichte der Revolutionen, zugleich ein treffliches Beispiel dafür, daß Unternehmungen von einer nicht wegzudisputierenden historischen Bedeutung oft nicht bloß durch die zweifelhaftesten, sondern auch geradezu durch die kümmerlichsten Mittel in Szene gesetz werden. Hundert oder zweihundert verwegene Bursche, Bursche, die, was auch kommen möge, nur zu gewinnen haben, rottieren sich zusammen, und in weniger als einer halben Stunde sind aus den zweihundert zwanzigtausend geworden. Aber diese zwanzigtausend sind au fond nichts als eine Täuschung. Jeder will sehen und hören, und vielleicht hinterher ein wenig renommieren, das ist alles; er denkt nicht daran, Hand anzulegen, wenn es ernst wird, er will nicht kämpfen oder sich persönlich Gefahren aussetzen, er will nur mit schreien und möglichst mit unnütz sein, während die andern die Kastanien aus dem Feuer holen. Diese »andern« aber sind immer nur wenige. Wer dies im Auge hat, der wird solcher Bewegungen in der Regel leicht Herr werden und meistens ohne große Opfer hüben und drüben; aber an diesem freien Blicke gebricht es in revolutionären Zeit fast immer. Jeder ist angekränkelt, jeder erkennt der Auflehnung ein bescheidenes Maß von Berechtigung zu, oder setzt auch wohl Mißtrauen in die Mittel und Wege, mit denen er in den Kampf eintreten soll. So wird die Entschlußkraft gebrochen. Das Schlimmste tun dann schließlich noch die »Berater«. Unter diesen sind immer einige, die mit der Angst des eigenen Herzens die Herzen derer, bei denen die Entscheidung liegt, anzustecken wissen. Mitunter sind es auch Mitverschworene.

So war es am 14. Juni. Geschwätz, Zureden und, als alles nicht ausreichte, direkte Lüge, brachen, ohne daß ein Schuß gefallen wäre, den Widerstand der Zeughausverteidiger und die jubelnde Menge trat ein. Aber nicht lange sollte sie sich dieses Sieges erfreuen. Das mittlerweile gesammelte 1. Bataillon Vierundzwanziger erhielt Befehl, das Zeughaus wiederzunehmen, und vom Kupfergraben, wie zugleich vom Kastanienwäldchen aus, rückten alle vier Kompanien gegen dasselbe vor. Die Menge wich und durch sie hindurch drangen jetzt die Hauptleute von Brause und von Stülpnagel in das Zeughaus ein, säuberten den Hof, nahmen in der obersten Etage dem Gesindel die bereits geraubten Waffen wieder ab und jagten dasselbe die Treppe hinunter oder zu den Fenstern hinaus. In Zeit von zwei Stunden war alles beendet und die Ordnung der Dinge wiederhergestellt.

So der Juni 1848. Ernster, bedeutsamer waren die Mai-Ereignisse des folgenden Jahres, insonderheit

der Straßenkampf in Dresden.

Hier stand man einer wirklichen revolutionären Macht gegenüber. Auf diese Kerntruppe der Revolution paßte nicht mehr das, was ich vorstehend von bloßen Krawallern und Tunichtguten gesagt habe, hier befehdeten sich zwei Prinzipien, von denen jedes seine Truppen ins Feld stellte. Die Ereignisse von damals sind halb vergessen, sie sollten es nicht sein. Sie gaben uns einen Vorgeschmack von dem, was kommen wird.

Am 3. Mai war der Aufstand in Dresden ausgebrochen. An der Spitze standen Tschirner, Todt, Heubner, Bakunin. Die Barrikaden (so wird erzählt) waren nach Anleitung Sempers errichtet, die revolutionäre Armee selbst aber bestand aus Turner-, Künstler- und Studetenkorps, aus Teilen der Schützengilde, der Bürgerwehr, aus formierten Abteilungen militärisch eingeübter Bergleute und aus Umsturzmännern von Fach, namentlich Polen. Es handelte sich also nicht um »Gesindel«, das bekämpft werden sollte, sondern, wie schon hervorgehoben, um eine Elitetruppe, die nach Intellekt, Wissen und bürgerlicher Stellung erheblich höher stand, als die uckermärkischen Füsiliere, die hier unsererseits in den Kampf eintraten. Je bestimmter ich auf seiten dieser letzteren stehe, desto freier auch darf ich es aussprechen, daß nichts falscher und ungerechter ist, als auf die Scharen des Maiaufstandes verächtlich herabzublicken. Die Schuld lag bei den Führern. Und auch hier ist noch zu sichten. Neben Ehrgeizigen und Böswilligen standen aufrichtig begeisterte Leute. Eine Republik herstellen wollen, ist nicht notwendig eine Dummheit, am wenigsten eine Gemeinheit.

Das sächsische Militär war nicht stark genug, den Aufstand zu unterdrücken. Am 5. oder 6. Mai gingen deshalb von Berlin aus das 1. und das Füsilierbataillon vom Alexanderregiment nach Dresden ab, um die sächsischen Truppen in ihrem Kampfe zu unterstützen. In der Nacht vom 7. auf 8. folgte unser vierundzwanziger Füsilierbataillon. Am 8. früh traf es in Neustadt-Dresden ein und rückte um ein Uhr mittags zur Ablösung der verschiedenen Detachements des Alexanderregiments über die Elbbrücke. Die halbe Altstadt war um diese Zeit bereits zurückerobert, aber in der im Besitz der Insurgenten verbliebenen Hälfte steigerte sich der Widerstand, besonders am Altmarkt und in dem zwischen der Wilsdruffer-, Scheffel- und Schloßgasse gelegenen Häuserkarree.

Unsere Füsiliere begannen den Kampf sofort, aber der Hauptangriff wurde doch bis zum 9. morgens verschoben.

Die 9. Kompanie (rechter Flügel) ging in der Frühe genannten Tages mit allen drei Zügen vor. Hauptmann von Malotki nahm das Postgebäude, Leutnant von Glasenapp das Englische Haus, Leutnant von Horn eine starke Barrikade an der Scheffel- und Wallstraßen-Ecke.

Die 10. Kompanie (linker Flügel) setzte sich vom Neuen Markt her in den Besitz des Café français und avancierte von hier aus gegen die ebenfalls mit Insurgenten besetzte Kreuzkirche.

Die 11. und 12. Kompanie (Zentrum) arbeiteten sich in den Häusern der Sporer- und Schössergasse gegen den Altmarkt vor, während andere Abteilungen, bei denen sich der Bataillonskommandeur Major Schrötter befand, die Hauptstraße hielten und die hier errichteten, mit der roten Fahne geschmückten Barrikaden wegnahmen.

Die Hauptaktion hatte die 9. Kompanie. Noch geraume Zeit nachher bot das Postgebäude samt den angrenzenden Baulichkeiten ein deutliches Bild des Kampfes, der hier getobt hatte. Die Verluste der Insurgenten waren groß, der ganze Hergang aber, rein auf seinen militärischen Gehalt hin angesehen, hatte deutlich gezeigt, welches Widerstandes eine Stadt fähig ist, wenn sie den guten Willen hat, jeden fußbreit Erde zu verteidigen.

Der Straßenkampf in Iserlohn
17. Mai 1849

Am 11. Mai verließ unser Füsilierbataillon Dresden und vereinigte sich mit den andern Bataillonen des Regiments, um den inzwischen an einigen Orten Westfalens ausgebrochenen Aufstand niederzuschlagen. Das führte am 17. Mai zu dem Straßenkampfe von Iserlohn. Unsere Bataillone stürmten von drei Seiten her gegen die Stadt, nahmen die Barrikaden im ersten Anlauf und drangen in den Straßen, trotz lebhaften Feuers aus den angrenzenden Häusern, ohne Aufenthalt vor. Eine der Barrikaden, die von der 4. Kompanie erstürmt wurde, war aus Postwagen erbaut, andere waren mit Geschützen versehen. An die Spitze der 12. Kompanie hatte sich der Kommandeur des Füsilierbataillons, Oberstleutnant Schrötter, gestellt; seiner Truppe weit voraus traf ihn eine Kugel und tödlich getroffen sank er aus dem Sattel. Diesen Schuß hatten die Aufständischen teuer zu bezahlen. Das Haus ward erstürmt und von drei Seiten her der Marktplatz erreicht. Die Feder sträubt sich, die Zahl der Opfer anzugeben. Auf seiten des Regiments waren nur zwei Tote, darunter Oberstleutnant Schrötter.*

Der Feldzug in Pfalz und Baden

Inzwischen hatten sich die badischen und auch zum Teil die bayrischen Truppen (soweit sie in der Rheinpfalz standen) dem Aufstande angeschlossen. An die Stelle ihrer Offiziere, die mit kaum nennenswerten Ausnahmen ihrem Eide treu blieben, traten vielfach Revolutionärs vom Fach. Mieroslwaski übernahm die Oberleitung.

Drei Korps setzten sich zur Bekämpfung der Aufständischen in Marsch. Das erste dieser Korps wurde vom General von Hirschfeld, das zweite vom General Graf Gröben, das dritte, aus deutschen Kontingenten gemischte, vom Generalleutnant von Peucker kommandiert. Den Oberbefehl über die Armee übernahm der damalige Prinz von Preußen.

---

* Oberstleutnant Schrötter ward auf dem Iserlohner Kirchhof beigesetzt. In der Garnisonkirche zu Prenzlau ist ihm seitens der Kreisstände der Uckermark eine marmorne Gedächtnistafel errichtet worden. Für sein brillantes Verhalten in Dresden war ihm ein Regiment zugedacht; die Ernennung, als sie in Iserlohn eintraf, fand ihn bereits tot.

Unsere Vierundzwanziger kamen zum Hirschfeldschen Korps. Es war mehr ein Marschieren als ein Bataillieren, und zuletzt, als die Murglinie seitens der Aufständischen erreicht war, setzten sie sich, um einen letzten entschlossenen Widerstand zu versuchen. Dies führte am 29. und 30. Juni zu den ziemlich blutigen Gefechten bei Kuppenheim, von denen das eine diesseits, das andere jenseits der Murg geschlagen wurde. An dem Gefechte diesseits der Murg (29.) nahmen unsere Musketierbataillone, an dem Gefechte jenseits der Murg (30.) unsere Füsiliere teil. Besonders zeichnete sich am 29. das 2. Bataillon aus. »Das Erscheinen des 2. Bataillons 24. Regiment war entscheidend. Die Freudigkeit, mit der es ins Gefecht ging, ist über alles Lob erhaben, und bald war auch das verlorengegangene Terrain* und noch mehr gewonnen. Der Feind zog eilig über die Murg nach Kuppenheim ab.«

Die verschiedenen Gefechte, die am 30. Juni stattfanden, entschieden über das Schicksal der Insurgentenarmee. Ein Teil warf sich nach Rastatt hinein, das sich bis zum 23. Juli hielt. Der Rest zerstob in alle Winde.

Damit war der Feldzug abgeschlossen, unsere Vierundzwanziger aber wurden dem Okkupationskorps zugeteilt, das bis November 1850 in Baden verblieb.

Die Verluste in allen Kämpfen des Jahres 1849 (Dresden, Iserlohn, Baden) stellten sich für unser Regiment wie folgt:

Dresden:	6 Tote, 13 Verwundete.
Iserlohn:	2 Tote, 4 Verwundete.
Baden:	3 Tote, 18 Verwundete.

Damals hatten diese Zahlen ein Gewicht; jetzt blicken sie uns bescheiden an. Bei Vionville gab es Sekunden, die mehr kosteten als alle diese Kämpfe zusammengenommen.

---

* Das Gefecht bei Kuppenheim stand eine Zeitlang nicht allzu günstig für uns. Die badenschen Truppen, auch einige Freischärlerabteilungen, schlugen sich gut, dazu war Mieroslawskis Begabung unzweifelhaft. Unsere neunundvierziger Kriegführung ist überhaupt mannigfach getadelt worden und vielleicht nicht ganz mit Unrecht. Aber die Schwierigkeiten waren groß, und über alles genialisch Feldherrliche hinaus wurden die Gemüter damals von der Frage beherrscht: »Wie nah sind wir den badisch-militärischen Zuständen, oder wie weitab von ihnen?« Die Treue bedeutete alles, die Strategie wenig. Das will erwogen sein.

Das 24. Regiment im Kriege gegen Dänemark 1864

Eine Epoche der »Mobilmachungen« folgte den Kämpfen von 1848 und 1849. Wer diese Mobilmachungen erlebt hat, weiß, daß es nichts Verstimmenderes und Lähmenderes gibt. Wer mobilisiert, muß auch schlagen. So wenigstens die Regel. Eine so große Rat- und Freudlosigkeit war über unser Volk gekommen, daß, als der Tod Friedrichs VII. und die sofort ausgesprochene Inkorporation Schleswigs in Dänemark zu neuen Mobilisierungen führte, niemand an den Ernst der Situation glauben wollte. »Es wird wieder nichts« hieß es. Nebenher ging die Befürchtung, daß alles, was etwa doch geschähe, zu Nutz und Frommen Dänemarks geschehen würde. Es kam jedoch anders. Eine Epoche glänzender Kriege nahm ihren Anfang.

Anno 1864 kam unser Regiment zur Brigade Roeder. Am 2. Februar war es mit bei Missunde, rückte am 7. mit in Flensburg ein und stand am 11. im Vorterrain von Düppel, etwa eine Meile von den Schanzen entfernt.

Am 22. Februar wurde die Büffelskoppel, am 14. März Wester-Düppel, am 17. März Kirch- und Oster-Düppel genommen. Endlich am »18. April« erfolgte der so berühmt gewordene Sturm auf die Düppler Schanzen.

Unsere Vierundzwanziger standen der Schanze V gegenüber. Die Formation der Angriffskolonne war die folgende: eine Schützenkompanie: Hauptmann von Salpius vom 64., eine Arbeiterkompanie: Hauptmann von Lobenthal vom 64.; eine halbe Pionierkompanie: Premierleutnant Lommatzsch. Zwei Sturmkompanien 24er unter Hauptmann von Hüllesem und Hauptmann von Sellin; zwei Reservekompanien, 24er und 64er, unter Hauptmann von Goerschen und Hauptmann Windell.

Alle stiegen mit dem Glockenschlag zehn rasch hintereinander aus der dritten Parallele hervor und avancierten in drei Linien. Die Kompanien von Sellin und von Goerschen, und ihnen vorauf die halbe Pionierkompanie unter Premierleutnant Lommatzsch, hatten nach drei Minuten schon den Graben in Front der Schanze erreicht. Hier aber geboten die Palisaden Halt. Es galt dieses Hindernisses Herr zu werden. Mancher überkletterte die Pfähle, die meisten aber stemmten sich dagegen und wuchteten sie heraus, wodurch Lücken entstanden, die nun den Stürmenden den Weg auf die Brustwehr öffneten. Wie bei Schanze III, wo die Füsiliere vom Leibregiment den Leutnant von Werdeck, eine reckenhafte Figur, mit Hilfe zusammengelegter Gewehre hineingehoben hatten, so trugen auch hier die Füsiliere vom 24. Regiment ihren Hauptmann von Sellin im Triumph in die Schanze. Mancher fiel. Premierleutnant Lommatzsch, an der Spitze seiner Pioniere, erhielt einen tödlichen Schuß, Leutnant von Falkenstein, vom 24., wurde schwer verwundet, aber schon sechs Minuten nach zehn Uhr war Schanze V in der Front erobert.

An dem erbitterten Kampfe, der der Erstürmung der Schanzen auf dem zwischen diesem und dem Sonderburger Brückenkopf gelegenen Terrain folgte, scheint die Brigade Roeder keinen Anteil genommen zu haben. Desto hervorragender war ihre Beteiligung an der Eroberung von Alsen.

Die Eroberung von Alsen geschah am 29. Juni 1864. In der am Tage zuvor in Schloß Gravenstein ausgegebenen Disposition hieß es: »Der Übergang geschieht mittels hundertundsechzig Kähnen und durch den Pontontrain von vier näher zu bezeichnenden Punkten aus.« Unsere Vierundzwanziger hatten innerhalb der Brigade den rechten Flügel. Das 1. Bataillon ging in fünfzig Booten vom Südende des Satruper Holzes, das 2. Bataillon in zweiundvierzig Booten von der »Ziegelei« aus über den Alsensund. Ich gebe nachstehend einen Bericht aus den Reihen des 2. Bataillons.

»Solange man von Alsen sprechen wird, wird dieser Übergang als ein tollkühnes Unternehmen gelten. Vielleicht barg diese Kühnheit das Geheimnis des Erfolges. Ich, für mein Teil, bei aller Erkenntnis der Gefahren, denen wir entgegen gingen, hatte das vollständigste Gelingen keinen Augenblick bezweifelt. Nun nehmt eine Karte zur Hand, um besser folgen zu können.«

Die Disposition für den 29. lautete etwa wie folgt:

»Um zwölf Uhr nachts steht alles an den angewiesenen Plätzen. Anzug wie am Sturmtage; der Mann achtzig Patronen. Schlag zwei Uhr setzt die Brigade Roeder, als Avantgarde, über den Alsensund. Das 1. Bataillon vom 24. Regiment nimmt den rechten Flügel in der Richtung auf Arnkiel, das 2. Bataillon vom 24. nimmt die Mitte, sechs Kompanien vom 64. Regiment nehmen den linken Flügel und steuern auf Arnkiel-Oere. Die ersten Kompanien die das feindliche Ufer erreichen, stürmen die dortigen Schützengräben und Batterien. Wenn dies geschehen, wendet sich das 1. Bataillon vom 24. auf das abgebrannte Gehöft Arnkiel, das 2. Bataillon durchstreift die Fohlenkoppel bis zum südlichen Ausgang derselben; die Vierundsechziger säubern den äußersten linken Flügel an der Augustenburger Föhrde und dringen ebenfalls bis zur Südlisiere der Fohlenkoppel vor. Hier warten Vierundzwanziger und Vierundsechziger weitere Befehle ab.«

So das Allgemeine. Nun die Schicksale des 2. Bataillons.

Am 28. abends halb zehn Uhr marschierten wir, nach dreimaligem Hoch auf den König, aus der Büffelkoppel. Um eineinhalb Uhr morgens machten wir halt dicht hinter einer am Strande gelegenen Ziegelei. Von hier aus sollten wir übergehen. Die Pioniere und die zu ihrer Hilfeleistung kommandierten Schiffer waren eben damit beschäftigt, die Boote ins Wasser zu bringen. Eine mühevolle und nicht ganz geräuschlose Arbeit. Dennoch blieb am jenseitigen Ufer, welches man auf achthundert Schritt im Dämmer erkennen konnte, alles in geheimnisvoller Stille. Nun, macht euch fertig. Zwei Uhr. Es kam der Befehl zum Einsteigen. Die Leute mußten, da viele unserer Boote nicht hart ans Ufer heranzubringen waren, bis an den Leib ins Wasser. Ein angenehmes Morgenbad. Die Patronen wurden im Brotbeutel um den Hals gebunden. Ungeachtet aller dieser Hindernisse ging das Einsteigen rasch vonstatten. Unserer 6. Kompanie war für diesen Tag ein kurhessischer Offizier, der Oberleutnant von Loßberg, Neffe des General von Canstein, zur Dienstleistung zugeteilt.

Drei Minuten nach zwei Uhr schwammen wir auf dem Alsensund. Die 5. Kompanie und ein Teil der 6. hatten die Tete. Unser Boot war unter den vordersten. Wenn wir nach links hin blickten, sah es im Morgendämmer aus, als schwämmen Züge wilder Enten über den Sund. Alles still. Peinlichste Erwartung. Die Ruderer griffen rascher ein. Da mit einemmal brach ein Donnerwetter über unseren Köpfen los. Granaten-, Kartätsch- und Gewehrfeuer begrüßte uns vom anderen Ufer, Fanale brannten auf, und das 1. Bataillon des 60. Regiments, das aufgelöst an der Lisiere des Satruper Holzes stand und von dem Augenblick an, wo wir entdeckt sein würden, durch Schnellfeuer unseren Übergang decken sollte, knatterte jetzt ebenfalls über den Sund hin. Man war von hinten kaum sicherer als von vorn. Trotz aller Gefahr das großartigste Feuerwerk, das ich mein Lebtag gesehen habe. »Hurra, vorwärts, vorwärts!« Es war zauberhaft. Die Kartätschen plätscherten um einen herum, daß das Wasser hoch aufspritzte. Eine Granate schlug einen Kahn unserer Kompanie in Stücke, eine ganze Wand war weggerissen und im Moment gingen Boot und Mannschaften in die Tiefe. Alles schrie auf und die nächsten Boote wollten retten. Aber »vorwärts!« donnerte eine Kommandostimme dazwischen. Es stand Größeres auf dem Spiel. Drei ertranken. Andere tüchtige Kerls schwammen glücklich dem Ufer zu. Hut ab vor diesen braven Musketieren.

Die 5. Kompanie war die erste am Ufer. Mit Hurra ging es die steile Uferwand hinauf, auf die Schützengräben zu. Was sich wehrte, wurde niedergemacht, andere gefangengenommen. Noch andere wichen auf die Fohlenkoppel und wir hinterdrein. Es war das reine Kesseltreiben. Endlich an der Lisiere hielten wir, um Atem zu schöpfen. Aber fast im selben Moment kam General Roeder zu uns heran und rief uns, rückwärts deutend, zu, erst die Strandbatterie zu nehmen, an der wir in unserem Verfolgungseifer vorbeigestürmt waren, ohne ihrer zu achten. Nun also kehrt! Wahrhaftig, da krachte es von derselben Uferstelle aus, an der wir gelandet waren, oder doch keine zweihundert Schritt von ihr entfernt, immer noch über den Alsensund hin, als ob wir noch samt und sonders auf dem Wasser schwämmen. Aber es waren die letzten Schüsse. Nach zehn Minuten war die Schanze genommen und drei schwere Geschütze samt einer Anzahl Espingolen, dazu 2 Offiziere und 50 Mann fielen in unsere Hände. Die Gefangenen wurden dem Ufer zugetrieben und dort von den rückkehrenden Booten aufgenommen. Wir schwenkten dann wieder rechts, bis wir unter fortwährendem leichtem Gefecht die Südlisiere der Fohlenkoppel erreichten.

Dies war am 29. Juni. Drei Wochen später war der Krieg beendet.

Das 24. Regiment im Kriege gegen Österreich 1866

Genau zwei Jahre nach der Eroberung von Alsen, am 29. Juni 1866, hatten brandenburgische Regimenter einen neuen Ruhmestag: die 5. Division unter General von Tümpling stürmte die Bradahöhe bei Gitschin. Die 6. Division, der unser 24. Regiment angehörte, kam nicht zur Aktion.

Auch am 3. Juli, bei Königgrätz, stand die 6. Division unter General von Manstein in Reserve. Sie hielt in der Nähe des Königs, auf dem Höhenzuge diesseits der Bistritz, die Lipahöhe vor sich. Zwischen den Höhen hüben und drüben: Sadowa und der Holawald.

Um Mittag, als unsere Lage immer kritischer und das Festhalten des Sadowawäldchens immer fraglicher geworden war, gab sich ein Verlangen kund, mit der noch völlig intakten 6. Division von Manstein über das Wäldchen hinaus gegen die Lipahöhe anzustürmen. Aber mit Recht wurde diesem Verlangen gewehrt, und das um zwei Uhr stattfindende Eintreffen der kronprinzlichen Armee bei Chlum und Rosberitz entschied die Schlacht. Es wird erzählt, General von Manstein habe dem König liebevolle Vorwürfe gemacht, die Schlacht ohne ein rechtes Dazutun der 6. Division und speziell der »Düppel-Brigade«, Regimenter 24 und 64, gewonnen zu haben, worauf der König gutgelaunt geantwortet hätte: »Aber lieber Manstein, Ich kann doch Ihretwegen nicht noch mal anfangen.«

Das 24. Regiment im Kriege gegen Frankreich
1870 und 1871

Auch im siebziger Krieg gegen Frankreich gehörte das 24. Regiment zur 6. Division, die jetzt vom Generalleutnant von Buddenbrock kommandiert wurde. Brigadekommandeur war Oberst von Bismarck, Regimentskommandeur Oberst Graf Dohna. Bataillonskommandeure: 1. Bataillon Major von Lüderitz, 2. Bataillon Major Rechtern, Füsilierbataillon Major von Sellin, derselbe, der schon vor Düppel eine Sturmkompanie gegen Schanze V geführt hatte.

Die beiden hervorragenden Aktionen der 6. Division während des siebziger Krieges waren Vionville und Le Mans.

Vionville. Zwischen neun und zehn Uhr traf die 6. Division Buddenbrock auf dem so berühmt gewordenen Plateau südlich von Flavigny und Vionville ein; rechts rückwärts stand die 5. Division Stülpnagel im Feuer. Schwere Stunden kamen. Flavigny und Vionville wurden durch mehrere Bataillone der 6. Division genommen, während sich das Regiment 24 in langer Front von den Tronviller-Büschen her, an der alten Römerstraße entlang, bis nach Vionville hin entwickelte. Dem gegen eine feindliche Batterie (nördlich Vionville) vorgehenden Füsilierbataillon von Sellin gelang es bei dieser Gelegenheit, unter furchtbaren Verlusten ein Geschütz zu nehmen, das einzige, welches die Franzosen in dem Ringen am 14., 16. und 18. August verloren haben. Alle Offiziere des Bataillons waren tot oder verwundet, die Fahnenspitze weggeschossen und die Stange in zwei Stücke gespalten.

Im verlustreichsten, passiven Feuergefecht kam die Mittagsstunde heran, und glühend strahlte die Sonne auf die ermattende Mannschaft nieder. Unsere Überflügelung, erst durch das französische 6. und im weiteren Bogen durch das 3. und 4. Korps, wurde immer sichtbarer und gefahrdrohender, und keine Reserven waren zur Hand. So, den letzten Schuß im Lauf, wich endlich drei Uhr nachmittags das zusammengeschmolzene Regiment auf Dorf Tronville zu zurück. Ganze Kompanien waren führerlos. Wir hatten 54 Offiziere und 1200 Mann verloren.*

Le Mans. Nicht so blutig verlief Le Mans. Aber die Strapazen, die dem endlichen Siege voraufgingen, zählen zu den größten, die dieser Krieg unsern Truppen auferlegte. »Wie der ganze Tag«, so heißt es in einem uns vorliegenden Briefe, »so wird uns auch der Abend des 10. Januar unvergeßlich bleiben. Es trat nämlich ein Schneefall ein, wie wir ihn in Frankreich noch nicht erlebt hatten. Die Flocken fielen so groß und dicht, daß wir in wenigen Minuten Schneemännern ähnlich waren. Und so saßen wir denn an demselben Wege, wo die erstarrenden Leichen vieler gefallenen Feinde den tapferen Widerstand derselben kundtaten, um mehrere Feuer geschart, und gedachten mit dankerfülltem Herzen unserer Lieben daheim, ein Gedanke, der in solcher Lage für den Soldaten der süßeste, der liebste ist. Um ungefähr 11 Uhr nachts brachte uns ein Marsch von einer guten halben Stunde hungrig, müde und am ganzen Körper fröstelnd in unsere Quartiere, die wir auf einigen erbärmlichen Fermen, auf Böden oder in den Ställen bezogen, um am Morgen weiter gegen Le Mans vorzugehen.«

Dem Kriege folgten die »Tage der Okkupation«. Unser Regiment gehörte jener aus vier Divisionen kombinierten Armee zu, die bis zu völliger Zahlung der Kriegsschuld in Frankreich zu verbleiben hatte. Speziell die Standquartiere der Vierundzwanziger waren Reims, Vitry le Français, Etain, Verdun, von welch letzterem Ort aus sie, nach Abmarsch aller anderen Truppenteile, mit den Vierundsechzigern als letzte Staffel folgten.

Am 19. September 1873 zogen sie unter einem Jubel, den selbst ein wolkenbruchartig herniederstürzender Regen nicht hindern konnte, in ihre alte Garnisonstadt Ruppin wieder ein.

---

* Ausführlicheres über die Vierundzwanziger bei Vionville und Le Mans gibt 1. das Generalstabswerk, 2. von der Goltz Kämpfe der 2. Armee vor Le Mans und 3. Woermann und Becher Fortsetzung der Geschichte des Infanterie-Regiments Nr. 24.

RHEINSBERG

RHEINSBERG

I

Die Kahlenberge. Französische Kolonistendörfer. Einfahrt in Rheinsberg. Der Ratskeller. Unter den Linden. Das Möskefest

Rheinsberg von Berlin aus zu erreichen ist nicht leicht. Die Eisenbahn zieht sich auf sechs Meilen Entfernung daran vorüber und nur eine geschickt zu benutzende Verbindung von Hauderer und Fahrpost führt schließlich an das ersehnte Ziel. Dies mag es erklären, warum ein Punkt ziemlich unbesucht bleibt, dessen Naturschönheiten nicht verächtlich und dessen historische Erinnerungen ersten Ranges sind.

Wir haben es besser, kommen von dem nur drei Meilen entfernten Ruppin und lassen uns durch die Sandwüste nicht beirren, die, zunächst wenigstens, hüglig und dünenartig vor uns liegt. Fragt man nach dem Namen dieser Hügelzüge, so vernimmt man immer wieder »die Kahlenberge«. Nur dann und wann wird ein Dorf sichtbar, dessen ärmliche Strohdächer von einem spitzigen Schindelturm überragt werden. Mitunter fehlt auch dieser. Einzelne dieser Ortschaften (z. B. Braunsberg) sind von französischen Kolonisten bewohnt, die berufen waren, ihre Loire-Heimat an dieser Stelle zu vergessen. Harte Aufgabe. Als wir eben genanntes Braunsberg passierten, lugten wir aus dem Wagen heraus, um »französische Köpfe zu studieren«, auf die wir gerechnet. Wie heißt der Schulze hier? fragten wir in halber Verlegenheit, weil wir nicht recht wußten, in welcher Sprache wir sprechen sollten. »Borchardt.« Und nun waren wir beruhigt. Auch die südlichen Rassegesichter sahen nicht anders aus, als die deutsch-wendische Mischung, die sonst hier heimisch ist. Übrigens kommen in diesen Dörfern wirklich noch französische Namen vor und »unser Niquet« z. B. ist ein Braunsberger.

Die Wege, die man passiert, sind im großen und ganzen so gut, wie Sandwege sein können. Nur an manchen Stellen, wo die Feldsteine wie eine Aussaat über den Weg gestreut liegen, schüttelt man bedenklich den Kopf in Erinnerung an eine bekannte Kabinettsorder, darin Friedrich der Große mit Rücksicht auf diesen Weg und im Ärger über 195 Thlr. 22 Gr. 8 Pf. zu zahlende Reparaturkosten ablehnend schrieb: »Die Reparation war nicht nöthig. Ich kenne den Weg und muß mir die Kriegs-Camer vohr ein großes Beest halten, um mir mit solches ungereimtes Zeug bei der Nahse kriegen zu wollen.« Der König hatte aber doch unrecht, »trotzdem er den Weg kannte«. Erst auf dem letzten Drittel wird es besser; im Trabe nähern wir uns einem hinter reichem Laubholz versteckten, immer noch rätselhaften Etwas, und fahren endlich, zwischen Parkanlagen links und einer Sägemühle rechts, in die Stadt Rheinsberg hinein.

Hier halten wir vor einem reizend gelegenen Gasthofe, der noch dazu den Namen der »Ratskeller« führt, und da die Turmuhr eben erst zwölf schlägt und unser guter Appetit entschieden der Ansicht ist, daß das Rheinsberger Schloß all seines Zaubers unerachtet doch am Ende kein Zauberschloß sein werde, das jeden Augenblick verschwinden könne, so beschließen wir, vor unserem Besuch ein solennes Frühstück einzunehmen und gewissenhaft zu proben, ob der Ratskeller seinem Namen Ehre mache oder nicht. Er tut es. Zwar ist er überhaupt kein Keller, sondern ein Fachwerkhaus, aber eben deshalb, weil er sich jedem Vergleiche mit seinen Namensvettern in Lübeck und Bremen geschickt entzieht, zwingt er den Besucher, alte Reminiszenzen beiseite zu lassen und den »Rheinsberger Ratskeller« zu nehmen, wie er ist. Er bildet seine eigene Art, und eine Art, die nicht zu verachten ist. Wer nämlich um die Sommerszeit hier vorfährt, pflegt nicht unterm Dach des Hauses, sondern unter dem Dache prächtiger Kastanien abzusteigen, die den vor dem Hause gelegenen Platz, den sogenannten »Triangelplatz« umstehen. Hier macht man sich's bequem und hat einen Kuppelbau zu Häupten, der alsbald die Gewölbe des besten Kellers vergessen macht. Wenigstens nach eigener Erfahrung zu schließen. Ein Tisch ward uns gedeckt, zwei Rheinsberger, an deren Kenntnis und Wohlgeneigtheit wir empfohlen waren, gesellten sich zu uns, und während die Vögel immer munterer musizierten und wir immer lauter und heiterer auf das Wohl der Stadt Rheinsberg anstießen, machte sich die Unterhaltung.

»Ja«, begann der eine, den wir den Morosen nennen wollen, »es tut not, daß man auf das Wohl Rheinsbergs anstößt. Aber es wird freilich nicht viel helfen, ebensowenig, wie irgend etwas geholfen hat, was bisher mit uns vorgenommen wurde. Wir liegen außerhalb des großen Verkehrs und der kleine Verkehr kann nichts bessern, denn was unmittelbar um uns her existiert, ist womöglich noch ärmer als wir selbst. Durch ein unglaubliches Versehen leben hier zwei Maler und ein Kupferstecher. Der Boden ist Sandland, Torflager gibt es nicht, und die Fischzucht kann nicht blühen an einem Ort, dessen sämtliche Seen für vier Taler Preußisch verpachtet sind.«

Wer weiß, wo diese Bekümmernisse schließlich gelandet wären, wenn nicht eine große Festfahne, die von einigen Kindern an uns vorübergetragen wurde, den Klagestrom unterbrochen, uns selbst aber zu der Frage veranlaßt hätte: was ist das? »Das ist die Fahne vom Möskefest, die man hat reparieren lassen«, erwiderte der andere, dessen gute Laune das Gegenstück zu der Morosität seines Nachbarn bildete. »Der sie trägt, ist Fähnrich Wilhelm Huth, und der ihm zur Rechten geht, heißt General Eduard Netzeband; sitzt seit Ostern in Quarta.« Diese Bemerkungen machten uns natürlich begierig, mehr zu hören, und so vernahmen wir denn, was es mit dem Möskefeste eigentlich sei. Da diese Feier der Stadt Rheinsberg eigentümlich ist, so darf ich wohl einen Augenblick dabei verweilen. Das Möskefest ist ein Kinderfest, das alljährlich am Sonntage vor Pfingsten gefeiert wird. Möske bedeutet »Waldmeister« (asperula odorata), und in alten Zeiten lief die Festlichkeit einfach darauf hinaus, daß die Stadtkinder frühmorgens in den Wald zogen, Waldmeister pflückten und damit heimkehrend den Altar und die Pfeiler der Kirche schmückten. Erst im Jahre 1757 nahm die Feier einen anderen Charakter an. Am 6. Mai war die Schlacht bei Prag geschlagen worden, und am 20. Mai traf die Nachricht davon in Rheinsberg ein. Es war Sonntag vor Pfingsten, also der Tag des Möskefestes. Die Siegesfreude, vielleicht auch der Umstand, daß der damals schon in Rheinsberg residierende Prinz Heinrich zu dem glücklichen Ausgange der Bataille sehr wesentlich beigetragen hatte, schuf auf einen Schlag die bis dahin rein kirchliche Feier in eine militärisch-patriotische Feier um. Und was damals Impromptu war, blieb. Das Möskefest ist ein Soldatenspiel geworden, das die Rheinsberger Jugend aufführt. Früh am Morgen schon ziehen vier Trommler durch die Straßen und schlagen die Reveille, die jungen Soldaten sammeln sich, und so geht's mit Musik vor das Haus des »Generals«. Hier dreimaliges Vivat, dem General und seinen Angehörigen ausgebracht, dann zieht alles, militärisch in Sektionen aufmarschiert, in den schönen Boberowwald hinaus, wo nun das Waldmeisterpflücken beginnt. Nachmittags kommen die jungen Mädchen und besuchen mit ihren Angehörigen die mittlerweile zu Turnen und Wettlauf übergegangenen Soldaten in ihrem Waldbiwak, Preise werden verteilt, Pfänderspiele gespielt, und spät am Abend erst erfolgt unter Trommelschlag und Liedersingen der allgemeine Rückmarsch in die Stadt. –

Unser Frühstück war abgetan, und wir schickten uns nunmehr an, dem Schlosse, dessen gelbe Rückwände schon überall durch das Baum- und Strauchwerk hindurchschimmerten, unsern Besuch zu machen. Die vertrauliche Mitteilung beider Herren indes, »daß der alte Kastellan um diese Zeit seinen Mittagsschlaf zu halten pflege«, bewog uns, zuvor einen Umweg zu machen und erst noch in die alte Rheinsberger Kirche hineinzusehen.

2

Die Rheinsberger Kirche

Wir hatten bald guten Grund, uns bei dem Mittagsschlafe des alten Kastellans zu bedanken, denn sehr wahrscheinlich, daß wir ohne denselben an der Rheinsberger Kirche vorübergegangen wären. Und doch ist es ein alter und in mehr als einer Beziehung interessanter Bau. Die erste Anlage desselben datiert weit zurück, und erst 1568 war es, daß er durch Achim von Bredow um zwei Drittel vergrößert wurde. Man kann den Anbau noch jetzt von dem älteren Teile deutlich unterscheiden.

Diese Kirche ist der einzige Punkt in Rheinsberg, wo man auf Schritt und Tritt den Bildern zweier völlig entgegengesetzter Epochen, der Bredow- und der Prinz-Heinrich-Zeit begegnet und diesen Gegensatz als solchen empfindet. In Schloß und Park stören die französischen Inschriften nicht, wohl aber hier in der Kirche, darin deutsche Kunst und deutsche Sprache längst vorher Hausrecht geübt hatten.

Wir treten durch einen Vorbau von der Seite her ein. Gleich dieser Vorbau, der sein spärliches Licht nur mittelst der offen stehenden Tür empfängt, zeichnet sich durch den angedeuteten Gegensatz aus. Zur Linken, fast ein Vierteil des ganzen Raumes einnehmend, erhebt sich hier ein grau getünchtes Monument, das genau die Form eines aus Backstein aufgemauerten Kachelofens hat. Es ist dies das Grabmal, das Prinz Heinrich dem Andenken seines Violinisten Ludwig Christoph Pitschner, geboren 5. März 1743, gestorben 3. Dezember 1765, errichten ließ und trägt folgende Inschrift:

Un prince, Ami des Arts, secondant mon Genie –
Déjà l'Ecole d'Italie
A l'Allemagne mon Berceau
Promet un Amphion nouveau:
Mais comme j'avançois dans ma carrière illustre
J'ai vu de mes beaux jours s'éteindre le flambeau
Sans passer le milieu de mon cinquième Lustre;
Muses! pleurez sur mon Tombeau.

Also etwa in freier Übersetzung:

Gepflegt, getragen durch fürstliche Gunst,
Versprach ich, ausübend italische Kunst,
Meiner Heimat zwischen Rhin und Rhein
Demnächst ein neuer Amphion zu sein.
Doch während ich leuchtend wuchs und stieg,
Stieg die Sonne meines Lebens herab.
Dem Tode gehört der letzte Sieg
Und die Muse weint an meinem Grab.

So reimte man damals in Rheinsberg. Dem Pitschnerschen Monument gegenüber aber stehen an der Wand entlang sechs aufgerichtete Grabsteine der Bredowschen Familie, drei Männlein und drei Fräulein, die bis vor kurzem im Schiff der Kirche lagen, und blicken ernst verwundert zu dem Kachelofen hinüber, an dem sie mit Mühe den Namen Pitschner entziffern. Zum Glück verstehen sie nicht französisch, sie würden sonst noch ernsthafter dreinschauen.

Wir treten nun in die freundliche, vor kurzem erst restaurierte Kirche. Die Hauptsehenswürdigkeit derselben ist das große, kunstvoll gearbeitete Grabmonument Achims von Bredow, desselben Achim von Bredow, der im Jahre 1568 die Kirche erneute und erweiterte. Es ist ein Denkmal von ganz ungewöhnlichen Dimensionen, das bei wenigstens 10 Fuß Breite gewiß die doppelte Höhe hat. Es beginnt über der Holzeinfassung des Chorstuhls, reicht bis fast an die Decke hinauf, und besteht aus vier klar gegliederten Teilen. Oben das Bredowsche Wappen, zu beiden Seiten von allegorischen Figuren eingefaßt; darunter zwei Basreliefs, von denen das eine, nach links hin, die Auswerfung des Jonas aus dem Walfischbauche, das andere, nach rechts hin, die Auferstehung Christi darstellt; darunter in Lebensgröße die Figuren Achim von Bredows und seiner Gemahlin, einer geborenen Anna von Arnim; und endlich viertens unter diesen beiden Bildnissen folgende Inschrift:

O frommer Christ, urtheile mild
Der Du anschauest dieses Bild.
Fragst Du, wer ich sei im Grab?
Gewesen bin ich und Itzt ab;
Verfolgung, Sorge, Kreuz ohn' Zahl
Die mir begegnet überall

Ich ritterlich obwunden hab'
Und ruhe nun in meinem Grab.
Auch mit Geduld der Welt Bosheit
Hab' ich ertragen allezeit
Nach Gottes Willen, welcher ist
Der allerbest zu jeder Frist –
Gelobet seyst Du, Jesu Christ.

Welch einfach schöne Worte. Die ganze Kernigkeit jener großen Zeit tritt einem daraus entgegen.

Wie klein und marklos daneben die französischen Verse, die, seitens eines der Hofpoeten des Prinzen Heinrich, zu Ehren eines Fräulein Elseners (einer Tochter des damaligen Rheinsberger Geistlichen) gedichtet und mit dünnen Buchstaben an den Fuß eines Aschenkrugs geschrieben wurden.

La vertu, la douceur, les charmes,
La firent aimer ici bas;
Aussi voit-on que son trépas
A chacun fait verser des larmes.

Wir liebten sie, weil sie lieblich vereint
Tugend, Sanftmuth und Zauber der Wangen;
Jetzt nun, wo sie hinübergegangen
Folgt ihr die Klage und jeder weint.

Wir werden noch an anderer Stelle Versen derart begegnen. Inmitten des Parks, der reich daran ist, erfreuen sie; hier aber, unter deutschen Liedern und Kernsprüchen, stören sie bloß und würden auch dann noch stören, wenn sie bedeutender wären als sie sind. Es zeigt sich deutlich, daß die Kirche der gemiedene Schauplatz der Voltairianer war, ein unheimlicher, gotisch gewölbter Keller, für den es sich nicht verlohnte, wenn eine Elsener oder ein Pitschner starb, eine besonders poetische Kraftanstrengung zu machen.

Die Rheinsberger Kirche weist noch eine Reihe kleiner Sehenswürdigkeiten auf, die hier wenigstens in Kürze namhaft gemacht werden sollen. Unter diesen ist ein Kristallglas-Kronleuchter, den die Rheinsberger Jungfrauen hier aufhingen und zum ersten Male mit Lichtern schmückten, als im Sommer 1763, in Gegenwart des Prinzen Heinrich, das Friedensfest gefeiert wurde. Da begegnen wir weiterhin einem alten, aus gebranntem Ton gefertigten und mit Wappen und Malereien reich verzierten Taufsteine, den drei Geschwister Sparr (Franz, Anna und Sabina) der Kirche schenkten, und da fesselt uns drittens eine der Renaissancezeit angehörige Kanzel, die »Jobst von Bredows getreue Witwe« mit allerhand Wappen der Bredows, Hahns und Schulenburgs ausgestattet, der Rheinsberger Kirche stiftete. Gegenüber dieser Kanzel, an der schweren alten Eichentür, die, von dem eingangs beschriebenen Vorbau her, in die Mitte der Kirche führt, stand am Pfingstsonntag 1737 König Friedrich Wilhelm I., eben erst von Berlin hier in Rheinsberg eingetroffen. Als ein frommer Christ, der nicht leicht einer Predigt vorüberging, war er, ehe er den kronprinzlichen Sohn im Schloß drüben überraschte, zuvor noch in die Kirche getreten. Und das war gut. Aber freilich ein so frommer Herr er war, ein so strenger Herr war er auch, und der alte Geistliche Johann Rossow, der das Glück oder Unglück hatte, den König schon von früher her zu kennen, erschrak beim Anblick Sr. Majestät dermaßen, daß er nur noch fähig war, mit zitternder Stimme den Segen zu sprechen. Worauf der König mit dem Stock nach der Kanzel hinauf drohte, eine Form der Aufmunterung, die begreiflicherweise völlig ihres Zwecks verfehlte. Johann Rossow starb bald nachher infolge des Schrecks. Im übrigen aber muß Rheinsberg und ganz besonders sein Pfarrhaus immer eine gesunde Luft gehabt haben. Von 1695 bis 1848, also in mehr als hundertundfünfzig Jahren, finden wir daselbst nur vier Prediger.

Noch eines Kindergrabmals sei gedacht. Es stammt ebenfalls aus der Alt-Bredowschen Zeit her und steht rechtwinklig auf das umfangreiche Monument des Achim von Bredowschen Ehepaars, das ich oben beschrieben. Ich würde dieses kleineren Denkmals, das die mittelmäßigen Bildnisse zweier Kinder, eines Mädchens und eines Knaben von drei bis vier Jahren aufweist, an dieser Stelle gar nicht Erwähnung tun, wenn sich nicht, als an einem Musterbeispiele, daran zeigen ließe, wie und woraus Geschichten entstehen. Es wird einem nämlich erzählt, beide Kinder hätten am See gespielt und wären durch einen nicht aufgeklärten Zufall ertrunken. In der Hoffnung auf näheren Aufschluß, unterzog ich mich einer Entzifferung der Umschrift. Und was fand ich? Das Mädchen war am 25. Februar, der Knabe am 4. März 1586, also acht Tage später gestorben. Die bloße Datenangabe genügte hier völlig, alles das, was erzählt wird, als ein Märchen erkennen zu lassen. Aber eine Prüfung der Bildnisse selbst ergab mir auch den Ursprung der Fabel. Das lang herabhängende blonde Haar des

Mädchens sah täuschend aus wie halbkrauses Lockenhaar, das im Wasser seine Krause verloren hat und nur noch leise gewellt, wie eine kompakte Masse, über den Nacken fällt. Einfach der Anblick dieses Haares, das nur deshalb wie vom Wasser zusammengehalten aussieht, weil es der Steinmetz nicht besser und natürlicher machen konnte, hat der kleinen Erzählung von den im See ertrunkenen Geschwistern die Entstehung gegeben.

Ihre größte Sehenswürdigkeit hat die Rheinsberger Kirche seit einem Menschenalter eingebüßt. Es war dies das alte Grabgewölbe, darin sich die Särge der Familien von Eichstädt und Sparr und besonders der Familie von Bredow befanden. Damals war die jetzt zugemauerte Gruft jedermann zugänglich, und nur am Schall des Tritts erkennt man auch heute noch, daß der Boden hohl ist, über den man hinschreitet. Ehe mit der Zumauerung begonnen wurde, schaffte man die druntenstehenden vierzig Särge noch einmal ans Tageslicht und öffnete die Deckel. Und so paradierten sie wochenlang im Schiff der Kirche. Vor demselben Altare, vor dem die Gesichter einiger Bredows in die großen Sandsteinplatten eingegraben waren, standen jetzt die Toten in ihren halbaufgerichteten Särgen und blickten geschlossenen Auges auf ihre eigenen Bildnisse herab. Endlich aber war die Zeit da, wo die Toten wieder in ihre mittlerweile gelüftete Gruft zurück mußten, und Achim von Bredow, dem man, als dem Vornehmsten, eine Flasche mit einem beschriebenen Zettel darin mit in den Sarg gegeben, eröffnete den Reigen. Auf dem Zettel aber stand, daß Träger dieses Herr Achim von Bredow sei, der in Genossenschaft vieler Bredows, Eichstädts und Sparrs hier dreihundert Jahre lang geschlummert, dann behufs Lüftung der Gewölbe vier Wochen lang im Kirchenschiffe zu Rheinsberg ausgestanden und im Maimonat 1844 seine alte Wohnung wieder bezogen habe. Daran schloß sich eine Chronik und die Namensunterschrift vom Bürgermeister und Rat.

Und nun noch eins.

Während der Zeit, daß die Särge geöffnet im Kirchenschiffe standen, trug sich eine Geschichte zu, die, mit ihrem gespenstischen Anfluge, die Gemüter der Rheinsberger allerdings auf Wochen hin beschäftigen durfte. Unter den Toten befand sich nämlich auch eine Margarete von Eichstädt, eine schöne Frau, die bei jungen Jahren gestorben war. Ihre weißen Grabgewänder waren noch wohl erhalten, um den Hals trug sie reiches Geschmeide und endlich auch einen schmalen Trauring am Ringfinger der rechten Hand. Tag und Nacht hatten Wächter in der Kirche gestanden. Als nun die Zeit kam, wo die Särge wieder geschlossen werden sollten, bemerkte man, daß der Ring am Ringfinger Margaretes von Eichstädt fort war. Ein gewöhnlicher Diebstahl konnte nicht vorliegen, das reiche Halsgeschmeide war unberührt geblieben und nur eben der Ring fehlte.

Wer trug ihn jetzt?

3

Das Schloß in Rheinsberg. Anblick vom See aus. Die Reihenfolge der Besitzer. Die Zimmer des Kronprinzen. Die Zimmer des Prinzen Heinrich

Die alte Glocke zu Rheinsberg, die in mehr charakteristischen als poetischen Alexandrinern die Inschrift trägt:

Des Feuers starke Wut riß mich in Stücken nieder,
Mit Gott durch Meyers Hand ruf ich doch Menschen wieder, –

schlägt eben vier und läßt uns die Vermutung aussprechen, daß selbst der Nachmittagsschlaf eines vierundachtzigjährigen Kastellans nunmehr zu Ende sein könne. Unser heiterer Freund antwortet mit einem ungläubigen »wer weiß«, ist aber nichts destoweniger bereit, die Führung bis ins Schloß zu übernehmen und uns seinem »Gevatter« vorzustellen. Unterwegs warnt er uns in humoristischer Weise vor den Bildererklärungen und Namensunterstellungen des Alten. »Sehen Sie, meine Herren, er hat eine Liste, auf der die Namen sämtlicher Porträts verzeichnet stehen, aber er nimmt es nicht genau mit der Verteilung dieser Namen. Einige Porträts sind fortgenommen und in die Berliner Galerien gebracht worden, was unseren Gevatter aber wenig kümmert; er stellt ihnen, nach wie vor, Personen vor, die sich gar nicht mehr im Schlosse zu Rheinsberg befinden. Prinzeß Amalie namentlich, die schon bei Lebzeiten so viel Schweres tragen mußte, muß auch im Tode noch allerlei Unbill über sich ergehen lassen, und jedes Frauenporträt, das der Wissenschaft der Kunstkenner und Antiquare bisher gespottet hat, ist sicher, als ›Schwester Friedrichs des Großen‹ genannt zu werden. Sie werden sie in Hofkostüm, in Phantasiekostüm und in Maskenkostüm kennenlernen; besonders mache ich Sie auf ein Kniestück aufmerksam, wo sie in Federhut und schwarzem Muff erscheint. Die Kehrseite des Bildes wäre Wohltat gewesen.«

Unter solchem Geplauder haben wir die der Stadt zu gelegene

Rückseite des Schlosses erreicht, passieren den Schloßhof, steigen in ein bereit liegendes Boot und fahren bis mitten auf den See hinauf. Nun erst machen wir kehrt und haben ein Bild von nicht gewöhnlicher Schönheit vor uns. Erst der glatte Wasserspiegel, an seinem Ufer einen Kranz von Schilf und Nymphäen, dahinter ansteigend ein frischer Gartenrasen und endlich das Schloß selbst, die Fernsicht schließend. Nach links hin dehnt sich der See, wohin wir blicken, ein Reichtum von Wasser und Wald, die Bäume nur manchmal gelichtet, um uns irgendein Denkmal auf den stillen Grasplätzen des Parks, oder eine Marmorfigur oder einen »Tempel« zu zeigen.

Das Schloß war in alten Tagen ein gotischer Bau mit Turm und Giebeldach. Erst zu Anfang des vorigen Jahrhunderts trat ein Schloßbau in französischem Geschmack an die Stelle der alten Gotik und nahm dreißig Jahre später unter Knobelsdorffs Leitung im wesentlichen die Formen an, die er noch jetzt zeigt. Eine Beschreibung des Schlosses versuche ich nur in allgemeinsten Zügen. Es besteht aus einem Mittelstück (corps de logis) und zwei durch eine Kolonnade verbundenen Seitenflügeln. In Front der See. Mehr eine Eigentümlichkeit als eine Schönheit bilden ein paar abgestumpfte Rundtürme, die sich an die Giebel der Seitenflügel anlehnen und deren einem es vorbehalten war, zu besonderer Berühmtheit zu gelangen.

Langsam nähern wir uns wieder dem Ufer, befestigen den Kahn am Wassersteg und schreiten nun plaudernd unsern Weg zurück. Unter der Kolonnade machen wir halt und rekapitulieren die Geschichte des Orts. Es ist nötig, sie gegenwärtig zu haben.

Die Herrschaft Rheinsberg war ein altes Besitztum der Bredows. Seit 1618 sind die Hauptdaten folgende:

Jobst von Bredow verkauft Rheinsberg an Kuno von Lochow, Domherrn zu Magdeburg. 1618.

Der Große Kurfürst nimmt, nach dem Erlöschen dieser Familie von Lochow, Rheinsberg in Besitz und schenkt es dem General du Hamel. 1685.

General du Hamel verkauft es sofort an den Hofrat de Beville.

Die Bevilles besitzen es, Vater und Sohn, bis 1734. Vom Sohne, dem Oberstleutnant Heinrich von Beville, kaufte es

König Friedrich Wilhelm I. und schenkte es an den Kronprinzen Friedrich 1734.

Der Kronprinz (Friedrich der Große), obschon nur bis 1740 dort, behält es als Eigentum bis 1744.

Im Jahre 1744 erhält es Prinz Heinrich von seinem Bruder als Geschenk, übersiedelt aber erst 1753 nach Rheinsberg.*

Prinz Heinrich von 1753 bis 1802 († 3. August).

Prinz Ferdinand von 1802 bis 1813 († 2. Mai).

Prinz August von 1813 bis 1843 († 19. Juli).

Seit 1843 ist es wieder Königlicher Besitz. –

Wir nähern uns jetzt von der Kolonnade her dem linken Flügel des Schlosses, treten auf einen großen Flur und ziehen leise mit der Hand des Bittstellers an der Klingel des Kastellans. Er schläft wirklich noch, aber seine Frau nimmt unverdrossen das große Schlüsselbund von der Wand und schreitet treppauf vor uns her.

Wollte ich dem Leser zumuten, uns auf diesem Gange zu folgen, so würde ich ihn nur verwirren; ich begnüge mich deshalb damit (ohne Rücksicht auf die Reihenfolge, darin wir die Zimmer sahen) in nachstehendem erst von den Zimmern des Kronprinzen Friedrich und danach von denen des Prinzen Heinrich zu sprechen.

Zunächst also die Zimmer des Kronprinzen, des nachmaligen »großen Königs«. Sie befinden sich in beiden Flügeln, wenn man, wie billig, den großen Konzertsaal mit hinzurechnet, den Konzertsaal, in welchem unter Leitung Grauns und unter Mitwirkung des Kronprinzen die klassischen Kompositionen jener Epoche zur Aufführung kamen. Dieser Konzertsaal befindet sich (immer von der Seefront aus) im linken Flügel des Schlosses, von dem aus seine hohen Fenster einerseits auf den Schloßhof, andrerseits auf das »Kavalierhaus« und einen vorgeschobenen Teil der Stadt herniederblicken. Er ist etwa vierzig Fuß lang, fast ebenso breit und vortrefflich erhalten. Die Wände sind von Stuck und die Fensterpfeiler mit Spiegeln und Goldrahmen reich verziert; eine Hauptsehenswürdigkeit aber ist das große Deckengemälde von Pesne, das dieser, nach einem den Ovidschen Metamorphosen entlehnten Vorwurf, im Jahre 1739 hier ausführte. Der Grundgedanke ist: »die aufgehende Sonne vertreibt die Schatten der Finsternis« oder wie einige es ausgelegt haben, »der junge

---

* Im Widerspruch hiermit steht allerdings, daß Prinz Heinrich im Jahre 1745 seine Mutter, die verwitwete Königin Sophie Dorothea, hier in Rheinsberg empfing. Pöllnitz gibt davon eine sehr eingehende Beschreibung. Vielleicht aber hatte sich der Prinz eigens und auf kurze Zeit nur nach Rheinsberg begeben, um seine Mutter daselbst empfangen zu können.

Leuchteprinz vertreibt den König Griesegram.« Die Technik ist vortrefflich, und wie immer man auch über pausbackige Genien und halbbekleidete Göttinnen denken mag, in dem Ganzen lebt und webt eine künstlerische Potenz, gegen die es nicht gut möglich ist, sich zu verschließen. Schinkel soll unter dem Einfluß dieses Deckengemäldes die große Komposition entworfen haben, die sich jetzt al fresco in der Säulenhalle des Berliner Alten Museums befindet. Was übrigens den Konzertsaal selbst angeht, so fand innerhalb desselben, im Sommer 1848, ein etwas in rot getauchtes Ruppin-Rheinsbergisches Gesangfest statt, das eigentümlich gestört wurde. Man war eben auf der »Höhe der Situation«, als sich plötzlich eine halbe Stuckwand loslöste und mitten in den entsetzten Sängerkreis hineinfiel. Alles stob auseinander. Das Mauerwerk des alten Schlosses hatte sich aus seinen friderizianischen Erinnerungen heraus empört.

Dieser linke Flügel enthält außer dem Konzertsaal noch zehn oder zwölf kleinere Räume, von denen einige die Zimmer der Prinzeß Amalie heißen, während der Rest sich ohne jeden Namen begnügen muß. Diese »Namenlosen« sind die einzigen Räume des Schlosses, die noch eine praktische Verwendung finden. In ihnen logieren die Hausministerialbeamten, die hier gelegentlich eintreffen, um nach dem Rechten zu sehen. Es macht einen ganz eigentümlichen Eindruck, wenn man nach Passierung einer langen Reihe von Zimmern, die nur immer die Vorstellung in uns wachriefen, »hier muß der oder der gestorben sein«, plötzlich in ein paar Räume tritt, die liebe Rückerinnerungen an die Tage eigenen Chambregarnielebens in uns wecken. Die kleinen Bettstellen von Birkenmaserholz, die roten Steppdecken von allersimpelstem Kattun, die Waschtoiletten mit dem Klappdeckel und die beinah faltenlosen Zitzgardinen, als habe das Zeug nicht ganz gereicht, alles hat den schlichtbürgerlichsten Charakter von der Welt, und das eitle Herz freut sich der Wahrnehmung, daß man in Schlössern schläft wie anderswo.

Doch vergessen wir über diesem stillen Behagen nicht unsere eigentliche Aufgabe, und wenden wir uns lieber jenem kleinen Arbeitszimmer zu, das, mit noch größerem Recht als der Konzertsaal, den Namen des großen Königs führt.

Dies Arbeitszimmer liegt im rechten Flügel des Schlosses, und zwar in dem kleinen Rundturm, der den Flügel nach vorn hin abschließt. Wir passieren abermals eine lange Zimmerreihe, bis wir endlich in ein kleines und halbdunkles Vorgemach treten, das sein Licht nur durch eine Glastür empfängt. Dies halbdunkle

Vorgemach enthielt die kleine Bibliothek, die Friedrich der Große bald nach seiner Thronbesteigung nach Potsdam schaffen ließ, das davor liegende Zimmer aber, von dem uns nur noch die Glastür trennt, ist das Arbeitszimmer selbst. Nur sehr klein (höchstens zwölf Fuß im Quadrat) hat es nach drei Seiten hin eine entzückende Aussicht über Wald und See. Vor einhundertundvierzig Jahren muß es auch in seiner Ausstattung einen durchaus heiteren und angenehmen Eindruck gemacht haben. Es ist ein Achteck, das mit drei Seiten in der Mauer steckt, während fünf Seiten frei und losgelöst nach vorn hin liegen. Das Ganze setzt sich abwechselnd aus Wand- und Glasflächen zusammen: vier Paneelwände, drei Nischenfenster und eine Glastür. Die Fensternischen sind sehr tief und boten deshalb Raum zur Aufstellung von Polsterbänken, die sich an beiden Seiten entlangziehen. An den Paneelwänden stehen altmodische Lehnstühle mit versilberten Beinen und schlechten, dunklen Kattunüberzügen. Über den Lehnstühlen aber, in ziemlicher Höhe, sind Konsolen mit den Büsten Ciceros, Voltaires, Diderots und Rousseaus angebracht. In die Holzbekleidung ist vielfach Spiegelglas eingelassen, während sich zu Häupten der Eingangstür allerlei Zeichen des Freimaurerordens befinden und abermals ein Pesnesches Deckengemälde den Plafond bedeckt. Dasselbe zeigt die Ruhe beim Studieren; ein Genius überreicht der sitzenden Minerva ein Buch, auf dessen Blättern man die Namen Horaz und Voltaire liest. Das Bild hat verhältnismäßig gelitten, und kann überhaupt mit der glänzenden Schöpfung desselben Meisters im Konzertsaale nicht verglichen werden. In der Mitte des Zimmers steht auf vergoldeten Rokokofüßen und etwa von der Größe moderner Damenschreibtische der Arbeitstisch des Prinzen. Seine Schreibplatte liegt schräg und kann aufgeklappt werden. Sie war ehedem mit rotem Samt überzogen, hat aber nicht nur die Farbe, sondern auch den ganzen Samtstoff längst verloren. Der Samt wird bekanntlich auf eine Unterschicht von festem Zeug aufgetragen. Diese Unterschicht war 1853, als ich Rheinsberg zum ersten Male besuchte, noch ziemlich intakt vorhanden. Seitdem aber haben sich die Dinge sehr zum Schlimmeren verändert. Nicht die Hälfte mehr existiert von diesem Unterzeug, und man kann deutlich sehen, wie die Federmesser, je nach der Charakteranlage der Besucher, mal größere, mal kleinere Karos herausgeschnitten haben. Ich liebe nicht die Kastellane, die einen durch ihren Diensteifer um die Möglichkeit eines ruhigen Genusses bringen, aber ebensowenig mag ich jenen das Wort reden, die voll mißverstandener Nachsicht ein Auge da zudrücken, wo sie es aufmachen sollten.

Wir nehmen zögernd Abschied von diesem interessanten Zimmer, um uns nun den Zimmern des Prinzen Heinrich zuzuwenden. Sie liegen im ersten Stock des Korps des Logis und bilden eine ununterbrochene Reihenfolge. Den Anfang machen die sogenannten Prinz-Ferdinands-Zimmer, d. h. diejenigen, die Prinz Ferdinand zu bewohnen pflegte, wenn er bei seinem älteren Bruder, dem Prinzen Heinrich, zum Besuche war. Vielleicht auch residierte der erstgenannte Prinz in der Zeit von 1802 bis 1813 wenigstens zeitweilig hier und bewohnte dann diese Räume.

Hinter diesen sogenannten Prinz-Ferdinands-Zimmern folgt der Konzertsaal (nicht zu verwechseln mit dem Kronprinzlichen im linken Flügel), alsdann der sehr gut erhaltene Muschelsaal und endlich das Bibliothekzimmer. Neben diesem befindet sich das Schlaf- und Sterbezimmer des Prinzen Heinrich. Es ist ein großes, ziemlich dunkles Gemach, durch ein paar Säulen in zwei Hälften geteilt. In der dunkleren Hälfte, halb durch die Säulen verdeckt, steht das Sterbebett, ein stattlicher, mit schweren Seidenvorhängen reich ausgestatteter Bau. Derartige Staatsbetten, namentlich wenn alt geworden, machen in der Regel einen ängstlichen Eindruck und erfüllen uns mit Dank, nicht in ihnen schlafen zu müssen. Anders hier, weil sich nichts von Verschlossenheit zeigt, vielmehr alles frisch und farbig und voll beweglich lebensvoller Falten. – Um dieses Schlaf- und Sterbezimmer her gruppieren sich einige kleinere, die nur durch ihre Schildereien interessieren, meist Bilder in chinesischer Tusche von der Hand des Prinzen Heinrich selbst. Im großen und ganzen aber herrscht Mangel an guten Bildern, und nur einige wenige hat man dieser Stelle gelassen. Unter diesen sind zwei Bildnisse des jungen Grafen Bogislaw von Tauenzien und ein Porträt der ersten Königin Sophie Charlotte bei weitem die besten.

Auch die Zimmer im Erdgeschoß sind nicht ohne Interesse. Bilder, Büsten, Ausschmückungsgegenstände, die sich teils noch aus der Zeit des Prinzen Heinrich her in diesen Zimmern befinden oder aber verschönerungshalber seitdem ihren Weg aus dem oberen Stock ins untere genommen haben, fesseln hier den Beschauer. In einem dieser Räume befinden sich beispielsweise die Büsten des Marquis de la Roche-Aymon und seiner Gemahlin, daneben eine Büste des französischen Schauspielers Blainville. Der Marquis, auf den ich in einem späteren Kapitel zurückkomme, war nach Tauenziens Abgang Adjutant des Prinzen und nebenher eine

Art General en Chef des prinzlichen Heeres, d. h. jener im Solde des Prinzen stehenden Leibhusarenschwadron, die in Rheinsberg ihre Garnison und im Schlosse den Dienst hatte. Der Schauspieler Blainville, ein besonderer Liebling des Prinzen, gab sich selbst den Tod, als es der Kabale seiner Genossen gelungen war, ihm momentan die Gunst seines Herrn zu entziehen. Der Prinz soll diesen Verlust nie verwunden haben.

Ein größerer Saal neben jenem büstengeschmückten Zimmer macht den Eindruck einer gewissen Wohnlichkeit, vielleicht weil er ein paar Spezialitäten enthält, die uns, wie ein Vogelbauer oder ein Tisch voll Nippsachen, die wohltuende Nähe von Menschen auch dann noch empfinden lassen, wenn diese lange vom Schauplatze abgetreten sind. Zu diesen Spezialitäten zähle ich hier ein würfelförmiges Postament von dem Umfang eines großen Tabakskastens, das auf einem halb versteckten Ecktisch steht. Dieser Kasten muß bei bestimmter Gelegenheit als Untersatz für eine kostbare Blume gedient haben und von dem einen oder anderen seiner Verehrer dem Prinzen überreicht worden sein. Noch jetzt umschließt der Kasten einen Blumentopf, aber die Blumen selbst sind von Papier. Alle vier Wände des Kastens enthalten reizende Aquarellbildchen, zwei davon Schlachtenbilder en miniature, von denen das eine die Inschrift trägt: »Condé aux lignes de Fribourg«, das andere: »Henri à la bataille de Prague«. Die Verbindlichkeit ist sehr fein und die Parallele gut gezogen. »Condé aux lignes de Fribourg« ist vielleicht eine Kopie, wenigstens entsinne ich mich dunkel, im Louvre oder in den Sälen von Versailles etwas Verwandtes gesehen zu haben. Auf dem Frontbilde: »Henri à la bataille de Prague« erhebt der Prinz* eben den Degen, und den Kopf nach rechts hin zurückgewandt, um durch Wort und Blick die Nachfolgenden anzufeuern, führt er eine Grenadierkompanie zum Sturm.

---

* Der Kopf des Prinzen auf diesem Bilde ist Porträt. Es existieren im Ruppinschen außerdem noch vier Bildnisse des Prinzen Heinrich:

1. Im Besitz der Frau von Kaphengst in Ruppin. Von Pesne gemalt.
2. Im Besitz des Grafen Zieten-Schwerin auf Wustrau. Von Frau Teerbusch.
3. Im Besitz des Herrn Gentz in Ruppin. Ein Pastellbild (befindet sich im »Tempel«).
4. Eine Büste; ebendaselbst.

Ein anderes sehr gutes Bild des Prinzen - mit Tigerfellaufschlägen an der Uniform und einer Terrainkarte von Freiberg auf dem nebenstehenden Tisch - befindet sich im Schloß zu Tamsel.

4

Prinz Heinrich. Der Rheinsberger Park. Herr von Reitzenstein und der verschluckte Diamant. Der Freundschaftstempel. Das Theater im Grünen. Das Grabmal des Prinzen

Außer den im vorigen Kapitel beschriebenen Zimmern des Kronprinzen und des Prinzen Heinrich enthält das Rheinsberger Schloß nichts, was der Erwähnung wert wäre. Wenn man wieder ins Freie tritt, um, über den Schloßhof hin, dem Park und dem See zuzuschreiten, so kann man die Frage nicht abwehren, wie kommt es, daß dieser kluge, geistvolle Prinz Heinrich, dieser Feldherr sans peur et sans reproche, dies von den nobelsten Empfindungen inspirierte Menschenherz, so wenig populär geworden ist. Man gehe in eine Dorfschule und mache die Probe. Jedes Taglöhnerkind wird den Zieten, den Seydlitz, den »Schwerin mit der Fahne« kennen, aber der Herr Lehrer selbst wird nur stotternd zu sagen wissen, wer denn eigentlich Prinz Heinrich gewesen sei. Selbst in Rheinsberg, das der Prinz ein halbes Jahrhundert lang bewohnt hat, ist er verhältnismäßig ein Fremder. Natürlich, man kennt ihn, aber man weiß wenig von ihm. Einige von den Alten entsinnen sich seiner, erzählen dies und das, aber die lebende Generation lernt Geschichte wie wir, d. h. liest lange Kapitel vom Kronprinzen Friedrich und seinem Rheinsberger Aufenthalt, und hat sich daran gewöhnt, den Konzertsaal und das Studierzimmer als die alleinigen Sehenswürdigkeiten des Schlosses anzusehen. Die Zimmer des Prinzen Heinrich, Prinz Heinrich selbst, alles ist bloße Zugabe, Material für die Rumpelkammer. Das harte Los, das dem Prinzen bei Lebzeiten fiel, das Geschick »durch ein helleres Licht verdunkelt zu werden«, verfolgt ihn auch im Tode noch. An derselben Stelle, wo er durch fast zwei Menschenalter hin gelebt und geherrscht, geschaffen und gestiftet hat, ist er ein halb Vergessener, bloß weil der Stern seines Bruders vor ihm ebendaselbst geleuchtet. Und ein Teil dieses Mißgeschicks wird auch bleiben. Aber es ist andererseits nicht unwahrscheinlich, daß die nächsten fünfzig Jahre schon Verdienst und Klang des Namens mehr in Harmonie bringen werden. Um es mit einem Worte zu sagen: dem Prinzen hat der Dichter bis zu dieser Stunde gefehlt. Von dem Augenblick an, wo Lied, Erzählung, Schauspiel ihn unter ihre Gestalten aufnehmen werden, werden sich auch die Prinz-Heinrich-Zimmer im Rheinsberger Schlosse neu zu beleben anfangen, und die Kastellane der Zukunft werden zu berichten wissen, was in dieser und jener Fensternische geschah, wer den Blumenkasten übergab und unter welchem Kastanienbaum der Prinz seinen Tee trank und mit einem freudigen »oh soyez le bien venu« sich erhob, wenn Prinz Louis am Schloßtor hielt und lachend aus dem Sattel sprang.

Historische Gestalten teilen nicht selten das Schicksal alter Statuen. Einzelne stehen durch ein Jahrtausend hin immer leuchtend und immer bewundert auf dem Postament ihres Ruhmes; andere werden verschüttet oder in den Fluß geworfen. Aber endlich kommt der Moment ihrer Wiedererstehung, und nun erst – neben den glücklicheren neuaufgerichtet – erwächst der Nachwelt die Möglichkeit des Vergleichs.

Es muß zugegeben werden (und ich habe bereits in dem Kapitel »die Kirche zu Rheinsberg« darauf hingewiesen), daß etwas prononziert Französisches in Sitte, Gewöhnung, Ausdruck, sowie das geringe Maß jener kurbrandenburgischen Derbheit, die wir an Friedrich dem Großen, all seiner Voltaire-Schwärmerei zum Trotz, so deutlich erkennen und so sehr bewundern, der Volkstümlichkeit des Prinzen Heinrich immer hindernd im Wege stehen wird, es fehlt aber auch noch viel bis zu jenem bescheideneren Teile von Popularität, worauf er unbedingten Anspruch hat. Seine Repliken waren nicht im Stile des älteren Tauenzien, als dieser, unter Androhung, »daß man das Kind im Mutterleibe nicht schonen werde« aufgefordert wurde, Breslau zu übergeben; aber wenn er in seinen Antworten auch nicht dem Richard Löwenherz glich, der mit seinem Schwert ein zolldickes Eisen zerhieb, so glich er doch dem Saladin, der mit seiner Halbmondklinge das in die Luft geworfene Seidentuch im Niederfallen durchschnitt. Nur selten war er derb, rauh nie.

*

Wir sind nun in den Park getreten. Er umzieht in weitem Halbkreise die linke Hälfte des Sees und geht am jenseitigen Ufer unmittelbar in die schönen Laubholzpartien des Boberowwaldes über. Der Park ist eine glückliche Mischung von französischem und englischem Geschmack, zum Teil planvoll und absichtlich dadurch, daß man die Le Notreschen Anlagen durch Partien im entgegengesetzten Geschmack erweiterte, zum Teil aber planlos und unabsichtlich dadurch, daß sich das zwang- und kunstvoll Gemachte wieder in die Natur hineinwuchs. Die ursprüngliche Anlage soll das Werk eines Herrn von Reitzenstein gewesen sein, der schließlich (wie das zu geschehen pflegt) in verleumderischer Weise beschuldigt wurde, die Kriegsabwesenheit des Prinzen zu seinem Vorteil benutzt und unredlich gewirtschaftet zu haben. Als er von dieser gegen ihn umgehenden Verleumdung und beinahe gleichzeitig auch von der nahe bevorstehenden Rückkehr des Prinzen hörte, gab er sich in den Tod »indem er einen Diamanten verschluckte«. So das Volk. Es liegt auf der Hand, daß hier der nach dem Abenteuerlichen haschende Sinn desselben eine komische Substituierung geschaffen hat. Ein verschluckter Diamant ist um nichts schädlicher als ein verschluckter Pflaumenkern, und so glaube ich denn bis auf weiteres annehmen zu dürfen, daß sich von R. (wenn überhaupt) einfach durch Blausäure, durch Essence d'Amandes getötet hat, aus welch letzterem Worte, lediglich nach dem Gleichklang, ein Diamant geworden ist.

Man passiert, abwechselnd dicht am See hin und mal wieder sich von ihm entfernend, die herkömmlichen Schaustücke solcher Parkanlage: Säulentempel, künstliche Ruinen, bemooste Steinbänke, Statuen (darunter einige von großer Schönheit), und gelangt endlich bis an den sogenannten Freundschaftstempel, der bereits am jenseitigen Ufer des Sees, im Boberowwalde gelegen ist. In diesem Freundschaftstempel pflegte der Prinz zu speisen, wenn das Wetter eine Fahrt über den See zuließ. Es war ein kleiner Kuppelbau, auf dessen Hauptkuppel noch ein Kuppelchen saß; über dem Eingang aber ein Frontispiz. Frontispiz und Kuppeln existieren nicht mehr; sie drohten mit Einsturz und wurden abgetragen. Aber das Innere des »Tempels« ist noch wohlerhalten und besteht aus einem einzigen achteckigen Zimmer, um das sich, wie die Schale um die Mandel, ein etwas größerer achteckiger Außenbau legt. Genau so, wie man eine kleine Schachtel in eine größere stellt und beide mit einem gemeinschaftlichen Deckel überdeckt. In dem achteckigen Einsatz befinden sich vier türbreite Einschnitte (die Türen selber fehlen) und mit Hilfe dieser Einschnitte wird es möglich, die sechzehn Inschriften zu lesen, die seinerzeit der Innenwand des achteckigen Außenbaues, und zwar sehr wahrscheinlich vom Prinzen selber gegeben wurden. Sie sind abwechselnd zwei und vier Zeilen lang und beziehen sich auf das Glück der Freundschaft. Ich zitiere zwei derselben:

Qui vit sans amité, ne sauroit être heureux,
Quandi il auroit pour lui la fortune et les Dieux

oder

Pourquoi l'amour est-il donc le poison
Et l'amitié le charme de la vie?
Cest que l'amour est le fils de la folie
Et l'amitié fille de la raison.

So sind sie alle. Kleine Niedlichkeiten ohne tiefere Bedeutung, und doch an dieser Stelle ebenso ansprechend, wie sie als Grab- und Kircheninschriften uns widerstrebend sind.

Jetzt feiert die junge Welt ihr Möskefest hier, bei welcher Gelegenheit sicherlich alle philosophischen Betrachtungen über das Glück der Freundschaft unterbleiben, und die sich »anbahnenden Verhältnisse« durchaus zugunsten des ewig im Schwunge bleibenden »fils de la folie« entschieden werden. Ein Möskefest an dieser Stelle bedeutet eine nicht üble Kritik und Ironie.

*

Vom Freundschaftstempel aus schreiten wir in den eigentlichen Park zurück, machen dem wohlerhaltenen »Theater im Grünen«, das lebendige Hecken statt der Kulissen hat, unseren Besuch und gelangen danach in allerhand schmale Gänge, deren Windungen uns schließlich bis an das Grabmal des Prinzen Heinrich führen. Es besteht aus einer Pyramide von Backstein, um die sich ein schlichtes Eisengitter zieht. Der Prinz, in seinem Testamente, hatte die völlige Vermauerung dieser Pyramide angeordnet; man ging aber von dieser Anordnung ab und ließ einen Eingang offen. Im Jahre 1853 sah ich noch deutlich den großen Zinksarg stehen, auf dem ein rostiger Helm lag. Seitdem ist ein brutaler Versuch gemacht worden, eben diesen Sarg, in dem man Schätze vermutete, zu berauben, was nun, nachträglich noch, zur Erfüllung der Testamentsanordnung, will also sagen zur Vermauerung der Pyramide geführt hat.

Wo früher der Eingang war, befindet sich jetzt eine große Steintafel mit der von Prinz Heinrich selbst verfaßten Grabschrift. Sie lautet:

Jetté par sa naissance dans ce tourbillon de vaine funée
Que le vulgaire appelle
Gloire et grandeur,
Mais dont le sage connoit le néant;
En proie à tous les maux de l'humanité;

Tourmenté par les passions des autres,
Agité par les siennes;
Souvent exposé à la calomnie;
En butte à l'injustice;
Et accablé même par la perte
De parens chéris,
D'amis sûrs et fidèles;
Mais aussi, souvent consolé par l'amitié;
Heureux dans le recueillement de ses pensées,
Plus heureux
Quand ses services purent être utiles à la patrie
Ou à l'humanité souffrante:
Tel est l'abrégé de la vie de
FRÉDÉRIC-HENRI-LOUIS,
Fils de Frédéric-Guillaume, roi de Prusse,
Et de Sophie-Dorothée,
Fille de George Ier. roi de la Grande-Bretagne.
Passant,
Souviens-toi que la perfection n'est point sur la terre.
Si je n'ai pu être le meilleur des hommes,
Je ne suis point au nombre des méchans;
L'éloge ou le blâme
Ne touchent plus celui
Qui repose dans l'éternité;
Mais la douce espérance
Embellit les derniers momens
De celui qui remplit ses devoirs;
Elle m'accompagne en mourant,
Né le 18. janvier 1726.
Décédé le 3. août 1802.

So dachte, so schrieb man damals. Die »naissance« war ein Spiel des Zufalls, und man war es müde, »über Sklaven zu herrschen«.

Aus dieser Welt der Freiheitsphrase sind wir heraus, aber, Gott sei Dank, dem Wesen der Freiheit sind wir nähergekommen.

5

Der große Obelisk in Rheinsberg und seine Inschriften

Vielleicht die größte Sehenswürdigkeit Rheinsbergs ist der Obelisk, der sich, gegenüber dem Schlosse, am jenseitigen Seeufer auf einem zwischen dem Park und dem Boberowwalde gelegenen Hügel erhebt. Er wurde zu Anfang der neunziger Jahre vom Prinzen Heinrich »dem Andenken seines Bruders August Wilhelm« errichtet und trägt an seiner Vorderfront das vortrefflich ausgeführte Reliefporträt eben dieses Prinzen und darunter die Worte:

A l'eternelle memoire d'Auguste Guillaume
Prince de Prusse, second fils du roi
Frédéric Guillaume.

*

Aber nicht dem Prinzen allein ist das Monument errichtet, vielmehr den preußischen Helden des Siebenjährigen Krieges überhaupt, allen jenen, die, wie eine zweite Inschrift ausspricht, »durch ihre Tapferkeit und Einsicht verdient haben, daß man sich ihrer auf immer erinnere.«

Da nun solcher preußischer Helden in jener Ruhmeszeit unzweifelhaft sehr viele waren, so lag es dem Prinzen ob, unter den vielen eine Wahl zu treffen. Diese Wahl geschah, und achtundzwanzig wurden schließlich der Ehre teilhaftig, ihre Namen auf dem Rheinsberger Obelisken genannt zu sehen. Jeder Name steht in einem Medaillon und ist von einer kurzen, in französischer Sprache abgefaßten Charakteristik begleitet. Nachstehend gebe ich dieselben in Übersetzung.

Vorderfront

Marschall von Keith. Mit der größten Biederkeit vereinigte er die ausgebreitetsten und gründlichsten Kenntnisse. In Rußland, während des Krieges gegen die Türken, erwarb er sich einen wohlverdienten Ruhm, welchen er im preußischen Dienste bestätigte. Das Bedauern aller gefühlvollen Herzen, die Tränen aller Krieger verewigten auf immer sein Andenken. Er blieb bei dem Überfall zu Hochkirch, den 14. Oktober 1758.

Marschall von Schwerin. Die Ehre seines Jahrhunderts und

der Schild des Vaterlandes. Er vereinigte alle bürgerlichen und kriegerischen Tugenden. Die Feinde, welche er bekämpfte, konnten ihm ihre Bewunderung nicht versagen. Am 10. April 1741 gewann er die Schlacht bei Mollwitz. Im Jahre 1744 befehligte er die Armee, welche Prag belagerte, und nahm die Festung Ziskaberg. Im Jahre 1756 war er an der Spitze der preußischen Armee, welche durch Schlesien in Böhmen eindrang. Und obgleich das feindliche Heer ihm überlegen war, führte er dennoch einen Angriffskrieg gegen die von Piccolomini befehligten Österreicher. Die Völker, gesichert durch seine Menschlichkeit, verehrten seinen Heldenmut. Die Fahne in der Hand fiel er als Opfer seines Eifers bei Prag am 6. Mai 1757.

Leopold, regierender Fürst von Anhalt-Dessau, einer der vollkommensten Feldherrn; er zeichnete sich im spanischen Erbfolgekriege aus. Turin war Zeuge seiner Kriegstaten. Er kämpfte dort an der Spitze der Preußen, welche er auch im Kriege 1742 in Oberschlesien anführte. Im Jahre 1745 schlug er die Sachsen bei Kesselsdorf, und bahnte sich den Weg nach Dresden. Sein militärisches Genie und sein Mut werden ihn auf immer unsterblich machen.

August Ferdinand, vierter Sohn des Königs Friedrich Wilhelm, war 1757 bei der Einschließung von Prag, und wurde bei einem Ausfall der Feinde verwundet. In der Schlacht bei Breslau, den 22. November desselben Jahres, behauptete er bis zu Ende der Schlacht einen wichtigen Posten. In der Schlacht bei Leuthen erwarb er sich neue Lorbeeren. Ebenso schätzbar durch seine Tugenden, als durch seine Taten.

General von Seydlitz zeichnete sich aus von Jugend auf. Er war bei allen Feldzügen des Siebenjährigen Krieges zugegen, und stets mit Ehre und Ruhm. Durch Geschicklichkeit, Unerschrockenheit, vereinigt mit Schnelligkeit und Geistesgegenwart, wurden alle seine Kriegstaten den Feinden verderblich. Lowositz, Kollin, Roßbach, Hochkirch, Zorndorf, Kunersdorf und Freiberg sind ihm Denkmäler des Sieges. Oft wurde er gefährlich verwundet. Die preußische Reiterei verdankt ihm den Grad der Vollkommenheit, welchen der Fremde bewundert. Dieser seltene Mann, alle Gefahren überlebend, verschied im Arme des Friedens.

General von Zieten erreichte ein eben so glückliches als ehrenvolles Alter. Er siegte in jedem Gefechte. Sein kriegerischer Scharfblick, vereinigt mit einer heroischen Tapferkeit, sicherten ihm den glücklichen Ausgang jeden Kampfes. Aber was ihn über alles erhob, waren seine Redlichkeit, seine Uneigennützigkeit und seine Verachtung aller derer, welche auf Kosten der unterdrückten Völker sich bereicherten.

Der Herzog von Bevern. Er entschied 1756 den Sieg bei Lobositz. Im Jahre 1757 drang er aus Schlesien in Böhmen ein, und seine weisen Maßregeln verschafften ihm bei Reichenberg den Sieg über die Österreicher. In demselben Jahre widerstand er mit 22 000 Mann der Daunschen Armee, welche 80 000 Mann stark war, und nur nach der mutigsten Gegenwehr unterlag er bei Breslau. 1762 mit einem Korps bei Reichenbach aufgestellt, wurde er in Front und Rücken durch überlegene Macht angegriffen. Er schlug sie zurück und behauptete das Schlachtfeld.

General von Platen. Er diente mit Auszeichnung in allen Kriegen, und war bei vielen Schlachten zugegen. Nach der Niederlage bei Kunersdorf sammelte er die zerstreuten Heereshaufen, deckte den Rückzug, blieb während der Nacht auf seinem Posten und ging erst am andern Morgen über die Oder zurück. Im Jahre 1762 wurde er mit einem Korps von dem König abgesendet; er schlug bei Posen 6000 Russen, machte viele Gefangene und vernichtete ihre Magazine. Er starb 1787.

Rechtsfront

Oberstleutnant von Wedell. Mit einem Bataillon Grenadiere, aus zwei Kompanien der Garde und zwei vom Regiment Kronprinz zusammengesetzt, verteidigte er bei Selmitz in Böhmen mehrere Stunden lang, gegen die ganze österreichische Armee, den Übergang über die Elbe. So verschaffte er dem preußischen Heere die nötige Zeit, seine Quartiere zu erreichen. Nach fünf Stunden nötigten ihn die zahlreichen Batterien der Feinde zum Rückzuge. Als Prinz Karl über den Fluß gegangen war, in der Meinung, ein zahlreiches Heer bekämpft zu haben, erfuhr er durch einen Gefangenen, daß ein einziges Bataillon, aber von einem Helden angeführt, diese schöne Verteidigung gemacht habe. Mit demselben Bataillon griff er in der Schlacht bei Soor, am 30. Sepember 1745, den linken Flügel der Österreicher an, und endigte hier sein Heldenleben.

Generalleutnant von Hülsen. Sehr geschätzt durch seine militärischen Talente. Fast in allen Schlachten war er zugegen, oft verwundet, und durch seine Unerschrockenheit stets ausgezeichnet. Im Jahre 1760 in der Schlacht bei Torgau wurde der linke Flügel, bei welchem er sich befand, zurückgetrieben. Er sammelte einige Flüchtlinge. Da aber seine Pferde getötet waren, und sein Alter und seine Wunden ihm nicht erlaubten, zu Fuß sein Korps anzuführen, so setzte er sich auf eine Kanone, und gelangte so, mitten im feindlichen Feuer, zum rechten Flügel.

von Tauentzien, General der Infanterie. In allen Feldzügen zugegen; seine Wunden sind rühmliche Denkmäler seines Mutes. 1760 verteidigte er Breslau gegen Laudon. Er befehligte 1762 die Belagerung von Schweidnitz, und erfreut sich gegenwärtig eines ehrenvollen Alters.

von Möllendorf, General der Infanterie, war bei allen Feldzügen von 1740 bis 1778. Bei Torgau, 1760, bemächtigte er sich der Anhöhen von Siptitz, und entriß dadurch dem Feinde den Sieg. Im Jahre 1762, als er auf gleiche Art die Anhöhen von Burkersdorf gewonnen hatte, nötigte dies den Marschall Daun, seine Stellung zu verändern, welches die Belagerung von Schweidnitz erleichterte. Im Winter von 1778 bis 1779 befehligte er bei der in Sachsen stehenden Armee ein besonderes Korps und schlug den Feind bei Brixen.

Generalleutnant von Haucharmoi. Aus Frankreich herstammend. Er war während des spanischen Erbfolgekrieges in Italien und Flandern bei dem preußischen Heere zugegen. Im Kriege 1740 zeigte er sich wie ein zweiter Bayard, ohne Furcht und ohne Tadel. In der Schlacht bei Prag, den 6. Mai 1757, starb er auf dem Bette der Ehren.

General von Retzow, Intendant der Armee. 1758 befehligte er ein von der Armee des Königs getrenntes Korps. Er war bei Weißenberg gelagert, wo der rechte Flügel der Daunschen Armee ihm gegenüber stand. Am Tage des unglücklichen Überfalls bei Hochkirch, den 14. Oktober 1758, besetzte er eine Anhöhe hinter der Armee des Königs, und wurde so durch seine Klugheit und Tapferkeit der Rückzug gedeckt. Er starb einen Monat darauf, als er seinem Vaterlande einen so wichtigen Dienst geleistet hatte.

Oberst von Wobersnow, erster Adjutant des Königs. Er zeichnete sich aus durch lebhaftes Ehrgefühl und große militärische Kenntnisse. 1757 in der Schlacht bei Prag, als er den preußischen linken Flügel sammelte, um solchen aufs neue gegen den Feind zu führen, wurde er verwundet. Er war bei allen Feldzügen gegen die Russen. Die Schlacht bei Kai wurde wider seinen Willen geliefert; die Preußen verloren sie, und er fiel als Held.

von Wunsch, General der Infanterie. Er trat in Dienst 1756 als Offizier bei einem Freikorps, und erhob sich zu höheren Graden durch sein Genie und seine militärischen Talente. Im kleinen Krieg waren alle seine Unternehmungen glücklich und erwarben ihm allgemeine Achtung. 1759 schlug er mit einem kleinen Korps bei Torgau die weit überlegenen Feinde. Im nämlichen Jahre, nahe bei Düben, schlug er das Vordertreffen der Feinde. Ein gefangener General, Fahnen und Kanonen waren die Denkmäler seines Sieges. Er starb 1788.

von Saldern, Generalleutnant. In allen Feldzügen zugegen. In taktischen Kenntnissen hochberühmt. Gleichermaßen geschätzt wegen seiner Tapferkeit und seiner Biederkeit. Er zeichnete sich aus bei der Torgauer Schlacht. Starb im Jahre 1785.

von Prittwitz, General der Kavallerie. Er diente sowohl unter den Dragonern, als Husaren, und zeichnete sich aus durch seine Tapferkeit in mehreren Schlachten, wo er zugegen war. Dieses erwarb ihm die besondere Achtung des Königs, der ihm das Regiment Gensdarmes erteilte, das er noch jetzt befehligt, und sich immer schätzbarer macht durch seinen Eifer und seine Tätigkeit.

von Kleist, General der Husaren. Erwarb sich im Siebenjährigen Kriege hohen Ruhm. Geschickt in allen Gewandtheiten des kleinen Krieges, war er auch zu großen Unternehmungen sehr geeignet, deren Erfolg seine Talente dem Feinde furchtbar machten. Stets geliebt von den Truppen, die er befehligte, machte er durch seine Taten seinen Namen unsterblich. Im sechsunddreißigsten Jahre seines Alters, 1767, endigte er seine Laufbahn.

von Dieskau, Generalleutnant der Artillerie, diente von Jugend auf und erwarb sich die höchste Achtung seines Korps, welches er während des Siebenjährigen Krieges als Chef befehligte. Er war tätig, wachsam, arbeitsam. Bei allen Belagerungen zugegen. Auch in den Schlachten, bei welchen er war, leistete er wichtige Dienste. Er starb in einem hohen Alter.

von Ingersleben, Generalmajor. Von einer geprüften Tapferkeit hat er die stärksten Beweise gegeben. In der Schlacht bei Prag, 1757, wurde er mit Wunden bedeckt, deren indes keine tödlich war. In demselben Jahre aber verlor er sein Leben in der Schlacht bei Breslau, am 22. November, wo er als Held focht.

von Henkel, Generalleutnant. Graf von Henkel, Adjutant des

Prinzen Heinrich von Preußen während der Feldzüge von 1757 und 1758, zeichnete sich aus in den Schlachten bei Prag und Roßbach. Im Winter 1757 und 1758 unterstützte er den General von Tauentzien beim Überfall von Horneburg. In der Schlacht bei Torgau, im Jahre 1760, an der Spitze des Regiments Prinz von Preußen, gab er neue Beweise seiner Tapferkeit.

Rückfront

von Goltz, Adjutant des Königs. Er wurde 1756 nach Preußen gesendet, um den Marschall Lehwald, welcher die Armee gegen die Russen befehligte, mit seinem Rat zu unterstützen. Ein umfassender, tiefblickender Geist, mit militärischen Kenntnissen vereint, würde seinen Namen verherrlicht haben, wenn sein alle Gefahren verachtender Mut in der Schlacht bei Jägerndorf ihn nicht dem Vaterland entrissen hätte.

von Blumenthal, Major im Regiment Prinz Heinrich. Sein heller Geist, sein rechtliches Gemüt, führten ihn Hand in Hand der Vollkommenheit entgegen, als er bei Verteidigung eines Postens bei Ostritz in der Lausitz getötet wurde, am 31. September 1756.

von Reder, Chef eines Kavallerieregiments. Als Kommandeur des Kürassierregiments Schmettau durchbrach er die österreichische Infanterie, und nahm ein ganzes Regiment gefangen. Am 29. Oktober 1762, in der Schlacht bei Freiberg in Sachsen, erwarb er sich neuen Ruhm.

von Marwitz, Quartiermeister bei der Armee des Königs. Erwarb sich große Verdienste in allen Kriegen, war bei allen Schlachten zugegen und zeichnete sich aus bei mehreren Vorfällen. Er starb 1759 im sechsunddreißigsten Jahre seines Alters. Vielleicht wären sein Wert und seine Verdienste vergessen, wenn dieses Denkmal sein Andenken nicht aufbewahrte.

De-Quede, Adjutant beim Prinzen von Preußen, Bruder des Königs, Major im Regiment Prinz Heinrich. Seine richtige Urteilskraft, sein fester Charakter, seine Unerschrockenheit ließen wünschen, er möchte auf lange Zeit dem Staate nützlich werden. Aber 1757, in der Schlacht bei Prag, wurden ihm durch eine Kanonenkugel beide Füße weggeschossen. Er lebte noch einige Stunden, und unter den heftigsten Schmerzen verleugnete sich sein Heldenmut nicht, bis zum letzten Hauch.

von Platen, Adjutant des Marschalls von Schwerin. Er vereinigte alle Eigenschaften, welche Hoffnung gaben, er würde diesen großen Mann ersetzen. Er fiel ihm zur Seite am 6. Mai 1757.

So die Namen der achtundzwanzig, die die Wahl des Prinzen traf, eine Wahl hinsichtlich deren dieser selbst empfand, daß sie parteiisch getroffen sei. Weshalb er auch der schon vorzitierten, von den »preußischen Helden« sprechenden Widmung noch folgende Zeilen hinzufügte:

Leurs noms gravés sur le marbre
  Par les mains de l'amité,
Sont le choix d'une estime particulière
  Qui ne porte aucun préjudice
  A tout ceux qui comme eux
Ont bien merité de la patrie
Et participent à l'estime publique.

Kein Präjudiz also gegen alle diejenigen, die außerdem noch an der »estime publique« teilgenommen haben. Diese Worte rücksichtsvoller Verwahrung sind ganz im Geiste des Prinzen Heinrich gesprochen. Er gibt seine Meinung und gibt sie zum Teil (diplomatisch genug) ausschließlich dadurch, daß er schweigt, aber selbst dies Schweigen erscheint ihm noch wieder zu verletzend, und er fügt ein milderndes »ohne Präjudiz« hinzu. Dies bezieht sich auf das Fehlen besonders dreier Namen: von Winterfeldt, von Fouqué und von Wedell. Auf der einen Seitenfront befindet sich zwar ein »Wedell«, doch ist dies ein älterer General desselben Namens, der schon 1745 bei Soor fiel, nicht der Wedell, der als Liebling und Vertrauensmann des Königs abgeschickt wurde, um gegen die anrückenden Russen den Grafen Dohna im Kommando zu ersetzen, und der tags darauf, trotz all seiner Tapferkeit, bei Kay geschlagen wurde. Dieser fehlt, wie vor allem, um es zu wiederholen, Winterfeldt* fehlt, wogegen alle

* Die Geschichte Winterfeldts, speziell mit Rücksicht auf den hier in Rede stehenden Punkt, muß erst noch geschrieben werden. So viel wird sich aber schon heute sagen lassen dürfen, daß die tiefe Abneigung, die, gemeinschaftlich mit einigen Generalen, die königlichen Prinzen gegen v. W. unterhielten, eine vollkommen berechtigte war. Aber die Schuld trifft den König, nicht Winterfeldt. Hätte sich der König entschließen können, diesem seinen Vertrauensmanne bei bestimmten Gelegenheiten eine großes Kommando zu geben, so würde Winterfeldt in dieser seiner Kommandostelle das Recht gehabt haben, zu recherchieren und inspizieren, zu tadeln, zu strafen und zu verklagen. Aber ein solches höheres Kommando ward ihm nie gegeben, er

diejenigen, die bei der einen oder anderen Gelegenheit von der Ungnade des Königs betroffen wurden, ziemlich sicher sein dürfen, an diesem Obelisken ihr Konto in Balance gebracht zu sehen. So der Herzog von Bevern, von der Marwitz, Oberst von Wobersnow, Prinz August Wilhelm selbst. Eine jede dieser Medaillon-inschriften ist von Bedeutung und kann uns, solange der »kritische Kommentar«, den der frondierende Prinz zu dem großen Geschichtsbuche seines Bruders geschrieben haben soll, ein Geheimnis bleibt, als Fingerzeig und kurzer Abriß dessen gelten, was in jenem »Kommentar« an Ansichten niedergelegt wurde.

Der Obelisk richtet sich in seiner Kritik in erster Reihe gegen den König, aber an manchen Stellen, und zwar gleichzeitig ausgesprochener Anerkennung unerachtet, doch auch gegen den einen oder anderen der berühmtesten Generale. So scheint ihm beispielsweise der schon damals im Volke lebende Glaube, daß »Schwerin mit der Fahne« die Prager Schlacht entschieden habe, vielleicht im Gefühl dessen, was er selbst geleistet hatte, nicht angenehm gewesen zu sein, weshalb er, nachdem er die früheren Taten Schwerins mit großer Wärme des Ausdrucks aufgezählt hat, in ziemlich nüchterner Weise schließt: »Un drapeau à la main il fut la victime de son zèle devant Pragne le 6 de Mai 1757«. Er rühmt nur den »Eifer«, weiter nichts.

Die schönsten Worte richten sich unzweifelhaft an Zieten, weshalb ich nicht umhin kann, sie hier noch einmal, und zwar in ihrer originalen Fassung zu wiederholen:

Toutes les fois qu'il combattit, il triompha.
Son coup d'oel militaire joint
A sa valeur héroïque
Decidoit du succès des combats;
Mais ce qui le distinguait encore plus
Ce furent son intégrité, son desintéressement
Et son mépris pour tous ceux
Qui s'enrichissaient aux dépens
Des peuples opprimés.

Innigkeit und wahre Verehrung spricht aus jeder Zeile. Der alte Husar ist auch hier Sieger geblieben.

---

kam immer nur, »um im höchsten Auftrage nachzusehen und zu berichtigen«, und das mußte notwendig zu bitterster Feindschaft aller davon Betroffenen führen.

ZWISCHEN BOBEROWWALD UND HUWENOWSEE
oder
Der Rheinsberger Hof von 1786–1802

Bis 1786 war der Aufenthalt des Prinzen Heinrich in Rheinsberg ein vielfach unterbrochener: Kriege, Reisen und diplomatische Missionen hielten ihn jahreslang fern. Erst von 1786 ab gehörte er dem »stillen Schloß am Boberowwalde« mit einer Art von Ausschließlichkeit an.

Das beinah völlige Sichfernhalten von der Welt, das nun eintrat, war nur zu kleinerem Teile des Prinzen freie Wahl. Den großen König, seinen Bruder, hatte er nie geliebt, aber doch respektiert, und erst nach dem Tode desselben war ein Wesen oder auch Unwesen in den Regierungskreisen eingerissen, das ihm eine Beteiligung daran (die wie Gutheißung ausgesehen hätte) zur Unmöglichkeit machte. Hierzu kam, daß man auch andererseits, will also sagen auf seiten des Hofes, ohne ihn fertig werden zu können glaubte. Man erbat seinen Rat nicht mehr und so gab er ihn auch nicht mehr. Mit höchster Mißbilligung sah er auf den Einfluß der Rietz und ihres Anhangs. »In dieser Spelunke ist alles infame« sprach er laut vor sich hin, als er eines Tages an dem Palais der (späteren) Gräfin Lichtenau vorüberkam. Das entschied. Ein Prinz, der, bei sonst großer Zurückhaltung, über die Favoritin ein solches Wort äußern konnte, gehörte nicht mehr an den Hof und sprach dadurch seine eigene Verbannung aus.

Die Verstimmung des Prinzen war eine so tiefe, daß ihm Rheinsberg nicht mehr fern und abgelegen genug erschien, weshalb denn auch der Wunsch immer lebendiger in ihm wurde, seiner Tage Rest in Frankreich zu verbringen. Schon 1784 hatte er sich schweren Herzens von Paris getrennt und dem Herzoge von Nivernois die Worte zugerufen: »Ich verlasse nun das Land, nach dem ich mich ein halbes Leben lang gesehnt habe und an das ich, während der zweiten Hälfte meines Lebens, mit so viel Liebe zurückdenken werde, daß ich fast wünschen möchte, ich hätte es nicht gesehen.« Nach diesem Lande seiner Sehnsucht zog es ihn jetzt mit verdoppelter Kraft, aber die Götter waren seinem Vorhaben nicht hold, und es schien, daß er dem engen Kreise verbleiben sollte, dem er seit fast vierzig Jahren, wenn auch mit mancher Unterbrechung, angehört hatte. 1787 machten politische Konstellationen die Übersiedlung nicht möglich, 1788 im Juni ging er wirklich und trat auch wegen Ankaufs eines in der Nähe von Paris gelegenen Grundbesitzes in Unterhandlungen ein, aber ehe sie zum Abschluß gelangen konnten, zogen die Wetter der Revolution immer drohender herauf, und der Prinz, der sich nach Ruhe sehnte, kehrte schweren Herzens in seine Rheinsberger Einsiedelei zurück.

Von da ab gehörte er derselben ganz.

Meine Aufgabe wird in folgendem darin bestehen, den Prinzen in diesem seinem Stilleben zu schildern, und mit einiger Bestimmtheit festzustellen, in welcher Art und welcher Genossenschaft er das letzte Jahrzehnt seines Lebens verbrachte.

Diese meine Aufgabe war insoweit schwierig, als gedruckte Mitteilungen aus jener Epoche so gut wie gar nicht vorliegen, aber ich genoß dafür des Vorzuges, Personen zu begegnen, die jene letzten Prinz-Heinrich-Tage teils noch miterleben durften oder doch von eben diesen Tagen wie von etwas Jüngstgeschehenem hatten sprechen hören. Es bezieht sich dies namentlich auf die Mitteilungen über den Major von Kaphengst und den Grafen und die Gräfin La Roche-Aymon.

Die Rheinsberger Kirche hat zwei Glocken aus dem Jahre 1780. Die kleinere bedeutet wenig, desto mehr die größere, darauf wir folgende Namen verzeichnet finden: Prince Frédéric Henri Louis de Prusse, frère du Roi. Major de Kaphengst. Baron Frédéric de Wreich. Baron Louis de Wreich. Baron de Kniphausen. Baron de Knesebeck. de Tauentzien. Alle diese waren Kavaliere des Prinzen. Rechnen wir hierzu den Bibliothekar und Vorleser des Prinzen, erst Francheville, dann Toussaint, danach die Mitglieder einer französischen Schauspielertruppe samt einer deutsch-italienischen Kapelle, schließlich aber eine Anzahl Kammerdiener, Lakaien und Leibhusaren, so haben wir alles beisammen, woraus sich 1780 der Rheinsberger Hof zusammensetzte. Die vorgenannten Kavaliere wohnten im Kavalierhause, die Lakaien und Kammerdiener im Schloß, endlich die Künstler aller Art in der Stadt zur Miete.

Einen zweiten sicheren Anhaltepunkt, ebenso zuverlässig wie die Glockeninschrift, geben uns die »dernières dispositions« des Prinzen, aus denen wir ersehen, daß um 1802 der Hofmarschall Graf Röder, der Adjutant Graf La Roche-Aymon, der Kammerrat Lebeauld und der Baurat Herr Steinert die Umgebung des Prinzen bildeten. Major von Kaphengst, Baron Knesebeck und Tauenzien lebten noch; unter allen Umständen aber gewinnen wir, wenn wir die bestimmt verbürgten Namen von 1780 und 1802 zusammentun, einen Überblick über die Mehrzahl der Persönlichkeiten, die während der letzten zwanzig Jahre die Träger und Repräsentanten des Rheinsberger Hoflebens waren.

Über jeden der Genannten werde ich einige Worte zu sagen, über Kaphengst und La Roche-Aymon aber mich ausführlicher zu verbreiten haben. Ehe wir indes zu diesen Personalien übergehen, versuche ich es zuvor in allgemeinen Zügen festzustellen, unter welcher Benutzung der Zeit die Rheinsberger Tage verflossen.

Der Vormittag gehörte der Arbeit, während der Nachmittag der Gesellschaft, dem Diner, der Lektüre,* dem Schauspiel und der Musik gewidmet war. Nur gelegentlich fanden Ausflüge statt, und noch seltener waren Feste, für die der Prinz, in früheren Jahren, eine entschiedene Vorliebe gehegt hatte.

Wenden wir uns zunächst dem Vormittage zu, der Arbeitszeit des Prinzen. Da er (unähnlich seinem großen Bruder, mit dem er übrigens die Antipathie gegen die Jagd gemein hatte) von der Landwirtschaft eine niedrigste Meinung hegte, zugleich auch offen aussprach, daß das Säen und Ernten zwar sehr wichtig, aber Sache jedes Bauern sei, so nahm ihm die Verwaltung seiner Besitzungen, die er seinen Pächtern und Inspektoren überließ, nichts von seiner Zeit. Er konnte dieselbe vielmehr ungestört seinen Studien widmen. Unter diesen stand das Studium der Kriegswissenschaften und der schönen Literatur, soweit sie Frankreich betraf, obenan. Er las mit nie sich abschwächender Vorliebe die Werke der französischen Philosophen, schwärmte für Voltaire und schrieb selber Verse, von denen mit satirischem Anfluge bemerkt worden ist, »daß sie lebhaft an die Verse seines Bruders erinnert hätten.« Übrigens wurden seine dichterischen Versuche von seinen französischen Vorlesern entfehlert, erst von Francheville, dann von Toussaint. Neben diesen poetischen Versuchen war es eine sehr ausgedehnte Korrespondenz, was seine Zeit in Anspruch nahm, und neben dieser Korrespondenz wiederum die Niederschreibung seiner Memoiren. Von diesen ist wenig zur Kenntnis der Welt gelangt. Seine Kritik des Siebenjährigen Krieges, oder mit anderen Worten des Königs selbst, ruht, wenn sie nicht vernichtet ist, wie manche vermuten, uneröffnet und zunächst unzugänglich in unseren Archiven. Andere seiner Arbeiten haben es verschmäht, unter dem Namen ihres erlauchten Verfassers in die Welt zu treten und sollen sich (we-

* »Die Bibliothek des Prinzen«, schreibt Heinrich von Bülow, »war sehr ansehnlich. Er besaß auch ein Exemplar der Bibel, aber er las nur darin, wie man sich in einem Prozeß um die Akten der Gegenpartei kümmert.«

nigstens teilweis) in den militärischen Schriften wiederfinden, die zwischen 1802 und 1804 vom Grafen La Roche-Aymon, dem letzten Adjutanten des Prinzen, veröffentlicht wurden. Ein besonderes Interesse, das mag schon hier eine Stelle finden, nahm er an den Kriegs- und Siegeszügen Moreaus, welchen letzteren er über Bonaparte stellte, wobei freilich nicht vergessen werden darf, daß der Prinz 1802 bereits starb, also früher als die großen napoleonischen Schlachten, die so viele Staaten zertrümmerten, geschlagen wurden. Er erlebte nur Marengo noch. Seine Gegner haben nichtsdestoweniger aus dieser Vorliebe für Moreau den Schluß ziehen wollen, daß der Prinz nur ein Pedant und trotz aller seiner Korrektheit oder vielleicht auch um dieser willen, nicht imstande gewesen sei, das wirkliche Genie zu begreifen.

Die Nachmittagsstunden gehörten zunächst dem Diner. Man aß zur Winterzeit im Schloß, während des Sommers aber, sooft es das Wetter erlaubte, im Freundschaftstempel oder auf der Remusinsel. Der Prinz war persönlich außerordentlich mäßig, und eine gebackene Speise wie sie sein Bruder liebte: Maccaroni, Knoblauchsaft und Parmesankäse hätte ihn einfach getötet. Wie er die Frauen nicht liebte, so auch nicht den Wein, aber er war billig denkend genug, seinen Privatgeschmack nicht zum allgemeinen Gesetz zu machen, und seine Küche wie sein Keller ließen niemanden darben. Die Unterhaltung, wenngleich innerhalb gewisser Formen verbleibend, wie sie die Gegenwart eines Prinzen und noch dazu eines solchen erheischte, war doch innerlich vollkommen frei. Von Krieg und Kriegführung wurde selten gesprochen; es schien als etwas zum Metier Gehöriges verpönt. Er war sehr eitel, und stilvolle Huldigungen, auch solche, die dem »siegreichen Feldherrn« galten, nahm er gern entgegen, aber er war andererseits viel zu vornehm, um das Gespräch auf seine Taten und Siege hinzulenken. Daß er Unterhaltungen der Art vermieden wünschte, sprach sich schon darin aus, daß niemand in Dienstkleidung (Uniform) erscheinen durfte; Hof- oder Gesellschaftskleid war Vorschrift. Das Gespräch drehte sich um Fragen der Kunst und Wissenschaft, um philosophische Kontroversen und Dinge der Politik. Über letztere sprach er mit großer Freimütigkeit, mißbilligte beispielsweise den endlich zu dem Frieden von Basel führenden Krieg Preußens gegen Frankreich und zeigte bis zuletzt gewisse Sympathien mit der französischen Revolution. Ob diese Sympathien (so bemerkt Heinrich von Bülow) in wirklicher Vorliebe für freie Staatsverfassungen wurzelten oder nur ein Resultat der Anschauung waren, »daß alles

Französische gut sei, auch eine französische Revolution« mag dahingestellt bleiben. In ähnlich offener Weise nahm er Partei für die Polen, und dieselbe Teilung, zu deren Vollziehung er als gehorsamer Diener seines Königs am Hofe Katharinas mitgewirkt hatte, hielt er nichtsdestoweniger weder für ein Meisterstück der Politik noch für eine Handlung der Gerechtigkeit. Mit besonderer Vorliebe wurden metaphysische Sätze beleuchtet und diskutiert, und alle jene wohlbekannten Fragen, auf deren Lösung die Welt seitdem verzichtet hat, wurden unter Aufwand von Geist und Gelehrsamkeit und mit Zitaten pro und contra immer wieder und wieder durchgekämpft.

Dem Diner folgte, wenn auch nicht täglich, so doch so oft wie möglich, Theater oder Konzert. Über die Stücke, die zur Aufführung kamen, habe ich nichts Bestimmtes erfahren können, aber es scheint fast, als ob Voltaire, wie den Kreis der Anschauungen und Unterhaltungen, so auch die Bühne beherrscht habe. Gleicherweise wie die Namen der Stücke, sind auch die der Künstler, die darin mitwirkten, bis auf wenige verschollen; Blainville, der Liebling des Prinzen, Demoiselle Toussaint, eine Tochter oder Schwester des Vorlesers, Demoiselle Aurore, vor allem aber Suin de Boutemars, sind die einzigen, die sich durch das eine oder andere Ereignis im Gedächtnis der Stadt Rheinsberg erhalten haben.

Wir haben bis hierher den Durchschnittstag des Rheinsberger Hoflebens beschrieben; was ihn unterbrach, waren Besuche, die kamen, oder Ausflüge, die gemacht wurden. Noch seltener, wie schon hervorgehoben, waren Festlichkeiten. Aber auch dieser Ausnahme ist Erwähnung zu tun.

Auf Besuch kamen Prinz Ferdinand, Prinzeß Amalie, vor allem Prinz Louis Ferdinand, der die besondere Freude seines Oheims und zugleich die Hoffnung desselben war. An diese fürstlichen Besuche schloß sich der Besuch derer, die früher in dienstlichen Beziehungen zum Prinzen gestanden hatten, Namen, auf die wir weiterhin zurückkommen werden.

Die Ausflüge gingen näher und weiter. Der Winteraufenthalt in Berlin (im Prinz Heinrichschen Palais, der jetzigen Universität) ward immer mehr abgekürzt, aber die Tagesfahrten und kleinen Reisen blieben bis zuletzt. Der alte Zieten in Wustrau, Frau von Arnstedt in Hoppenrade, Prinz Ferdinand in seinem Ruppiner Palais (bis 1787, wo es niederbrannte) wurden besucht; besonders aber galten diese Ausflüge dem Grafen Wreech auf Tamsel und dem Major von Kaphengst auf Meseberg.

Die Festlichkeiten, um auch das zu wiederholen, verminderten sich im Laufe der Zeit; aber sie fanden doch wenigstens noch statt. Der Jahrestag der Freiberger Schlacht ward alljährlich gefeiert und am 6. Mai 1787 gab der Prinz zur Erinnerung an die Bataille bei Prag allen noch lebenden Offizieren und Gemeinen des an jenem Tage von ihm geführten Regiments Itzenplitz ein glänzendes Fest. Er war zu dieser Feier doppelt berechtigt, einmal durch die Tat selbst, andererseits und in gesteigertem Maße dadurch, daß sich die Neuzeit (der große König war seit kaum Jahresfrist tot) das Ansehen gab, solche Taten vergessen zu dürfen. Der Prinz kommandierte vor Prag den rechten Flügel und stellte sich im entscheidenden Moment an die Spitze des vorgenannten berühmten Regiments. Plötzlich stutzten die Grenadiere vor einem allzu tief scheinenden Graben, Prinz Heinrich aber warf sich ohne Zögern hinein; die Kleinheit seiner Person steigerte nur noch die Größe der Aufopferung und natürlich auch die Wirkung. Alles folgte ihm nach und schlug den Feind. Offiziere und Gemeine saßen nun dreißig Jahre später an der Festtafel ihres Führers und die begeisterten Lebehochs, die man ausbrachte, klangen laut genug, um bis ans Ohr des königlichen Neffen zu dringen. So war denn das Festmahl neben einer pietätsvollen Huldigung gegen die Heimgegangenen, vor allem auch eine berechtigte Demonstration gegen Lebende.

Gleichfalls eine Demonstration, aber ein sonnigeres, von den Strahlen der Poesie und Geschichte umleuchtetes Fest, war die Einweihung (am 4. Juli 1791) des oftgenannten Obelisken. Sie war militärische Feier und Volksfest zugleich. Aus allen Städten und Dörfern der Grafschaft war man zu Tausenden herbeigekommen und umstand entweder das Ufer des Sees oder war von zahllosen in seiner Mitte liegenden Booten aus Augenzeuge des Schauspiels. Das schönste Sommerwetter begünstigte das Fest. Um das Denkmal her gruppierten sich Hunderte von Offizieren, alte und junge, solche, die »die große Zeit« noch mit erlebt hatten oder Anverwandte jener, deren die Medailloninschriften gedachten. An die Feier der Enthüllung schloß sich dann, in den Sälen des Schlosses, ein glänzendes Bankett, bei dem der Prinz eine längere, wohlausgearbeitete Rede hielt. Auch bei dieser Gelegenheit in französischer Sprache. Fast scheint es, als ob er der deutschen Rede nicht mächtig gewesen sei, was als wunderbares Resultat einer Erziehung gelten mag, die nur das Deutsche gewollt und alles Französische verpönt hatte. Die mehrfach, unter anderen auch in dem Buche Vie privée du Prince Henri zum

Druck gekommene Rede scheint auf den ersten Blick wenig mehr zu bieten als wohlstilisierte, ziemlich zopfige Phrasen, wie sie damals üblich waren, aber bei mehr kritischer Betrachtung erkennt man bald die politische Seite dieses auf den ersten Blick bloß oratorischen Übungsstückes. Ich gebe hier nur eine Stelle:

»Allen Bewohnern der Städte wie des Landes, die in diesem Kriege die Waffen trugen, gebührt ein gleiches Recht an den Trophäen und Palmen des Sieges. Unter der Leitung ihrer Anführer weihten sie ihre Arme und ihr Blut ihrem Vaterlande. Sie haben es mit Muth und Kraft aufrecht erhalten und verteidigt. Unsere Absicht ist, der preußischen Armee ein Zeugnis unserer Dankbarkeit darzulegen. Den Eingebungen unseres Herzens folgend, wollen wir Beweise der Hochachtung insonderheit denjenigen geben, welche wir persönlich kannten. Aber warum vermißt man Friedrich unter der Zahl dieser berühmten Namen? Die von diesem Könige selbst aufgesetzte Geschichte seines Lebens, die Lobschriften auf ihn nach seinem Tode, ließen mir nichts zu sagen übrig, wogegen große, mehr in der Dunkelheit geleistete Dienste seitens dieser Lobschriften nicht der Vergessenheit entzogen wurden, vielleicht nicht entzogen werden konnten. Denn die Zeit löscht alle Eindrücke aus, und der folgenden Generation fehlen die Zeugen der Taten der vorhergehenden. Das Andenken der Begebenheiten schwindet, die Namen gehen verloren, und die Geschichte bleibt nur ein unvollkommener Entwurf, oft zusammengefügt durch Trägheit und Schmeichelei.«

Dies genüge. Man muß diese Rede mit demselben geschärften Auge lesen, wie die Medailloninschriften des Monuments. Auch diese Feier, wie schon hervorgehoben, war eine Demonstration. Ihr Held war Prinz August Wilhelm, der Vater des Fürsten, der, eben zum Throne gelangt, seines alten Oheims, des Rheinsberger Prinzen, entraten zu können glaubte, jenes »Sonderlings«, der wohl verstanden hatte, Schlachten zu schlagen, aber kein Herz hatte für Wein und Frauen.

Große Festlichkeiten sind dieser Enthüllungsfeier nicht mehr gefolgt; die Schwere des Alters fing an zu drücken, und Einsamkeit und Stille wurden erstes, wenn auch nicht ausschließliches Gebot.

Bis hierher bin ich bemüht gewesen, das Rheinsberger Leben aus der Epoche von 1786 bis 1802 in seinen allgemeinen Zügen zu schildern. Ich gehe nun zu den einzelnen Persönlichkeiten über, die während dieser Zeit die Umgebung des Prinzen bildeten, und hoffe dabei Gelegenheit zu finden, ein bisher nur in seinen Umrissen gegebenes Bild durch allerlei Details vervollständigen zu können.

Ich beginne mit nochmaliger Aufzählung der Namen. Es waren: Baron Knyphausen, Baron Knesebeck, zwei Barone Wreich (auch Wreech geschrieben), Kapitän von Tauenzien, Major von Kaphengst, Baurat Steinert, Kammerrat Lebeauld, Graf La Roche-Aymon und Graf Roeder. Von letzterem bin ich außerstande gewesen, irgend etwas in Erfahrung zu bringen.

Baron Knyphausen. »Unter den dem Prinzen Heinrich am aufrichtigsten ergebenen Personen«, so schreibt Thiébault in seinen Souvenirs, »befanden sich auch zwei Barone Knyphausen, von denen der eine, Baron Dodo von Knyphausen, längere Zeit preußischer Gesandter in Paris und London gewesen war. Er führte den Beinamen der »große Knyphausen« oder »der alte«, zur Unterscheidung von einem jüngeren Träger desselben illustren Namens, der »le beau Knyphausen« hieß. Dieser letztere gehörte dem Rheinsberger Kreise nur auf kurze Zeit als Hofkavalier an. Er vermählte sich 1783 mit Luise Charlotte Henriette von Kraut, geschiedenen von Elliot, und geriet durch Vorgänge, die dieser seiner Vermählung unmittelbar voraufgingen, in eine ziemlich kühle Stellung zum Prinzen, infolgedessen er sein Amt niederlegte. Bald danach starb er, erst einige dreißig Jahre alt. – Der auf der Rheinsberger Glocke genannte von Knyphausen ist offenbar der ältere, Baron Dodo, geb. am 5. August 1729, gest. am 31. Mai 1789, Erbherr der Herrschaft Jennelt und Visquard in Ostfriesland. Er war eine Art Ehrenkammerherr und gehörte dem prinzlichen Kreise mehr als Volontär an, wie als Träger einer wirklichen Hofcharge. Neben der Unabhängigkeit seiner Stellung gab ihm sein scharfer Verstand und seine politische Bildung ein besonderes Ansehen, eine politische Bildung, die bedeutend genug war, um die Aufmerksamkeit Mirabeaus zu erregen, der der »Hoffnungen« erwähnt, »die das Land an den ostfriesischen Freiherrn knüpfe«. Was ihn an den Hof des Prinzen Heinrich führte, war wohl zunächst nur die Gleichgeartetheit politischer Anschauungen. Der Prinz und er waren eins in ihrer Mißstimmung über das, was in Berlin geschah, besonders auch in ihrer Abneigung gegen den Minister Hertzberg, ein Gefühl, das beim Prinzen lediglich politische, beim Baron Knyphausen aber, der ein Stiefbruder des Grafen Hertzberg war, auch noch Interessenmotive hatte. Andere geistige Berührungspunkte zwischen dem Prinzen und dem Freiherrn mochten fehlen. Knyphausen war ein passionierter Landwirt, ein Beruf, dem, wie schon erwähnt, Prinz Heinrich nur einen allerniedrigsten Rang einräumte. Diese verschiedenen Ansichten über den Wert der Landwirtschaft führten auch zu einer kleinen Szene, die H. von Bülow in seinem mehrerwähnten Buche erzählt. »Knyphausen«, so schreibt er, »der viel von seinen ostfriesischen Rindern sprach und sich vielleicht auch von Rheinsberg aus zu ihnen hinsehnen mochte, erhielt zur Strafe für diese beständigen Agrikulturgespräche eine Weste vom Prinzen geschenkt, die mit lauter Rindern bedruckt war. Knyphausen dankte verbindlichst und trug von nun an die Weste tagtäglich wie im Triumph, bis der Prinz eine ungnädige Bemerkung machte, weil er fühlte, daß sich der Stachel gegen ihn selbst gekehrt hatte.« Baron Dodos von Knyphausen politische Wirksamkeit als Gesandter Friedrichs in Paris und London lag vor seiner Rheinsberger Zeit. Er vermählte sich in späteren Jahren mit einer Schwester der Wreechs, weshalb er auch (an der Seite seiner Gemahlin) in der Gruft zu Tamsel beigesetzt worden ist.

Baron Knesebeck, geb. 1748, gest. 1828, mit seinem vollen Namen Karl Franz Paridam Kraft von dem Knesebeck-Mylendonck, war der letzte männliche Sproß aus der Linie Tilsen bei Salzwedel. Seine Mutter war eine Grumbkow, Tochter des bekannten Feldmarschalls unter Friedrich Wilhelm I., seine Großmutter aber eine Freiin von Mylendonck, durch welche, neben einem bedeutenden Grundbesitz im Geldernschen (die Herrschaft Frohnenburg) auch der Name Mylendonck in die Familie kam. Bis 1773 besaß unser Karl Franz Schloß Tilsen, das alte Stammgut der Knesebecks; als er in letztgenanntem Jahre jedoch die Herrschaft Frohnenburg von einem älteren Bruder ererbte, trat er Schloß Tilsen an einen jüngeren ab. So ging es bis 1793, wo der Niederrhein unter französische Herrschaft kam. Durch die Einführung neuer Gesetze verlor Knesebeck alles, und zwar derart, daß ihm von Frohnenburg nichts übrigblieb, als ein altes Schloß mit Garten und die auf dem ehemaligen Eigentume haftenden Schulden. So mehr als arm und besitzlos geworden, kehrte er zu seinem Bruder nach Tilsen zurück. Eine eben damals zur Hebung kommende Präbende des Domstifts Magdeburg gewährte ihm eine auskömmliche Existenz. Er hieß gewöhnlich der »Domherr«. Um diese Zeit war es wohl, daß auch seine Beziehungen zum Rheinsberger Hofe wieder aufgenommen wurden. Ganz unterbrochen waren sie nie. Nach der Schlacht bei Jena, als Magdeburg westfälisch wurde, verlor er auch seine

Präbende. 1810 starb sein jüngerer Bruder, der Besitzer von Tilsen, kinderlos und das alte Stammgut der Familie, das er in jungen Jahren bereits besessen hatte, kam nun zum zweiten Mal in seine Hand. Er vermachte dasselbe, mit Übergehung der Hannöversch-Wittingenschen Linie, dem Sohne seiner Schwester, die einen Karweschen Knesebeck, also einen Vetter, geheiratet hatte. Dieser Sohn war der spätere Feldmarschall von dem Knesebeck, von dem ich in dem Kapitel »Karwe« ausführlicher gesprochen habe. Mit Karl Franz ist der Name Mylendonck erloschen. Er blieb Kammerherr am Rheinsberger Hofe bis zum Ableben des Prinzen und wird im Testamente desselben mit folgenden Worten erwähnt: »Dem Baron von Mylendonck-Knesebeck, der mir als Page und später als Offizier in meinem Regimente gedient, auch später noch, nachdem er den Abschied genommen, mit unwandelbarer Treue zu meiner Person gestanden hat, vermache ich eine Dose von Lapis Lazuli. Sie trägt einen Karneol in der Mitte und ist oben und unten mit Diamanten besetzt.« Einzelheiten aus seinem Rheinsberger Leben habe ich nicht erfahren können.

Die beiden Wreichs. Baron Friedrich von Wreich, der ältere Bruder, war Hofmarschall am Rheinsberger Hofe, Baron Ludwig war Kammerherr. Beide waren Söhne jener schönen Frau von Wreich (»un teint de lis et de rose«), die den Kronprinzen Friedrich, während seines Küstriner Aufenthalts, mit einer leidenschaftlichen Zuneigung erfüllt hatte. Baron Friedrich, wegen seiner Länge »der große Wreech« geheißen, starb 1785, und Tamsel ging an Baron Ludwig, den jüngeren Bruder, über. Dieser, seit 1786 in den Grafenstand erhoben, war einer der treuesten Anhänger des Prinzen und lebte mehr in Rheinsberg und Berlin, als auf seinem ererbten Gute. Im Sommer 1787 jedoch sah man ihn monatelang in Tamsel, um Schloß und Park für den zugesagten Besuch des Prinzen Heinrich festlich herzurichten. Graf Ludwig hatte lange genug in der Nähe des Prinzen gelebt, um dem Meister auf dem Gebiete der Festlichkeiten wenigstens einiges von seiner Inszenierungskunst abgelauscht zu haben, und als der Prinz im Juli genannten Jahres wirklich in Tamsel erschien, begrüßten ihn Arrangements, wie er sie selber nicht schmeichelhafter und stilvoller hätte herstellen können. Statuen und Inschriften überall, Erinnerungen an siegreiche Schlachten und Mahnungen an Personen, die seinem Herzen teuer gewesen. Halbverdeckt unterm Rasengrün schimmerte ein weißer Sandstein zum Andenken an die schöne Lisette Tauenzien (erste Gemahlin Tauenziens von Wittenberg, eine geborene von Marschall) und die eingegrabenen Worte »Rose, elle a vécu ce que vivent les roses – l'espace du matin« weckten im Herzen des Prinzen ein wehmütiges Gefühl an die früh aus dem Rheinsberger Kreise Geschiedene. Nahe dabei waren die Büsten des Großen Kurfürsten und des Prinzen selbst nebeneinander gestellt, und französische Verse zogen Parallelen zwischen jenem, »der ein Vater flüchtiger Franzosen ward«, und diesem, »der die Herzen aller Franzosen unter das Gesetz seiner geistigen Macht und Schönheit zu zwingen wußte«.

Die Hauptüberraschung aber brachte der Abend.

Im Rücken von Tamsel, unmittelbar hinter dem Park, liegt eine Wald- und Hügelpartie, durch die sich ein Hohlweg, die Straße nach dem benachbarten Zorndorf, hinzieht. Sei es nun, daß dieser Hohlweg dem Terrain, um dessen Reproduzierung es sich handelte, wirklich ähnlich sah, oder sei es, daß man einfach nahm, was man hatte, gleichviel, der Hohlweg war auf Anordnung des Grafen Ludwig überbrückt worden, um an dieser Stelle die Erstürmung des Passes von Gabel, eine der glänzendsten Waffentaten des Prinzen, noch einmal bildlich zur Darstellung zu bringen. Unten standen die Tamseler und Küstriner, Kopf an Kopf, um Zeuge des prächtigen Schauspiels zu sein, und Feuerwerk und Leuchtkugeln erhellten die Nacht, während Graf Ludwig, von einem der zur Seite liegenden Hügel aus, den Prinzen bis an den Brückeneingang führte. Unter dem Jubel des Volkes überschritt dieser den »Paß«, an dessen Ausgang ihm drei Johanniterritter: Graf Dönhoff, von Schack und von Tauenzien in rotem Kriegskleid und schwarzen Ordensmänteln entgegentraten und auf die transparenten Worte hinwiesen:

Henry parait! il fait se rendre!
Vous fremissez fiers Autrichiens!
Si vous pouviez le voir, si vous pouviez l'entendre,
Vous béniriez le sort qui vous met dans ses mains.

Also etwa:

Heinrich erscheint und vor seinem Begegnen
Zittert Östreich und unterliegt; –
Kennetet ihr ihn, ihr würdet es segnen,
Stolze Feinde, daß Er euch besiegt.

Die Erinnerung an jenen glänzenden Abend lebt noch bis heute fort. 1795 starb Graf Ludwig Wreech, der letzte seines Geschlechts, und Tamsel ging durch Erbschaft an den Grafen von Dönhoff über. Ein halbes Jahrhundert lang hatten die Wreechs dem Rheinsberger Hofe treulich gedient und aus nicht völlig aufgeklärten Gründen ihre Lebensaufgabe darin gesetzt, den Prinzen Heinrich auf Kosten seines Bruders, des Königs – den sie geradezu haßten – zu verherrlichen.

Bogislaw von Tauenzien, der spätere Graf Tauenzien von Wittenberg, Sohn des berühmten Verteidigers von Breslau, gehörte fünfzehn Jahre lang dem Rheinsberger Hofe an. Er war ein ganz besonderer Liebling des Prinzen, der schon 1776 den damals erst sechzehnjährigen Fähnrich von Tauenzien zu seinem Adjutanten ernannte. Bis ganz vor kurzem noch befand sich ein trefflicher alter Stich im Rheinsberger Schloß, der die Szene darstellt, wie der Fähnrich von Tauenzien seine erste Meldung vor dem Prinzen macht. 1778, bei Ausbruch des Bayerischen Erbfolgekrieges, folgte Tauenzien dem Prinzen nach Sachsen und Böhmen und kehrte mit ihm in das Rheinsberger Stilleben zurück, das nur noch durch die zweimalige Reise des Prinzen nach Paris, 1784 und 1788, auf längere Zeit unterbrochen wurde. Auf beiden Reisen begleitete Tauenzien den Prinzen, 1784 als Leutnant, 1788 als Kapitän, und gedachte noch in späteren Jahren eben dieses Aufenthalts in der französischen Hauptstadt mit besonderer Dankbarkeit und Vorliebe. Bis 1791, nachdem er kurz vorher zum Major befördert worden war, blieb er in Rheinsberg, dann aber trat er in die Suite des Königs und ward in den Grafenstand erhoben. Seine Stellung zum Prinzen wurde dadurch sehr schwieriger Natur, und nur Vermutungen lassen sich darüber äußern, in welcher Art er dieser Schwierigkeiten Herr wurde. Das Mißverhältnis zwischen dem König und seinem Onkel (Prinz Heinrich) war offenkundig, und Tauenzien stand zwischen zwei Gegnern, die beide Anspruch auf seine Treue und Dankbarkeit hatten. Wir müssen indes annehmen, daß er seiner Aufgabe gewachsen war, der Prinz würde sonst schwerlich eine ganze Reihe von Erinnerungen an Tauenzien um sich geduldet und wert gehalten haben, darunter ein treffliches Ölporträt, das bis diesen Tag den Zimmern des Schlosses verblieben ist.

Die Rheinsberger Kirchenglocke trägt auch den Namen »Major von Kaphengst« als Inschrift. Von ihm und dem Schauplatz seines späteren Lebens werden wir ausführlicher zu sprechen haben.

Christian Ludwig von Kaphengst ward ungefähr im Jahre 1740 auf seinem väterlichen Gute Gühlitz in der Priegnitz geboren. Wann er an den Rheinsberger Hof kam, ist nicht genau festzustellen gewesen; sehr wahrscheinlich lernte der Prinz ihn während des Siebenjährigen Krieges kennen (vielleicht als Offizier im Regimente Prinz Heinrich), fand Gefallen an seiner Jugend und Schönheit und nahm ihn nach erfolgtem Friedensschlusse mit nach Rheinsberg. Als Adjutant des Prinzen, eine Stellung, zu der ihn seine geistigen Gaben keineswegs befähigten, stieg er zum Kapitän und bald danach zum Major auf und beherrschte nun den Hof und den Prinzen selbst, dessen Gunstbezeugungen ihn übermütig machten. Der König, der in seiner Sanssouci-Einsamkeit von allem unterrichtet war, mißbilligte, was in Rheinsberg vorging, und wollte dem »Verhältnis« à tout prix ein Ende machen. 1774 überbrachte deshalb ein Page des Königs (von Wülknitz) dem Prinzen Heinrich ein königliches Geschenk von 10 000 Stück Friedrichsdor, freilich zugleich mit der Order, »daß er den Major von Kaphengst entlassen möge«, eine Order, deren Wortlaut sich hier der Möglichkeit der Mitteilung entzieht. Der Prinz, aller Zuneigung zu seinem Günstling unerachtet, unter dessen Ungebildetheit und Eitelkeit er gelitten haben mochte, gehorchte dem Befehle sofort und tat es um so lieber, als die Entfernung Kaphengsts dem bestehenden Verhältnis nur die Last und Peinlichkeit eines unausgesetzten Verkehrs nahm, ohne das Verhältnis selbst absolut zu lösen. In der Tat, seitens des Prinzen wurde den 10 000 Stück Friedrichsdors seines Bruders aus eigenen Mitteln noch ungefähr dieselbe Summe hinzugefügt und nachher unter Anzahlung von zirka 100 000 Talern ein drei Meilen von Rheinsberg gelegener Graf Wartenslebenscher Güterkomplex, der die Rittergüter Meseberg, Baumgarten, Schönermark und Rauschendorf umfaßte, gekauft und deren Kaufkontrakt einige Zeit darauf dem Major von Kaphengst als Geschenk überreicht.

Kaphengst übersiedelte nunmehr nach dem am Huwenowsee gelegenen Schloß Meseberg; aber diese Übersiedlung, wie schon angedeutet, war so wenig gleichbedeutend mit Entfremdung, daß vielmehr umgekehrt das gute Einvernehmen zwischen Prinz und Günstling aus diesen zeitweiligen Trennungen nur neue Nahrung zog. Überhaupt, aller klar zutage liegenden Schwächen und Schattenseiten Kaphengsts zum Trotz, muß dem Wesen desselben ein Etwas eigen gewesen sein, das den alternden Prinzen in erklärlicher und dadurch annähernd gerechtfertigter Weise höchst sympathisch berührte. Vielleicht war es nichts weiter als Zynismus, der so leicht einen Reiz auf diejenigen ausübt, deren Beruf und Neigung im allgemeinen auf das geistig Verfeinerte geht. Es ist der Zauber des Kontrastes, ein Sichschadloshalten für anderweit empfundenen Zwang.

Nur so vermögen wir uns die Fortdauer des Verhältnisses zwischen Prinz und Günstling zu erklären. Denn wenn von Kaphengsts Habsucht, Wüstheit und Eitelkeit schon in Rheinsberg ihre Proben abgelegt hatten, so verschwanden diese neben dem, was er jetzt in Schloß Meseberg in Szene setzte. Debauchen aller Art lösten sich untereinander ab und die wahnsinnigste Verschwendungssucht griff Platz.

Schloß Meseberg war ein kostbarer Besitz, aber in den Augen des verblendeten Günstlings lange nicht kostbar genug.

Graf Wartensleben, der durch seine Frau (eine Erbtochter der dort früher angesessenen Gröbens) in Besitz Mesebergs und der anderen obengenannten Güter gekommen war, hatte 1739 an der Südspitze des Huwenowsees ein Schloß aufgeführt. Wie ein Zauberschloß liegt es auch heute noch da. Der Reisende, der hier über das benachbarte Plateau hinfährt, dessen öde Fläche nur dann und wann ein Kirchturm oder ein Birkengehölz unterbricht, ahnt nichts von der verschwiegenen Talschlucht an seiner Seite, von der steilabfallenden Tiefe mit Wald und Schloß und See. Dieser letztere, der Huwenowsee geheißen, ist eines jener vielen Wasserbecken, die sich zwischen dem Ruppinschen und dem Mecklenburgischen hinziehen und diesem Landstriche seine Schönheit und seinen Charakter geben. Unbedingte Stille herrscht, die Bäume stehen windgeschützt und rauschen leiser als anderswo, das Geläute der oben weidenden Herde dringt nirgends bis in die Tiefe hinab, und nichts vernehmen wir als den Schnitt der Sense, die neben uns das Gras mäht, oder den Ruck, womit der Angler die Schnur aus dem Wasser zieht. An so romantischer Stelle war es, daß Graf Wartensleben sein Schloß aufführen ließ. Er tat es, wie die Sage geht, um in der Wilhelmstraße zu Berlin nicht ein Gleiches tun zu müssen, denn ein Königlicher Befehl war eben damals erschienen, der jedem Edelmanne von Rang und Vermögen vorschrieb, in der Wilhelmstraße ein Palais zu bauen, falls er nicht nachweisen könne, auf seinen eigenen ländlichen Besitzungen mit Aufführung eines gleich stattlichen Baues beschäftigt zu sein. So entstand denn das »Schloß am Huwenowsee«, und die Pracht, mit der es emporwuchs, übertraf noch die des gleichzeitig im Umbau begriffenen Rheinsberger Schlosses. Die die Fassade bildenden Sandsteinsäulen wurden aus den sächsischen Steinbrüchen, die Marmorkamine von Schlesien her herbeigeschafft; breite mächtige Steintreppen stiegen bis in das obere Stockwerk, eichene Paneele umliefen die Zimmer, während andere bis an den Plafond hinauf boisiert waren. Kostbare Blumenstücke, wahrscheinlich von der Hand Dubuissons und bis diesen Augenblick in voller Schönheit erhalten, füllten den Raum über den Türen, und eine lateinische, in einem der Kellergewölbe angebrachte Inschrift erzählte von Müntherus, dem Baumeister, »auf dessen Anordnung hier Eichen und Buchen in zahlloser Menge gefällt und die terrassenförmig zum See hinabsteigenden Parkanlagen ins Leben gerufen worden seien«. Der Bau überstieg den Reichtum der reichen Grafen, und er verbaute sich; Park und Schloß hatten ihm eine Tonne Goldes gekostet.*

---

* Die alte, äußerlich sehr unscheinbare Kirche zu Meseberg ist in ihrer Art nicht minder interessant als das Schloß. Grabsteine der Gröbens liegen im Kirchenschiff, und Denkmäler der verschiedensten Art, aber alle der eben genannten Familie zugehörig, zieren die Wände hinter und neben dem Altar. Rechts hängt ein großes, auch um seines künstlerischen Gehaltes willen sehr bemerkenswertes Familienbild aus dem Jahre 1588, von dem ich vermuten möchte, daß es von einem Schüler des Lucas Cranach herrühre, wenigstens erinnert vieles an diesen Meister. Das Bild ist sehr groß, etwa 12 bis 14 Fuß lang und 10 Fuß hoch und stellt Ludwig von der Gröben und seine Gemahlin (eine geborene Anna von Oppen) samt ihren siebzehn Kindern dar, dreizehn Knaben links und vier Mädchen rechts. Einige Köpfe sind höchst ansprechend. Eltern und Kinder knien in einer Art Kirchenhalle und über ihnen, wie Schildereien, die in dieser Halle aufgehängt wurden, befinden sich die Darstellungen des Sündenfalls und der Auferstehung. Ein Anbau der Kirche zu Meseberg enthält das Grabgewölbe des obengenannten Grafen Hermann von Wartensleben. Er, seine Frau und zwei Kinder sind darin beigesetzt. Graf von Wartensleben war Oberst über ein Regiment zu Pferde und starb 1764 oder 1765. Seine Erben besaßen das Gut bis 1774.

Ein ebensolches Bild, nur in Kleinigkeiten abweichend, befindet sich in der Kirche zu Kossenblatt. Ich hielt dies Kossenblatter Bild anfänglich für eine Kopie des Meseberger, schließe mich aber nachträglich der Ansicht des mit allen einschlägigen Verhältnissen sehr vertrauten Generals von Barfus an, der mir darüber schrieb: »Ich muß meinerseits das Bild in der Kirche zu Kossenblatt nach wie vor für das Original halten. Es stellt vor: George von Oppen, Kurbrandenburgischen Oberkämmerer, und seine Gemahlin, eine geborene von Maltitz, dazu die Kinder beider. Unter den Töchtern befand sich Katha-

So war Schloß Meseberg, das der Günstling im Jahre 1774 bezog. Aber weit entfernt, wie schon angedeutet, an dieser Pracht ein Genüge zu finden, begann jetzt ein Leben, das sich vorgesetzt zu haben schien, hinter dem Reichsgrafen nicht zurückzubleiben und sich's abermals eine Tonne Goldes kosten zu lassen. Neubauten aller Art entstanden, aber nicht Bauten, die darauf ausgewesen wären, das Vorhandene durch Treibhäuser und Orangerien auszuschmücken, sondern Bauten, wie sie dem minder verfeinerten Geschmack und Bedürfnis des Günstlings entsprachen. Ein vollständiger Marstall ward eingerichtet, zwanzig Luxuspferde wurden gehalten, und auf den Atlaskissen der Sofas streckten sich die Windspiele, während eine Meute von Jagdhunden um die Mittagszeit ihr Geheul über den Hof schickte. Spiel, Streit und Aventüren füllten die Zeit, und mit untergelegten Pferden ging es in fünf Stunden nach Berlin, wohin ihn Theater und große Oper zogen, weniger die Oper als der Tanz, und weniger der Tanz als Demoiselle Meroni, die Tänzerin.

Der Prinz hatte Kunde von dem allen, und wenn er nicht hundertfältig Ursache gehabt hätte, den Kopf zu schütteln, so hätte ihm doch das Eine Grund vollauf gegeben, »daß an seinen Säckel und seine Großmut in nicht endenwollenden Geldverlegenheiten endlos appelliert wurde«. Schließlich mochte er hoffen, durch eine Verheiratung des ehemaligen Lieblings die Dinge zum Bessern hin ändern zu können, und da von Kaphengst auf diesen Plan willfährig und ohne weiteres einging (schon um durch Nachgiebigkeit einen Anspruch auf neue Forderungen zu gewinnen), kam im Jahre 1789 zu besonderer Freude des Prinzen eine Vermählung zwischen dem Major von Kaphengst und Demoiselle Toussaint zustande. Maria Louise Therese Toussaint war die Tochter des mehr genannten Lekteurs und Bibliothekars, und hatte bei den Aufführungen auf der Rheinsberger Bühne, wie auch sonst wohl, sich die Gunst des Prinzen in hohem Grade zu erringen gewußt. Etwa um 1780 mit einem Herrn von Bilguer in erster Ehe vermählt, war durch den Tod des Herren von Bilguer ihre Hand wieder frei geworden, und als Frau von Kaphengst hielt sie nunmehr ihren Einzug in das schöne Schloß am Huwenowsee.

---

rina von Oppen, später die Gattin Ditlofs von Barfus auf Möglin und Reichenow, des berühmten Reiterobersten und Großvaters des Feldmarschalls Johann Albrecht von Barfus. Eine andere Tochter vermählte sich mit Herrn von der Gröben auf Meseberg, welcher letzterer das Kossenblatter Familienbild aus Pietät gegen seinen Schwiegervater kopieren ließ.«

Die seitens des Prinzen gehegten Erwartungen besserer Wirtschaft erwiesen sich bald als eitel und irrig, und nur die Hoffnungen erfüllten sich, die Kaphengst seinerseits an diese seine Vermählung mit der ehemaligen Favoritschauspielerin geknüpft hatte. Denn eine neue Handhabe war gewonnen, sich der Gunst des Prinzen zu versichern. Der jagd- und spielliebende, der streit- und händelsüchtige, mit einem Worte der alte Kaphengst war schließlich in Rheinsberg unbequem geworden, der neue Kaphengst aber, der jetzt, wo die gefeierte Toussaint an der Spitze seines Haushalts stand, klug genug war, die Musen nach Schloß Meseberg hin zu Gast zu laden, erschien dem Prinzen in einem durchaus veränderten Lichte. Zunächst wenigstens. Die Zimmer und Säle rechts neben der großen Halle wurden als Bühne hergerichtet, Kaphengst selbst, mutmaßlich voll Hohn über die Rolle, die ihm zufiel, fungierte als Directeur du théâtre, und unter dem Vollklang französischer Alexandriner vergaß der Prinz gern, wie hohen Eintrittspreis er für all diese Aufführungen zu zahlen hatte, für ein Spiel, das ein Spiel war in *jedem* Sinne. Noch jetzt markiert sich der ehemalige Bühnenraum, und die kleinen Garderobenzimmer, in denen damals die Schminktöpfchen und die frivolen Bemerkungen zu Haus waren, lassen sich bis diese Stunde noch, wenn auch freilich in ebenso viele Wandschränke verwandelt, in dem zu hinterst gelegenen Parterrezimmer deutlich erkennen.

Auch für Abwechslung wußte der kluge Kaphengst zu sorgen, klug, seitdem die Französin die Honneurs des Hauses machte. Der Prinz, nach längerer Abwesenheit im Berliner Palais (länger als seit Jahren), kehrte mit dem Mai nach Rheinsberg zurück und traf, andern Tages schon, als Gast in Schloß Meseberg ein. Er mochte daselbst eine neuinszenierte tragédie, die Einlage eines neuen Tanzes oder Musikstücks erwartet haben, aber eine sehr andere Huldigung war diesmal für ihn vorbereitet. Am Plafond der großen Speisehalle, die zum Empfange des hohen Gastes mit Blumen und Orangerie dekoriert war, hatte, die raschfertige, aber immerhin geniale Hand Bernhard Rodes ein großes Deckengemälde ausgeführt, das, im Geschmack jener Zeit, die Apotheose des Prinzen Heinrich darstellte. Zur Rechten ein Ruhmestempel, dem Genien das Bild des Prinzen entgegentragen; daneben der bekannte Götterapparat: Minerva, zu deren Füßen das Schwert ruht, und an einem der Opferaltäre die Inschrift: »vota grati animi«. »Nimm dies als die Darbringung eines dankbaren Herzens.« Der Prinz, dessen Eitelkeit leicht zu fangen war, sobald die Schmeichelei nicht platt-prosaisch, sondern wohlstilisiert und im Gewande der Kunst an ihn herantrat, war überrascht und gerührt, und erwies sich wieder, auf Monate hin, als der Hilfbereite, von dessen Gunst und Gnade Gewinn zu ziehen, immer nur Zweck all dieser Huldigungen gewesen war. (Es entging an jenem Tage dem Auge des Prinzen, wie's auch dem Kaphengsts entgangen war, daß Rode, sei es aus Zufall oder aus Malice, die Inschrift: »vota grati animi« nicht ausgeschrieben, sondern die letzte Silbe fortgelassen hatte. Kaphengst, später darauf aufmerksam gemacht, ließ auch noch das i übermalen, so daß die Inschrift jetzt lautet: vota grati an. In der Umgegend lachte man herzlich und nannte ihn Gratian.)

Die Gunst des Prinzen, oft erschüttert und immer wieder befestigt, dauerte bis 1798. Um diese Zeit aber scheint er sie dem Günstling ein für allemal entzogen zu haben. Wenigstens müssen wir es aus dem Umstande schließen, daß sich Kaphengst in genanntem Jahre schuldenhalber genötigt sah, zwei seiner Güter: Schönermark und Rauschendorf, zu verkaufen. Das Volk erzählte sich und erzählt auch heute noch, »er habe beide in einer Nacht verspielt«. Die beiden andern Güter, Meseberg und Baumgarten, blieben ihm, wiewohl tief verschuldet, bis zu seinem Tode, der im Januar oder Februar auf Schloß Meseberg erfolgte.

Seine Frau starb erst im zweiten Viertel dieses Jahrhunderts.

In der Kirche zu Meseberg, wo die Grabsteine der Gröbens vor dem Altar liegen, und von der Wand herab, in Frommen und in Treue, die Bildnisse Ludwigs von der Gröben und seiner siebzehn Kinder blicken, ist kein Stein, der an den wilden Jäger erinnerte, der hier sechsundzwanzig Jahre lang das Land durchtobt. Seine Witwe mochte fühlen, daß das Marmorbild eines Mannes, dem alles Heilige nur Spott gewesen war, nicht in die Kirche gehöre. Seitab in einer Ecke, von einem Fetzen schwarzen Flors umwickelt, der verblaßt und staubig wie ein Stück Spinnweb aussieht, hängt der Galanteriedegen des Galans und Günstlings, und daneben ein rostiges Sporenpaar.

Die Kinder im Dorf aber, wenn an Novemberabenden der Wind das abgefallene Laub über die Gasse fegt, fahren zusammen und murmeln ängstlich »Kaphengst kommt«.

Es ward immer stiller in Rheinsberg. Von 1796 ab scheint der Kreis nur noch aus vier Personen bestanden zu haben: aus dem Hofmarschall oder Kammerherrn Grafen Roeder, aus dem Adjutanten Graf La Roche-Aymon, aus dem Kammerrat Lebeauld und aus dem Baurat Steinert. Die beiden Wreechs waren tot, Knesebeck lebte noch, tat aber keinen Dienst mehr. Kaphengst jagte, spielte, schwur und grollte, daß der Gunst des Prinzen der goldene Boden ausgeschlagen war.

Kein Wunder, daß der alternde Prinz (er war siebzig geworden) von Alleinsein und Stille gelegentlich mehr besaß, als ihm lieb war, und unter dem Druck einer gewissen Vereinsamung eifrig dahin strebte, die wenigen ihm treu Verbliebenen für den Rest seiner Tage festzuhalten. Er wollte nicht unter Fremden sterben.

Baurat Steinert war ein Gegenstand seines besonderen Vertrauens. Noch wenige Tage vor seinem (des Prinzen) Tode, als sie die Pyramide besuchten, in der er beigesetzt zu werden wünschte, sagte er lächelnd zu dem vielbewährten Diener: »Stellt mich so, Steinert, daß ich nach dem Schlosse hinüberblicke, und sagt's auch den Leuten, daß ich so stehe. Das wird manchen in heilsamer Furcht halten.«

Lebauld – Le Beauldt de Nans, wie er in andern Büchern genannt und geschrieben wird – war eigentlich Sekretär des Prinzen, erfreute sich aber des Titels eines Kammerrats oder Conseiller des chambres. Zur Belohnung für langjährige Dienstleistungen, aber zugleich auch in dem Bestreben, ihn auf die Weise zu fesseln, empfing er seitens des Prinzen zwei der zum Amte Rheinsberg gehörigen Erbzinsgüter: Schlaborn und Warenthin, die noch geraume Zeit hindurch in Händen der Lebauldschen Familie verblieben. Erst seit 1850 sind sie zurückgekauft und wieder königlicher Besitz.

Steinert und Lebeauld waren bewährte Diener des Prinzen, aber doch nichts weiter; der Freund seiner letzten Jahre war der Graf La Roche-Aymon.

Bei der Geschichte dieses Mannes, »die den Roman auf seinem eignen Felde schlägt«, werden wir zum Schluß noch einige Zeit zu verweilen haben.

Antoine Charles Etienne Paul Graf La Roche-Aymon war 1775 geboren. 1792, siebzehn Jahr alt, verließ er mit andern Emigrés sein Vaterland und trat als Volontär in das Condésche

Korps, nach einer andern Version, die sich auf Mitteilung von Personen stützt, die den Grafen noch persönlich gekannt haben, in die neapolitanische Armee. Gleichviel, 1794 erschien ein junger, sechs Fuß hoher Offizier von dunkelstem Kolorit und dürftigster Kleidung in Rheinsberg und gab bei »Demoiselle Aurore«, jener schon genannten Schauspielerin des prinzlichen Hoftheaters, einen Empfehlungsbrief ab. Der Brief enthielt die Bitte, den Überbringer, den jungen Grafen La Roche-Aymon, bei günstiger Gelegenheit in die Nähe des Prinzen zu bringen. Demoiselle Aurore war echte Französin, lebhaft und gutherzig, dabei Royalistin und zu Abenteuern geneigt; sie bestritt also eine passende Equipierung aus eigenen Mitteln, und vor Ablauf einer Woche war der Graf in des Prinzen Dienst. Er bezog Wohnung im Kavalierhaus und übernahm den Befehl über die vierzig Leibhusaren, die, wie mehrerwähnt, als eine spezielle Prinz-Heinrichsche Truppe zu Rheinsberg in Garnison lagen. Kurze Zeit darauf wurde er Adjutant des Prinzen. Schön, gewandt, liebenswürdig, ein Kavalier im besten Sinne des Worts, trat er alsbald in eine Vertrauensstellung, ja darüber hinaus in ein Herzensverhältnis zum Prinzen, wie es dieser, seit Tauenzien, nicht mehr gekannt hatte. Der Graf erschien ihm als ein Geschenk des Himmels, der Abend seines Lebens war gekommen, aber siehe da, die Sonne, bevor sie schied, lieh ihm noch einmal einen Strahl ihres beglückenden Lichts. Graf La Roche-Aymon war der letzte Adjutant des Prinzen.*

Nach dem Baseler Frieden, der eine halbe Versöhnung zwischen dem Prinzen Heinrich und seinem Neffen, dem Könige, herbeigeführt hatte, kam der Prinz auch wieder nach Berlin, aber freilich ohne rechte Lust und Freudigkeit und immer nur auf kürzere Zeit. Auf einer der bei dieser Gelegenheit statthabenden Festlichkeiten war es, daß der Graf La Roche-Aymon, der nunmehrige Adjutant des Prinzen, ein Fräulein von Zeuner sah und von ihrer blendenden Schönheit sofort hingerissen ward. Er seinerseits war völlig dazu angetan, nicht bloß bezaubert zu werden, sondern auch selbst wieder zu bezaubern, und als der Prinz bei beginnendem Frühling nach Rheinsberg zurückkehrte, folgten ihm Graf und Gräfin La Roche-Aymon als eben vermähltes Paar.

---

* Die Adjutanten des Prinzen Heinrich, soweit ich es in Erfahrung bringen konnte, waren seit Beginn des Siebenjährigen Krieges die folgenden: Graf Henkel (1757 und 1758); Graf Kalkreuth in der zweiten Hälfte des Krieges; nach dem Kriege: Kaphengst, Tauenzien, La Roche-Aymon.

Karoline Amalie von Zeuner war die Tochter eines seit 1786 als Hofmarschall und Kammerherr im Dienste der Königinmutter stehenden Herrn von Zeuner, aus seiner Ehe mit einer Gräfin von Neale. Fräulein von Zeuner selbst, als der Graf La Roche-Aymon sie kennenlernte, war Hofdame bei der Prinzessin Wilhelmine. Sie war von mittlerer Figur, vom weißesten Teint, und besaß, als besondere Schönheit, eine solche Fülle blonden Haares, daß es, wenn aufgelöst, bis zu den Knien herabfiel und sie wie ein goldener Mantel umhüllte. Niemand kannte diese Schönheit besser als sie selbst, und noch in späteren Jahren wußte sie es derart einzurichten, daß etwa eintreffender Besuch sie womöglich im Negligé überraschen und das Haar bewundern mußte.

Wenn die Gegenwart des Grafen schon vorher ein Lichtblick an dem vereinsamten Hofe des Prinzen gewesen war, so war es jetzt, wo »Prinzessin Goldhaar« mit ihm zurückkehrte, wie wenn die Tage früherer Rheinsberger Herrlichkeit noch einmal anbrechen sollten. An Stelle halb pedantischer und halb equivoquer Junggesellenwirtschaft, erschienen wieder die heiteren Grazien, die dauernd immer nur da zu Hause sind, wo schöne Frauen ihren wohltätigen und gern gelittenen Zwang üben. Seit den Tagen Lisette Tauenziens hatte der Rheinsberger Hof diesen Zwang nicht mehr gekannt.

Der Freundschaftstempel mit seinen Inschriften, die die Liebe für eine Torheit erklärten, erschien nun selber als eine große Torheit, und man speiste wieder gern auf der Remusinsel im See, heitern Angedenkens aus jenen Tagen her, wo Kronprinz Friedrich noch der »Constant« des Bayard-Ordens und nicht der Philosoph von Sanssouci gewesen war. Die Gräfin machte die Honneurs des Hauses, war Gast und Wirtin zugleich, und der Prinz, enchantiert, hing nicht nur an jeder Bewegung der schönen Frau, sondern freute sich ihrer Gegenwart überhaupt, alles an ihr bewundernd, ihre Augen, ihren Witz und selbst – ihre Kochkunst.

Ein Abenteuer trat endlich störend dazwischen und warf einen Schatten auf dies heitere Stilleben, das dem Prinzen teurer geworden war, als er sich selbst gestehen mochte. Prinz Louis Ferdinand erschien eben damals von Zeit zu Zeit in Schloß Rheinsberg, um seinem Oheim, den er beerben sollte, seinen Respekt zu bezeugen. Im Sommer 1800 kam er häufiger als zuvor, kam und ging, ohne daß Wünsche, wie sonst wohl, laut geworden wären. Ein Geplauder im Park, ein Gastmahl auf der Remusinsel, schien alles, worauf sein Sinn jetzt gerichtet war. Die

Gräfin saß neben ihm bei Tisch und trug einen Kranz von Teichrosen im Haar, den ihr der jugendliche Prinz auf der Fahrt zur Insel hin geflochten hatte. Sie glich darin einer Wassernixe. So kam der Abend und lautlos glitten die Kähne zurück, nur dann und wann unterbrach ein Flüstern und Lachen die tiefe Stille. Prinz und Gräfin fuhren im selben Kahn. Was heimlich versprochen wurde, wir wissen es nicht, und versuchen nur das Bild zu malen, das die nächste Stunde brachte. Vor dem Fenster der Gräfin lag ein Wiesenstreifen im Vollmondschein, und aus dem Schatten heraus trat der Graf, die Hand am Degen. Ihm gegenüber, auf dem erhellten Rasen, stand der Prinz; typische Gestalten aus Nord und Süd. Am offenen Fenster aber erschien die Gräfin, bittend und beschwörend, und die Degen der beiden Gegner fuhren zurück in die Scheide. Man trennte sich mit einem kurzen »jusqu'à demain«.

Der alte Prinz legte sich ins Mittel und der Zweikampf unterblieb. Ebenso schwieg man über den Vorfall. Aber man mühte sich umsonst, ihn zu vergessen. Die Gräfin war das Licht gewesen, dessen klarer Helle sich jeder gefreut hatte; nun hatte das Licht, wie jedes andere, seinen Dieb gehabt, und eine leise Mißstimmung griff Platz. Der Rheinsberger Hof war niemals ein Tugendhof gewesen, war es auch jetzt nicht, und doch sah sich jeder ungern des einen Ideals beraubt, an das er geglaubt hatte. Die Gräfin blieb Mittelpunkt des Kreises bis zuletzt, aber doch mehr äußerlich, und die Blicke, die sich auf sie richteten, sahen sie mit verändertem Ausdruck an. Die letzten poetischen Momente des Prinz-Heinrich-Hofes waren hin.

Nur in den Beziehungen zwischen dem Prinzen und seinem Adjutanten änderte sich nichts. Die kritisch-militärischen Arbeiten des Grafen weckten mehr noch als früher das Interesse seines väterlichen Freundes und Wohltäters, der sich vielfach und in eingehendster Weise daran beteiligte. Dies Freundschaftsverhältnis dauerte denn auch bis zum Tode des Prinzen, welcher letztere noch wenige Monate vor seinem Hinscheiden in seinen Dernières Dispositions die Worte niederschrieb: »Ich bezeuge dem Grafen La Roche-Aymon meinen lebhaften Dank für die zarte Anhänglichkeit, die er mir all die Zeit über erwiesen hat, wo ich so glücklich war, ihn in meiner Nähe zu haben«, sowie denn auch anderweitig aus beinahe jedem Paragraphen dieser Dernières Dispositions hervorgeht, daß der Graf die recht eigentlichste Vertrauensperson des Prinzen war, derjenige, der seinem Herzen am nächsten stand. Der Prinz hatte darin richtig gewählt.

Graf La Roche-Aymon vereinigte, nach dem Zeugnis aller derer, die ihn gekannt haben, drei ritterliche Tugenden in ganz ausgezeichnetem Maße: Mut, Diensttreue und kindliche Gutherzigkeit.

Am 3. August 1802 starb der Prinz und im selben Jahre noch gelangten Graf und Gräfin La Roche-Aymon in den Besitz des Gutes Köpernitz, das eines der sechs Erbzinsgüter war, die zum Amte Rheinsberg gehörten. Ob der Prinz erst in seinem Testament oder schon bei Lebzeiten diese Schenkung machte, habe ich nicht mit Bestimmtheit in Erfahrung bringen können. Wahrscheinlich fand ein Scheinkauf mit Hilfe dargeliehenen Geldes statt, das dann schließlich in die prinzliche Kasse zurückfloß.

Köpernitz war nun gräfliches Besitztum. Es scheint aber nicht, daß das La Roche-Aymonsche Paar auch nur vorübergehend das Gut bezog, vielmehr eilten beide nach Berlin, um endlich wieder das zu genießen, was sie, trotz aller Anhänglichkeit an den Prinzen, so lange Zeit über entbehrt hatten – das Leben der großen Stadt. Das Gut ward also verpachtet, und die Pachterträge sollten nunmehr ausreichen zu einem Leben in der Residenz. Aber das junge Paar erkannte bald, daß es die Rechnung ohne den Wirt gemacht habe, und der Graf mußte sich schließlich noch beglückwünschen, als er 1805 dem Göckingschen (ehemals Zietenschen) Husarenregiment als Major aggregiert wurde. Mit diesem Regiment war er bei Jena. 1807 ward er Kommandeur der schwarzen Husaren und zeichnete sich, an der Spitze derselben, durch eine glänzende Attacke bei Preußisch-Eylau aus. Napoleon, als er nach dem Kommandeur fragte, geriet in heftigen Zorn, als er einen französischen Namen hörte. 1809 wurde Graf La Roche-Aymon Oberst und bearbeitete das Exerzierreglement der Reiterei, wie er denn überhaupt, allem anderen vorauf, ein glänzender Kavallerieführer war. Seine Bücher über diesen Gegenstand sollen wertvoll und bis zu dieser Stunde kaum übertroffen sein. 1810 zum Inspekteur der leichten Truppen ernannt, machte er die Feldzüge von 1813 und 1814 auf preußischer Seite mit, wurde Generalmajor und kehrte 1814 nach dem Sturze Napoleons wieder nach Frankreich zurück. 1815, während der hundert Tage, ging er mit Ludwig XVIII. nach Gent, befehligte 1823 in der in Spanien einrückenden französischen Armee eine Kavalleriebrigade und wurde Generalleutnant. In den Besitz aller seiner früheren Güter wieder eingesetzt, ward er, zu nicht näher zu bestimmender Zeit, Marquis und Pair von Frankreich. Einige Jahre vorher (1827) hatte er auf dem Punkt gestanden, als Kriegsminister in kaiserlich-mexikanische Dienste zu treten. Ein Bruder des Königs Ferdinand VII. von Spanien, der Infant Don Francisco de Paulo, sollte zum Kaiser von Mexiko erhoben werden, und das Kabinett dieses Kaisers war bereits in Paris ernannt. Es bestand aus Baron Alexander von Talleyrand, Herzog von Dino, Marinekapitän Gallois und Graf La Roche-Aymon. Man kann fast beklagen, daß sich's zerschlug; es wäre eine »Aventüre« mehr gewesen, in dem an Aventüren so reichen Leben des Grafen. Er verblieb in Paris. Kurze Zeit vor der Februarrevolution sah ihn ein alter Bekannter aus den Rheinsberger Tagen her in der Pairskammer, als er eben im Begriff stand, das Wort zu nehmen; er hatte den Grafen in sechsundvierzig Jahren nicht gesehen, seit jenem Tage nicht, wo derselbe dem Sarge des Prinzen zur letzten Ruhestätte gefolgt war. Im Jahre darauf (1849) starb der Graf.

Wir wenden uns nun zum Schlusse der Gräfin zu. Sie war 1815, nach der völligen Niederwerfung Napoleons, ihrem Gatten nach Paris hin gefolgt, und hatte daselbst, am Hofe Ludwigs XVIII., Huldigungen entgegengenommen, die fast dazu angetan waren, die Triumphe ihrer Jugend in den Schatten zu stellen. In der Tat, sie war noch immer eine schöne Frau, hatte sie doch das Leben allezeit leicht genommen und im Gefühl, für die Freude geboren zu sein, der anklopfenden Sorge nie geöffnet. Aber wenn sie auch kein Naturell hatte für Gram und Sorge, so war sie doch empfindlich gegen Kränkungen, und diese blieben nicht aus. Sie war eitel und herrschsüchtig, und so leicht es ihr werden mochte, die leichte Moral der Hauptstadt und ihres eigenen Hauses zu tragen, so schwer und unerträglich ward es ihr, die Herrschaft im Hause mit einer Rivalin zu teilen. Das Blatt hatte sich gewandt und die Schuld der Rheinsberger Tage wurde spät gebüßt. Die Marquise beschloß, Paris aufzugeben; ein Vorwand wurde leicht gefunden (»der Pächter habe das Gut vernachlässigt«), und 1826 zog sie still in das stille Wohnhaus von Köpernitz ein.

Dort hat sie noch dreiunddreißig Jahre gelebt und alt und jung daselbst weiß von ihr zu erzählen. Sie war eine resolute Frau, klug, umsichtig und tätig, aber auch rechthaberisch, die, weil sie beständig Recht haben und herrschen wollte, zuletzt schlecht zu regieren verstand. Es lag ihr mehr daran, daß ihr Wille geschah, als daß das Richtige geschah, und die Schmeichler und Jasager hatten leichtes Spiel auf Kosten derer, die's wohlmeinten. Es eigneten ihr all die Schwächen alter Leute, die die

Triumphe ihrer Jugend nicht vergessen können; aber was ihr bis zuletzt die Herzen vieler zugetan machte, war das, daß sie, trotz aller Schwächen und Unleidlichkeiten, im Besitz einer wirklichen Vornehmheit war und verblieb. Sie glaubte an sich.

Ihre Beziehungen zum Rheinsberger Hofe wie zum Prinzen Louis und kaum minder wohl die Huldigungen, die ihr, später noch, am französischen Hofe zuteil geworden waren, gaben ihr vor der Welt ein Ansehen, und Friedrich Wilhelm IV. kam nie nach Ruppin oder Rheinsberg, ohne der alten Marquise auf Köpernitz seinen Besuch zu machen. Es traf sich, daß sie, bei einem dieser Besuche, ganz wie zu Zeiten der Remusinsel-Diners, durch ihre Kochkunst glänzen und den König durch eine Trüffel- oder Zervelatwurst überraschen konnte. Friedrich Wilhelm IV. erbat sich denn auch etwas davon für seine Potsdamer Küche (natürlich nicht vergeblich), und zum Weihnachtsabend erschien das königliche Gegengeschenk: ein Kollier aus goldenen Würstchen bestehend, die Speilerchen von Perlen, und begleitet von einem verbindlichen Schreiben mit dem Motto: »Wurst wider Wurst«. Geschenk und Gegengeschenk wiederholten sich mehrere Male, so daß sich zu dem Kollier ein Armband und zu dem Armband ein Ohrgehänge gesellte; zuletzt erschien eine Tabatiere in Form einer kurzen, gedrungenen Blut- und Zungenwurst, äußerst wertvoll, oben und unten mit Rubinen besetzt. Die Freude war groß, aber es war die letzte dieser Art. Aus den Zeitungen ersah die Marquise bald darauf, daß einer der Hofschlächtermeister zu Potsdam, als Gegengeschenk für eine große Fest- oder Jubiläumswurst (und sogar unter Beifügung desselben Mottos: »Wurst wider Wurst«) in gleicher Weise durch eine Tabatiere beglückt worden war, und die Sendungen in die Königliche Küche hörten von diesem Augenblick an auf.

Ihre letzten Lebensjahre brachten ihr noch einen anderen interessanten Besuch. Ein Neffe des verstorbenen Marquis hatte diesen beerbt, und nicht zufrieden mit den ihm zugefallenen französischen Gütern, machte derselbe bei dem betreffenden Pariser Gerichtshof auch noch ein Verfahren anhängig, um sich des ehemalig Prinz Heinrichschen Köpernitz', des Gutes seiner alten Tante, zu versichern. Anfänglich erklärten selbst die französischen Gerichte ihr »nein«, in der zweiten und dritten Instanz aber wurde das »nein« in ein »ja« verwandelt, einfach in Berücksichtigung der Tatsache, daß der Neffe des alten legitimistischen Marquis inzwischen ein besonderer Günstling Napoleons III. geworden war. Und wirklich, der Günstling schickte

Bevollmächtigte, die Köpernitz für ihn in Besitz nehmen sollten, und als sich dies, aller Vollmachten unerachtet, nicht tun lassen wollte, kam er endlich selbst. Er nahm in Rheinsberg allerbescheidentlichst einen Einspänner, umkreiste das ganze Gut, dessen Ansehen und Ausdehnung ihm wohlgefiel, und fuhr dann schließlich vor dem Wohnhause der alten Tante vor. Diese empfing ihn aufs artigste, mit dem ganzen Aufwande jenes Zeremoniells, worin sie Meister war, als er aber schließlich den eigentlichen Zweck seines Kommens berührte, lachte sie ihn so herzlich aus, daß er sich, nicht ohne Verlegenheit, von der alten »ma tante« verabschiedete. Wurde auch nicht wieder gesehen. Dieser Neffe aber, der im Einspänner von Rheinsberg nach Köpernitz gefahren war, war niemand anders als der frühere Befehlshaber der französischen Armee in Rom – General Goyon.

Die Marquise, und damit schließen wir, war eine stolze, selbstbewußte Frau. Sie repräsentierte die Vornehmheit einer nun zu Grabe getragenen Zeit, eine Vornehmheit, die von der Gesinnung unter Umständen abstrahierend und ihr Wesen in eine meisterhafte Behandlung der Formen setzen konnte. Diese Formen waren bei der Marquise von der gewinnendsten Art, und ihr Auftreten entsprach dem Urteile, das ich einst über sie fällen hörte: »frei, taktvoll und originell zugleich«. Herrschen und ein großes Haus machen, waren ihre zwei Leidenschaften. Je mehr Kutschen im Hofe hielten, desto wohler wurde ihr ums Herz, und je mehr Lichter im Hause brannten, desto hellere Funken sprühten ihr Geist und ihre gute Laune. Sparsam sonst und eine Frau, bei der die Rechnungsbücher stimmen mußten, erschrak sie dann vor keinem Opfer, ja der Gedanke berührte sie kaum, daß es ein Opfer sei. Nach Sitte der Zeit, in der sie jung gewesen, sah es um sie her aus wie in einer Arche Noah, und vom Kakadu an bis herunter zu Kanarienvogel und Eichhörnchen, fand sich in ihren Zimmern so ziemlich alles beisammen. Katzen und Hunde waren natürlich ihre Lieblinge und durften sich alles erlauben, ja, eintreffender Besuch pflegte meist in nicht geringe Verlegenheit zu geraten, wo Platz zu nehmen sei, wenn überhaupt. Aber mit dem Erscheinen der alten Marquise war sofort alles vergessen, man achtete der Unordnung nicht mehr, und was bis dahin lästig gewesen war, wurde jetzt charakteristisches Ornament. Ihre Rede riß nicht ab, und wurde Rheinsberg oder gar »der Prinz« zum Gegenstande der Unterhaltung, so vergingen die Stunden wie im Fluge, ihr selbst und anderen.

Ihr Tod war wie ihr Leben und hatte denselben Rokokocharakter, wie das Sofa, auf dem sie starb, oder die Tabatiere, die vor ihr stand. Ihre Lieblingskatze, so hieß es, habe sie in die Lippe gebissen. Daran starb sie (oder doch bald darauf) im neunundachtzigsten Jahre, dem 18. Mai 1859.

Mit ihr wurde die letzte Repräsentantin der Prinz-Heinrich-Zeit zu Grabe getragen.

KÖPERNITZ

Rote Dächer, die verschwiegen
Still an Wald und Wiese liegen.

Köpernitz, auf dem die Gräfin La Roche-Aymon geb. von Zeuner ihr reich bewegtes Leben beschloß, ist ein Platz von einer nicht gerade frappanten, aber doch von einer poetischen und nachhaltig wirkenden Schönheit. Man begreift eine stille Passion dafür.

Das Herrenhaus ist von großer Einfachheit: ein Erdgeschoß (neun Fenster Front) mit Dach und Erker. Dem entsprechend ist die Einrichtung, aber durch Bilder und Erinnerungsstücke reichlich aufwiegend, was ihr an modernem Glanze fehlt. Das einladendste Zimmer des Hauses ist der Salon, der den Blick auf eine große Parkwiese hat. Hier, an einem milden Herbsttage, bei offenstehender Tür und Kaminfeuer, ist es gut sein. In eben diesem Salon befindet sich auch die Mehrzahl der historischen Wertstücke. Darunter zunächst folgende Bilder:

1. Hofmarschall von Zeuner, Großvater des gegenwärtigen Besitzers.
2. Hofmarschallin von Zeuner, geb. Gräfin Neale.
3. Graf Neale, Bruder der Hofmarschallin von Zeuner.
4. Oberst von Zeuner, Kommandeur des 4. (schlesischen) Husarenregiments; Vater des gegenwärtigen Besitzers.
5. Frau Oberst von Zeuner, geb. Baronesse Oettinger. Bild aus der Zeit vor ihrer Vermählung.
6. Baronin von Oettinger (Mutter der vorigen), von Tischbein gemalt.
7. Gräfin La Roche-Aymon, geb. von Zeuner, Tochter des Hofmarschalls, Schwester des Obersten von Zeuner, Vorbesitzerin von Köpernitz.
8. Graf La Roche-Aymon.
9. Kardinal Ra Roche-Aymon (gutes Bild); Oheim des Grafen La Roche-Aymon.

10. Prinz Louis Ferdinand (sehr gut). – Bis zum Tode der Gräfin La Roche-Aymon befand sich noch ein zweites Bild des Prinzen Louis in Köpernitz, das dem Sohne des letzteren, dem General von Wildenbruch, gehörte und nur »leihweise auf Lebenszeit« der Gräfin überlassen worden war. Nach dem Hinscheiden derselben erhielt es General von Wildenbruch zurück. (Ein drittes treffliches Bild des Prinzen Louis Ferdinand befindet sich in Wustrau.)

Außer diesen Bildern interessiert zumeist eine Rokokokommode mit vergoldeten Griffen und Marmortafel. In den Fächern dieser Kommode (damals in Rheinsberg) befand sich die vom Prinzen Heinrich niedergeschriebene Geschichte des Siebenjährigen Krieges. Unmittelbar nach dem Tode des Prinzen erschien eine »Kommission« in Rheinsberg und nahm das Manuskript, von dessen Existenz man in Berlin Kunde hatte, mit sich, um es im Staatsarchive zu deponieren. Diese Lesart ist die wahrscheinlichste. Nach einer anderen Version aber wäre das Manuskript verbrannt worden. Träfe dies zu, so würde der Welt eines der denkbar interessantesten Bücher verlorengegangen sein. Und doch mag es zweifelhaft erscheinen, ob ein solcher Verlust, wenn er überhaupt stattgefunden, zu beklagen wäre. Der Prinz – soviel war schon bei seinen Lebzeiten laut geworden – hatte strengste Kritik geübt, namentlich auch gegen seinen königlichen Bruder, und es würde die Kenntnis über diesen vielleicht mehr verwirren als aufklären, wenn wir plötzlich Urteilen begegneten, deren Gerechtigkeit, bei dem mit allen Vorzügen aber auch mit allen Mängeln des vorigen Jahrhunderts reich ausgestatteten Prinzen, zunächst bezweifelt werden muß.

Zu den Erinnerungsstücken von Köpernitz gehören auch die schon Seite 295 erwähnten Gegengeschenke, die Friedrich Wilhelm IV. der Gräfin machte, wenn, um die Weihnachtszeit, wieder eine Blut-, Trüffel- oder Zervelatwurstsendung von Köpernitz her in Sanssouci eingetroffen war. Der König war dabei höchst erfinderisch und schenkte (natürlich immer in Wurstform) erst ein Schuppenarmband, dann ein Schuppenkollier, dann Ohrgehänge (kleine Saucischen aus Perlen und Diamanten), dann eine Tabatiere (dicke Blutwurst aus Granaten). Diese vier habe ich gesehen. Ich weiß nicht, ob die Zahl damit erschöpft ist. Die Briefe, die diese Geschenke begleiteten, laufen von 1849 bis 1854 und paraphrasieren das alte Wursthema auf immer neue Weise.

Zum Schlusse sei noch des Köpernitzer Friedhofes erwähnt, der, ähnlich wie der Berliner Matthäikirchhof, an einem sanften Abhange liegt. Er hat manches Eigentümliche; beispielsweise das, daß das Terrain nach Familien parzelliert ist. So liegt denn zusammen, was zusammengehört; die Angehörigen müssen ihre Toten nicht erst jahrgangweise suchen, sondern finden alles an einer und derselben Stelle.

Das Grab der Gräfin befindet sich in der Mitte des Friedhofes. Ein graues Marmorkreuz trägt die Inschrift: »Hier ruht Caroline Amalie Marie Marquise de la Roche-Aymon, geb. v. Zeuner, geb. den 7. April 1771, gest. den 18. Mai 1859. Selig sind die Todten, die in dem Herrn sterben.«

Sie war so beliebt, daß sich immer noch Kränze vorfinden, die, von Zeit zu Zeit, besonders aber an den Gedächtnistagen, von alten Rheinsberger Bekannten auf ihrem Grabe niedergelegt werden.

ZERNIKOW

»So heute Mittag die Sonne scheint,
werde ich ausreiten; kom doch am Fenster,
ich wollte dihr gerne sehn.«

Friedrich an Fredersdorff

In der Nähe von Boberowwald und Huwenowsee liegt noch ein anderer Güterkomplex, der durch den Aufenthalt des Kronprinzen Friedrich in Rheinsberg zu historischem Ansehen gelangt ist – ich meine die sogenannten Fredersdorffschen Güter, die Friedrich der Große, beinah unmittelbar nach seiner Thronbesteigung, seinem Kammerdiener Fredersdorff zum Geschenk machte. Ursprünglich bestand die Schenkung nicht aus jenen vier Besitzungen, die man jetzt wohl als »Fredersdorffsche Güter« zu bezeichnen pflegt; es war vielmehr ein einziges Gut nur, Zernikow, das der Kronprinz am 17. März 1737 von Leutnant Claude Benjamin le Chenevix de Beville käuflich an sich bringend, nach dreijährigem Besitz unterm 26. Juni 1740 seinem Kammerdiener urkundlich vermachte. Erst nach zehn Jahren begann Fredersdorff selber sein Besitztum durch Ankauf zu erweitern: 1750 erwarb er Kelkendorf, 1753 Dagow und 1755 Burow. Dagow ist seitdem wieder aus der Reihe der Güter ausgeschieden, Schulzenhof aber dafür angekauft worden, so daß der Besitzstand nach wie vor aus vier Gütern besteht.

Das Wenige, was man über Fredersdorff weiß, ist oft gedruckt worden, außerdem hat Friedrich Burchardt in seinem Buche

»Friedrichs II. eigenhändige Briefe an seinen geheimen Kämmerer Fredersdorff« diesen Briefen auch noch eine Biographie Fredersdorffs beigegeben. Ich verweile deshalb nicht bei Aufzählung bekannter Tatsachen und Anekdoten, deren Verbürgtheit zum Teil sehr zweifelhaft ist, und beschränke mich darauf, bei jenem einzig neuen Resultat einen Augenblick stehen zu bleiben, welches die seitdem erfolgte Durchsicht der Gartzer Kirchenbücher hinsichtlich der Herstammung Fredersdorffs ergeben hat.

Es galt bisher für zweifelhaft, ob Fredersdorff wirklich zu Gartz in Pommern (vier Meilen von Stettin) oder aber in Mitteldeutschland geboren sei, ja die meisten Stimmen neigten sich der letzteren Ansicht zu und bezeichneten ihn als einen durch Werber aufgebrachten wohlhabenden Kaufmannssohn aus Franken. Diese Ansicht ist aber jetzt mit Bestimmtheit widerlegt. Im Gartzer Kirchenbuche findet sich eine Angabe, daß ein dem Stadtmusikus (musicus instrumentalis) Fredersdorff geborener Sohn am 3. Juni 1708 getauft worden sei und die Namen Michael Gabriel erhalten habe. Da nun der Kammerdiener Fredersdorff nach übereinstimmenden Nachrichten wirklich Michael Gabriel hieß, auch wirklich 1708 geboren wurde, so kann nicht gut ein längerer Zweifel in dieser Streitfrage walten. Zwar findet sich auf Fredersdorffs Bild in der Zernikower Kirche die Angabe: »geboren am 6. Juni 1708« (wonach er nicht am 3. Juni getauft sein kann), diese Angabe ist aber entweder einer jener Irrtümer, wie sie auf derartigen Bildern sehr häufig vorkommen, oder es hat sich umgekehrt bei Eintragung ins Kirchenbuch ein Fehler eingeschlichen. Vielleicht muß es heißen am 13. Juni.

Fredersdorff war achtzehn Jahre lang, von 1740–1758, im Besitz von Zernikow, an welche Tatsache wir die Frage knüpfen, ob er dem Dorf und seinen Bewohnern ein Segen war oder nicht? Die Beantwortung der Frage fällt durchaus zu seinen Gunsten aus. Wie er trotz Ehrgeiz und einem unverkennbaren Verlangen nach Ansehn und Reichtum doch überwiegend eine liebenswürdige und gutgeartete Natur gewesen zu sein scheint, so erwies er sich auch als Gutsherr mild, nachsichtig, hilfebereit. Seine Bauern und Tagelöhner hatten gute Zeit. Und wie den damaligen Bewohnern, so war er dem Dorfe selbst ein Glück. Die meisten Neuerungen, soweit sie nicht bloß der Verschönerung dienen, lassen sich auf ihn zurückführen. Er fand eine vernachlässigte Sandscholle vor und hinterließ ein wohlkultiviertes Gut, dem er teils durch Anlagen aller Art, teils durch Ankauf von Wiesen und Wald das gegeben hatte, dessen es zumeist benötigt war. Die

Tätigkeit, die er entwickelte, war groß. Kolonisten und Handwerker wurden herangezogen, und Weberei und Strohflechterei von fleißigen Händen betrieben. Zu gleicher Zeit und mit Vorliebe nahm er sich des Seidenbaues an. Gärten und Wege wurden mit Maulbeerbäumen bepflanzt (schon 1747 standen deren achttausend) und das Jahr darauf hatte er zum ersten Male einen Reinertrag aus der gehaspelten Seide. Kaum daß er ein Stück guten Lehmboden auf seiner Feldmark gefunden, entstand auch schon eine Ziegelei, so daß er 1746, und zwar aus selbstgebrannten Steinen, das noch jetzt existierende Wohnhaus erbauen konnte. Noch im selben Jahre führte er, ebenso wie in Spandau und Köpenick, große Brauereigebäude auf, in denen das so beliebt gewordene und nach ihm genannte »Fredersdorffer Bier« gebraut wurde. In allem erwies er sich als der gelehrige Schüler seines königlichen Herrn, und an der ganzen Art und Weise, wie er die Dinge in Angriff nahm, ließ sich erkennen, daß er den organisatorischen Plänen des Königs mit Verständnis zu folgen und sie als Vorbild zu verwerten verstand. Er mochte es dabei, besonders was die Mittel zur Ausführung anging, leichter haben als mancher andere, da ein König, der ihm schreiben konnte: »Wenn ein Mittel in der Welt wäre, Dir in 2 Minuten zu helfen, so wollte ich es kaufen, es möchte auch so theuer sein, wie es immer wolle«, sehr wahrscheinlich auch bereit war, durch Geschenke und Vorschüsse aller Art zu helfen. Es scheint indessen, daß diese Hilfen immer nur innerhalb beschränkter Grenzen blieben und daß die Meliorationen erst von 1750 ab einen größeren Maßstab annahmen, wo sich Fredersdorff mit Karoline Marie Elisabeth Daum, der reichen Erbtochter des schon 1743 verstorbenen Bankiers Daum vermählt hatte. Wenigstens beginnen von da ab erst jene Güterkäufe, deren ich schon oben erwähnt habe. Fredersdorff lebte mit seiner jungen Frau in einer sehr glücklichen, aber kinderlosen Ehe. Daß er andauernd in Zernikow gewesen sei, ist nicht anzunehmen, doch scheint es, daß er von 1750 ab (also nach seiner Vermählung) wenigstens so oft wie möglich auf seinem Gute war und namentlich die Sommermonate gern daselbst verbrachte. Ob er seine alchimistischen Künste und Goldmacheversuche auch in ländlicher Zurückgezogenheit geübt hatte, ist nicht zu ermitteln gewesen, übrigens nicht wahrscheinlich. Er starb zu Potsdam in demselben Jahre (1758), das seinem königlichen Herrn so viele schwere Verluste brachte, und seine Leiche wurde nach Zernikow übergeführt.

Michael Gabriel Fredersdorff war am 12. Januar 1758 gestorben. 1760 vermählte sich seine Witwe zum zweiten Male mit dem aus Pommern stammenden Geheimen Stiftsrat zu Quedlinburg Hans Freiherrn von Labes, der, ursprünglich bürgerlich, erst später vom Kaiser in den Adelsstand erhoben worden war.

Auch Freiherr von Labes tat viel zur Verschönerung des Gutes, eine Lindenallee wurde gepflanzt, ein englischer Park angelegt, und der frühere Fasanengarten in einen Tiergarten mit Fischteichen, Wasserleitungen und Pavillons umgeschaffen. Er scheint andauernder als Fredersdorff in Zernikow gelebt zu haben und verschied daselbst am 27. Juli 1776. Frau von Labes aber, nachdem sie durch milde Stiftungen, besonders durch Erbauung eines Hospitals segensreich gewirkt hatte, starb erst am 10. März 1810, achtzig Jahre alt, mehr denn fünfzig Jahre nach dem Tode ihres ersten Gatten. Aus ihrer zweiten Ehe waren ihr zwei Kinder geboren worden, ein Sohn und eine Tochter. Der Sohn, Geheimer Legationsrat von Labes, vermählte sich mit einer Komtesse Görtz-Schlitz, wurde selbst in den Grafenstand erhoben und nahm, nach der Burg Schlitz, die er sich im Mecklenburgischen erbaut hatte, den Namen Graf Schlitz an.

Dieser Graf Schlitz starb 1831. Er hinterließ nur eine Tochter, die sich 1822 dem Grafen Bassewitz vermählte, welcher letztere seitdem den Namen Graf Bassewitz-Schlitz führte. Das einzige Kind dieser Ehe, eine Tochter, wurde nur elf Jahre alt; von den Eltern starb die Mutter 1855, der Vater, Graf Bassewitz-Schlitz, im Juli 1861. Beide wurden auf Hohen-Demzin, einem in der Nähe von Burg Schlitz gelegenen Familiengute beigesetzt. Schon 1855, also nach dem Tode der Gräfin, waren die Fredersdorffschen Güter, da keine direkte Nachkommenschaft da war, auf die weibliche Linie, d. h. also auf die Nachkommenschaft der Tochter der Frau von Labes übergegangen.

Diese Tochter war seit 1777 an den Freiherrn Joachim Erdmann von Arnim vermählt, starb aber schon 1781 infolge ihrer zweiten Entbindung, nachdem sie dem später so berühmt gewordenen Achim von Arnim das Leben gegeben hatte. Sie hinterließ zwei Söhne: Karl Otto Ludwig von Arnim, geb. am 1. August 1779 und Karl Friedrich Joachim Ludwig von Arnim (Achim von Arnim), geb. am 26. Januar 1781.

Von diesen beiden Brüdern starb der jüngere schon am 21. Januar 1831, der ältere (gemeinhin Pitt-Arnim geheißen) ererbte die Fredersdorffschen Güter, nach dem, wie vorstehend schon hervorgehoben, im Jahre 1855 erfolgten Tode der Gräfin Bassewitz-Schlitz. Er ist sechs Jahre lang im Besitz der Güter geblieben, bis zu seinem am 9. Februar 1861 erfolgten Tode. Da er kinderlos verstarb, so waren seine Neffen und Nichten, die Kinder Achims von Arnim und der Bettina Brentano, die nächsten Erben. Diese Kinder, drei Söhne und drei Töchter, sind jetzt die Besitzer von Zernikow.

Zernikow besitzt neben einer sehenswerten Kirche, in der sich, ebenso wie im Herrenhause, die Porträts von Fredersdorff, dem von Labesschen Ehepaar und von deren Tochter, der 1781 verstorbenen Frau von Arnim befinden, auch ein mit Geschmack und Munifizenz hergestelltes Grabgewölbe, das Frau von Labes bald nach dem Tode ihres zweiten Gemahls errichten ließ. Es trägt an seiner Front die Inschrift: »Fredersdorff'sches Erbbegräbniß, errichtet von dessen hinterlassener Wittwe, gebornen Caroline Marie Elisabeth Daum, nachmals verehelichten v. Labes. Anno 1777«. Darunter in goldenen Buchstaben folgende verschlungene Namenszüge: MGF (Michael Gabriel Fredersdorff) und CMED (Caroline Marie Elisabeth Daum). Sofort nach der Vollendung dieses Grabgewölbes nahm Frau von Labes in dasselbe die sterblichen Überreste ihrer Ehegatten Fredersdorff und von Labes auf, welche sich bisher in einer Gruft unter der Kirche zu Zernikow befunden hatten.

Der mit Leder überzogene und mit vergoldeten Füßen und Handhaben versehene Sarg Fredersdorffs, auf dem sich noch die Patrontasche befindet, die derselbe während seines Militärdienstes im Schwerinschen Regiment getragen hat, steht an der rechten Seitenwand, der Sarg des Freiherrn von Labes unmittelbar dahinter.

Vier Jahre später gesellte sich zu diesen beiden Särgen ein dritter. Noch nicht zwanzig Jahre alt, war die mehrgenannte Freifrau Amalie Karoline von Arnim, einzige Tochter der verwitweten Frau von Labes, im Januar oder Februar 1781 zu Berlin gestorben und wurde von dort nach Zernikow übergeführt. Ihr Sarg, in dessen Deckel ein kleines Fenster befindlich ist, steht an der Hinterwand des Gewölbes, und noch jetzt liegen auf demselben Kränze und Gedichte, welche letzteren von der Hand der Mutter geschrieben sind. Am 10. März 1810 entschlief Frau von Labes selber und nahm, ihrem letzten Willen gemäß, nach Freud und Leid dieser Welt, ihren letzten Ruheplatz an der Seite derer, die ihr das Teuerste gewesen waren. Auch auf dem Deckel ihres überaus prachtvollen Sarges ist ein kleines Fenster angebracht, durch das man die entseelte Hülle der alten Freifrau erblickt. Auf allen vier Särgen befinden sich die Familienwappen, auf drei derselben auch Name, Geburts- und Todestag.

Über fünfzig Jahre vergingen, ehe ein neuer Ankömmling vor der Kirche hielt und Raum in der Familiengruft beanspruchte. Alles, was den Namen Graf Schlitz angenommen hatte, hatte sich auch im Tode noch von Zernikow, dem ursprünglichen Familiengut, geschieden und dem Graf Schlitzschen Mausoleum auf Hohen-Demzin den Vorzug gegeben. Nicht so der älteste Sohn der Tochter der Frau von Labes. Am 16. Februar 1861 öffneten sich die schweren Gittertüren des Fredersdorffschen Erbbegräbnisses noch einmal und der Sarg des Oberstschenk Karl Otto Ludwigs von Arnim wurde neben Mutter und Großmutter beigesetzt. Seine Inschrift lautet:

Dubius non impius vixi,
Incertus morior, non perturbatus;
Humanum est nescire et errare.
Ens entium miserere mei.

In Zweifeln hab' ich gelebt, nicht unfromm,
In Ungewißheit sterb' ich, nicht in Bangen;
Nichtwissen und irren ist Menschenlos.
Wesen der Wesen erbarme dich mein.

Sein jüngerer Bruder, Achim von Arnim, ist auf dem Familiengut Wiepersdorf bei Dahme begraben. Auch Bettina (gest. 1859 zu Berlin) ruht daselbst.

DIE RUPPINER SCHWEIZ

DIE RUPPINER SCHWEIZ

> Ist's norderwärts in Rheinsbergs Näh'?
> Ist's süderwärts am Molchowsee?
> Ist's Rottstiel tief im Grunde kühl?
> Ist's Kunsterspring, ist's Boltenmühl?

Die Schweize werden immer kleiner, und so gibt es nicht bloß mehr eine Märkische, sondern bereits auch eine Ruppiner Schweiz, der es übrigens, wenn man ein freundlich-aufmerksames Auge mitbringt, weder an Schönheit noch an unterscheidenden Zügen fehlt. Sie besitzt beides in ihrem Wasserreichtum. Während Freienwalde dieses Schmuckes beinah völlig entbehrt und Buckow, den großen See zu seinen Füßen abgerechnet, nur zwei kleine Edelsteine von allerdings reinstem Wasser aufweist, sind Fluß und See das eigentliche Lebenselement der Ruppiner Schweiz.

Der Fluß ist der Rhin. Er kommt von Rheinsberg (Rhinsberg) her, bildet zunächst eine ganze Reihe von Wasserbecken, und gibt erst an der Südspitze des Molchowsees seine Hügelheimat auf, um in das »Schwäbische Meer« dieser Gegenden, in den Ruppiner See einzutreten. Hier streift er, wie sein berühmter hochdeutscher Namensvetter, der Rhein, den Rest seiner schäumenden Jugend ab, und ruhig geworden bis zum Stillstand, windet er sich, von nun an, nur noch durch Lücher und Brücher hin, die den Namen Linum als Mittelpunkt haben. In Poesie geboren, fällt ihm zuguterletzt das Los zu, den Torfkahn auf seinem Rücken zu tragen.

Aber wenn dieser, wie nicht bestritten werden soll, zum prosaischen Genossen seiner reiferen Jahre wird, so sind Förstereien und Wassermühlen die Gefährten seiner Jugend, und überall da, wo sein Wasser noch über ein Wehr fällt oder hochaufgeschichtete Bretterbohlen an seinen Ufern liegen, da sind auch die Stätten seiner Schönheit. Jede dieser Stätten, zwischen zwei Seen gelegen, dürfte die Hand nach dem stolzen Namen »Interlaken« ausstrecken, aber im Bewußtsein eigenen Wertes verschmähen sie es mit vornehmen Anklängen zu prunken, und geben sich lieber ohne jegliche Prätension und nur auf sich selber gestellt, als Rottstiel und Pfefferteich, als Boltenmühle und Kunsterspring. Und wie sie selber auf alles klug verzichten, was zur Quelle lästiger Vergleiche nach außen hin werden könnte, so verzichten wir darauf, ihren Preis und Wert untereinander festzustellen. Denn wie unter schönen Schwestern die Streitfrage nie gelöst wird, »wer eigentlich die schönere oder die schönste sei«, weil es heute diese und morgen jene, je nach der Kleidfarbe, die sie tragen, oder nach dem Bande, das zufällig an ihrem Hute flattert, so ist auch hier die Frage nach der größeren Schönheit eine bloße Frage der Beleuchtung, der Stimmung, des zufälligen Schmuckes. Wenn heute Boltenmühle in Malven siegt, so siegt morgen Kunsterspring in roten Ebereschen, und ein helleres oder dunkleres Abendrot, ein schmaleres oder breiteres Band, das der Regenbogen über die Landschaft spannt, entscheidet darüber, ob Rottstiel über Pfefferteich oder Pfefferteich über Rottstiel triumphiert.

Auch die »Historie« ist leisen Fußes durch diese Gegenden hingeschritten und erzählt von Kronprinz Fritz und seiner Liebe zum schönen Försterkinde von Binenwalde. Von Rheinsberg aus herüberkommend, gab er im Abenddämmer das wohlbekannte Zeichen nach dem mitten im See gelegenen Forsthaus hinüber, und nicht lange, so glitt ein Kahn aus dem Schilfgürtel hervor und der Stelle zu, wo der Prinz, unter den Zweigen einer überhängenden Buche, die schöne Sabine, das »Insel- und Försterkind« erwartete. Die schöne Sabine aber stand lächelnd aufrecht ihm Kahn, das Ruder mit raschem Schlage führend, bis im nächsten Moment das Ruder ans Land und sie selbst dem Harrenden in die Arme flog.

Aber diese Tage sind hin, und wie tiefe Sonntagsruhe liegt es in den Lüften, wenn, wie zu dieser Mittagsstunde, die nachbarliche Mühle schweigt.

♣

Ausgestreckt am Hügelabhang, den Wald zu Häupten, den See zu Füßen, so träumst du hier, bis die wachsende Stille dich erschreckt. Mit angespannten Sinnen lauschest du, ob nicht doch vielleicht ein Laut zu dir herüberklinge, und endlich hörst du die Rätselmusik der Einsamkeit. Der See liegt glatt und sonnenbeschienen vor dir, aber es ruft aus ihm, die Bäume rühren sich nicht, aber es zieht durch sie hin, aus dem Walde klingt es, als würden Geigen gestrichen und nun schweigt es und ein fernes, fernes Läuten beginnt. Ist es Täuschung, oder ist es mehr? Ein wachsendes Bangen kommt über dich, bis plötzlich das Klappern der Mühle wieder anhebt und der schrille Ton der Säge den Mittagszauber zerreißt.

Wer will sagen, wenn er die Ruppiner Schweiz durchwandert, wo ihr Zauber am mächtigsten wirkt.

Und fragst du doch: den vollsten Reiz
Wo birgt ihn die Ruppiner Schweiz?
Ist's norderwärts in Rheinsbergs Näh'?
Ist's süderwärts im Molchowsee?
Ist's Rottstiel tief im Grunde kühl?
Ist's Kunsterspring, ist's Boltenmühl?
Ist's Boltenmühl, ist's Kunsterspring?
Birgt Pfefferteich den Zauberring?
Ist's »Binenwalde?« – nein, o nein,
Wohin du kommst, da wird es sein,
An jeder Stelle gleichen Reiz
Erschließt dir die Ruppiner Schweiz.

AM MOLCHOW- UND ZERMÜTZELSEE

Abgeschieden, rings geschlossen,
Wenig kümmerliche Föhren,
Trübe flüsternde Genossen,
Die hier keinen Vogel hören.
Lenau

»An jeder Stelle gleichen Reiz
Erschließt dir die Ruppiner Schweiz«

aber doch mit der einen Einschränkung, daß wir uns in der Helvetia propria dieser Gegenden halten und es vermeiden, von dem westlichen Ufer des Rhin auf das östliche hinüberzutreten. Tun wir diesen verhängnisvollen Schritt dennoch, so sind wir aus unserer eigentlichen Schweiz heraus und wandeln nur noch an ihrer Peripherie hin. Mit anderen Worten: das östliche Rhinufer hat keinen anderen Reiz mehr als den, welchen es seinem Gegenüber, dem westlichen Ufer entnimmt.

Aber Ausnahmen auch hier, und unter diesen Ausnahmen in erster Reihe das alte Dorf Molchow, das wir, über eine Schmalung des gleichnamigen Sees hinweg, in diesem Augenblick erreichen. Eingesponnen in Gärten und Laub liegt es da, die Studentenblume blüht, der Kürbis hängt am Gezweig, und der Hahn begrüßt uns vom Zaun her und kräht in den lachenden Morgen hinein. Alles hell und licht, im rechten Gegensatze zu Molchow, das mit seinem finster anklingenden Namen an alle Schrecken des Schillerschen Tauchers mahnt.

Alles hell und licht, ausgenommen ein rondellartiger Grasplatz inmitten des Dorfes. Auf ihm wird begraben, mehr in Unkraut als in Blumen hinein, und aus der Mitte dieses Platzes wächst ein Turm auf, unheimlich und grotesk, als habe ihn ein Schilderhaus mit einer alten Windmühle gezeugt. Von beiden etwas. Und unheimlich wie der Turm, so auch die alte Glocke, die in ihm hängt. Ave Maria, gratia plena steht an dem oberen Rande, die Glocke selbst aber ist geborsten und ihre Inschrift war ihr kein Talisman. Zweihundert Jahre, da fanden sie die Molchower auf einer halb heidegewordenen, halb waldbestandenen Feldmark zwischen zwei Bäumen aufgehängt. Es war die Glocke von Eggersdorf, eines Dorfes, das im Dreißigjährigen Kriege, wie hundert andere, wüst geworden war und es seitdem auch geblieben ist. Die Molchower aber erbarmten sich des Findlings und bauten ihm diesen Glockenturm. Eine Leiter führt hinauf, die glücklicherweise von denen, die dort oben regelmäßig wohnen, entbehrt werden kann, denn es sind nur Dohlen an dieser Stelle zu Haus. Immer, wenn die geborstene Glocke gezogen wird, fliegen sie scharenweis auf, und einzelne von ihnen – wenn es wahr ist, was man sich von Raben und Krähen erzählt – mögen die Glocke noch von ihren Eggersdorfer Tagen her kennen und nun Betrachtungen anstellen zwischen damals und heut.

Über Molchow hinaus (aber wie dieses am Ostufer des Rhins und seiner Seenkette) liegt auch Zermützel.

Ihm fahren wir jetzt zu. Bevor wir es indes erreichen, streifen wir erst noch die »Stendenitz«, ein altes Waldrevier, das noch unter Kurfürst George Wilhelm ohne menschliche Wohnungen und nur der Schauplatz großer Wildschweinsjagden war. Als aber unter dem Großen Könige die Parole »nur Menschen« aufkam und die Verwirklichung dieses Grundsatzes eine Masseneinwanderung schuf, die vielleicht selbst die Kolonisationszeit unter Albrecht dem Bären in den Schatten stellte, beschloß man maßgebenden Orts auch auf eben dieser »Stendenitz« vier Büdner anzusetzen oder mit anderen Worten eines jener Kolonistenetablissements ins Leben zu rufen, wie sie damals zu hunderten aus der Erde sprossen.

Die Kärglichkeit unserer märkischen Scholle kann nicht leicht irgendwo besser studiert werden, als an dieser Stelle. Hundert Jahr Arbeit sind gewesen wie ein Tag, und eine Ziege, ein Kirschbaum und ein Streifen Roggenland, über das der alte Beherrscher dieser Gegenden, der Strandhafer, immer wieder Lust zeigt, als Sieger herzufallen, diese drei sind nach wie vor der einzige Reichtum dieser Ansiedelung. Und wenn noch ein Zweifel daran wäre, so würde ihn die Begräbnisstätte lösen, die zu diesem Etablissement Stendenitz gehört.

Da wo die Bäume hart an den See treten, ist ein quadratisches Eckstück aus dem Walde herausgeschnitten und von vier tiefen Furchen umzogen worden. Auf diesem Eck- und Waldstück wird nun begraben, und umherstehende Krüppelkiefern tun ihren Zypressen- und Trauertannendienst. In hundert Jahren stirbt sich was zusammen, auch da, wo die Lebendigen nur vier Büdnerfamilien sind, und so drängen sich denn die Gräber hier, eingefallene Hügel, von denen die meisten schon wieder zu bloßen Moosplätzen mit ein paar verspätet blühenden Erdbeeren geworden sind. Nur zwei Grabtafeln ragen auf, schräg gedrückt vom Westwind, und nicht ohne Müh' entziffern wir das folgende:

»Hier ruht in Gott der Schneidergesell Andreas Laudon, Kanonier von der 3. Garde-Compani der Attolerie-Bregade, gest. 3. April 1836.« Und ihm zur Seite der Namen eines siebzehnjährigen Mädchens, und darunter:

Vielgeliebte, weinet nicht,
Seht mir nach und lebt in Segen,
Gott ist euer Trost und Licht –
Ich habe mich zur Ruh geleget.

Wohl auf manchem Begräbnisplatze habe ich gestanden, aber auf keinem, der mich tiefer erschüttert hätte. Welche Mischung von groteskem Humor und erschütternder Poesie. Schneidergeselle Laudon, Kanonier, und daneben:

Gott ist euer Trost und Licht.
Ich habe mich zur Ruh geleget.

Zur Ruhe hier!

Die Bahre, die diesem Begräbnisplatz dient, hing an dem abgebrochenen Ast einer alten Kiefer, und Baum und Bahre waren gleichmäßig mit Flechten überdeckt; dazu gurgelte das Wasser im Röhricht und über uns in den Kronen ging der Wind.

Alles Klage.

Nur zwischen den Bäumen leuchtete das ewige Blau.

ZWISCHEN ZERMÜTZEL- UND TORNOWSEE

> Mein Bier und Wein ist frisch und klar,
> Mein Töchterlein liegt auf der Totenbahr.
> *Uhland*

Bald hinter der »Stendenitz« liegt Dorf und See Zermützel.

Der auf der Höhe laufende Weg schlängelt sich in einiger Entfernung am Ufer hin und berührt dabei mehrere Hügel und Vorsprünge, die die verschiedensten Bezeichnungen führen. Einer heißt der »Totenberg« und macht seinem Namen Ehre, trotzdem er seine Gruselwirkung mit den einfachsten Mitteln erzielt. Ackerfurchen überall, und nur den »Totenberg« umkreisen sie wie Parallelen eine gefürchtete Festung. Eine dieser Linien, vielleicht von einem dörfischen Freigeist gezogen, rührt schon an den Zauberkreis, aber auch nur, um plötzlich wieder abzubrechen. Eine alte Kiefer hält Wacht, und soweit ihre Nadeln fallen, ist verbotener Grund. Schädel liegt da an Schädel, so heißt es. Natürlich aus der Schwedenzeit. Wo das Dunkel beginnt, fangen Torstensson und Wrangel an.

Vom »Totenberg« sind nur noch wenig hundert Schritt bis zu Dorf Zermützel und seinem See. Wir fahren aber an beiden vorüber und halten uns nordwärts auf eine dritte Wasserfläche zu, die den Namen führt: der Tornowsee.

Da wo der Weg den See trifft, trifft er auch ein von Birken und Obstbäumen überschattetes Haus, das jetzt still und glücklich daliegt, als strecke ihm der segenspendende Herbst seine vollste Hand entgegen.

Aber ich entsinne mich eines anderen Tages hier.

Im Januar war es. Alles, was einen Pelz und eine Büchse hatte, war auf den Beinen, und seit Tagesgrauen knallte es im Wald und an den drei Rhinseen hin: am Tornow-, Molchow- und Zermützelsee. Zu zehn Uhr war hier unter diesem Dache, das Frühstück angesagt, und keiner fehlte. Da waren die Förster und Oberförster: Berger von Alt-Ruppin, Conrad von Rottstiel, Kuse von Pfefferteich, dazu der Grafschaftsadel mitsamt den Offizieren der Garnison, und nicht zum letzten die städtischen Nimrods, die nie genug haben an Billard und Kegelspiel und denen nur wohl ist, wenn sie zu Füßen eines Sechzehnenders schlafen.

Das Frühstück war kalte Küche; desto heißer aber war der

Grog. Über dem Herdfeuer hing ein Kessel, brodelnd und dampfend, und die Büdnersleute gingen auf und ab, um überall, wo man es begehrte, mit ihrem kochenden Wasser auszuhelfen. Der Mischung besserer Teil aber floß aus den eigenen Flaschen. Und siehe da, Pelze, Grog und Tabak schufen alsbald eine wunderlich dicke Luft, eine Wolke, darauf die Göttin der Jagdanekdote saß und orakelte. Nein, nicht orakelte – ihren klassischen Aussprüchen fehlte jedes Dunkel.

Aber sonderbar, die Büdnersleute waren heute so still und ernst, und pflegten doch sonst bei jeder Derbheit, die laut wurde, mit einzustimmen. Endlich trat ich an die Alte heran und fragte leise: »Wo ist Hannah?« Erst schüttelte sie den Kopf, aber sich besinnend, nahm sie mich rasch bei der Hand und führte mich über den Flur weg in eine Kammer, die gerade hinter dem Zimmer gelegen war, in dem die Jäger ihren Imbiß nahmen. Einen Augenblick sah ich nichts, empfing doch die Kammer all ihr Licht von einer kaum zweihandbreiten Öffnung her, durch die der Schnee, vom Winde getrieben, eben in kleinen Flocken hineinstiebte. Die Frau, während ich mich noch zurechtzufinden suchte, war inzwischen an ein Strohlager dicht unterm Fenster getreten und schlug ein Laken zurück, das über das Stroh hin ausgebreitet war. Da lag Hannah, die Augen geschlossen, in keinem anderen Schmuck, als dem ihres langen Haares. Dann deckte die Alte das Laken wieder über und schlich aus der Kammer und ließ mich allein. Und der Schnee trieb immer heftiger durch das Fenster und schüttete vor der Zeit einen Hügel über der Toten auf.

In zehn Minuten war alles wie verändert. Einer hatte geplaudert. »Warum hielt er nicht den Mund?« »Ich fahre nach Haus.« »Ich auch.« So ging es hin und her. Die meisten aber nahmen's leicht oder gaben sich doch das Ansehn davon, und eine Stunde später knallten die Büchsen wieder an allen drei Seen hin. Aber das Bild Hannahs stand zwischen dem Schuß und seinem Ziel, und kein Hirsch wurde mehr getroffen. Oberförster Berger stieß mit dem Fuß an den Stecher, und die Kugel pfiff ihm am Ohr hin, während das Feuer seinen Bart versengte.

Es war eine »wehvolle Jagd«, wie es in alten Balladen heißt.

Die Sonne war geneigt im Untergang.
Nur leise strich der Wind, kein Vogel sang,
Da stieg ich ab, mein Roß am Quell zu tränken,
Mich in den Blick der Wildnis zu versenken.
Verwildernd schien das helle Abendrot
Auf dieses Waldes sagenvolle Stätte.

In der Nordostecke der Grafschaft liegt die Menzer Forst, 24 000 Morgen groß (in ihr der sagenumwobene »Große Stechlin«), und in dieser verlorenen Grafschaftsecke lebt die Ruppiner Schweiz noch einmal wieder auf. Hier waltet ein ganz eigenartiges Leben: der Pflug ruht und ebenso der Spaten, der den Torf gräbt; nur das Fischernetz und die Angel sind an dieser Stelle zu Haus und die Büchse, die tagaus tagein durch den Wald knallt. Hundert Jahre haben hier wenig oder nichts geändert, alles blieb, wie es die Tage des großen Königs sahen und nur eines wechselte: der Schmuggler fehlt, der hier sonst ins Mecklenburgische hinüber sein Wesen trieb und seinen Krieg führte. Denn die Menzer Forst setzt sich noch jenseits der Grenze fort, und ein von abgefallenem Laube halb überdeckter Graben ist alles, was die Territorien scheidet.

Um die Mitte des vorigen Jahrhunderts ward in der Kriegs- und Domänenkammer die Frage rege: Was machen wir mit diesem Forst? Hochstämmig ragten die Kiefern auf; aber der Ertrag, den diese herrlichen Holz- und Wildbestände gaben, war so gering, daß er kaum die Kosten der Unterhaltung und Verwaltung deckte. Hirsch und Wildschwein in Fülle; doch auf Meilen in der Runde kein Haus und keine Küche, dem mit dem einen oder anderen gedient gewesen wäre. »Was tun mit diesem Forst?« so hieß es wieder. Kohlenmeiler und Teeröfen wurden angelegt, aber Teer und Kohle hatten keinen Preis. Die nächste nachhaltige Hilfe schien endlich die Herrichtung von Glashütten bieten zu sollen und in der Tat, es entstanden ihrer verschiedene zu Dagow, Globsow und Stechlin; ein Feuerschein lag bei Nacht und eine Rauchsäule bei Tag über dem Walde; vergeblich; auch der Glashüttenbetrieb vermochte nichts und der Wald bracht es nur spärlich auf seine Kosten.

Da zuletzt erging Anfrage von der Kammer her an die Menzer Oberförsterei: wie lange die Forst aushalten werde, wenn Berlin aus ihm zu brennen und zu heizen anfange?, worauf die

Oberförsterei mit Stolz antwortete: »Die Menzer Forst hält alles aus«. Das war ein schönes Wort, aber doch schöner, als sich mit der Wirklichkeit vertrug. Und das sollte bald erkannt werden. Die betreffende Forstinspektion wurde beim Wort genommen, und siehe da, ehe dreißig Jahre um waren, war die ganze Menzer Forst durch die Berliner Schornsteine geflogen. Was Teeröfen und Glashütten in alle Ewigkeit hinein nicht vermocht hätten, das hatte die Konsumtionskraft einer großen Stadt in weniger als einem Menschenalter geleistet. Ja, Hilfe war gekommen, die Menzer Forst hatte rentiert; aber freilich die Hilfe war gekommen nach Art einer Sturzwelle, die, während sie das aufgefahrene Schiff wieder flott macht, es zugleich auch zerschellt. Abermals mußte Wandel geschafft werden, diesmal nach der entgegengesetzten Seite hin, und das berühmte, wenn auch unverbürgte Wort, das König Friedrich einst in delikatester Situation an Schmettau richtete, dasselbe Wort richtete jetzt die Königliche Verwaltung der Forsten und Domänen an den Oberförster von Groß-Menz: »Hör' Er auf«. Und man hörte auf. Der Hauptstadt wurde durch dieses »Halt« übrigens nichts entzogen, denn die Linumer Torfperiode war inzwischen angebrochen, die Menzer Forst aber stieg auf der tabula rasa ihres alten Grund und Bodens neu empor: Eichen, Birken, Kiehnen in buntem Gemisch, und die Bestände, wie sie jetzt sich repräsentieren, sind das Kind jener Schonzeit und Stillstandsepoche, die dem dreißig Jahre lang geführten »guerre à outrance« auf dem Fuße folgte.

Er zählt jetzt gerade hundert Jahre, dieser prächtige Wald, der ein Leben für sich führt, ein halbes Dutzend Wasserbecken mit grünem Arm umschließt und über altes und neues, über Teeröfen und Forsthäuser, über Glashütten und Fabriken nach wie vor seine Herrschaft übt. In ihn hinein wolle mich jetzt der Leser begleiten.

*

Es ist noch Platz auf dem Pürschwagen (vorne der Kutscher und der Herr), und ein Kissen und eine Decke harren des neuen Gastes. Die Zeit für die Decke wird kommen, die Zeit für das Kissen aber ist schon da, denn über Stubben und Wurzeln fort geht es bereits weglos und holterdiepolter in den Wald hinein. Die jungen Zweige fegen uns die Augen aus; jetzt Moorgrund, jetzt raschelndes Laub; jetzt über den Graben und jetzt über niedergestürzte Bäume hin, deren schon angefaultes Holz unter dem Drucke der Räder zerbricht und in Moderstaub aufwirbelt. Entzückendes Steeple chase; das Gefühl der Fährlichkeit geht in der Wonne des Hindernisnehmens unter.

So still der Wald, und doch erzählt er auf Schritt und Tritt, freilich mehr ernstes als heiteres. Wo der Pascher ein Jahrhundert lang zu Hause war, wo Förster und Wildschütz ihre nicht endende Fehde führen, wo der Sturm die Bäume bricht und die tiefen Waldseen, die sich von uralter Zeit her einen Hang nach Menschenopfern bewahrt haben, ihre Polypenarme phantastisch ausstrecken, da sind immer »Geschichten« zu Haus. Tabellen wären hier anzufertigen mit drei Rubriken nur: erschlagen, erschossen, ertrunken.

Eben haben wir eine Stelle passiert, die solche »Geschichte« hat und noch von neuestem Datum dazu. Hier, wo das Unterholz sich durch die Waldrinne zieht, gleich links neben der Weißbuche, da lag er, da fanden sie ihn, den Kopf nach der Tiefe zu, den einen Fuß im Gestrüpp verwickelt und neben ihm die Büchse. Der grüne Aufschlag des einen Ärmels war rot und man sah deutlich, er war mit der Rechten nach der Brust gefahren. Wessen Kugel hatte ihn getroffen? Einen Augenblick schien es, als sei man dem Geheimnis auf der Spur: in Herz oder Lunge des Toten hatte man das Kugelpflaster gefunden und an eben diesem Pflaster acht scharfmarkierte, schwarze Strichelchen, die es dem Kundigen verrieten, daß die Kugel aus einer Büchse mit acht Rillen gekommen war. Und solche Büchsen gab es am Rande der Menzer Forst hin nicht allzu viele. So wies man denn mit Fingern auf den und den. Aber die Sache kam zu früh in Kurs, und als an den verdächtigsten Stellen gesucht wurde, waren die achtrilligen Büchsen verschwunden. Ein großes Begräbnis gab es, groß wie die Teilnahme, aber das Geheimnis seines Todes hat der Tote mit ins Grab genommen.

So ging das Geplauder, als plötzlich, zwischen den Stämmen hin, eine weite Wasserfläche sichtbar wurde, darauf hell und blendend fast die späte Nachmittagssonne flimmerte. »Das ist der Stechlin« hieß es. Und im nächsten Augenblicke sprangen wir ab und schritten auf ihn zu.

Da lag er vor uns, der buchtenreiche See, geheimnisvoll, einem Stummen gleich, den es zu sprechen drängt. Aber die ungelöste Zunge weigert ihm den Dienst, und was er sagen will, bleibt ungesagt.

Und nun setzten wir uns an den Rand eines Vorsprunges und horchten auf die Stille. Die blieb, wie sie war: kein Boot, kein Vogel; auch kein Gewölk. Nur Grün und Blau und Sonne.

»Wie still er da liegt, der Stechlin«, hob unser Führer und Gastfreund an, »aber die Leute hier herum wissen von ihm zu erzählen. Er ist einer von den Vornehmen, die große Beziehungen unterhalten. Als das Lissaboner Erdbeben war, waren hier Strudel und Trichter und stäubende Wasserhosen tanzten zwischen den Ufern hin. Er geht 400 Fuß tief und an mehr als einer Stelle findet das Senkblei keinen Grund. Und Launen hat er und man muß ihn ausstudieren wie eine Frau. Dies kann er leiden und jenes nicht, und mitunter liegt das, was ihm schmeichelt, und das, was ihn ärgert, keine handbreit auseinander. Die Fischer, selbstverständlich, kennen ihn am besten. Hier dürfen sie das Netz ziehen und an seiner Oberfläche bleibt alles klar und heiter, aber zehn Schritte weiter will er es nicht haben, aus bloßem Eigensinn, und sein Antlitz runzelt und verdunkelt sich und ein Murren klingt herauf. Dann ist es Zeit, ihn zu meiden und das Ufer aufzusuchen. Ist aber ein Waghals im Boot, der es ertrotzen will, so gibt es ein Unglück, und der Hahn steigt herauf, rot und zornig, der Hahn, der unten auf dem Grunde des Stechlin sitzt, und schlägt den See mit seinen Flügeln, bis er schäumt und wogt, und greift das Boot an und kreischt und kräht, daß es die ganze Menzer Forst durchhallt von Dagow bis Roofen und bis Alt-Globsow hin.«

Die Sonne war mittlerweile tiefer hinabgestiegen und berührte schon die Wipfel des Waldes. Uns eine Mahnung zur Eile. Der Erdwall, auf dem wir gesessen und geplaudert hatten, lag nach Norden hin, aber ehe zehn Minuten um waren, hatten wir die große Biegung gemacht und fuhren wieder an der entgegengesetzten südlichen Seite.

Das Revier, das uns hier aufnahm, war das Revier der Glashütten, die wie Squatteransiedlungen am Waldsaume lagen. Hütte neben Hütte; sonst nichts sichtbar als der Rauch, der über die Dächer zog. Nur bei der Globsower Glashütte, die (hart an einer Buchtung des Großen Stechlin gelegen) einen weitverzweigten Handel treibt mit Retorten und Glaskolben, nur hier herrschte Leben, am meisten in der schattigen Allee, die, von den Wohn- und Arbeitshütten her, zur Ladestelle hinunterführte. Hier spielten Kinder Krieg und fochten ihre Fehde mit Kastanien aus, die zahlreich in halbaufgeplatzten Schalen unter den Bäume lagen. Die einen retirierten eben auf den See zu und suchten Deckung hinter den großen Salzsäureballons, die hier dichtgereiht am Ufer des Stechlin hin standen, aber der Feind gab seinen Angriff nicht auf, und die Kastanien fielen hageldicht auf die gläserne Mauer nieder.

Tausend Schritte weiter südwärts, da wo sich ein paar Wege kreuzen und das ansteigende Terrain einen Überblick über eine Lichtung und ein inmitten derselben gelegenes Wasserbecken gestattet, fiel uns eine parkartige, von alten Eichen überragte Einfriedigung auf, an deren Front wir, als wir hielten und abgestiegen waren, die Worte »Metas Ruh« lasen und leicht erkannten, daß wir uns hier auf dem Friedhofe der Glashüttenaristokratie dieser Gegenden befinden müßten. Aber »Metas Ruh« (soviel leuchtete kaum weniger ein) konnte nicht wohl die Bezeichnung für diesen Begräbnisplatz überhaupt, sondern der Name für jenen seltsamen Bau sein, der sich inmitten dieses Eichenkampes erhob. Hohlwegartig, die Seitenwände gemauert, lief in leiser Schrägung ein absteigender Gang auf eine Gittertüre zu, hinter der wir leidlich bequem in das Dunkel einer rundgewölbten Gruft blicken konnten. Drei, vier Särge waren sichtbar. Über diesen Tatbestand hinaus aber schien unsere Neugier nicht befriedigt werden zu sollen.

Wir hatten uns auch bereits darin ergeben, als ein Alter, den wir von Dagow her des Weges kommen sahen, unsere Hoffnung neu belebte. »Der wird es wissen.« Und jetzt war er dicht heran.

Guten Tag, Papa.

»Goden Dag ook.«

Was bedeutet dies »Metas Ruh«? Wer ist Meta?

»Meta wihr sien' ihrste Fru.«

Die Sache schien sich hiernach nicht allzu rasch entwickeln zu sollen, weshalb wir uns setzten und den Alten einluden, auch Platz zu nehmen. Er blieb aber stehen und erzählte.

»Meta, as ick Se all seggt hebb', wihr sien' ihrste Fru. Un as se nu starven deih, doa wihr he ganz van een und bugte ehr disse Gruft. Awers, as dat so geit, int dritte Joar, doa hädd he wedder ne Fru, un noch dato een', de he sien besten Frünn wegnoamen hädd. Na, he leevde joa so wiet ganz goat mit ehr, man blot dat he keen Roh nich hädd un nich sloapen künn, und de Lüd' hier herümmer – he wihr dunn in Strelitz – de seggten: »Dat wihr man bloot, wiel sien' ihrste Fru nich richtig begroaben wihr. De Doden, de möten in de Ihrd, seggten se, un nich in so'n Keller.«

Und wer war es denn? Wie hieß er?

»Da weet ick nich. Awers da weet ick, dat he eens Dags hier ankoamen un to sien Verwann'n seggen deih: ›Kinnings, wi wüll'n dat Dings nu inriten und hunnert Fuhren Ihrd upschüdden.‹ Awers dat wullen joa nu siene Verwann'n nich. ›Dat kannste nich dohn‹, seggten se, ›wi hebben joa nu ook all en poar von uns' mit in. Und denn, wat wühren de Lüd seggen, wenn du dien eegen ›Meta's Ruh‹ wedder inriten deist?‹«

Und was wurde?

»Nu, he seggte joa vörihrst wieder nix un woahr man bloot noch so veer or fiew Doag hier rümmer; awers as nu sülwigen Harwst wedder een in de Gruft rinn süll, doa wihr joa Meta nich mihr in. Un nu frögten se so lang, bis et rut kam. Een von de Globsower Glashüttenlüd', de all Nacht um Klock een up Arbeit güng, de wiehr niglig west und hädd öwern Tuhn kuckt, und doa hädd he joa siehn, dat Een een' Sark uttrecken un dat Sark inn' Graff insetten deih, dat he all vörher moakt hädd. Und nu seggen's, dat is he west. Ick weet et nich. Awers dat heww ick immer hührt, dat he von dunu an sloapen künn.«

Wir dankten dem Alten und weiter ging es in den bereits dunkelnden Forst hinein. Willkommen waren uns jetzt die lichten Stellen, wo gerodet war, oder aber auf graugelben Sandstrecken nichts anderes wuchs, als niederes, aus dem Samen windverschlagener Kiehnäpfel aufgeschossenes Buschwerk.

Eine solche Heidestrecke lag eben wieder hinter uns, als wir in die namengebende Metropole dieser Gegenden, in Groß-Menz, einfuhren. Es fielen Worte wie Burgwall, Ritter Menz, hohles Gemäuer, unterirdischer Gang, alles verlockendste Klänge also, die mich sechs Stunden früher in den Zirkel dieses Dorfes wie in einen Zauberkreis gebannt haben würden. Aber bei dem schon herrschenden Zwielicht siegten allerlei kritische Bedenken, und statt den Forderungen wissenschaftlicher Neugier nachzugeben, ging es in wachsender Hast über den beinah städtisch angelegten Dorfplatz hinweg und an einer lindenumstandenen Oberförsterei vorüber, in die mit jedem Augenblicke reizloser werdende Landschaft hinein.

Nicht nur Groß-Menz lag hinter uns, auch die Groß-Menzer Forst.

Immer kühler wurde es; wir wickelten uns in unsere Plaids und niemand sprach mehr. Die prustenden Pferde warfen den Schaum nach hinten, und Acker, Sand und Schonung – immer schattenhafter kamen und schwanden sie. Jetzt ein Steindamm, jetzt lange Pappelreihen, und nun auch jener wärmere Luftstrom, der uns die Nähe menschlicher Wohnungen bedeutete. Noch eine Biegung, zwischen den Bäumen hindurch schimmerte Licht und – unser Wagen hielt.

Eine halbe Stunde später, und der hohe Kamin sah uns im Halbzirkel um seine Flamme versammelt. Die Scheite, echte Kinder der Menzer Forst, brannten hoch auf, auf uns hernieder aber sahen die Ahnen des weitverzweigten Hauses: die Neales, die Oettinger und La Roche-Aymon, und zwischen ihnen das leuchtende Bild des »Saalfelder Prinzen«.

Die Rede ging von alter und neuer Zeit. Märchenhaft verschwamm uns Jüngsterlebtes mit Längstvergangenem, und während wir eben noch über den Rheinsberger See hinglitten und das Gekicher schöner Frauen zu hören glaubten, weitete sich plötzlich das stille Wasserbecken und bildete Strudel und Trichter, und der Hahn, der unten auf dem Grunde des Großen Stechlin sitzt, stieg herauf und krähte seinen roten Kamm schüttelnd über den See hin.

Mitternacht war heran, die Scheite verglimmten und nur ein Flackerschein spielte noch um die Bilder. Es war, als lächelten sie.

AN RHIN UND DOSSE

DAS WUSTRAUER LUCH

Es schien das Abendrot
Auf diese sumpfgewordne Urwaldstätte,
Wo ungestört das Leben mit dem Tod
Jahrtausendlang gekämpfet um die Wette.
Lenau

Der Rhin, dessen Bekanntschaft wir in einem voraufgehenden Kapitel machten, nimmt auf der ersten Hälfte seines Weges seine Richtung von Nord nach Süd, bis er, nach Passierung des großen Ruppiner Sees, beinah plötzlich seinen Lauf ändert, und rechtwinkelig weiter fließend, ziemlich genau die Südgrenze der Grafschaft zieht. Auf dieser zweiten Hälfte seines Laufes, Richtung von Ost nach West, gedenken wir ihn in diesem und den nächsten Kapiteln zu begleiten, dabei weniger ihm selbst als seinen Dörfern unsere Aufmerksamkeit schenkend.

Das erste unter diesen Dörfern ist Wustrau, das wir bereits kennen. Nicht aber kennen wir das gleichnamige Luch, das der Rhin hier, unmittelbar nach seinem Austritt aus dem See, auf Meilen hin bildet, und diesem »Wustrauer Luch« gilt nunmehr unsere heutige Wanderung.

Wir beginnen sie vom Zentrum des Fehrbelliner Schlachtfeldes, von dem hochgelegenen Hakenberger Kirchhofe aus, und steigen, nach einem vorgängigen Überblick über die Torf- und Wiesenlandschaft, an die Rhinufer nieder. Kahnfahrten werden uns aushelfen, wo Wasser und Sumpf jede Fußwanderung zur Unmöglichkeit machen. Unser nächstes Ziel aber ist eine zwischen den Dörfern Wustrau und Langen gelegene »Faktorei«, deren rotes Dach hell in der Sonne blitzt.

Es war ein heißer Tag und der blaue Himmel begann bereits kleine grauweiße Wölkchen zu zeigen, die nur verschwanden, um an anderer Stelle wiederzukehren. Auf einem schmalen Damme, der wenig mehr als die Breite einer Wagenspur haben mochte, schritten wir hin. Alles mahnt hier an Torf. Ein feiner, schnupftabakfarbener Staub durchdrang die Luft und selbst die Sträucher, die zwischen den Gräben und Torfpyramiden standen, sahen braun aus, als hätten sie sich gehorsamst in die Farben ihrer Herrschaft gekleidet. Das Ganze machte den Eindruck eines plötzlich ans Licht geförderten Bergwerks, und ehe zehn Minuten um waren, sahen wir aus wie die Veteranen einer Knappschaft.

Wir mochten eine halbe Stunde gewandert sein, als wir bei der vorgenannten »Faktorei« mit dem roten Dache ankamen. Ich weiß nicht, ob diese Etablissements, deren wohl zehn oder zwölf im Wustrauer und Linumschen Luche sein mögen, wirklich den Namen »Faktorei« führen oder ob sie sich noch immer mit der alten Bezeichnung Torfhütte behelfen müssen. Jedenfalls sind es Faktoreien, und drückt dieses Wort am besten die Beschaffenheit einer solchen Luchkolonie aus.

Die Faktorei, vor der wir uns jetzt befanden, lag wie auf einer Insel, die durch drei oder vier hier zusammentreffende Kanäle gebildet wurde. Sie bestand aus einem Wohnhaus, aus sich herumgruppierenden Stall- und Wirtschaftsgebäuden und endlich aus einer Reihe von Strohhütten, die sich, etwa zwanzig an der Zahl, an dem Hauptgraben entlang zogen. Nach flüchtiger Begrüßung des Obermannes schritten wir zunächst diesen Hütten zu.

Sie bilden, nebst hundert ähnlichen Behausungen, die sich hier und überall im Luche vorfinden, die temporären Wohnplätze für jene Tausende von Arbeitern, die zur Sommerzeit die Höhendörfer der Umgegend verlassen, um auf etwa vier Monate hin ins Luch hinabzusteigen und dort beim Torfstechen ein hohes Tagelohn zu verdienen. Die Dörfer, aus denen sie kommen, liegen viel zu weit vom Luch entfernt, als daß es den Arbeitern möglich wäre, nach der Mühe und Hitze des Tages auch noch heimzuwandern, und so ist es denn Sitte geworden, zeitweilige Luchhäuser aufzubauen, eigentümliche Sommerwohnungen, in denen die Arbeiter die Torfsaison verbringen.

An diese Wohnungen, so viel deren dieser einen Kolonie zugehören, treten wir jetzt heran.

Die Hütten stehen, behufs Lüftung, auf und gestatten uns einen Einblick. Es sind große, vielleicht 30 Fuß lange Strohdächer von verhältnismäßiger Höhe. An der Giebelseite, wo die Dachluke hingehören würde, befindet sich die Eingangstür, und gegenüber, am anderen Ende der Hütte, gewahren wir ein offenstehendes Fensterchen. Zwischen Tür und Fensterchen läuft ein schmaler, tennenartiger Gang, der etwa dem gemeinschaftlichen Flur eines Hauses entspricht. An diesen Flur grenzen von jeder Seite her vier Wohnungen, d. h. vier niedrige, kaum einen Fuß hohe Hürden oder Einfriedigungen, die mit Stroh bestreut sind und als Schlaf- und Wohnplätze für die Torfarbeiter dienen. Wie viele Personen in solcher Hürde Platz finden, vermag ich nicht bestimmt zu sagen, jedenfalls aber genug, um auch bei Nachtzeit ein Offenstehen von Tür und Fenster als ein dringendes Gebot erscheinen zu lassen. Es war Mittag und wir fanden fünf, sechs Leute vor, die sich ausruhten oder ihr Mittagsmahl verzehrten. Ein Gespräch ergab das Folgende. Die Arbeit ist schwer und ungesund, aber einträglich, besonders für geübte Wochenarbeiter, die mittels ihrer Geschicklichkeit das Akkordquantum überschreiten und ihre Arbeitsüberschüsse bezahlt bekommen. Drei Arbeiter bilden immer eine Einheit, und als das täglich von ihnen zu liefernde Durchschnittsquantum gelten 13 000 Stück Torf. Leisten sie das, so haben sie einen mittleren Tagelohn verdient, der aber immer noch beträchtlich über das hinausgeht, was für Feldarbeit in den Dörfern bezahlt zu werden pflegt. Gute Arbeiter indes (immer jene drei als Einheit gerechnet) bringen es bis zu 20 000 Stück, was bei zehn Arbeitsstunden etwa zwei Sekunden für die Gewinnung eines Stückes Torf ergibt. Über diese Produzierung sei noch ein Wort gesagt. Man hat es eine Zeitlang mit Maschinen versucht, ist aber längst zur Handarbeit, als zu dem rascheren und einträglicheren zurückgekommen. Das Verfahren ist außerordentlich einfach. Drei Personen und drei verschiedene Instrumente sind nötig: ein Schneideeisen, ein Grabscheit und eine Gabel. Das Schneideeisen ist die Hauptsache. Es gleicht einem Grabscheit, das aber zwei rechtwinklig stehende Flügel hat, so daß man beim Eindrücken desselben drei Schnitte a tempo macht. Die Arbeiter stehen nun an einem langen, glatt und steil abfallenden Torfgraben, und zwar zwei in ihm, der Dritte auf ihm. Dieser Dritte drückt von oben her das Schneideeisen oder Torfmesser in den Grabenrand ein und schneidet dadurch ein fix und fertiges Torfstück heraus, das nur noch nach unten zu festhaftet. In demselben Augenblick, wo er das Eisen wieder hebt, um es dicht daneben in den Boden zu drücken, sticht einer der im Graben stehenden Leute mit dem Grabscheit das Stück Torf los und präsentiert es, wie ein vom Teller gelöstes Stück Kuchen, dem dritten. Dieser spießt es sofort mit einer großen Gabel auf und legt es beiseite, so daß sich binnen kurzem die bekannte Torfpyramide aufbaut.

Wir schritten nun zu dem eigentlichen Faktoreigebäude zurück. Dasselbe teilt sich in zwei Hälften, in ein Bureau und eine Art Bauernwirtschaft. An der Spitze des Kontors steht ein Geschäftsführer, ein Vertrauensmann der »Torflords«, der die Wochenlöhne zu zahlen und das Kaufmännische des Betriebes zu leiten hat. Er ist nur ein Sommergast hier, ebenso wie der Arbeiter, und kehrt, wenn der Herbst kommt, für die Wintermonate nach Linum oder Fehrbellin zurück. Nicht so der Obermann, der

Torfmeier, dem das Gehöft gehört. Er ist hier zu Haus, jahraus, jahrein, und nimmt seine Chancen, je nachdem sie fallen, gut oder schlecht. Der Novembersturm deckt ihm vielleicht das Dach ab, der Winter schneit ihn ein, der Frühling bringt ihm Wasser statt Blumen und macht die »Faktorei« zu einer Insel im See, aber was auch kommen mag, der Obermann trägt es in Geduld und freut sich auf den Sommer, wie sich die Kinder auf Weihnachten freuen. Dabei liebt er das Luch. Er spricht von Weizenfeldern, wie wir von Italien sprechen, und bewundert sie pflichtschuldigst als etwas Hohes und Großes, aber sein Herz hängt nur am Luch und an der weiten, grünen Ebene, auf der, wie ein Lagerplatz, den die Unterirdischen verlassen haben, der Torf in schwarzen Kegeln steht.

Der Obermann hieß uns zum zweiten Male willkommen und rief jetzt seine Frau, die uns freundlich-verlegen die Hand schüttelte. Beide zeigten jene lederfarbene Magerkeit, die mir schon früher in Sumpfgegenden, namentlich auch bei den Bewohnern des Spreewaldes, aufgefallen war. Die blanke, straffe Haut sah aus, als wäre sie über das Gesicht gespannt. Die Frau ging wieder, um in der Küche nach dem Rechten zu sehen, und ließ uns Zeit, das Zimmer zu mustern, in dem wir uns befanden. Es war, wie märkische Bauernstuben zu sein pflegen: zwei Silhouetten von Mann und Frau unter gemeinschaftlichem Glas und Rahmen, zwei preußische Prinzen daneben und ein roter Husar darunter. Die Katze, mit krummem Rücken, strich an allen vier Tischbeinen vorbei, der flachsköpfige Sohn verbarg seine Verlegenheit hinter dem Kachelofen, und die Wanduhr, auf deren großem Zifferblatt Amor und Psyche vertraulich nebeneinander lehnten, unterbrach einzig und allein die langen Pausen der Unterhaltung. Denn der Obermann war kein Sprecher.

Endlich trat die Magd ein, um den Tisch zu decken. Sie öffnete die kleinen Fenster und zugleich mit der Sonne drangen Hahnenschrei und Gegacker ins Zimmer: war doch der Hühnerhof draußen seit lange daran gewöhnt, ein dankbares Hoch auszubringen, sobald das rote Halstuch der Köchin an Tür oder Fenster sichtbar wurde. Nun kam auch der Flachskopf aus seinem Versteck hervor und stellte Stühle, während eine Flasche Wein aus unserem Reisesack die Vorbereitungen vollendete. Das Mahl selbst war ganz im Charakter des Luchs: erst Perlhuhneier, dann wilde Enten und schließlich ein Kuchen aus Heidemehl, dessen Buchweizen auf einer Sandstelle des Luches gewachsen war. Wir ließen den Obermann leben und wünschten ihm guten Torf und gute Kinder. Aber kein Glück ist vollkommen: als wir um ein Glas Wasser baten, brachte man uns ein Glas Milch; das Luch steckt zu tief im Wasser, um Trinkwasser haben zu können.

Bald nach Tisch nahmen wir Abschied und stiegen in ein bereitliegendes Boot, um nunmehr unsere Wasserreise durch das Herz des Luches hin anzutreten. Der Himmel, der bis dahin zwischen schwarz und blau gekämpft hatte, wie einer der schwankt, ob er lachen oder weinen soll, hatte sich mittlerweile völlig umdunkelt und versprach unserer Wasserfahrt einen allgemeineren und strikteren Charakter zu geben, als uns lieb sein konnte. Dennoch verbot sich ein Abwarten, und unter Hut- und Mützenschwenken ging es hinaus. Es war eine Vorspannreise, kein Ruderschlag fiel ins Wasser, keine Bootsmannskunst wurde geübt, Ruderer und Steuermann waren durch einen graukitteligen, hochstiefeligen Torfarbeiter vertreten, der ein Riemenzeug um den Leib trug und mittelst eines am Mast befestigten Strickes uns rasch und sicher die Wasserstraße hinaufzog. Gemeinhin war er links vor uns und trabte den grasbewachsenen, niedrigen Damm entlang, immer aber, wenn wir in einen nach rechts hin abzweigenden Graben einbiegen mußten, ließ er das Boot links auflaufen, sprang hinein, setzte sich als sein eigener Fährmann über und trat dann am anderen Ufer die Weiterreise an. Eine andere Unterbrechung machten die Brücken. Dieselben sind sehr zahlreich im Luch, wie sich's bei einundsiebzig Meilen Kanalverbindung annehmen läßt, und dabei von einfachster aber zweckentsprechendster Konstruktion. Ein dicker mächtiger Baumstamm unterhält die Verbindung zwischen den Ufern und würde wirklich, ohne weitere Zutat, die ganze Überbrückung ausmachen, wenn nicht die vielen mit Mast und Segel herankommenden Torfkähne es nötig machten, den im Wege liegenden Brükkenbalken unter Umständen auch ohne sonderliche Mühe beseitigen zu können. Zu diesem Behufe ruhen die Balken auf einer Art Drehscheibe, und die Kraft zweier Hände reicht völlig aus, den Brückenbaum nach rechts oder links hin aus dem Wege zu schaffen.

Die zahllosen Wasserarme, die das Grün durchschneiden, geben der Landschaft viel von dem Charakter des Spreewalds und erinnern uns mehr denn einmal an das Kanalnetz, das die fruchtbaren Landstriche zwischen Lehde und Leipe durchzieht. Aber bei aller Ähnlichkeit unterscheiden sich beide Sumpfgegenden doch auch wieder. Der Spreewald ist bunter, reicher, schöner. In seiner Grundanlage dem Luch allerdings nahe verwandt, hat das Leben doch überall Besitz von ihm genommen und heitere Bilder in seinen einfach grünen Teppich eingewoben. Dörfer tauchen auf, allerlei Blumen ranken sich um Haus und Hütte, hundert Kähne gleiten den Fluß entlang, und weidende Herden und singende Menschen unterbrechen die Stille, die auf der Landschaft liegt. Nicht so im Luch. Der einfach grüne Grund des Teppichs ist noch ganz er selbst geblieben, das Leben geht nur zu Gast hier, und der Mensch, ein paar Torfhütten und ihre Bewohner abgerechnet, stieg in eben diesen Moorgrund nur hinab, um ihn auszunutzen, nicht um auf ihm zu leben. Einsamkeit ist der Charakter des Luchs. Nur vom Horizont her, fast wie Wolkengebilde, blicken die Höhendörfer in die grüne Öde hinein; Gräben, Gras und Torf dehnen sich endlos, und nichts Lebendes wird hörbar, als die Pelotons der von rechts und links her ins Wasser springenden Frösche oder das Kreischen der wilden Gänse, die über das Luch hinziehen. Von Zeit zu Zeit sperrt ein Torfkahn den Weg und weicht endlich mürrisch zur Seite. Kein Schiffer wird dabei sichtbar, eine rätselhafte Hand lenkt das Steuer, und wir fahren mit stillem Grauen an dem häßlichen alten Schuppentier vorüber, als wäre es ein Ichthyosaurus, ein alter Beherrscher dieses Luchs, der sich noch besönne, ob er der neuen Zeit und dem Menschen das Feld räumen solle oder nicht.

So hatten wir etwa die Mitte dieser Torfterritorien erreicht, und die nach Süden zu gelegenen Kirchtürme waren uns aus dem Gesicht entschwunden, während die nördlichen noch auf sich warten ließen. Da brach das Gewitter los, das seit drei Stunden um das Luch herum seine Kreise gezogen und geschwankt hatte, ob es auf der Höhe bleiben oder in die Niederungen hinabsteigen sollte. Diese Luchgewitter erfreuen sich eines allerbesten Rufs; wenn sie kommen, kommen sie gut, und ein solches Wetter entlud sich jetzt über uns. Kein Haus, kein Baum in Näh' oder Ferne; so war es denn das Beste, die Reise fortzusetzen, als läge Sonnenschein rings um uns her. Der Regen fiel in Strömen, unser eingeschirrter Torfarbeiter tat sein Bestes und trabte gegen Wind und Wetter an. Der Boden ward immer glitschiger und mehr denn einmal sank er in die Knie; aber rasch war er wieder auf und unverdrossen ging es weiter. Wir saßen derweilen schweigsam da, bemaßen das Wasser im Boot, das von Minute zu Minute stieg, und blickten nicht ohne Neid auf den vor uns hertrabenden Graukittel, der, in der Lust des Kampfes, Gefahr und Not einigermaßen vergessen konnte, während wir in der Lage von

Reservetruppen waren, die Gewehr bei Fuß stehen müssen, während die Kugeln von allen Seiten her einschlagen.

Jeder hat solche Situationen durchgemacht und kennt die fast gemütliche Resignation, die schließlich über einen kommt. Mit dem Momente, wo man die letzte trockene Stelle naß werden fühlt, fühlt man auch, daß der Himmel seinen letzten Pfeil verschossen hat und daß es nur besser werden kann, nicht schlimmer. Lächelnd saßen wir jetzt da, nichts vor uns als den grau-grünen, mit Regen und Horizont in eins verschwimmenden Luchstreifen, und sahen auf den Tropfentanz um uns her, als ständen wir am Fenster und freuten uns der Wasserblasen auf einem Teich oder Tümpel.

Endlich aber hielten wir. Wir hatten den ersehnten Nordrand erreicht, und die Sonne, die, sich durchkämpfend, eben ihren Friedensbogen über das Luch warf, vergoldete den Turm des Dorfes Langen vor uns und zeigte uns den Weg. In wenigen Minuten hatten wir das Wirtshaus erreicht, bestellten, in fast beschwörendem Ton, »einen allerbesten Kaffee« und baten um die Erlaubnis, am Feuer Platz nehmen und unsere Garderobe stückweise trocknen zu dürfen. Und wirklich traten wir gleich danach in die große Küche mit dem Herd und dem Hängekessel ein. Der Rauchfang war mit allerlei kupfernem Geschirr, die roten Wände mit Fliegen bedeckt, und die jetzt brennend über dem Hause stehende Sonne drückte von Zeit zu Zeit den Rauch in die Küche hinab. Eine braune, weitbäuchige Kanne paradierte bereits auf dem Herd, und eine behäbige Alte, die (eine große Kaffeemühle zwischen den Knien) bis dahin mit wunderbarem Ernste die Kurbel gedreht hatte, stand jetzt von ihrem Schemel auf, um das braune Pulver in den Trichter zu schütten. Ebenso war die Magd mit dem Hängekessel zur Hand, und im nächsten Augenblick zischte das Wasser und trieb die Schaumblasen hoch über den Rand. Wir aber standen umher und sogen begierig den aromatischen Duft ein. Alles Frösteln war vorüber, und die Tasse mitsamt dem Herdfeuer vor uns, auf einem alten Binsenstuhl uns wiegend, plauderten wir vom Luch, als wären wir über den Kansasriver oder eine Prairie »far in the West« gefahren.

WALCHOW

Ha, ich kenne Dich noch, als hätt' ich Dich
gestern verlassen,
Kenne das hangende Pfarrhaus noch, das
Gärtchen, die Laube
Schräg mit Latten benagelt.

Schmidt van Werneuchen

Man sieht sich leicht an Wald und Feldern satt,
Wie anders tragen uns die Geistesfreuden
Von Buch zu Buch, von Blatt zu Blatt.

Faust

Von Langen, das wir nach einer Fahrt durchs Wustrausche Luch am Schluß unseres vorigen Kapitels glücklich erreichten, ist nur noch eine Viertelmeile bis Walchow.

Walchow ist Mittelpunkt des Rhinluches. In den Zeiten, die der Reformation vorausgingen und ihr unmittelbar folgten, war es ein adliges Gut, das den Wuthenows und Zietens gehörte. So bis 1638, wo die Kaiserlichen unter Gallas dieses Dorf, wie so viele andere des Ruppinschen Landes, in einen Aschenhaufen verwandelten. Nach dem Kriege verkauften die genannten beiden Familien ihre Anteile, die nun zunächst 1680 mit holländischen, 1699 mit pfälzischen Kolonisten besetzt wurden. Ein Jahrhundert später begann das Prosperieren. Jetzt ist Walchow reich oder doch wohlhabend.

Einen Beweis für ländliche Wohlhabenheit bietet der Kirchhof, und zwar in der Regel mehr als die Erscheinung der Dörfer selbst. Die neue Scheune kann gebaut worden sein, weil es nötig war, oder die alte niederbrannte, das Kirchhofsdenkmal aber ist recht eigentlich ein Gegenstand des Luxus. Die Menschen müssen sehr pietätvoll, sehr eitel, oder aber sehr wohlhabend sein, wenn sie mit dem geliebten Toten einen Teil ihres Besitzes teilen sollen. In Walchow hat der Dorfschulze seinem fünfzehnjährigen Sohne ein Monument errichtet, wie's dem Begräbnisplatz eines adligen Hauses zur Zierde gereichen würde. In Front einer Tempelfassade (der Giebel von dorischen Säulen getragen) steht auf hohem Postament ein Engel des Friedens; Zypressen und Blumenbeete ringsum. An der Wand des Tempels aber erblicken wir eine Bronzetafel mit folgender Inschrift:

»Hier ruhet in Gott
Erdmann Friedrich Hölsche,
Das letzte Kind seiner tiefgebeugten Eltern.
Die Sorge für Dich war die frohe Arbeit unserer Tage. Die Freude an Dir unser gemeinsames Glück, und unsere Hoffnung sah in Dir des nahenden Alters Stütze. Du liebes Kind, nun gründen wir Deiner Asche diese Wohnung. Mögest Du sanft darinnen ruhn, mögen auch wir Trost empfangen an dieser Stätte
und den Frieden auf Erden.«

Die eigentliche Sehenswürdigkeit Walchows ist aber doch seine Pfarre. Hier wohnt Superintendent Kirchner, ein Sechziger, rüstig im Leben, im Amt und in der Wissenschaft. Fest und freundlich, gekleidet in den langen Rock des lutherischen Geistlichen, das angegraute Haar gescheitelt und in zwei Wellen über die Schläfe fallend, erinnerte mich sein Auftreten an das jener dänischen Pfarrherren, deren mir, während des vierundsechziger Krieges, so viele, von der Koldinger Bucht an bis hinauf an den Limfjord, bekannt geworden waren. »Wie Grundvig« war der erste Eindruck, den ich empfing, und dieser Eindruck blieb auch. In der Tat, eine frappante Ähnlichkeit zwischen dem nordischen und dem märkischen Manne: Strenggläubigkeit, nationale Begeisterung, Einkehr bei der Urzeit des eigenen Volkes, Hang das Dunkel zu lichten, Vorliebe für Hypothesen und zuletzt Identifizierung damit. Grundvig dabei mehr die Sagenüberbleibsel einfangend, die wie Sommerfäden von Heide zu Heide ziehen, Kirchner die Heide selbst durchforschend, bis sie Gräber und Urnen und in beiden ihre Geheimnisse herausgibt; der eine Dichter, der andere Archäolog; jener im Studium alter Lieder aus der geistigen Welt eine sachliche, dieser im Studium alter Waffen, Münzen usw. aus der sachlichen Welt eine geistige konstruierend. Und wirklich, Superintendent Kirchner ist nicht bloß ein Sammler nach Art so vieler seiner Amtsbrüder, die nur im Vorhofe der Wissenschaft, speziell der Altertumskunde wohnen; er gelangt vielmehr zu Schlüssen aus dem Gesammelten, und hier liegt der Unterschied zwischen Wissenschaftlichkeit und Liebhaberei. Die Mappen, die Schubfächer, die Glaskästen sind ihm nicht Zweck, sondern nur Mittel zum Zweck, und der historische Sinn (samt jenem Bedürfnis zu Resultaten zu kommen) erwies sich siegreich in ihm über die bloße Kuriositätenkrämerei. Denn auch die schönste bronzene Streitaxt, die zierlichste Feuersteinlanzenspitze, sie haben nur Anekdotenwert, wenn sie nicht den

Wunsch anregen, den Charakter und das Wesen einer Epoche daraus kennenzulernen. Ob richtig, ist zunächst gleichgiltig. Der Weg zur Wahrheit ist mit Irrtümern gepflastert.

Ein Studierzimmer von mäßiger Ausdehnung, in das wir jetzt eingetreten, ist, wie Bibliothek, so auch Naturalienkabinett und Museum für nordische Altertümer. Es wurde mir vergönnt, in den Schätzen dieser nicht zahlreichen aber sehr ausgezeichneten Kollektion eine Stunde lang schwelgen zu können, wobei sich mir der alte Satz bewahrheitete, daß Anfänger und Laien in kleinen Sammlungen am meisten zu lernen imstande sind. Museumsmassenschätze staunt man an und geht mit dem trostlosen Gefühl daran vorüber, »dieser 10 000 Dinge doch niemals Herr werden zu können«; wo hingegen nur hundert Dinge zu uns sprechen, lächelt uns von Anfang an die Möglichkeit eines Sieges. Und dieser Sieg wird uns sicher, wenn ein Kundiger abermals auszuscheiden und den verbleibenden Rest durch begleitende kleine Vorträge mehr und mehr zu veranschaulichen versteht. Es heißt dann immer aufs neue: »Du wirst dabei in einer Stunde mehr gewinnen, als in des Jahres Einerlei«. Und still dankbar klangen in meinem Herzen diese Worte nach.

Unter den Schätzen, die mir gezeigt wurden, waren folgende: 1. ein Tierkopf von Bronze (wahrscheinlich Ornament an dem Wagen eines Opferpriesters); 2. ein Sandalensporn von Bronze, gefunden bei Frankfurt a. O.; 3. ein goldener Fingerring, blank, gefunden in der Priegnitz; 4. ein goldener Halsring, blank, fünf Zoll im Lichten, gefunden bei Walchow auf einer Torfwiese des vorgenannten Schulzen Hölsche (seltenes Exemplar; Goldwert 42 Taler; leider bald nach dem Funde von einem »Untersucher« zerbrochen); 5. ein römischer Dukaten aus dem fünften Jahrhundert mit dem Bilde des Kaisers Zeno; im Sande der Uckermark gefunden; 6. eine Spindel von Bein; sie lag neben einem sieben Fuß langen Gerippe zwischen drei Eichenbohlen. (Spinnwirtel findet man oft, Spindeln selbst aber sehr selten.) Neben diesen Prachtstücken interessierte mich noch eine nicht geringe Zahl von Armringen, Broschen, Kelten, Paalstäben usw., die zwar in sich selbst keinen außergewöhnlichen Wert darstellten, diesen Mangel aber durch das Interesse, das der Fundort einflößte, mehr als ausglichen. Alle diese Gegenstände nämlich, einige vierzig, waren bei Templin in einem ausgetrockneten Wasserloche, elf Fuß tief, und zwar unter fünf horizontal liegenden Eichen, gefunden worden. Einerseits die verhältnismäßig große Zahl, andererseits der Umstand, daß sie bunt durcheinander gewürfelt an einer und derselben Stelle lagen, gibt ein Rätsel auf. Von einem Begräbnisplatze kann keine Rede sein. Superintendent Kirchner nimmt an, es sei hier ein römischer Händler mit seinem Karren voll Bronzeschmuck verunglückt.

Diese Hypothese führt mich auf die schriftstellerische Tätigkeit Kirchners. Sie geht in erster Reihe nach der märkisch-historischen Seite hin, und hat in der Familiengeschichte der Arnims, sowie namentlich auch in dem großen vierbändigen Werke: »Die Kurfürstinnen und Königinnen von Brandenburg und Preußen« allgemein Anerkanntes geleistet. Was an dieser Stelle jedoch, und zwar weit über jene historischen Arbeiten hinaus, Erwähnung verdient – Erwähnung deshalb, weil es vielleicht bestimmt ist, dermaleinst epochemachend aufzutreten –, das ist Kirchners vor etwa zwanzig Jahren erschienenes Buch: »Thors Donnerkeil und die steinernen Opfergeräthe des nordgermanischen Heidenthums.« Der Titel fügt hinzu: »zur Rechtfertigung der Volksüberlieferung gegen neuere Ansichten.«

Kirchner geht in diesem seinem Buche davon aus, daß die berühmte, zuerst von Nilsson in Stockholm aufgestellte, demnächst aber nicht bloß in Skandinavien, sondern in der gesamten wissenschaftlichen Welt akzeptierte Drei-Zeitalter-Einteilung (Stein-, Bronze- und Eisenepoche) das mindeste zu sagen sehr anfechtbar sei. Worin er mit Ledebur übereinstimmt, der ebenfalls ausgesprochen hat, »daß das häufige Vorkommen von Steingerätschaften in gleichzeitig auch mit bronzenen und eisernen Gerätschaften ausgestatteten Gräbern unverkennbar auf die Mißlichkeit dieser Drei-Zeitalter-Einteilung hindeute.« Kirchner sucht in weiterem nachzuweisen, daß der Gebrauch der Steinwerkzeuge, nachdem diese durch Bronze und Eisen längst abgelöst gewesen seien, im germanischen Kultus noch lange fortbestanden habe, »etwa wie jetzt der Akt der Beschneidung seitens der Juden immer noch mit einem Steinmesser vollzogen werde«. Dieser Vergleich ist geistvoll und dient seinem Zwecke vorzüglich. Wieweit er zugleich das Richtige trifft, entzieht sich meinem Urteile, denn es würde gewagt sein, in dieser überaus schwierigen Frage vom Laienstandpunkt aus Partei nehmen zu wollen. Nur ein unbestimmtes Gefühl, das ich schon vor Jahren bei meinem ersten Besuche des nordischen Museums in Kopenhagen hatte, mag auch heute wieder seinen Ausdruck finden. Es richtete sich ebenfalls gegen das vorerwähnte Dreiteilungsprinzip. Ich sagte mir: alle diese kostbaren und kunstgerechten Bronzegegenstände können doch unmöglich als die Hervorbringungen eines barbarischen, in Künsten unerfahrenen Volkes angesehen werden, müssen vielmehr von den Küsten des Mittelmeeres oder von Gallien oder aber von den angrenzenden römischen Kolonien her in die germanischen Länder importiert worden sein. Ist dem aber so, sind es wirklich Importartikel, stehen sie mithin zu dem Kulturleben des sich ihrer bedienenden Volkes in keiner andern als einer rein äußerlichen und zufälligen Beziehung, so können sie kein eigentliches Einteilungsmotiv bilden und lassen es unstatthaft erscheinen, auf sie hin von einem Bronzezeitalter zu sprechen, dem ein Steinzeitalter vorausging und ein Eisenzeitalter folgte. Solche Rubrizierungen haben nur dann einen Sinn, wenn die Dinge, nach denen die Wissenschaft ihren Scheidungsprozeß veranstaltet, auf dem betreffenden Boden auch wirklich gewachsen und Ausdruck eines bestimmten höheren oder niederen Kulturgrades sind.

Und so wie damals, stehe ich auch heute noch zu dieser Frage, weil ich nach wie vor (wie auch Kirchner) alle diese kunstvolleren Gold- und Bronzegegenstände als Importartikel ansehe.* Hat aber umgekehrt die skandinavische Forschung recht, die diese Bronzen als reguläre Schöpfungen der damaligen germanischen Kultur anzusehen scheint, so würde sich danach das Dreiteilungsprinzip als allerdings in größerem oder geringerem Maße gerechtfertigt herausstellen, aber doch zugleich auch bewiesen sein, daß wir uns das Sueven- und Semnonentum des dritten bis fünften Jahrhunderts abweichend von den Schilderungen des Tacitus und unseren darauf erwachsenen Anschauungen vorzustellen hätten. Die Germanen würden danach allermindestens ein Halbkulturvolk und in ihrer späteren Epoche mit einem künstlerischen Können ausgerüstet gewesen sein, das auch heute noch von Durchschnittsleistungen unseres deutschen Kunsthandwerkes nicht überflügelt wird.

---

* Kirchner hebt auf Seite 30 seines obengenannten Buches hervor, daß ein Teil dieser Bronzen sehr wahrscheinlich von Künstlern und Handwerksmeistern herrühre, die, ursprünglich griechisch oder römisch, sich in Deutschland niedergelassen hatten. Dies hat viel für sich. Dergleichen geschah zu allen Zeiten, in alten und neuen. Anfang des vorigen Jahrhunderts kam Antoine Pesne von Paris nach Potsdam und begann die Schlösser mit ausgezeichneten Bildern zu füllen. Nichtsdestoweniger würde es grundfalsch sein, den Kunst- und Kulturgrad des damaligen Preußens nach Pesne bemessen zu wollen. Alles was er schuf, war, trotz der leiblichen Anwesenheit des Meisters in unserem Lande, doch immer nur eine importierte Kunst. Unserer wirklichen Kunststufe entsprach damals Leygebe, der Riesengrenadiere und Jagdhunde malte.

Das letzte Schubfach war zugeschoben, die Brakteaten und römischen Münzen hatten wieder Ruh und das Familienzimmer nahm uns auf zu Mahl und Geplauder. Über nah und fern ging es hin, in immer munter werdender Rede, denn ich befand mich in einem »gereisten Hause«, darin nun die gemeinschaftlichen Erinnerungen an Skandinavien und Schottland, an die Belte, den Sund und den kaledonischen Kanal frisch aufblühten. Das Boot glitt weiter über den Loch Lomond hin, Abbotsford und Melrose-Abbey stiegen wieder vor uns auf und im Gleichtakt zitierten wir aus Scotts herrlicher Dichtung: »If thou wouldst view fair Melrose aright etc.«

Meine von Jugend auf gehegte Vorliebe für diese stillen, gaisblattumrankten Pfarrhäuser, deren Giebel auf den Kirchhof sieht, – ich fühlte sie wieder lebendig werden und empfand deutlicher als je zuvor die geistige Bedeutung dieser Stätten. In der Tat, das Pfarrhaus ist nach dieser Seite hin dem Herrenhause weit überlegen, dessen Ansehen hinschwindet, seitdem der alten Familien immer weniger und der zu »Gutsbesitzern« emporsteigenden ländlichen und städtischen Parvenus immer mehr werden. Und noch ein anderes kommt hinzu. Der Adel, soweit er ums Dasein ringt, vermag kein Beispiel mehr zu geben oder wenigstens kein gutes, soweit er aber im Vollbesitz seines alten Könnens verblieben ist, entzieht er sich zu sehr erheblichem Teile der Dorfschaft und tritt aus dem engeren Zirkel in den weiter gezogenen des staatlichen Lebens ein.

Das Pfarrhaus aber bleibt daheim, wartet seines Gartens und okuliert den Kulturzweig auf den immer noch wilden Stamm.

Daß ich hier ein Ideal schildere, weiß ich. Aber es verwirklicht sich jezuweilen und an vielen hundert Stellen wird ihm wenigstens nachgestrebt.

PROTZEN

Im Westen schwimmt ein falber Strich,
Der Abendstern entzündet sich,
Schwer haucht der Dunst vom nahen Moore;
Schlaftrunkne Schwäne streifen sacht
An Wasserbinsen und am Rohre.

*

„So hab' ich dieses Schloß erbaut,
Ihm mein Erworb'nes anvertraut,
Zu der Geschlechter Nutz und Walten;
Ein neuer Stamm sprießt aus dem alten,
Gott segne ihn, Gott mach' ihn groß."

Annette Droste-Hülshoff

Westlich, in unmittelbarer Nähe von Walchow, liegt Protzen, ein wohlhabendes Luch- und Torfdorf wie jenes. Es war immer, soweit die Nachrichten reichen, ein adliges Gut. Im vierzehnten und fünfzehnten und auch noch zu Beginn des sechzehnten Jahrhunderts saß hier eine Familie, die sich einfach nach ihrem Wohnorte nannte, also eine Familie von Protzen. Eine der drei Kirchenglocken (die größte) geht bis in jene Zeit zurück. Sie rührt noch aus der Zeit Albrecht Achills her, und trägt die Inschrift: Jhesu Criste rex gloriae veni cum pace samt der Jahreszahl 1476. Hat also schon zur katholischen Zeit die Gemeinde zur Kirche gerufen.

Den Protzens folgten um etwa 1522 die Gadows, die das Dorf hundertdreißig Jahre lang, von den ersten Tagen der Reformation an bis zum Schluß des Dreißigjährigen Krieges, in ihrem Besitz hatten. Auch aus diesem Abschnitt existieren keine Überlieferungen. Aber wie von den Protzens her die älteste Glocke, so datiert von den Gadows her der älteste Abendmahlskelch der Kirche. Er ist vergoldet, von schöner Form, und zeigt, außer den drei Fischen des Gadowschen Wappens, die Jahreszahl 1584. In der Mitte, um den Handgriff herum, stehen einzeln die Buchstaben J-E-S-U-S.

Die Familie Quast in Protzen (1652–1752)

Um 1652 waren die Gadows, wahrscheinlich infolge des Kriegselendes, derart verschuldet, daß sie Protzen nicht mehr halten konnten. Sie verkauften es um die genannte Zeit an ihren Gutsnachbar Otto von Quast, der nach diesem Kaufe sein väterliches Gut Garz aufgab und nach Protzen hinüberzog.

Der Grund zu diesem Gutsankaufe seitens der Quaste lag in einem starken Familiengefühl. Albrecht Christoph von Quast, von dem das folgende Kapitel ausführlicher handeln wird, hatte, wie so viele von denen, die »lieber Hammer als Ambos« sein wollten, im Laufe des Dreißigjährigen Krieges ein Vermögen erworben und gedachte dasselbe zu Güterkäufen in Mähren zu verwenden. Seine von alter Zeit her im Ruppinschen ansässige Familie wünschte jedoch den einflußreichen Mann, der um 1652 der berühmteste Träger ihres Namens war, im Lande zu behalten, und so wurde Garz, das älteste Quastsche Familiengut, seitens seines Vetters Otto an den Generalfeldwachtmeister und Eroberer der Insel Fünen Albrecht Christoph von Quast abgetreten. Otto von Quast aber kaufte nunmehr, wie schon hervorgehoben, an Stelle des alten Familiengutes das nahegelegene Protzen und freute sich der Sonne, die von Garz aus herüberschien.

Die Quaste verblieben von jener Zeit an durch vier Generationen im Besitze von Protzen.

1682 mußte der alte Turm abgetragen und ein neuer errichtet werden. Der damalige Besitzer von Protzen war Alexander Ludolf, ältester Sohn des vorerwähnten Otto von Quast. Er unterzog sich der Renovierung und ließ gleichzeitig ein Schriftstück anfertigen, das in dem Turmknopf aufbewahrt wurde. Dieser Turmknopf saß hundertelf Jahre lang unter Wind und Wetter fest, und was die Welt bis zu jenem Zeitpunkt über Protzen und die hundertjährige Herrschaft der Protzener Quaste wußte, war gleich Null. Da kam 1793 ein Sturm, warf den Turmknopf in die Dorfstraße hinunter und brachte dadurch das urkundliche Schriftstück von 1682 ans Licht. Es umfaßte nur vier Seiten, gab aber über die früheren Besitzverhältnisse des Dorfes genügendes Material an die Hand. Auch anderweite Notizen waren mit eingeflochten. So hieß es beispielsweise über den Turmbau: »Weil die Mauer an einer Ecke bis auf die Turmtür von Grund aus zerfallen war, ließen wir Michael Dietzel aus Schleiz im Vogtlande kommen; den Turmbau selbst aber übertrugen wir einem berühmten Zimmermann und Turmbauer, dem Meister Hans Kraatzen aus Seegefeld bei Spandau, einem Untertanen des Herrn von Ribbeck.« Dann an anderer Stelle: »Als die oberste Fahnschwelle aufgebracht werden sollte, wurde der sechzig Jahre alte Kirchenvorsteher Balzer Schleuß, ein frommer, ehrlicher Mann, aus einer ›unglücklichen Unvorsichtigkeit‹ erschlagen, welcher indes, »da er ein Unglück bei diesem Turmrichten befürchtet und sich den Tag zuvor mit Gott versöhnet und das hochwürdige Abendmahl andächtig genossen hatte, ohne Zweifel wohlselig gestorben ist.«

Alexander Ludolf, der auch Güter an der Ostseite des Ruppinschen Sees in seinen Besitz brachte, ist der Gründer der noch blühenden Radenslebener Linie. Sein schönes Porträt, gute niederländische Schule, befindet sich im Herrenhause zu Radensleben. Er war zweimal verheiratet, erst mit einer von Katte, dann mit einer von Grävenitz, und hatte zehn Kinder aus diesen beiden Ehen. Er scheint damals durch Besitz, Charakter und Familienverbindungen eine der angesehensten Persönlichkeiten der Grafschaft und der Kurmark überhaupt gewesen zu sein. Das Ansehen, das der Generalfeldwachtmeister Albrecht Christoph von Quast unmittelbar vor ihm genoß, ging wenigstens partiell auf ihn über.

Die Familie Kleist in Protzen (1752–1826)

Im Jahre 1752 ging Protzen (das damals einem erst wenige Jahre zuvor in den Besitz des Guts gekommenen Albrecht Friedrich von Quast gehörig war) in die Hände des Generalleutnants von Kleist über. Die Kleiste besaßen es dann vierundsiebzig Jahre, wovon ein erheblicher Teil, mindestens einundzwanzig, auf zwei Witwenherrschaften fällt. Lassen wir diese Übergangszeiten außer Betracht, oder richtiger legen wir das jedesmalige Witweninterregnum dem voraufgegangenen eigentlichen Herrscher zu, so folgen sich nachstehende drei Kleiste im Besitze von Protzen:

Generalleutnant Franz Ulrich von Kleist, einschließlich Witwenherrschaft von 1752–1770; Fähnrich Gustav von Kleist, einschließlich Witwenherrschaft von 1770–1803; Louis von Kleist, später Generalleutnant, von 1803–1826.

Protzen von 1752—1770

Generalleutnant von Kleist, so scheint es, begann damit, Park und Herrenhaus standesgemäß herzurichten. Letzteres zeigt über der Eingangstür noch das Doppelwappen der Kleist und Lepel, welcher letztern Familie die Gemahlin des Generalleutnants angehörte. Die Anwesenheit des Generals auf seinem Gute war aber immer nur eine kurze; der Dienst hielt ihn fern. Welche Truppen er kommandierte, ist aus den Aufzeichnungen, die ich benutzen konnte, nicht ersichtlich. 1756 rückte er mit in Sachsen und Böhmen ein und erlag am 13. Januar 1757 seinen in der Schlacht bei Lobositz erhaltenen Wunden. Das Protzener Kirchenbuch schreibt Logoschütz. Aber selbstverständlich kann nur Lobositz gemeint sein.

Nun begann die Herrschaft der verwitweten Frau Generalin. In die Zeit ihrer Regentschaft, also bevor der minorenne Sohn eintrat, fällt das große Ereignis Protzens während des vorigen Jahrhunderts: der Tod eines preußischen Prinzen im dortigen Herrenhause.

Über diesen Tod berichtet der alte Pastor Schinkel im Protzener Kirchenbuche wie folgt: »Den 16. Mai 1767 traf S.K.H. Prinz Friedrich Heinrich Karl von Preußen auf dem Marsche von Kyritz nach Berlin mit seinem Regimente hier ein. Er nahm bei unserer Frau Generallieutenant von Kleist Quartier, in der Hoffnung, nach hier zugebrachter Nacht am anderen Morgen weiter zu rücken. Es zeigten sich jedoch die Pocken, so daß S.K.H. sich genötigt sahen hier zu bleiben. Geschickte Doctorens* wandten alle Mittel an, diesen theuren und liebenswürdigen Prinzen zu retten, Gott verhängte es aber anders, so daß, nachdem die weißen Frieseln dazu schlugen, dieser allerliebste Prinz den 26. Mai, 8 Uhr abends seinen Geist aufgeben mußte. Ein trauriges Andenken, so die späten Zeiten nicht vergessen werden. Den 28. Mai 11 Uhr abends wurde die hohe Leiche durch Offiziere unter Leuchtung vieler Lichter in das hiesige Gewölbe gesetzet und am 7. Juni, als am ersten Pfingsttage, von hier aus nach Berlin gebracht. Dieser hochselige Prinz war am 30. November 1747 geboren, also kaum neunzehn Jahre fünf Monate alt geworden.«

Ich lasse dieser schlichten Kirchenbuchaufzeichnung noch einige Notizen folgen.

Prinz Heinrich, damals gemeinhin – zum Unterschiede von seinem berühmten Oheim in Rheinsberg – der junge Prinz Heinrich genannt, war der Sohn des 1758 zu Oranienburg verstorbenen Prinzen August Wilhelm von Preußen. Er war also Neffe Friedrichs des Großen, wie zugleich jüngerer Bruder des späteren Königs Friedrich Wilhelms II. Friedrich der Große bezeigte ihm von dem Augenblick an, wo die Kriegsaffären hinter ihm

* Die »Doctors«, die hier tätig waren, waren drei an der Zahl: zunächst Dr. Feldmann aus Ruppin, dann Cothenius, der Leibarzt des Königs, schließlich Geh. Rat Dr. Mutzel aus Berlin.

lagen, ein ganz besonderes Wohlwollen. Dies war ebenso sehr in den allgemeinen Verhältnissen, wie in den Eigenschaften des jungen Prinzen begründet. Dieser erschien von ungewöhnlicher Beanlagung, war klug, voll noblen Denkens und hohen Strebens, dabei gütig und von reinem Wandel; was indessen den König in all seinen Beziehungen zu diesem Prinzen eine ganz ungewöhnliche Herzlichkeit zeigen ließ, war wohl der Umstand, daß er sich dem verstorbenen Vater des Prinzen gegenüber, dem er viel Herzeleid gemacht hatte, bis zu einem gewissen Grade verschuldet fühlte, eine Schuld, die er abtragen wollte, und an den älteren Bruder (den spätern König Friedrich Wilhelm II.), der ihm aus verschiedenen Gründen nicht recht zusagte, nicht abtragen konnte.

Prinz Heinrich hatte 1762 den lebhaften Wunsch geäußert, dem Könige bei Wiederbeginn der Kriegsoperationen sich anschließen zu dürfen. Friedrich lehnte jedoch ab, da der junge Prinz erst vierzehn Jahre alt war. Erst nach erfolgtem Friedensschluß wurde er von Magdeburg, wo er garnisonierte, nach Potsdam gezogen und trat als Hauptmann in das Bataillon Garde. Er gehörte nunmehr einige Jahre lang zu den regelmäßigen Mittagsgästen des Königs und begleitete diesen auf seinen Inspektionsreisen durch die Provinzen. 1767 im April übersiedelte der Prinz nach Kyritz, um nunmehr die Führung des hier stehenden Kürassierregiments oder auch nur eines Teils desselben zu übernehmen. Dies Kürassierregiment waren die berühmten »gelben Reiter«, deren Chef der Prinz bereits seit 1758 war.

Der Übernahme des Kommandos folgte, wenige Wochen später, jene Katastrophe, die ich, nach den Aufzeichnungen des Protzener Kirchenbuches, vorstehend mitgeteilt habe.

Rittmeister von Wödtke brachte die Trauerkunde dem Könige. Dieser war in seltenem Grade bewegt. Einer der höheren Offiziere sprach dem Könige Trost zu und bat ihn, sich zu beruhigen. »Er hat Recht«, antwortete Friedrich, »aber Er fühlt nicht den Schmerz, der mir durch diesen Verlust verursacht wird.« – »Ja, Ew. Majestät, ich fühle ihn; er war einer der hoffnungsvollsten Prinzen.« Der König schüttelte den Kopf und sagte »Er hat den Schmerz auf der Zunge, ich habe ihn hier.« Und dabei legte er die Hand aufs Herz. Eine ähnlich tiefe Teilnahme verraten seine Briefe. An seinen Bruder Heinrich in Rheinsberg schrieb er: »Ich liebte dieses Kind wie mein eigenes« und an Tauenzien meldete er in der Nachschrift zu einer dienstlichen Ordre »Mein lieber Hendrich ist todt.«

Kehren wir, nach diesem biographischen Exkurs, nach Protzen

zurück. Die Geschwister des Prinzen übersandten der verwitweten Generalin von Kleist wertvolle Zeichen der Dankbarkeit und das Ereignis selbst wurde seitens dieser letztern durch zwei bildliche Darstellungen im Sterbezimmer lokalisiert. Ein Loyalitätsakt, der mir, nach der Huldigungsseite hin, etwas zu weit zu gehen und die Schönheitslinie zu überschreiten scheint. Ob die Gemälde noch existieren, hab ich nicht erfahren können; aber das Giebelzimmer, in dem der junge Prinz verstarb, heißt noch immer das »Prinzenzimmer«.

Protzen von 1770—1803

Um 1770 ging Protzen (aus der Hand der verwitweten Generalin) an ihren Sohn Gustav von Kleist über. Da das Gut seit 1757 bereits auf einen neuen Herrn harrte, dessen Majorennität eben nur abzuwarten war, so hatte dieser letztere nicht Zeit, es auf der militärischen Rangleiter zu einer seinem Namen angemessenen Stufe zu bringen. Er schied als Fähnrich aus dem Regiment Prinz Ferdinand (in Ruppin), in dem er bis dahin gestanden hatte.

Da er selber fühlen mochte, daß dies wenig sei, so war er bestrebt, einigermaßen nachzuhelfen, und erwarb sich ein Johanniterkreuz. Er hieß nun nicht länger Fähnrich von Kleist, sondern Johanniter von Kleist, und unter diesem Namen, der in dieser eigentümlichen Verwendung wohl nur einmal vorkommen dürfte, hat er vierundzwanzig Jahre lang seine Regierung von Protzen geführt.

Unser »Johanniter-Kleist« war ein braver Mann, dem im Kirchenbuche die »Aufrechterhaltung guter Ordnung« eigens nachgerühmt wird. Er muß diesen Ruhm, aufs allgemeine hin angesehen, umso mehr verdient haben, als er im besonderen mit seinem Geistlichen, dem Prediger Friedrich Arnold Dietrich Sachse, in einer beständigen Fehde lebte.

Über die damaligen Beziehungen zwischen Patron und Pfarrer ein kurzes Wort.

Friedrich Arnold Dietrich Sachse, aus Soest in Westfalen gebürtig, war, wie es scheint, ein echter Westfälinger, groß, stark, ein tapferes Herz, aber auch rücksichtslos wie so oft die »tapferen Herzen«, besonders wenn sie von der roten Erde stammen. Vor allem war er ein Original.

Die Bekanntschaft zwischen Kleist und Sachse machte sich bei Tisch im Herrenhause zu Lenzke, wo damals Baron de la Motte-

Fouqué lebte, der Sohn des berühmten Generals und der Vater des berühmten Dichters. In diesem Hause fungierte Sachse als Präzeptor. Als das Dessert aufgetragen wurde, fragte Fouqué seinen Gast (von Kleist), »wie es mit der Pfarre in Protzen stehe, und ob er die Vakanz schon wieder besetzt habe?« – »Seit einer halben Stunde hab' ich sie besetzt«, antwortete dieser. – »Mit wem?« – »Mit dem hier sitzenden Kandidaten Sachse.« Es scheint danach, daß die bedeutende Persönlichkeit des letzteren ihres Eindrucks auf von Kleist nicht verfehlt hatte.

Sachse übersiedelte nun, und mochte sich anfangs seinem Patron gegenüber, der ihn, in so schmeichelhafter Weise, in die Protzener Pfarre eingesetzt hatte, zu Dankbarkeit verpflichtet fühlen. Aber Dankbarkeit dauert nicht lang, am wenigsten, wenn die Interessen in Krieg geraten. Sachse glaubte sich benachteiligt, und so entstand ein Prozeß, der im Herrenhause so böses Blut machte, daß Kleist, als um eben diese Zeit ein Spritzenhaus errichtet werden mußte, dasselbe so aufführen ließ, daß der Bau wie ein Schirm zwischen ihm und der Pfarre stand. Er wollte die Pfarre nicht mehr sehen.

Sachse überlebte seinen Patron um viele Jahre, stand im allgemeinen, wie fast immer imponierende Persönlichkeiten, auf gutem Fuß mit der Gemeinde, war ihr Orakel, ihr Ratgeber und Helfer, und vereinigte, neben einzelnen Schwächen, alle Tugenden des alten Rationalisten in sich. Das Protzener Kirchensiegel bewahrt sein Andenken. Die Inschrift desselben rührt allerpersönlichst von ihm her und lautet: »Natur und Vernunft.« Damit ist alles gesagt.

Protzen von 1803—1826

Der Johanniter-Kleist starb schon 1794. Wieder trat eine Witwenherrschaft ein, die wenigstens bis 1803, vielleicht auch noch um einige Jahre länger dauerte; dann ging das Gut, aber durch Kauf, an einen Neffen oder Vetter des Johanniter-Kleist über, und zwar an den damaligen Rittmeister oder Major Louis von Kleist, Sohn des sogenannten Magdeburg-Kleist, welcher letztere 1806 durch Übergabe dieser Festung an den Feind so viel Unheil für das Land und zugleich so viel Bitteres und Schmerzliches für die Familie heraufbeschwor. Ich verweile hierbei nicht, nur das mag gesagt sein, daß mir diejenigen nicht ganz unrecht zu haben scheinen, die der damaligen, militärischen Oberleitung – seitens deren ein kranker, beinahe achtzigjähriger Mann mit der

Verteidigung der wichtigsten Festung des Landes betraut wurde – die größere Hälfte der Schuld zuzuschieben geneigt sind.

Louis von Kleist litt in seinem Herzen schwer unter der Verschuldung des Vaters. Er selbst war eine hervorragend entschlossene Persönlichkeit, groß, schön, ein brillanter Reiter, und zeichnete sich während der Befreiungskriege bei den verschiedensten Gelegenheiten aus. Er blieb Soldat auch nach dem Feldzug, und traf immer nur besuchsweise in Protzen ein. 1815 war er Oberst, 1831 stand er in Neiße, wahrscheinlich als Kommandeur einer Division. Bei seinem Hinscheiden war er Generalleutnant.

Als Beweis für seine Energie erzählen sich die Protzener, daß er sein seitens der Ärzte schlecht kuriertes Bein (er hatte sich beim Sturz mit dem Pferde den Oberschenkel gebrochen) durch einen »Wunderdoktor« aus der Fehrbelliner Gegend neu brechen und dann wieder heilen ließ. Die Prozedur glückte vollkommen. Er hatte seitdem eine geringe Meinung von der Kunst der rite promovierten Doktoren, der er bei jeder Gelegenheit Ausdruck gab.

Schon 1826, also fünf, sechs Jahre vor dem Tode von Kleists, war Protzen durch Kauf an den Freiherrn von Drieberg übergegangen.

Kammerherr von Drieberg in Protzen von 1826–1852

Kammerherr von Drieberg, vielen meiner Leser aus den vierziger Jahren her als »Luftdrucks-Drieberg« bekannt, war um 1790 geboren. Sein Vater, seinerzeit Rittmeister im Regiment Gardes du Corps, besaß das zwei Meilen von Protzen gelegene Gut Kantow.

Der junge Drieberg wuchs wild auf. Die Gründe für diese Vernachlässigung seiner ersten Erziehung gehören nicht hierher. Erst von seinem vierzehnten Jahre an änderte sich's, und was bis dahin versäumt worden war, wurde nun nachgeholt. Hauslehrer und Sprachmeister mußten ihr Bestes tun. Besonders wurde die Musik gepflegt, für die von Drieberg ebenso viel Liebe wie Beanlagung zeigte. Diese Beanlagung war so groß, daß eine Zeit lang die Absicht herrschte, ihn Musik studieren zu lassen. Er wurde zu diesem Behufe nach Frankreich geschickt, und war Schüler des Konservatoriums, als 1814 die Verbündeten in Paris einrückten.

Bald darauf kehrte von Drieberg nach Deutschland zurück, um in Berlin seine Studien fortzusetzen. Diese Studien umfaßten die mannigfachsten Gebiete. Außer der Musik waren es die Naturwissenschaften, besonders physikalische Untersuchungen, die ihn schon damals interessierten. In den zwanziger Jahren verheiratete er sich mit einem Fräulein von Normann und kaufte bald danach Protzen, dessen Hebung er sich nunmehr angelegen sein ließ. Ob er immer die rechten Mittel wählte, stehe dahin. Frau von Drieberg, die ihn dabei unterstützte, stellte beispielsweise den Satz auf, »daß knappe Fütterung das beste Mittel sei, von den Kühen einen starken Milchertrag zu erzielen«.

Dies alles war übrigens aufrichtig gemeint, und hatte keineswegs in einem Ökonomisierungshange seinen eigentlichen Grund. Es war einfach originelle Theorie, wie die vom »Luftdruck«, die der Herr Gemahl gleichzeitig mit so viel Eifer verfocht.

Der landwirtschaftliche Betrieb war anfechtbar, desto mehr bewährte sich von Drieberg in seinen Parkanlagen. Seine Talente lagen eben mehr nach der Seite des Ästhetischen als des Praktischen hin. Der Protzener Park war damals einer der schönsten im Kreise, dreißig Morgen groß, mit den prachtvollsten Bäumen bestanden, dazwischen Blumenbeete, Wasser- und Rasenflächen.

Außer der Pflege des Parks widmete sich Drieberg nach wie vor der Musik und – der Gesellschaft.

Das Protzener Herrenhaus galt als der gastlichsten eines. Mit fast allen Familien der Nachbarschaft wurde Verkehr unterhalten, vorzugsweise mit dem Landrat von Zieten in Wustrau, mit der Majorin von Zieten in Wildberg und mit der Familie von Winterfeldt in Metzeltin. Auch aus Berlin kamen Freunde herüber, besonders wenn »Aufführungen« den Mittelpunkt der Festlichkeit bildeten. Das Künstlerische, namentlich das Musikalische, wurde indessen zu sehr betont, und zwar nicht bloß im gesellschaftlichen Kreise, sondern auch im Leben. Wie mir Häuser bekannt geworden sind, in denen jeder, der nicht einen Band lyrischer Gedichte herausgegeben hatte, nicht eigentlich für voll angesehen wurde, so stand es auch im Driebergschen Hause hinsichtlich der Musik. Ein vom Klavierspiel reingebliebener Pfarrbewerber wurde befragt: »ob er auch musikalisch sei?«, worauf er, in richtiger Erkenntnis, daß er nun doch verspielt habe, pikiert antwortete, »er habe sich um die Prediger- und nicht um die Kantorstelle beworben«.

Neben Park und Musik gehörte die Zeit den Wissenschaften. Von Drieberg hatte ganz den Typus des Gelehrten, des Büchermenschen. Seine Kleidung war die schlichteste von der Welt; nicht auf Stoff und Schnitt kam es ihm an, sondern lediglich auf

Bequemlichkeit. Er konnte sich deshalb von alten Röcken nicht trennen. Als seine Tochter einen derselben an einen Tagelöhner verschenkt hatte, bat er ihn sich wieder aus und zahlte dafür.

Seine Studien, wie schon erwähnt, gingen meist nach der naturwissenschaftlichen Seite hin. Er war ein Tüftelgenie aus der Klasse der Perpetuum-Mobile-Erfinder und konstruierte sich eine Flugmaschine, mit der zu fliegen er glücklicherweise nicht in Verlegenheit kam. Er begnügte sich damit, sie »berechnet« und gezeichnet zu haben, und gab den Bau als zu kostspielig wieder auf.

Seinen Hauptruhm zog er Anfang oder Mitte der vierziger Jahre aus seinem großen Zeitungskrieg in der »Luftdrucksfrage«. Die Leute von Fach zuckten die Achseln und mochten in der Tat aus jedem Satze Driebergs erkennen, daß es diesem an allem wissenschaftlichen Anrecht gebräche, in die Diskussion einer solchen Frage einzutreten, die Laienwelt aber, die bekanntermaßen einen natürlichen Zug der Winkeladvokatur und eine Vorliebe für die Franktireurs der Wissenschaft hat, stand günstiger zu ihm und freute sich offenbar, in der Partie »Drieberg gegen Newton« für unsern Protzener Kammerherrn, wenn auch nur ganz im stillen eintreten zu können. Der Kern der Sache war, daß von Drieberg den Luftdruck bestritt und seinerseits aufstellte, »das Quecksilber werde nicht durch eine Luftsäule von bestimmtem Gewicht emporgedrückt, sondern hänge vielmehr an dem luftleeren Raum der Barometerröhre, ziemlich genau so wie ein Eisenstab an einem Magnete hänge«. Diese Aufstellung besaß etwas Blendendes, und zwar umso mehr, als jeder luftleere Raum in der Tat eine gewisse Zug- und Saugekraft ausübt. Aber nur der Laie konnte flüchtig dadurch bestochen werden. Nach mehrmonatlichem Streit erstarb die Fehde; niemand spricht mehr davon und nur der Beiname »Luftdrucks-Drieberg« ist in der Erinnerung derer geblieben, die jene Zeit noch miterlebt haben.

Was seine kirchlichen Anschauungen angeht, so hielten sie die Höhe seiner Flugmaschine und entsprachen genau der Inschrift des vorerwähnten Protzener Kirchensiegels: Natur und Vernunft.

1852 vermählte von Drieberg seine einzige Tochter Valeska (vier andere waren vorher gestorben) an den Rittmeister von Oppen, der damals bei den Gardes du Corps in Charlottenburg stand. Von Drieberg entschloß sich deshalb, Protzen zu verkaufen. Es wurde seinem Herzen nicht leicht, aber die Liebe zu seinem Kinde siegte schließlich über die Liebe zu seinem Park.

Und so übersiedelte er denn. In den fünfziger Jahren starb er und ruht auf dem Charlottenburger Kirchhofe.

Was den Drieberg-Tagen in Protzen folgt, ist von geringerem Interesse.

Das nächste Kapitel mag uns deshalb nach Garz, dem alten Besitze der Quastschen Familie, führen.

GARZ

Und setzet ihr nicht das Leben ein,
Nie wird euch das Leben gewonnen sein.
Schiller

Und lachend goß er mit eigener Hand
Voll Wein den Stiefel bis an den Rand.
Pfarrius

Garz, Vichel, Rohrlack, wie schon an anderer Stelle hervorgehoben, sind zur Zeit Quastsche Güter im Westen des Ruppiner Sees. Schon seit 1419 (urkundlich nachweisbar, wahrscheinlich aber schon um vieles früher) saßen die Quaste oder Quäste auf Garz. Am Schluß des sechzehnten Jahrhunderts erblicken wir sie, neben Garz, auch auf Küdow, Karwe, Berlitt, und abermals hundert Jahre später auf Protzen.

Der Dreißigjährige Krieg, der so vieles in unserem Lande niederwarf, hob die Quäste (vgl. die Kapitel Radensleben und Protzen) auf eine Höhe des Ansehens, wie sie damals nur alle diejenigen Familien errangen, die statt das Kriegsroß stillergeben über sich hinwegschreiten zu lassen, lieber eben dies Kriegsroß bestiegen und mit dem Degen in der Hand ihr Glück versuchten. So legten die Sparrs, die Pfuels, die Barfus, die Görtzkes das Fundament zu ihrem, inzwischen freilich mehr oder weniger wieder verschwundenen Reichtume. Mit ihnen auch die Quäste. Derjenige dieses Namens, der seine Familie zuerst glänzend in die Geschichte des Landes einführte, war der schon S. 337 erwähnte Albrecht Christoph von Quast. Einer Betrachtung seines Lebens wenden wir uns jetzt zu.

Albrecht Christoph von Quast ward am 10. Mai 1613 auf dem Rohrschen Gute Leddin geboren. Seine Mutter war eine geborene von Rohr (gestorben 1667) aus Leddin.

Über seine Jugend ist wenig bekannt geworden, doch existieren Aufzeichnungen, wahrscheinlich einer Leichenpredigt entnommen, die, trotz einzelner Unklarheiten und Widersprüche, den Stempel der Echtheit tragen. Danach starb der Vater früh, und Albrecht Christoph wurde studierenshalber auf Schulen geschickt, höchst wahrscheinlich auf die benachbarte Ruppiner Schule. Der entsprechende Hang scheint indessen nichts weniger als groß in ihm gewesen zu sein und der Anblick der schwedischen Regimenter, die gerade damals in Stadt und Land Ruppin Quartiere bezogen, warf alle Studienpläne rasch über den Haufen. Albrecht Christoph trat, siebzehn Jahre alt, als Musketier in das Kingsche Infanterieregiment und tat seinen ersten Wachtdienst auf dem Fehrbelliner Damm, kaum eine Meile von Garz entfernt. Dies war im August 1630.*

1631 war unser Albrecht Christoph bei den Truppen, die die Elbe passierten, zeichnete sich am 17. September bei Breitenfeld, am 6. November des folgenden Jahres bei Lützen und endlich am 26. Juni 1633 bei Hameln aus und trat nach dieser letzteren Affäre, darin das Kingsche Regiment fast völlig vernichtet worden war, von den Musketieren zu den Dragonern über. (Dragoner, wie bekannt, waren in jener Zeit ein Mittelding von Fußtruppe und Reiterei.)

Das Kriegshandwerk sagte unserm Quast zu, nur nicht die Waffenart. Musketier und Dragoner – beides war nicht das

* Diese Jahreszahl ist wahrscheinlich die richtige. Zwar wird im allgemeinen das Erscheinen der Schweden (die am 15. Juli 1630 auf dem Ruden in Pommern gelandet waren) in der Kur- und Mittelmark erst in den Sommer 1631, also ein Jahr später gesetzt, die Spezialgeschichte der Grafschaft Ruppin spricht aber mit aller Bestimmtheit »von 2000 Mann schwedischer Kavallerie, die sich, nebst einem ansehnlichen Korps Infanterie, im August 1630 des Ruppiner Landes bemächtigt hätten.« In voller Übereinstimmung damit fügen die handschriftlichen Notizen über unseren Albrecht Christoph hinzu, »daß sich die schwedischen Truppen während der Wintermonate wieder nach Pommern hin zurückzogen.« Das Widersprechende der Angaben erklärt sich vielleicht so, daß Ruppin und Uckermark damals noch eine Art Grenzlandcharakter hatten und nicht voll und ganz zur eigentlichen Mark gehörig angesehen wurden. Namentlich Ruppin war noch mehr oder weniger ein Land für sich.

Rechte, und als er um eben diese Zeit vernahm, daß der später so berühmt gewordene Hans Christoph von Königsmark, sein märkischer Landsmann, als Oberstwachtmeister in das Sperreutersche Reiterregiment eingetreten sei, hielt er sich zu diesem und empfing eine Korporalschaft. Das Kommando dieser Truppe kam alsbald an Königsmark selbst. Sperreuter übte Verrat und gedachte das ganze Regiment zu den Kaiserlichen überzuführen; in der Tat folgten ihm einzelne Abteilungen. Die vornehmsten Kompanien aber, und zwar unter Führung Königsmarks, weigerten sich, dem Befehle Sperreuters zu gehorchen und blieben ihrer Fahne treu. Unter diesen war auch Quast. Feldmarschall Banér, um jene Zeit Generalissimus der Armee, glaubte diese Treue auszeichnen zu müssen; Königsmark wurde Oberst und erhielt Befehl, aus den treu gebliebenen Kompanien ein neues Regiment zu bilden. In dieses neue, nunmehr Königsmarksche Regiment trat Albrecht Christoph als Quartiermeister ein. Binnen Jahresfrist war er Kornet und Leutnant.

Sein Mut und seine Gewandtheit fingen an, ihm in der Armee einen Namen zu machen. Als General Stahlhantsch, der in der glänzenden Schlacht bei Wittstock das schwedische Zentrum kommandierte, 1639 eine »fliegende Armee« nach Schlesien führen sollte, erbat er sich unseren Quast für diese Expedition, der nun als Rittmeister in das Stahlhantsche Korps eintrat. Mit diesem Korps, das inzwischen seinen Führer gewechselt hatte (General Goldstein erhielt es), nahm unser Quast am 24. Februar 1645 an der siegreichen Schlacht bei Jankowitz teil. Eine Folge dieser Schlacht, einer der glänzendsten Siege Torstenssons, war die Umstellung von Brünn, die Kaiserlichen wurden eingeschlossen und Quast war mit unter den Belagerungstruppen. Bei einem Ausfall, den insonderheit unser Albrecht Christoph mit großer Bravour zurückschlug, ward er am Bein verwundet. Seine erste Verwundung nach vierzehnjähriger Kriegsfahrt, von der berichtet wird.

Die Belagerung erwies sich als fruchtlos (General de Souches führte in glänzender Weise die Verteidigung) und Torstensson ging mit seiner Armee nach Böhmen zurück. Hier gab er Befehl, den wichtigsten Punkt Kornneuburg zu befestigen und zu besetzen, und Oberst Copey mit 1000 Musketieren wurde dazu ausersehen. Da es indessen rätlich schien, auch Kavallerie in den Ort zu legen, außerdem aber dem Oberbefehlshaber die Beförderung unseres Quast am Herzen lag, so erhielt der letztere Order, eine kombinierte Reiterkompanie zu bilden, und zwar durch Auswahl von je zwei Mann aus jeder Schwadron der Armee. Da die Armee hundert Reiterkompanien hatte, so ergab dies eine Stärke von 200 Mann. Die Wahl der Offiziere wurde in Quasts Hand gelegt. Mit diesem Reiterkorps rückte derselbe nun, inzwischen zum Oberstleutnant ernannt, in Kornneuburg ein, um gemeinschaftlich mit Oberst Copey die Verteidigung zu leiten.

Der Feind ließ auch nicht lang auf sich warten. Mit derselben Bravour, mit der Quast im Jahre zuvor die Ausfälle der Belagerten zurückgewiesen hatte, schlug er jetzt seinerseits die rasch sich wiederholenden Attacken der Belagerer ab. Freilich nicht auf die Dauer. Die Besatzung war zu schwach, um dem übermächtigen Gegner lange den Besitz des Ortes streitig machen zu können, und Kornneuburg fiel. Bei dem Sturme, der der Übergabe vorherging, wurde Quast zum zweiten Male und diesmal in schmerzhafter und gefährlicher Weise verwundet. Eine Kugel traf seinen Fuß und ging ihm durch Sohle, Blatt und Ferse. Die Heilung zog sich hin und eine Lähmung des Fußes blieb ihm bis zuletzt.

Diese tapfere Verteidigung, für die Pfalzgraf Karl Gustav, (der spätere König), der inzwischen das Kommando übernommen, unseren Quast zum Obersten aufsteigen ließ, war die letzte größere Aktion, an der dieser während des Dreißigjährigen Krieges teilnahm. Achtzehn Jahre lang hatte er mitgestritten und unwandelbar (wie Königsmark, der sein besonderes Vorbild gewesen zu sein scheint) auf schwedischer Seite gestanden. Der siebzehnjährige Musketier im Regiment King war mit fünfunddreißig Jahren Reiteroberst und Chef eines Regiments. Von 1648 an stand er mit demselben im Münsterschen, aber schon zwei Jahre später erfolgte die Auflösung der Armee. Quast nahm den Abschied.

Er nahm den Abschied, aber keineswegs von der Absicht geleitet, ein für allemal aus dem schwedischen Dienste zu scheiden. Wir schließen dies daraus, daß er sich, bald nach Auflösung seines Regiments, nach Schweden begab, um sich der Königin Christine vorzustellen. Von dieser mit Auszeichnung empfangen (sie ließ ihm ihr mit Diamanten besetztes, an einer güldenen Kette zu tragendes Bildnis überreichen) muß es auf den ersten Blick überraschen, daß er die Anerbietungen, die ihm gleichzeitig gemacht wurden, ablehnte und nach verhältnismäßig kurzem Aufenthalt in Stockholm in die märkische Heimat zurückkehrte. Wir treffen aber wohl das Richtige, wenn wir annehmen, daß er sich bald überzeugte, wie drüben am schwedischen Hofe eine Gegenpartei mächtig zu werden begann, die das aus dem Kriege verbliebene deutsche Element nach Möglichkeit beseitigen und die einflußreichen Stellungen innerhalb der Armee wieder ausschließlich mit Nationalschweden besetzen wollte. Gleichviel indes, welche Motive maßgebend waren, unser Albrecht Christoph erschien wieder in seiner heimischen Grafschaft Ruppin, wo ihm sein Vetter Otto von Quast die Quastschen Güter Garz und Küdow käuflich abtrat, »damit er seinen in Kriegsläuften erworbenen Reichtum nicht zum Ankauf im Auslande verwende«. Sein Eintritt in die kurfürstliche Armee geschah nicht unmittelbar.

Dieser erfolgte nicht vor 1655. In diesem Jahre, kurz also vor Ausbruch des Krieges mit Polen, erhielt Quast ein Reiterregiment, dem er bis 1658, wie die biographischen Notizen mit großer Ruhe melden, »zur Zufriedenheit des Kurfürsten vorstand«. Diese nüchterne Bemerkung deutet am wenigstens darauf hin, daß Quast all die Zeit über im Felde war und mit seinem Regiment an der berühmten dreitägigen Schlacht von Warschau teilnahm.* Daß er sich während dieser Schlacht, oder während des polnischen Feldzuges überhaupt, vor anderen Reiterführern ausgezeichnet habe, wird freilich nirgends erwähnt.

Die Gelegenheit zu solcher Auszeichnung bot erst der nächste Feldzug, der nicht demselben Gegner, den Polen, sondern umgekehrt dem bisherigen Verbündeten, den Schweden galt. Zur Beleuchtung der Situation nur wenige Worte. Brandenburg war durch den Vertrag von Labiau (1656) allerdings »für ewige Zeit« an Schweden gekettet, die Fortschritte dieses damals auf seiner Höhe stehenden Staates erweckten ihm überall in Europa so viele Neider und so mächtige Feinde, daß es der Kurfürst als durch die »Staatsraison« geboten erachtete, Schweden aufzugeben, um nicht mit ihm oder, was wahrscheinlicher war, statt seiner zugrunde zu gehen. Die Staatsraison präponderierte damals in allen solchen Fragen. Eine große antischwedische Liga, ein Fünf-Mächte-Bund, kam zustande, der darauf aus war, den ehrgeizigen Plänen des Schwedenkönigs Karl Gustav (der die Gustav-Adolf-

* Die Reiterregimenter, die in dieser Schlacht brandenburgischerseits mitfochten, waren folgende: 1. Die Trabantengarde unter Oberstleutnant Wilmersdorf, 2. Leibregiment unter dem Obersten von Canitz, 3. Regiment des Feldmarschalls Grafen Waldeck, 4. Fürst von Croys Regiment, 5. Regiment des Generals Derfflinger, 6. Regiment des Oberst von Pfuel, 7. Regiment des Generals von Kannenberg, 8. Regiment des Generalmajors von Görtzke, 9. Regiment des Oberst von Sparr, 10. Regiment des Oberst Goseff, 11. Oberst Wallenrodts Regiment und 12. Regiment des Oberst von Quast. Jedes Regiment war 6 Kompanien zu 110 Pferde stark.

Idee eines großen »baltischen Reiches« verwirklichen wollte) ein Ziel zu setzen. Jeder einzelne Staat verfolgte dabei seine Sonderinteressen. Die fünf verbündeten Mächte waren: Österreich, Polen, Dänemark, Holland, Brandenburg. Der Kriegsschauplatz war ein doppelter: ein östlicher (Preußen und Polen) und ein westlicher (Pommern und Holstein). Nur das Holsteinsche Kriegstheater interessiert uns an dieser Stelle.

Karl Gustav, im Vertrauen auf sein Geschick und seine Armee, die damals als die kriegstüchtigste in Europa galt, wartete die Vereinigung so vieler Gegner nicht erst ab, sondern ging rasch zum Angriff über, vielleicht in der Hoffnung, sie einzeln zu schlagen. Der Anfang sprach auch dafür, daß es ihm glücken werde. Von der Unterelbe her, in Holstein und Schleswig eindringend, besetzte er Alsen und Jütland, und ging dann in dem bitterkalten Winter von 1657 auf 1658 über die gefrorenen Belte. So brachte er Fünen und Seeland in seine Gewalt. Der Dänenkönig hatte nichts mehr als seine Hauptstadt. Auch diese (das sei vorweg bemerkt) hoffte Karl Gustav in folgendem Winter durch Überrumpelung in seine Gewalt zu bringen. Er ließ einzelne seiner besten Regimenter weiße Hemden über die Uniformen ziehen, um auf der weißen Schneefläche weniger bemerkt zu werden, und ging nun zum Sturme gegen die Festungswerke vor. Die Dänen aber waren wachsam, und wie ein alter Geschichtsschreiber sagt, »die weißen Hemden wurden manchem zum Leichenhemd«.

Das war im Winter von 1658 auf 1659. Aber schon im Sommer vorher waren die Truppen des »Fünf-Mächte-Bundes« in die cimbrische Halbinsel eingerückt und hatten die Schweden, die nur sechstausend Mann stark waren, vor sich hergejagt. An der Spitze der »Alliierten« stand der Kurfürst selbst.* Rendsburg

---

* Kurfürst Friedrich Wilhelm, damals achtunddreißig Jahre alt, hatte 16 000 Mann Brandenburger bei Wittstock zusammengezogen; - von der Artillerie 38 Geschütze. Die einzelnen Abteilungen des Heeres wurden von Otto Christoph von Sparr, Derfflinger, Hans Jürgen von Anhalt-Dessau (Vater des alten Dessauers), Joachim Rüdiger von der Goltze, Georg Adam von Pfuel und Albrecht Christoph von Quast befehligt. Aus welchen Regimentern diese Truppen bestanden, läßt sich leider nicht mit Bestimmtheit sagen. Es gab überhaupt damals keine Regimenter in unserem Sinne. Es gab Festungsgarnisonen: aus diesen Garnisonen wurden einzelne Kompanien genommen, andere Kompanien aus anderen Garnisonen hinzugetan, und auf diese Weise Regimenter gebildet, die nun den Namen ihres jeweiligen Führers annahmen. So konnte es kommen, daß dieselben zwei Kompanien, die in einem Jahre im Regiment Quast oder Pfuel gefochten hatten, im nächsten Jahre zum

und Schloß Gottorp wurden besetzt, Alsen und Fridericia dem Feinde wieder entrissen. Die Schweden hatten nur noch Fünen und Seeland inne. So kam der Winter.

Vielleicht hatte sich der Kurfürst der Hoffnung hingegeben, die Belte würden wieder zufrieren wie im vorigen Jahre, wo der Winter, wie wir gesehen haben, dem siegreich vordringenden Karl Gustav die Brücke zu den Inseln hinüber baute. Aber die Belte blieben offen, und die Verbündeten sahen sich gezwungen, in Schleswig und Jütland Winterquartiere zu beziehen.

Erst mit dem beginnenden Frühjahr (1659) wurde der Kampf wieder aufgenommen. Es galt nach wie vor die Eroberung der Inseln, zunächst Fünens, das inzwischen von seiten der Schweden in den besten Verteidigungszustand gesetzt worden war. Die holländische Flotte, auf deren Dienst man bei Passierung des kleinen Beltes gerechnet hatte, erwies sich indessen als saumselig, so saumselig, daß dem Führer der Flotte von seiten der Alliierten schuld gegeben ward, »er habe auf die schwedischen Fahrzeuge nur blinde Schüsse abfeuern lassen«. Politische Rücksichten, der alten Eifersucht gegen die dänische Seemacht zu geschweigen, schrieben der holländischen Flotte eine laue Haltung vor.

Unter so schwierigen Verhältnissen mußte man nach und nach und gleichsam ratenweise zu gewinnen suchen, was sich auf einen Schlag nicht erreichen ließ. Man nahm also zunächst die kleine, zwischen Jütland und Fünen gelegene Insel Fanö, und schickte sich nunmehr erst an, von diesem vorgeschobenen Posten aus das eigentliche Streitobjekt (Fünen) zu erobern. Drei Angriffe wurden versucht, aber sie scheiterten alle drei. An der dritten Attacke, die die ernsthafteste war, nahmen einzelne Schiffe teil, die schwedische Flotte jedoch, inzwischen verstärkt, vernichtete die Fahrzeuge der Alliierten, welche letzteren nicht nur unter schwerem Verluste nach Fridericia zurückkehrten, sondern auch Fanö wieder aufgeben mußten.

Diese Niederlagen wurden endlich Ursache eines großen Erfolges.

Der Kurfürst hatte mißmutig den Kriegsschauplatz in Jütland verlassen, um nach Pommern zu eilen, von wo aus eine andere Abteilung des schwedischen Heeres in die Mark einzufallen

---

Regiment Dessau oder Dohna gehörten. - Zu den 16 000 Brandenburgern stießen 11 000 Kaiserliche unter Montecuculi und 5000 Polen unter General Zarnecki, die sich aber schließlich als bloße Plünderbande erwiesen. Im ganzen 32 000 Mann. Dänische Abteilungen erschienen erst im Laufe des Krieges.

drohte. Nur vier Reiterregimenter und einige Kompanien Fußvolk waren brandenburgischerseits in Jütland geblieben. Diese standen unter der Führung unseres Albrecht Christoph von Quast, während der Gesamtoberbefehl über die in Jütland stehenden Alliierten der dänische Feldmarschall von Eberstein führte. Die Holländer, die sich, wie schon hervorgehoben, bis dahin abgeneigt gezeigt hatten, zu besonderem Nutz und Frommen Dänemarks die Kastanien aus dem Feuer zu holen, erkannten endlich, daß etwas Entscheidendes geschehen müsse, wenn nicht der Zweck des ganzen Krieges: Brechung der Übermacht Schwedens, als gescheitert betrachtet werden solle. Nebenher mochte der Unmut des Kurfürsten das seinige dazu beitragen, daß energischere Entschlüsse im Haag die Oberhand gewannen. So erschien denn Admiral de Ruyter in der Ostsee. Im Hafen zu Kiel wurde eine ziemlich bedeutende dänisch-holländische Streitmacht – die hier im Rücken des eigentlichen Kriegsschauplatzes unter Feldmarschall von Schack zusammengezogen worden war – eingeschifft und durch den großen Belt geführt, um im Norden Fünens gelandet zu werden. Gleichzeitig aber sollte das in Jütland stehengebliebene verbündete Heer einen vierten Versuch zur Überschreitung des kleinen Beltes machen. Beide Unternehmungen glückten. Feldmarschall Schack landete in Kertemünde, Feldmarschall Eberstein bei Middelfart. In Odense vereinigten sich beide Heerkörper, die nun, etwa sechzehntausend Mann stark, gegen den Pfalzgrafen von Sulzbach, der die Schweden führte, vorrückten.

Dieser hatte zunächst gehofft, die heranrückenden Armeen der Alliierten einzeln angreifen zu können; als sich dies aber als unmöglich erwies, nahm er feste Stellung vor der Festung Nyborg.

Die vom Pfalzgrafen gewählte Position war geschickt genug: in Front ein Graben, der, durch ein mooriges Terrain gezogen, an einzelnen Stellen mit Wasser gefüllt, an anderen schmaleren aber derart verschüttet war, daß sich ein Übergang ermöglichte, selbst für Kavallerie. Diese leicht zu verteidigenden Übergänge dienten dem schwedischen General als Ausfallbrücken. Den rechten Flügel kommandierte der Pfalzgraf selbst, den linken Generalleutnant Horn; im Zentrum stand der erfahrene General Steenbock mit vierzehn Kompanien Fußvolk und fünf Geschützen vor seiner Front. Reserven, weil es an Mannschaften fehlte, hatte die schwedische Aufstellung beinahe gar nicht.

Dies war die Position, gegen welche die Verbündeten am Morgen des 24. November anrückten. Das Zentrum (holländische Infanterie unter den Obersten Killegray, Alowa und Meteren) führte Feldmarschall Schack, den linken Flügel Eberstein, den rechten unser Albrecht Christoph von Quast. Das zweite Treffen bestand ausschließlich aus den dänischen Regimentern Trampe, Rantzau, Ahlefeldt, Brockhausen, Güldenleu. Die alliierte Armee war zahlreicher als die schwedische, die schwedische aber, kriegsgewohnter, hatte zudem noch den Vorteil, ein Ganzes zu bilden, während die Alliierten aus ganz widerstrebenden Nationalitäten zusammengesetzt waren. Im Kommando scheint auf beiden Seiten keine rechte Einigkeit geherrscht zu haben, jedenfalls handelten die Generale der Alliierten zumeist auf eigene Hand.

Der linke Flügel der letzteren eröffnete das Gefecht. Hier standen (wenn ein alter Schlachtenatlas*, den wir zu Rate ziehen, das Richtige angibt) unter Führung des dänischen Feldmarschalls von Eberstein die brandenburgischen Reiterregimenter Quast, Kannenberg, Gröben und ein Dragonerregiment. Ihr Angriff scheiterte an der Ungunst des Terrains. Sie wurden geworfen. Der rechte Flügel teilte das Schicksal des linken. Hier, wie wir wissen, kommandierte Quast in Person und führte zunächst die

* Dieser Schlachtenatlas (kein gedrucktes, sondern ein mit Wasserfarben und Frakturschrift sauber ausgeführtes Werk) führt den Titel: »Ein Buch aller der führnehmsten Bataillen und Campementen, so in diesem Säculo und zwar von 1620 bis 1693 von Jahren zu Jahren seind gehalten worden.« Das neununddreißigste Blatt enthält die Aufstellung beider Armeen in der Schlacht bei Nyborg. Halte ich alles zusammen, was ich in Pufendorf, Orlich und in zwei Aufsätzen von Professor Dr. Stuhr (Allgemeines Archiv für die Geschichtskunde des Preußischen Staats. Berlin, Mittler. 1831) und von Hofrat L. Schneider (Soldatenfreund. Septemberheft 1864) gelesen habe, so komm ich immer wieder zu der Ansicht, daß der alte Schlachtenatlas wahrscheinlich mehr recht hat als irgendeine andere Beschreibung. Unter den verschiedenen Punkten, worin derselbe von den Angaben der Historiker abweicht, ist der eine für uns von Belang, wonach Generalmajor von Quast - wie oben im Text des näheren angeführt werden wird - auf dem rechten Flügel keine brandenburgischen, sondern kaiserliche Reiterregimenter, Dänen und Polen, unter seinem Kommando hatte. Der Atlas gibt die Namen der Regimenter genau an, und dies Vertrautsein mit den Details spricht dafür, daß der Verfasser überhaupt Bescheid wußte.

Das »so in diesem Säculo« scheint darauf hinzudeuten, daß der Atlas noch vor 1700 angefertigt wurde. Dem entspricht auch das Gesamtansehen. Das interessante Werk ist jetzt Eigentum des Geh. Rat von Quast auf Radensleben. Er empfing es im März 1864 als ein Andenken von dem mittlerweile verstorbenen Oberstleutnant Kindt, einem Schleswig-Holsteiner. Dieser hatte es auf einer Auktion erstanden und vermutete, daß es von einem General Wolf (seinerzeit in dänischem Dienst) verfaßt bzw. gezeichnet worden sei.

kaiserlichen Regimenter Matthias und Graf Caraffa, ferner das dänische Regiment von der Natt und die polnische Brigade Przimsky ins Feuer. Aber auch sie konnten nichts ausrichten. In diesem kritischen Momente, wo die Reiterei, die zum Teil in das Moor einsank, ersichtlich den Dienst versagte, rückte von Quast mit einer Abteilung Infanterie (Pikenträger) gegen den Pfalzgrafen vor und dieser Angriff entschied. Quast erhielt zwei Kugeln in den Leib, ließ sich aber, als er infolge so schwerer Verwundung nicht mehr reiten noch gehen konnte, auf die Schultern seiner Pikeniere heben und durchbrach so den feindlichen linken Flügel. Dies gab gleichzeitig das Zeichen zum Vorrücken der holländischen Brigaden im Zentrum, die bis dahin untätig dem Kampfe zugesehen hatten. Und jetzt griff auch die Reiterei wieder ein und warf den Feind über den Haufen. Der Rückzug der Schweden wurde bald eilige Flucht. Ihr Führer, der Pfalzgraf, entkam auf einem Fischerboote mitten durch die holländische Flotte, nach Korsör auf Seeland, wo er dem harrenden Schwedenkönige die Nachricht von der verlorenen Schlacht brachte. Nyborg, das General von Horn zu halten versuchte, fiel schon am anderen Tage; er und das ganze schwedische Korps wurde kriegsgefangen.

Unser Quast hatte den entscheidenden Schlag getan, darüber sind alle Berichte so ziemlich einig, und nur darin weichen sie von einander ab, mit welchen Regimentern er den feindlichen linken Flügel durchbrach. Es scheinen unter allen Umständen keine Brandenburger gewesen zu sein, denn die Truppen, die brandenburgischerseits an der Affäre teilnahmen, waren zugestandenermaßen Reiterregimenter, die, gleichviel an welchem Flügel sie gestanden haben mögen, das Schicksal der kaiserlichen Reiterei teilten und nirgends die feindliche Schlachtreihe zu durchbrechen vermochten. Quast gab allerdings den Ausschlag, aber an der Spitze dänischer Pikeniere, die seinem Flügel zunächst in Reserve standen. (Nach einem anderen Bericht hätten die holländischen Brigaden des Zentrums die schon halb verlorene Schlacht wieder zum Stehen gebracht. Dann erst hätte Quast mit dem wieder gesammelten rechten Flügel den letzten Schlag getan. Auch diese Lesart hat manches für sich.) Der Sieg von Nyborg war entscheidend. Die Nachricht von der totalen Niederlage seines Heeres soll den schwerkranken Schwedenkönig so erschüttert haben, daß er infolge davon starb, ein Todesfall, der bald danach zum Frieden von Oliva und durch eben diesen Frieden zur endgültigen Oberhoheit Brandenburgs über das Herzogtum

Preußen führte. Die Alliierten, nachdem sie zwei Jahre lang die cimbrische Halbinsel besetzt gehalten hatten, räumten nunmehr das Land. In Hamburg schon wurden die Regimenter entlassen, und auch Quast (übrigens im Dienste des Kurfürsten verbleibend) ging auf seine Güter.

Über die letzten Lebensjahre des Generals wissen wir wenig. Er scheint dieselben, zunächst wenigstens, in ländlicher Zurückgezogenheit und im Kreise seiner Familie zugebracht zu haben. Die niedergebrannten Dörfer wurden aufgebaut, die wüsten Felder neu bestellt, die geplünderten Kirchen erhielten Altarleuchter, Glocken und Kelche. 1661 verheiratete er sich zum zweiten Male mit Elisabeth Dorothea von Goerne, und drei Jahre später (1664) zum dritten Male mit Ilse Katharine von Rössing, einer verwitweten von Planitz. Diese dritte Gemahlin überlebte ihn. 1667 betraute ihn der Kurfürst aufs neue mit Errichtung eines Regiments und ernannte ihn beinahe gleichzeitig zum Gouverneur der Feste Spandau. Hier starb er sechsundfünfzig Jahre alt am 7. Mai 1669 und ward in der dortigen Nikolaikirche beigesetzt. Erst in neuester Zeit erfolgte die Überführung nach dem alten Stammgute Garz. In der Gruft der Kirche daselbst steht seitdem ein mächtiger, mit Basreliefornamenten und den Wappen der Ahnen reich ausgestatteter Zinnsarg, der die Inschrift trägt: »Der Hochedelgeborne Herr, Herr Albrecht Christoph von Quast, churfürstlich brandenburgischer Geheimer Kriegsrath, Generalfeldwachtmeister der Cavallerie, Oberster zu Roß und zu Fuß, Gouverneur und Oberhauptmann der Veste und Stadt Spandau, zu Garz, Damme, Vichel, Rohrlack und Wutzetz Erbherr, gestorben auf der Veste Spandau am 7. Mai 1669. Wartet der fröhlichen Auferstehung zum ewigen Leben.«*

Dies ist es, was wir imstande gewesen sind, über das Leben Albrecht Christophs von Quast zusammenzutragen. Es ist alles ziemlich äußerlicher Natur, äußerlich folgen die Taten aufeinan-

---

* Neben dem mächtigen Zinnsarge des Generalfeldwachtmeisters steht ein etwas kleinerer, im übrigen mit ziemlich denselben Emblemen reich verzierter Kupfersarg, in dem Otto Gottfried von Quast, ein Neffe des Generals, begraben liegt. Er fiel bei Fehrbellin. Die Inschrift des Sarges lautet: »Hier ruhet der hochedelgeborene Herr, Herr Otto Gottfried von Quast, churfürstlich brandenburgischer, unter des Herrn General Lüdekens Regiment bestallter Adjutant, auf Garz und Küdow Erbherr, geb. Anno 1656 am 23. März; in dem mit der schwedischen Armee bei Fehrbellin am 18. Juni 1675 gehaltenen Treffen tödtlich verwundet und am 22. ejusd. allhier in Spandau selig verstorben.« Auch dieser Sarg ward ursprünglich in der Nikolaikirche zu Spandau beigesetzt. Daher das »allhier in Spandau«.

der, äußerlich sehen wir ihn steigen von Stufe zu Stufe. Tradition und Sage, die von Derfflinger und Sparr so mannigfach erzählen, haben sich unseres »Siegers von Nyborg« nicht bemächtigt; es fehlen alle Züge, die uns eine tiefere Teilnahme an seinem Lebensgange einzuflößen vermöchten. Und doch war dieser Sieg, den wir vorwiegend ihm verdanken, von einer nach mehr als einer Seite hin entscheidenden Bedeutsamkeit. Durch denselben erlangte Brandenburg, wie wir gesehen haben, die volle Souveränität über Preußen und somit die Basis für die Königskrone, während für Dänemark aus eben diesem Kriege sein Königsgesetz hervorging. Zudem war unser Albrecht Christoph der erste, der die brandenburgischen Waffen, vor zweihundert Jahren schon, auf eine der dänischen Inseln hinübertrug.

Die Ehren der Düppelstürmer von heute sind freilich reicher ausgefallen, als die der Nyborgsieger von damals, aber, je heller die Gegenwart strahlt, je mehr geziemt es sich in Dankbarkeit derer zu gedenken, die ruhmvoll voranschritten. Unter ihnen in vorderster Reihe – Albrecht Christoph von Quast.

Aus der Gruft, darin wir eben die Inschrift am Zinnsarge Albrecht Christophs entziffert haben, treten wir wieder ins Freie, atmen auf in Luft und Licht, und schreiten dem Herrenhause zu. Der kühle, mit Marmorfliesen gedeckte Raum heimelt uns bei der drückenden Hitze doppelt an, und doch ist es nicht diese kühle, fliesengedeckte Halle, was uns hierherführte, sondern umgekehrt der sonnenbeschienene Vorflur im ersten Stock, wo wir einem seltsamen Erinnerungsstücke begegnen, das eine sehr andere Zeit als die Zeit unseres Albrecht Christoph vor uns heraufbeschwört. Hier, an einem breiten Fensterpfeiler, an demselben Platz etwa, wo sonst eine Flora oder Pomona oder irgendein anderes Stück griechischer Mythologie zu stehen pflegt, erhebt sich statuenhaft und auf niedrigem Postament ein Riesenstiefel, mit einem 9 Zoll langen Sporn daran und einer 1½ Zoll dicken Sohle. Das Ganze ein Kunstwerk in seiner Art, und trotz seines riesigen Umfanges von einer gewissen Eleganz der Erscheinung. Dieser Stiefel hat seine Geschichte.

Wer kennt nicht das Regiment Gensdarmes? Und wer hätte nicht gehört von der Verschwendungssucht und Tollkühnheit seiner Offiziere, von ihrem Mut und Übermut!

Unter den jungen Offizieren eben dieses Regiments war denn auch Wolf Ludwig Friedrich von Quast, wegen seiner tollkühnen

Streiche kurzweg der »tolle Quast« genannt. Eines Tages (wahrscheinlich im Jahre 1794) ging er mit Leutnant von Jürgaß, dem späteren ausgezeichneten Kavalleriegeneral unter York, über die Weidendammerbrücke, als ihnen, einige Häuser weiter, ein riesiger Sporn auffiel, der im Schaufenster eines Eisenladens hing. Es ward ausgemacht, daß derjenige, der zuerst in Arrest käme, das wunderliche Ding kaufen sollte. Jürgaß war der erste, der dieses Vorzugs genoß, und kaufte den Sporn, aber freilich nicht ohne beim Kauf ein neues Abkommen getroffen zu haben: »der nächste, der in Arrest kommt, läßt einen Stiefel dazu machen.« Dieser nächste war nun selbstverständlich Quast, und schon eine Woche danach wurde der etwa 6 Fuß hohe Riesenstiefel unter allen möglichen Formalitäten in die Kaserne getragen. Da stand er nun, der Koloß, und der Sporn ward ihm angeschnallt. Aber der Übermut, einmal wachgeworden, sehnte sich nach mehr, und so beschloß man denn einstimmig, dem Stiefel zu Ehren ein Fest zu geben, bei dem der Stiefel selbst als Bowle fungieren sollte. Gesagt, getan. Das Fest verlief unter dem Jubel aller Beteiligten, aber doch andererseits auch so, daß folgenden Tages Order kam, auf den Stiefel zu fahnden. So leichten Kaufes indes gedachten die jungen Offiziere weder sich noch ihren Stiefel fangen zu lassen, und als die diesem letzteren geltende Stubenrevision ihren Anfang nahm, war der große Stiefel schon mit Extrapost auf dem Wege nach Garz. Aber auch hier war seines Bleibens nicht lange. Das Versteck war verraten worden, und eine Reiterpatrouille hatte striktesten Befehl erhalten, den »Stiefel der Gensdarmes«, es koste was es wolle, zur Stelle zu schaffen. Was tun in dieser Lage?

Das erste war, eben dieser Patrouille, die schon drei Meilen Vorsprung hatte, diesen Vorsprung wieder abzugewinnen. Es sattelten also befreundete Kameraden, überholten im Fluge das ziemlich ruhig seines Weges trottende Pikett und führten den gefährdeten Liebling von Garz nach Ganzer hinüber, wo derselbe nunmehr, in einem abgelegensten Scheunenwinkel, unter hochaufgeschichteten Strohmassen versteckt wurde.

Daselbst stand er über ein Menschenalter. Das Regiment Gensdarmes war längst tot und die Jürgasse längst ausgestorben, da erbat sich der jetzige Besitzer von Garz, Rittmeister von Quast, den Stiefel von Ganzer her zurück, »da dieser, wenn irgend wohin, am ehesten nach dem ehemaligen Gute des ›tollen Quast‹ gehöre«. Gern wurde ihm gewillfahrt und blank aufgeputzt steht er seitdem auf dem Flure des Garzer Herrenhauses, ein charakteristisches Überbleibsel aus den Tagen des »Regiments Gensdarmes«.

Wolf Quast, wie so viele Militärs jener mit Unrecht in Bausch und Bogen verurteilten Zeit, war übrigens keineswegs ein bloßer »Junker Übermut«, der nur mit Sporen und Degen über die Straße zu rasseln und gelegentlich in einem Riesenstiefel eine Bowle zu brauen verstand, er war vielmehr umgekehrt ein Mann von hervorragenden Gaben, der die Pflege »nobler Passionen« mit Bildung, Belesenheit und künstlerischem Sinn sehr wohl zu vereinigen wußte. Soldat mit Leib und Seele, war er darauf aus, dem Dienste eine ideale, fast eine wissenschaftliche Seite abzugewinnen, und legte seine Reitererfahrungen in einem Buche nieder, das, wie Fachleute versichern, in allen erheblichen Punkten auch bis heute noch unübertroffen geblieben ist. Seine künstlerischen Neigungen führten ihn nach dem Süden, wo er 1804 erst in Rom und dann in Paris mit Schinkel zusammentraf. Dieser schrieb im Dezember genannten Jahres an den Geheimen Rat von Prittwitz: »Herr von Quast, mit dem ich schon in Rom schöne Genüsse theilte und den ich hier in Paris wieder finde, verspricht mir die Ausrichtung meiner Empfehlungen usw.« Das alles deutet auf mehr, als auf bloße Tollheiten und Fähnrichstreiche.

Das Ende Wolf Quasts war beklagenswert. Der brillante Reiter starb infolge eines Sturzes mit dem Pferde. Freilich war Mangel an Geschicklichkeit nicht die Ursache. In der Wilhelmstraße, dicht am Platz, war das Pflaster behufs einer Röhrenlegung aufgenommen und bei Einbruch der Dunkelheit für die vorschriftsmäßige Einzäunung nicht Sorge getragen worden. Quasts Pferd stürzte an dieser Stelle. Er selbst fiel so unglücklich, daß er bald danach im Radziwillschen Palais, wohin man ihn brachte, starb, am 2. Mai 1812.

Sein Eichensarg, ohne besonderen Schmuck, steht in der Familiengruft zu Garz. Er war am 13. Februar 1769 geboren.

DAS DOSSEBRUCH

»Ihr habt mir nichts zu danken,
Denn davor bin ich da.«
H. v. Blomberg

Eine halbe Meile westwärts von Garz treten wir in eine fruchtbare Niederung ein, die hier durch den Zusammenfluß des Rhins und der Dosse gebildet wird und seit Jahrhunderten den Namen des Dossebruches führt.

Die Dosse (in alten Urkunden Doxa oder Dossia) entspringt an der Grenze von Priegnitz und Mecklenburg und geht an Wittstock, Wusterhausen und Neustadt vorüber, in fast ununterbrochen sündlicher Richtung in Rhin und Havel. An ihrem Ufer hin, das trotz vorherrschender Öde manchen schönen Punkt aufweist (so zum Beispiel Amt Fretzdorf, alte Dosseburg, seit lange Besitztum der Freiherrn von Karstedt) wohnte der vielgenannte Stamm der Dossaner, die das Grenzland zwischen den wilzischen und obotritischen Wenden innehatten. Auf den Feldmarken von Brunn und Trieplatz, Dörfer, auf die wir weiterhin zurückkommen, finden sich noch Spuren alter, dreifacher Wälle, deren Ursprung sich aller Wahrscheinlichkeit nach auf jene Zeit der Kämpfe zwischen den Sachsen und Slawen zurückführen läßt.

Etwa bei Wusterhausen, wenn wir dem Lauf des Flusses folgen, beginnt das Dossebruch. Es hatte vordem so ziemlich denselben Sumpfcharakter wie das Oderbruch, alles lag wüst und befand sich in einem Urzustande. Werftweiden, Elsen und anderes Gebüsch bedeckten den größten Teil der Niederung, und nur hier und da lagen Stellen über dem Wasser, die nun als Wiesen und Weide dienten. Dreetz und Sieversdorf, mitten im Bruch auf zwei Sandschollen erbaut, hatten ungeheure Feldmarken, ohne sie recht benutzen zu können, weil das Vieh im Sumpfe steckenblieb. Schon die Namen der einzelnen Örtlichkeiten hatten schlimmen Klang: Dolenbusch, Brand und der Tarterwinkel.

Kolonisationsversuche wurden ziemlich früh gemacht. Bereits der Landgraf von Hessen-Homburg begann Abzugsgräben zu ziehen; später suchte König Friedrich Wilhelm I. (und zwar nach Entwässerung des Havelländischen Luches) auch hier die Kanalisierung in ein System zu bringen. Aber erst unter dem großen Könige kamen die Dossebrucharbeiten zu verhältnismäßigem Abschluß. An Widerstand hatten es die Nächstbeteiligten nicht fehlen lassen; ihrer Auflehnungen indes war man bald Herr geworden. Wo nicht freier Wille zu Hilfe kam, erfolgte Zwang.

1778 endigten die Vorarbeiten: 15 000 Morgen Land waren gewonnen, 25 neue Dörfer und Ortschaften gegründet, 1500 Ansiedler angesetzt. Der König wollte nunmehr mit eigenen Augen sehen, was hier geschaffen worden sei.

Den 23. Juli 1779 brach er zu diesem Behufe fünf Uhr morgens von Potsdam auf, und ging zunächst über Fahrland, Dyrotz, Wustermark, Nauen und Königshorst bis Seelenhorst.

Hier, in Seelenhorst, trat der König in den Fehrbelliner Amtsbezirk ein, und statt des Königshorster Amtsrats, der auf der Fahrt durch's Havelländische Luch den Führer gemacht hatte, erschien nunmehr der Oberamtmann Fromme neben dem Wagen des Königs, um Seine Majestät durch das Fehrbelliner Revier hin zu geleiten. Der König fand Wohlgefallen an ihm, stellte viele Fragen und behielt ihn mehrere Stunden lang an seiner Seite.

Fromme hat in einem Schreiben an den alten Vater Gleim, der sein Onkel war, alles aufgezeichnet, was er in diesen denkwürdigen Stunden erlebt oder aus dem Munde des Königs vernommen hat, und es ist nunmehr Fromme, den ich in nachstehendem sprechen lasse.

Friedrichs II. Besuch im Rhin- und Dossebruch

Um acht Uhr morgens kamen Ihro Majestät auf Seelenhorst an und hatten den Herrn General Grafen von Görtz im Wagen bei sich. Ihro Majestät sprachen bei der Umspannung mit den Zietenschen Husaren-Offiziers, die auf den umliegenden Dörfern auf Grasung standen, und bemerkten mich nicht. Weil die Dämme zu schmal sind, konnte ich neben dem Wagen nicht reiten. (Fromme ritt also vorauf oder hinterher.) In Dechtow bekamen Ihro Majestät den Herrn Rittmeister von Zieten, dem Dechtow gehört, zu sehen, und behielten ihn – der Weg war hier breiter – neben sich, bis dahin, wo die Dechtowsche Feldmark zu Ende geht. Hier wurde wieder umgespannt, und Hauptmann von Rathenow auf Carwesee, ein alter Liebling des Königs, trat an den Wagen heran:

Hauptmann von Rathenow. Unterthänigster Knecht, Ihro Majestät!

König. Wer seid Ihr?

Hauptmann. Ich bin der Hauptmann von Rathenow* aus Carwesee.

* Von Rathenow stand 1732 und die folgenden Jahre als Leutnant beim Kronprinzlichen Regiment in Neu-Ruppin und war einer aus dem näheren

König (die Hände faltend). Mein Gott! lieber Rathenow, lebt Er noch? ich dacht', Er wäre längst todt. Wie geht es Ihm? ist Er gesund?

Hauptmann. O ja, Ihro Majestät.

König. Aber mein Gott! wie dick ist er geworden.

Hauptmann. Ja, Ihro Majestät, Essen und Trinken schmeckt immer noch; nur die Füße wollen nicht fort.

König. Ja, das geht mir auch so. Ist Er verheirathet?

Hauptmann. Ja, Ihro Majestät!

König. Ist seine Frau mit unter den Damen dort?

Hauptmann. Ja, Ihro Majestät!

König. Laß Er sie doch herkommen! (sogleich den Hut ab.) Ich find' an Ihrem Herrn Gemahl einen guten alten Freund.

Frau von Rathenow. Sehr viel Gnade für meinen Mann.

König. Was sind Sie für eine geborene?

Frau von Rathenow. Ein Fräulein von Kröcher!

König. Haha! eine Tochter vom General von Kröcher!

Frau von Rathenow. Ja, Ihro Majestät.

König. Oh, den hab' ich recht gut gekannt. – Hat Er auch Kinder, Rathenow?

Hauptmann. Ja, Ihro Majestät! Meine Söhne sind in Diensten, und dies sind meine Töchter!

König. Na! das freut mich. Leb Er wohl, mein lieber Rathenow! Leb' Er wohl! –

Nun ging der Weg nach Fehrbellin, und Förster Brand ritt als Forstbedienter mit. Als wir an einen Fleck von Sandschollen kamen, die vor Fehrbellin liegen, sagten Ihro Majestät: Förster, warum sind die Sandschollen nicht besäet?

Förster. Ihro Majestät, sie gehören nicht zur königlichen Forst; sie gehören mit zum Acker. Zum Theil besäen die Leute sie mit allerlei Getreide. Hier, rechter Hand, haben sie Kienäpfel gesäet!

König. Wer hat die gesäet?

Förster. Hier der Oberamtmann!

König (zu mir). Na! sagt es meinem geheimden Rath Michaelis, daß die Sandschollen besäet werden sollen. – (zum Förster) Wißt Ihr aber auch, wie Kienäpfel gesäet werden müssen?

Förster. O ja, Ihro Majestät!

Umgangskreise des Prinzen. Überhaupt werden wir im Verlauf des Aufsatzes sehen, daß der König überall alte Bekanntschaften erneuert und die fast ein halbes Jahrhundert zurückliegenden Ruppiner Tage wieder lebendig werden fühlt.

König. Na! wie werden sie gesäet? von Morgen gegen Abend, oder von Abend gegen Morgen?

Förster. Von Abend gegen Morgen.

König. Das ist recht; aber warum?

Förster. Weil aus dem Abend die meisten Winde kommen.

König. Das ist recht! –

Nun kamen Ihro Majestät zu Fehrbellin an, sprachen daselbst mit dem Lieutenant Probst vom Zieten'schen Husaren-Regiment (schon sein Vater stand als Rittmeister bei den Zieten'schen) und mit dem Fehrbellinischen Postmeister Hauptmann von Mosch. Als angespannt war, wurde die Reise fortgesetzt, und da Ihro Majestät gleich danach an meinen Gräben, die im Fehrbellinischen Luch auf königliche Kosten gemacht sind, vorbei fuhren, so ritt ich an den Wagen und sagte: Ihro Majestät, das sind schon zwei neue Gräben, die wir durch Ihro Majestät Gnade hier erhalten haben, und die das Luch uns trocken erhalten.

König. So so; das ist mir lieb! Wer seid Ihr.

Fromme. Ihro Majestät, ich bin der Beamte hier von Fehrbellin.

König. Wie heißt Ihr?

Fromme. Fromme.

König. Ha ha! Ihr seid ein Sohn von dem Landrath Fromme.

Fromme. Ihro Majestät halten zu Gnaden, mein Vater ist Amtsrath im Amte Lähme gewesen.

König. Amtsrath! Amtsrath! Das ist nicht wahr! Euer Vater ist Landrath gewesen. Ich habe ihn recht gut gekannt. Sagt mir einmal, hat Euch die Abgrabung des Luchs hier viel geholfen?

Fromme. O ja, Ihro Majestät!

König. Haltet Ihr mehr Vieh als Euer Vorfahr?

Fromme, Ja, Ihro Majestät! Auf diesem Vorwerk halt' ich vierzig, auf allen Vorwerken siebenzig Kühe mehr!

König. Das ist gut. Die Viehseuche ist doch nicht hier in der Gegend?

Fromme. Nein, Ihro Majestät.

König. Habt ihr die Viehseuche hier gehabt?

Fromme. Ja!

König. Braucht nur fein fleißig Steinsalz, dann werdet Ihr die Viehseuche nicht wieder bekommen.

Fromme. Ja, Ihro Majestät, das brauch' ich auch; aber Küchensalz thut beinah eben die Dienste.

König. Nein, das glaubt nicht! Ihr müßt das Steinsalz nicht klein stoßen, sondern es dem Vieh so hinhangen, daß es dran lecken kann.

Fromme. Ja, es soll geschehen.

König. Sind sonst hier noch Verbesserungen zu machen?

Fromme. O ja, Ihro Majestät. Hier liegt die Kremmensee. Wenn selbige abgegraben würde, so bekämen Ihro Majestät an achtzehnhundert Morgen Wiesenwachs, wo Kolonisten könnten angesetzt werden, und würde dadurch die ganze Gegend hier schiffbar, welches dem Städtchen Fehrbellin und der Stadt Ruppin ungemein aushelfen würde; auch könnte vieles aus Mecklenburg zu Wasser nach Berlin kommen.

König. Das glaub' ich! Euch wird aber wohl bei der Sache sehr geholfen, viele dabei ruinirt, wenigstens die Gutsherren des Terrains; nicht wahr?

Fromme. Ihro Majestät halten zu Gnaden; das Terrain gehört zum königlichen Forst und stehen nur Birken darauf.

König. O, wenn weiter nichts ist, wie Birkenholz, so kann's geschehen! Allein Ihr müßt auch nicht die Rechnung ohne den Wirth machen, daß nicht die Kosten den Nutzen übersteigen.

Fromme. Die Kosten werden den Nutzen gewiß nicht übersteigen! Denn erstlich können Ihro Majestät sicher darauf rechnen, daß achtzehnhundert Morgen von dem See gewonnen werden; das wären sechs und dreißig Kolonisten, jeder zu funfzig Morgen. Wird nun ein kleiner leidlicher Zoll auf das Floßholz gelegt, und auf die Schiffe, die den neuen Kanal passiren, so wird das Kapital sich gut verzinsen.

König. Na! sagt es meinem geheimden Rath Michaelis! Der Mann versteht's und ich will Euch rathen, daß Ihr Euch an den Mann wenden sollt in allen Stücken, und wenn Ihr wißt, wo Kolonisten anzusetzen sind. Ich verlange nicht gleich ganze Kolonien; sondern wenn's nur zwoo oder drei Familien sind, so könnt Ihrs immer mit dem Mann abmachen!

Fromme. Es soll geschehen, Ihro Majestät.

König. Kann ich hier nicht Wustrau liegen sehen?

Fromme. Ja, Ihro Majestät; hier rechts, das ist's.

König. Ist der General zu Hause?

Fromme. Ja!

König. Woher wißt Ihr das?

Fromme. Ihre Majestät, der Rittmeister von Lestocq liegt in meinem Dorf auf Grasung und da schickten der Herr General gestern einen Brief durch den Reitknecht an ihn. Da erfuhr ich's.

König. Hat der General von Zieten auch bei der Abgrabung des Luches gewonnen?

Fromme. O ja; die Meierei hier rechts hat er gebaut und eine

Kuh-Molkerei angelegt, welches er nicht gekonnt hätte, wenn das Luch nicht abgegraben wäre.

König. Das ist mir lieb! Wie heißt der Beamte zu Alten-Ruppin?

Fromme. Honig!

König. Wie lang ist er da?

Fromme. Seit Trinitatis.

König. Seit Trinitatis? Was ist er vorher gewesen.

Fromme. Canonicus.

König. Canonicus? Canonicus? Wie führt der Teufel zum Beamten den Canonicus?

Fromme. Ihro Majestät, er ist ein junger Mensch, der Geld hat, und gern die Ehre haben will, Beamter von Ihro Majestät zu sein.

König. Warum ist aber der Alte nicht geblieben?

Fromme. Ist gestorben.

König. So hätte doch die Wittwe das Amt behalten können.

Fromme. Ist in Armuth gerathen.

König. Durch Frauenwirthschaft?

Fromme. Ihro Majestät verzeihen, sie wirthschaftete gut, allein die vielen Unglücksfälle haben sie zu Grunde gerichtet; die können den besten Wirth zurücksetzen. Ich selber habe vor zwei Jahren das Viehsterben gehabt, und habe keine Remission erhalten; ich kann auch nicht wieder vorwärts kommen.

König. Mein Sohn, heut hab' ich Schaden am linken Ohr, ich kann nicht gut hören.

Fromme. Das ist schon eben ein Unglück, daß der geheimde Rath Michaelis den Schaden auch hat! (Nun blieb ich ein wenig vom Wagen zurück: ich glaubte, Ihro Majestät würden die Antwort ungnädig nehmen.)

König. Na! Amtmann, vorwärts! bleibt beim Wagen, aber nehmt Euch in Acht, daß Ihr nicht unglücklich seid. Sprecht nur laut, ich verstehe recht gut. (Diese Worte wiederholten Ihro Majestät wenigstens zehnmal auf der Reise.) Sagt mir mal, wie heißt das Dorf da? rechts.

Fromme. Langen.

König. Wem gehörts?

Fromme. Ein Drittel Ihro Majestät, unter dem Amte Alten-Ruppin; ein Drittel dem Herrn von Hagen; und dann hat der Dom zu Berlin auch Unterthanen darin.

König. Ihr irrt Euch, der Dom zu Magdeburg!

Fromme. Ihro Majestät halten zu Gnaden, der Dom zu Berlin.

König. Es ist aber nicht wahr, der Dom zu Berlin hat keine Unterthanen.

Fromme. Ihro Majestät halten zu Gnaden, der Dom zu Berlin hat in meinem Amtsdorfe Carwesee drei Unterthanen.

König. Ihr irrt Euch, das ist der Dom zu Magdeburg.

Fromme. Ihro Majestät, ich müßte ein schlechter Beamter sein, wenn ich nicht wüßte, was in meinen Amtsdörfern für Obrigkeiten sind.

König. Ja, dann habt Ihr Recht! Sagt mir einmal: hier rechts muß ein Gut liegen, ich kann mich nicht auf den Namen besinnen; nennt mir die Güter, die hier rechts liegen.

Fromme. Buskow, Radensleben, Sommerfeld, Beetz, Karwe.

König. Recht! Karwe. Wem gehört das Gut?

Fromme. Dem Herrn von Knesebeck.

König. Ist er in Diensten gewesen?

Fromme. Ja! Lieutenant oder Fähnrich unter der Garde.

König. Unter der Garde? (an den Fingern zählend). Ihr habt recht, er ist Lieutenant unter der Garde gewesen! Das freut mich sehr, daß das Gut noch in Knesebeck'schen Händen ist. – Na! sagt mir einmal, der Weg, der hier den Berg hinauf geht, geht nach Ruppin, und hier links ist die große Straße nach Hamburg?

Fromme. Ja, Ihro Majestät!

König. Wißt Ihr, wie lang es ist, daß ich nicht bin hier gewesen?

Fromme. Nein!

König. Das sind dreiundvierzig Jahr! Kann ich Ruppin liegen sehen?

Fromme. Ja, Ihro Majestät, der Thurm, so hier rechts über die Tannen herüber sieht, ist Ruppin!

König (mit dem Glas aus dem Wagen lehnend). Ja, ja, das ist er, ich kenn' ihn noch. – Kann ich Tramnitz liegen sehen?

Fromme. Nein, Ihro Majestät. Tramnitz liegt zu weit links, dicht an Kyritz.

König. Werden wir's nicht sehen, wenn wir besser hinkommen?

Fromme. Es könnte sein, bei Neustadt, aber ich zweifle.

König. Das ist schade! Kann ich Bechlin liegen sehen?

Fromme. Jetzt nicht, Ihro Majestät; es liegt zu sehr im Grunde. Wer weiß, ob es Ihro Majestät gar werden sehen können?

König. Na! gebt Achtung, und wenn Ihr's seht, so sagts! – Wo ist der Beamte von Alten-Ruppin?

Fromme. In Protzen beim Vorspann wird er sein!

König. Können wir noch nicht Bechlin* liegen sehn?
Fromme. Nein!
König. Wem gehört's itzo?
Fromme. Einem gewissen Schönermark.
König. Ist er von Adel?
Fromme. Nein!
König. Wer hat's vor ihm gehabt?
Fromme. Der Feldjäger Ahrens; der hat's von seinem Vater ererbt. Das Gut ist immer in bürgerlicher Familie gewesen.
König. Das weiß ich! Wie heißt das Dorf hier vor uns?
Fromme. Walchow.
König. Wem gehört's?
Fromme. Ihnen, Ihro Majestät, unter dem Amte Alten-Ruppin.
König. Wie heißt das Dorf hier vor uns?
Fromme. Protzen.
König. Wem gehört's?
Fromme. Dem Herrn von Kleist.
König. Was ist das für ein Kleist?
Fromme. Ein Sohn vom General Kleist.
König. Von welchem General Kleist?
Fromme. Der Bruder von ihm ist Flügeladjutant bei Ihro Majestät gewesen, und steht itzt zu Magdeburg beim Kalkstein'schen Regiment, als Obristlieutenant.
König. Ha ha! von dem? die Kleiste kenn' ich recht gut. Ist dieser Kleist auch in Diensten gewesen?
Fromme: Ja, Ihro Majestät; er ist Fähnrich gewesen unter dem Prinz Ferdinand'schen Regiment.
König. Warum hat der Mann seinen Abschied genommen?
Fromme. Das weiß ich nicht!
König. Ihr könnt's mir sagen; ich suche nichts darunter. Warum hat der Mann seinen Abschied genommen?
Fromme. Ihro Majestät, ich kann's wirklich nicht sagen. –

Nun waren wir an Protzen heran. Ich wurde gewahr, daß der alte General von Zieten in Protzen vor dem Edelhofe stand. Ich ritt an den Wagen heran und sagte: Ihro Majestät, der Herr General von Zieten sind auch hier.

---

* Bechlin liegt nur eine Viertelmeile von Ruppin und war oft der Schauplatz der ausgelassenen Späße, die zur »kronprinzlichen Zeit« beim Regiment im Schwange waren. - Ein noch bevorzugterer Ort war das unmittelbar vorher genannte Tramnitz (vergl. weiterhin das gleichnamige Kapitel).

König. Wo? wo? o reitet vor, und sagt's den Leuten, sie sollen still halten; ich will aussteigen. –

Nun stiegen Ihro Majestät hier aus, und freuten sich außerordentlich über die Anwesenheit des Herrn Generals von Zieten, sprachen mit ihm und dem Herrn von Kleist über mancherlei Sachen, ob ihm die Abgrabung des Luchs geholfen? ob er die Viehseuche gehabt? und empfahl das Steinsalz gegen die Viehseuche. Mit einemmal gingen Ihro Majestät bei Seite, kamen wieder und riefen: Amtmann! (dicht am Ohr) »Wer ist der dicke Mann da mit dem weißen Rock?« (Ich ebenfalls dicht am Ohr) »Ihro Majestät, es ist der Landrath von Quast auf Radensleben vom Ruppinischen Kreise.«

König. Schon gut!

Nun gingen Ihro Majestät wieder zum General von Zieten und Herrn von Kleist, und sprachen von verschiedenen Sachen. Herr von Kleist präsentirte Seiner Majestät sehr schöne Früchte. Sie bedankten sich; mit einemmal drehten Sie sich um und sagten: »Serviteur, Herr Landrath!« Als nun selbiger auf Ihro Majestät zugehen wollte, sagten Ihro Majestät: »Bleib er nur da, ich kenn' ihn, er ist der Landrath von Quast!«

Nun war angespannt. Ihro Majestät nahmen recht zärtlichen Abschied von dem alten General von Zieten, empfahlen sich den übrigen, und fuhren fort. Ob nun wohl Ihro Majestät in Protzen die Früchte nicht annahmen, so nahmen doch Dieselben, so wie wir aus Protzen waren, ein Butterbrod für sich und für den Herrn General Grafen von Görz aus der Wagentasche, und aßen während des Fahrens immer Pfirsich. Beim Wegfahren glaubten Ihro Majestät, ich würde zurückbleiben, und riefen aus dem Wagen: »Amtmann, kommt mit!«

König. Wo ist der Beamte von Alten-Ruppin?

Fromme. Er wird vermuthlich krank sein, sonst wär' er in Protzen beim Vorspann gewesen.

König. Na! sagt mir einmal, wißt Ihr wirklich nicht, warum der Kleist zu Protzen seinen Abschied genommen?

Fromme. Nein, Ihro Majestät, ich weiß es wahrhaftig nicht.

König. Wie heißt das Dorf hier vor uns?

Fromme. Manker.

König. Wem gehört's?

Fromme. Ihnen, Ihro Majestät, unter dem Amt Alten-Ruppin.

König. Hört einmal, wie seid Ihr mit der Ernte zufrieden?

Fromme. Sehr gut, Ihro Majestät!

König. Sehr gut? und mir haben sie gesagt, sehr schlecht!

Fromme. Ihro Majestät, das Wintergetreide ist etwas erfroren; aber das Sommergetreide steht dafür so schön, daß es den Schaden beim Wintergetreide reichlich ersetzt.

(Nun sahen Ihro Majestät auf den Feldern Mandel an Mandel.)

König. Es ist eine gute Ernte, Ihr habt Recht; es steht ja Mandel bei Mandel hier!

Fromme. Ja, Ihro Majestät; und hier setzen die Leute noch dazu Stiege.

König. Was ist das, Stiege?

Fromme. Das sind zwanzig Garben zusammen gesetzt!

König. Oh, es ist unstreitig eine gute Ernte. – Aber sagt mir doch, warum hat der Kleist aus Protzen seinen Abschied genommen?

Fromme. Ihro Majestät, ich weiß es nicht! Mir deucht, er hat vom Vater müssen die Güter annehmen. Ein andre Ursach weiß ich nicht.

König. Wie heißt das Dorf hier vor uns?

Fromme. Garz.

König. Wem gehört's?

Fromme. Dem Kriegsrath von Quast.

König. Wem gehört's?

Fromme. Dem Kriegsrath von Quast.

König. Ei was! Ich will von keinem Kriegsrath was wissen! Wem gehört das Gut?

Fromme. Dem Herrn von Quast.

König. Na! das ist recht geantwortet. –

Nun kamen Ihro Majestät in Garz an! Die Umspannung besorgte Herr von Lüderitz aus Nakel, als erster Deputirter des Ruppin'schen Kreises. Dieser hatte einen Hut auf mit einer weißen Feder! Als nun die Anspannung geschehen war, ging die Reise gleich fort.

König. Wem gehört das Gut hier links?

Fromme. Dem Herrn von Lüderitz; es heißt Nakel.

König. Was ist das für ein Lüderitz?

Fromme. Ihro Majestät, der in Garz beim Vorspann war.

König. Haha! der Herr mit der weißen Feder. – Säet Ihr auch Weizen?

Fromme. Ja, Ihro Majestät.

König. Wie viel habt Ihr ausgesäet?

Fromme. Drei Wispel, zwölf Scheffel.

König. Wie viel hat Euer Vorfahr ausgesäet?

Fromme. Vier Scheffel.

König. Wie geht das zu, daß Ihr so viel mehr säet, als Euer Vorfahr?

Fromme. Wie ich schon die Gnade gehabt, Ihro Majestät zu sagen, daß ich siebenzig Stück Kühe mehr halte, als mein Vorfahr, mithin meinen Acker besser in Stand setzen und Weizen säen kann!

König. Aber warum bauet Ihr keinen Hanf?

Fromme. Er geräth hier nicht. In kaltem Klima geräth er besser. Unsere Seiler können den russischen Hanf in Lübeck wohfeiler kaufen, und besser, als ich ihn bauen kann.

König. Was säet Ihr denn dahin, wo Ihr sonst Hanf hinsäet?

Fromme. Weizen!

König. Warum bauet Ihr aber kein Färbekraut, keinen Krapp?

Fromme. Er will nicht fort, der Boden ist nicht gut genug.

König. Das sagt Ihr nur so: Ihr hättet sollen die Probe machen.

Fromme. Das hab' ich gethan; allein sie ist mir fehlgeschlagen, und als Beamter kann ich viel Proben nicht machen; denn wenn sie fehlschlagen, muß doch die Pacht bezahlt sein.

König. Was säet Ihr denn dahin, wo Ihr würdet Färbekraut hinbringen?

Fromme. Weizen!

König. Na! so bleibt beim Weizen! Eure Unterthanen müssen recht gut im Stande sein?

Fromme. Ja, Ihro Majestät! Ich kann aus dem Hypothekenbuche beweisen, daß sie an fünfzig tausend Thaler Kapital haben.

König. Das ist gut!

Fromme. Vor drei Jahren starb ein Bauer, der hatte eilf tausend Thaler in der Bank.

König. Wie viel?

Fromme. Eilf tausend Thaler.

König. So müßt Ihr sie auch immer erhalten!

Fromme. Ja! es ist recht gut, Ihro Majestät, daß der Unterthan Geld hat; aber er wird auch übermüthig, wie die hiesigen Unterthanen, welche mich schon siebenmal bei Ihro Majestät verklagt haben, um vom Hofedienst frei zu sein.

König. Sie werden auch wohl Ursach dazu gehabt haben.

Fromme. Sie werden gnädigst verzeihen: es ist eine Untersuchung gewesen, und ist befunden, daß ich die Unterthanen nicht gedrückt, sondern immer Recht gehabt, und sie nur zu ihrer

Schuldigkeit angehalten habe! dennoch bleibt die Sache, wie sie ist: die Bauern werden nicht bestraft; Ihro Majestät geben den Unterthanen immer Recht, und der arme Beamte muß Unrecht haben!

König. Ja! daß Ihr Recht bekommt, mein Sohn, das glaub' ich wohl: Ihr werdet Euerm Departementsrath brav viel Butter, Kapaunen und Puters schicken.

Fromme. Nein, Ihro Majestät, das kann man nicht; das Getreide gilt nichts. Wenn man für andre Sachen nicht einen Groschen Geld einnähme, wovon sollte man die Pacht bezahlen?

König. Wohin verkauft Ihre eure Butter, Kapaunen und Puters?

Fromme. Nach Berlin.

König. Warum nicht nach Ruppin?

Fromme. Die mehrsten Bürger halten Kühe, so viel als sie zu ihrem Aufwand brauchen! Der Soldat ißt alte Butter; der kann die frische nicht bezahlen!

König. Was bekommt Ihr für die Butter in Berlin?

Fromme. Vier Groschen für das Pfund. Der ruppinische Soldat aber kauft die alte Butter für zwei das Pfund.

König. Aber eure Kapaunen und Puter könnt Ihr doch nach Ruppin bringen?

Fromme. Beim ganzen Regiment sind nur vier Stabsoffiziere, die gebrauchen nicht viel! und die Bürger leben nicht delicat; die danken Gott, wenn sie Schweinefleisch haben.

König. Ja, da habt Ihr Recht! die Berliner essen gern was Delicates. – Na! macht mit den Unterthanen, was Ihr wollt; nur drückt sie nicht!

Fromme. Ihro Majestät, das wird mir nicht einfallen, und keinem rechtschaffnen Beamten.

König. Sagt mir einmal, wo liegt hier Stölln?

Fromme. Stölln können Ihro Majestät nicht sehen. Die großen Berge dort links sind die Berge bei Stölln, auf welchen Ihro Majestät alle Kolonien übersehen können!

König. So? das ist gut! dann reitet mit bis dahin. –

Nun kamen Ihro Majestät an eine Menge Bauern, die Roggen mäheten, zwei Glieder machten, die Sensen strichen, und Ihro Majestät so durchfahren ließen.

König. Was Teufel wollen die Leute? die wollen wohl gar Geld von mir haben?

Fromme. O nein, Ihro Majestät! Sie sind voll Freuden, daß Sie so gnädig sind, und die hiesige Gegend bereisen.

König. Ich werd' ihnen auch nichts geben! Wie heißt das Dorf hier vorn?

Fromme. Barsikow.

König. Wem gehört's?

Fromme. Dem Herrn von Mütschefall.

König. Was ist das für ein Mütschefall?

Fromme. Er ist Major gewesen unter dem Regiment, das Ihro Majestät als Kronprinz gehabt haben.

König. Mein Gott! lebt er noch?

Fromme. Nein; er ist todt, die Tochter hat das Gut. –

Nun kamen wir in's Dorf Barsikow, wo der Edelhof eingefallen ist.

König. Hört! Ist das der Edelhof?

Fromme. Ja!

König. Das sieht ja elend aus! – Hört einmal: den Leuten geht's hier wohl nicht gut?

Fromme. Recht schlecht, Ihro Majestät! Es ist die größte Armuth.

König. Das ist mir leid! – Sagt mir doch; es wohnte hier vor diesem ein Landrath. Er hatte viel Kinder: könnt Ihr euch nicht auf ihn besinnen ?

Fromme. Es wird der Landrath von Jürgaß zu Ganzer gewesen sein.

König. Ja, ja! der ist's gewesen. Ist er schon todt?

Fromme. Ja, Ihro Majestät. Er ist 1771 gestorben und es war was Besondres damit: in vierzehn Tagen starb er, seine Frau, die Fräulein, und vier Söhne. Die andern vier Söhne mußten dieselbe Krankheit ausstehen, die wie ein hitzig Fieber war, und obwohl die Söhne, weil sie in Diensten waren, in verschiedenen Garnisonen standen und kein Bruder zum andern kam, so bekamen sie alle viere doch dieselbe Krankheit und kamen nur so eben mit dem Leben davon.

König. Das ist ein verzweifelter Umstand gewesen! Wo sind die noch lebenden vier Söhne?

Fromme. Einer unter Zieten-Husaren, einer unter den Gensd'armes! Einer ist unter dem Prinz-Ferdinand'schen Regiment gewesen, und wohnt auf dem Gute Dessow. Der vierte ist der Schwiegersohn vom Herrn General von Zieten. Er war Lieutenant beim Zieten'schen Regiment! Ihro Majestät haben ihm aber in diesem letzten Kriege, wegen seiner Kränklichkeit, den Abschied gegeben; nun wohnt er in Ganzer.

König. So? Ist das schon einer von den Jürgassen? – Macht Ihr sonst noch Proben mit ausländischem Getreide?

Fromme. O ja! Dieses Jahr habe ich spanische Gerste gesäet. Allein sie will nicht recht einschlagen; ich gehe wieder ab. Aber den holsteinischen Staudenroggen find' ich gut!

König. Was ist das für Roggen?

Fromme. Er wächst im Holsteinischen in der Niederung. Unterm zehnten Korn hab ich ihn noch nie gehabt!

König. Nu, nu! nicht gleich das zehnte Korn!

Fromme. Das ist nicht viel! Belieben Ihro Majestät den Herrn General von Görz zu fragen, die werden Ihnen sagen, daß dies im Holsteinischen nicht viel ist. –

Nun sprachen Sie in dem Wagen eine Weile von dem Roggen. Mit einemmal riefen Ihro Majestät aus dem Wagen: Na! so bleibt bei den Holsteinischen Staudenroggen, und gebt den Unterthanen auch welchen.

Fromme. Ja, Ihro Majestät!

König. Aber macht mir einmal eine Idee: wie hat das Luch ausgesehen, ehe es abgegraben war?

Fromme. Es waren lauter hohe Hüllen, dazwischen setzte sich das Wasser. Bei den trockensten Jahren konnten wir das Heu nicht herausfahren, sondern wir mußten's in großen Miethen setzen. Im Winter nur, wenn's scharf gefroren hatte, konnten wir's herausfahren. Nun aber haben wir die Hüllen herausgehauen, und die Gräben, die Ihro Majestät machen lassen, ziehen das Wasser ab. Nun ist das Luch so trocken, wie Ihro Majestät sehen, und wir können unser Heu herausfahren, wann wir wollen.

König. Das ist gut! Halten Eure Unterthanen auch mehr Vieh wie sonst?

Fromme. Ja!

König. Wie viel wohl mehr?

Fromme. Mancher eine Kuh, mancher zwo, nachdem es sein Vermögen verstattet.

König. Aber wie viel halten sie wohl sämmtlich mehr? ohngefähr nur!

Fromme. Bis einhundert und zwanzig Stück!

Nun mußten Ihro Majestät wohl den Herrn General von Görz gefragt haben, woher ich ihn kennte? weil ich wegen des holsteinischen Roggens zu Ihro Majestät sagte: Sie möchten nur den General nach dem Roggen fragen; und hat der Herr General vermuthlich, der Wahrheit gemäß, geantwortet: daß er mich im Holsteinischen kennengelernt, und daß ich daselbst Pferde gekauft hätte, auch in Potsdam mit Pferden gewesen wäre. Mit einemmal sagten Ihro Majestät:

Hört! Ich weiß, Ihr seid ein Liebhaber von Pferden. Geht aber ab davon und zieht Euch Kühe dafür; Ihr werdet Eure Rechnung besser dabei finden.

Fromme. Ihro Majestät, ich handle nicht mehr mit Pferden. Ich ziehe mir nur etliche Füllen alle Jahr.

König. Zieht Euch Kälber dafür, das ist besser!

Fromme. Oh, Ihro Majestät, wenn man sich Mühe giebt, ist kein Schade bei der Pferdezucht. Ich kenne jemand, welcher vor zwei Jahren tausend Thaler für einen Hengst von seinem Zuwachs bekam.

König. Der ist ein Narr gewesen, der sie gegeben hat!

Fromme. Ihro Majestät, es war ein Mecklenburgischer Edelmann.

König. Er ist aber doch ein Narr gewesen. –

Nun kamen wir auf das Territorium des Amts Neustadt, wo der Amtsrath Klausius, der das Amt in Pacht hat, auf der Grenze hielt, und Ihro Majestät vorbeireisen ließ. Weil mir aber das Sprechen schon sehr sauer wurde, Ihro Majestät immer nach den Dörfern fragte, so hier in Menge sind, und ich immer den Gutsbesitzer mit nennen und sagen mußte, welche von ihnen Söhne im K. Dienst hätten, so holt' ich den Herrn Amtsrath Klausius an den Wagen heran und sagte: Ihro Majestät, das ist der Amtsrath Klausius vom Amt Neustadt, unter dessen Jurisdiktion die Kolonien stehen.

König. So, so! das ist mir lieb! Laßt ihn herkommen!* – Wie heißt Ihr?

Amtsrath. Klausius!

König. Klau-si-us. Na, habt Ihr viel Vieh hier auf den Kolonien?

Amtsrath: Achtzehnhundert sieben und achtzig Stück Kühe. Ihro Majestät! Es würden weit über dreitausend sein, wenn nicht die Viehseuche gewesen wäre.

König. Vermehren sich auch die Menschen gut? giebt's brav Kinder?

Amtsrath: O ja, Ihro Majestät; es sind itzt funfzehnhundert sechs und siebenzig Seelen auf den Kolonien!

König. Seid Ihr auch verheirathet?

Amtsrath: Ja, Ihro Majestät!

---

* »Von hier an«, so bemerkt Fromme, »sprach der König meist mit dem Amtsrath Klausius und ich (Fromme) schreibe nur, was ich selbst noch so nebenbei gehört habe.«

König. Habt Ihr auch Kinder?

Amtsrath: Stiefkinder, Ihro Majestät!

König: Warum nicht eigene?

Amtsrath. Das weiß ich nicht, Ihro Majestät, wie das zugeht.

König (zu mir). Hört: ist die Mecklenburgische Grenze noch weit von hier?

Fromme. Nur eine kleine Meile. Es sind aber nur etliche Dörfer, die mitten im Brandenburgischen liegen. Sie heißen Netzeband und Rossow.

König. Ja, ja! sie sind mir bekannt. Das hätt' ich aber doch nicht geglaubt, daß wir so nah am Mecklenburgischen wären. (Zum Herrn Amtsrath Klausisus.) Wo seid Ihr geboren?

Amtsrath. Zu Neustadt an der Dosse.

König: Was ist Euer Vater gewesen?

Amtsrath. Prediger.

König. Sind's gute Leute, die Kolonisten? die erste Generation pflegt nicht viel zu taugen!

Amtsrath: Es geht noch an.

König: Wirthschaften sie gut?

Amtsrath. O ja, Ihro Majestät! Ihro Excellenz, der Minister von Derschau, haben mir auch eine Kolonie von fünf und siebenzig Morgen gegeben, um den andern Kolonisten mit gutem Exempel vorzugehen.

König (lächelnd). Haha! mit gutem Exempel! Aber sagt mir, ich sehe ja hier kein Holz; wo holen die Kolonisten ihr Holz her?

Amtsrath: Aus dem Ruppinischen.

König. Wie weit ist das?

Amtsrath. Drei Meilen.

König. Das ist doch sehr weit! da hätte müssen gesorgt werden, daß sie's näher hätten! (zu mir). Was ist das für ein Mensch, der da rechts?

Fromme. Der Bauinspector Menzelius, der hier die Bauten in Aufsicht gehabt hat.

König. Bin ich denn hier in Rom? es sind ja lauter lateinische Namen! Warum ist das hier so hoch eingezäunt?

Fromme. Es ist das Maulthiergestüte.

König. Wie heißt die Kolonie?

Fromme. Klausiushof.

Amtsrath. Ihro Majestät, sie kann auch Klaushof heißen.

König. Sie heißt Klau-si-ushof. Wie heißt da die andere Kolonie?

Fromme. Brenkenhof.

König: So heißt sie nicht.

Fromme. Ja, Ihro Majestät; ich weiß es nicht anders!

König. Sie heißt Bren-ken-ho-fi-ushof; – Sind das die Stöllnschen Berge, die da vor uns liegen?

Fromme. Ja, Ihro Majestät!

König. Muß ich durch's Dorf fahren?

Fromme. Es ist eben nicht nöthig; aber der Vorspann steht drinn. Wenn Ihro Majestät befehlen, so will ich vorreiten und den Vorspann aus dem Dorf heraus nehmen, und hinter die Berge legen.

König. O ja, das thut! Nehmt Euch einen von meinen Pagen mit. –

Nun besorgte ich den Vorspann, richtete mich aber doch so ein, daß, sobald Ihro Majestät auf den Bergen waren, ich auch da war. Als Ihro Majestät ausstiegen aus dem Wagen, ließen Sie sich einen Tubum geben und besahen die ganze Gegend, und sagten dann: Das ist wahr, das ist wider meine Erwartung! das ist schön! Ich muß Euch das sagen, alle, die Ihr daran gearbeitet habt! Ihr seid ehrliche Leute gewesen! (Zu mir.) Sagt mir mal: Ist die Elbe weit von hier?

Fromme. Ihro Majestät, sie ist zwo Meilen von hier! Da liegt Werben in der Altenmark, dicht an der Elbe.

König. Das kann nicht sein! Gebt mir den Tubum noch einmal her. – Ja, ja; es ist doch wahr! Aber was ist das andre für ein Thurm?

Fromme. Ihro Majestät, es ist Havelberg.

König. Na! Kommt alle her! (Es waren der Amtsrath Klausius, der Bauinspector Menzelius und ich.) Hört einmal, der Fleck Bruch, hier links, soll auch noch urbar gemacht werden, und was hier rechts liegt, ebenfalls, soweit als der Bruch geht. Was steht für Holz drauf?

Fromme. Elsen und Eichen, Ihro Majestät!

König. Na! die Elsen können gerodet werden, und die Eichen, die können stehen bleiben; die können die Leute verkaufen, oder sonst nutzen! Wenn's urbar ist, dann rechne ich so dreihundert Familien und fünfhundert Stück Kühe; nicht wahr?

Nun antwortete keiner; zuletzt fing ich an und sagte:

Ja, Ihro Majestät; vielleicht!

König. Hört mal, Ihr könnt mir sicher antworten: Es werden mehr oder weniger Familien! Das weiß ich wohl, daß man das so ganz genau sogleich nicht sagen kann. Ich bin nicht da gewesen, kenne das Terrain nicht; sonst versteh ich's so gut wie Ihr, wie viel Familien angesetzt werden können.

Bauinspector. Ihro Majestät, das Luch ist aber noch in großer Gemeinschaft.

König. Das schadet nicht! Man muß eine Vertauschung machen, oder ein Aequivalent dafür geben, wie sich's thun läßt am besten. Umsonst verlang ich's nicht. (Zum Amtsrath Klausius.) Na! Hört mal, Ihr könnt's an meine Kammer schreiben, was ich urbar will gemacht haben; das Geld dazu geb ich! (Zu mir.) Und Ihr geht nach Berlin und sagt es meinem Geheimen Rath Michaelis mündlich, was ich noch urbar will gemacht haben. –

Nun setzten Ihro Majestät sich in den Wagen, und fuhren den Berg hinunter; es wurd' umgespannt. Weil nun Ihro Majestät befohlen hatten, daß ich bis an die Stöllnschen Berge Sie begleiten sollte, so ging ich an den Wagen und fragte: Befehlen Ihro Majestät, daß ich noch weiter mit soll?

König. Nein, mein Sohn; reitet in Gottes Namen nach Hause! –

So weit die Unterredung, die Fromme größtenteils direkt mit dem Könige geführt. Er fügt aber seinem Bericht noch einiges hinzu, was er nachträglich über den Verlauf der Reise erfahren hat. Dies lautet in Frommes Aufzeichnungen (an Gleim) wie folgt:

Herr Amtsrath Klausius brachte sodann Ihro Majestät bis nach Rathenow, wo Sie im Posthause logirt haben. In Rathenow sind Ihro Majestät über Tafel ungemein vergnügt gewesen, haben mit dem Herrn Obristlieutenant von Backhoff von den Karabiniers gespeist und haben der Herr Obristlieutenant von Backhoff selbst erzählt, daß Ihro Majestät gesagt hätten:

Mein lieber Backhoff! ist Er lange nicht in der Gegend von Fehrbellin gewesen, so reise er hin! Die Gegend hat sich ungemein verbessert. Ich hab' in langer Zeit mit solch einem Vergnügen nicht gereist. Ich nahm die Reise mir vor, weil ich keine Revüe hatte, und es hat mir so sehr gefallen, daß ich gewiß wieder künftig solch eine Reise vornehmen werde! – Hör' Er mal: wie ist es ihm gegangen im letzten Kriege? Vermuthlich schlecht! Ihr habt in Sachsen auch nichts ausgerichtet ... Ich hätte können was ausrichten; allein ich hätte mehr als die Hälfte meiner Armee aufgeopfert und unschuldig Menschenblut vergossen. Aber dann wär' ich werth gewesen, daß man mich vor die Fähndel-Wache gelegt, und mir einen öffentlichen Produkt gegeben hätte. Die Kriege werden fürchterlich zu führen. –

Nachher haben Ihro Majestät gesagt:

»Von der Schlacht bei Fehrbellin bin ich so orientiert, als wenn ich selbst dabei gewesen wäre! Als ich noch Kronprinz war, und in Ruppin stand, da war ein alter Bürger, der Mann war schon sehr alt! der wußte die ganze Bataille zu beschreiben und kannte den Wahlplatz sehr gut! Einmal setzt' ich mich in den Wagen, nahm meinen alten Bürger mit, welcher mir dann alles zeigte, so genau, daß ich sehr zufrieden war mit ihm. Als ich nun wieder nach Hause reiste, dacht' ich, du mußt doch deinen Spaß mit dem Alten haben! Da fragte ich ihn ›Vater, wißt ihr denn nicht, warum die beiden Herren sich miteinander gestritten haben?‹ ›O jo, Ihro Königliche Hoheiten, dat will ick se wohl seggen. As unse Chorförst is jung west, hat he in Utrecht studeert, und doa is de König von Schweden as Prinz ok west. Doa hebben nu de beede Herrn sich vertörnt und hebben sich bi de Hoar' kricht. Un dat is nu de Pike davon!‹ «

Ihro Majestät haben wirklich so plattdeutsch gesprochen.

Weiter kann ich von der Reise keine Beschreibung machen. Denn Ihro Majestät haben zwar noch viel gesagt und gefragt, es würd' aber wohl schwer sein, es alles zu Papier zu bringen.

NEUSTADT A. D.

Auf der langen Bohlenbrücke
Drüber unsre Schritte dröhnen,
Wandeln wir mit heitrem Blicke
In die Stadt; kühl sind die Straßen,
Blank die Steine, kannst du's fassen?
Du betrittst sie ganz alleine.

Wer kennte nicht Neustadt? Aber wenn es einerseits zu den Städten gehört, von denen die Welt nur den Bahnhof kennt, so gehört es andererseits zu denen, die beständig verwechselt werden.

Uns gegenüber im Kupee sitzt eine blasse Dame von sechsunddreißig und mustert abwechselnd das Bahnhofstreiben und das Bahnhofsgebäude.

»Neustadt an der Dosse... Hier ist ja wohl eine Forstakademie?«

Der Angeredete, den ich meinen Lesern kurzweg als einen Onkel Bräsig der Neustädter Territorien vorstellen möchte, verbeugt sich artig und antwortet: Nein, meine Gnädigste, die Forstakademie ist in Neustadt-Eberswalde.

Richtig. Ich meinte ein Irrenhaus.

Bitte um Entschuldigung, das ist auch in Neustadt-Eberswalde.

Aber ich dächte doch ...

Ganz richtig, hier ist ein Gestüt.

Ein Gestüt?

Ja. Sehen sie dort.

Aber mein Gott, das ist ja eine Kirche.

Verzeihung, ich meine weiter links, dort wo die Pappeln stehen.

Ah, so; dort.

Es gibt nämlich, wenn Sie sich dafür interessieren ...

Oh, bitte.

... ein Königliches und ein Landesgestüt, und durch Heranziehung arabischer ...

Ah, so ... Wie weit haben wir noch bis Wittenberge?

*

Der Zug rasselt inzwischen weiter. Nur der Leser und ich sind ausgestiegen, um Neustadt, an dem wir zahllose Male vorübergefahren, endlich auch in der Nähe kennenzulernen. Ein anmutiger Spaziergang, bei sinkender Septembersonne, führt uns ihm entgegen. Unterwegs, von einer Brückenwölbung aus, erfreut uns der Blick über einen weiten Wiesengrund und die kanalartig regulierte Dosse. Fünf Minuten später haben wir die Stadt erreicht, eine einzige Straße, darauf rechtwinklig eine andere mündet. Da, wo sich beide berühren, erweitern sie sich und bilden einen Marktplatz, an dem die »Amtsfreiheit« und die Kirche gelegen sind. Am äußersten Ende der Längsstraße das Gestüt. Auf einen Besuch dieser berühmten Vorbereitungsstätte für unsere Kavalleriesiege verzichten wir und begnügen uns damit, unsere Aufmerksamkeit auf Stadt und Vorstadt, und insonderheit auf die Geschichte beider zu richten.

Diese (wenigstens bis in die zweite Hälfte des siebzehnten Jahrhunderts) ist in wenig Zeilen erzählt.

Burg oder Schloß Neustadt gehörte 1375, wie das Landbuch Kaiser Karls IV. ausweist, dem Lippold von Bredow. Später an die Ruppiner Grafen übergehend, war es zeitweilig den Quitzows, den Bredows, den Rohrs verpfändet, bis es, nach dem Erlöschen des gräflichen Hauses nach Lindow-Ruppin (1524) dem Kurfürsten zufiel. Aber neue Pfandinhaber folgten, und erst 1584 kam es erb- und eigentümlich an Reimar von Winterfeld. Die Winterfelds besaßen es bis zu Beginn des Dreißigjährigen Krieges, an dessen Ende wir Neustadt plötzlich in eine Epoche berühmter historischer Namen eintreten sehen. Es waren dies:

Feldmarschall Graf Königsmarck von 1644–1662;

Prinz Friedrich von Hessen-Homburg von 1662–1694;

Eberhard von Danckelmann (nicht als Besitzer, aber als kurfürstlicher Amtshauptmann) von 1694–1697.

Nach dieser Zeit hören die historischen Namen wieder auf und »Amt Neustadt« wird ein kurfürstliches resp. königliches Amt wie andere mehr.

Aus der Graf Königsmarckschen Zeit ist wenig zu berichten. Der Graf hat mutmaßlich seine Neustädter Besitzungen nie gesehen, begnügte sich vielmehr damit, sie durch seinen Regimentsquartiermeister Liborius Eck in allerdings mustergültiger Weise verwalten zu lassen. 1662 ging das Gut, wie schon vorstehend erwähnt, an den Hessen-Homburger Prinzen über, wodurch ein Zeitabschnitt eingeleitet wurde, bei dem wir eingehender zu verweilen haben werden.

Prinz Friedrich von Hessen-Homburg

Nehmt den besten Reiterhaufen,
Folgt dem Feind und macht ihn laufen,
Aber laßt Euch nicht verleiten,
Ernstlich Euch herumzustreiten.

Prinz Friedrich von Hessen-Homburg, dies sei voraus bemerkt, war vor allem nicht der, als der er uns in dem Heinrich von Kleistschen Schauspiel entgegentritt. Der Heinrich von Kleistsche und der historische Prinz von Homburg verhalten sich zueinander wie der Goethesche und der historische Egmont. Sie waren in der Zeit, wo sie hervortraten, keine Liebhaber und keine Leichtfüße mehr, vielmehr ernste Leute von mittleren Jahren und reichem Kindersegen, überhaupt ebenso gute Ehemänner wie Patrioten.

Unser Prinz Friedrich ward am 9. Juni 1633 geboren. Er war der zweite Sohn des Landgrafen Friedrich von Hessen, des Stifters der Homburgischen Linie. Er trat jung in schwedischen Dienst, war 1659 mit vor Kopenhagen und verlor bei dieser Belagerung ein Bein. Dasselbe wurde künstlich ersetzt, weshalb er seitdem der »Prinz mit dem silbernen Bein« hieß. Neben Götz von Berlichingen wohl der einzige Fall einer derartigen Namensgebung. Die Belagerung von Kopenhagen fiel in die glänzende Regierungszeit Karl Gustavs von Schweden, nach dessen plötzlichem Tode, 1660, unser Homburger Prinz sich zurückgesetzt fühlte, weshalb er denn auch den Abschied nahm. Wahrscheinlich 1661.

Um eben diese Zeit (1661) hatte er sich mit der Gräfin Margarete Brahe, die übrigens bereits Witwe zweier Grafen Oxenstierna war, vermählt, und übersiedelte nach Weferlingen, einem schönen Gute im Magdeburgischen, das ihm durch seine Gemahlin zugebracht worden war. Hier, von Weferlingen aus, kam er an den Berliner Hof, trat in die Armee des Kurfürsten, erhielt ein Regiment und wurde später, 1770, zum General der Kavallerie erhoben.

Ziemlich gleichzeitig mit seinem Eintritt in unsere Armee hatte er sich auch im Brandenburgischen ansässig gemacht und Amt Neustadt, das, wie wir wissen, seit 1644 in Händen des Grafen Hans Christoph von Königsmarck war, von eben diesem erstanden. Dies war 1662. Er nahm nun, wenigstens zeitweilig, seinen Aufenthalt an genanntem Ort, und alles, was Neustadt in diesem Augenblick ist, ist es im wesentlichen durch Prinz Friedrich von Hessen-Homburg. Er besaß es zweiunddreißig Jahre lang, aber nur sechzehn Jahre (bis 1678) konnte er ihm seine besondere Aufmerksamkeit widmen. Diese sechzehn Jahre genügten jedoch. Ja, wenn dieser Zeitabschnitt auch noch wieder halbiert worden wäre, würde dadurch an dem Gesamtresultate seines Schaffens an eben dieser Stelle nichts Erhebliches geändert worden sein, denn er griff so rasch und energisch ein, daß bereits zwei, höchstens vier Jahre nach Übernahme des Besitzes all das begonnen war, was spätere Jahrzehnte nur glänzender hinausführten. Auf dies »erste Beginnen« kommt es allezeit an. Ob dasselbe, mal auf mal, bei ihm selber oder bei seiner Gemahlin, der Gräfin Brahe, oder aber bei dem schon rühmlich erwähnten Amtsverwalter Liborius Eck lag, den er, als einen höchst fähigen Administrator aus der Königsmarckschen Zeit her, mit übernommen hatte, gilt gleich; die oberste Herrschaft gibt den Namen und die Hessen-Homburgische Zeit ist und bleibt die große Epoche von Neustadt.

Bei Übernahme des Gutes bestand es aus sieben Bauernhöfen, einer Schmiede und einer Mühle, war also kleiner als das kleinste Dorf. Die Bewohner zahlten keine Abgaben, hatten aber Dienste auf dem Amte zu leisten. Das war das Neustadt von 1662. Zwei

Jahre später (1664) bestand es bereits aus siebenundvierzig Bürgerhäusern und einer Vorstadt, in welcher letzteren sich weitere fünfundzwanzig Familien niedergelassen hatten; dem Orte selbst aber war auf Antrag des rastlosen und bei Hofe einflußreichen Prinzen Stadtgerechtigkeit und das Recht, zwei Jahrmärkte abhalten zu dürfen, zugestanden worden. Das gleichzeitig empfangene Wappen setzte sich links aus einem Elentier, rechts aus einem springenden Löwen zusammen, wovon sich der Löwe mutmaßlich auf den Prinzen, das Elentier auf die Stadt bezog.

Aber bei dem bloßen Bauen und Stellenbesetzen ließ es der Prinz nicht bewenden, vielmehr ging durch seine ganze Tätigkeit ein organisatorischer Zug, dem es nicht genug war, überhaupt etwas zu tun, sondern vor allem das praktisch Richtige zu tun. Das nächste war eine Regulierung der Dosse, die damals, wie noch jetzt die Spree im Spreewald, in zahllosen Armen durch die Dosseniederung floß. Der herrliche Wiesenstand, der auf diese Weise gewonnen wurde, leitete zu sorgsamer und eifriger Pferdezucht und dadurch zu den Anfängen der späteren Gestüte hinüber. Der Raseneisenstein, der sich vorfand, ließ eine Eisenhütte, der reiche Holzbestand eine Glashütte entstehen, an der Dosse selbst hin aber erwuchsen einerseits Schleifereien für das gewonnene Glas, andererseits Papier- und Schneidemühlen. Wer Kolonisierung studieren will, muß die Geschichte von Mark Brandenburg studieren. Aber wenn die ganze Provinz nach dieser Seite hin ein sehr lehrreiches Beispiel bietet, so bietet vielleicht unser Neustadt von 1662–1666 ein Muster unter den Musterstücken.

Das Jahr 1666 schien freilich ausersehen, alles wieder in Frage zu stellen. Die siebenundvierzig Bürgerhäuser brannten nieder, mit ihnen das Amt, das mutmaßlich dem Prinzen als Wohnung gedient hatte. Zugleich auch die reformierte Kapelle. Eine Stadtkirche gab es noch nicht. Erhalten blieben (vorläufig) nur die vorstädtischen Fabrikbezirke, soweit von »Vorstadt« und »Fabrikbezirken« damals die Rede sein konnte.

Prinz Friedrich indes, tapfrer Soldat der er war, ließ sich diesen Unheilstag nicht allzuschwer anfechten, und die niedergebrannte Stadt wurde schöner und größer wieder aufgebaut. Von einem Rathausbau sah er vorläufig ab und nur der Errichtung eines Gotteshauses schenkte er seine volle Aufmerksamkeit. Schon 1673 konnte der Grundstein zur Kirche gelegt, 1686 dieselbe geweiht werden. Lange vorher jedoch hatten sich Ereignisse zugetragen, zu denen – wenn auch nicht die Stadt Neustadt als solche – so doch ihr Besitzer, der Prinz, in die nächsten Beziehungen getreten war.

Diesen Ereignissen wenden wir uns jetzt zu.

Der Dienst, selbstverständlich, hielt den Prinzen monatelang von seinem geliebten und mit Vorliebe gepflegten Neustadt fern. War dies schon in ruhigen Zeiten der Fall, so vollends in Kriegszeiten, wie sie seit 1674 wieder angebrochen waren. Der Prinz befand sich (1675) mit seinem kurfürstlichen Herrn im Elsaß, danach in Franken, allwo den 18. Mai, im Lager vor Schweinfurt, die Nachricht vom Einfall der Schweden in die Mark Brandenburg eintraf. Der Kurfürst brach sofort auf, mit ihm der Prinz. Am 11. Juni war er in Magdeburg, am 14. vor Rathenow, und nahm von hier aus, nach Erstürmung eben dieser Stadt durch Derfflinger, an jener berühmt gewordenen Verfolgung teil, die der schwedischen Armee schon am 16. und 17. in verschiedenen Avantgarden-Gefechten erhebliche Verluste beibrachte. Am 17. waren die verfolgenden Brandenburger bis Nauen gekommen. Von hier aus schrieb unser Prinz, dem für den nächsten Tag eine so bedeutende Rolle vorbehalten war, an seine Gemahlin folgenden Brief:

»Meine Engelsdicke*, wir seint braff auf der jacht mit den Herren Schweden, sie seint hier beim passe Nauen diesen morgen übergegangen, musten aber bei 200 Todten zurückelassen von der arrier guarde; jenseits haben wir bei Fer-Berlin alle brücken abgebrannt und alle übriche paesse so besetzet, das sie nun nicht aus dem Lande wieder können. Sobald unsere infanterie kombt, soll, ob Gott wolle, die ganze armada dran. Der schwedische Feldherr** war mit 3000 Mann in Havelberg, wollte die Brücke über die Elbe machen lassen, aber nun ist er von der armada abgeschnitten und gehet über Hals und Kopf über Ruppin nach pommern. Sein Bruder commandirt diese 12,000 mann hier vor uns.

* Die Dame, die hier in so gewinnender Weise angeredet wird, war seine zweite Gemahlin, eine geborene Prinzessin von Kurland, mit der er sich, nach dem 1669 erfolgten Tode der Gräfin Brahe, im Jahre 1672 vermählt hatte. Diese zweite Gemahlin starb 1690. Er vermählte sich dann 1692 zum dritten Mal und zwar mit Gräfin Sibylle von Leiningen. Diese überlebte ihn.

** Der »Feldherr«, von dem der Brief hier spricht, war Karl Gustav Wrangel, der berühmte Wrangel aus der Zeit des Dreißigjährigen Krieges; sein weiterhin in diesem Schreiben erwähnter jüngerer Bruder, der bei Fehrbellin kommandierte, war General Waldemar Wrangel. (»Henning«, von dem der Brief spricht, ist natürlich Oberst Henning von Treffenfeld und »Lüttique« General Lüdicke.)

Wo keine sonderbare straff Gottes über uns kombt, soll keiner davon kommen, wir haben dem Feind schon über 600 todtgemacht und über 600 Gefangene. Heute hat Hennig wohl 150 pferth geschlagen, und gehet alleweil Lüttique mit 1500 Mann dem Feindt in ricken. Morgen frihe werden sie ihnen den 1. morgensegen singen. Wir haben noch kein 60 Mann verlohren, und unsere leite fechten als lewen. – In zwei Tagen haben wir unsere infanterie und morgen den Fürsten von Anhalt mit 4000 Mann, die Kayserlichen werden alle Tage erwartet mit 8000 Mann. Dann gehen wir gerath in pommern, und wenn die battaglie vorbey, gehe ich nach Schwalbach, habe schont Urlaub. – Adieu, mein Engel, dein trewer Mann und diner sterb ich.

Friedrich L. z. Hessen.«

»Ich kann wegen affaires unmöglich mehr schreiben.«

Nichts kann uns eine bessere Vorstellung geben von der Stimmung, welche im brandenburgischen Heere herrschte, zumal auch von der des Prinzen selbst, der nunmehr auf vierundzwanzig Stunden in die vorderste Linie trat. Am folgenden Tage, am »Tage von Fehrbellin« führte er die Avantgarde, hing sich mit dieser an die Schweden, brachte sie zum Stehen und wurde so die vorzüglichste Ursache zum Siege über dieselben. Verfuhr er anders, so entkam der Feind. Er selber hat über diese glänzende Aktion am Tage darauf (19.) von Fehrbellin aus, abermals in einem Briefe an seine »Engelsdicke« berichtet. Der Brief lautet:

»Allerlibste Frawe!

Ich sage nun E. L. hiermit, das ich gester morgen, mit einichen Tausent mann in die advanquart commandiret gewesen, auff des Feindtes contenance achtung zu haben, da ich denn des Morgens gegen 6 Uhr des Feindtes gantzer armé ansichtig wurde, der ich dann so nahe ging, das er sich muste in ein Scharmützel einlassen, dadurch ich ihn so lange aufhielte, bis mir J. Dl. der Churfürst mit seiner gantzen Cavallerie zu Hülfe kam. Sobalten ich des Churfürsten ankunft versichert war, war mir bang, ich möchte wider andere ordre bekommen, und fing ein hartes treffen mit meinen Vortruppen an, da mir denn Dörffling soforth mit einichen Regimentern secontirte. Da ging es recht lustig ein stundte 4 oder 5 zu, bis entlichen nach langem Gefechte die Feindte weichen musten, und verfolgten wir sie von Linum bis Fer-Berlin, und ist wohl nicht viel mehr gehört worden, daß eine formirte armee, mit einer starken infanterie und canonen so wohl versehen, von bloßer Cavallerie und tragonern ist geschlagen worden. Es hilte anfenglich sehr hart; wie denn meine Vortruppen zum zweidten mahl braff gehetzet wurden, wie noch das anhaltische und mehr andere regimenter. Wie wir denn entlichen so vigoureusement drauff gingen, das uns der Feind le champ de battaglie malgré hat lassen, und sich in den passe Fer-Berlin retiriren muste, mit Verlust von mehr als 2000 Todten ohne die plessirten. Ich habe, ohne die zweitausend im Vortrupp commandirten, mehr als 6 oder 8 escatronen angeführet. Zuweilen must ich lauffen, zuweilen machte ich laufen, bin aber diesesmahl Gottlob ohn plessirt davongekommen. Auf schwedischer seiten ist gepliben der Obrist Adam Wachtmeister, Obr.-Liet. Malzan von General Dalwichens (Regiment) und wie sie sagen noch gar viele hohe officirer; Dalwig ist durch die achsel geschosen, und sehr viele hart plessirt. Auf unser seiten wurde mir der ehrliche Obrist Mörner an der Seiten knall und falle todt geschossen, der ehrliche Frobenius todt mit einem stücke, kein schrit vom Kurfürsten. Strauß mit 5 Schossen plessirt; Major Schlapperdorf blib diesen Morgen vor Ferberlin; – – es ging sehr hart zu; da wir gegen die biquen Compani fechten musten, ich bin etzliche mahl ganz umringet gewesen, Gott hat mir doch allemahl wider drauss geholfen, und wehren alle unsere stücke und der Feld-Marschalk selbsten Verlohren gewesen, wenn ich nicht en personne sencundiret hette. Darüber denn der retliche Mörner blieb. Hetten wir unsere infanterie bey uns gehabt, solte kein mann von der gantzen armée davon gekommen sein, es ist jetzo eine solche schreckliche terreur panique unter der schwedischen Armee, das sie auch nur braff lauffen können. – – Nachdeme alles nun vorbey gewesen, haben wir auff der Walstett, da mehr als 1000 Todten umb uns lagen, gessen und uns braff lustig gemacht; der Hertzog von Hannover wird nun schwerlich gedenken über die Elbe zu gehen, und ich halte davor, weilen die schweden nun so eine harte schlappe bekommen, er werdte sich eines besseren bedencken. Wangelin, der durch Uebergab von Ratenau viel daran schultig ist, dörffte grose Verantwortung haben, wo er nicht gar den Kopf lassen mus. Gegeben im Feldlager bei Fer-Berlin, den 19. Juni 1675.«

Dieser Brief (an einer Stelle vielleicht lückenhaft; es scheint ein Nachsatz zu fehlen), ist, wie der vorige, nicht nur bezeichnend für die Frische und Anspruchslosigkeit des Schreibers, er ist auch historisch wichtig, weil er die älteren Berichte über diese

Schlacht, wie sie sich im Theatrum Europaeum, im Pufendorf usw. finden, bestätigt und die erst um die Mitte des vorigen Jahrhunderts auftretende Sage von Insubordination, kurfürstlichem Zorn und Kriegsgericht aufs evidenteste widerlegt. »Wir haben uns nachher recht lustig auf der Wahlstatt gemacht.« Diese Worte des Briefes passen schlecht zu einem angedrohten Kriegsgericht. Nicht Angeklagter, wohl aber Kläger scheint er später gewesen zu sein. Wenigstens finden wir in einem Briefe, den seine Schwägerin am 19. Oktober 1675 an den Grafen von Schwerin schreibt, folgende Stelle: »dem redlichen Landgrafen ist nicht eins gedankt, vor dem das er bei Fehrbellin gethan; also geht es in der Welt, die Pferde, die den Haber verdienen, bekommen am wenigsten.«

Alle diese Verstimmungen können aber nicht ernster Art gewesen sein. 1676 sehen wir den Prinzen aufs neue mit seinem kurfürstlichen Herrn im Felde, und nachdem er sich bei der Eroberung von Pommern an der Seite desselben abermals ausgezeichnet hat, erhält er von ihm die erledigten Wachtmeisterschen und Rheinschildschen Lehne als ein Geschenk.

Der Verwaltung dieser aber (ebenso wie der seines vielgeliebten »Amtes Neustadt«) konnte er sich von da ab nicht mehr unterziehen. Zwei Jahre später schon, 1678, fiel ihm, nach dem Ableben seines Bruders Wilhelm, die Grafschaft Hessen-Homburg zu. Größeres lag ihm nunmehr ob, und das Kleinere, das so viele Jahre lang der Gegenstand seiner liebevollen Sorge gewesen war, mußte daneben zurückstehen. Die Administration der märkischen Güter ward immer schwieriger, und so sprach er denn – nachdem er übrigens im Jahre 1679 noch Amt Neustadt durch Ankauf des Lüderitzschen Rittergutes Dreetz erweitert hatte – seine Bereitwilligkeit aus, besagtes Amt an den Kurfürsten Friedrich III. käuflich abzutreten. Dies war 1694.

Was er aber bis dahin gegründet hatte, lebte fort und prosperiert (wenigstens teilweis) bis diese Stunde noch. Überall hatte sein Blick das Richtige getroffen, das, was den gegebenen Bedingungen entsprach.

Er starb 1708.

Zu spät, zu spät, liebe Lady mein,
Es ist nicht mehr, wie sonst es war,
Meine Feinde gelten bei Hofe jetzt.
Alte Ballade

1694 war Neustadt wieder ein kurfürstliches Amt geworden und Eberhard von Danckelmann wurde zum Amtshauptmann bestellt.

Ein volles Lebensbild dieses hervorragenden Mannes zu geben, kann an dieser Stelle nicht meine Aufgabe sein. Nur eine Skizze.

Christoph Balthasar Eberhard von Danckelmann wurde den 23. November 1643 zu Lingen geboren. Er war der in der Mitte stehende (vierte) von sieben Brüdern, die sich sämtlich im Staatsdienst auszeichneten, weshalb einem etwa um 1690 angefertigten Bildnis des Vaters dieser Sieben die lateinische Unterschrift gegeben wurde:

Integra miretur Sapientes Graecia septem,
Hic uni videas tot bona rara Patri.

Der bekannte Oberzeremonienmeister und Hofpoet von Besser beglückwünschte später (1694) in einem Lob- und Huldigungsgedicht* auf Eberhard von Danckelmann ebenfalls den Vater desselben und wußte bei dieser Gelegenheit den Inhalt obigen lateinischen Verses geschickt in seine Dichtung hineinzuverweben.

Dein Vater hatte mehr als viel' verlangen könnten,
Er hatte sieben Söhn' und alle bei dem Staat,
Drei sind Geheime Rät' und drei sind Präsidenten,
Des allerjüngsten Amt ist Kanzler sein und Rat.
Gewiß, wer dieses sieht, kann sicher von ihm preisen,
Was jener von ihm schrieb in kräftigem Latein:
»Das ganze Griechenland hat seine sieben Weisen,
In seinen Söhnen hat sie Danckelmann allein.«

---

* Dies Gedicht, aus dem wir auch noch weiterhin einige Strophen zitieren werden, ist bei allem Steifen und Prosaischen, das dem Alexandriner, und speziell den Alexandrinern eines Hofpoeten anhaftet, doch merkwürdig gut und hat Stellen — wenn auch nicht gerade die im Text zunächst folgende — um die mancher moderne Poet den Herrn von Besser beneiden könnte.

So viel, vorgreifend, über das »Siebengestirn«. Wir kehren zu unserem Eberhard von Danckelmann und unserer biographischen Skizze zurück.

Von früh auf war er ausgezeichnet. In seinem zwölften Jahre doktorierte er in Utrecht und sprach über das schwierige Thema de Jure Emphyteusis, was ein solches Aufsehen in der wissenschaftlichen Welt machte, daß Beglückwünschungsschreiben von anderen gelehrten Schulen eintrafen. Später reiste er und machte sich die wichtigsten Sprachen, französisch, englisch, spanisch und italienisch zu eigen. Von Besser drückt sich über diese Tatsache, der zunächst (1663) die Ernennung Danckelmanns zum Direktor studiorum oder Ephorus beim Markgrafen späteren Kurprinzen Friedrich gefolgt war, in nachstehenden Alexandrinern aus:

Du sahest und durchzogst die witzigsten Provinzen,
Und so, daß Dein Verstand das Beste mit sich nahm, –
Mit diesem Zubehör kamst Du zu Deinem Prinzen
Bevor er aus der Hand des Frauenzimmers kam.

Das »Frauenzimmer« war natürlich die Gouvernante. Dankkelmann bewährte sich in seiner Stellung als Prinzenerzieher. Er zeigte nicht nur Wissen, sondern auch besondere Feinheit des Geistes, was von Besser zu der selbst feinen Bemerkung veranlaßte:

Wer Prinzen Lehren gibt, polieret zarte Spiegel,
Drin wer den Spiegel schleift, sein eigen Bildnis sieht.

1665 erfolgte seine Ernennung zum Titular-, 1669 zum Halberstädtischen, 1676 zum Kleveschen Geheimen Regierungsrat, Stellungen, die ihn wenigstens zeitweilig vom Berliner Hofe entfernen mußten. Aber nicht auf lange. 1679, inzwischen zum Geheimen Kammer- und Lehnsrat aufgestiegen, sehen wir ihn bereits wieder an der Seite des späteren Kurprinzen, dem er, um eben diese Zeit, einen Beweis besonderer Anhänglichkeit und Treue zu geben in der Lage war. Er rettete nämlich den Prinzen aus einer tödlichen Krankheit, welche den letzteren im Winterfeldzuge 1679 in Preußen befiel. In einem interessanten Flugblatte, das den Titel führt: »Fall und Ungnade zweier Ersten-Staatsminister des königlich preußischen Hofes (Danckelmann und Wartenberg), Köln bei Peter Marteau 1712« finde ich darüber folgendes: »Als des Kurprinzen Leben, wegen eines schweren Stickflusses in höchster Gefahr war und während die Leibmedici sich nicht vergleichen konnten über die Arzenei, die dem Patienten gegeben werden sollte, hat Danckelmann ihm dasselbe durch ein gewagtes Aderlassen erhalten wie schon alle Sinne verloren waren, und hat sich also, aus Liebe für seinen Prinzen, in eine große Verantwortung gesetzt.« So jenes Flugblatt. Danckelmann bewährte sich auch anderweitig: er opferte dem Kurprinzen sein Vermögen, und zwar »zu solcher Zeit, da sein Herr noch nicht auf dem kurfürstlichen Throne war, vielmehr durch allerhand Intrigues von dem Hofe fern gehalten, eines solchen Vorschubes höchst benöthigt war«.

1688, als der Kurprinz seinem Vater, dem Großen Kurfürsten, in der Regierung folgte, wurde Danckelmann zum Geheimen Staats- und Kriegsrat ernannt und ihm fast unumschränkt das Steuer der Regierung überlassen. Er schlug eine kluge, feste, von Erfolg gekrönte Politik ein, und wenigstens zu Lebzeiten Friedrichs I. ist seine Stelle nicht wieder ausgefüllt worden. Daß er dem Kurfürsten abgeraten habe, sich zum Könige zu erheben, ist längst widerlegt; er arbeitete vielmehr mit aller Kraft zu diesem Ziele hin.

1695 zum Premierminister und Oberpräsidenten ernannt, stand er auf seiner Höhe. Mehr und mehr jedoch begann sein Leben jener Schilderung zu gleichen, die von Besser, in seinem mehrerwähnten Lobgedicht, schon das Jahr zuvor davon entworfen hatte:

Es liegt die ganze Last und aller Ämter Bürde
Nach Deinem Herrn auf Dir, der Dich damit beschwert;
Man neide nicht zu sehr die Dir vertraute Würde,
Du bist, wer es bedenkt, mehr des Bedauerns wert.

Ihn selbst begleitete dies Gefühl beständig. Alle Zeit bemüht, durch Zurückweisung erneuter Ehren, sich dem Haß der Höflinge zu entziehen, geschah schließlich doch, was ihm eine Vorahnung von Anfang an gesagt hatte: Neid und Intrige gewannen die Oberhand. Dem drohenden Sturze wenigstens nach Möglichkeit auszuweichen, bat er selbst um seinen Abschied, der ihm auch unterm 27. November 1697 gegeben wurde.

Er zog sich nach Neustadt a. D., zu dessen Amtshauptmann er 1694 oder nach anderen Angaben erst 1696 ernannt worden war, zurück, woselbst er nunmehr Tage der Ruhe zu finden hoffte. Die Bosheit seiner Feinde jedoch war nicht erschöpft. In Sorge, daß er aus seiner selbstgewählten Verbannung jeden Augenblick wieder in ihrer Mitte erscheinen könne, gab man ihm schuld, mit fremden Potentaten eine nicht zulässige Korrespondenz geführt zu haben, und auf diese Beschuldigung hin ward er am 10. Dezember 1697 in Neustadt festgenommen. Die später gegen ihn ausgearbeitete Prozeßschrift bestand aus 109, nach anderer Angabe sogar aus 290 Anklagepunkten. Man führte den Beklagten von Neustadt nach Spandau, dann zwei Monate später nach Peitz. »Dabei – so heißt es in unserem mehrzitierten Flugblatte – blieb es übrigens nicht, man nahm ihm auch alle seine Güter. Endlich gegen Ausgang des Jahres 1707, als dem Kronprinzen Friedrich Wilhelm der erste Sohn geboren worden war, ward er in Freiheit gesetzet, mit der Ehre oder vielmehr mit der Schande, unter den Delinquenten, denen die Solennität dieser Geburt (eines Prinzen) die Gefängnisse geöffnet hatte, voran zu stehen. Dabei war seine Freiheit so eingeschränket, daß er weniger einem freien Menschen als einem Gefangenen glich, der seine Ketten mit sich schleppet und nicht aus dem Gesicht gelassen wird. Nur in dem kleinen Bezirke von Cottbus durfte er sich sehen lassen und spatzieren gehen.«

So gingen die Dinge bis 1713. Unmittelbar nach der Thronbesteigung Friedrich Wilhelms I. wurde Danckelmann freigegeben und durch den König nach Berlin berufen. Dieser benutzte vielfach seinen Rat, gab ihm aber sein Vermögen nicht zurück. Danckelmann starb 1722 im achtzigsten Lebensjahre.

*

Erscheinung und Charakter Danckelmanns finden wir in der bei Peter Marteau erschienenen Broschüre wie folgt beschrieben: »Danckelmann war von einer großen Taille, etwas korpulent, aber allezeit von gutem Ansehen. Sein Geist hatte den Stempel des Bedeutenden; er war gediegen, zuverlässig, scharfsinnig, mit einem guten Judicio begabt, dabei durch gute Studia, sowie durch vieljährige Erfahrung bei Hofe, große Affairen und unermüdlichen Fleiß ausgebildet. Hervorragend wie seine Klugheit war seine Redlichkeit, die ihn jederzeit nur auf das allgemeine Beste und das Interesse seines Herrn bedacht machte. Er trennte das Eine nicht von dem Andern. Solche allzu aufrichtige Sitten, ein etwas allzu ernsthafter Humeur (er soll nie gelacht haben) und allzustrenge Formen, waren nicht bequem, einen guten Hofmann zu machen. Er wollte lieber dem Fürsten Instruktion geben, indem er ihm die Wahrheit sagte, als ihm schmeicheln, indem er ihm die Wahrheit verhehlte; er wollte lieber den Calumnien seiner Neider sich unterwerfen und dabei seine Schuldigkeit thun, als dem Fürsten gefallen und ihn danach verrathen.«

So die P. Marteausche Broschüre. Damit stimmen durchaus die von Besserschen Verse:

Was fordert man von Dir? Verlanget man Geblüte?
Du hast ein alt Geblüt; verlanget man Gestalt?
Du hast sie, und noch mehr, Du hast auch ein Gemüte,
Das mehr zu schätzen ist, als Ansehn und Gewalt.
Verlangt man Wissenschaft? In Dir sind alle Künste;
Verlangt man Tugenden? Wer kennt nicht Deine Treue?
Wer nicht Dein edles Herz entfernet vom Gewinnste,
Wie groß, wie unverzagt, wie standhaft solches sei.*

Nach diesem Versuch einer kurzen Charakteristik, erübrigt uns nur noch, unter Hinzufügung einiger Züge, zu rekapitulieren, inwieweit Danckelmann in Beziehung zu Neustadt trat.

Es ergibt sich dabei das Folgende:

1694 wurde Neustadt, wie weiter oben erzählt, seitens des Kurfürsten erworben und Danckelmann zum Amtshauptmann bestellt. Es scheint, daß der Ankauf überhaupt nur geschah, um eine neue, einträgliche Stellung für ihn zu kreieren. Wir finden nämlich in der dieser Skizze vorzugsweise zugrunde gelegten Schrift von 1712 die nachstehende Stelle: »Den Ankauf der Grafschaft Spiegelberg, womit der Kurfürst ihn begnadigen wollte, suchte Danckelmann zu hintertreiben.«

Da es eine »Grafschaft« Spiegelberg nirgends gibt, so ist hier selbstverständlich jene Neustädter Fabrik- und Spiegelmanufaktur-Vorstadt gemeint, die bis diesen Tag den Namen »Spiegelberg« führt.

---

* An solchen Stellen ist das Bessersche Gedicht reich, indem es den biographisch-erzählenden Teil beständig mit Urteilen begleitet, die, wenn auch panegyrisch und höfisch, nichtsdestoweniger den Eindruck des Überzeugungsvollen machen. Einige dieser Sentenzen, wie ich nur wiederholen kann, sind nicht ohne Feinheit. So beispielsweise:

Du bist den Ketten gleich in wohlbestellten Uhren,
Durch die, von innen her, die Feder Alles treibt,
Man sieht nicht ihren Gang, doch zeigen ihre Spuren,
Daß jedes Rad durch sie in seiner Ordnung bleibt.

Und an anderer Stelle:

Und hierzu seh'n wir noch Dein emsiges Bemühen,
Den Mut und den Bestand, den keine Not bewegt,
Dein Kranich ist ein Bild deß was Du kannst vollziehen,
Der stehend einen Stein in Deinem Wappen trägt.

Daß Danckelmann, solange ihn die Fülle seiner Ämter – er war auch Erbpostmeister geworden – in Berlin festhielt, oft und andauernd in Neustadt verweilt habe, läßt sich nicht annehmen; andererseits ist es unzweifelhaft, daß er mit der ihm eigenen Umsicht alle dortigen Unternehmungen, die seit dem Ausscheiden des Prinzen von Hessen-Homburg (1678) ins Stocken geraten waren, wieder in Gang brachte. Die reichen Mittel, über die teils sein Vermögen, teils seine hohe Stellung ihm Verfügung gab, erleichterten ihm dies. Besonders scheint er sich auch an Vollendung und Ausschmückung der, wie wir wissen, 1673 begonnenen und 1686 eingeweihten Kirche beteiligt zu haben. So fand ich unter andern im Bratring: »Erst 1696 wurde der innere Ausbau der Kirche durch den Amts-Hauptmann von Danckelmann beendigt.«

Schon damals mochte der Wunsch in ihm lebendig sein, sich je eher je lieber aus den Kabalen des Hofes heraus und an diese stille Stelle zurückzuziehen, deren weiter Wiesengrund ihn auch landschaftlich an die Tage seiner Jugend, an Lingen und Kleve erinnern durfte, und so werden wir kaum irregehen, wenn wir ihn, in jenem letzten kurzen Zeitabschnitte, der dem Einreichen beziehungsweise der Annahme seiner Demission unmittelbar vorausging, bereits innerhalb seiner Amtshauptmannschaft vermuten.

Jedenfalls erfolgte, wie schon hervorgehoben, am 10. Dezember 1697 seine Verhaftung in Neustadt.

Von jenem 10. Dezember an, wo man Danckelmann in Haft nahm und nach Spandau hin überführte, war es mit Neustadts historischer Zeit vorbei. Treffliche Kräfte waren auch noch weiterhin wirksam, aber kein Name wie Königsmarck, Prinz von Hessen-Homburg, Danckelmann war unter ihnen.

Blicken wir zum Schluß noch auf das, was der Stadt aus ihrer historischen Zeit her geblieben ist.

Die Amtsfreiheit

an dem Knie gelegen, das die vom Bahnhofe kommende Straße durch Einmündung in die Hauptstraße bildet, ist dieselbe Lokalität, wo sich früher das Amt befand. Wie weit dies »früher« zurückreicht, ist fraglich. Gewiß ist nur, das sich das um 1787 von Neustadt nach dem benachbarten Dorfe Dreetz verlegte Amt in ebengenanntem Jahr (wie sehr wahrscheinlich auch mehrere

Jahrzehnte früher schon) an dieser Amtsfreiheitsstelle befand. Was sich bis diese Stunde noch an Baulichkeiten daselbst vorfindet, repräsentiert einen leidlich modernen Privatbesitz, dem, mit Ausnahme zweier prächtiger alter Bäume, die die Auffahrt bewachen, jeder Hauch von Historischem fehlt.

Die Kirche

die sich fast in Front der Amtsfreiheit auf dem triangelförmigen Marktplatze der Stadt erhebt, ist eine Kuppelkirche und stellt in ihrem Grundriß ein kurzes griechisches Kreuz dar. Sie gibt sich sauber von außen und innen, womit so ziemlich erschöpft ist, was sich zu ihrem Lobe sagen läßt. In den vier abgestumpften Ecken des Kreuzes erheben sich die vier Fenster, hoch und lichtvoll und langweilig, wie denn überhaupt alles von jener symmetrischen Anordnung ist, die mehr durch Nüchternheit stört, als durch Übersichtlichkeit erbaut. Im östlichen Kreuzstück: der Altar, im nördlichen die Kanzel, und beiden gegenüber zwei Emporen, in die sich, wenn ich recht berichtet bin, die Honoratioren der Stadt und die Beamten des Gestüts gewissenhaft teilen. Das Letztere tritt uns hier noch einmal in seiner ganzen Distinguiertheit entgegen, und trägt unterhalb seines Chors ein großes vielfeldriges Wappen, das mir, seitens meines Führers, einfach als das »Gestüts-Wappen« bezeichnet ward. Es ist aber nur das Preußische. Eine daneben oder darunter befindliche Inschrift ist von relativer Wichtigkeit, insoweit sie uns positive Anhaltepunkte für die Geschichte der Stadt und dieser Kirche gibt. Sie lautet: »Anno 1666 hat das Feuer durch Gottes Schickung das Schloß, Kirche und Stadt allhier verzehrt und unter der hochlöblichen Regierung des Durchlauchtigen Kurfürsten und Herrn, Herrn Friedrich Wilhelm, Markgraf zu Brandenburg, hat der Durchlauchtige Fürst und Herr, Herr Friedrich, Landgraf zu Hessen-Homburg, Anno 1673 diese neue Kirche zu bauen angefangen. Anno 1686 ist abermal der neueste Theil der Stadt in Feuer aufgegangen; jedoch ist noch in demselben Jahre die Kirche von Johannes Michael Helmich, Pfarrer allhier, eingeweiht worden. 1694 hat der Durchlauchtige und Großmächtigste Kurfürst und Herr, Herr Friedrich III., das ganze Ambt erhandelt und seine Excellenz Oberpräsident Freiherr Eberhard v. Danckelmann als Amts-Hauptmann darin bestellt, welcher Anno 1696 den ganzen Kirchenbau zu Ende bringen läßt.«

dem wir uns zuletzt zuwenden, ist eine reizend gelegene Vorstadt am anderen Ufer der Dosse. Hier war es mutmaßlich, wo der Prinz von Hessen-Homburg jene eingangs erwähnten fünfundzwanzig Familien ansiedelte, die berufen waren, das bis dahin kaum über ein Dorfansehen hinausgewachsene Neustadt in einen Fabrikort umzuwandeln. Der Prinz war der Mann der Initiative, gewiß, aber wir werden seinem Verdienste kaum zu nahe treten, wenn wir, auch an dieser Stelle wieder, die Vermutung aussprechen, daß erst um die Mitte des vorigen Jahrhunderts all das von ihm Gepflanzte wirklich reichliche Früchte trug. Die Neustädter Glasindustrie hatte zu dieser Zeit ein Ansehen gewonnen, und besonders seine Spiegel bildeten einen nicht unerheblichen Exportartikel.

Was sich jetzt noch von Gebäuden auf dem »Spiegelberge« vorfindet, gehört nicht der Epoche des »Landgrafen«, sondern sehr wahrscheinlich den letzten Regierungsjahren Friedrich Wilhelms I. an, wenigstens scheint die Bauweise, die man kurzweg als eine kümmerliche Nachahmung des Holländischen bezeichnen kann, darauf hinzuweisen. Die Glasschmelze, vor allem aber das Langhaus, in dem ehedem die Spiegelplatten belegt wurden, – sie wirken wie bloße Schuppen, denen man bemüht gewesen ist, mittelst roten Anstrichs ein etwas höheres Ansehn zu geben (ein Ansehn von dem, was sie nicht sind) und erinnern dadurch an die derselben Zeit angehörigen Soldatenwesten, die gar keine Westen waren, sondern nur angenähte Tuchlappen. Am meisten tritt einem diese Dürftigkeit an dem hier errichteten reformierten Betsaal entgegen, der dasselbe Fachwerk und dieselbe rote Tünche zeigt, und seine Bestimmung durch nichts anderes andeutet als durch einen Dachreiter in Form eines aus Schindeln zusammengeklebten Schilderhauses. Zu Häupten desselben ein Glöckchen.

Das Ganze fiel uns auf, wenn auch nur durch seine Wunderlichkeit. Wir traten deshalb dicht an die hohen, aus kleinen grünen Scheiben zusammengesetzten Fenster heran und sahen in den Betsaal hinein, der aus einem Katheder und sechs Bank- und Pultreihen bestand. Auf den Pulten lagen viele Gesangbücher aufgeschlagen, als habe eben erst eine Gemeinde diesen Betsaal verlassen. Und doch waren es über drei Jahre, seit man sich hier zum letzten Male versammelt hatte. Das Ganze berührte mich unheimlich, etwa wie ein angerichtetes Mahl, das von langer Zeit her seiner Gäste harrt, oder wie die leise Musik in Spukschlössern, drin Geigen unsichtbar zum Tanze spielen. Aber kein Tänzer kommt.

WUSTERHAUSEN A. D.

> Kleine Städte aufzufinden,
> Städte, die in wenig Jahren
> Werden ganz und gar verschwinden,
> Treibt's mich über Land zu fahren; . . .
> Sind sie auch nicht schön geblieben,
> Schön ist immer, was wir lieben.
>
> *G. Hesekiel*

Von Neustadt a. D. bis Wusterhausen a. D. ist nur ein Schritt. »Il n'y a qu'un pas.« Die mißliebigen Anklänge, die vielleicht für alles, was Wusterhausen heißt, in diesem Zitate liegen, sind nicht ernsthaft gemeint und können es nicht sein, da das gegenseitige Verhältnis in einem anderen berühmten Dichterworte längst seinen mustergültigen Ausdruck gefunden hat. »Rosenkranz und Güldenstern und Güldenstern und Rosenkranz.« In der Tat, sie sind Zwillinge, Dosse-Brüder, und einander so ähnlich wie die Kibitzeier, die sich, am Fluß hin, in dem Röhricht ihrer beiderseitigen Feldmarken vorfinden. Aber da kommt mir freilich eine neue Sorge. »Wie ähnlich Sie Ihrem Herrn Bruder sehn!« Wer zu solcher Versicherung greift, darf beinah immer überzeugt sein, sich auf einen Schlag zwei Feinde gemacht zu haben.

Auch Wusterhausen besteht aus einer Haupt- und einer Nebenstraße, die hier aber keinen einfachen Haken (⌋), sondern etwa eine Form wie diese ⊢ bilden. Da wo beide Straßen sich treffen, erweitern sie sich, ganz wie in Neustadt, zu einem platzartigen Mittelpunkte, der, neben einer Anzahl gleichgültiger Häuser, auch die steinerne Historie Wusterhausens, die Kirche trägt. Seine geschriebene Historie ging in verschiedenen Rathausbränden unter. Was trotzdem übriggeblieben ist, ist schnell erzählt. Im zwölften und dreizehnten Jahrhundert gehörte Wusterhausen den Plothos, deren Burg vor dem Kyritzer Tore stand. Noch zu Ende des vorigen Jahrhunderts waren die Ruinen derselben erkennbar; jetzt nur noch der »Burgwall«. Außer diesem Überbleibsel erinnert nichts weiter als das Stadtwappen an diese frühste historische Zeit: die Plothosche Lilie durch den märkischen Adler halbiert. Schon Mitte des dreizehnten Jahrhunderts ging Wusterhausen an die Markgrafen über, ward also Immediatstadt und blieb es. Um 1360 trat es plötzlich in Beziehungen zur Hansa, und wie stark auch die Zweifel sein mögen, die sich speziell an diese Tradition knüpfen, so entzückt es doch meine Phantasie, mir Wusterhausen zu denken, wie es mit einem Sechszehntel Anteil am Buch eines Orlogschiffes steht und dem König Waldemar samt dem ganzen Norden Gesetze vorschreibt. Fünfzig Jahre später sehen wir unsere Dosse-Stadt abermals an der Grenze hoher Politik: »Die Wusterhäusener verbinden sich nächtlicher Weile mit den Quitzows gegen die Bredows«, aber auch diese Großtat zerrinnt in Nebel, wie der vorerwähnte Anteil am Hansasieg. »Mein Sohn, es ist ein Nebelstreif«. Und dieser Nebelstreif wird immer dichter und dunkler und verdunkelt sich endlich zu völliger Nacht, aus der es nur dann und wann aufleuchtet, wenn das mit Regelmäßigkeit wiederkehrende Feuer die Stadt in Asche legt. 1758 brannte »durch unvorsichtiges Tabakrauchen eines Bürgers« das Rathaus nieder. Aus der ganzen Reihe dieser Verheerungen blieben nur zwei bauliche Denkmäler übrig, die noch imstande sind, uns von dem alten Wusterhausen zu erzählen: die Peter-Pauls-Kirche inmitten der Stadt, und das Heilige-Geist-Hospital am Wildberger Tore. Beiden wenden wir uns im nachstehenden zu.

Die Peter-Pauls-Kirche

Die Kirche St. Petri und Pauli ist ein gotischer Bau aus dem Jahre 1474; so dürfen wir aus einer Zahlenangabe schließen, die sich, links über dem Altar, an der Decke des hohen Chores befindet. Sehr wahrscheinlich, daß lange vor 1474 ein romanischer oder frühgotischer Bau an eben dieser Stelle stand. Wie die Kirche gegenwärtig sich präsentiert, überrascht sie – nach Art aller ähnlichen Bauten, die wir in kleinen märkischen Städten finden – durch ihre vergleichsweise Bedeutung. Es geziemt sich, der Phrase vom »finsteren Mittelalter« gegenüber, dies immer wieder hervorzuheben. Während wir jetzt beispielsweise Berliner Gemeinden von 40000 Seelen haben, die es nur mühevoll zu einer Kapelle bringen, schufen damals allerkleinste Städte Kirchen wie diese, Kirchen, die uns auch heute noch, aller Verstümmelungen und Beraubungen unerachtet, durch ein gewisses Maß von Schönheit und Reichtum imponieren. Kirchen bauen und Kirchen schmücken, lag eben in der Zeit, und auch unsere Peter-Pauls-Kirche zu Wusterhausen durfte Nutzen aus der allgemeinen

Stimmung ziehen. Freilich, wie schon angedeutet, sind nur Reste früheren Glanzes auf uns gekommen. Statt an zwölf Altären (von denen noch die Namen existieren) wird nur noch an einem gebetet, die Holzskulpturen sind zerstört, die Grabsteine zu Türschwellen geworden; der hohe Turm ist niedergebrannt und eine einfache Ziegelkappe wächst nur wenig über das Kirchendach hinaus. Aber wie kümmerlich diese Rudera sein mögen, sie sind ausreichend, uns erkennen oder ahnen zu lassen, was hier einstens war.

Die Holzskulpturen. An jeder Seite des hohen Chors befinden sich acht eichenholzgeschnitzte Chorstühle, die früher, ganz ersichtlich, ebenso viele kleine Baldachine getragen haben müssen oder aber schmale, dicht aneinandergefügte Holzfelder, deren Gesamtheit einen gotischen Schirm herstellte. Dieser gotische Schirm fehlt jetzt bis auf vier Seitenfelder, die hüben und drüben die Reihe der Chorstühle flankieren, und zwar derart, daß der jedesmal zu oberst und zu unterst Sitzende seinen Kopf seitwärts an ein solches Holzfeld anlehnen kann. Alle vier Holzfelder sind gotisch umrahmt und zeigen in ihrer Mitte bemalte Relief-Figuren: 1. Eine Maria mit dem Christkinde, 2. einen Bischof, 3. einen Abt und 4. einen Mönch. Ob die Bezeichnung unter 2 und 3 richtig ist, stehe dahin. Der »Bischof«, oder der, den ich dafür halte, trägt ein purpurfarbenes mit Edelsteinen besetztes Gewand; der »Abt« den Schlüssel. Die Figur des letztern ist die weitaus beste, und erscheint mir nicht ganz ohne Kunstwert. Abt und Mönch interessieren auch dadurch, daß beide große, mit Buchklammern versehene, und in ein eigentümliches Futteral gesteckte Meßbücher tragen. Die Lederbekleidung dieses Futterals hört nämlich nach oben zu mit dem Bucheinbande nicht auf, sondern wächst noch einen Fuß hoch über die festen Deckel hinaus. Dadurch ist Gelegenheit gegeben, das schwere, ziemlich unhandliche Meßbuch bequem zu tragen, indem man es reisetaschenartig an diesem Lederüberschuß festhält. Ich habe geglaubt, dies so ausführlich beschreiben zu sollen, weil ich weder hier zu Lande noch sonstwo einer derartigen Einbandform, die Futteral und Tragbeutel zugleich ist, begegnet bin.

Bilder. Die Wusterhausener Kirche weist auch viele Bilder auf. Einundzwanzig davon bedecken die quadratischen Felder der Empore, die sich an der Nordseite der Kirche hinzieht, und stellen, nach Art der »Stationen«, aber über diese hinausgehend, die Leidensgeschichte Christi dar, vom Abendmahl und dem Gebet am Ölberge bis zur Himmelfahrt und dem Jüngsten Gericht.

Diese einundzwanzig Bilder, wenn ich recht gesehen habe, rühren nicht von derselben Hand her, obschon sie derselben Zeit zu entstammen scheinen. Das Jahr 1575, wie aus verschiedenen Inschriften hervorgeht, ist ein großes Restaurationsjahr für die Wusterhausensche Kirche gewesen, und in eben diese Zeit möchte ich auch diese Bilder setzen. Lukas Cranachsche Schule, der wir ja überall in den Marken begegnen. Einige, namentlich die sechs oder acht Blätter, die die eigentliche Leidensgeschichte darstellen, sind außerordentlich gut konserviert, frisch im Kolorit und nicht ganz ohne Wert. – Dagegen sind die dem siebzehnten Jahrhundert entstammenden Pastorenporträts in der Taufkapelle völlig bedeutungslos.*

Zwei alte Kelche und eine noch viel ältere Patene befinden sich in der Sakristei. Die beiden Kelche sind aus der Renaissancezeit; der größere, minder schöne, trägt die Jahreszahl 1609, der etwas kleinere gehört wahrscheinlich dem schon oben genannten Restaurationsjahre 1575 an. Dieser kleinere Kelch, in der damals üblichen Form, ist sehr schön und mit Medaillonporträts reich geschmückt. Die Patene, noch aus der gotischen Zeit, geht mindestens bis auf das Erbauungsjahr der Kirche, 1474, zurück. Christus, von zwei Engeln umschwebt, thront als Weltrichter; zur Rechten seines Hauptes ein Kreuz, links ein Schwert; vor dem Munde des Heilands aber berühren sie sich und zwar so, daß die Spitze des Schwertes die Verlängerung des Kreuzes trifft.

Das Heilig-Geist-Hospital am Wildberger Tore

Die kirchlichen Gebäude Wusterhausens, trotzdem es während der Mehrzahl seiner Jahrhunderte keine tausend Einwohner hatte, beschränkten sich nicht auf »Sankt Peter und Paul«. Da war noch die Kapelle von St. Stephan, und außer dieser das Ger-

* Das Altarblatt der Wusterhausener Kirche ist ein Bild aus verhältnismäßig neuerer Zeit (etwa 1770) und rührt von Bernhard Rode her, den man in so vielen unserer märkischen Kirchen, namentlich in der Berliner Marien- und noch besser in der Garnisonkirche studieren kann. Dies große Wusterhausener Blatt stellt die Begegnung Christi mit Thomas dar, der, nachdem er seine Finger in die Nägelmale gelegt, in die Worte ausbricht: »Mein Herr und mein Gott.« — Bernhard Rode war ein sogenannter Schnellmacher und die Mängel aller seiner Arbeiten sind evident, in einem aber grenzt er an die wirklichen Meister: er besaß eine völlig selbständige Vortragsweise, so charakteristisch, daß es selbst dem Laien leicht wird, seine Bilder auf zwanzig Schritt als Rodesche Bilder zu erkennen.

truden-, das Georgen- und das Heilige-Geist-Hospital, von denen jedes wieder ein Kirchlein hatte. Das Heilige-Geist-Hospital, hart am Wildberger Tor, existiert noch. Es bietet dadurch ein besonderes Interesse, daß es früher ein Beguinenhaus (deren es ziemlich viele hier zu Lande gab) gewesen sein soll.

Die Beguinen, wahrscheinlich vom Lambert le Beghe gestiftet und nach ihm benannt, übten eine Tätigkeit, die wir heute in den Diakonissenanstalten wiederfinden. Ihre Tätigkeit umfaßte neben Erziehung der Jugend (namentlich der Waisen) auch Armen- und Krankenpflege, später auch Seelsorge. Die große Liebestätigkeit der Beguinen stellte zuzeiten die Klöster völlig in Schatten, weshalb sie von diesen mit Neid betrachtet und von seiten der Kirche nicht selten in ihrer Tätigkeit behindert wurden. Die Päpste standen verschieden zu ihnen. Unter den Machthabern waren Karl V. und Louis XIV. sehr für sie eingenommen; Joseph II., bei Aufhebung der Klöster, ließ sie fortbestehen. Im allgemeinen ist ihre Tätigkeit dieselbe geblieben; andererseits sind viele Beguinenhöfe aus Liebesanstalten zu Nutz und Frommen anderer, in bloße Versorgungsanstalten für ältere Frauen umgewandelt worden. Holland und Belgien waren immer der Hauptschauplatz ihrer Tätigkeit; berühmt bis diesen Tag ist der Beguinenhof in Gent. Einige finden sich in Nordfrankreich; bei uns in Bremen.

Unser Wusterhauser Beguinenhaus, das bereits um 1307, wenn auch nicht unter dieser Bezeichnung, genannt wird, ist jedenfalls jenen vorerwähnten Beguinenhöfen zuzurechnen, die zu nicht näher anzugebender Zeit aus Liebesanstalten zu bloßen Versorgungsanstalten wurden. Mit anderen Worten: unser Beguinenhaus wurde ein Spittel. Das ist es noch. Es reizte mich, diese wenigstens ehedem halbklösterliche Stiftung kennenzulernen.

Das Gebäude (ein Eckhaus) präsentiert sich an seinen beiden Vorderfronten als ein kümmerlicher Bau aus dem vorigen Jahrhundert; nur etwas mehr nach der Vorstadt hin, auf den ersten Blick ohne rechten Zusammenhang mit den Eck- und Fronthäusern, steht noch ein gotischer Giebel, ziemlich malerisch, mit Glockennische und Storchennest. Erst nachdem man eins der Fronthäuser, gleichviel welches, durchschritten hat, nimmt man wahr, daß man sich innerhalb einer klösterlichen Anlage befindet: ein Hof, nach drei Seiten hin von Häusern umstellt; die vierte Seite, das Quadrat abschließend, eine Kapelle.

Wie die drei Häuser, so ist auch die Kapelle bewohnt, die längst aufgehört hat, kirchlichen Verrichtungen zu dienen. Aus

Altären wurden Feuerstellen, und statt des Weihrauchs zieht Torfqualm durch die Luft; gespaltenes Holz liegt hochaufgeschichtet in den Nischen, und wo sonst ein geschnitztes Christusbild zwischen den Pfeilern hing, ist jetzt ein Hängeboden gezogen, auf dem Kisten und Kasten, Urväter Hausrat, und die letzten Ausläufer alten Trödels stehn. Leitern führen hinauf, halsbrecherisch, wie der Hängeboden selbst. Der untere Raum der Kapelle wurde längst zu Wohnungen aufgeschlagen und auf dem Mittelgange schlurren jetzt die Nachfolgerinnen der Beguinen auf und ab oder klappen mit ihren Pantinen über den Estrich hin. Eine von ihnen machte die Honneurs und zeigte mir draußen auf dem Klosterhof, an einem breiten und weit vorspringenden Pfeiler, sechs Höhlungen, in denen noch, bis vor wenig Jahrzehnten, ebenso viele festeingemauerte Beguinenschädel sichtbar gewesen seien. Ich bat, indem ich ihr dankte, noch einen Augenblick bleiben zu dürfen, worauf sie sich zurückzog. Sie war unzweifelhaft der esprit fort und die historische Autorität des Spittels.

Ich war nun allein und sah mich mußevoll um. Wunderliches Bild. Der kaum zwanzig Schritt im Quadrat habende Hof war in zwei Teile geteilt, von denen der eine ein Blumengarten, der andre ein Dunghaufen war. An der Grenze zwischen beiden stand ein Apfelbaum und streckte seine Zweige nach links und rechts hin über Gerechte und Ungerechte; von dem links gelegenen Blumengarten her zog Resedaduft nach rechts hinüber und tat, was er konnte; aber er konnte nicht viel. Oben im Nest, am Giebelfelde der Kapelle, begann der Storch zu klappern – ein sonderbarer Genosse hier.

Ich zog mein Notizbuch, um das Bild in wenig Strichen festzuhalten, wobei mein Hauptaugenmerk oben auf das Storchennest und unten auf den Pfeiler mit den sechs Höhlungen gerichtet war.

Und nun war ich fertig. Noch ein Blick auf meine Zeichnung, dann sah ich wieder um mich her. Aber himmlische Mächte, was war inzwischen geschehen?! Aus jedem Fenster sah ein »Beguinengesicht« und grinste mich an, alle von einer Spittel-Ausgesprochenheit, die es ihnen erlaubt hätte, ohne weitere Vorbereitung in die sechs Höhlungen einzutreten.

Und mit verlegener Herzlichkeit grüßend, wie man es tut, wenn man sich fürchtet, empfahl ich mich und floh die Straße hinab und vor das Wildberger Tor hinaus.

TRIEPLATZ

Ein Kapitel von den Rohrs

Die Douglas waren immer treu.
Schottisches Lied

Trieplatz ist alter Besitz der Rohrs, wiewohl es nicht zu den Gütern zählt, die, gleich nach ihrem Erscheinen in den Marken, von ihnen erworben wurden.

Die Rohrs kamen mutmaßlich aus Bayern und stammen, einer Familiensage nach, von jenem Grafen von Abensberg ab, der mit zweiunddreißig Söhnen am Hoflager Kaiser Heinrichs IV. erschien.*

Einer dieser zweiunddreißig, Adalbert mit Namen, wurde mit dem in der Nähe von Abensberg gelegenen Dorfe Rohr belehnt und nannte sich danach Adalbert von Rohr. Er war ein tapferer Kriegsmann, gegen Ende seines Lebens aber verließ er Haus und Hof und Weib und Kind und baute das Kloster Rohr, in das er nun selber eintrat. Dies war 1133. Die Kirche des damals gestifteten Klosters, zum Teil aus Salzburger Marmor aufgeführt, ist noch sehr wohlerhalten; über dem Altar befindet sich ein zweigeteiltes Gemälde, dessen eine Hälfte den Adalbert von Rohr darstellt, wie er im Ritterkleide das Gelübde ablegt, die andere Hälfte, wie er, im geistlichen Ornate bereits, vom Bischofe die Weihen empfängt.

Die Nachkommen dieses Adalbert von Rohr waren es, die zu Beginn des vierzehnten Jahrhunderts im Brandenburgischen erschienen, nach einigen im Gefolge Markgraf Ludwigs von Bayern, der 1323 die Mark in Besitz nahm, nach anderen schon um beinahe zwanzig Jahre früher. Gleichviel, um die Mitte des Jahr-

---

* Die Stadt Abensberg, nach der sich die Grafen von Abensberg nannten, liegt in Niederbayern und zeigt auf ihrer epheuumrankten Ringmauer noch einige jener vierzig Türme, von denen, der Sage nach, acht viereckige Türme zur Erinnerung an die acht Töchter und zweiunddreißig Rundtürme zur Erinnerung an die zweiunddreißig Söhne des Grafen erbaut wurden. So viel über die Ringmauer. In der Kirche zu Abensberg existiert noch das Bild, das das Erscheinen des alten Grafen mit seinen zweiunddreißig Söhnen vor dem Kaiser darstellt. Von diesem interessanten Gemälde befinden sich zwei Kopien in der Mark, die eine im Schloß Meyenburg (Priegnitz) bei dem Senior der Familie von Rohr, die andere in Wolletz (Uckermark) bei dem Landschaftsrat Theobald von Rohr. (Letzterer besitzt auch eine Kopie des Altarbildes im Kloster Rohr, von dem ich weiter oben im Text erzähle.)

hunderts sehen wir die Familie von Rohr in der Priegnitz und zwar in Freyenstein, Holzhausen und Meyenburg angesessen, und etwa zur Reformationszeit auch im Ruppinschen. Sie besaßen hier ganz oder teilweis: Leddin, Brunn, Trieplatz, Tramnitz, Ganzer. Leddin war, soweit die Ruppinschen Güter in Betracht kommen, am frühesten erworben worden, etwa um 1400.

Eine Geschichte der Rohrs schreiben wollen, hieße mittelbar eine Geschichte Brandenburg-Preußens schreiben.

Bei Leuthen, Lipa, Leipzig,
An der Katzbach und an der Schlei,
Von Fehrbellin bis Sedan, –
Ein Rohr war immer dabei.

Sie sind eiserner Bestand in den Ranglisten unserer Armee, zu allen Zeiten mit einem Dutzend Leutnants und Kapitäns vertreten. Aber auch darüber hinaus bewährt und treu befunden, finden wir sie als Generalleutnants und Generalmajors in nicht geringer Zahl. Und wie im Heer, so in Staat und Kirche. Um 1400 Otto von Rohr, Bischof von Havelberg; seitdem in langer Reihenfolge, Präsidenten und Pröbste, Amtshauptleute und Ritterschaftsräte, verschieden an Gaben und Verdienst, aber in drei Eigenschaften einig: gütig, tapfer, loyal.

Nicht von dem Ruhm der Familie will ich in nachstehendem erzählen, nicht von denen, die bei Prag mitstürmten und bei Hochkirch unter Tod und Flammen aushielten; es entspricht dem einfach-demütigen, alles Anspruchsvolle zurückweisenden Sinne der Familie mehr und besser, wenn ich bei Genrebildern verweile, wie sie das Leben dreier auf einander folgender Generationen bot. Ich wähle diese drei Generationen aus den Trieplatzer Rohrs. Begleite mich der Leser zunächst nach Trieplatz selbst.

Trieplatz liegt eine Meile nördlich von Wusterhausen an der Dosse. Der Weg geht über Brunn, das, wie schon angeführt, früher ebenfalls den Rohrs zugehörte, seit Ende vorigen Jahrhunderts aber in den Besitz der Rombergs übergegangen ist.*

---

* Im Schloßpark zu Brunn, unter dunklen Tannen und fast am Rande eines stillen Weihers, erhebt sich ein schönes, von Drakes Hand herrührendes Monument, das dem Obersten von Romberg und seinem sechzehnjährigen Sohne errichtet wurde. Sandsteinstufen tragen einen Granitwürfel; auf diesem ruht ein halbkreisförmiger Marmor mit den Hautrelieffiguren der Hingeschiedenen. Der dargestellte Moment ist der des Wiedersehens; beide

Die ganze Gegend am Dosseufer hin, von dem wir uns übrigens mehr und mehr entfernen, ist, wie so viele Punkte der Mark, witwenhaft traurig und mit keinem andern Reize ausgestattet als dem einen, den ihr eben dies Witwenkleid leiht. Wohl ist dies Kleid unter den Händen der Kultur, die hier und dort, wie eine heitere Enkelin, ein buntes Band eingeflochten hat, um seinen vollen Trauergehalt gekommen, aber das, was vorherrscht und nach wie vor den Charakter gibt, ist doch immer noch das monotone Grau, das selbst der Ackerscholle nicht fehlt, die daliegt, als ob Asche über ihr frisches Braun ausgestreut worden wäre. Kein See, kein Weiher, kein Fluß; von Zeit zu Zeit eine Gruppe graugrüner Bäume, meist Pappeln und Weiden, die die Stelle andeuten, wo hinter Wipfeln ein Dorf vergraben liegt.

So hinter Wipfeln vergraben liegt auch Trieplatz. Im Näherkommen bemerken wir eine prächtige Linden- und Kastanienallee, deren Linien sich kreuzen und dann avenueartig auf den alten und neuen Hof des Gutes zuführen. Der alte Hof, jetzt eine bloße Meierei, war der Rittersitz des vorigen Jahrhunderts. Dort stand das Herrenhaus, ein einfacher Fachwerkbau, den Georg Moritz von Rohr bewohnte. Von ihm erzähle ich zuerst.

»Der Hauptmann von Capernaum«

Georg Moritz von Rohr war 1713 geboren. Selbstverständlich trat er in die Armee – in welches Regiment habe ich nicht erfahren können – war bei Ausbruch des Siebenjährigen Krieges Hauptmann, wurde in einer der ersten Schlachten schwer verwundet und zog sich, zu fernerem Kriegsdienste untauglich, auf sein väterliches Gut Trieplatz zurück.

Er war ein echter Rohr, einfach von Sitten, ein frommer Christ, dabei von jenem verqueren Zuge, der auch aus den

---

reichen sich die Hand, und eine hohe Freude verklärt ihre Züge. Die Inschrift am Granitwürfel lautet:

Vater und Sohn
Conrad und Anton
v. Romberg.

geboren zu Hamm den 25. April 1783. Als preußischer Oberst gestorben zu Groß-Camin den 20. April 1833.	geboren zu Brunn den 23. Juni 1819. In seiner Blüthe gestorben zu Dresden den 8. Mai 1835.

Getreu bis in den Tod und reinen Herzens sind sie eingegangen und heißen sich willkommen, wo die Treue ihre Kronen empfängt und die Reinheit Gott von Angesicht schaut. - Dem Gedächtniß der Verklärten gewidmet von der Wittwe und Mutter: Amalie v. Romberg, geb. Gräfin v. Dönhoff, 1844.

schlichtesten Naturen Originale schafft. Georg Moritz von Rohr war ein solches Original. Er gab es schon dadurch zu verstehen, daß er sich selber den »Hauptmann von Capernaum« nannte. Die Worte, die, der Schrift nach, der wirkliche Hauptmann von Capernaum an Christum richtete: »Herr, ich bin nicht wert, daß du unter mein Dach gehest« entsprachen ganz seinem eignen demütigen Herzen, aber über all dies hinaus reizte ihn, seiner ganzen Natur nach, auch wohl das Scherzhafte, das in der selbstgewählten Bezeichnung eines »Hauptmanns von Capernaum« lag.

Kein Zweifel, seine Popularität zog Nahrung aus diesem Namen, was ihn indes in der ganzen Gegend am populärsten machte, das waren doch seine vielen Brautwerbungen, die nicht abrissen und ihn befähigten, es bis auf vier Frauen zu bringen.* Dies allein schon würde genügt haben, alle Zeugen der Grafschaft über ihn in Bewegung zu setzen, unser Hauptmann von Capernaum aber wußte nebenher noch dem immer wiederkehrenden Begräbnis- und Freiwerbungszeremoniell so viel eigentümlichen Beisatz zu geben, daß auch die jedem Klatschbasentum abgeneigtesten Kreise notwendig Notiz davon nehmen mußten. An dem jedesmaligen Begräbnistage ließ er singen: »Lobe den Herrn meine Seele«, hielt in Promptheit und Treue das Trauerjahr und sprach dann mit einem gewissen humoristischen Trotze: »nimmt Gott, so nehm ich wieder.« War aber dies Wort erst mal gesprochen, so begannen auch, vom nächsten Tag an, seine Freiwerbungen aufs neue, bei denen er ebenso konsequent und systematisch verfuhr, wie bei dem vorgeschilderten Funeralzeremoniell.

Und auch bei diesen Freiwerbungen ist näher zu verweilen. Georg Moritz von Rohr hatte nämlich drei nicht mehr junge Kusinen, die zu Tornow lebten und die Namen führten: Henriette, Jeannette und Babette von Bruhn. Im Trieplatzer Herrenhause, wo sie bloß als eine dreigegliederte Einheit galten, lief ihr Unterschied auf einen einzigen Buchstaben hinaus: Jettchen, Nettchen und Bettchen. Namentlich die beiden letztern von anheimelndem Klang.

---

* Dies »vier Frauen nehmen«, war im vorigen Jahrhundert, wenn es die Verhältnisse gestatteten, an der Tagesordnung. Selbst die Unbequemlichkeit, daß - wenigstens seitens des Adels und Militärs - ein Konsens beim Könige eingeholt werden mußte, hielt nicht davon ab. Herr von Hagen auf Nakel bat sogar zum fünften Mal um die Erlaubnis und erhielt als Antwort weder Zustimmung noch Ablehnung, sondern die echt altenfritzige Replik: »Er braucht künftig nicht mehr einzukommen.«

Es war jedoch nicht dieser anheimelnde Klang, sondern lediglich eine Donquixotisch-ritterliche Vorstellung von pflichtschuldiger Kusingalanterie, was unsern Hauptmann immer wieder veranlaßte, nach Absolvierung seines Trauerjahres, erst um die Hand seiner drei Kusinen anzuhalten. Läufer vorauf und gekleidet in den Uniformrock, den er bei Prag getragen, fuhr er dann in Gala nach Tornow hinüber, ließ sich bei den Fräuleins melden und begann seine Werbung bei »Jettchen«, um sie bei »Bettchen« zu beschließen. Immer mit demselben Erfolge, denn die Fräuleins waren längst gewillt, in dem stillen Hafen ihrer Jungfräulichkeit zu verharren und das sturmgepeitschte Meer der Ehe nicht zu befahren. So hatte denn diese regelmäßig wiederkehrende Szene nur noch eine symbolische Bedeutung und bezweckte nichts weiter, als den drei Fräuleins von Bruhn eine exzeptionelle Stellung vor allen andern Jungfrauen des Landes zu geben. Es war die Konservierung eines Muhmenkultus, zuletzt mehr als »Muhme«. Gleichviel, bei den Kusinen in Tornow lag, in Rücksicht auf die Wandelbarkeit menschlicher Natur, immer wieder das entscheidende Wort und erst der dreimal wiederholte, verbindlich ablehnende Knix schuf unserm »Hauptmann von Capernaum« jene Freiheit der Aktion, von der bis diesen Tag nicht genau festzustellen gewesen ist, ob er sie segnete oder beklagte. Denn die Kusinen waren reich und die Zeiten waren arm.

Aber wenn ihm die Freiheit der Aktion kein überhohes Glück schaffen mochte, so schuf ihm andererseits der »Refus« keinen allzutiefen Schmerz, zu welcher Annahme die vorerwähnten vier Frauen wohl eine genügende Berechtigung geben dürften.* Alle vier waren Nachbarstöchter aus dem Adel der Grafschaft oder der angrenzenden Priegnitz. Die erste Frau eine Platen, die zweite eine Jürgaß, die dritte eine Hagen, die vierte eine Putlitz.

* Bei Gelegenheit seiner vierten Verlobung hatte Georg Moritz von Rohr (ähnlich wie Herr von Hagen auf Nakel, über den ich in der vorstehenden Anmerkung berichtet) allerdings auch eine Kränkung zu bestehen, die nur den einen Vorzug aufwies, daß sie nicht von dem gefürchteten Könige ausging. Der Kränkende war der eigne Bruder auf Tramnitz, allwo sich das Erbbegräbnis befand, in dem auch die Trieplatzer Rohrs beigesetzt wurden. Als Georg Moritz von Rohr seinem Bruder anzeigte, daß er sich zum vierten Mal verlobt habe, schrieb ihm der Tramnitzer zurück: »er wünsche ihm Glück, müsse ihm aber von vornherein erklären, daß für diese vierte Frau kein Platz mehr im Erbbegräbnis sei«. Dies war denn doch zuviel und Georg Moritz erschien schon am nächsten Tage mit drei Wagen in Tramnitz, um die Särge seiner drei Frauen aus dem ungastlichen Erbbegräbnis abzuholen. Er begrub sie nunmehr auf dem Trieplatzer Kirchhof.

Durch die Platen und Jürgaß ergab sich denn auch eine nahe Verwandtschaft mit den Zietens, so daß unser Hauptmann mit dem gesamten Adel der Nachbarschaft verschwägert war.

Georg Moritz von Rohr kam zu hohen Jahren, und wenn er bald nach seiner Geburt die Kanonen von Landau (1713) gehört hatte, so kurz vor seinem Tode die Kanonen von Valmy. Achtzig Jahre lagen dazwischen und drei Kriege, die er selbst bestand. Mit dem Älterwerden wuchsen auch seine Schrullenhaftigkeiten und er mußte den Tribut entrichten, den das Alter ohnehin so leicht zu zahlen hat. Dem Ehrwürdigen gesellte sich das Komische. Jeden Morgen stieg er mittelst einer Leiter in eine Pappelweide hinein, um in den Zweigen derselben seine Morgenandacht abzuhalten, und sang, während sein weißes Haar im Winde flatterte, mit klarer Stimme: »Wie schön leucht't mir der Morgenstern.« Grotesk und rührend zugleich. Für die Dorfjugend aber herrschte das erstere vor und ein paar Übermütige sägten den Ast an, mit dem der Alte denn auch zusammenbrach, als er andern Tags seinen Platz in dem Gezweige wieder einnehmen wollte.

Daß er gezürnt habe, wird nicht berichtet. Er stand bereits da, wo Leid und Lust nur noch traumhaft wirken und selbst Unbill nichts weiter als ein Lächeln weckt. Seine Zeit war um, und seine Seele flog dem Morgensterne zu, zu dem er so oft emporgesungen hatte. Den 14. Juni 1793 ward er in Trieplatz begraben. Die Dorfjungen aber waren ernsthaft geworden, folgten seinem Sarge und sangen diesmal *ihm:* Lobe den Herrn, meine Seele!

Der Akazienbaum

Dem Hauptmann von Capernaum waren aus seiner zweiten Ehe mit dem Fräulein von Jürgaß zwei Söhne geboren worden, von denen der jüngere den Namen des Vaters, Georg Moritz, führte. Der ältere dagegen war Otto von Rohr. Sein Gedächtnis lebt in Trieplatz in einem schönen Akazienbaume fort, der vom Park aus in das Gartenzimmer blickt.

Otto von Rohr war 1763 geboren. Er trat früh in ein Infanterieregiment und stand 1792, als der Krieg gegen Frankreich ausbrach, beim Grenadierbataillon von Kalkstein. Über die Charge, die er bekleidete, verlautet nichts Bestimmtes; wahrscheinlich war er Stabskapitän. 1793 nahm er teil an der Rheinkampagne und gehörte jenem Heeresteile zu, der im Spätherbste genannten Jahres unter dem Herzoge von Braunschweig gegen den General Hoche kämpfte. Hoche wurde den 17. November bei Blieskastel geworfen und am 28, 29. und 30. in der dreitägigen Schlacht bei Kaiserslautern geschlagen. Unter denen, die preußischerseits dieses schönen Sieges wenig froh werden konnten, befand sich auch Otto von Rohr, der gleich am ersten Tage, den 28., als er mit seinem Grenadierbataillon aus einer Waldecke vorbrach, in Gefangenschaft geraten war. Diensteifer und Herzensgüte trugen die Schuld daran. Schon war ihm der Rückzug durch einen Hohlweg geglückt, als er noch sieben seiner Leute, die das Signal überhört haben mußten, jenseits des Defilees im eifrigsten Scharmützel mit dem nachdrängenden Feinde sah. Er eilte zurück, um sie zu retten, wurde aber dabei von einem Haufen Volontärs gefangengenommen, die mittlerweile den Hohlweg besetzt hatten.

Die »Volontärs« von damals waren den »Franktireurs« von heute sehr ähnlich. Otto von Rohr hat seine Schicksale während der nächsten fünf Tage, in ebenso vielen, mir zur Benutzung vorliegenden Briefen aufgezeichnet, Aufzeichnungen, aus denen ich ersehen konnte, wie wenig achtzig Jahre jenseits der Vogesen geändert haben. Alles liest sich wie Erlebnisse von heute oder gestern. Im Guten und Schlechten, in Liebenswürdigkeit und Frivolität, in Artigkeit und Frechheit ist der nationale Charakter derselbe geblieben.

»28. November 1793. Drei oder vier Volontärs nahmen mich gefangen, zwölf oder mehr aber waren es, die mich zurückführten. Ich mochte zwei Minuten zwischen meinen Begleitern gegangen sein, als diese plötzlich einige Schritt hinter mir zurückblieben und mich allein stehen ließen. Die ganze Bande schwatzte; zugleich mußte ich wahrnehmen, daß einer von ihnen das Gewehr anlegte und auf etwa zehn Schritt nach mir schoß. Der Schuß versagte. Mein Volontär begann nun zu poltern, schüttete neues Pulver auf die Pfanne, schärfte den Stein und legte wieder an. Mittlerweile war ich von meiner ersten Betäubung zurückgekommen und hatte die klare Vorstellung eines unvermeidlichen Todes. Mich wehren, dazu fehlte mir die Waffe (meinen Degen hatte man mir abgenommen), mich durch Flucht retten, war ganz unmöglich; ich verteidigte mich also nicht, weil ich nicht konnte, und stand, weil ich mußte. Ich weiß nicht mehr, was ich tat, nur das hab ich noch in Erinnerung, daß die ganze Gesellschaft lachte. Auch der Volontär, der im Anschlage lag, lachte mit. In diesem Moment, der über mich entscheiden mußte, trat ein alter Soldat, Sergeant, wie sich später ergab, aus dem Dickicht, schlug dem Buben das Gewehr nieder und rettete mich dadurch. Die ganze Bande verlief sich nun und ich war mit meinem Retter allein. Er hieß Malwing, war ein geborener Elsässer, hatte den Siebenjährigen und dann den amerikanischen Krieg mitgemacht und vermaledeite seine eigenen Leute, die er Meuchelmörder nannte. Er hieß mich guten Mutes sein, führte mich zum kommandierenden General Hoche und übergab diesem meine Person und meine Habseligkeiten. Die letzteren stellte mir ein Adjutant des Generals sofort wieder zu. Hoche selbst unterhielt sich ein wenig mit mir, war sehr artig und überließ mich dann wiederum der Obhut Malwings. Unter den Gegenständen, die mir zurückgegeben wurden, befand sich auch mein Degen, meine Schreibtafel und Schärpe. Ich bat Malwing, die letztere anzunehmen, was er indessen entschieden ablehnte. Er sagte nur, »ich solle sie verbergen«, ein Rat, dem ich leider nicht folgte. Meine Börse mit etwa elf Dukaten nahm er. Ich besaß außerdem noch eine auf den General Möllendorf geprägte Medaille und eine kleine Schaumünze, ein Geschenk meines seligen Onkels; ich erzählte ihm, was es mit beiden für eine Bewandtnis habe, worauf er sie mir ließ. Meine Uhr war bei der Bagage. Jetzt nahm mir der Alte Wort und Handschlag ab, daß ich mich als sein Gefangener benehmen wolle, führte mich dann nach einer nahegelegenen Bauernhütte und sorgte für ein Abendbrot, wie es die Umstände gestatteten. Darauf legte er sich neben mich schlafen. Mit uns war eine Rotte von Volontärs, unsaubere, ekelhafte Kerle. Ich hoffte aber sicher, am andern Tage ausgewechselt zu werden, und so stählte mich diese Hoffnung gegen die Widrigkeit alles dessen, was mich umgab. Ich schlief ein.

Den 29. November 1793. Morgens mit dem Tage kam mein alter Malwing. Ich war froh, ihn wieder zu sehen, stand auf und ging mit ihm, wohin er wollte. Er führte mich nach dem etwa eine halbe Stunde entfernten Hauptquartier, wobei wir an Truppenteilen vorüberkamen, die sich schon zu ihrem nahen Tagewerk versammelt hatten. Dieser Gang war eine Art Spießrutenlaufen, doch waren die Bemerkungen, die fielen, mehr beißender Spott und launiger Scherz, als pöbelhafte Worte und grobe Beschimpfungen. Sie frugen mich, ob ich etwas an meine Geliebte zu bestellen hätte, sagten, ich hätte viel Republikanisches, offerierten mir eine Prise Kontenanze u. dgl. m. Endlich langten wir im Hauptquartier an. Hier waren drei Generale, ebenso viele Repräsentanten und einige andere Offiziere in eine Stube einquartiert.

Malwing stellte mich den Generälen vor und verließ das Zimmer. Generäle und Packknechte, Fleischer und Repräsentanten saßen (gewiß ihrer dreizehn an der Zahl) um einen großen Kumpen Reis mit Hühnern und frühstückten. Man war allgemein äußerst artig gegen mich und forderte mich auf, mit zu frühstücken. Eine kleine Weile hatte ich es mir gut schmecken lassen, als sich jemand neben mich hinstellte, der dem Anscheine nach ebenso hungrig war als ich. Er hatte keinen Löffel, ich bot ihm also meinen an, in der Hoffnung, daß ich ihn zurückerhalten würde. Das war aber irrig. Die Gesellschaft hatte nicht Löffel genug, und gingen diese deshalb auf eine Art Pränumeration aus einer Hand in die andere. An mich kam kein Löffel wieder. Nach dem Frühstück ging alles auf seinen bestimmten Posten zur Schlacht; vorher indessen gaben mir die Generäle noch die Versicherung, sie wollten an diesem Nachmittag noch dem Herzoge von Braunschweig meine Auswechselung vorschlagen. Sie würden zu diesem Behufe das Nähere mit mir in Kaiserslautern, allwo sie ihr Hauptquartier zu nehmen gedächten, verabreden. Bis dahin möcht ich mir die Zeit nicht lang werden lassen. Diese ganze Unterhaltung und besonders der Punkt »in Kaiserslautern Hauptquartier nehmen zu wollen« war in so festem zuversichtlichem Tone gesprochen worden, daß ich jeden Glauben an das gute Glück der Preußen für diesen Tag aufgab. Ich blieb noch ein Weilchen allein, ward aber dann von einem Gendarmen abgeholt und auf die Wache gebracht.

Das Wachthaus lag so, daß ich einen großen Teil des Schlachtfeldes übersehen konnte. Nicht mit den angenehmsten Empfindungen. Ich wußte, daß unsere Armee, besonders durch Krankheiten geschwächt, selbst unter Hinzurechnung der Sachsen kaum gegen 60000 Mann ausmachte; wenn ich nun hörte, daß die Franzosen nach Vereinigung ihrer Rhein-, Maas- und Moselarmee 150000 Mann stark seien, wenn ich sie, so unmittelbar vor mir, alle Felder und Wiesen weit umher bedecken sah, so stand meine Hoffnung niedrig und ich vergaß bei diesem Anblick alle meine eigene Not. Nachmittag brachte man einige Gefangene ein, erst einen Junker von Schulz vom Dragonerregiment Sachsen-Kurland, dann den Kapitän Wilhelmy von demselben Regiment. Auch einige Mannschaften. Wilhelmy sollte später, wie mein Unglücksgefährte so auch mein Freund werden. Wir hatten bereits eine ganze Weile miteinander gesprochen, ich meinerseits ihm schon diese und jene kleine Aufmerksamkeit erwiesen, und er hielt mich immer noch – durch meinen blauen

Surtout mit weißen Aufschlägen dazu veranlaßt – für einen Volontär. Als er nun aber von seinem Irrtum zurückkam und mich als einen preußischen Offizier erkannte, da war er froh, ganz wie ich es war, einen Schicksalsgefährten zu treffen. Herzlich und gefühlvoll waren seine Äußerungen; fest war der Bund, den die neuen Bekannten schlossen; mir dünkt es ein Freundschaftsbund für die ganze Zukunft, für Zeit und Ewigkeit. Auch er war durch übereilte Hitze seiner Befehlshaber ins Mißgeschick gekommen; im übrigen unverwundet wie ich. Er war der erste, der mir sagte, daß das Grenadierbataillon von Kalkstein den vorigen Abend nah an sechzig Mann verloren habe, daß ich zu den Toten gezählt worden und daß außerdem Leutnant von Reitzenstein gefallen und zwei Offiziere blessiert seien.

Abends in der Dämmerung erschien abermals Freund Malwing. Er trat ein mit einem: à présent tout est au diable! Dies hatte zum Teil Bezug auf die mir abgenommenen Habseligkeiten. Er hatte sie zusammen in ein Papier gewickelt, in seine Rocktasche gesteckt, und diese war ihm durch eine preußische Kanonenkugel weggerissen, oder wie er sich ausdrückte »zum Teufel geschickt worden«. Er hatte dabei eine Kontusion davongetragen, weshalb er zurück in ein Lazarett gehen mußte. Ich bot ihm, da mir sein Verlust leid tat, nochmals meine Schärpe an, aber er lehnte nochmals ab und verwies mir meine Unfolgsamkeit, sie nicht nach seinem Rate besser versteckt zu haben. Dann mahnte er mich zu Geduld und Vorsicht, reichte mir seine Flasche und ging fröhlich und guter Dinge ab, mit dem Versprechen, mich wieder zu besuchen.

Und so beschloß sich der zweite Tag meiner Gefangenschaft. Durch tausend Bemerkungen belästigt, von Ahnungen und Besorgnissen gequält, dazu von der Hoffnung einer baldigen Änderung meines Geschicks nicht mehr geschmeichelt, setzte ich mich, meinem neuen Freunde Wilhelmy gegenüber, auf einen Schemel und wünschte mir Schlaf. Doch ihn zu finden, daran war nicht zu denken. Die Stube zum Ersticken heiß und mit Menschen derart gefüllt, daß ich schlechterdings meine Füße nicht regen konnte, ohne jemanden zu treten. Meine Lage war äußerst lästig, und endlich durch die Bewegungslosigkeit, zu der sich mein Körper gezwungen sah, dem Erstarren nahe, blieb mir kein anderes Mittel, als auf den Schemel zu steigen. Hier stand ich wie ein Säulenheiliger. Alles schlief und schnarchte, nur Wilhelmy und ich nicht.

Genug, es war nicht die schmerzhafteste, aber doch die peinlichste Nacht meines ganzen Lebens. Endlich kam der so lang' ersehnte Morgen, und alles regte und reckte sich. Ach wie war ich so froh.

Den 30. November 1793. Der Morgen kam und mit ihm die Sterbestunde für so manchen, Freund wie Feind. Viele fanden ihren Tod gestern schon, viele ehegestern, noch mehr fanden ihn heute. Früh mit der ersten Morgendämmerung begann die Schlacht von neuem; das Feuer der Kanonen war dabei so heftig, wie ich es noch nie gehört hatte. Etwa um elf war die Bataille völlig zum Vorteil der Preußen entschieden. Die Franzosen machten indessen, wie bekannt, einen meisterhaften Rückzug, so daß sie trotz des schlechten Terrains, auf dem sie sich bewegten, keine Kanone verloren. Es kam ihnen dabei freilich zustatten, daß unsere Kavallerie ganz entkräftet war. Von dem Gewimmel der Zurückkommenden sahen wir nur wenig, da auch wir, als die Retirade begann, zurück mußten. Wir bildeten nur ein kleines Häuflein, Wilhelmy, ich, der Junker und etwa acht Gemeine, das war die ganze gefangene Gesellschaft, schließlich noch durch sechs oder sieben Deserteure vermehrt. Letztere höchst widriges Gesindel. Mit genauer Not bekamen wir einige von den erbeuteten Pferden; dann, bei jedem Offizier ein Gendarm, außerdem noch zwei, drei zur Eskorte der übrigen, so ging unser Zug rückwärts auf der Straße nach Homburg zu.

Ein wahrer Golgathas-Weg für uns arme Sünder. Gleich zu Anfang passierten wir einen großen Teil der französischen Armee, die auf einer weiten Ebene hielt. Hier fanden wir Truppen aller Art, auch das Proviantfuhrwesen. Wir kamen leidlich vorüber. Als wir aber eine andere Abteilung der geschlagenen Armee erreichten, bei der sich viele Hunderte von Schwerverwundeten befanden, war es mit unserer Ruhe vorbei.

Ein großer Teil dieser Unglücklichen, als sie uns sahen, gebärdete sich wie rasend, wetterte und fluchte und schien durchaus willens, es bei den insultierenden Worten nicht bewenden zu lassen. Mehr als einmal schlug man die Gewehre auf uns an, und nur der Umstand, daß wir rechts und links Gendarmen zur Seite hatten, die bei dieser Gelegenheit so gut wie wir getroffen werden konnten, rettete uns aus dieser Gefahr. Die Insulten dauerten fort, aber nach einer halben Stunde schienen auch die Lungen erschöpft und man ward still. Nochmals eine halbe Stunde später und wir wurden in einem Stall untergebracht, wo sich unser Häuflein alsbald um einen Unglücksgefährten vermehrte. Das Regiment Göcking-Husaren hatte verfolgt und bei diesen Verfolgungs-Scharmützeln war Kornett Gottschling vom genannten Regiment verwundet und dann gefangen genommen worden. Er hatte einen Hieb über den Kopf, einen andern über die Hand und war in sehr bedauernswerter Lage.

Der Zug setzte sich endlich wieder in Bewegung. Neue feindliche Trupps waren zu passieren, da wir aber auf dem Marsche blieben, so hatten wir weniger zu leiden; nur der arme Gottschling erhielt einen Steinwurf.

Gegen Abend rückten wir in ein Dorf ein, das nicht mehr ferne von Homburg war. Der Führer der Eskorte wollte weiter, aber die Mannschaften, die sich angeschlossen hatten, wollten bleiben oder wenigstens eine Rast machen. Der Führer mußte nun gehorchen. Ein Haus wurde ausgewählt, und wir Offiziere, der Junker, die Deserteurs und die Gendarmen kamen in ein und dieselbe Stube. Die gutmütige Wirtin schaffte Milch, wir selbst hatten Kommißbrot und so wurde denn eine Milchsuppe gekocht, die mir ganz besonders mundete, da ich seit jenem Reisfrühstück in Gesellschaft der Generalität, nichts Warmes mehr gegessen hatte.

Homburg indessen sollte noch erreicht werden, und um zehn Uhr abends rückten wir in seine Straßen ein. Quartiere erhielten wir im Ratskeller, in einem weitläufigen Gemach, das schon vorher mit vielen Verwundeten belegt worden war. Uns blieb nur, wie in der Nacht vorher, ein kleines Plätzchen zum Stehen übrig. Hart an uns vorüber trug oder führte man die Verstümmelten. Eine Hölle war uns dieser Aufenthalt; das war »gekerkert im Kerker«. Unbegreiflich und wunderbar war es uns allen und ist es mir noch in dieser Stunde, daß nicht einer dieser Unglücklichen, wütend wie sie waren, uns niedermordete oder doch mißhandelte. Wir erwarteten es jeden Augenblick, aber es blieb bei Fluch und Verwünschung. Ein oder anderthalb Stunden mochten wir in diesem Zustande zugebracht haben, bittend, flehend, daß man uns aus dieser Höhle des Jammers fortführen möge. Alles umsonst. Endlich, aufs äußerste empört, begannen wir selbst zu toben und zu fluchen. Das half. Man brachte uns in ein Wirtshaus, in dem ein französischer Artilleriegeneral logierte. Dieser teilte seine Stube mit uns und behandelte uns mit vieler Artigkeit. Wir ließen uns ein gutes Nachtmahl schmecken, legten uns auf Streu oder Stühle und vergaßen in festem Schlaf die bittern Erlebnisse des letzten Tages.

Den 1. Dezember 1793. Morgens beim Erwachen war der General fort; wir haben auch später seinen Namen nicht erfahren können. Unser Frühstück, Kaffee und Zubehör, stand bereit, wir ließen es uns schmecken und weiter ging es bis Zweibrücken. Hier führte man uns auf den Marktplatz, wo denn alsbald alles, was nur Raum finden konnte, sich an uns herandrängte. Wir fürchteten ein Dacapo des Spiels vom vorigen Tage, aber es unterblieb; teils waren hier keine Blessierten, teils war die erste Wut schon verraucht; zudem befanden wir uns hier zumeist unter Linientruppen. In ihrem Beisein waren wir in der Regel vor groben Beleidigungen sicher. Jeder von uns ward von einem ganzen Haufen umzingelt, alles schwatzte und frug auf uns ein, frug immer von neuem und immer etwas anderes, ohne unsere Antworten abzuwarten. Dabei reichten sie uns Kognak und Brot, sprachen uns Mut zu und hießen uns guter Dinge sein. Genug, das Ganze dieser Szene war menschenfreundlich und gutartig, wenn ich einige Tölpel ausnehme, die grob wurden, weil wir ihnen kein Gegenprosit mehr zutrinken wollten. Einer den ich bat, mich nicht weiter zu nötigen, erklärte laut: »ich sei ein Emigrierter, er kenne mich«. Dabei nahm er mein Pferd beim Zügel und wollte mich zum Repräsentanten abführen. Doch kam es nicht soweit, einige andere bedeuteten ihm seinen Unsinn und drängten ihn weg.

Nach einer halben Stunde führte man uns auf die Hauptwache. Hier wiederholten sich die Szenen vom Marktplatz, aber schon nach kürzester Frist wurden wir weiter geschleppt, und zwar in das Gefängnis der Stadt; wir drei Offiziere kamen in die Armesünderstube. Wohl allenthalben sind sich diese Lokalitäten so ziemlich ähnlich. Das erste, was mir ins Auge fiel, war eine mit Kohle an die Wand geschriebene Zeile: »Der nächste Gang von hier geht zum Galgen.« Nun durften wir zwar annehmen, diesen Gang nicht tun zu dürfen, nichtsdestoweniger wirkte diese Zeile sehr unangenehm auf meine Empfindung und stand mir immer vor Augen. Sie war ein häßliche und beständige Mahnung an das höchst Kritische unserer Lage. Der Gefangenwärter frug, »ob wir Geld hätten, um uns durch seine Vermittelung Lebensmittel kaufen zu können«, eine Frage, die wir leider verneinen mußten. Er schüttelte den Kopf, setzte einen Krug mit Wasser hin und wies auf einen andern größern Kübel; zugleich versprach er Brot und Streustroh zu bringen. Wir waren wie versteinert; doch kam ich mit Hilfe eines listigen Schurken von Gendarmen, deren zwei bei uns geblieben waren, bald zu mir selbst. Freilich nicht auf angenehme Weise. Der Gendarm redete mich an: »Monsieur, il y a bien long temps que je désire à avoir un souvenir d'un officier prussien. Vouz avez là quelque chose, dont vous ne pouvez plus faire usage: votre escarpe: en faite moi présent.« Ich band meine Schärpe ab, erinnerte mich, leider zu spät, der guten Lehren des alten Malwing, schwieg und gab dem Buben, was er spottend von mir erbat. Zugleich mein Letztes. Mit ironischer Höflichkeit bedankte er sich und schritt unter vielen Kratzfüßen zur Tür hinaus. Sein Spießgesell hatte es mit Gottschling ebenso gemacht.

Der Gefangenwärter erschien nun wieder, brachte Streustroh und Leuchtung, fragte nochmals, »ob wir wirklich kein Geld hätten« und bedauerte uns herzlich, als wir ihm unser Nein wiederholten. Der gute, christliche Deutsche beklagte uns sehr und schien in Mitleiden für uns aufzugehen; nichtsdestoweniger vergaß er, uns unser Deputat Brot für den Nachmittag und Abend zu geben. Nur ein Weilchen noch blieb er, um uns Trost und Mut einzusprechen, wünschte uns dann eine wohlzuruhende Nacht und – ging. Das Letzte, was er uns hören ließ, war das Rasseln und Klirren der Schlösser und Riegel.

Nun waren wir mit uns und unserm Elend allein. Mein alter Wilhelmy erlag fast seinem Schicksal: er schwankte zur Streu und wünschte sich laut die ewige Ruhe. Gottschling litt heftige Schmerzen, legte sich auch und hoffte Linderung vom Schlaf. Ich folgte seinem Beispiel. Ein paar Stunden mocht' ich geschlafen haben, als Wilhelmy mich weckte; ihm brannten Kopf und Körper, Gottschling erwachte ebenfalls im heftigsten Wundfieber. Beide lechzten nach Wasser und – Gott! der Krug war leer, ebenso der Kübel. Ich lief in der Stube umher, rief und schrie nach Hilfe; umsonst, unser Kerker war zu abgelegen, als daß irgendwer hören konnte. Ich stieß gegen die Tür, in der Hoffnung, sie zu sprengen, aber Schloß und Riegel waren zu fest. Hinweg, selbst von der bloßen Erinnerung an diese Unglücksnacht.

Den 2. Dezember 1793. Morgens, vielleicht acht Uhr, saß ich an dem Lager meiner beiden Gefährten, vertieft und verloren in unser trübes Geschick. Wilhelmy und Gottschling, trotz Fieber und Durst, waren eben wieder eingeschlafen, als plötzlich die Tür aufging und einige junge Frauenzimmer, deren Bekanntschaft Gottschling vor acht oder zehn Tagen gemacht hatte, mit Kaffee und Semmel bei uns eintraten. Diese gutmütigen Magdalenen, die vielleicht durch den Gefängniswärter von ihm gehört haben mochten, hatten sich mit Mühe und Schwierigkeiten einen Weg zu uns gebahnt und leisteten nun soviel Hilfe, wie in ihren Kräften stand. Auch einen Stadtwundarzt brachten sie mit, um

Gottschlings Wunden zu verbinden. Ich weckte nun meine beiden Kranken jubelnd auf, und beide labten und erquickten sich an dem Frühstück, das ihnen geboten wurde. Unsere barmherzigen Samariterinnen standen uns gegenüber und freuten sich herzlich, daß uns ihre Gabe so vortrefflich mundete; ebenso herzlich war unser Dank. Während des Frühstücks fand sich allerlei Gesellschaft ein: der gute christliche Kerkermeister, dessen Ehegespons, einige Gendarmen, schließlich auch einige Offiziere. Man kam und ging, alle waren voller Mitleid, aber dabei hatte es sein Bewenden.

Im Laufe des Vormittags erschienen: ein Generaladjutant namens Bertrand, mehrere junge Leute von der Adjutantur, endlich auch ein Sekretär, um unsere Charaktere und Namen aufzunehmen. Alle diese Herren, besonders sichtbar und auffallend aber der Erstgenannte (Bertrand), waren äußerst betreten, uns so gemißhandelt zu finden. Der Umstand, daß die Zweibrücker Mädchen uns ein Frühstück und zwar als ein Almosen gereicht, dazu auch einen Arzt uns zugeführt hatten, brachte die Herren vorzugsweise in Verlegenheit. Sie waren Zeugen, daß wir unsere Wohltäterinnen mit einem einfachen »Gott vergelts Euch« bezahlen mußten. Einige der jungen Offiziere versuchten auf mancherlei Art die Sache zu entschuldigen, doch ging es ihnen dabei nur schlecht von statten. Der Umstand, daß man uns in drei Tagen noch kein Zehrungsgeld, am Nachmittag und Abend kein Brot und auf die letzte Nacht auch nicht einmal Wasser, Heizung und Licht zur Genüge gegeben hatte, war nicht wohl zu entschuldigen. Alles, was man für uns getan, war, daß man uns unsere Schärpen geraubt hatte. Bei Aufzählung aller Unbill, die wir erfahren, traten mir die Tränen in die Augen. Bertrand, als er dessen gewahr wurde, trat zu mir heran und hatte freundliche Worte für mich. Es tat mir wohl und ich vermochte mich wieder zu fassen. Nachdem man unsere Namen und Charakter aufgeschrieben, schenkte uns Bertrand unter dem großmütigen Vorwande, »daß es die rückständige Gage sei«, anderthalb Karolin; auch wurde ein Mittagbrot für uns besorgt. Ein Bekannter Wilhelmys, ein verabschiedeter Soldat, der jetzt in Zweibrücken lebte und vor einigen Wochen erst als Handelsmann Wein und andere Lebensmittel ins Lager geliefert hatte, erschien ebenfalls. Dieser verschaffte einem jeden von uns ein Hemd. Infolge davon wurde nun zwar unsere Kasse so gut wie wieder gesprengt, aber dennoch erkauften wir die Glückseligkeit des Wäschewechselns damit nicht zu teuer.

Gegen Mittag brachen wir aus der Zweibrückener Armesünderstube auf und kamen um drei Uhr in Blieskastel an. Man war unschlüssig, wohin mit uns. Nachdem wir wieder dreiviertel Stunden lang auf freier Straße zur Schau ausgestellt gewesen waren, brachte man uns endlich in den »Turm«. Sergeanten und Gemeine bekamen den Raum unterm Dach; wir Offiziere und der Junker aber wurden in die Stube des Stockmeisters einquartiert. Hier fanden wir bereits zehn oder zwölf Geiseln vor, die die französische Armee bei ihrer Retirade aus der umliegenden Gegend mitgenommen hatte.

Hier brechen die Briefe ab. Was ich noch zu erzählen haben werde, steht räumlich in keinem entsprechenden Verhältnis zu dem bis hierher Mitgeteilten. Otto von Rohr samt seinen Leidensgenossen, die wir aus vorstehenden Briefen kennengelernt, wurde nach Frankreich abgeführt und in Nogent sur Seine, etwa siebzig Kilometer von Paris, interniert gehalten. Hier lebte er, ein Jahr lang und darüber, in ungetrübtem Glück, soweit das Leben eines Gefangenen überhaupt ein glückliches sein kann. Die große Zeit störte nicht seine Kreise. In Paris die Schreckensherrschaft, in Nogent Friede. Auf dem Eintrachtsplatze (furchtbare Ironie) fiel Dantons Haupt, und sein blutiger Schatten ging um, bis das Haupt dessen, der ihn stürzte, dem seinen nachgefallen war, – in Nogent aber, als wäre die Welt so klar wie die Sommernacht, die sich jetzt über ihm wölbte, saß Otto von Rohr unter dem Gezweig einer mächtigen Akazie und neben ihm saß Jacqueline, die Tochter des Hauses, halb Kind noch, und hörte ihm zu, wenn er von seiner Heimat erzählte, von den weiten Strecken Sand und der Sumpfniederung, in der ein Fluß laufe, »schilfbestanden und tief und schwarz wie der Styx, der um das Reiche des Todes schleicht«. Dann fragte Jacqueline, »ob dort auch Menschen wohnen?«

»Kaum«, antwortete der Gefangene voll übermütiger Laune, »Halbwilde nur, die schwarzes Brot essen und einen bräunlichen, immer schäumenden Saft trinken, den sie Bier nennen. Und zur Winterzeit machen sie Löcher ins Eis und springen hinein oder jagen tagelang durch den Wald, um Füchse zu fangen und mit dem wilden Eber zu kämpfen. Und wenn sie dann heimkehren, können sie oft ihr Dorf nicht finden, weil es in Schnee versunken ist.« Dann fragte Jacqueline: »Und wie sehen diese Menschen aus?«, worauf dann Otto von Rohr erwiderte: »Genau wie ich, Jacqueline.« Und dann lachten sie beide und hörten nicht, daß ein leises Rauschen, wie ein Klageton, durch den Wipfel der alten Akazie ging.

Denn der alte Baum, der das Leben kannte, wußte, was bevorstand: Trennung. Sie kam; der Baseler Frieden machte den Gefangenen frei. Wieviel Schwüre wurden laut, wieviel Tränen fielen. Eines Tages aber lag alles zurück wie ein Traum, und nur zweierlei war noch wahr und wirklich: das Leid im Herzen Jacquelines und eine kleine seidengestickte Henkelbörse, die sie dem Scheidenden zum Abschiede gereicht hatte. Darin befand sich eine Schaumünze mit ihrem Lieblingsheiligen darauf, und – ein Samenkorn von dem Akazienbaum, unter dem sie so oft gesessen.

Dies Samenkorn ist in Trieplatz aufgegangen. Es ist derselbe Baum, der (womit wir diese Erzähung einleiteten) vom Park aus in das Gartenzimmer blickt.

Urania von Poincy

Die Tage von Nogent sur Seine lagen über ein Menschenalter zurück. Da (dasselbe Jahr noch, in dem unser Otto von Rohr, inzwischen zum General und Präsidenten hoher Kommissionen emporgestiegen, aus dieser Zeitlichkeit schied) knüpften sich neue Beziehungen zwischen Frankreich und – Trieplatz. Noch einmal gewann ein Rohr ein französisches Frauenherz. Und diesmal keine Trennung, oder doch keine andere als durch den Tod!

Moritz von Rohr, ein Neffe Ottos, stand 1838 bei einem rheinischen Regiment in Saarlouis. Er war zweiundzwanzig Jahr alt, groß und schlank. Der Winter brachte Maskenbälle wie gewöhnlich, und auf einem dieser Bälle war es, daß Moritz von Rohr die Bekanntschaft Urania de Poincys machte, der schönen Tochter des Herrn und der Frau von Poincy, die sich damals, sei es erziehungs- oder zerstreuungs- oder gesundheitshalber, in Saarlouis aufhielten. Dieser Ball entschied über das Leben des jungen Paares; die leidenschaftliche Liebe, die beide füreinander hegten, überwand jedes Hindernis, Moritz von Rohr erbat und erhielt seinen Abschied und in demselben Winter noch erfolgte die Trauung zu Notre Dame in Paris.

Die Hindernisse, deren ich eben erwähnte, waren nicht wenige: die Familie de Poincy war nicht mehr jenseits des Rheins, sie war jenseits des Ozeans zu Hause, seitdem der Großvater der jungen Dame das vom Schrecken regierte Frankreich Anno 1793 gemieden und nach Amerika flüchtend, erst in Kuba, dann in New

Orleans sich niedergelassen hatte. Dort lebten sie jetzt in hohem Ansehen: der Name de Poincy war der Name einer Handelsfirma geworden. Selbstverständlich lag nicht hierin die Schwierigkeit, die Rohrs dachten niemals gering von bürgerlicher Hantierung, am wenigsten vom Großhandel, der mit eigenen Schiffen die Meere befährt, aber der Weg von der Dosse bis an den Missisipi war doch weit, und ein Rohrsches Herz hält fest an Wusterhausen und Trieplatz.

Dies waren die Schwierigkeiten. Die Liebe des jungen Paares indes, wie schon angedeutet, überwand sie. Moritz von Rohr trat in das Handelshaus seines Schwiegervaters ein, und nie wurde brieflich oder mündlich ein Wort laut, das darauf hingedeutet hätte, er habe die Trennung von Vaterland und Familie bereut. Kein Klagewort, aber auch kein rechtes Wort des Glücks! Die nationalen und konfessionellen Unterschiede ziehen eben eine tiefe Kluft, und der Beispiele sind wenige, wo die bloße Sympathie der Herzen stark genug gewesen wäre, diese Kluft zu überbrücken. Je feiner und durchgeistigter die Naturen sind, desto mehr tritt dieses Trennungselement hervor. Man liebt sich, aber man ist nicht eins, und jede Freude halbiert sich oder schwächt sich ab, weil sie nur einmal unter hundert Fällen auf neutralem Gebiet erblüht. Die Herzen stimmen, aber der Gegensatz der Geister klingt disharmonisch hinein. Auch das Glück Moritz von Rohrs und Urania von Poincys wurde getrübt oder trug wenigstens einen Schleier.

Zehn Jahre nach der Vermählung war dieser Schleier für die junge Frau zum Witwenschleier geworden. Moritz von Rohr glaubte sich akklimatisiert und unterließ es, im Sommer 1848 die Fieberluft New Orleans mit der gesunden Küstenluft am Mexikanischen Golf zu vertauschen. Er wurde vom Gelben Fieber befallen und erlag ihm.

Zwei Jahre später (das kaufmännische Geschäft war inzwischen an den Sohn des Herrn von Poincy übergegangen) kehrte der ältere de Poincy mit seiner Familie: Frau, Tochter und Enkelin, nach Europa zurück. Die Enkelin war das einzige Kind Moritz von Rohrs. Man kaufte sich in Frankreich an, und 1854 waren Frau von Poincy, die Schwiegermutter, und Urania von Rohr, geborene v. Poincy, in Trieplatz auf Besuch; sie mochten Parallelen ziehen zwischen ihrer Hazienda daheim und dem alten Hofe des »Hauptmanns von Capernaum«. Vieles fehlte; aber allerdings auch die Sumpfluft, die so frühe schon die schöne Frau zur Witwe gemacht hatte. Denn die Dosse ist gesund.

Die Tochter Moritz von Rohrs war nicht mit bei diesem Besuche, war vielmehr in einer französischen Klosterschule zurückgeblieben. Erst sechzehn Jahre später lernte sie die Kompatrioten ihres Vaters kennen, als diese, während des Siebziger Krieges, vor dem Kloster Abbaye aux Bois ihr Lager aufschlugen. In diesem Kloster stand das junge Fräulein von Rohr damals als Novize. Längst seitdem hat sie den Schleier genommen, die Großeltern sind tot und nur die Mutter lebt noch in Paris.

Ein Porträt, das inmitten der Familienbilder in Trieplatz hängt, mahnt an die nahen Beziehungen des Hauses Rohr zum Hause de Poincy. Der weiße Teint, das schwarze Haar, die leuchtenden Augen – sie geben das typische Bild der schönen Kreolin.

An Sommertagen, wenn der Akazienbaum seine Zweige bis dicht vor das Fenster streckt, ist es, als spielten seine Blätterschatten mit Vorliebe um dieses Bild.

Und es ist dann wie ein Nicken und Grüßen Jacquelinens an Urania von Poincy.

MATHILDE VON ROHR

Konventualin zu Kloster Dobbertin
† 16. September 1889

I

In ihrer Nummer vom 19. September 1889 brachte die »Kreuz-Zeitung« folgende Anzeige:

Am 16. September, 11 Uhr vormittags, verschied nach langem, schwerem Leiden im 80. Lebensjahr unsere geliebte Tante, Großtante und Schwägerin

Fräulein Mathilde von Rohr
aus dem Hause Trieplatz,
Conventualin zu Kloster Dobbertin.

Im Namen der Hinterbliebenen Christian von Rohr, Hauptmann und Kompaniechef im 3. G.-Gr.-Reg. Königin Elisabeth.

Das alte Fräulein hatte ich das Glück zu kennen und von ihr und der guten alten Zeit, die wenigstens dann und wann eine wirklich gute alte Zeit war, will ich in nachstehendem erzählen.

Mathilde von Rohr wurde den 9. Juli 1810 als fünfte Tochter ihrer Eltern in Trieplatz geboren. Ihr Vater, früher Adjutant beim General von Knobelsdorf, war ein Mann von Gesinnung und Bildung, die Mutter (eine von Hünecke) eine Schönheit, die sich schon mit achtzehn Jahren verheiratet hatte. Das fiel in den Anfang des Jahrhunderts. Es waren harte Zeiten, als die Kinder geboren wurden, – die Franzosen im Lande, Durchmärsche, Lieferungen ohne Zahl, und so hielt es denn schwer sich durchzukämpfen. Auch die Jahre nach dem Kriege waren Jahre harter Entbehrung. Mit dem zehnten Jahre kam Mathilde nach Brandenburg in Pension, aber nicht auf lange; zwei Jahre später war sie wieder bei den Eltern und weil Trieplatz keinen Prediger und keine passende Schule hatte, mußte sie jeden Tag zum Unterricht nach dem eine halbe Meile entfernten Brunn. Während der langen und hellen Sommertage bot das keine Schwierigkeit und Gefahr, aber winters war es oft schon dunkel, wenn sie den Rückweg antrat, und der Vater, den es ängstigte, das halberwachsene Mädchen so allein auf der verschneiten Landstraße zu wissen, ging ihr dann entgegen. Mit ihm, immer auf tausend Schritt voraus, war sein Hund, der bei jedem Waldeck anschlug, um die in der Winterdämmerung Heimkehrende schon von weither wissen zu lassen »wir sind da«. Dieser Unterricht in Brunn dauerte bis zur Einsegnung.

Das Leben im Trieplatzer Hause war sehr einfach, selbst in die Kirche kam man wenig, weil der Prediger nur selten nach dem Filial herüberkam, und so ging man denn sonntags früh auf Wald und Feld hinaus, wo seitens des Vaters eine Art Gottesdienst abgehalten wurde. Man begnügte sich damals mit wenig und Gott anbeten in der Natur war so gut wie was anderes. Es kam bloß auf »Andacht« an, ein Standpunkt, der für ketzerischer gilt, als er vielleicht sein sollte.

Das Leben im Hause war von einer rührenden Einfachheit, für die wir heute Sinn und Verständnis verloren haben. Erst im Alter kommt man wieder dahinter, »daß das eigentlich das Wahre sei«. Die Töchter hatten die Wirtschaft zu führen und morgens um vier mit dem Melken zu beginnen. Ein Übelstand war es, daß die junge Männerwelt mit einer Art Geflissentlichkeit von Trieplatz ferngehalten wurde, weil der alte Rohr seine Töchter für sich behalten wollte. Das ging so weit, daß, als einer der Gutsnachbarn, ein reicher adliger Herr, um Mathilden anhielt, dieser Antrag vor ihr verschwiegen und ihr erst viele Jahre später zur Kenntnis gebracht wurde. Sie hätte ihn übrigens doch nicht genommen, denn so reich er war, so moralisch fragwürdig war er, ein Punkt, in dem Mathilde von Jugend auf sehr diffizil war. Alles, um es noch einmal zu sagen, trug den Stempel höchster Einfachheit, trotzdem hatte das Leben einen großen Reiz, so groß, daß Frau von Romberg, eine geborene Gräfin Dönhoff, die zu jener Zeit als junge Gutsherrin auf dem benachbarten Brunn lebte, mir noch nach fünfzig Jahren schreiben konnte: »Trieplatz war damals ein Idyll ohnegleichen und ich kann Ihnen nicht aussprechen, wie uns jedesmal ums Herz war, wenn ich mit meinem Manne vorfuhr und die schönen jungen Mädchen in ihren einfachen Hauskleidern, aber alle wie aus dem Ei gepellt, auf uns zukamen, aus Stall und Küche, vom Butterfaß und von der Bleiche. Zuletzt erschien dann auch der stattliche Vater vom Felde her, wo er die Aufsicht geführt, das weiße Haar im Winde um die hohe Stirn fliegend und die schönen tiefblauen Augen unter den buschigen Brauen von Freundlichkeit leuchtend. Es war alles reizend in seiner Patriarchalität und Gastlichkeit und ich kann Ihnen nicht sagen, wie tief sich mir diese Bilder eingeprägt haben. Dabei der alte Rohr ganz Ritter und Offizier und ein Bild schöner Menschenwürde.«

1832 starb der Vater, Trieplatz wurde verpachtet und die Mutter zog mit den Töchtern nach Berlin. Das Haus des der Trieplatzer Familie nahe verwandten Generals von Rohr, damals ein Sammelpunkt der Berliner Gesellschaft, vermittelte Beziehungen und sehr angenehme Tage brachen an. Aber Mathilde trat nicht sonderlich hervor, was darin liegen mochte, daß einige der ältern Schwestern ihr an Klugheit überlegen waren, eine jüngere an Schönheit. Sie kam erst zur Geltung, als sie bei Gelegenheit eines Besuchs in Künkendorf, einem in der Uckermark gelegenen Rohrschen Gute, mit dem alten Bischof Roß bekannt wurde. Dieser, im gesegneten Besitz einer liebenswürdigen, bis ins Greisenalter hinein ihm treu bleibenden Kindernatur, erkannte sofort die besonderen Gaben, die sich in der bis dahin wenig beachteten Mädchenseele bargen, und lud das junge Fräulein in sein Haus, eine Einladung, der sie Folge gab. In diesem Bischof Roßschen Hause schloß sie sich alsbald an die durch Klugheit und pikantesten Esprit ausgezeichnete Enkelin des Bischofs an, an Lina Tendering, später Frau Lina Duncker, der sie durch alle Zeit hin, auch die Lassalle-Zeit nicht ausgenommmen, eine treue Freundschaft bewahrte.

Es war um die Wende der dreißiger und vierziger Jahre, daß diese Beziehungen angeknüpft wurden; dieselben erweiterten sich später innerhalb der hauptstädtischen Gesellschaft und erhielten ihren Höhepunkt, als die vorerwähnte Frau von Romberg von ihrem Gute Brunn nach Berlin zog, um hier in Gemeinschaft mit ihrer älteren Schwester, der Gräfin Schwerin, das alte Dönhoffsche, später Stolbergsche, Palais in der Wilhelmstraße 63 zu bewohnen. Seitens dieser Dame (Frau von Romberg), die die Trieplatzer Tage nicht vergessen hatte, wurde das junge Fräulein wie vordem durch Entgegenkommen und Freundschaft ausgezeichnet und sehr bald auch bei der Gräfin Schwerin eingeführt, in deren »blauem Salon« sich ein gut Teil der damaligen ersten Berliner Gesellschaft versammelte. Herren und Damen nahe verwandter, namentlich ostpreußischer und pommersch-uckermärkischer Familien bildeten den Stamm, zu denen sich hervorragende Personen aus Kunst und Wissenschaft gesellten, darunter Maler wie Hopfgarten, Henning, Kretzschmer. Unter den Gelehrten stand der blinde Professor Müller obenan, ein kluger, in literarischen Dingen versierter, zugleich etwas spitzer Herr, der mit seiner »Ironie«, einer Blume, die damals noch blühte, den Rest der Gesellschaft mehr oder weniger intimidierte. Nur als sich Graf Fritz Eulenburg, der spätere Minister des Innern, in den Salon einführte, war es mit dieser Herrschaft vorbei. Graf Eulenburgs Sarkasmus war doch noch stärker als die Müllersche Ironie. Neben dem Grafen Eulenburg würde sicherlich auch noch ein anderes Mitglied des Kreises, sowohl seinem Charakter wie namentlich seinem Talente nach, die Kraft zur gesellschaftlichen Emanzipation von dem ironischen Machthaber gehabt haben, wenn eben diesem Mitgliede nicht ein geradezu krankhafter Respekt vor »Wissenschaftlichkeit« innegewohnt hätte. Dieser ganz ohne Not sich Unterordnende war Bernhard von Lepel, junger Offizier im Regiment Kaiser Franz, der um seiner eben damals erschienenen »Lieder aus Rom« willen ebenso schnell der Protegé der Dönhoffschen Schwestern wie ganz im besonderen der intime Freund des Fräuleins Mathilde von Rohr wurde. Diese ganz auf literarischen Interessen aufgebaute, durch drei Jahrzehnte hin fortgeführte Freundschaft hatte schon nach verhältnismäßig kurzer Zeit zur Folge, daß sich von dem großen Zirkel im Dönhoff-Schwerinschen Palais ein kleinerer Zirkel abzweigte, dem Mathilde von Rohr vorstand und in dem, unter Zurücktritt der Maler und Gelehrten, das Dichterelement in den Vordergrund trat.

Ich weiß nicht, wie lange dieser abgezweigte Zirkel schon bestand, als mir eines Tages ein Brief zuging, in dem ich von dem Fräulein von Rohr aufgefordert wurde, »nächsten Sonntag nach dem ›Tunnel‹ (dessen Besuch wie Kirchendienst galt und selbstverständlich nicht versäumt werden durfte) den Tee bei ihr zu nehmen«. Ich sagte natürlich in freudig gehobener Stimmung zu, war aber nach allem bis dahin in Erfahrung Gebrachtem, wonach das Fräulein etwas von einer Queen Elizabeth haben mußte, doch auch in hohem Grade beunruhigt, etwa wie wenn ich in einen geheimen Orden aufgenommen werden sollte.

Schließlich waren Tag und Stunde heran und ich stieg mit Lepel, der den Introdukteur zu machen hatte, die drei Treppen zur Wohnung des Fräuleins hinauf, Behrenstraße 72. Es war ein stilles Haus, das einem Major von Häseler gehörte. Die altberlinische Klingel, deren verbogener Draht nicht recht durch die Öse wollte, wurde von Lepel stark, aber doch auch wieder diskret und wohlanständig gezogen und eine für den Abend engagierte Aufwärterin, die sich durch ein kleines vertrauliches Lächeln auszeichnete, öffnete. Nun legten wir ab und traten in ein einfenstriges Empfangszimmer, darin uns das Fräulein, eine Dame von damals nahe an fünfzig, in einem schwarzen Atlaskleid empfing. Mit einer Gewandtheit, die teils angeboren, teils innerhalb der verschiedensten Wilhelmstraßenzirkel ausgebildet war, wurden die Honneurs gemacht und mir natürlich gesagt: wie glücklich sie sei, mich nun auch bei sich empfangen zu können. Der Gräfin Schwerinsche Kreis, den ich, wie sie zu ihrer Freude vernommen, demnächst auch kennenlernen würde, sei, bei hundert Vorzügen, doch von ziemlich bunter Zusammensetzung, während sich der kleine Zirkel, der sich bei ihr versammle, lediglich dem Lyrischen und Dramatischen zuwende. So hoffe sie denn, es werde mir gefallen. Unter allen Umständen aber würde ich bald wahrzunehmen imstande sein, wie viele Verehrer meine Dichtungen in dem ihr bekannten Kreise bereits hätten. Ich verbeugte mich; Lepel schmunzelte, was halb der gelungenen Rede, halb dem von ihm mit nur zu vielem Recht angezweifelten Tatbestande galt. Denn so befangen er war und so sehr er die literarischen Tugenden seiner und nun bald auch meiner Freundin überschätzte, so war er doch andererseits unbefangen genug, diese Gefühle nicht auf die Gesellschaft, die sich um das Fräulein versammelte, zu übertragen. Er wußte vielmehr umgekehrt, aus wie literaturabgewandten Persönlichkeiten sich dieser Kreis in seiner großen Mehrheit zusammensetzte. Noch zwei-, dreimal wurde die Klingel gezogen und ehe neuneinhalb Uhr heran war, waren alle Geladenen einander vorgestellt und die Tür zum

Nebenzimmer ging auf. Jeder seine Dame führend, traten wir ein. Hier war es nun wirklich allerliebst. Das Zimmer niedrig, aber doch doppelt so groß als das Empfangszimmer, Lampen und Blumen auf dem Tisch, alles blinkend von Silber und weißestem Linnen.

Wir waren alles in allem acht Personen: Major von Häseler und Frau, Herr von Hünecke und Frau, ein Fräulein Wißling (das Teefräulein der Gräfin Schwerin), dann Fräulein von Rohr selbst, Lepel und ich. Alles steht mir noch in voller Deutlichkeit vor Augen und auch das Gespräch ist mir, wenn nicht in seinem Wortlaute, so doch in seinem Inhalte noch so gegenwärtig, als ob es gestern geführt worden wäre. Man war sehr heiter, alles wohlwollend und die Verpflegung vorzüglich, namentlich auch der Tee, was man damals nicht von allen Berliner Teeabenden sagen konnte. Wir hatten zu Kaviar- und Sardellenbrötchen einen kalten Braten, einen Reh- oder Hammelrücken, den Trieplatz oder irgendein befreundetes Gut in Havelland oder Ruppin geliefert hatte. Zum Schluß kam dann »Götterspeise«, die ihrem Namen Ehre machte; sie bestand aus in Rum oder Kognak getränkten Biskuitscheiben, Himbeerkompott und Schlagsahne, welche dreifache Schicht sich dreimal wiederholte. Zum Schluß wurden Apfelsinen zurechtgemacht, aber während wir unter Andauer dieser harmlosen Beschäftigung bemüht waren, unser Gespräch, das sich meist um Theater und die mit den Häselers befreundete Familie Hülsen drehte, fortzusetzen, war es ganz ersichtlich, daß sich unserer liebenswürdigen Wirtin eine gewisse Unruhe bemächtigte, die von Minute zu Minute wuchs und sich namentlich auch in ihren auf die jedesmalige Frage nicht mehr recht passenden Antworten zu erkennen gab. Dabei sah sie immer eindringlicher nach der Stutzuhr ihr gegenüber, auf der ein goldener Saturn mit Urne lag, bis sie zuletzt die Konversation kurz abschnitt, indem sie kategorisch bemerkte: »Die Herren werden jetzt etwas lesen.« Nun schwieg alles, während sie selbst unter einer kleinen Verbeugung fortfuhr: »Herr von Lepel und Herr Theodor Fontane wollen nämlich die Güte haben, uns eine von ihnen herrührende ›Terzine‹ zu lesen.« Ich wollte, weil ich glaubte, daß sich das Fräulein versprochen habe, die Sache richtig stellen, Lepel aber warf mir einen grotesk ernsten Blick zu, der mich verstummen machte, während das Fräulein unbefangen hinzusetzte: »Diese Strophen bilden nämlich eine Art Rede und Gegenrede, wie zwei Advokaten, von denen jeder seine Sache verteidigt. Wie lautet doch das Thema?« Lepel, der bereits sein

Manuskript aus der Tasche gezogen hatte, sagte: »Das Thema lautet: ›Reden ist Silber, Schweigen ist Gold‹ und bildet eine Tenzone zwischen mir und meinem Freunde Fontane.« Er betonte das Wort »Tenzone«, Fräulein von Rohr aber merkte nichts, denn Terzine oder Tenzone war ihr dasselbe. Sie hatte viele herrliche Gaben und Lyrik war ihr Ideal. Aber die Nomenklatur italienischer Formen und nun gar diese Formen selbst waren ihr ein Geheimnis geblieben.

Lepel und ich lasen nun unsere Tenzone. Dann trat die herkömmliche Verlegenheitspause ein. Der alte Häseler wribbelte an seinem Husarenschnurrbart, während seine Frau, älter als er und schon nahe an achtzig, ihren schwarzen Scheitel, der sich etwas verschoben hatte, wieder gerade rückte, dabei Lepel und mich verschmitzt ansehend, wie wenn sie sagen wollte: »Kinder, was soll das alles? Als ich jung war, waren ganz andere Dinge Mode.« Sie stammte nämlich aus den Gräfin-Lichtenau-Tagen und hatte manches erlebt. Endlich nahm Herr von Hünecke das Wort: »Es muß schwer sein«, sagte er, worauf Frau von Hünecke fast einen Lachanfall kriegte und gutmütig hinzusetzte: »Ja, Hünecke, du könntest es nicht.« Durch diesen Zwischenfall war das Eis gebrochen, und nun griff auch die alte Häseler ein und sagte: »Schwer. Ja was heißt schwer. Ich glaube nicht, daß es so sehr schwer ist, und Improvisieren zum Beispiel ist viel schwerer. Da war hier vor zwanzig Jahren ein Improvisator Langenschwarz, ein jüdischer, aber ziemlich distinguiert aussehender Mann, und hatten wir damals eine Matinee im Konzertsaal, es war das letzte Jahr unter des hochseligen Königs Majestät. Und das Thema war ›Alexanders des Großen Tod‹ und jeder, der anwesend war, hatte das Recht, ihm ein Reimwort zuzurufen. Und da war ja nun dieser schreckliche Mensch, der Glasbrenner, d. h. eigentlich war er gar nicht so schrecklich und konnte nur, wenn er wollte, der rief Langenschwarzen, weil er eine Pike gegen ihn hatte, das Wort ›Blutwurst‹ zu, so daß einige lachten, während wir andern alle zusammenschraken. Aber was denken Sie, was geschah? Ohne daß dieser Langenschwarz sich verfärbte, nahm er das furchtbare Wort in seine Dichtung auf und ich weiß auch noch, daß er mit ›Glutdurst‹ darauf reimte, was damals jeder bewunderte, so daß Glasbrenner eigentlich geschlagen war, und wenn ich mir das alles vergegenwärtige – Hülsen war damals noch Leutnant und hatte die Plätze besorgt –, so muß ich doch sagen, das war schwerer.« Lepel und ich stimmten vollkommen ein, Fräulein von Rohr aber fand diesen plötzlichen

Einwurf in eine Debatte, die sich doch mit einer ernsten Dichtung zu beschäftigen habe, ziemlich unangemessen und sagte: »Frau von Häseler, ich muß Ihnen doch bemerken, daß ich das Gedicht der beiden Herren seit vorigem Sonntag abschriftlich besitze und daß ich es sowohl der Gräfin Schwerin wie dem Prinzen Georg vorgelegt habe, die beide von der besonderen Schwierigkeit sprachen. Es wird also wohl auch schwer sein. Der Prinz ist selbst Dichter, wie Sie wissen, und ein Mann von Urteil.«

So waren die Abende bei Fräulein von Rohr, deren ich von nun ab, durch mehr als zehn Jahre hin, zahllose verlebte. Der Charakter war immer derselbe, immer sechs, acht Personen, immer Mustertee, immer »Götterspeise«, immer Dichtungen vor einem Publikum, das durch Vortrag derselben grenzenlos gelangweilt wurde. Nur Fräulein von Rohr strahlte. Sie war nach wie vor Lepels Egeria und bald auch meine.

Vielleicht, daß ich mich dagegen doch mehr oder weniger gesträubt hätte, wenn das Wesen des Fräuleins lediglich darin zum Ausdruck gekommen wäre. Glücklicherweise war dies nicht der Fall. Wie der berühmte Böckh nicht stolz auf seine klassische Philologie, sondern auf sein Englisch war, das er in einem fragwürdigen Jargon vorbrachte, so war Mathilde von Rohr stolz auf ihre »Dichter« und das dichterische Interesse, das sie mit ihnen verband, während ihre wirklichen Werte nach einer ganz anderen Seite hin lagen, derart, daß man füglich von ihr sagen konnte, erst wenn sie das Flitterideal abtat, war sie ein wirkliches Ideal: gut, treu, praktisch, hilfebereit, immer das Herz auf dem rechten Fleck, immer voll gutem Menschenverstand, immer gerecht. Alles Gewöhnliche, namentlich alles Unhumane war ihr in tiefster Seele verhaßt, und ihr schönster Zug war ihre jedesmalige Empörung, wenn sich Adlige unwürdig benahmen und dabei wohl gar noch bis zu dem Glauben gingen: »sie dürften sich's erlauben, weil sie Adlige seien«. Dann war nicht mit ihr zu spaßen und es kamen Szenen vor, wo mir's innerlich nicht genug war, daß ich ihr gerührt die Hand küßte, nein, wo ich der guten alten Dame recte hätte um den Hals fallen mögen. Da waren damals zwei Grafen in ihrer Nachbarschaft, beide Unter den Linden. Nun, den einen, einen notorischen Geizhals, hatte sie aufgegeben, sprach nur mit Achselzucken von ihm und vermied ihn, wenn sie ihm in Gesellschaften begegnete. Den andern aber, einen in seinen Formen sehr liebenswürdigen und höfisch verbindlichen Herrn, konnte sie eigentlich sehr gut leiden und trat für ihn ein, wenn er angegriffen wurde, bis ihr eines

Tages zu Ohren kam, er habe das Prinzip, Handwerker nie aus freien Stücken zu bezahlen, sondern – um vom Kapital so viel und so lange Zins zu haben wie möglich – immer erst die Klage der armen Leute abzuwarten. Einer hatte ihr das unter Tränen erzählt und hinzugesetzt, er könne nicht mal klagen, denn dann verlöre er die Kundschaft vieler anderer dazu. Da ging sie zu dem Grafen und machte ihm Vorstellungen und es half auch; als er aber immer wieder rückfällig wurde, gab sie auch ihn auf und sorgte dafür, daß sein Leumund in der Wilhelm- und Behrenstraße nicht besser wurde. Denn ihr heroischer Mut ließ sie jeden Kampf aufnehmen, wenn es ihr nötig schien. Sie hatte etwas Männliches, aber darin war sie doch auch wieder ganz weiblich, daß sie starke Sympathien und Antipathien hatte, was mir persönlich zugute kam. Ich war ihr Verzug, fast mehr als Lepel, und konnte tun, was ich wollte – sie fand immer eine Entschuldigung. Eine Nachsicht und Milde, die sie keineswegs für jeden hatte! Die letzte Wurzel davon war, gleichviel nun ob es mir zukam oder nicht, ihr großes Vertrauen zu mir, was einmal einen mich tief rührenden Ausdruck annahm. Als ich nämlich vor jetzt zwanzig Jahren in meine gegenwärtige Wohnung zog und ihr erzählte, das alte Weib, das bis dahin in dieser meiner Wohnung gewohnt und dieselbe sehr ungern verlassen habe, habe beim Hinausgehen so was wie einen Hexenfluch ausgesprochen und mir allerhand Böses gewünscht, was mir nun doch im Kopf herumgehe, da nahm sie meine Hand und streichelte sie und sagte: »Das tut Ihnen nichts; Sie kommen da drüber weg.« Und so verwöhnte sie mich in allen Stücken, hatte nur Liebe und Güte für mich und war mir auch, um eine Hauptsache nicht zu vergessen, bei meinen Arbeiten vom allergrößten Nutzen. Ihrer Natur nach, wie ich nur wiederholen kann, mehr gewollt als wirklich literarisch, hat sie mir trotzdem auf eben diesem Gebiete sehr ersprießliche Dienste geleistet und wohl ein Dutzend der lesbarsten Kapitel in meinen »Wanderungen« verdanke ich ihrem nie rastenden Eifer, der mir Empfehlungsbriefe schrieb und mir mitunter auch fix und fertige Beiträge verschaffte, die nur ein wenig der Zurechtstutzung bedurften. Ein solcher Beitrag ist beispielsweise der ein völliges Charakterbild gebende Brief, der sich mit der Frau von Jürgaß, einer Tochter des alten Zieten, beschäftigt. Aber bei solchen von den verschiedensten Seiten herrührenden Beiträgen blieb es nicht, sie war auch persönlich ein wahres Anekdotenbuch und eine brillante Erzählerin alter Geschichten aus Mark Brandenburg, besonders in bezug auf adlige Familien aus Havelland, Priegnitz und Ruppin. Den Stoff zu meinem kleinen Roman »Schach von Wuthenow« habe ich mit allen Details von ihr erhalten, und wo ich in dem langen Trieplatzkapitel von den verschiedensten Rohrs erzählt habe, sind es Mitteilungen aus ihrem Munde.

Die mit ihr in dem Häselerschen Hause (Behrenstraße) verplauderten Stunden zählen zu meinen glücklichsten.

II

So gingen die Dinge bis zum Jahre 1869. Zu dieser Zeit kam die Aufforderung an das Fräulein, ihren Klosterplatz in Dobbertin in Mecklenburg einzunehmen, wozu sie, so schwer ihr das Scheiden aus Berlin auch wurde, sogleich bereit war.

Über diesen Klosterplatz muß ich hier ein Wort einschalten. Dobbertin ist eines jener adligen Fräuleinstifte, denen wir im protestantischen Norddeutschland an den verschiedensten Stellen begegnen; in Brandenburg haben wir Kloster Heiligengrabe, in Pommern Schönfließ, in Mecklenburg verschiedene: Dobbertin, Malchow, Ribnitz. Dobbertin bei Goldberg ist unter diesen dreien das größte. Vordem, wie dies bei all diesen Stiften der Fall, war es ein Kloster und aus dieser Klosterzeit schreibt sich wahrscheinlich das Recht bestimmter adliger Familien – darunter auch einige nicht-mecklenburgische – her, »ihre Töchter ins Kloster einschreiben zu lassen«. Das geschieht, wenn sie noch Kinder sind. Verheiraten sie sich, so erlischt dies Recht, verheiraten sie sich nicht, so empfangen sie von einem bestimmten Zeitpunkt, wahrscheinlich von der Zeit ihrer Großjährigkeit an, eine Rente, die sie zunächst verzehren können wo sie wollen, bis im Kloster selbst eine »Stelle« frei wird. Tritt dieser Zeitpunkt ein, so rücken sie nach der Anciennität oder wohl richtiger nach dem Datum der Einschreibung in die Stelle ein. Wenn ich nicht irre, liegt hierzu kein Zwang vor, und ein Fernbleiben vom Kloster, sogar unter fernerer Empfangnahme der Rente, ist durchaus zulässig; dieser Fall tritt aber sehr selten ein, weil das Einrücken in die »Stellen« mit zu großen Vorteilen verknüpft ist. Geräumige Wohnung samt Obst- und Gemüsegarten, Holz, Fisch, Wildpret und wahrscheinlich vieles andere noch – gehört zu den Klosterpertinenzien, so daß den in die Stelle einrückenden Damen nicht nur Gelegenheit gegeben ist, die ihnen verbleibende Rente zu gutem Teile zu sparen, sondern sich auch durch Gastlichkeit und Einladungen an arme Verwandte zu wahren Freudenspendern für die ganze Familie zu machen. Könnte man zusammenrechnen, wieviel Gebrechliche, wieviel kranke junge Frauen und bleichsüchtige junge Mädchen in vielmonatlichem Sommeraufenthalt hier wieder genesen sind, so würde das eine Zahl von Tausenden ergeben. Man hat in Mecklenburg, und wahrscheinlich auch bei uns in Preußen, mit diesen »mittelalterlichen Resten« aufräumen und den Reichtum dieser Stifte dem Fiskus, dem gesamten Lande zugute kommen lassen wollen, ein Vorhaben, über das ich weder nach der Rechts- noch nach der Klugheits- und wahren Vorteilsseite hin ein Urteil habe. Diese »Klöster« mögen also fallen, wenn sie durchaus fallen müssen. Mein persönliches Gefühl aber ist für Fortbestand derselben und zwar deshalb, weil ich in ihnen einen bestimmten, wenn auch vergleichsweise nur kleinen Segen direkt und unzweifelhaft vor Augen habe, während sich alles, was in den »großen Pott«, genannt Fiskus, fließt, meiner Wahrnehmung entzieht. Es ist dasselbe wie mit den Wohltätigkeitsanstalten; ich ziehe es vor, fünf bestimmten Personen jedesmal eine Mark zu geben, anstatt fünf Mark einer großen Wohltätigkeitskasse zugute kommen zu lassen, und keine nationalökonomische Gelehrsamkeit kann mir dies Gefühl nehmen. Allerdings gehöre ich auch zu den Ungebildeten, die die indirekten Steuern erträglicher finden als die direkten. Aller Stolz über eine erfüllte Bürgerpflicht »höheren Stils« ist mir fremd.

Und nach diesem Exkurse kehren wir zu unserem Fräulein von Rohr zurück, die nun im Sommer oder Herbst 1869 – es hatte nicht an allerhand Zwischenfällen gefehlt – als »Konventualin« eintrat und ihre Wohnung in einem alten Klosterkreuzgang bezog. An der Spitze des Klosters stand damals die Domina von Quitzow, eine schon neunzigjährige Dame, die, was Klugheit und Entschlossenheit anging, ihrem berühmten alten Namen alle Ehre machte. Selbst Preußin von Geburt, war sie froh, in Fräulein von Rohr »mal wieder eine Preußin« im Kloster zu haben, und in dieser Gesinnung verblieb die Neunzigjährige bis zu ihrem sechs Jahre später erfolgenden Hinscheiden; aber diese wundervolle alte Domina war auch das einzige Element, auf das sich die neue Konventualin mit Sicherheit stützen konnte. Die Mitschwestern im Kloster waren entweder gegen oder doch mindestens nicht für sie, was in dem vorwiegend antipreußischen Gefühl des damaligen mecklenburgischen Adels seinen Grund hatte, ein Zustand der Dinge, der durch den 1866er Krieg und unsern Sieg über Österreich eher geschärft als gemindert worden war. Klosterhauptmann zu jener Zeit war Graf Joachim Bernstorff, Sohn des alten Gartower Grafen, der aus seiner welfischen Gesinnung kein Hehl machte. Seine Gemahlin, eine Freiin von dem Busche, vordem Hofdame bei der Königin Marie von Hannover, begriff den Wechsel der Zeiten und versuchte Frieden zu stiften, was ihrem liebenswürdigen Naturell ohnehin entsprach, aber sie kam damit nicht weit, weil der Graf bei der Mehrzahl der Klosterdamen seinen eigenen Gesinnungen wiederbegegnete.

Begreiflicherweise hatte Mathilde von Rohr unter dieser im Kloster herrschenden Strömung zu leiden, bis ihr ein Zwischenfall und der Mut, den sie dabei zeigte, zu einem großen moralischen Siege verhalf, der in seiner Folge die gegnerische Partei teils bekehrte, teils stumm machte. Das kam so. Eine der alten Damen – ich verschweige den Namen, um nicht nach zwanzig Jahren noch wieder böses Blut zu machen – erfreute sich einer kleinen Landwirtschaft, einer Kuh, die den Milchbedarf des halben Klosters bestritt. Aber da kam Krankheit und die Kuh wurde von einer so schweren Lungenseuche befallen, daß der Tierarzt anordnen mußte, sich ihrer so schnell wie möglich zu entledigen. Das geschah denn auch, aber nicht sehr vorschriftsmäßig, vielmehr erschien ein Schlächter aus Goldberg, um die Kuh zu kaufen und zu schlachten.

Ein Zufall fügte es nun, daß Mathilde von Rohr von dem Fleisch dieser Kuh ein Suppenstück in ihre Küche bekam und sofort den widerlichen und gesundheitsgefährlichen Zustand erkannte. Der Fleischer wurde zitiert und mit Klage bedroht, was diesen endlich bestimmte, mit der Sprache herauszurücken und das empörte Fräulein wissen zu lassen, daß eine andere Konventualin ihm diese Kuh verkauft habe. Mathilde von Rohr war sprachlos und als sie sich schließlich erholt hatte, stand ihr fest, daß hier ein Exempel statuiert werden müsse. Die Domina, ganz auf ihrer Seite, berief eine Generalsitzung und hier, in großer Versammlung, erhob sich nun unser altes Fräulein, um mit siegender Beredsamkeit von Adel und christlicher Frömmigkeit zu sprechen, mit denen es freilich schlecht stehe, wenn dergleichen Ekelhaftes vorkäme, was noch dazu nicht besser sei als Vergiftung. Die Wirkung ging über alles Erwarten hinaus. In ihren Alltagsempfindungen waren all die alten Damen immer gegen »die Preußin« gewesen, aber das verletzte Rechtsgefühl war in diesem Augenblicke doch so mächtig, daß ein Umschlag zugunsten des Fräuleins eintrat, auch bei ihren ausgesprochensten Feinden. Von Liebe konnte freilich nach wie vor keine Rede sein, aber ein voller Respekt war gewonnen. Auch der Klosterhauptmann, dem trotz seiner Preußenabneigung das Herz auf dem rechten Flecke saß, war bekehrt.

Bald nach diesem Vorfalle war es, daß ich meinen ersten Besuch in Dobbertin machte. Kein poetischerer Aufenthalt denkbar! Das Zimmer, darin wir das Frühstück und abends den Tee zu nehmen pflegten, hatte noch ganz den Klostercharakter, denn aus seiner Mitte stieg ein schlanker, oben palmenfächriger Pfeiler auf; halb verdeckt davon aber stand ein Schaukelstuhl, von dem aus ich, wenn ich mich im Pfeilerschatten hin und her wiegte, mal links mal rechts das Kohlenfeuer sah, das in dem altmodischen Kamin still verglühte. Denn ein Feuer war immer da und auch nötig, trotzdem wir mitten im Sommer waren. Um die Fenster rankte sich Blattwerk mit großen gelben Tulpenblumen dazwischen, die bis aufs Dach hinaufwuchsen und dies auf seiner Unterhälfte fast überdeckten. Um all die Baulichkeiten herum lagen Gärten, auch ein Stück Park, und wenn man diesen, mit der Richtung auf die Kirche zu durchschritt, kam man zuletzt an den Dobbertiner See, in dessen Nähe sich tagsüber nichts regte, bis dann bei Sonnenuntergang die Dohlen und Krähen zu vielen Tausenden von einem Eichenkamp her herüberkamen, um auf Turm und Kirchendach eine kurze Beratung abzuhalten.

Im Mai 1875 starb die Domina, die alte von Quitzow, fast sechsundneunzigjährig. Bis zuletzt hatte sie sich bei Kraft und fast auch bei Frische erhalten. Sie hatte viel Ähnlichkeit mit der zu jener Zeit in Berlin lebenden Frau von Quast, Roonstraße 8 – Mutter des Kunstkonservators und Großmutter des Landrats von Quast – die sich noch mit dreiundneunzig in ihren Gesellschaften durch Lebhaftigkeit, Esprit und Dezidiertheit hervorzutun wußte. Der Eindruck, den ich dabei empfing – und mit der alten Domina von Quitzow ging es mir ebenso – war aber doch mehr ein Eindruck des Staunens als der Freude. Man kann auch zu lange frisch bleiben und die geistige Jugend, die sich viele so sehr wünschen, ist ein zweischneidig Schwert; in einem gewissen Alter muß man auch alt wirken und wenn dies Natürliche sich nicht vollzieht, so berührt es mehr oder weniger unheimlich. Nach dem Tode der alten von Quitzow sollte die »Preußin« Domina werden, so war Wunsch und Wille der Verstorbenen gewesen. Aber die früheren Antagonismen waren mittlerweile wieder zu Kraft gekommen und da sich's traf, daß Mathilde von Rohr, just als die Neuwahl stattfinden sollte, schwer krank darniederlag, so siegte die Gegenpartei, was schließlich vielleicht allen angenehm war, auch den Vereinzelten, die für sie gestimmt hatten. In ihrem beständigen Betonen des Rechtsstandpunktes und der wiederzuerobernden historischen Domina-Machtstellung – die Domina rangiert, glaube ich, gleich nach den Mitgliedern der großherzoglichen Familie – desgleichen in dem strengen Regiment, das sie sicherlich eingeführt und in Kämpfen gegen die »weltliche Macht«, i. e. gegen den Klosterhauptmann behauptet haben würde, flößte sie den verschiedensten Parteien eine gewisse Besorgnis für ihre Zukunft, zum mindesten für ihre Bequemlichkeit ein. Eine jüngere, trätablere Dame wurde Domina und als Mathilde von Rohr wieder eine Genesende war, war sie weitab davon, in Indisziplin zu verfallen; sie nahm die Dinge, wie sie jetzt rechtmäßig lagen, und unterwarf sich.

Noch zehn Jahre war es ihr vergönnt, frisch und freudig in ihrer Stellung auszuharren, und einzelne Freundschaften, die sie während eben dieser Zeit schloß, gestalteten diese zehn Jahre, trotz herber Schicksalsschläge, zu besonders glücklichen ihres Dobbertiner Lebens. Dann aber kam neue schwere Krankheit, ein Herzleiden. Die Anlage dazu mochte seit lange da sein, aber erst eine große Gemütsbewegung brachte das Leiden zum Ausbruch; ein prinzipieller Streit, den sie hatte, schloß nicht bloß mit einer Niederlage, sondern, der Form nach, in der sie sich vollzog, auch mit einer schweren persönlichen Kränkung für sie ab. Gewiß hätte diese kränkende Form ihr erspart bleiben sollen, andererseits war sie wohl nicht ganz ohne Schuld, wenn der Satz richtig ist, daß man auch im Hervorkehren des sogenannten »Rechtsstandpunktes« zu weit gehen kann. Ich fürchte, daß etwas von diesem »zuviel« ihrerseits mit im Spiele war. Aber wie dem auch sein möge, sicherlich versah sie es darin, daß sie beim Eintritt in den ihr mehr oder weniger aufgedrungenen Kampf die Kräfte nicht richtig abmaß. Wer solchen Kampf aufnehmen und durchfechten will, muß im voraus wissen, daß er kraft seiner Persönlichkeit oder kraft der Unterstützung, die ihm mächtige Verbindungen und glückliche Gesamtverhältnisse leihen, den Sieg oder doch wenigstens die Chancen des Sieges in Händen hat. Siegt er nicht, so werden nutzlos die Kräfte verzehrt. Und so lag es hier. Mathilde von Rohr heimste schließlich in der von ihr geführten Fehde nichts ein, als ein zum Tode führendes schmerzhaftes Leiden. Dies Leiden selbst trug sie mit großer Ergebung und bestrebte sich dabei, was ihrem natürlichen Menschen beinahe widersprach, voll christlichen Sinnes demütig und vergebungsgeneigt zu sein. Und so verzieh sie denn auch denen, die sie gekränkt hatten. In zwei Stücken aber blieb sie sich gleich bis zuletzt: in der Liebe zu denen, an denen ihr Herz einmal hing, und in ihrem persönlichen Mut. Während ihrer letzten, von asthmatischen Beschwerden beständig heimgesuchten Leidenszeit, hatte sie das Unglück, eine freche Person als Hausmädchen um sich zu haben, und alle, die es gut mit ihr meinten, wollten dem abhelfen und namentlich in den Nachtstunden ihr eine zweite Pflegerin geben; aber sie lehnte dies, trotz ihres absolut hilflosen Zustandes, ab, weil sie ihrer moralischen Überlegenheit vertraute. Und dies Vertrauen täuschte sie auch nicht. Mitunter schien ihr Zustand sich zum Bessern wenden zu wollen, am 15. September 1889 aber sahen alle, daß es zu Ende ging und am Vormittage des 16. entschlief sie. Die Trieplatzer Verwandten kamen; am zweiten Tage schaffte man die Tote nach der Kirche hinüber und am Nachmittage des dritten (19. September) wurde sie zur Ruhe bestattet. Unter denen, die zum Begräbnis erschienen waren, war auch der älteste Sohn ihres alten Freundes Bernhard von Lepel.

Ein äußerlich nicht hervorragendes, aber innerlich tüchtiges Leben hatte aufgehört zu sein. Ihre vollste Würdigung hatte sie von der alten Domina von Quitzow erfahren, die von ihr zu sagen pflegte: »es gibt nur eine Rohr« und immer voll Anerkennung jener Ungeschminktheit und Einfachheit war, die zuletzt unser Bestes bleibt. Und einfach und natürlich waren schließlich auch noch die Aussprüche, die sie während ihrer letzten Krankheit zu Befreundeten tat: »Immer erst das tun, was vor Gott recht ist; dann erst kommt die Rücksicht auf andere und die Liebe zu den Menschen.« Und bei anderer Gelegenheit: »Nur nicht immer bloß klug sein wollen; wer bloß klug ist, da zeigt sich über kurz oder lang in abschreckender Gestalt, daß ihm das Beste fehlt: die Wahrheit und die Güte. Und wo die fehlen, da kommt nichts zustande.«

Sie war eine richtige Lutheranerin, noch mehr ihrem Wesen als ihrem Bekenntnis nach, und wußte sich was damit. Da machte es denn einen großen Eindruck auf mich, daß sie mir, wenige Wochen vor ihrem Tode, wo ich sie noch einmal in Dobbertin besuchte, mit Ergriffenheit sagte: »Ja, wir hoffen selig zu werden und ich hoffe es auch. Aber wenn dann so die Beängstigungen kommen, da habe ich doch schon gebetet, daß es vorbei sein möchte, und wenn es auch ganz und gar vorbei wäre. Schrecklich zu sagen, aber die Seligkeitsfrage beschäftigte mich in solchem Augenblicke gar nicht mehr.«

Neben ihrem lutherischen Wesen war sie vor allem spezifisch märkisch und gehörte zu denen, an denen man alle guten und auch einige schwache Seiten des alten Märkertums wie an einem Musterbeispiel studieren konnte; sie war, um es am Schlusse noch einmal zu sagen, tüchtig, verständig, zuverlässig, ja, mehr denn das, treu wie Gold, und ihre schlichten, immer aus der Lebenserfahrung heraus gesprochenen Sätze haben durch ein Menschenalter hin einen großen Einfluß auf mich geübt, auch solche Sätze, denen ich jede höhere und mehr noch jede schönere Berechtigung absprechen mußte. »Nie über seine Verhältnisse leben«, das war natürlich richtig. Und auch das war richtig: »Niemandem zur Last fallen, lieber entbehren und entsagen.« Aber in ihrem am eindringlichsten gepredigten Satze: »Nur von andern nichts annehmen«, konnte ich ihr nicht zustimmen. Freilich lag gerade die Weisheit dieses Satzes – wenn er nun mal bedingungsweise (und das kann er) für weise gelten soll – tief in ihrer Natur begründet, von Jugend an. Als sie zehn Jahre alt war, wollte ihr eine alte Tante durchaus einen Taler schenken; sie nahm ihn, nach langer Gegenwehr, endlich auch an, aber kaum wieder im Zimmer allein, so warf sie ihn fort und rief weinend: »Ich will keinen Taler.«

»Nur nichts annehmen« – noch einmal, ich stehe gegen diesen Satz. Aber das unter märkischen Erfahrungen und Anschauungen herangewachsene und alle Zeit über unter eben diesen Eindrücken verbliebene Fräulein wird lokaliter, so viel kann ich zugestehen, wohl auch in diesem Punkte recht gehabt haben. Es ist nicht christliche Weisheit, die sich darin ausspricht, aber brandenburgische. Das arme Land hat in zurückliegenden Jahrhunderten eine dieser Armut entsprechende Weisheit großgezogen.

TRAMNITZ

Beneath those rugged elms,
Where heaves the turf in many a mouldring heap,
The rude forefathers of the hamlet sleep.
Thomas Gray

Eine halbe Meile nördlich von Trieplatz liegt Tramnitz, ebenfalls ein alt-Rohrsches Gut. Der Weg dahin hat denselben Einsamkeitscharakter wie die zu Beginn des vorigen Kapitels von mir geschilderte Landschaft. Die Dosseufer sind eben von einer ganz besonderen Tristheit, wenigstens soweit der obere Lauf des Flusses in Betracht kommt. All diese Strecken veranschaulichen in der Tat jenes märkische Landschaftsbild, das im allgemeinen weniger in der Wirklichkeit als in der Vorstellung der Mittel- und Süddeutschen existiert.

Dorf Tramnitz wirkt wie ein Kind des Bodens, auf dem es gewachsen. Es weckt ein Herbstgefühl. Und auch die Stelle, wo das Herrenhaus gelegen ist, ändert nichts an diesem Eindruck. Vielleicht wär es anders, wenn nicht der weiße, ziemlich weitschichtige Bau, vor dem ein paar mächtige Linden aufragen, eine wahre Mausoleumseinsamkeit um sich her hätte. Hat sich doch, seit dem Tode des Vorbesitzers, aus dem jetzt leerstehenden Herrenhause das Leben in ein abseits gelegenes einfaches Fachwerkhaus zurückgezogen, an dessen Schwelle wir von einer freundlichen alten Dame begrüßt und an einen mit Meißner Tassen besetzten Kaffeetisch geführt werden.

Die freundliche alte Dame ist »Tante Wilhelmine«. Sie verwaltet, neben anderem, auch den Anekdotenschatz des Hauses, und der Kaffee, von dem wir eben wohlgefällig nippen, wohin könnte er den Gang der Unterhaltung natürlicher hinüberleiten als zur Geschichte von »Tante Fiekchen«.

Eben diese, die zu Beginn des vorigen Jahrhunderts auf Tramnitz lebte, war um 1733, als Kronprinz Friedrich in Ruppin stand, eine hochbetagte Dame, die des Vorrechtes genoß, allen derb die Wahrheit sagen zu dürfen, am meisten den jungen Offizieren des Regiments Prinz Ferdinand, wenn diese zum Besuche herüberkamen. Einstmals kam auch der Kronprinz mit. Er ward inkognito eingeführt und da ihm »Tante Fiekchens« Kaffee, der wenig Aroma aber desto mehr Bodensatz hatte, nicht wohl schmecken wollte, so goß er ihn heimlich aus dem Fenster. Aber Tante Fiekchen wäre nicht sie selber gewesen, wenn sie es nicht auf der Stelle hätte merken sollen. Sie schalt denn auch heftig, und als sie schließlich hörte, wer eigentlich der Gescholtene sei, wurde sie nur noch empörter und rief: »Ah, so. Na, denn um so schlimmer. Wer Land und Leute regieren will, darf keinen Kaffee aus dem Fenster gießen. Sein Herr Vater wird wohl recht gehabt haben!« Übrigens wurden sie später die besten Freunde, schrieben sich, und wenn der König irgendeinen alten Bekannten aus dem Ruppinschen sah, unterließ er nie, sich nach Tante Fiekchen zu erkundigen.

Das Tramnitzer Haus umschließt manche alte Erzählung, manche anekdotische Überlieferung.

Unter den Familienbildern, die dichtgedrängt an den Wänden

hängen, ist eines, das aus den sechziger Jahren des vorigen Jahrhunderts stammt und der Tradition nach von Philipp Hackert herrührt. Es heißt: ausnahmsweise (was auch zutreffen würde) hab er hier ein Porträt gemalt. Das Bild stellt ein Fräulein von Rohr als junges, kaum erwachsenes Mädchen in dem Rokokokostüm jener Tage dar. Hackert soll sie geliebt haben. Wer will es heute noch feststellen! Aller Wahrscheinlichkeit nach liegt übrigens eine Verwechslung der beiden Brüder Philipp und und Wilhelm Hackert vor. Philipp, der weitaus berühmtere, war Landschafter, Wilhelm Porträtmaler. Woraus sich auch das Vorhandensein eines Hackertschen Porträts an diesem Ort, aber von dem unberühmteren Bruder herrührend, am einfachsten erklären würde.

Der interessanteste Punkt, den Tramnitz aufzuweisen hat, ist der »alte Kirchhof«. Er liegt mitten im Dorfe, von der sich hier teilenden Straße rechts und links umfaßt, und macht außen und innen den Eindruck eines verwilderten Parks. Eichen, Linden, Akazien wachsen hoch auf, dazwischen Fliederbüsche, halb Strauchwerk, halb Unterholz, alles umschlungen und durchdrungen von Blumen und Unkraut, von Efeu und Hagebuttengestrüpp. Eine vollkommene Wildnis. Die Stelle, wo die alte Kirche stand, ist kaum noch wahrzunehmen, seitdem Moos und Farnkräuter über die Fundamente hinweggewachsen sind. Nur zwei Denkmäler, freilich auch sie halb versteckt, mahnen noch daran, daß hier einst begraben wurde. Das eine – ein Obelisk, der »dem theuren Andenken der besten Gattin und Tochter, Frau Margarethe v. Rohr, geb. Freiin zu Putlitz« errichtet wurde – trägt folgende Inschrift:

Sie ließ der Welt vergänglich Glück,
Ließ Schmerz und Elend hier zurück,
Drang, ewig frei von aller Noth
In's Freudenleben durch den Tod.
Wann einst von uns, in Gott vereint,
Der letzte auch hat ausgeweint,
Dann wird ein frohes Wiedersehn
Auf ewig unser Glück erhöhn.

Das andere Denkmal, um zehn Jahre älter, stellt den bekannten trauernden Knaben dar, der sich an eine Aschenurne lehnt. »Kindliche Ehrfurcht widmet dies Andenken.« Einer Inschrift am Sockel entnehmen wir, wem und wann es errichtet wurde:

Hans Albrecht Friedrich v. Rohr, K. Preußischer Oberst, geboren den 3. August 1703, gestorben den 6. December 1784.

Dieser Hans Albrecht Friedrich von Rohr stand in Magdeburg, machte sämtliche Kampagnen unter Friedrich II. mit und nahm 1760 den Abschied. Während seiner Garnisontage zu Magdeburg, unmittelbar vor Ausbruch des Siebenjährigen Krieges, trat er – soweit die Verhältnisse dies gestatteten – in Beziehungen zum Freiherrn von der Trenck, der ihm eine in seiner Gefangenschaft selbstgefertigte Tabaksdose von Kokosnuß und Perlmutter zum Geschenk machte. Die Seitenwände zeigen Cupido mit Pfeil und Köcher, der nach einem Herzen schießt, dazu die Umschrift:

Du hast mich nicht getroffen,
Was hat mein Herz von Dir zu hoffen?

(Etwas dunkel.) Oben auf dem Deckel ein Adler, der mit der Klaue das Rohrsche Wappen hält. All dies hatte Trenck mit einem eisernen Nagel gearbeitet, da er kein Handwerkszeug besaß. – Die Dose existiert noch im Herrenhause zu Tramnitz.

Der »alte Kirchhof«, umspielt von Kindern, überwachsen von Gesträuch, ist, wie schon angedeutet, das Poetischste, was Tramnitz aufzuweisen hat. Der neue Friedhof, draußen am Rande des Dorfes, reicht an diesen alten nicht heran, und auch die hart daneben gelegene »neue Kirche« kann poetisch nicht retten und helfen. Hat sie doch selber keinen Überschuß davon. Sie stammt aus der »armen Zeit«, will sagen aus den zwischen 1806 und 1815 liegenden Jahren (auch die Jahre, die folgten, waren nicht viel besser), und gleicht einer Fachwerkscheune, der man ein halbes Dutzend Fenster gegeben hat. Vielleicht, daß ich gar nicht dazu gekommen wäre, sie zu sehn, wenn ich nicht in Erfahrung gebracht hätte, daß hier, hinterm Altar, eine Fahne aufbewahrt würde, die von irgendeinem Tramnitzer Rohr entweder den Schweden bei Fehrbellin oder den Österreichern bei Hohenfriedberg abgenommen worden sei. Und wirklich, da war sie, hinterm Altar, alles wie erzählt. Ich rollte denn auch das Fahnentuch auseinander, das mir, anderer verdächtiger Anzeichen zu geschweigen, sofort durch seinen gänzlichen Mangel an Spinnweb auffiel. Denn eine richtige alte Fahne ist immer so, daß man nicht recht weiß, wo das Seidenzeug aufhört und das Spinnweb anfängt. Und als das Fahnentuch nun ausgebreitet vor mir lag, sah ich, daß es einfach das Rohrsche Wappen war, was darin prangte. So schwand die historische Glorie hin, die bis dahin dieses Banner umgeben hatte. Sehr wahrscheinlich war es eine Fest- oder Einzugs- oder Wappenfahne, die bei irgendeinem Karussellreiten von irgendeinem jungen Rohr getragen worden war.

Mir aber erwuchs daraus ein neuer Beweis für die hundertfältig beobachtete Tatsache, daß überall da, wo Dorfbevölkerungen einem Gegenstande begegnen, der Interesse weckt ohne verstanden zu werden, die »mythenbildende Kraft« sofort in Aktion tritt. Ob die Dinge dabei lang oder kurz zurückliegen, ist gleichgültig. Die Sage verfährt in allen Stücken souverän; was sie aber am souveränsten behandelt, das ist die – Chronologie.

AUF DEM PLATEAU

GANZER

Wohl hab' ich euer Grüßen,
Ihr Ahnen mein, gehört.
Eure Reihe soll ich schließen,
Wohl mir, ich bin es wert.

Mit Tramnitz haben wir unsere Wanderungen an »Rhin und Dosse« beendet und kehren nunmehr auf die große Straße zurück, um mit Hilfe derselben das Ruppiner Plateau von West nach Ost oder von der Priegnitz bis zur Uckermark hin zu durchschneiden. Die Dörfer und Städte, denen wir auf dieser Querlinie begegnen werden, sind Ganzer, Gottberg, Kränzlin, Lindow und Gransee.

Zunächst Ganzer, ehemaliger Besitz der Familie Wahlen-Jürgaß, etwa zwei Meilen westlich von dem Zietenschen Wustrau.

Beide Familien, die Zieten und die Jürgaß, waren recht eigentlich Ruppinsche Geschlechter, seßhafte Leute, die, durch die Jahrhunderte hin, schlicht gelebt und treu gedient und den Boden ihrer Väter in Ehren gehalten hatten. Hans Zieten zu Wildberg, wie schon in unsrem Wustrau-Kapitel hervorgehoben, war geschworener Rat des letzten Grafen zu Ruppin und begleitete diesen auf den Wormser Reichstag, um dieselbe Zeit aber saßen auch schon die Jürgaß auf Ganzer und werden 1525 urkundlich genannt. Von da ab gehen die Zieten auf Wustrau und die Jürgaß zu Ganzer in Leid und Freud mit- und nebeneinander, um schließlich auch, wie ein altes Paar, gemeinschaftlich in den Tod zu gehen. Nur um anzudeuten, wie vielfach beide Familien versippt und verschwägert waren, stehe hier das Folgende. Die Mutter des berühmten alten Zieten war Ilsabe Katharina von Jürgaß aus dem Hause Ganzer (geboren 1666) und die erste Frau des alten Zieten war wiederum eine Jürgaß (Leopoldine Judith, geboren 1703). Aus dieser Ehe, zwischen Hans von Zieten und Judith von Jürgaß, ward eine Tochter geboren, Fräulein Johanna von Zieten, die sich mit Karl von Jürgaß vermählte, der seinerseits wieder ein Sohn Joachims von Jürgaß aus seiner Ehe mit Luise von Zieten war.

Man wird an diesem einen Beispiel erkennen, daß die Verwandtschaft oft fünf- und sechsfach und in ihren verschiedenen Graden gar nicht mehr zu verfolgen war. Es waren nur noch zwei Familien dem Namen nach, während längst dasselbe Blut in den Adern hüben und drüben floß.

Ganzer selbst ist ein noch übriggebliebenes Musterstück aus jener Zeit her, wo die Dörfer im Ruppinschen, oder doch viele von ihnen, nicht aus einem Rittergute, sondern aus zwei, vier und selbst sechs Edelhöfen bestanden, die dann freilich sehr viel mehr einem Bauernhof als einem Rittergute glichen. Auch Ganzer gehörte seinerzeit vier Familien und zwar den von Jürgaß, von Rohr, von Kröcher und von Wuthenow, aus welcher Vierteilung später eine Zweiteilung ward, indem der ganze Grundbesitz, durch Kauf oder Tausch oder Erbschaft, an die Rohr und die Jürgaß überging. Das war ungefähr zu Anfang des vorigen Jahrhunderts, und diesen Charakter eines zweigeteilten Besitzes hat sich das Dorf in einer so markanten und zugleich so malerischen Weise gewahrt, wie mir kein zweites Beispiel in der Grafschaft bekannt geworden ist.

Wir halten vor dem Dorfeingang und schwanken, ob wir unser Fuhrwerk nach links oder rechts hin lenken sollen, denn scharf einander gegenüber erblicken wir zwei Krugwirtschaften, jede mit dem üblichen Vorbau, jede mit einer Anzahl Stehkrippen und jede mit einem Wirt in der Tür. Wir entscheiden uns endlich für links und sind infolge dieser Wahl, ohne Wissen und Wollen, auf der Rohrschen Seite gelandet.

Der Damm oder Fahrweg macht die Grenze: was links liegt, ist alt-Rohrscher, was rechts liegt, alt-Jürgaßscher Besitz. Jede Seite hat ihr Herrenhaus und ihren Park, und nur die Dorfgasse samt Kirchhof und Kirche bildet das beiden Hälften Gemeinschaftliche.

Wir haben im Krug ein Gespräch angeknüpft und über die beiden alten Herren von Jürgaß, zwei Brüder, die nun seit dreißig Jahren und länger das Zeitliche gesegnet haben, ein wenig zu plaudern gesucht, aber sei es nun, daß unser Wirt, als »Rohrscher«, sich um die Jürgasse drüben nie recht gekümmert hat, oder sei es andererseits, daß all die zwischenliegenden Aussaaten und Ernten ihre Bilder in seiner Erinnerung etwas abgeblaßt haben, gleichviel, seine Mitteilungen beschränken sich darauf, »dat de een en beten streng wör« und »dat de anner et ümmer wedder good moaken un'n Daler gewen deih.« »Awers – so schloß er – he gäw' en ümmer so, dat de Broder nix merken künn.«

Wir verabschieden uns nun und treten auf die malerische Dorfgasse hinaus. Links vom Wege, von hohen Ulmen und Linden umstellt, schimmern die weißen Wände des alten Rohrschen Herrenhauses (eines weitschichtigen Fachwerkbaues mit schwerfälligen Flügeln und Doppeldach), das halb gemütlich, halb spukhaft dreinblickt, je nach der Stimmung, in der man sich ihm nähert, oder nach der Beleuchtung, die zufällig um die Kronen der alten Ulmen spielt. Dem Rohrschen Herrenhause folgt dann die Kirche samt Schulhaus und Predigerhaus, zwischen denen ein Garten in leiser Schrägung ansteigt. Es summen Bienen drüber hin und träumerisch die Steige verfolgend, stehen wir plötzlich statt zwischen Beeten zwischen Gräbern. Unwissentlich haben wir den Schritt aus Leben in Tod getan.

Die frühgotische Kirche hat einen Schindelturm aus späterer Zeit. Ihr Inneres ist einfach und erhält nur durch die Zweiteilung, der wir sofort auch hier wieder begegnen, einen bestimmten Charakter. Links die Rohrsche, rechts die Jürgaßsche Seite: hier ein paar Rohrsche Galanteriedegen aus der Zeit der Zöpfe, dort ein Jürgaßscher Säbel und Federhut aus der Zeit der Freiheitskriege, hier eine Rohrsche Familiengruft, dort eine Jürgaßsche. Die Jürgaßsche gleicht mehr einer in gleicher Höhe mit dem Kirchenschiffe befindlichen Grabkammer, durch deren Fensterchen man die dahinter aufgeschichteten Särge zählen kann. Anders die Rohrsche Gruft. Über ihrer Eingangstür erhebt sich eine vortreffliche Marmorbüste (vielleicht von Glume), die wohl eine andere Inschrift als die folgende verdient hätte: »Bedaure und verehre billiger Wandersmann hier noch die Asche eines Ruhmwürdigen, eines im Leben Gerechten, im Tode Unverzagten, dessen Rath Land und Leuten treulich gerathen, aber wider des Todes allgemeinen Einbruch als eines Landraths (d. h. trotzdem er ein Landrath war) nichts vermochte. Seine Schwachheit und Stärke siegen zugleich. Seine Stärke durch weisen Rath wider die Unsterblichkeit. Darum stößt die Fama durch Posaunen noch seinen Ruhm aus und die flüchtige Zeit kann seine ruhmwürdigen Thaten nicht verbergen noch zernichten. Sein Lorbeerkranz grünt mitten unter Cypressen und sein Palmbaum trägt Früchte in Apollens Garten, wo Mars ihm von ferne steht und den Zutritt scheuet wie ein Unbekannter. Die Schwachheit siegt durch's Alter und trägt die Krone des Lebens im Glauben davon am Ende.«*

* Einzelne Stellen dieser Grabschrift sind völlig unverständlich. Am bemerkenswertesten ist wohl der Passus, wo Mars, in seines Nichts durchbohrendem Gefühle, Bedenken trägt, dem alten Rohr unter die Augen zu treten. Alle diese Inschriften, in denen der Lebensberuf des Hingeschiedenen zu allerhand Wortspielen benutzt wird (hier also »Landrath«), haben ihr un-

Die Jürgaßsche Gruft ist ohne Schmuck und Bild, aber draußen auf dem Kirchhofe, zwischen Blumen und Gräbern, steht ein mächtiges Monument, das nicht einem einzelnen Toten, sondern dem ganzen aus diesem Leben geschiedenen Geschlecht errichtet ist. Die beiden letzten Jürgasse, »de strenge und de gode Herr« wiesen in ihrem Testament eine bedeutende Summe zur Aufführung desselben an, und mit Gewissenhaftigkeit sind die Vollstrecker des Testaments diesem letzten Willen nachgekommen. Es ist kein eigentliches Grabmal, sondern, wie schon hervorgehoben ein mehr architektonisch gehaltenes Monument und stellt auf einem hohen Postamente von Sandstein, dem als Nächstes ein Eisenwürfel folgt, eine baldachinartige, nach allen vier Seiten hin geöffnete Nische dar, in der, gesenkten Blickes, ein Engel des Friedens steht. Der Eisenwürfel ist mit Inschriften überdeckt. Was im Durchlesen dieser Inschriften am meisten überrascht, ist, daß die beiden letzten Jürgaß einer überaus zahlreichen Familie von acht Brüdern und einer Schwester angehörten, daß aber alle acht Brüder starben, ohne Kinder hinterlassen zu haben. Ein neuer Beweis, wie der Prozeß des Lebens nach frischem Blute verlangt.

Von den Inschriften mögen hier nur die beiden stehen, die, für länger oder kürzer, die Namen der beiden letzten Jürgasse der Nachwelt erhalten werden.

Auf dem Seitenfelde zur Linken lesen wir wie folgt: »Herr Alexander Konstantin Maximilian von Wahlen-Jürgaß, Königlich Preußischer General-Lieutenant von der Cavallerie, Drost zu Stückhausen, Ritter vieler hoher Orden, Erbherr auf Trieglitz, geboren den 15. Junius 1758 zu Gantzer, focht von 1778 bis 1816 in allen Preußischen Kriegen, wohnte 26 Schlachten und Haupt-

---

erreichtes Vorbild in der berühmten Postmeister-Grabschrift zu Salzwedel. Sie lautet »Eile nicht, Wandersmann! als (wie) auf der Post; auch die geschwindeste Post erfordert Verzug im Posthause. Hier ruhen die Gebeine Herrn Matthias Schulzen, Königl. Preußischen 25jährigen, unterthänigst treu gewesenen Postmeisters zu Salzwedel. Er kam allhier 1655 als ein Fremdling an. Durch die heilige Taufe ward er in die Postcharte zum himmlischen Canaan eingeschrieben. Darauf reisete er in der Lebens-Wallfahrt durch Schulen und Akademieen mit löblichem Verzug. Hernach bei angetretenem Postamte und anderen Berufssorgen richtete er sich nach dem göttlichen Trostbriefe. Endlich bei seiner Leibes-Schwachheit, dem gegebenen Zeichen der ankommenden Todespost, machte er sich fertig. Die Seele reisete den 2. Junius 1711 hinauf in's Paradies, der Leib hernachmalen in dieses Grab. Gedenke Leser bei Deiner Wallfahrt beständig an die Prophetische Todespost Jes. 38, 1.«

gefechten bei, ward bei Hainau durch den Schenkel und bei Ligny durch die Brust geschossen. Ein Muster der Tapferkeit und der Herzensgüte, geehrt und geliebt von seinem Könige und von jedermann, starb er zu Gantzer den 8. November 1833.«* (Dies ist »de gode Herr«.)

Auf dem Seitenfelde zur Rechten begegnen wir einer doppelten Grabschrift, und zwar der des letzten Jürgaß und seiner Gemahlin, der letzten Zieten aus dem Hause Wustrau. Jene lautet: »Franz Carl Wilhelm Rudolf von Wahlen-Jürgaß, Erbherr auf

---

* Obiger Inschrift füge ich hier noch folgende biographische Notizen hinzu: Alexander Georg Ludwig Moritz Konstantin Maximilian von Wahlen-Jürgaß, am 5. Juni (auf dem Monumente steht »am 15.«) 1758 zu Ganzer geboren, ward er auf der école militaire zum Kriege gebildet, und trat im Jahre 1775 in das damalige Regiment Gendarmes, darin er 1803 zum Major avancierte. Im unglücklichen Feldzuge von 1806 von einer Masse feindlicher Reiterei umzingelt, griff er den Feind, mit etwa 350 Mann, nichtsdestoweniger an und kämpfte auf einem sehr ungünstigen Terrain gegen die französische Division Beaumont. Obgleich der Major von Jürgaß im nächtlichen Getümmel einen Hieb über den Kopf erhielt, so sammelte er dennoch brave Kameraden, schirmte die Standarte und schlug sich mutig durch. Er stieß später zu dem Korps des Prinzen von Hohenlohe, welches eben im Begriff war, das Gewehr zu strecken. Von Jürgaß entzog sich dieser Schmach und entkam noch einmal glücklich, indem er zu dem Korps des Generals von Bila stieß, mit dem er dann leider doch bei Anklam gefangen wurde. Nach dem Tilsiter Frieden lebte er bei seinem Bruder in Ganzer. Bei der neuen Formation erhielt er 1809 wieder eine Anstellung im brandenburgischen Kürassierregiment, zwei Monate darauf war er Kommandeur des brandenburger Dragonerregiments, 1812 aber Oberstleutnant, in welcher Eigenschaft er dem Korps des Generals von Grawert in Kurland zugeteilt wurde. Er befehligte meistenteils die Vorposten, wozu seine ungemeine Tätigkeit und Wachsamkeit ihn vorzüglich eigneten. Im Jahre 1813 kommandierte er als Oberst eine Brigade in dem Korps seines vertrauten Freundes, des damaligen Generals von Blücher. Er focht tapfer bei Groß-Görschen und Bautzen, und erhielt bei Hainau, als er in die feindlichen Vierecke einbrach, einen Schuß in den Schenkel. Später trug er in dem furchtbaren Kampfe bei Möckern zu dem glücklichen Erfolge dieses entscheidenden Tages wesentlich mit bei, und wurde dafür zum Generalmajor erhoben. In Frankreich ward er mit der Reservereiterei an die Befehle des Prinzen Wilhelm gewiesen, der den Vortrab des Heeres führte. Bei Lachaussée traf er auf die französische Reiterei vom Korps des Marschalls Macdonald, warf sie über den Haufen und eroberte eine Standarte, 5 Kanonen und die dazugehörigen Pulverwagen. In der Schlacht von Laon entriß er dem Feinde 15 Kanonen und 35 Artilleriewagen. Im Jahre 1815 in der Schlacht von Ligny leitete der Generalmajor von Jürgaß die Angriffe auf das Dorf St. Amand la Haye. In der Nacht erhielt er in dem Getümmel einen Schuß unter der linken Schulter, nahe am Herzen. Er empfing darauf im Jahre 1816 den ehrenvollsten Abschied als Generalleutnant. Von da an lebte er abwechselnd in Berlin und bei seinem Bruder zu Ganzer, woselbst er am 8. November 1833 nach langen, höchst bittern körperlichen Leiden starb.

Gantzer und Trieglitz, ward geboren den 14. September 1752 zu Gantzer, und verstarb daselbst, im 82. Jahre, den 26. Juni 1834, als letztes Glied seiner Familie. Er war der treuste Freund seiner Freunde, und alle, die ihn näher kannten, schätzten ihn hoch.« (Dies ist der ältere Bruder, »de en beten streng wör«.) Die andere Inschrift lautet: »Frau Johanna Christiana Sophie von Wahlen-Jürgaß geborne von Zieten aus dem Hause Wustrau, ward geboren den 23. Januar 1747 und ehelich verbunden am 23. Oktober 1776 mit Carl von Wahlen-Jürgaß, Erbherr auf Gantzer und Trieglitz. Ein Muster weiblicher Tugenden und Größe entschlief sie sanft den 7. Juni 1829.«

*

Diese Frau von Jürgaß, zugleich die letzte Zieten aus dem Hause Wustrau, hat uns vorzugsweise nach Ganzer geführt, und voll Erwartung, in dem Dorfe, darin sie so lange lebte, noch ihrem Andenken zu begegnen, treten wir jetzt von dem Kirchhof aus auf den Fahrdamm zurück und setzen unsere Wanderung bis zum alten Jürgaßschen Herrenhause fort. Ein Heckenzaun trennt das Haus von der Gasse, von rechts her lehnen sich Wirtschaftsgebäude, von links her hohe Parkbäume bis dicht an den Giebel und geben ein freundliches Bild, aber doch zugleich auch ein Bild äußerster Schlichtheit, und wären nicht ein paar Edeltannen und die Malven, die, hoch am Stock gezogen, ein Stück englischen Rasen umstehen, man würde eine kleine Pachterswohnung, aber keinen Edelhof hinter diesem Heckenzaune vermuten. Und eine Pachterswohnung ist es auch seit des letzten Jürgaß Tode. Wir treten ein und werden freundlich empfangen. Eine junge Frau kommt unserer Neugier entgegen, zeigt uns Küche und Keller, auch das Zimmer, wo General Blücher geschlafen*, und führt uns endlich in den Park hinaus, auf dessen sonnigem Grün die Schatten der leise bewegten Zweige hin und her tanzen. Wir nehmen Platz unter einer breitblätterigen Platane, wo Tisch und Bank zum Plaudern einladen, und während allerhand Erfrischungen und darunter, als die willkommenste, Milch und Blaubeeren auf den Tisch gestellt werden, gesellt sich uns eine Anverwandte des Hauses, eine schlanke, nicht mehr junge Dame, mit dunklen Augen und feingeformtem Mund. Die

---

* In der Nacht vom 25. auf den 26. Oktober war Blücher mit seinem Korps, das später, nach tapferem Widerstand, in Lübeck kapitulieren mußte, hier in Ganzer.

Pachtersfrau, die bis dahin die Kosten der Unterhaltung mühsam bestritten, ist augenscheinlich froh über den eintreffenden Sukkurs, und mit einem kurzen »Tante Helene weiß alles« ihren Rückzug antretend, eilt sie wieder ins Haus, um nach dem Rechten zu sehen. Und nun sind wir allein, und »Tante Helene« legt ihren breiten Sommerhut beiseite, entweder weil wir im Schatten sitzen oder vielleicht auch um die Schönheit ihres schwarzen Haares zu zeigen, und während sie mit dem Band am Hute spielt, beginnen meine Fragen. Aber wir verirren uns immer wieder in unserem Gespräche, sind bald in Wustrau bei den Zietens, bald in Trieplatz bei den Rohrs, bis sie mir die Hand über den Tisch reicht und mit gewinnender Freundlichkeit zuruft: »Es wird nichts; plaudern wir lieber, wie der Zufall es will. Ich erzähle Ihnen brieflich, was Sie wissen wollen. Und seien Sie sicher, ich halte Wort.«

Und sie hielt Wort, und nach kurzer Zeit schon empfing ich folgenden Brief: »Ich habe sie gut gekannt, die Frau von Jürgaß, besser vielleicht als irgendwer. Sie nahm mich zu sich, als ich eine Waise geworden war, und so kam ich aus dem Pfarrhaus ins Herrenhaus hinüber. Meine Mutter habe ich nie gekannt, sie starb bei meiner Geburt; aber hätte ich sie auch gekannt, ich hätte ihre Liebe kaum vermissen können, so gut wie die gnädige Frau gegen mich war! Sie war sehr klein und sehr häßlich, und doch mußte man sich immer wieder fragen, ob sie denn wirklich so häßlich sei. Sie hatte kleine blaue Augen, eine wunderbare Nase und gelbe Löckchen, auf denen eine Turmhaube saß. Es ist wahr, sie sah sehr altfränkisch und beinahe komisch aus, und doch lachte niemand über sie, dazu war sie zu gut und zu gescheit. Sie besaß aber auch zwei Schönheiten: perlenweiße Zähne, die sie bis zuletzt behielt, und kleine weiße Hände, die mit Ringen überdeckt waren. Ich fühlte mich immer geehrt, wenn ich eine dieser Hände küssen durfte. Sie litt es aber nur selten.

Außer der hohen Haube trug sie Hackenschuhe mit hohen Absätzen. Mitunter, wenn ich die Turmhaube und die hohen Absätze sah, zwischen denen sich die kleine Frau bewegte, kam sie mir noch kleiner vor, als sie wirklich war. Sie liebte ihren Mann und verehrte ihren Schwager, den alten General, und beide vergalten es ihr und trugen sie auf Händen. Es war ein Leben, wie ich es nie wieder gefunden habe, und ich habe doch viele Menschen und viele Häuser gesehen. In Winterzeit, wenn die Wege verschneit und die Freunde ausgeblieben waren, saßen wir oben im Ecksaal und spielten »Gesellschaft«. Frau von Jürgaß nahm dann Platz auf dem Sofa, die doppelarmigen Leuchter wurden angezündet, und ich durfte nun neben ihr sitzen auf einem großen, alten Fußkissen, darauf der alte Fritz gestickt war. War alles vorbereitet, so gab sie mir das Zeichen oder klingelte; dann mußte ich aufspringen und den General von Jürgaß anmelden. Der alte General trat dann auch wirklich herein oder erhob sich von dem Stuhl, auf dem er bis dahin gesessen, und küßte der Gnädigen die Hand, fragte nach ihrem Befinden und nach ihres Bruders Befinden drüben in Wustrau, und ehe zwei Minuten um waren, waren sie im lebhaftesten Gespräch über die alte Zeit. Alle Ereignisse, die sie seit fünfzig Jahren zusammen durchlebt hatten, wurden nun wieder durchgeplaudert wie etwas Neues, Fremdes, wovon man die Mitteilung wie eine Ehre anzusehen und deshalb mit Dank und Teilnahme entgegenzunehmen hat. Dann brachen sie plötzlich ab, lachten herzlich, schüttelten sich die Hände und holten das Dambrett herbei, um Schlagdame oder Toccadille zu spielen. Ich muß Ihnen gestehen, es ängstigte mich damals mitunter, die beiden alten Leute so ceremoniell miteinander verkehren zu sehen, und ich dachte dann wohl, sie wären tot und ihre Gespenster kämen zusammen, um an alter Stelle nach alter Weise zu sprechen. Aber ich habe später in anderen Häusern oft denken müssen: ›Ach, wenn doch Mann und Frau hier, oder Schwager und Schwägerin, nur ähnliche Gesellschaftsspiele spielen wollten!‹ Und mir fiel dann immer das Wort ein, das Frau von Jürgaß einmal zu mir gesagt hatte: ›Gute Gewohnheiten wollen geübt sein; sie rosten sonst.‹ Dies ceremonielle Wesen schloß übrigens gesellschaftliche Freiheit nicht aus, ja, bedingte sie vielleicht, und ich bewunderte Frau von Jürgaß jedesmal, wenn sie, sobald Besuch von den Gütern oder gar aus der Hauptstadt eintraf, die Honneurs des Hauses machte. Den beiden alten Herren an Witz und Wissen sehr überlegen, hätte sie es leicht gehabt, auf ihre Kosten die geistreiche Wirtin zu machen, aber wenn abends beim Souper die alten Anekdoten von Hainau und Katzbach und Vater Blücher zum wer weiß wie vielsten Mal erzählt wurden, hörte sie aufmerksam zu und suchte nur durch eine geschickte Wendung der alten Geschichte eine neue Pointe zu geben. Sie war ganz ihres Vaters Tochter: klein, unansehnlich und unschön, aber fromm und mutig und pflichttreu, und wie ihr Vater gestorben war, so starb auch sie, ruhig, hochbetagt, und ohne die Bitterkeit des Todes zu fühlen. Sie schlief sanft hinüber. Einen der Ringe, mit denen ich als Kind spielen durfte, wenn ich neben ihr auf dem gestickten Kissen saß, hat sie mir vermacht, aber es hätte dieses Zeichens nicht bedurft, um ihrer immer in Dankbarkeit zu gedenken.«

Am 7. Juni 1829 starb des alten Zieten Tochter, am 29. Juni 1854 starb des alten Zieten Sohn. Ein Feldstein ohne Spruch und Inschrift deckt das Grab des letzten Zieten aus der Linie Wustrau, das Monument aber, das zu Ehren des letzten Jürgaß und seines mit ihm ausgestorbenen Geschlechtes errichtet ist, zeigt auf dem schmalen Eisenstreifen, der die vier Pfeiler der Nische trägt, den schönen Spruch: »Der Herr hat sie zu einem beßren Leben berufen, wo sie sich der Herrlichkeit unsres Erlösers erfreuen.«

Noch einmal:
Frau von Jürgaß, geb. von Zieten

Zehn Jahre, nachdem das vorstehende Kapitel geschrieben und eine Charakterskizze der alten Frau von Jürgaß versucht wurde, ging mir durch Frau von Romberg, geb. Gräfin von Dönhoff († 1879) eine zweite, denselben Gegenstand behandelnde Schilderung zu, der ich nachstehendes entnehme.

»Als ich im Jahre 1818, eben verheiratet, nach dem Rombergschen Gute Brunn, in der Grafschaft Ruppin, zog, lernte ich Frau von Jürgaß, die Tochter des berühmten ›alten Zieten‹, auf ihrem benachbarten Gute Ganzer kennen. Sie war schon hochbetagt, und ich kann also von dem, was zurücklag, wenig oder nichts berichten. Ich weiß weder das Jahr ihrer Geburt, noch wo und wie sie ihre Kindheit und Jugendjahre verbrachte, nicht einmal an welchem der Berliner Höfe sie als Hofdame fungierte, bevor sie sich (nicht mehr in der ersten Jugendblüte) mit ihrem fünf Jahre jüngeren Manne, dem damals sehr schönen und von ihr mit schwärmerischer Liebe geliebten Carl von Jürgaß vermählte, mit dem sie dann auf sein nicht großes, aber hübsches und einträgliches Landgut Ganzer zog. Oft erzählte sie mir später von der Verlegenheit, mit der sie sich – ein verwöhntes und jeder häuslichen Sorge völlig überhobenes Hoffräulein – plötzlich an der Spitze einer großen Landwirtschaft befunden habe, deren ganzer Betrieb ihr fremd gewesen sei. Schnell aber war ihr Entschluß gefaßt, sich unbefangen in die Lehre einer tüchtigen Haushälterin zu geben, um nun, gleichsam von der Pike an bis zur Hausfrau hinauf zu dienen. Keine Arbeit war ihr dabei so niedrig oder so schwer, daß sie sie nicht mit eigenen Händen angegriffen hätte, jedem Dienstboten lernte sie die Kunstgriffe seines besonderen Amtes ab, und gelangte so sehr bald dazu, sich sowohl den klaren Überblick über das Ganze wie die genaue Kenntnis aller Einzelheiten zu verschaffen. Ich denke, es war nach Jahresfrist, daß sie sich selbst das Zeugnis ausstellen konnte, Herrin der Situation geworden zu sein. Und nun folgte der zweite energische Schritt: die gesamte Dienerschaft, von der obersten bis zur letzten Stufe, wurde mit einem Schlage entlassen, und durch eine ganz neue und fremde Schicht ersetzt. Denn keiner im Hause sollte die Herrin als Schülerin gekannt haben, vielmehr sollte der alleinigen Autorität eben dieser durch Kenntnis des Voraufgegangenen kein Abbruch geschehen. Sofort ging es jetzt ans Befehlen und Selbstregieren, und kein Feldherr hat wohl je seinen Kommandostab sicherer geführt, als diese echte Soldatentochter. Bald war ihr Haushalt als der Musterhaushalt der Gegend bekannt, und alle jungen Frauen auf den Rittergütern erholten sich Rat bei ihrer unbestrittenen Autorität. Dabei war ihr Haus bald das gastlichste in der durch ihre Gastlichkeit berühmten Gegend, und hielt doch gleichzeitig den einfachen Charakter der Zeit sowohl in der Ausstattung der Zimmer als auch im Hinblick auf die zwar stets überreichliche, aber nie künstlich verfeinerte Bewirtung fest. Zu Tisch ward man per carte auf eine ›freundschaftliche Suppe‹ geladen, die sich dann freilich zu einer Masse von Gängen und Schüsseln erweiterte; aber immer nur treffliche Hausmannskost. Ein einziger alter Diener (Christoph) war das Faktotum des Hauses, und gebrach es an bedienenden Händen, so griffen die Hausmädchen zu. Mit patriarchalischer Naivetät benachrichtigte die treffliche Frau ihre Nachbarn und Nachbarinnen von den bevorstehenden Wasch- und Schlachttagen, um in diesen ganz von ihr geleiteten ›großen Aktionen‹ durch keine Besuche gestört zu werden. Ja dem Wurstmachen räumte sie sogar ihre sehr einfach ausgestatteten Wohnstuben ein.

Als ich die treffliche Frau kennenlernte (die auch mir später eine mütterliche Ratgeberin wurde), muß sie schon hoch in den Siebzigern gewesen sein, aber sie zeigte sich noch in voller, rüstiger Lebenskraft, alle Jüngeren durch ihre Tätigkeit beschämend. Sie war immer die Erste, die im Hause erwachte, ging umher, um alle Dienstboten aus dem Schlafe zu wecken, und erst wenn das tägliche Uhrwerk im Gange war, legte sie sich noch einmal auf ein Stündchen zur Ruh.

Sie war von kleiner, kräftiger, untersetzter Gestalt, dem ›alten

Zieten‹ auf dem Wilhelmsplatze wie aus den Augen geschnitten. Der Ausdruck von Klugheit und Energie, der ihr eignete, war durch den einer großen Freundlichkeit und Herzensgüte gemildert, wie ich denn auch nie gehört habe, daß sie ihre Autorität im Hause durch Strenge oder gar Härte unterstützt hätte. Sie regierte vielmehr ausschließlich durch Ernst und Konsequenz, vor allem aber durch ihr Beispiel, und war von ihren Untergebenen, wie von allen Nachbarn und Freunden, ebenso geliebt als verehrt. Von ihrer Frömmigkeit, dem schönen Erbteil ihres gottseligen Vaters, machte sie keine Worte, und alle Liebeswerke wurden in der Stille geübt.

Bei aller häuslichen Tätigkeit vernachlässigte sie nicht die Bildung ihres Geistes und ging stets mit der fortschreitenden Zeit, deren Erscheinungen sie mit dem lebendigsten Interesse verfolgte. Walter Scotts Romane zählten zu ihrer Lieblingsunterhaltung, und oft erinnerte sie mich selbst an einzelne poetische Gestalten darin, besonders wenn sie mit einem wahren Feuereifer von dem Besuche Friedrich Wilhelms III. und der reizenden Königin Luise in Ganzer erzählte, als wäre es ein Vorgang von gestern gewesen. Eine lila Flachsstaude im Garten, die die Königin Luise für ihre Lieblingsblume erklärt hatte, wurde, fast ein halbes Jahrhundert hindurch und von einem eisernen Korbgeflecht umfangen, sorgsam gepflegt und jedem Besucher gezeigt.

Ihre Unterhaltung war belebt und belehrend, und oft vom originellsten Humor gewürzt, wie sie denn durch und durch ein naturwüchsiges Original war. Wenn man sich ihrer Kräfte bei allen Anstrengungen verwunderte, versicherte sie, das rühre von einem starken Beisatz von Schwefel in ihrem Blute her, und rieb sich, zum Beweise, die Hände, wobei ich indes von dem verheißenen Schwefelgeruch niemals etwas wahrgenommen habe.

Die Frische und Jugendlichkeit aber, die sie sich bis ins hohe Alter bewahrte, gipfelte besonders in ihrer fast anbetenden Liebe zu ihrem Manne, der dieselbe mit großer Treue und etwas kühler Verehrung erwiderte. Bei Tische horchte sie nur auf seine Stimme, und wenn irgendein scherzhaftes Wort seines Mundes zu ihr herüberklang, so rief sie, wie in unwillkürlichem Entzücken und mit strahlender Miene: ›Himmlischer Jürgaß!‹ ›Göttlicher Karl!‹ Nie werde ich den Zustand vergessen, in dem wir die Achtzigjährige fanden, als sie die Nachricht erhalten hatte, daß ihr Karl, während eines Besuches bei seinem Bruder in Berlin, heftig erkrankt sei, und sie nicht zu ihm dürfe! Mit Tränen überströmt, an allen Gliedern zitternd, ganz aus ihrer gewohnten festen und kräftigen Haltung hinausgeworfen, stand die alte Frau da, wie das Bild der Leidenschaft jugendlichster Liebe.

Einst gestand sie mir, daß sie, an jedem Jahrestag ihrer Vermählung, in aller Stille immer ihr Hochzeitskleid unter ihrem einfachen Hausrock anlege, und daß ihre große Halskrause dann den Schmuck und die Perlenschnur des Hochzeitsstaates vor aller Augen berge.

Sogar der Beisatz der Eifersucht fehlte dieser leidenschaftlichen Liebe nicht; doch richtete sie sich auf den unschuldigsten Gegenstand, auf den von sieben andern einzig übriggebliebenen Bruder ihres Mannes, den als Held aus den Freiheitskriegen berühmten, mit den schwersten Wunden und den ehrenvollsten Orden bedeckten Generalleutnant von Jürgaß (›die Exzellenz‹, wie sie ihn in tiefer Ehrfurcht stets nannte), der fast jeden Sommer, zur Stärkung seiner erschütterten Gesundheit, einige Wochen oder Monate in Ganzer zubrachte, wo dann die Brüder, wie ein Paar Inséparables, vom Morgen bis zum Abend untereinander verkehrten, und sie sich, als die Dritte im Bunde, etwas beiseite geschoben fühlte. Auch verhehlte sie, in ihrer großen Wahrheitsliebe, nicht eine jedesmalige, etwas wehmütige Scheu bei der Meldung dieses Besuches, und war es drum in der Nachbarschaft eine gern erzählte Anekdote, daß sie sich, in ihren häuslichen Verpflichtungen bei Bewirtung der Exzellenz noch absichtlich steigre, um vor sich selbst und vor anderen den kleinen eifersüchtelnden Verdruß an dem Besuche zu bemänteln.

Diese Exzellenz selbst aber war der einfachste, anspruchsloseste Heldengreis, der mir je vorgekommen, bedeutender als sein Bruder, bescheiden im Bericht über seine Taten, und mit der Schwägerin auf einem ziemlich förmlichen Fuß. Ich habe nie etwas Kindlicheres und Naiveres gesehen als das zärtliche Verhältnis dieser beiden Brüder, besonders sind mir die harmlosen kleinen Whist-Partien um allerniedrigste Points in Erinnerung geblieben, die jeden Abend in der Wohnstube stattfanden und noch Jahre lang, nach dem Tode der im neunzigsten Jahre sanft entschlafenen Heldin dieser Erzählung, fortgesetzt wurden, bald in Ganzer und bald in Brunn. Damals aber, wo die liebe Alte noch als stille Zuschauerin auf dem Sofa saß, entweder ihren Walter Scott lesend oder mit mir oder einem andern Besuche plaudernd, wurde ›Pasterchen‹ als Vierter zur Whistpartie herbeigerufen, wenn nicht gar Charlotte, das Hausmädchen, als homme de bois fungieren mußte. So einfach waren die Zeiten und die Sitten des patriarchalischen Hauses!

Kinder waren der Frau von Jürgaß nicht beschieden, aber teilnehmend war und blieb sie gegen jung und alt, und ihr lebendiger Sinn für Schönheit machte (bei ihrem gänzlichen Mangel derselben) einen beinah rührenden Eindruck. So kann ich das ›Ah!‹ nicht vergessen, mit dem sie, statt aller Begrüßung, vor der reizenden Erscheinung der jungen Henriette von Röder, Gemahlin des späteren Generals Karl von Röder, stehenblieb, als wir ihr diese zum Besuche zuführten. Jahrelang erzählte sie noch ›von den langen, blonden Ringellocken, die die schönen Züge des durchsichtig-klaren Gesichtes umrahmt hätten‹ und ermahnte mich immer wieder, daß die schöne Frau, ›für die Akademie‹, wie sie sagte, gemalt werden müsse.

Während ihrer letzten Lebensjahre war ich leider aus der Gegend fern, und weiß über ihren Tod nur das eine, daß es ein sanfter war.

Wie ihr Charakter aus einem Stück, so war ihr Leben aus einem Guß, und ihre lautere Seele wird dort oben in der ewigen Einheit des Wahren und Guten ihre Heimstätte gefunden haben.«

GOTTBERG

Weiter rückt die Horde,
Und ausgestorben, wie ein Kirchhof, bleibt
Der Acker, das zerstampfte Saatfeld liegen
Und um des Jahres Ernte ist's getan.
Schiller

Eine Meile östlich von Ganzer liegt Gottberg. Seit Beginn des vorigen Jahrhunderts wechselten die Besitzer mannigfach, bis dahin aber, namentlich während der Zeit der Reformation und des Dreißigjährigen Krieges, war es ein Quitzowsches Gut. Nur dieser Zeitabschnitt interessiert uns hier, denn ihm gehören die Gottberger Kirchenbücher an, die, durch die handschriftlichen Aufzeichnungen aus eben dieser Kriegsepoche, eine gewisse Zelebrität erlangt haben.

Eh ich jedoch zu diesen Aufzeichnungen übergehe, schick ich ein Gesamtbild der damaligen Lage, soweit unsere Grafschaft in Betracht kommt, voraus. Es handelt sich dabei lediglich um den Abschnitt von 1630 bis 1638. Bis zu diesem Zeitraume waren die Drangsale verhältnismäßig gering, nach diesem Zeitraum aber scheint der Krieg unsere Gegenden verschont zu haben, weil alles ausgezogen war. Die Hälfte der Dörfer existierte nur noch dem Namen nach. Ich gebe nun die Daten in chronologischer Reihenfolge.

Die Grafschaft Ruppin von 1630–1638

Im August des Jahres 1630 trafen die Schweden mit 2000 Mann Kavallerie und einem ansehnlichen Korps Infanterie in der Grafschaft ein und besetzten Neu-Ruppin. Im Dezember erschienen zwar die zum Kaiser haltenden Brandenburger vor der Stadt, waren aber viel zu ohnmächtig, um den Schweden den Besitz derselben streitig machen zu können. Endlich rückten die letzteren freiwillig ab.

Kaum hatten die Schweden sich entfernt, als Tilly im Februar 1631 mit einer Armee aus dem Magdeburgischen eintraf. In jeder Stadt unserer Grafschaft, wo Tilly lag, erhielt der Kapitän monatlich 54 Tlr., der Leutnant 20, der Fahnenjunker 16 Tlr., damals sehr große Summen. In demselben Jahre brach auch die Pest aus. In Neu-Ruppin starben 1600, in Lindow 400 Menschen. Jeremias Ludwig, nachheriger Prediger zu Banzendorf, war damals auf der Ruppiner Schule und hat im genannten Jahre 800 an der Pest Gestorbene öffentlich zu Grabe gesungen. 1632 war das Land so unsicher, daß die Ruppiner, als sie ihren neuen Rektor von Pritzwalk abholen ließen, zuvor um eine Sauvegarde von kurfürstlichen Reutern baten.

1634 kam das kursächsische Kavallerieregiment des Oberstleutnants von Rochow, auf kurfürstlichen Befehl, nach Ruppin in Garnison; im Dezember 1635 aber rückte Feldmarschall Banér mit seinen Schweden in Stadt und Grafschaft ein, nachdem er die Sachsen und Kaiserlichen bei Dömitz geschlagen hatte. Zwei Generalstäbe, die hohen Offiziers der ganzen Armee, das Zabeltitzsche Infanterieregiment und vier Brigaden zu Fuß, jede Brigade zwei Kompanien stark, erhielten ihre Quartiere in Neu-Ruppin. Die Not war bei dem zügellosen Verhalten der Soldaten so groß, daß es zuletzt an allem fehlte. Sogar Abendmahlswein war nicht mehr in Ruppin zu haben. Man mußte einen Boten deshalb nach Wittstock schicken; aber geplündert kam er zurück.

Im September folgenden Jahres (1636) erschien der Kaiserliche Generalfeldzeugmeister Marazin im Ruppinschen und behandelte die Stadt ziemlich milde. Nach ihm kamen die Sachsen unter Generalmajor von Wolframsdorf und »raubten und plünderten wie gewöhnlich«. Den Sachsen folgte der Kaiserliche General Graf Hans von Götz.

Dann kam wieder ein Pestjahr. Im Juli und August 1638 griff sie am weitesten um sich. Ganze Familien, ganze Straßen, ganze Dörfer starben weg. In dem bereits entvölkerten Ruppin, das vielleicht kein Drittel seiner Einwohner mehr hatte, wurden abermals 600 Menschen begraben. Sehr viele wanderten aus. Die Zurückgebliebenen rissen die ledig stehenden Häuser ein, um Holz zu erhalten. Alles verwilderte. In Gransee starben 551 Menschen, nach der Angabe des Totengräbers aber wenigstens 1000, da viele heimlich eingescharrt wurden. Die Adligen und die Prediger flüchteten nach den Städten und fanden auch dort ihren Tod.

So war die Lage des Landes beschaffen, als der Kaiserliche General Graf Gallas mit seiner 60 000 Mann starken Armee von Malchin, aus dem Mecklenburgischen, heranrückte, um die Schweden von der Elbe und Havel zu vertreiben. Plünderung, Brand und Mord bezeichneten jeden seiner Schritte. Nun wetteiferten Pest und unmenschliche Barbarei, das Land Ruppin in eine der ödesten Wüsteneien umzuwandeln.* Alles floh nach Ruppin und Wusterhausen, wohin sich Gallas wegen der noch nicht ganz gedämpfen Pest nicht getraute, und haufenweise starben die unglücklichen Schlachtopfer vor den Städten an der Mauer. Am 5. Oktober rückte er endlich in die Stadt Ruppin ein und erpreßte von den armen Bewohnern, was die verödeten und rauchenden Hütten der Landleute nicht mehr leisten konnten. Arme Leute mußten Eichelbrot essen, und Kaspar von Zieten erzählt, daß man sich auf dem Markte in Neu-Ruppin um eine tote Katze

---

* Prediger Schinkel zu Barsikow, der den »Dreißigjährigen Krieg«, soweit er die Grafschaft berührte, zum Gegenstand eingehender Studien gemacht hat, schreibt über das Elend jener Tage sehr richtig: »Die Verwüstungen waren nicht so sehr eine Folge der blutigen Schlachten, die geschlagen wurden, als vielmehr das Resultat einerseits der Pest, andrerseits der Armeeverpflegungsweise, die Wallenstein eingeführt hatte. Von diesem rührt bekanntlich der Grundsatz her, daß der Krieg den Krieg ernähren müsse. Wallenstein selbst war klug genug, um in Anwendung dieses Satzes nicht weiter zu gehen als nötig; er trug vielmehr Sorge, daß der Baum nicht abgehauen würde, von dessen Früchten seine Heere leben sollten; nur das Notwendige wurde genommen. So wenigstens war sein Wille. War es aber schon ihm schwer, diesen Willen durchzusetzen, so scheiterten seine Nachfolger vollends damit, Personen, die zum Teil zu wenig einsichtig waren, um auch nur diesen Willen ernstlich hegen zu können. Wo ein Heer sich lagerte, fiel es nieder wie ein Heuschreckenschwarm, und ob Freund oder Feind war gleichgültig.«

gezankt habe. Bei ihrem Abzuge setzten die Kaiserlichen unter Gallas ihren Schandtaten die Krone auf: sie verließen Ruppin und steckten an einem Tage das Städtchen Wildberg und 28 Dörfer in Brand.

Die Gottberger Kirchenbücher

Diese »Gallassche Zeit« nun oder mit andern Worten diese durch vier Wochen hin systematisch betriebene Verwüstung des Ruppinschen Landes ist es, die von zeitgenössischer Hand in den Gottberger Kirchenbüchern ihre Schilderung gefunden hat.

Der Aufzeichnende war Emanuel Collasius (Kohlhase), Prediger in dem benachbarten Dorfe Protzen, das er infolge der totalen Verödung dieses Ortes verließ, um sich nach Gottberg (wo er geboren war) zu begeben. Erst nach etwa Jahresfrist wurde er, da an Rückkehr nach Protzen nicht zu denken war, Prediger in seinem Geburtsdorfe Gottberg und schrieb in die dortigen Kirchenbücher seine und des Ruppiner Landes Leidensgeschichte ein.

Diese beiden Bücher sind:

1. ein Kirchenrechnungsbuch und
2. ein eigentliches Kirchenbuch.

Das Kirchenrechnungsbuch, ein Folioband, ist aus dem Jahre 1587 und enthält auf der vordersten Seite, die zu diesem Behuf in Gebrauch blieb, die Namen der Gottbergschen Prediger von 1581 bis jetzt. Das Buch wurde zu Anfang dieses Jahrhunderts neu gebunden. Sein Inhalt ist oft schwer zu entziffern.

Das eigentliche »alte Kirchenbuch« ist um ein Jahr jünger, beginnt mit 1588 und schließt mit 1766. Es ist ein Quartband in Pergament. Nur wenige Bogen sind lose; alles andere hat noch festen Zusammenhang und eignet sich, bei sorgsamer Behandlung, in seinem gegenwärtigen Zustande immer noch besser zur An- und Durchsicht, als wenn es einen neuen Einband erhielte. Leider ist die Schrift auch dieses Buches oft schwer zu lesen. Historische Notizen finden sich nur hier und dort eingestreut, unter denen die wichtigsten (wie auch im Kirchenrechnungsbuche) die aus der Gallasschen Zeit sind.

Zwischen den Aufzeichnungen in beiden Büchern ist nur der Unterschied, daß Prediger Collasius in dem Kirchenbuche mehr das Allgemeine, in dem Kirchenrechnungsbuche mehr das Persönliche gegeben hat. Wir beginnen mit dem letzteren.

Prediger Collasius' Aufzeichnungen im Gottberger Kirchenrechnungsbuche

»Dies 1638te Jahr ist wohl ein recht elend und trübselig Jahr gewesen, wie dergleichen wohl kein trübseligeres in unserem geliebten Vaterlande erlebt worden ist... Zumal auch wegen der Pest, darannen die Dörfer bald ausgestorben sind... So hat mein Antecessor zu Gottberg, Herr Joachimus Becker, in eben diesem Jahr an der Pest erliegen müssen. Meine Pfarrkinder zu Protzen sind meist weggestorben und nur 8 Personen übrig geblieben. Weil ich zu Protzen weder Pfarrhaus noch Zubehör behalten, habe ich nothwendig in dem großen Elend dem lieben Brot nachziehen müssen und habe mich zu Gottberg bei meiner inzwischen seligverstorbenen Mutter ein halb Jahr aufgehalten anfangs nicht der Meinung, als wollte ich zu Gottberg als Pfarrer verbleiben, sondern um wieder nach Protzen zu ziehen. Weil aber im letzteren Dorf sobald keine Besserung zu hoffen war und mir die Gemeinde zu Gottberg, auf Gutachten des Achatz Quitzowschen Verwalters allhier, das Schmiedehaus im Dorfe zur Wohnung einräumte, blieb ich zunächst noch ein Jahr, bis ich endlich durch Gottes Vorsehnung zu einem Prediger der Gottberger Gemeinde, von den wohledlen Gebrüdern Dietrich und Achatz von Quitzow als Kirchenpatronen, legitime ernennet und von kurfürstlicher Durchlaucht confirmiret worden bin. Habe also in dem Schmiedehause gewohnet 9 Jahr und darin viel Noth und Ungemach leiden und ausstehen müssen, so daß ich auch willens gewesen bin, wo ich keine andere Wohnung hier würde haben können, wieder zu vertiren. Eben da aber ward mir von einem alten Wohnhaus gesaget, das mir sollte verkauft werden, ein Haus, das der von Zernikow zu Werder gebauet habe, aber darüber weggestorben sei. Dieses Haus haben wir abbrechen lassen und ist auf die alte Pfarrstelle zu Gottberg wieder hingesetzet worden, welches Haus ich dann Anno 1647 auf Trinitatis bezogen habe und worinnen ich nach Gottes Willen noch jetzo wohne.«

Prediger Collasius' Aufzeichnungen im Gottberger Kirchenbuche

»... Kurz nach der Roggen-Ernte in diesem Jahre 1638 ist die Kaiserliche Armee unter Graf Gallas von Malchin in Mecklenburg aufgebrochen und hat allhier, in der Nähe von Fehrbellin, ihr Feldlager aufgeschlagen. Sie hat vier ganze Wochen an dieser Stelle still gelegen. Bei ihrem Aufbruch sind folgende

Pfarren und Rittersitze, soweit mir bewußt, abgebrannt gefunden worden.

Pfarren: 1) die Pfarre zu Bechlin, abgebrannt; 2) die Pfarre zu Gottberg, abgebrannt; 3) die Pfarre zu Wildberg, abgebrannt, wie auch der ganze Flecken; 4) das ganze Dorf Rohrlack abgebrannt, sowohl die Kirche als andere Gebäude; 5) die Pfarre zu Segeletz und das halbe Dorf; 6) die Pfarre zu Protzen und das halbe Dorf; 7) die Pfarre zu Langen und das ganze Dorf; 8) das ganze Dorf Malchow; 9) die Pfarre zu Metzelthin; 10) die Pfarre zu Sieversdorf 11) die Pfarre zu Cantow.

Rittersitze: 1) das schöne Gebäude des von Klitzing zu Walsleben, wo doch der General Gallas selbst das Hauptquartier gehabt, abgebrannt; 2) der Rittersitz zu Dabergotz, des von der Gröben, abgebrannt; 3) der Rittersitz zu Krentzlin, des von Leesten, abgebrannt; 4) zu Werder, dessen von Fratz; 5) zu Buskow, dessen von Zieten; 6) zu Wustrau, dessen von Zieten; 7) zu Langen, dessen von Zieten; 8) zu Walchow, dessen von Wuthenow; 9) zu Manker, dessen von Schütten; 10) zu Vichel, dessen von Pfuel; 11) zu Nakel, dessen von Lüderitz; 12) zu Segeletz, dessen von Wuthenow; 13) zu Wildberg, dessen von Woldeck, und noch viele mehr in der Nachbarschaft; ja man hat kein Dorf nennen können, da es nicht gebrannt, wo nicht ganz, so doch halb, und was noch nicht abgebrannt, das ist niedergerissen und doch verbrannt worden.

Der Vorrath an Gersten ist alle vom Felde von den Soldaten weggerafft und ausgedreschet worden, so daß der Landmann nichts davon gekriegt.

Der Roggen ist nicht wieder besäet worden, weshalb die Leute sich an das Kraut haben halten müssen, was Krankheit und Tod verursacht hat.

Die Obstbäume sind ganz abgehauen worden, welches die armen Leute sehr beklagt haben; ebenso auch die Weiden. Die Kirche ist sehr verwüstet worden. Da man fünf oder sechs Feuerstellen in ihr gehabt hat, ist kein Stuhl festgeblieben und kein Fenster. Der Kirchboden ist ganz herausgerissen worden und der Seiger (die Uhr) ist auch ganz zu nichte gemacht. Die Wellenwand um den Kirchhof ganz weggebrannt, die Scheune abgebrochen; Summa es kann nicht beschrieben werden, wie kläglich es im Dorfe Gottberg ausgesehen hat in diesem 1638ten Jahr.

Es stand auch ein klein Eichhölzchen vor diesem Dorf, das auch ganz abgehauen. Die großen Eichenbäume theils abgehauen, theils ganz abgekröpfet, so daß kein Zweig daran geblieben.

In diesem Jahr ist das Volk armuthhalber aus dem Lande gelaufen, nach Hamburg und Lübeck, allwo sie geblieben, sonderlich das junge Volk. Und weil die Pest in diesem Jahre sehr grassiret, und die Leute wegen beständiger Kriegsgefahr in den Dörfern nicht haben bleiben können, so ist der eine hier und der andere dorthin geflogen und ist der eine hier und der andere dort gestorben. Man kann ausrechnen, daß aus diesem Dorfe Gottberg, außer 26 Personen, die hier am Orte starben, 5 in Wusterhausen und 31 in Ruppin verstorben sind.«

So die Aufzeichnungen in den beiden Kirchenbüchern, die, in ihrer ungeschmückten Wiedergabe von Fakten und Zahlen, eines Eindrucks nicht verfehlen. Es ist danach glaubhaft, daß, wie Bratring erzählt, »das Land Ruppin während des Dreißigjährigen Krieges mehr gelitten habe, als irgendein anderer Teil der Mark«.

KRÄNZLIN

Darum still
Füg' ich mich, wie Gott es will.
Und soll ich den Tod erleiden,
Stirbt ein braver Reitersmann.

Altes, eine halbe Meile von Neu-Ruppin gelegenes Rittergut, jetzt im Besitze der Familien Scherz und Zieten.

Wie beinah alle Güter im Ruppinschen, bestand auch Kränzlin aus einer ganzen Anzahl von Rittersitzen, und in den Jahrzehnten, die dem Dreißigjährigen Kriege vorausgingen, waren hier vier Familien ansässig: die von Leeste, von der Gröben, von Gühlen und von Fratz.

Die letzteren kann man als die recht eigentliche Kränzliner Familie bezeichnen. Schon 1327 werden die von Fratz genannt und sie sind es, an die die alte Sage vom »Räuberberg bei Kränzlin« anknüpft, die zunächst Feldmann in seinen schriftlichen Aufzeichnungen und nach ihm W. Schwartz in seinen Märkischen Sagen erzählt.

Danach lag eine kurze Strecke vor dem Dorfe, rechts vom Ruppiner Weg, eine Burg, von der übrigens noch zu Anfang dieses Jahrhunderts Wall und Graben erkennbar waren. Hier hausten in der Quitzowzeit, und auch vorher und nachher, die von Fratz. Von der Burg aus ging eine Leitung nach der Brücke des nahen Kränzliner Damms hinüber, und zwar ein Draht, der jedesmal, wenn ein Wagen über die Brücke fuhr, eine Alarmglocke innerhalb der Burg in Bewegung setzte. Sowie diese Glocke anschlug, warf sich alles zu Pferde und griff die Reisenden an. Auf die Klagen, die seitens der so Beraubten bei dem regierenden Grafen (der, wie wir wissen, in Alten-Ruppin residierte) anhängig gemacht wurden, drohte dieser dem Fratz, »er werd ihm die Burg anzünden, wenn er das Unwesen weiter treibe«. Der Kränzliner Burgherr schlug aber die Warnung in den Wind, mochte auch wohl glauben, ein »Steinchen im Brette« zu haben. Er irrte jedoch. Eines Tages, als der Fratz in Ruppin war, schickte der Graf seine Leute hinaus, die die Kränzliner Burg ersteigen und brechen mußten. Nach einer andern Lesart hätte der Graf, verräterischerweise, den Fratz zu Gaste geladen und ihm schließlich, vom Turme des Alt-Ruppiner Schlosses aus, seine derweilen in Brand gesteckte Burg gezeigt. Diese zweite Lesart ist aber neueren Datums und wahrscheinlich erst entstanden, nachdem an der alten Burgstelle Holzkohlen und abgebrannte Balken entdeckt worden waren.

Die Familie Fratz besaß Anteile von Kränzlin bis ins 17. Jahrhundert hinein. Um diese Zeit waren es fromme Leute, die zu ihrem Doktor Luther hielten und Patenen und Abendmahlskelche schenkten. Ein solcher ist der Kirche erhalten geblieben. Die Inschrift desselben lautet: »Diesen Kelch hat Wolf Fratz und seine Hausfrau Maria Riben zu Gottes Ehre gegeben.« Dazu ein aufgelötetes Kruzifix und die Jahreszahl 1600. Vier Wappenbilder sind eingegraben: Ein Pfau, dazu W. F. (Wolf Fratz); ein Fisch oder eine Otter, dazu M. R. (Maria Riben). Von den zwei andern Wappen scheint eins das Zietensche zu sein. An einigen Stellen des Kelches ist das Gold abgekratzt. Ich hörte dabei, daß die Dorfbewohner, wenn einer der Ihren schwer krank ist, sich gern an den Prediger wenden und etwas Gold vom Abendmahlskelch für ihren Kranken erbitten. Sie mischen es dann in die Medizin und glauben fest, wenn noch etwas helfen kann, so hilft das.

Das idyllisch gelegene, hinter Gartenbäumen anmutig versteckte Predigerhaus zu Kränzlin war von Jugend an ein Lieblingsaufenthalt Schinkels. Seine ältere Schwester Sophie war daselbst an den Prediger Wagner verheiratet. In seinen Knabenjahren hatte Schinkel ein Giebelzimmer des Hauses ganz mit

Bildern ausgemalt. Aus dieser oder (nach Wolzogen) aus einer etwas späteren Zeit stammt auch ein Spiegelporträt, das Schinkel damals von sich selbst anfertigte. Es ist in großen Umrissen, skizzenhaft, mit dem Bleistift entworfen; die schärferen Striche mit Tinte dazwischen gezogen. Das Bildnis befindet sich jetzt im Besitz Fräulein Rosa Wagners in Ruppin, einer Nichte Schinkels. Es ist zugleich eine Erinnerung an die Kränzliner Pfarre.

Bis Anfang der zwanziger Jahre pflegte Schinkel das ihm teure Dorf alljährlich während der Sommermonate zu besuchen.

Die Kirche, ein alter gotischer Bau mit hoher Schindelspitze, hat in den letzten Jahren eine Renovation erfahren, die von den früheren Monumenten das meiste entfernte*, dagegen in die Lage kam, neue Gedenktafeln einfügen zu müssen.

Beide Tafeln befinden sich in der Mitte der Kirche. Die eine, bronzen und in gotischen Formen ausgeführt, trägt folgende Inschrift: »Mit Gott für König und Vaterland. Ernst Hermann Scherz, geb. den 8. September 1848 zu Kränzlin, Einjährig-Freiwilliger im Brandenburgischen Husaren-Regiment Nr. 3 (Zieten-Husaren) fiel am 26. December 1870 bei Olivet südlich Orleans.«

Die Inschrift der schwarzen Marmortafel gegenüber lautet wie folgt: »Für König und Vaterland starb im Kriege gegen Frankreich am 26. August 1870 zu Vionville, in Folge seiner in der Schlacht bei Mars-la-Tour erhaltenen Verwundung, Rudolph Hartmann, Einjährig-Freiwilliger im 4. Brandenburgischen Infanterie-Regiment Nr. 24, im Alter von 21 Jahren.«

Die lapidare Kürze der Inschriften verrät nichts von dem Weh, das die Todesfälle dieser beiden Jünglinge schufen. Beide zu Kränzlin geboren, beide gleichen Alters, beide Einjährig-Freiwillige, standen sie im selben Armeekorps gegen denselben Feind.

---

* Von diesen alten Grabsteinen ist einer der Kirche erhalten geblieben. Er wurde seinerzeit dem »hochedlen und mannhaften Herrn Gottfried Lehnmann, churf. brandenburgischen Capitain-Lieutenant zu Roß und Erbherrn auf Krentzlin« errichtet, der 1628 geboren war und 1689 starb. Dieser Stein bietet nichts Besonderes, außer daß er, wie so vieles andre, darauf hinweist, daß unter dem Großen Kurfürsten viele Bürgerliche in die Rittergüter und in die Armee einrückten. Diese Tatsache ist längst bekannt, aber sie ist, soviel ich weiß, auf ihre Ursache hin noch nicht befragt worden. War es lediglich eine Folge des Dreißigjährigen Krieges, der die Rittergüter entvölkert hatte, oder lagen dem allen auch Anschauungen und Prinzipien zugrunde? Wir standen, wie später unter dem Einfluß des Französischen, so damals entschieden unter dem Einfluß des republikanisch Holländischen. Vielleicht liegt hierin eine teilweise Erklärung.

Mit ihnen waren dreiunddreißig andere Kränzliner in den Krieg gezogen und alle kehrten zurück, wenn auch verwundet; die einzigen zwei, die die Heimat nicht wiedersahen, waren die Söhne der Gutsherrschaft und des Gutsadministrators. Die Zietensche Hälfte von Kränzlin wird administriert.

Von dem einen sei hier erzählt.

Ernst Hermann Scherz stand in den Weihnachtstagen 1870 mit den Zietenhusaren in Olivet. Am 25. Dezember war seitens einer Franktireurabteilung, die sich in dem zwischen Oliver und Chaumont gelegenen Walde festgesetzt hatte, auf eine Patrouille geschossen worden. Daraufhin erfolgte der Befehl, den Maire von Chaumont zu verhaften. Ein Unteroffizier und vier Husaren, die sich sämtlich als Freiwillige gemeldet hatten, wurden mit Ausführung dieses Befehls beauftragt.

Am 26. um zwei Uhr morgens brach dies Kommando auf. Zu früher Stunde war man in Chaumont, verhaftete den Maire und trat den Rückweg mit ihm an. Der Gefangene hatte in einem requirierten Wagen Platz gefunden; links neben ihm (zu Pferde) der Unteroffizier, zwei Husaren vorauf, die beiden andern schlossen. Als der Zug das Wäldchen erreicht hatte, aus dem am Tage zuvor auf die Patrouille geschossen worden war, nahm Hermann Scherz, der die Tete hatte, eine an der Lisiere hin aufgestellte, kaum noch nach Deckung suchende Franktireurabteilung wahr und rief dem Unteroffizier zu: »Wir werden gleich unter Feuer kommen!« Dies waren seine letzten Worte. Schüsse fielen und H. Scherz stürzte leblos aus dem Sattel; ebenso wurde das Pferd seines Nebenmannes tötlich getroffen, der, rasch erkennend, daß in dieser Lage nichts mehr zu helfen sei, sich in den Sattel des stehengebliebenen Scherzschen Pferdes warf und in Gemeinschaft mit dem Rest des kleinen Kommandos auf Olivet zusprengte.

Hier wurde sofort Meldung gemacht. Der Rittmeister ließ 100 Husaren aufsitzen, requirierte 26 Jäger vom 3. Jägerbataillon, und fort ging es, wieder dem Wäldchen zu. Als man den Punkt erreichte, wo der Überfall stattgefunden hatte, lag die Leiche des Gefallenen, ausgeplündert und entkleidet, auf der Chaussee. Die wütenden Kameraden wandten sich von der Leiche fort, umstellten das Gehölz und gingen wie zu einem Kesseltreiben vor. Der ganze Franktireurhaufen steckte noch darin, einzelne fielen, bis man zuletzt ein Dutzend auf engstem Raume zusammengetrieben hatte. Widerstand wie Flucht waren gleich unmöglich und so streckten sie die Waffen und ergaben sich unsern Jägern und

Husaren. Unter den Gefangenen war auch der Anführer. Man fand H. Scherz' Wertsachen in seinem Besitze, riß ihn an die Stelle, wo die durch ihn geplünderte Leiche lag, und erschoß ihn neben derselben. Ob die anderen Gefangenen den Tag überlebten, habe ich nicht in Erfahrung gebracht.

Der Heimtransport im Kampfe Gefallener war damals aufs äußerste erschwert, in diesem Falle jedoch ermöglichten es die Verhältnisse. In einen doppelten Sarg eingeschlossen, wie der Erlaß es heischte, traf am 13. Januar die Leiche auf dem Neustädter Bahnhof ein und wurde von Anverwandten in Empfang genommen. Aber die Teilnahme beschränkte sich nicht auf einen engsten Kreis und man darf sagen, die halbe Grafschaft geleitete diesen Toten auf seinem letzten Gange. Der Weg war weit und noch viele Ortschaften zu passieren; von Turm zu Turm, bei Näherkommen des Zuges, gingen die Glocken, und Prediger und Schuljugend empfingen den Sarg und begleiteten ihn unter Gesang von Dorf zu Dorf. Er empfing die letzten Ehren für viele, die draußen in fremder Erde gebettet worden waren, und jeder beweinte seinen Toten in diesem Toten. Aber über alles bloß Selbstsüchtige hinaus, das unser Erbteil ist, rührte sein Geschick aufs herzlichste, denn auch von ihm hieß es: »und viele waren, die seiner Sitten Freundlichkeit erfahren«.

Nun ruht er in der Familiengruft, nahe der Kirche.

Wie viele Tafeln in den Dorfkirchen unseres Landes, die dem, der sie zu lesen versteht, eine gleiche Geschichte erzählen!

LINDOW

Wie seh ich, Klostersee, dich gern!
Die alten Eichen stehn von fern,
Und flüstern, nickend, mit den Wellen.

*

Und Gräberreihen auf und ab;
Des Sommerabends süße Ruh
Umschwebt die halbzerfallnen Grüfte.

Lindow ist so reizend wie sein Name. Zwischen drei Seen wächst es auf und alte Linden nehmen es unter ihren Schatten.

Seine Vorgeschichte versagt; alles Archivalische ward ein Raub der Flammen, und nur mit hoher Wahrscheinlichkeit ist anzunehmen, daß das Kloster eher da war als die Stadt.

Kloster Lindow wurde gegen Ende des zwölften oder Anfang des dreizehnten Jahrhunderts von dem Grafen Gebhardt von

Ruppin und Lindow als ein Prämonstratenser-Nonnenkloster gegründet und empfing zu Ehren des Stammhauses der Familie (Lindow im Anhaltischen) seinen Namen.

Die Stadt entstand aus Ansiedelungen; Handwerker und Ackersleute kamen, die den Schutz des Klosters suchten. Und diese Beziehungen blieben durch alle Jahrhunderte hin und überdauerten den Bestand des Klosters bis in unsere Tage hinein. 1754 wurde dem lutherischen Rektor sein Gehalt ansehnlich erhöhet, »weil er, zu seinen geringen Einkünften, nur einen freien Tisch auf dem Klosterhofe habe«, und noch 1748 schenkte die Konventualin Anna Juliane von der Kettenburg 100 Taler an die Stadt mit dem Bedingnis, »daß von den Zinsen dieser Summe das Schulgeld für arme Kinder bezahlt werde«. Welchen beiden Notizen wir, außer dem Fortbestande guter Beziehungen zwischen dem Kloster und dem städtischen Gemeinwesen, auch gleichzeitig entnehmen können, daß man finanziell in Stadt Lindow nicht auf Rosen gebettet war.

Auch im Kloster war man es, aller Guttaten unerachtet, nicht mehr, seit im Jahre 1542 die Säkularisation und die Umwandlung der Klostergüter in kurfürstliche Domänen begonnen hatten. Zwanzig Jahre vorher, beim Erlöschen des gräflichen Hauses Ruppin, hatte das Kloster auf seiner Höhe gestanden. Es war damals eines der reichsten Stifte in der Mark und besaß außer der Stadt Lindow achtzehn Dörfer, zwanzig wüst liegende Feldmarken, neun Wassermühlen und alle die Seen, die teils innerhalb des Großen Menzer Forstes, teils am Rande desselben gelegen sind, darunter auch den Großen Stechlin. Die Gesamtbodenfläche, die damals dem Jungfrauenkloster zugehörte, darf man auf vier Quadratmeilen schätzen, reichte mithin, wie Bratring spöttisch schreibt »vollkommen aus, um fünfunddreißig Nonnen, einer Äbtissin und einem Propst ein einigermaßen gemächliches Leben zu sichern«. Man kann dies zugeben, aber es den Bevorzugten auch neidlos gönnen, und zwar um so lieber und leichter, als ihr Glück, von jenem Kulminationspunkt an gerechnet, nur noch von kürzester Dauer war. Es ging galoppierend zu Ende. Wohl war am heiligen Dreikönigstage 1530 den Lindowschen Nonnen ihr Besitz zu »ewigem Eigentum« aufs neu bestätigt worden, aber eh noch die Mitte des Jahrhunderts heran war, war die Säkularisation bereits ausgesprochen und das »ewige Eigentum verflogen«. Aus dem Kloster Lindow wurde nunmehr ein »Fräuleinstift zu Lindow«, und an die Stelle der Äbtissin und ihrer fünfunddreißig Nonnen trat eine Domina mit vier Fräuleins; das Gesamteinkommen aber sank allmählich auf tausend Taler und das Grundeigentum von vier Quadratmeilen auf – hundert Morgen.

Unter den Dominas, soweit ihre Namen überhaupt noch auf uns gekommen sind, finden wir fast ausschließlich Adelsnamen aus Ruppin und Havelland: Elisabeth von Zieten 1557, Anna von Gühlen 1625, Katharina von Döberitz 1685, Anna Hedwig von Fratz 1709, Maria Elisabeth von Quast 1736, Ilse Margarethe von Rochow und Anna Elisabeth von Bredow, letztere beide ohne Zahlenangabe.

Unser Weg führt uns von Alt-Ruppin auf Lindow zu. Die nur durch ihre Lage reizende Stadt kann uns durch ihre Straßen und Plätze nicht fesseln, aber jenseits derselben, wo sich die Schmalung zwischen dem Gudelack- und dem Wutzsee wieder zu weiten beginnt, werden wir, nach rechts hin, eines Konglomerates von Häusern und Ruinen ansichtig, um welches sich eine niedrige Steinumwallung: die Einfriedigung von Kloster Lindow, zieht. Wir lassen halten, überklettern die gerad an dieser Stelle weder Tür noch Pforte zeigende Mauer und befinden uns auf einer von prächtigen alten Bäumen überragten Parkwiese, die, den verschiedensten Bestimmungen dienend, alle ihre Verschiedenheiten wieder in eine höhere Einheit zusammenfaßt.

Die schönsten Teile dieser Parkwiese sind die, wo begraben wird. Von dem richtigen Gefühl ausgehend, daß Leben und Tod Geschwister sind, die sich nicht ängstlich meiden sollen, hat man hier die Spiel- und Begräbnisplätze dicht nebeneinander gelegt, und dieselben Blumen blühen über beide hin. Aber der Tod, so gemütlich er mit dem Leben zu leben weiß, hat doch innerhalb seiner eignen Gebiete nicht ganz auf Scheidungen und Standesunterschiede verzichtet, die nun, so scheint es, Zeugnis ablegen sollen, daß wir uns hier auf dem Grund und Boden eines adligen Fräuleinstiftes befinden. Im Leben »leben und leben lassen«, aber im Tode – Rangordnung! So begegnet man denn Steinen und Grabkreuzen an drei verschiedenen Punkten des Parkes, und während die Dienstleute samt den Beamten an einer, die Gäste des Klosters an einer andern Stelle ruhn, ist den Stiftsdamen eine dritte Stelle vorbehalten geblieben. In zwei Reihen, zu beiden Seiten einer alten Rüsterallee, liegen sie hier in hochaufgemauerten Gräbern, von denen übrigens keines über den Anfang des vorigen Jahrhunderts zurückreicht. In deutlichen Buchstaben sprach nur noch das Grab der letztverstorbenen Domina zu mir, stattlicher aber war ein älterer Stein, unter dem (wenn ich das Wappen richtig erkannt) eine von Pannewitz ihren letzten Schlummer schlief.

Auf dieses Epitaphium, das einen guten Überblick versprach, stieg ich hinauf und übersah nun, ein paar Zweige zurückbiegend, die ganze Klosteranlage: nach links hin der von Lindengängen eingefaßte See, zwischen uns und ihm ein buntes Durcheinander von Blumen- und Gemüsegärten, und mitten hinein gestellt in diese, das villenartige Haus der Domina, dichtgrenzend mit einem in Trümmern liegenden Langbau, der sehr wahrscheinlich einst das Refektorium des alten Klosters ausmachte. Jetzt ist es Wirtschaftshof, Eis- und Vorratskeller der drei, vier Damen, die hier ihre Tage leben und beschließen, und jeder Zauber wäre dieser Verfallstätte längst abgestreift, wenn nicht die hohen, stehengebliebenen Giebelwände wären, mit ihren gotischen Nischen und Fenstern und ihrem Storchennest darauf.

Eine Viertelstunde lang hielt ich Umschau von dem Pannewitz-Grabstein aus; dann, auf einem Schlängelpfade den See gewinnend, schritt ich langsam einen Ufer- und Lindengang hinunter, bis ich mich unerwartet und plötzlich fast inmitten einer völlig veränderten Szenerie sah. Beete mit eingemusterten Blumen lagen wie Teppiche vor mir ausgebreitet, aus dem Mittelrondell stiegen Büsche von Ricinus und Canna indica auf, Wein und Pfirsich lachten am Spalier, und abwechselnd liefen Lauben von Geißblatt und Pfeifenkraut an der einen Seite des Gartens hin, während an der anderen ein Drahtzaun, leicht wie ein ausgespanntes Fischernetz, die Anlage schloß. War dies noch Klostergrund? Nein. Aus mittelalterlichen Überbleibseln heraus war ich in eine modern-bürgerliche Welt eingetreten, und ein reicher, in Anlagen und Gartenkunst erprobter »Proprietaire« stickte hier mit eigener Hand diese Blumenmuster in den Rasenteppich und gefiel sich darin, in richtiger Benutzung des Erworbenen, auch dem »was wohltut und gefällig ist« zu dienen.

Ein Reichtum, der zur Pflege des Schönen führt, erfreut immer wieder mein Herz und tat es auch hier. Aber beinah wohltuender noch berührte mich die Wahrnehmung, daß das Fehlen einer Grenz- und Scheidelinie zwischen Klostergrund und Gartenanlage wenigstens an dieser Stelle kein bloßer Zufall war. Diese Scheidelinie fehlte, weil der Trennungsstrich auch in den Herzen nicht vorhanden ist und der Besitzer des Gartens Frieden und Freundschaft hält mit den Klosterfrauen von drüben.

GRANSEE

Steig auf die Warte dort, die nach dem Feld
Hinblickt, und sag' uns, was du siehst.
Schiller

Die Trauerglocke läutet
Vom Dorfe her.
Wir wissen, was es deutet:
Sie ist nicht mehr.
Fouqué

Von Lindow kommend, fahren wir jetzt Gransee, der östlichsten Stadt der Grafschaft zu. Von ihren früheren Tagen erzählt uns ein Baudenkmal, das sich bereits tausend Schritte vor der Stadt erhebt:

die »Warte« bei Gransee

Sie steht auf dem höchsten Punkte der Umgebung, dem »Warte-Berg«. Junge Fichten und dichtes Kusselwerk, drin der Sandhase sein Lager hat, bedeckten ihn an seinen Abhängen, und nur der abgeplattete Gipfel ist kahl. Hier erhebt sich die »Warte«, von fern her einem modernen Fabrikschornsteine nicht unähnlich, bis man im Näherkommen den bedeutenderen Durchmesser erkennt. Es ist ein etwa 50 Fuß hoher Rundturm, aus Feldstein und acht senkrechtstehenden Backsteinrippen derartig aufgeführt, daß bei der Aufmauerung immer erst die Rippen um einige Fuß erhöht wurden, ehe man wieder mit Feldstein zu füllen begann. Wie alt der Turm ist, stehe dahin. Ich möchte ihn frühstens in den Anfang des fünfzehnten Jahrhunderts setzen.

Der gleichen Ansicht scheint nun freilich W. Alexis nicht gewesen zu sein, als er eben diesen Warteturm in seinem berühmten Romane: »Der falsche Waldemar« zum Schauplatz eines Hergangs aus dem Jahre 1348 machte. Diesen Hergang selbst erzählt er annähernd wie folgt.

Gransee hatte selbstverständlich seine Fehden mit dem benachbarten Adel, und zur Waldemar-Zeit waren es vorzugsweise die Winterfeldts und die Quaste, mit denen es sich bekriegte. Tile Quast wird eigens genannt, ebenso Tacke de Wons und Hans Lüddecke vom roten Haus. Im Jahre 1348 handelte sich es von seiten dieser Drei um nicht mehr und nicht weniger als einen Überfall der Stadt, solcher war aber nur möglich, wenn es vorher glückte, den auf der Warte stationierten Stadtwächter, Mathis mit Namen, einzuschläfern. Dies zu bewerkstelligen, kam man überein, daß ein als Kärrner verkleideter Knecht, der ein Stückfaß Wein auf seinem Karren habe, die vorüberführende Straße passieren und am Fuß der Warte halten solle, wie wenn es sich um Ausbesserung eines Schadens an Rad oder Achse handle. Und so geschah es auch. Der Karren hielt. Mathis, der sich langweilen mochte, wie noch heute die Schildwachen tun, ging ohne Besinnen in die Falle, stieg die Wendeltreppe hinunter und bot sich an, bei dem anscheinend verunglückten Wagen mit zu helfen. Dabei fanden beide, daß der Wein für die Granseer viel zu stark sei. Sie spundeten also auf, tranken ein Erhebliches und füllten mit Wasser nach. Dies geschah aber erst ganz zuletzt und Mathis fiel gleich danach in tiefen Schlaf.

Als er andren Tags bei schon hochstehender Sonne wach ward und Umschau hielt, sah er den ganzen zwischen seinem Turm und der Stadt liegenden Plan von Bewaffneten überdeckt; in der Tat, der Überfall hatte bereits stattgefunden. Er war aber doch insoweit mißglückt, als die Eingedrungenen wieder hinausgedrängt und einige von ihnen sogar zu Gefangenen gemacht worden waren. Unter diesen Hans Lüddecke vom roten Haus.

Die Ratmannen ließen nun keine Zeit vergehen, über diesen (Hans Lüddecke) zu Gericht zu sitzen, aber nicht bloß über ihn, sondern auch über ihren eignen Turmwart, dessen Unzuverlässigkeit alle Not und Gefahr verschuldet hatte. Man sprach Tod »von Rechtswegen«, einigte sich aber schließlich dahin, daß beide nach der »Warte« gebracht und ihnen zugestanden werden solle, hoch oben auf der Plattform miteinander zu kämpfen. Wer Sieger bleibe, der solle frei sein, wer aber hinabgeworfen würde, der habe seine Strafe nach »Gottes Willen«.

Und hiernach wurde verfahren. Hans Lüddecke und Wächter Mathis kamen in den Turm und die halbe Bürgerschaft zog mit hinaus, um Zeuge eines Ringkampfes und eines Gottesurteiles zu sein. Aber wer beschreibt ihr Staunen, als sie bald danach die Verurteilten friedfertig auf der Platte des Turmes erscheinen und statt miteinander zu kämpfen, sich zu einem aus Mathis' Vorratskammer herbeigeschafften Nachtmahle niedersetzen sahen. Diese gute Laune freute selbst die Granseer und um so mehr, als sie sich unschwer das Ende davon berechnen konnten. In der Tat, als der fünfte Tag heraufzog, sah es schlimm aus in den Vorräten und noch schlimmer in den Herzen der beiden Gefangenen. Aber auch hier wieder hieß es, »als die Not am größten, war die Hilfe am nächsten« und ehe noch die Sonne in Mittag stand, blitzte es am Waldrande hin von Rittern und Reisigen und ein nach Hunderten zählender bewaffneter Zug wandte sich an der Warte vorüber der Stadt zu. Der aber, der erschien, war Waldemar. Vor ihn jetzt kam der Streit, und Hans Lüddecke, Urfehde schwörend, erhielt Leben und Freiheit zurück. Mathis dagegen verschwand in dem ihm zukommenden Dunkel.

So die Geschichte von der »Warte« bei Gransee, eine bloße Fiktion, die sich jedoch zur Historie bereits zu verdichten anfängt und nach »abermals fünfhundert Jahren« andern Historien einigermaßen ebenbürtig sein wird. Und nicht zu unserem Nachteil. Denn auch die dichterische Tat belebt die Schauplätze der von ihr, der Dichtung, geborenen Ereignisse und reiht sie mehr oder minder in die wirklichen »historischen Stätten« ein. Die »Warte« bei Gransee ist in diesem Augenblicke schon eine andre, als sie vor fünfzig Jahren war, und selbst das trigonometrische Dreigestell, das sich neuerdings auf jener Plattform eingebürgert hat, »auf der Hans Lüddecke und Türmer Mathis miteinander kämpfen sollten«, hat ihr nichts Erhebliches von ihrem romantischen Schimmer zu nehmen gewußt.

Wir aber kehren nunmehr auf unsre Lindower Straße zurück, um in raschem Trabe der Stadt zuzufahren, an deren Eingang uns freilich ein neuer Aufenthalt erwartet. Zwei Tore nebeneinander! Warum zwei Tore? Diese Frage hält uns fest.

Das Waldemar-Tor

Warum zwei Tore? F. Knuths Geschichte von »Gransee« berichtet darüber: »Alle Städte, die dem falschen Waldemar ihre Tore geöffnet und dadurch sich zu ihm bekannt hatten, wurden, als der bayersche Markgraf wieder herrschte, dahin bestraft, daß sie die Tore zumauern mußten, durch die der falsche Waldemar eingezogen war. Diese zugemauerten Tore hießen denn auch im Volksmunde ›Waldemar-Tore‹. Hart neben ihnen waren inzwischen neue, reichgegliederte, mit Türmen und Zinnen geschmückte gotische Tore gebaut worden, die nun, jahrhundertelang, den Verkehr vermittelten, bis das neuerblühende Leben der Städte den verhältnismäßig schmalen Eingang der gotischen Portale störend zu empfinden anfing. Da entsann man sich der zugemauerten Tore, nahm den fünfhundertjährigen Bann von ihnen, brach die Steine aus dem alten Rundbogen wieder heraus und schuf so dem Leben und Verkehr eine doppelte Straße.«

W. Schwartz in seinen »Sagen und alten Geschichten der Mark

Brandenburg« erzählt es anders. Nach ihm würden die sogenannten Waldemar-Tore als »Wenden-Tore« anzusehen sein, durch die man deutscherseits die als unrein betrachtete wendische Bevölkerung vertrieben und die Tore dann vermauert habe. Hiermit stimmt auch überein, daß noch, bis ins vorige Jahrhundert hinein, in allen Dörfern, wo Wenden und Deutsche zusammenwohnten, nur die letzteren sich der eigentlichen Kirchentüren bedienen durften, während die Wenden gezwungen waren, durch eine kleine, für sie besonders angelegte Seitentür in die Kirche einzutreten.*

In Gransee wurde 1818 schon das Waldemar-Tor – ein Name, den ich beibehalte – wieder geöffnet und begann seinem Nachfolger und Nachbar Konkurrenz zu machen, eine Tatsache, die der kleinen Gemeinde der »Falschen-Waldemar-Schwärmer« als vielleicht von symbolischer Bedeutung erscheinen wird.

Wir unsrerseits aber, indem wir den Jakob Rehbock (trotzdem er in der Fürstengruft zu Dessau ruht) für das nehmen, was er war, meiden mit Geflissentlichkeit den Waldemarbogen und bewerkstelligen unsre Einfahrt durch das stattliche Portal des »Ruppiner Tores«, das, wenn auch zurückstehend neben dem berühmten Ünglinger-Tor in Stendal, nichtsdestoweniger der Teilnahme wert war, die Friedrich Wilhelm IV. ihm angedeihen ließ, als er in den vierziger Jahren an Superintendent Kirchner schrieb: »An diesem Thore wird kein Stein gerührt, ohne daß ich zuvor Kenntnis davon erhalte«.

Das Tor liegt hinter uns und unser Wagen lärmt jetzt die Hauptstraße hinauf, an deren linker Seite die beiden Plätze der Stadt und auf ihnen die beiden vorzüglichsten Sehenswürdigkeiten derselben: die Marienkirche und das Luisendenkmal gelegen sind. Ehe wir diese jedoch aufsuchen, benutzen wir zuvor

---

* Mir persönlich will es, all diesen Auslegungen gegenüber, doch um vieles wahrscheinlicher erscheinen, daß die neuen Tore lediglich gebaut wurden, um etwas Beßres, Schöneres, auch der Befestigung Dienenderes, an die Stelle des Alten zu setzen. Ganz in derselben Weise, wie man die Wölbungen der alten romanischen Kirchen abbrach und die Rundbögen durch den allgemeinwerdenden Spitzbogen ersetzte, ganz so machte man es mit den Torbauten. Ihre Modernisierung wurde Sache fortschrittlicher städtischer Repräsentation und des Wunsches »nicht zurückzubleiben«. — (Im übrigen finden sich solche »zugemauerten Tore«, die stets gradlinig auf die Hauptstraße stehen, vielfach in unsrer Mark, so beispielsweise in Kyritz, Wittstock und Wusterhausen, ferner in Soldin, Friedeberg, Mohrin, Berlinchen, Königsberg, Landsberg a. W. und endlich in Bernau, Fürstenwalde und Mittenwalde.)

eine kurze Rast in Klagemanns Hotel, um mit Hilfe des Wirtes einen guten Trunk und mit Hilfe seiner Gäste die Geschichte von Gransee »frisch vom Fasse« zu schöpfen.

Die Geschichte geht weit zurück in der Zeiten Lauf, aber erst um 1262 finden wir einen Brief, in dem Markgraf Johann den Granseern das »Recht seiner alten Stadt Brandenburg« verleiht. Es fehlt nicht absolut an Diplomen und Pergamenten aus dieser und der folgenden Zeit, das meiste jedoch ist verlorengegangen, und die Geschichte der Stadt – in ihren Hauptzügen der aller übrigen Grafschaftsstädte nah verwandt – erzählt sich rasch.

Es ist das alte Lied: erst großes allgemeines Dunkel, nur hier und da durch ein Streiflicht erhellt; dann Kirchen- und Klösterbau; dann Säkularisierung; dann Schweden und die Pest; dann ein Dutzend Feuersbrünste mit Hinrichtung dieses oder jenes Brandstifters; dann Beglückung der Stadt durch ein paar Garnison- oder Invalidenkompanien und in der Regel damit zusammenfallend: Benutzung alter Klostermauern zu Schul-, Kasernen- und Gefängniszwecken. In dieser Aufzählung ist nicht nur die Geschichte der Stadt, sondern zugleich auch die Charakteristik der einzelnen Jahrhunderte gegeben, wobei sich's trifft, daß das siebzehnte immer als das traurigste, das achtzehnte immer als das prosaischste auftritt.

Die große Zeit Gransees war wohl (wie für so viele Städte unsrer Mark) das sechzehnte Jahrhundert, die Joachimische Zeit. Damals gedieh alles und das Kleinbürgertum wuchs fast über sich hinaus. Eine 18 Fuß hohe Mauer, mit fünfunddreißig Wachttürmen besetzt, umzirkte die Stadt, aus deren Mitte die schon genannte Marienkirche aufstieg und über Mauer und Wachttürme hinweg weit ins Ruppinsche und Uckermärkische hineinsah. Es war eine feste Stadt, vielleicht die festeste der Grafschaft. Gräben und Wälle blieben bis in den Anfang des vorigen Jahrhunderts, wo sie applaniert und zu Anlagen umgeschaffen wurden, so daß damals, wohl der Zahl der Häuser entsprechend, dreihunderteinundzwanzig Gärten die stehengebliebene Stadtmauer umgaben. Ob diese Zahl dieselbe geblieben ist, vermag ich nicht anzugeben, aber auch jetzt noch erschließt einem ein Rundgang um Gransee, besonders um seine Nordhälfte, die ganze landschaftliche Lieblichkeit einer kleinen märkischen Stadt. Nach der einen Seite hin, in breiter Fläche, Wasser, Wald und Wiese, nach der andern aber, im Schatten alten Mauerwerks, eine stattliche Reihe von Blumenbeeten und eingeschoben in diese, jener von weißen und schwarzen Kreuzen überragte Garten, der beflissen ist, uns mit Fliederduft und Vogelsang über die Bitterkeit des Scheidens hinwegzutäuschen.

Aber dieser »Gang um die Stadt« war bestimmt, erst gegen Abend und bei niedergehender Sonne zu mir zu sprechen. Noch war heißer Mittag, und wo hätte ich zu dieser Stunde besser Schutz gefunden, als in der dämmerkühlen Kirche der Stadt.

Die Marienkirche,

deren Pfeiler bis in den Anfang des dreizehnten Jahrhunderts zurückdatieren, ist ein ursprünglich romanischer Bau, mit Gewölben aus der gotischen Epoche. Was diese Kirche, die von keiner in der Grafschaft übertroffen wird, auch schon äußerlich auszeichnet, ist die reiche Verwendung des vierblättrigen Kleeblatts. Allerdings begegnet man diesem Ornament innerhalb der Backsteingotik unserer Mark an den verschiedensten Stellen, aber nirgends in gleicher Überschwänglichkeit wie hier. Nicht nur band- und bortenartig tritt es uns an Fries und Strebepfeilern entgegen, sondern die betreffenden Bänder und Borten verbreiten sich auch zu ganzen Flächen, so daß tapetenartige Wirkungen erzielt werden, ähnlich denen an modernen Berliner Bauten, wo man mit Stein, als ob es sich um eine Tapisseriearbeit handle, Muster und Figuren herzustellen beginnt.

Die Marienkirche hat zwei Türme, die des Vorzugs genießen, beide fertig zu sein und sich nur dadurch unterscheiden, daß die Spitze des einen völlig massiv, die des andern als eine bloße Holzkonstruktion in die Höhe steigt. Als Grund für diese Verschiedenheit wird diplomatische Rücksicht angegeben, und zwar Rücksicht auf die rivalisierenden Mächte der Maurer- und Zimmermeister. Was dem einen recht war, war dem andern billig.

In dem nach rechts hin gelegenen steinernen Turme befinden sich die »vier Glocken mit dem harmonischen Geläut«. Bei dem Brande von 1711 stürzten die damals vorhandenen in das Schiff der Kirche nieder und der Glockengießer Johann Jacobi zu Berlin goß aus dem zusammengeschmolzenen Gut die jetzigen vier. Zwei davon sind interesselos, aber die erste und dritte zeichnen sich durch ihre Inschrift aus.

Die erste, bei 16 Fuß Umfang, hat folgende Umschrift: Quum dirissimum ac satis fatale incendium, incuria perditi fabri, die XIX. Junii anni MDCCXI, exortum urbem totam cum trecentis aedibus privatis ac sacris, simul omnibus et publicis deperderet, haec ego campana die XXX. Octobris MDCCXI reliquiis facta a. J. Jacobi. Also etwa: Nachdem eine höchst schreckliche verhängnisvolle Feuersbrunst, welche durch die Nachlässigkeit eines verruchten Schmidts den 19. Juni 1711 ausbrach, die ganze Stadt mit 300 Bürgerhäusern samt Kirchen und öffentlichen Gebäuden zu Grunde gerichtet hatte, bin ich, diese Glocke, am 30. Oktober 1711 aus den Überbleibseln hergestellt durch Johann Jacobi.

Die dritte Glocke, bei 9 Fuß Umfang, bringt Reimzeilen. Sie lauten:

Gleiche Glut zerstörte mich,
Gleiche Glut erneute mich
Wie die andern zweehne;
Drum soll mein Getöhne,
Gott, nächst ihnen, Dir auch singen
Und Dankopfer bringen.
J. Jacobi goß mich in Berlin 1711.

Das Innere der Kirche bietet weniger, als man erwarten sollte, weil das mehrerwähnte Feuer von 1711 den ganzen Inhalt ausbrannte. Manches wurde aber doch gerettet.

Etwas davon zeigt der Altar. Dieser selbst ist ein Rokokobau (1739) von den üblichen Formen; als Bild aber ist in die von korinthischen Säulen eingefaßte Wand eine bunte mittelalterliche Holzskulptur eingelassen, so daß der Schrein jetzt eine wunderliche Stilvermählung aus dem fünfzehnten und achtzehnten Jahrhundert zeigt.

Ein anderes Überbleibsel aus mittelalterlicher Zeit ist eine Reliquienbüchse, die, durch ein glückliches Ungefähr, erst gerettet und dann aufgefunden wurde. Sie befand sich in einem aus Steinen aufgeführten Altar einer Seitenkapelle, der, weil massiv, dem Feuer widerstand. Auf diesem Altar nahm Anfang der fünfziger Jahre Superintendent Kirchner eine eingelegte Steinplatte wahr, die hohl klang, wenn man darauf klopfte. Dies bestimmte den Superintendenten, die Platte herausnehmen zu lassen. Was er vermutet hatte, bestätigte sich. Unter dem Sandstein war eine Öffnung, von der aus, röhrenartig, ein Kanal auslief, darin weitere Nachforschungen die vorerwähnte Reliquienbüchse entdeckten. Sie hat die Form einer gedrückten Kugel, ist faustgroß, von Lindenholz und zeigt eine mittelgroße Öffnung, die mittelst eines einfachen Deckels geschlossen wird. In dieser Büchse befanden sich, außer einem Stückchen Mumie, drei Splitter vom

Kreuze Christi in ein Stückchen Seidenzeug gewickelt, zugleich auch eine Urkunde mit dem Sekretsiegel des Bischofs von Havelberg. (Büchse und Inhalt sind zur Zeit in Händen des Superintendenten Kirchner in Walchow.)

Von kaum geringerem Interesse sind zwei Grabsteine, die den außergewöhnlichen Grad ihrer Wohlerhaltenheit einem ähnlichen Glücksumstande verdanken. Sie lagen 1711, als das große Feuer ausbrach, wahrscheinlich in Nähe des Altars. Die Flammen und selbst das niederstürzende Geröll hatte ihnen wenig anzuhaben vermocht, und als zwanzig Jahre später zur Wiederherstellung des Kircheninnern geschritten wurde, kam den Werkleuten der glückliche Gedanke, die bei dem Aufräumen mit aufgerissenen Grabsteine bei Pflasterung und Fliesenlegung der Kirche nach Möglichkeit zu benutzen. Als bloße Fliese war aber die glatte Rückseite des Grabsteins besser zu verwenden als seine Bildseite, weshalb Bild und Inschrift nach unten kamen. Und so wurden sie gerettet. Neuerdings aus dem Mittelgange, wo sie lagen, wiederaufgenommen, hat man sie nördlich in die Kirchenwand eingemauert. Es sind zwei Bellins, Vater und Sohn. Der Grabstein des Vaters zeigt ein gutes Ritterbild mit vier Wappen in den Ecken, und folgende Inschrift: »Anno 1582 den Tack Mariä Lichtmeß ist der edle, gestrenge, ehrenfeste Hermann Bellin, Erbsaß XV. Marckow in Gott seeliglich entschlafen, welcher Seele Gott gnädig sei.« – Der Grabstein des Sohnes, auch Hermann Bellin, ist klein und von geringem Interesse.

Neben diesen Epitaphien der Bellins, Vater und Sohn, erhebt sich noch ein dritter, um einhundertundfünfzig Jahre jüngerer Grabstein, und zwar der des Inspektors oder Superintendenten Ernst Germershausen, eines Mannes von einer gewissen städtischen und (weil typisch) auch kulturhistorischen Bedeutung, weshalb wir hier eingehender bei ihm verweilen.

Ernst Germershausen

folgte 1704 seinem Vorgänger Andreas Seehausen im Amt und verwaltete es achtundzwanzig Jahre. In die Zeit seiner geistlichen Oberherrschaft fällt das große Feuer von 1711, das dreihundert Häuser und in ihrem Innern auch die Kirche zerstörte. Mit dem Magistrate lag er in beständiger Fehde, was auf den Wiederaufbau der Kirche nachteilig wirkte. Die Stadtbehörde verweigerte beispielsweise die Lieferung von Holz, infolgedessen die Kirche drei Jahre lang ohne Dach blieb. Beiläufig eine Strafe, die diejenigen, die sie verfügten, mittraf, wenn sie nicht vielleicht »aus Rache« auch die Predigt versäumten. In der Magistratsregistratur ist noch ein starkes Aktenbündel vorhanden, das Kunde gibt von der gegenseitigen Erbittertheit.

Aus Predigten, die Germershausen hinterlassen, erkennt man ihn als einen sehr eigenartigen Herrn. So findet sich in einem Leichensermon aus dem Jahre 1728 folgende sonderbare Bemerkung über Ebbe und Flut: »Die Lästerer der Religion geben vor, Moses habe die Juden bloß aus Hochmuth und Ehrgeiz durchs rothe Meer in die Wüste geführt, um über sie zu herrschen und habe des Meeres Ab- und Zufluß verstanden. Allein solche Spötter haben keinen Begriff von der Seefahrt, da den geringsten Schiffsleuten bekannt ist, daß Ebbe und Fluth in der Welt nirgend existirt als in der Nord-See, am heftigsten in Schottland, weshalb man meint, daß dort der Schlund sei, wo das Meer, als wenn es Othem holete, das Wasser gleichsam verschlucke und wieder von sich stoße, da, je weiter von Schottland, diese Ebbe und Fluth desto weniger zu spüren.«

Er konnte aber auch besser sprechen. So beispielsweis in einer andern Leichenrede, die er im selben Jahre hielt. Sie begann: »Am 6. Mai 1728 starb in seinem 84. Jahre der Vorachtbare und Wohlvornehme Herr Daniel Grieben Senior. Er trat dreimal in den Stand der heiligen Ehe und hinterläßt 16 Kinder, 56 Enkel und 8 Urenkel. Sein Leben und Wandel betreffend, so hat er sich als einen Christlichen und Gottseeligen Bürger wohl aufgeführet, Gottesdienste, selbst in der Wochen, nie versäumet und mit gebührender Andacht das heilige Abendmahl fleißig gebrauchet; seine Kinder und Gesinde zur Gottesfurcht gehalten und wohlerzogen, daß auch, Gott sei Dank, unter solcher starken Zahl kein Ungerathenes vorhanden. Er gab einen guten Haushalter ab; gegen den Nächsten war er mitleidig, so daß er in der Noth mit Geld und Getreide jedermann ohne jeden Eigennutz gern gedienet. Und da ihn Gott im Zeitlichen reichlich gesegnet, hat er sich durch solches weder zu Stolz und Hoffahrt, noch zu Verschwendung bewegen lassen, sondern ist nach wie vor in Gottesfurcht, Demuth und Fleiß verblieben. Viel Menschen hat er mit Vormundschaft und Zurechtweisung ihres Vermögens gedienet und seine Leibes- und Gemüthskräfte Gott zu Ehren und dem Nächsten zu Nutz wohl angewendet.«

Das sind Kernworte, die auch den ehren, der sie sprach. Seine beständigen Streitigkeiten mit der Stadtbehörde beweisen nicht allzuviel gegen ihn. Sie scheinen (wenn sie überhaupt dazu angetan sind, einen Schatten auf seinen Charakter zu werfen) lediglich in einem hochgespannten Selbstbewußtsein ihren Grund gehabt zu haben. Und zu diesem Selbstbewußtsein war er in dem damaligen Gransee vielleicht berechtigt. Er war gelehrt und charaktervoll, in Welt und Büchern gleich erfahren, und ragte mutmaßlich um Haupteslänge über den »Magistrat« hinaus. Um einen Kopf größer sein, ist aber an und für sich schon ein Verbrechen, und es zeigen, ein doppeltes. Seine von ihm selbst verfaßte Grabschrift gibt uns, ungewollt, zugleich ein Lebens- und Charakterbild:

Memoria
Ernesti Germershausen, Gransoviensium praesulis,
Cui Magdeburgum vitam, Hamburgum fortunam,
Maria Germanicum, Atlanticum, Gaditanum, Liguricum,
Thyrrhenum experientiam,
Urbes Olysippum, Gades, Malaga, Alicante, Genua,
Livorno, Pisa, Florentia et ipsa
Roma prudentiam,
Lichterfelda et Gransoviense Territorium
Honores conciliaverunt.
Quibus cum (33) Annos et quod excurrit praefuisset.
Placide obiit die (6 Decembris Anni MDCCXXXII.)
Cujus anima requiescat in pace.

Zum Gedächtnis
von Ernst Germershausen, Inspektor zu Gransee,
Dem Magdeburg das Dasein, Hamburg Vermögen,
Das Deutsche, Atlantische, Spanische Meer,
Das Thyrrhenische und auch das Ligurische, Erfahrung,
Die Städte Lissabon, Cadix, Malaga, Alicante, Genua,
Livorno, Pisa, Florenz und selbst
Rom Weisheit,
Die Bezirke von Lichterfelde und Gransee aber
Amt und Würde gaben,
Starb, nachdem er sie 33 Jahre und darüber verwaltet, sanft
Den 6. Dezember 1732.
In Frieden ruhe seine Seele.

Von der Marienkirche fort wenden wir uns jetzt der andern Sehenswürdigkeit der Stadt zu. Es ist:

Das Luisendenkmal

> O welche Reise!
> Wie traurig leise
> Durchzogen wir der schwarzen Fichten Nacht.
> Es fielen unsre Tränen in den Sand;
> Sie gab einst Schönheit diesem Land.
>
> *Achim von Arnim*

Eh ich das Denkmal selbst beschreibe, geb' ich die Situation.

Am 19. Juli 1810 neun Uhr früh war die Königin zu Hohen-Zieritz gestorben. Die Leiche verblieb daselbst noch sechs Tage. Am 24. wurde sie in Silberstoff gekleidet und in einem schwarz drapierten Zimmer in Parade ausgestellt. Am 25., in glühender Sonnenhitze, begann die Überführung; Gransee sollte an diesem Tage noch erreicht werden. So war der Zug:

Oberstallmeister von Jagow und Schloßhauptmann von Buch;
herzoglich mecklenburgisches Forstpersonal;
Detachement mecklenburgischer Kavallerie;
mecklenburgischer Hofstaat samt den Strelitzischen Ministern;
der Herzog Karl von Mecklenburg (jüngster Bruder der Königin) und der Oberhofmeister Baron von Schilden;
der auf Federn ruhende, an den inneren Seiten mit Polstern versehene Leichenwagen;
die Oberhofmeisterin Gräfin von Voß;
zwei preußische Kammerherren;
die Kammerfrauen der Königin;
Detachement mecklenburgischer Kavallerie.

An der preußischen Grenze, bei Fischerwall, dort, wo jetzt am Rande des Waldes ein einfacher Denkstein steht, wurde der Trauerzug von der Leibeskadron des Regiments Garde du Corps, von dem Landrat des Ruppiner Kreises, späterem Grafen von Zieten und einer Deputation der Ritterschaft erwartet. In allen Ortschaften, welche von dem Zuge berührt wurden, wie auch in allen denen, welche bis auf eine Meile von der Landstraße entfernt lagen, wurde mit allen Glocken geläutet. So schritt man auf Gransee zu. Hier war bereits vorher, von Berlin aus, ein gotisch verziertes, mit schwarzem Tuch bekleidetes Langzelt eingetroffen, das man mit Hilfe von Vorhängen in drei Abteilungen geteilt hatte. In der vordersten standen die Wachtposten der Garde du Corps, in der zweiten der Leichenwagen; in der dritten befanden sich die Personen des Hofes.

An der Stadtgrenze von Gransee, bei der sogenannten Baumbrücke, wurde der Zug von den städtischen Behörden empfangen und auf jenen oblongen Platz geleitet, der jetzt den Namen »Luisenplatz« führt. Die Stelle, wo der Leichenwagen inmitten des Zeltes stand, ist bis heute durch ein paar eiserne Fackelhalter (hart links neben der Straße) markiert. Am 26. Juli früh setzte sich der Kondukt, auf Oranienburg zu, wieder in Bewegung; am 27. traf er in Berlin ein.

Zur Erinnerung an die Nacht vom 25. auf den 26. wurde, seitens der Stadt Gransee wie des Ruppiner Kreises, das »Luisendenkmal« errichtet. Es ist von Eisen; einzelnes vergoldet. Schinkel entwarf die Zeichnung; die Berliner Königliche Eisengießerei führte sie aus.

Dies Denkmal nun, dessen Beschreibung wir uns in nachstehendem zuwenden, besteht aus einem Fundament und einem sockelartigen Aufbau von Stein, auf dem ein Sarg ruht. Über diesem Sarg, in Form eines Tabernakels, erhebt sich ein säulengetragener Baldachin. Die Verhältnisse des ganzen sind: 23 Fuß Höhe bei 13 Fuß Länge und 6 Fuß Breite. Der Sarg, in Form einer Langkiste mit zugeschrägtem Deckel, hat seine natürliche Größe; zu Häupten ruht eine vergoldete Krone; an den vier Ecken wachsen vier Lotosblumen empor. Die Inschriften am Kopf- und Fußende lauten wie folgt: »Dem Andenken der Königin Luise Auguste Wilhelmine Amalie von Preußen.« – »Geb. den 10. März 1776, gest. den 19. Julius 1810. Nachts den 25. Julius stand ihre Leiche hier.« Die Inschriften zu beiden Seiten des Sockels sind folgende. Links: »An dieser Stelle sahen wir jauchzend ihr entgegen, wenn sie, die herrliche, in milder Hoheit Glanz mit Engelfreudigkeit vorüberzog.« Rechts: »An dieser Stelle hier, ach, flossen unsre Thränen, als wir dem stummen Zuge betäubt entgegen sahen; o Jammer, sie ist hin.«

Die weiteren Inschriften, die der Gesamtbau trägt, befinden sich teils am Fundament, teils an der Innenseite jener großen Eisenplatten, die das Schrägdach des Baldachins bilden. Am Fundament steht: »Von den Bewohnern der Stadt Gransee, der Grafschaft Ruppin und der Priegnitz.« Die großen Eisenplatten enthalten nur ein Namensverzeichnis und zwar die Namen derjenigen, die sich um die Errichtung dieses Denkmals besonders verdient gemacht haben. Es sind: Joh. Friedrich Klagemann, Bürgermeister; Karl Heinrich Borstell, Kämmerer; Karl Wilhelm Metzenthin, E. Gottfried Koch, Joh. Andreas Werdermann, Johann Jakob Scheel, Ratsmänner; Johann Jakob Gentz, Vorsteher der Stadtverordneten; Friedrich Christian Ludwig

Emil von Zieten auf Wustrau, Landrat; Karl Friedrich Schinkel, Baumeister.

Am 19. Oktober 1811 wurde das Monument im Beisein des damals zehnjährigen Prinzen Karl von Preußen enthüllt. Sooft der König später, bei Gelegenheit seiner Besuchsreisen nach Neu-Strelitz, Gransee passierte, ließ er den Wagen an dieser Stelle halten. Am Abend des 19. Juli 1860, also am fünfzigjährigen Todestage der Vollendeten, wurde bei Fackelschein und unter dem Geläut aller Glocken, eine liturgische Andacht an eben diesem Denkmal abgehalten. Nicht nur Stadtbewohner, auch Angehörige des Kreises waren in großer Zahl erschienen.

Und wie Gransee durch dieses Denkmal sich selber ehrte, so glänzt auch sein Name seitdem in jenem poetischen Schimmer, den alles empfängt, was früher oder später in irgendeine Beziehung zu der leuchtend-liebenswürdigen Erscheinung dieser Königin trat. Die moderne Historie weist kein ähnliches Beispiel von Reinheit, Glanz und schuldlosem Dulden auf, und wir müssen bis in die Tage des früheren Mittelalters zurückgehen, um Erscheinungen von gleicher Lieblichkeit (und dann immer nur innerhalb der Kirche) zu begegnen. Königin Luise dagegen stand inmitten des Lebens, ohne daß das Leben einen Schatten auf sie geworfen hätte. Wohl hat sich die Verleumdung auch an ihr versucht, aber der böse Hauch vermochte den Spiegel nicht auf die Dauer zu trüben. Mehr als von der Verleumdung ihrer Feinde hat sie von der Phrasenhaftigkeit ihrer Verherrlicher zu leiden gehabt. Sie starb nicht am »Unglück ihres Vaterlandes«, das sie freilich bitter genug empfand. Übertreibungen, die dem einzelnen seine Gefühlswege vorschreiben wollen, reizen nur zum Widerspruch.

Das Luisendenkmal zu Gransee hält das rechte Maß: es spricht nur für sich und die Stadt und ist rein persönlich in dem Ausdruck seiner Trauer. Und deshalb rührt es.

GENTZRODE

Gentzrode

Einst war eine Zeit, da war nur Eines,
Da war nicht Steig, den Fuß zu stellen,
Da war nicht Haus, das Haupt zu ruhen; ...
»Ist mein dies Alles? bin ich hier der Meister?«
So rief er, erwartend, ob's einer ihm wehrte

I

Von der Gründung Gentzrodes 1855 bis zum Tode von Johann Christian Gentz 1867

Im Winter 1888 auf 89 war es, daß unsere Zeitungen, bei Gelegenheit einer in Berlin stattfindenden »Großen Weinausstellung« eine kurze Notiz über ein den »Delegierten zur Ausstellung« gegebenes Fest brachten, welches Fest mit einem Jagdausfluge nach dem Rittergute Gentzrode, halben Wegs zwischen Ruppin und Rheinsberg, abgeschlossen habe. Und in der Tat seitens des Herrn F. W. Nordenholz, ehemaligen Bremensischen Konsuls in Argentinien, waren die Weindelegierten, darunter eine große Zahl portugiesischer Gäste, nach dem oben genannten Rittergute hin eingeladen worden, in der ausgesprochenen Absicht, die »Herren aus dem Süden« mit einer nordischen Jagdszenerie, den verbleibenden deutsch-preußischen Rest der Gesellschaft aber mit einer nach der landwirtschaftlichen Seite hin ganz eigentümlichen Neuschöpfung (in manchem noch eigentümlicher als der Fürst Pücklerschen in Muskau) bekannt zu machen.

Von dieser Neuschöpfung hab' ich in nachstehendem zu berichten.

*

Gentzrode liegt auf dem Plateau, bzw. am Abhang einer Sanddüne, die seit unvordenklichen Zeiten den Namen der »Kahlenberge«, ja, an einer Stelle sogar des »Kranken Heinrich« führt, ein Terrain, ganz nach Art der 1848 historisch gewordenen Berliner »Rehberge«: Sand und wieder Sand, von nichts unterbrochen als von einem gelegentlichen Büschel Strandhafer und jenen nesterartigen Löchern, die die vordem hier zahlreichen Krähen aufzukratzen pflegten. So waren die Rehberge und so waren auch die Ruppiner Kahlenberge, welche letzteren, außerdem noch, in mittelalterlicher Zeit einen aus Feldstein aufgemauerten Lug-ins-Land trugen, die »Kuhburg«, von der aus ein Wächter nach allen Seiten hin Umschau hielt und Meldung machte, wenn die »Quitzowschen« oder ihresgleichen, wie dies mehrfach geschah, im Anzuge waren. Anfang dieses Jahrhunderts existierten noch die Fundamente dieser »Kuhburg« und als neuerdings an der alten Turmstelle nachgegraben wurde, fand sich der Burgschlüssel einige Fuß tief im Sande. Das war 1855, in welchem Jahre Johann Christian Gentz, über den ich Seite 124 berichtet, diese Sanddüne (die »Kahlenberge«) gekauft hatte, von vornherein mit der Absicht, eine Oase daraus zu machen. Als er beim Graben den eben erwähnten Burgschlüssel fand, lächelte er und sah darin eine Gewähr, daß diese Stelle nun seine sein sollte.

*

Die Kahlenberge, wie hervorgehoben, waren nur ein Sandplateau; nichtsdestoweniger machte der Ankauf dieses halb wertlosen Terrains (der Morgen wurde anfangs nur mit sechs Taler bezahlt) große Schwierigkeiten. Diese Schwierigkeiten entstanden daraus, daß es Stadtland war, an dem viele Ruppiner Bürger strichweis ihren Anteil hatten, so daß beispielsweise mit einhundertundachtzehn Partnern verhandelt und ebensoviel Tauschverträge zustande gebracht werden mußten. Schließlich waren einige tausend Morgen erworben, aber ehe das Gesamtareal beisammen war, gingen die zuerst erstandenen und bereits urbar gemachten Teile schon wieder durch allerlei Prüfungen und Gefahren.

Diese Gefahren waren Wassers- und Feuersnot.

Was zunächst die Wassersnot angeht, so muß vorauf bemerkt werden, daß es keine Not durch, sondern eine Not um Wasser war.

Gleich in den ersten Jahren wurd' es eine Lebensfrage für Gentzrode, ob es möglich sein werde, das erforderliche Wasser zu beschaffen. Man hatte bis dahin nur einen Regentümpel, nur eine primitive Zisterne. Damit war nichts zu leisten, und immer unerläßlicher erwies sich die Herstellung eines Brunnens. Ein Ratszimmermeister wurde konsultiert und unterfing sich endlich, die Sache wagen zu wollen. Ein halbes Hundert Arbeiter ward angestellt, um ein trichterförmiges Loch zu wühlen, das eine Tiefe von 40 und oben eine Weite von 50 Fuß hatte. Jedoch umsonst: kein Wasser kam und der Ratszimmermeister erklärte schließlich, »daß sein Rat und seine Weisheit zu Ende seien.« Stafetten gingen nun nach Berlin, um von dort her »höhere Meister« herbeizuholen. Aber wie zu Zeiten einer Epidemie keine Ärzte zu haben sind, so waren in jenem beispiellos trockenen Sommer (1857) keine Brunnenmacher zu haben. Von allen Seiten her waren dieselben Notschreie gekommen und in der Hauptstadt selbst stand es kaum besser. So blieb denn Gentzrode auf seine eigenen oder doch auf benachbarte Kräfte angewiesen. Und sie fanden sich auch.

Ungerufen stellte sich ein kleiner, unansehnlicher Mann ein, namens Franke, der aus Groß-Menz gebürtig und seines Zeichens ein Maurergeselle war. Er erbot sich, den Brunnen fertig zu bauen. Wie begreiflich, fand er zunächst wenig Glauben und Vertrauen. »Er sieht aus wie ein Maulwurf«, sagte der alte Gentz; »aber was soll uns das; Erde genug ist aufgeworfen.« Franke ließ sich jedoch weder durch scherzhafte noch durch ernst gemeinte Bemerkungen aus der Fassung bringen und zeigte jedem Bedenken gegenüber eine solche Sicherheit und Ruhe, daß endlich beschlossen ward, ihn gewähren zu lassen. Er wurde nun in eine Baracke einlogiert, erwies sich hier mit allem zufrieden und imponierte zunächst durch Anspruchslosigkeit. Aber schon nach einigen Tagen überraschte die Kunstfertigkeit, mit der er zu Werke ging. Er hatte die Methode des »Senkens«, die die Ruppiner noch nicht kannten, und die, wenn ich richtig verstanden habe, dem »mit dem Kasten vorgehen« der Mineure oder der Anwendung des »Wolfs« oder Eisenwagens entsprach, mit dessen Hilfe beispielsweise der Tunnel in London gebaut wurde. Vortreiben, ausgraben und wieder vortreiben. Die vorgetriebene Eisenwandung (so wenigstens beim Tunnelbau) bildet den jedesmaligen Schutz für den Grabenden, während das hinter ihm liegende Stück ausgemauert wurde.

Gentzrode war in jenen Tagen, fast mehr noch als später, eine Sehenswürdigkeit und es machte wirklich einen spukhaften Eindruck, den kleinen Mann bei Grubenlicht wie einen Erdgeist in der Tiefe hantieren zu sehen. Einer rief hinunter: »Wenn dich der Teufel geholt hat, so decke den Brunnen zu.« Dieses letztere wurde aber nicht nötig, weil das erstere nicht geschah; Franke erreichte vielmehr nach vier Wochen angestrengter Arbeit den Wasserspiegel. Er lag 56 Fuß tief. Und mit neuem Mute setzte der »Maulwurf« nunmehr seine Arbeit fort.

*

Lassen wir ihn zunächst in seiner Tiefe, daraus wir ihn erst, in einem neuen kritischen Momente, wieder werden emporsteigen sehen. Denn seltsam, eben diesem kleinen Manne war es auch vorbehalten, die zweite, größere Not, die Gentzrode zu bestehen hatte, zu beseitigen oder wenigstens, allen andern vorauf, an ihrer Beseitigung mitzuwirken. Er hatte das Wasser gefunden. Das zweite, was er tat, war: er hielt den Lauf des Feuers auf.

Die Geschichte davon zwingt uns, auf eine Zeit vor dem erst in Sicht stehenden Abschluß der Brunnenarbeiten zurückzugehen.

Ein großer Teil des Gentzroder Gutsareals, namentlich aber die der königlichen Forst zugelegenen Reviere, waren mit Heidekraut überdeckt. Erlaubnis war nachgesucht worden, dies Heidekraut abbrennen zu dürfen, die Regierung hatte die nötige Zustimmung gegeben, und das in Frage kommende Terrain war in zwei Hälften, in eine Hälfte links und in eine andre rechts der Wittstocker Straße geteilt worden. Mit der einen Hälfte hatte man begonnen und bereits Ende August war unter Innehaltung aller üblichen Vorsichtsmaßregeln der Heidekrautbrand gefahrlos und ohne jeden Zwischenfall ausgeführt worden. Dies war zur Linken. Vier Wochen später sollte mit der Rechtshälfte vorgegangen werden.

Diese vier Wochen waren jetzt um, und wie herkömmlich in Blättern angezeigt wird: »Am heutigen Tage finden Schießübungen statt« oder »auf dem Glacis werden Sprengungen vorgenommen«, so stand auch im Ruppiner Anzeiger: »Am 27. September wird auf der Strecke rechts vom Wittstocker Wege das Gentzroder Heidekraut niedergebrannt.« Eine Warnung und eine Festankündigung zu gleicher Zeit, denn eine große Zahl von Personen fand sich ein, um dem Schauspiele beizuwohnen.

Bei Beschreibung der nun folgenden Szene laß ich den Hauptbeteiligten (Alexander Gentz, auf den ich weiterhin zurückkomme) selber sprechen:

»Es war neun Uhr früh am genannten Tage (27.), als ich, in Begleitung einiger Freunde, von Ruppin her in Gentzrode eintraf. Ein leiser Wind blies bei unbewölktem Himmel über die Kahlenberge hin. Alles gewährte einen heitern Anblick; jeder war an seinem Platze, die Zuschauer erwartungsvoll. Wir nahmen also die bereitgehaltenen Fackeln zu Hand, und ohne uns lange bei der Frage aufzuhalten, wo's wohl am geratensten sei, anzufangen, gingen wir umgekehrt davon aus: ›die nächste Stelle, die beste.‹ So denn die Fackeln hinein, und im Nu stand eine Heidestrecke von dreihundert Schritt in Brand. Noch fünf Minuten und das Feuer fing bereits an, uns Bedenken zu machen, denn der Wind war heftiger geworden. Jetzt erst kam mir der Gedanke, mich auch zu vergewissern, ob seitens meines Inspektors der vorschriftsmäßige Sicherheitsstreifen gezogen sei. Wir waren alle wie vom Teufel des Leichtsinns besessen gewesen. Die gesetzliche Vorschrift, die vier Wochen vorher aufs genaueste befolgt worden war, forderte mit Recht einen 20 Ruten breiten, tief umgegepflügten Streifen zwischen dem abzubrennenden Heideland und dem weiten Forstbestande dahinter. Und was fanden wir statt dessen! Eine Rute breit lief der Streifen, und nur mit dem Haken, statt mit dem tiefer gehenden Pfluge, war das Erdreich umgebrochen worden. Ein Angstschrei kam über meine Lippen. Dann wurden Versuche gemacht, den schmalen Sicherheitsstreifen durch Ausschlagen des Feuers mit Sträuchen und Büschen zu behaupten, aber vergebens. Die Flamme lief wie eine Schlange über das Gras hin, der Wind wurde Sturm und trieb die Lohe der königlichen Forst zu. Das Heidekraut, die 10 Fuß hohen Tannen, das Kieferngestrüpp, alles war trocken wie Stroh; das Feuer brauste bereits durch die niedrigen Kronen und ungeheure Rauchwolken stiegen auf, die fast die Sonne verdunkelten. Im Zurückeilen nach dem abgesteckten Hofe benahm uns die Hitze schon den Atem, und wir liefen Gefahr, erstickt zu werden. Ich wollte die Mannschaften zu gemeinschaftlicher Hilfe zusammenrufen, aber zerstreut irrten sie hierhin und dorthin, und mein Ruf ging unter in dem unheimlichen Toben der Feuermasse.

Da stieg aus dem Brunnen unser alter ›Maulwurf‹, Maurer Franke, hervor, der einzige, der auch jetzt wieder Geistesgegenwart genug besaß, um auf ein rettendes Mittel zu verfallen. Er wies, ohne ein Wort zu sprechen, auf die vier Gespanne Pferde hin, die weit weg auf dem Felde pflügten. In der Tat, wenn überhaupt noch eine Möglichkeit da war, die königliche Forst zu retten, so konnten es nur diese tun. In wenigen Minuten waren sie herbeigeholt, und jetzt mit ihnen in Karriere nach der Feuergrenze, wo sie es möglich machten, auf dem verhängnisvollen Streifen einige tiefe Furchen zu ziehen. Welche Spannung! Ich allein war der Betroffene. Niemand ahnte die volle Verantwortlichkeit, in der ich schwebte. Vor mir 20000 Morgen Forst, ausgedörrt vom heißen Sommer, und hinter mir das heranwälzende Feuermeer, das schon einen Umfang von 300 Morgen einnahm. Ich stürzte zurück nach der Baracke, um auf einem dort untergebrachten Reitpferde nach der Stadt zu jagen, um Hilfe zu holen. Aber – neue Entmutigung! Einige jener Neugierigen, die des Schauspiels halber herbeigekommen waren, hatten sich ohne weiteres mit dem Reitpferde aus dem Staube gemacht.

Wirr und verworren lief alles aneinander vorüber. Außer meinen Leuten, die von Hunger, Durst und Hitze erschöpft waren, war niemand mit Rettungsinstrumenten da. Der gefürchtete Moment kam in der Tat immer näher, schon war der Waldsaum erreicht und der Sturm begann bereits die Flammen in die königliche Forst hineinzuschleudern. Die helle Verzweiflung faßte mich, meine Kräfte waren hin, und die Phantasie stellte mir das entsetzliche Bild vor Augen: das Resultat einer vierzigjährigen rastlosen Tätigkeit meines Vaters mit einem Schlage vernichtet zu sehen! Vernichtet war ich selber.

Aber dieser schlimmste Moment war auch die Rettung. Die Nachricht von dem Geschehenen war inzwischen nach Ruppin gelangt, alle Sturmglocken gingen, und durch öffentlichen Ausruf ward angekündigt, ›daß jedes Haus zwei arbeitsfähige Männer zu stellen habe‹. Die ganze Stadt war auf den Beinen, die Dörfer nicht minder, und alles, was Wagen und Pferde hatte, machte sich auf, um der bedrohten Stätte zuzueilen. Schon sah ich die Menschen mit überladenen Wagen, Spritzen und Wassertonnen vom Kuhburgsberge herunterjagen, als mir, auch von der anderen Seite her, die Nachricht kam, ›das Feuer ist bewältigt‹. Es war so. Mit einiger Ruhe konnten wir jetzt dem letzten Akte des Schauspiels zusehen und wahrnehmen, wie die mehr und mehr in sich selbst erstickenden Flammen ihren dunklen Rauch über die Tannen lagerten. War es die Windstille, die plötzlich eingetreten, oder waren es die Weisungen des alten Brunnenmachers, gleichviel, die Forst war gerettet und mit ihr mein Vermögen.«

*

Alle diese Vorgänge fielen in den Spätsommer 1857. Katastrophen ähnlicher Art brachen von jenem Zeitpunkt ab nicht mehr herein; Wasser war gewonnen, der Boden urbar gemacht, und das Unternehmen begann innerhalb der gehegten Erwartungen, ja über diese hinaus zu prosperieren, nicht zu kleinstem Teile deshalb, weil man den Mut hatte, nicht nach berühmten Mustern und überkommener Weisheit, sondern in einer Art Opposition vorzugehen. In allem gab der »common sense« den Ausschlag. Man wollte nicht Pendant zu Vorhandenem, sondern das Gegenstück dazu sein. Parole wurde: Nur kein System! ... »Geld und Nüchternheit übernahmen hier von Anfang an die Gestaltung und Regelung des Ganzen, aber doch derartig eigentümlich, daß sich, innerhalb der nüchternsten Erwägungen, ein beständiger, ans Sublime streifender Hang zu Kalkül und Spekulation zu erkennen gab. Wie Rechner und Schachspieler phantastisch werden können, wie es eine Trunkenheit des Verstandes gibt, ähnlich operierte man auch hier.« Jeder herkömmliche Satz wurde angezweifelt, eben weil er herkömmlich war, die Kritik wurde zum schöpferischen Element

Und die Devise jedes neuen Tags
Sie lautete: ich will es und ich wag's.

Im Einklange damit war es, daß, allem Spott der Besserwisser zum Trotz, von Anfang an der eine Gedanke verfolgt wurde: den Ackerbetrieb, mit Rücksicht auf den sterilen Boden, nach Möglichkeit zu beschränken und statt seiner, neben Maulbeerbaumpflanzungen und Seidenzucht, den Brennereibetrieb und als auch dieser, wie schon vorher die Seidenzucht, versagte oder wenigstens nicht voll genügte, große Waldkulturen in Angriff zu nehmen. Dies ergab relativ glänzende Resultate, da man, von Anfang an, auf nur sehr mäßige Zinserträge gerechnet hatte. Verhältnismäßig rasch war aus der Anlage so viel geworden, daß die ehemaligen »Kahlenberge« als eine märkische Musterwirtschaft angesehen wurden. Ackerfelder zogen sich in breiten Flächen über das Plateau hin, desgleichen frische Wiesen am Fuße desselben, überall aber, den Abhang hinab und dann eingemustert in die Schläge, wuchsen Schonungen auf und bedeckten eine ziemlich bedeutende Fläche mit jungen Eichen, Birken und Buchen. Aus dem Mittelpunkte dieser Neuschöpfung aber erhob sich, quadratisch, ein Komplex von Wirtschaftsgebäuden, hoch von Schornsteinen überragt, deren Rauchfahnen weit ins Land hinein die Wandlung verkündeten, die sich an dieser Stelle vollzogen hatte. Dem entsprachen auch die mittlerweile herangezogenen Arbeitskräfte. Drei Inspektoren waren da, samt vielen Knechten und Mägden, alles in allem einhundertundsechzehn Menschen, an einer Stelle, wo seit dem Hinsterben des letzten Turmwächters auf der »Kuhburg«, kein menschlich Wesen mehr gelebt hatte. Der schönste Moment aber war der, als das erste Kind, ein Junge, auf dieser Stelle geboren wurde, was den alten Gentz das stolze Wort sprechen ließ: »Er ist der Erste hier, er soll Adam heißen.«

Alles war in gutem Stand und Gedeihen, als Johann Christian Gentz, zwölf Jahre nach der Begründung, starb.

2

Vom Tode des alten Johann Christian Gentz (1867) bis zum Bau des Gentzroder Herrenhauses (1877)

Am 4. Oktober 1867 war der alte Gentz gestorben und vorläufig bis zur endlichen Ausführung eines für Gentzrode geplanten Mausoleums auf dem alten Ruppiner Kirchhof am Wall beigesetzt worden. Sein jüngster Sohn Alexander trat nach erfolgter Vermögensauseinandersetzung mit seinem älteren Bruder Wilhelm, dem Maler, das Gesamterbe an, das aus folgenden Hauptstücken bestand:

aus dem Stadthaus samt Laden- und Bankgeschäft,
aus dem sogenannten »Tempelgarten« samt Tempel vor dem Tempeltor,
aus dem Torfgeschäft im Luch, und viertens und letztens aus Gentzrode,

welchem letzteren der neue Besitzer von Anfang an seine volle Hingabe widmete. Bevor ich indessen erzähle, wie diese speziell Gentzrode zugute kommende Hingabe sich äußerte, gebe ich als Einleitung eine biographische Skizze des neuen Besitzers bis zu dem Zeitpunkt der Gutsübernahme. Bei der Skizze selbst aber folge ich Alexander Gentz' eigenen Aufzeichnungen.

Alexander Gentz

»Ich wurde«, so schreibt er, »am 14. April 1825 geboren und zwar als der jüngste von vier Brüdern, die, von frühester Kindheit an, sämmtlich lebhaften Geistes und von gleicher Neigung beseelt waren, sich in freier Natur herumzutummeln, um Pflanzen, Käfer, Vogeleier und Schmetterlinge zu sammeln. Ein Elementarlehrer, der Weißbauer hieß, und trotz eines mehr als bescheidenen Gehalts von nur 120 Thalern sich eine wundervolle Pflanzen- und Insektensammlung angelegt hatte, wußte durch Exkursionen, auf denen wir ihn begleiten durften, unsren Eifer für naturwissenschaftliche Dinge zu steigern. Es ging meistens auf Alt-Ruppin zu bis an den Molchowsee. Die weite Sandfläche – von kleinen Hügeln unterbrochen, mit denen der Wind spielte – war so todt und öde, daß nicht einmal Fichtengestrüpp oder Haidekraut drauf wuchsen und an dieser Wüste vorbei (wenn nicht querdurch, was auch vorkam) wanderten wir bis an die ›Räuberkute‹, die wir schon um ihres Namens willen liebten und der nur leider die Räuber fehlten. Mitten im Sande begegneten wir dann plötzlich einem Sumpfloch mit wilden Enten drauf, nach denen wir vom Ufer her mit Steinen warfen, bis sie weiterflogen oder niedertauchten. Hinter der ›Räuberkute‹ lief dann, die sogenannte Schwedenschanze durchschneidend, ein alter Weg auf die Neue Mühle zu. Dies war der Ausflug, den wir am häufigsten machten, am liebsten aber war uns der Weg am Klappgraben hin und dann über diesen fort bis zu den mit Eichen und Buchen bestandenen ›drei Wällen‹, die wohl auf 1000 Schritt die Grenze zwischen der Storbecker und Kränzliner Feldmark ziehen und den Eingang zu einem prachtvollen Eichenkamp, der der ›blecherne Hahn‹ hieß, bildeten, eine landschaftlich reizende Partie mit Baumgruppen, wie sie sich, was unsere Grafschaft angeht, kaum noch auf dem schönen Ruppiner Wall und Forstrevier ›Pfefferteich‹ vorfinden. Ja, nach dem ›blechernen Hahn‹ hin, wo sich eine Meierei mit Milchwirthschaft befand, das war ein beliebter Ausflug und nur Eins gab es, was noch darüber hinausging, das war ein in der Nähe der Kahlenberge gelegenes Elsbruch, mit einem dunklen Wassertümpel in der Mitte, der den Namen der ›Gänsepfuhl‹ führte. Das klang harmlos genug, es war aber die unheimlichste Stelle in der ganzen Gegend, an die sich allerlei Spukgeschichten knüpften, Geschichten, deren Grusel noch wuchs, als es eines Morgens hieß, Uhrmacher Hettig und Rathsdiener Kalle, die hier zu fischdieben und sich zu diesem Zwecke eines am Ufer liegenden alten Fischerkahnes zu bedienen pflegten, seien in der Nacht vorher auf dem Gänsepfuhl ertrunken. Ja der Grusel wuchs, das muß ich wiederholen, aber ich kann nicht sagen, daß sich im Übrigen ein mir zur Ehre gereichendes menschliches Mitgefühl mit eingeschlichen hätte, namentlich was den Rathsdiener Kalle betraf. Dieser nämlich war unser aller Feind, weil er uns, wenn wir uns auf eine städtische Wiese verirrten, um Schmetterlinge zu fangen, immer abzufassen suchte, bei welcher Arbeit ich auch wirklich mal ergriffen und von ihm gepfändet worden war. Ich war jetzt naiv oder selbstsüchtig genug, in dem Tod, den er erlitten, eine gerechte Strafe für die mir widerfahrene Strenge zu sehn und sympathisirte durchaus mit dem hämischen Fischer, der den am Ufer liegenden Kahn vorher durchlöchert und dadurch den Tod beider Inculpaten herbeigeführt hatte. Daß Kalle neun Kinder hinterließ, änderte wenig in meinen Augen. Nichts Egoistischeres als ein halberwachsener Junge. Sonderbarerweise kam der Elsbruch und mit ihm der gefürchtete Gänsepfuhl 30 Jahre später in meinen

Besitz, und als ich an die Urbarmachung des Bruches ging und den mit Kraut ganz durchwachsenen Gänsepfuhl ausbaggern ließ, kam auch das Boot wieder ans Licht, darin Hettig und Kalle ihren Tod gefunden hatten, und ich sah nun deutlich die Löcher, die der Kahnbesitzer, um seine fischdiebenden Feinde zu vernichten, hineingebohrt hatte.

Zehn Jahr alt, kam ich auf das Ruppiner Gymnasium und verließ es von Sekunda aus, um noch die Magdeburger Handelsschule zu besuchen, denn es stand fest, daß ich für den Kaufmannsstand erzogen werden sollte. Jahr und Tag war ich in Magdeburg und kam dann in ein Stettiner Modewaarengeschäft, um daselbst die Handlung zu erlernen. Es erging aber meinen Eltern mit mir nicht besser, als mit meinem älteren Bruder Wilhelm: auch mir wollte das Kaufmännische, wenigstens in der Gestalt, in der es mir damals entgegentrat, nicht behagen, und alle meine Neigung richtete sich, wie bei meinem Bruder, auf die Kunst. Ich überwand mich aber und hielt aus. Als ich 20 Jahr war, wollt' ich aus den engen Verhältnissen heraus und in die Welt hinein. Meine Sehnsucht war Paris, was meine Eltern veranlaßte, meinen Oheim, den in Neu-Strelitz wohnenden Rentier Voigt (einen Bruder meiner Mutter) nach Ruppin kommen zu lassen, um mich von meiner Reise-Sehnsucht abzubringen. ›Der Junge geht ins Verderben‹, sagte Onkel Voigt, ›bringt ihn nach Wittstock. Was soll er in Paris? In Wittstock kann er was lernen.‹ Es half aber alles nichts, ich blieb bei meinem Willen, und meine Mutter war schließlich einsichtig genug, in dieser Frage nachzugeben. Ich packte also meinen Koffer und ging auf zwei Jahre nach Paris. Während der ersten Monate flanirte ich, um die Weltstadt kennen zu lernen, in den Straßen umher, dann nahm ich eine Stellung in einem kaufmännischen Geschäft an und wurde meines Fleißes halber belobt, während man mir das ausbedungene Gehalt schuldig blieb. Meine Collegen lachten darüber und sagten: ›Monsieur, vous avez travaillé pour le roi de Prusse‹. Bald danach trat ich, um's besser zu haben, in ein spanisches Commissionshaus ein. Als aber in Folge der ausbrechenden Februar-Revolution (1848) alle Geschäfte zu stocken begannen, gab ich auch diese Stellung wieder auf und zog es vor, eine Reise nach dem südlichen Frankreich, nach Spanien und Algier zu machen. Bei dem Wiedereintreffen in Paris fand ich Briefe vor, die mich in die Heimath zurückberiefen, und vom Sommer 1848 an war ich wieder in Ruppin.

Es folgten diesem ersten großen Ausfluge noch verschiedene

Reisen, aber alle waren von kürzerer Dauer. So war ich beispielsweise Anfang der fünfziger Jahre verschiedentlich in Wien und Venedig und 1855 ein halbes Jahr lang in England, bis ich mich das Jahr drauf mit Helene Campe, Tochter des Buchhändlers Julius Campe zu Hamburg (Verleger Heines) verlobte. Mein Papa, als er mich zur Verlobungsfeier nach Hamburg begleitete, schmeichelte sich damit, in meinem Schwiegervater einen wohlhabenden Mann gewonnen zu haben, von dessen Vermögen mir sofort ein erheblicher Bruchtheil zufallen würde. Beide alte Herren unterhielten sich denn auch über diesen Punkt und suchten sich auszuhorchen.

›Was geben Sie Ihrem Sohne mit?‹ fragte Campe.

›50000 Thaler‹, antwortete mein Papa und erwartete eine Gegenerklärung von ungefähr derselben Höhe. Campe aber antwortete nur: ›Wohl Ihnen.‹

Und dabei blieb es. 4000 Thaler abgerechnet, die mir mein Schwiegervater zur Bestreitung der Aussteuer, unmittelbar nach der Trauung, in die Hand drückte.

Glücklicherweise zog ich mit meiner Heirath, auch ohne besondere Legitimirung von Seiten meines Schwiegervaters, ein glückliches Loos. Meine Frau hatte, unter häuslichen Tugenden auch den Vorzug einsichtsvoller Klugheit und die Fähigkeit sich in die Verhältnisse der neuen Familie zu schicken. Aus unserer Ehe wurden uns vier Kinder geboren.

1857 übernahm ich das alte Geschäft in der Stadt, das ich von diesem Zeitpunkt an selbständig leitete. Vier Monate des Jahres befand ich mich in der Regel auf Reisen, um die nötigen Einkäufe zu machen, war ich aber wieder daheim, so langweilte mich der ›Verkauf im Einzelnen‹, und das sogenannte ›Ladengeschäft‹ sagte mir grade so wenig zu, wie vordem. Auch das kleine Ruppiner Leben war durchaus nicht nach meinem Sinn, lauter Dinge, die sich erst zum Bessern kehrten, als mich der Wandel der Zeiten in größere kaufmännische Verhältnisse führte: Kapitals-Associationen fanden statt und eine der großen Gründer-Epoche der siebziger Jahre voraufgehende Aktien-Schwindelzeit brach gerade damals an. In sich verwerflich genug. Aber so verwerflich diese Zeit und ihre Manipulation sein mochten, ja, mit so großen Verlusten sie für mich verknüpft waren, – das ganze kaufmännische Leben erschien mir doch plötzlich in einem neuen Lichte und wenn mich früher das Kleinliche gelangweilt und auch angewidert hatte, so war jetzt etwas da, was mich interessirte, was Gedanken und Spekulation in mir anregte. Mit den größeren Summen, die mir trotz und inmitten meiner Verluste doch immer reichlich wieder zu Händen kamen, ermöglichten sich Unternehmungen der mannigfachsten Art, Ankäufe kamen zu Stande, und große und kleine Liegenschaften theils in Nähe, theils in mehrmeiliger Entfernung von Ruppin, wurden erworben, was schließlich dahin führte, daß wir, mein Vater und ich, eine halbe Quadratmeile Torf- und Wiesen-Terrain im Wustrauschen und im Rhin-Luch besaßen, ja, uns bald danach sogar in der Lage sahn, ein mit einigen fruchtbaren Ackerstreifen durchsetztes Stück Sandland von nicht unbeträchtlichem Umfang anzukaufen. Dies waren die nach Rheinsberg hin gelegenen ›Kahlenberge‹, die, nach ihrer Umgestaltung in Acker-, Forst- und Weide-Land, den Namen Gentzrode* und ein oder zwei Jahrzehnte später sogar die Rittergutsqualifikation empfingen.«

*

So weit die biographische Skizze, die wir hier abbrechen, um nunmehr von Alexander Gentz in Person nach Gentzrode, dessen Besitz er eben angetreten, zurückzukehren.

Beim Tode des Alten (1867) befand sich das neu geschaffene Gut, um es noch einmal zu sagen, in einem durchaus blühenden Zustande:

Waldkulturen, einschließlich einer großen Baumschule, waren geschaffen;

---

* Dieser sehr anfechtbare Name »Gentzrode« war das Resultat langen Suchens, was man ihm leider auch anmerkt. Alexander Gentz hatte »Helenenhof« vorgeschlagen, in Huldigung gegen seine Frau Helene, was, wenn angenommen, durchschnittsmäßig, aber wenigstens richtig gewesen wäre. Man war jedoch mit dem Einfachen und Natürlichen nicht zufrieden und forschte nach etwas Besserem. Unter denen, die befragt wurden, war natürlich auch Wilhelm Gentz, damals in Paris, der nicht säumte, bei seinen Freunden und Kunstgenossen eine Art Preisausschreiben zu veranstalten. Henneberg, dem in seiner Eigenschaft als Braunschweiger die »rodes« nahe lagen, verfiel auf »Gentzrode«, was sofort jubelnd begrüßt und auch in Ruppin vom alten Gentz angenommen wurde. Meinem Ermessen nach jedoch ist es, um es zu wiederholen, ein so schlecht gewählter Name wie nur irgend möglich, weil in zwiefacher Beziehung verwirrend. Erstlich gab es auf den Kahlenbergen überhaupt nichts zu »roden«; gerodet kann immer nur da werden, wo Wald ist, und nicht auf einer Sanddüne. Was aber fast noch schlimmer ist, ist das, daß jeder, der den Namen hört, Gentzrode da suchen wird, wo die »rodes« zu Hause sind, also im Harz, nicht aber im Ruppinschen. Eine solche willkürliche Namensgebung ist, auf geographische Orientierung angesehen, nicht viel besser als ein falscher Wegweiser.

ein zweiter artesischer Brunnen, um den Mehransprüchen einer (trotz eingetretener Ungunst der Zeiten) immer noch wachsenden Brennerei zu genügen, ward gegraben;

eine sogenannte »Ablage« am Molchowsee, die, weil der Rhin den Molchowsee durchfließt, einen bequemen Wasserverkehr ermöglichte, war unter großen Schwierigkeiten erkämpft;

und endlich umschloß ein Komplex von Scheunen und Ställen (der dominierenden Brauerei zu geschweigen) einen mächtigen und beinah schönheitlich wirkenden Wirtschaftshof.

So war denn das, was der neue Besitzer übernahm, ein blühendes Gewese, das er belassen konnte, wie es war, und zwar um so mehr, als auch schon bei Lebzeiten des Vaters alles nach seinen (des Sohnes) Anschauungen geleitet worden war. In der Tat, er hatte nicht nötig, im Prinzip irgendwas zu ändern und tat es auch nicht, aber er hatte von jetzt an freiere Bewegung und benutzte diese, um alles reicher auszugestalten. Nicht in Richtung und Anschauung, aber im Maß und Tempo wurde geändert.

Das zeigte sich zunächst bei den Waldkulturen, an die der neue Besitzer sofort mit gesteigerter Energie herantrat, weil er von dem lebhaften Wunsche geleitet war, in erster Reihe ein Waldgut aus Gentzrode zu machen. Er begann damit, einhundertundzehntausend junge Eichen aus Holland* zu beziehen und in den rajolten Boden einzusetzen. Oberförster Berger aus Alt-Ruppin, Fachmann und Autorität, ritt vorüber und rief ihm zu: »In solchen Boden wollen Sie Eichen pflanzen? Werfen Sie Ihr Geld nicht weg!« Aber der, an den sich dieser Zuruf richtete, ließ sich durch solche Fachmannsurteile nicht abschrecken. Er war kurze Zeit vorher in Potsdam und Babelsberg gewesen und hatte sich an beiden Orten überzeugt, daß die neuen Parkanlagen auf einem Boden erfolgten, der zum Teil nicht besser war, als der

* »Daß ich«, so schreibt A. Gentz an anderer Stelle, »den Versuch mit diesen holländischen Eichen machen konnte, verdanke ich dem Grafen v. Königsmarck auf Netzeband und Plaue, vordem preußischem Gesandten im Haag. Als ich ihn auf seinem Schloß Plaue besuchte, zeigte er mir auf schlechtem Boden Eichenpflanzungen, die mit vortrefflichem Erfolg gemacht waren, und ich erfuhr nun, daß es aus Holland bezogene Pflänzlinge seien. Mit großer Liebenswürdigkeit übernahm er es, mir dergleichen in Holland zu bestellen, sogar die Zahlung dafür zu leisten, so daß ich die bald danach eintreffenden Pflänzlinge nur vom Neustädter Bahnhof abzuholen hatte und zwar in drei Transporten, erst 20 000, dann 40 000, dann 50 000 Stück. Alles gedieh vortrefflich.«

seine. Das gab ihm, wenn er desselben noch bedurft hätte, neuen Mut und gestützt auf solche Wahrnehmungen fuhr er in seinen Anpflanzungen fort. Auch aus dem Samen wurde gezogen, selbstverständlich unter Vermeidung alles Willkürlichen und Zufälligen. Professor Koch in Berlin hatte vielmehr, auf Ersuchen, ein Verzeichnis aufgestellt, in dem angegeben war, welche außereuropäischen Bäume am besten geeignet wären, sich im märkischen Sande zu akklimatisieren, und, gestützt auf diese Liste, wurden nunmehr aus Neuyork, Kanada, Kolumbia, Tiflis und Sibirien Samenarten im Betrage von 2000 Talern bezogen und – ausgesät. Das, was am besten aufging, gab eben dadurch den Beweis, auf unserm Boden vorzugsweise verwendbar zu sein; aber auch das derartig Erprobte und Bewährte sah sich noch wieder vor eine engere Wahl gestellt, in der abwechselnd der Baum von größerem Holzwert und der von prächtigerer Laubfärbung seinen Vorzug geltend machte. So wurden Kulturen hergestellt, die, schönheitlich den Schöpfungen des Fürsten Pückler an die Seite zu stellen, zugleich auch als rentabel anzusehen waren und diese Annahme rechtfertigten. Für 10000 Taler Pflanzbäume konnten in wenigen Jahren aus diesen Anlagen verkauft werden und Kontrakte wurden abgeschlossen, nach denen, von Gentzrode her, die Bäume zur Bepflanzung der auf Berlin einmündenden Chausseen geliefert werden sollten. Es hatte sich nämlich herausgestellt, daß die auf dem leichten Boden der »Kahlenberge« gewonnenen Pflanzbäume zu derartigen Anlagen vorzugsweise verwendbar waren.

So viel über die Waldkulturen, denen unausgesetzt ein großes Interesse gewidmet blieb. Indessen, so groß dasselbe war, so stellte sich doch in einer Art Gegensatz zu dem ursprünglichen Plane mehr und mehr heraus, daß, um das Ganze prosperieren zu lassen, auch das Landwirtschaftliche betont und mit Hilfe eines durch die Brennereiabgänge großzuziehenden Viehstandes der Acker verbessert werden müsse. Dies durchzuführen, war es nötig, immer neue Menschen heranzuziehen, die, nachdem sie einmal da waren, auch untergebracht werden mußten. Und so entstand in kürzester Frist eine ganze Straße von Arbeiterwohnungen: einundzwanzig Familienwohnhäuser, jedes einzelne zu vier Familien.

Es konnte nicht ausbleiben, daß bei diesem beständigen Wachsen von Gentzrode das Interesse der Gentzschen Familie ganz in dieser Lieblingsschöpfung aufging, und schließlich dahin führte, wenigstens den Aufenthalt in Sommertagen »draußen« zur Hauptsache, den drinnen in der Stadt zur Nebensache zu machen. Es war dies eine sehr glückliche Zeit, die zuletzt allseitig den Wunsch entstehen ließ, Gentzrode nicht bloß als Villeggiatur der Familie, sondern als Wohnsitz überhaupt anzusehen. Dazu war aber ein Hausbau ganz unerläßlich.

Alexander Gentz selbst hat sehr anschaulich über diesen Zeitabschnitt und wie sich schließlich die Notwendigkeit eines Wohnhauses herausstellte, berichtet:

»Durch eine Reihe von Jahren hin«, so schreibt er, »hatten wir uns mit der Stube des Inspectors begnügt und darin ein gelegentlich mehr als gemüthliches Dasein geführt. Versuchte beispielsweise der Inspector mit seiner schreienden Stimme Wirthschaftsangelegenheiten zu behandeln, so war gewiß ein Torfmeister da, der mit seinen Berichten aus dem Luch dazwischenfuhr. Und damit nicht genug. Das Mädchen kam klappernd mit den Tassen in die Stube, während meine Frau den Kaffeetisch arrangirte. Mäntel und Fußsäcke hingen zwischen Jagdgewehren und Tabackspfeifen und die Wirthschaftsmamsell kam mit einem Häckselkasten, darin eben gelegte Eier lagen, oder mit ein paar Stükken Butter, die mit nach Ruppin wandern sollten. Und nun setzten wir uns an den Kaffeetisch, an dem alles herrschte, nur nicht Ruhe, denn entweder kamen Tagelöhner und Arbeiter, um die Schlüssel vom Schlüsselbrett zu holen, oder ein Polier oder Zimmergeselle trat ein, um Nägel zu fordern oder irgend was andres. Alles so primtiv wie möglich. So viel Tassen, so viel Größen und Muster und kamen dann mehrere von unsren Beamten und Angestellten und setzten sich mit an denselben Tisch, so wurde der Aufguß-Kaffee immer dünner und der Kümmel, den wir in der Brennerei leidlich zu mischen verstanden, mußte aushelfen. Aber dem ungeachtet waren dies glückliche Stunden und wenn Fremde mit uns herausgekommen waren, so wählten wir draußen einen Platz im Freien und nahmen Abends unsre saure Milch unter einem Hollunderbaum an windgeschützter Stelle. Die Kinder waren glücklich und der Hang, dies Idyll zu ändern und mit einem prächtigen Bau zu vertauschen, war, vielleicht grade weil wir Gentzrode so liebten, anfänglich höchst gering. Nach und nach stellte sich aber doch, und zwar nach aller Meinung, die Nothwendigkeit heraus, diesen primitiven Zuständen ein Ende zu machen, und als ich in die Lage kam, einen großen an der Landstraße sich hinziehenden Speicher bauen zu müssen, entschloß ich mich, diesem Speicher einen thurmartigen Anbau zu geben, theils um das Straßenbild zu verbessern, theils um endlich einige präsentable Wohnräume zu gewinnen. Und nach diesem Entschlusse wurde denn auch verfahren. Der thurmartige Anbau, mit einem mächtigen Thurmknopf oben, empfing ein großes Zimmer im Erdgeschoß und ein eben so großes im 1. Stock, woran sich dann, im 2. Stock, einige kleinere Räume: Schlafzimmer und Logirzimmer anschlossen.«

So berichtet Alexander Gentz über die Verhältnisse, die diesen turmartigen Speicheranbau mit einem Goldknopf darauf entstehen ließen. Uns erübrigt nur noch, die Räume selbst zu schildern, von denen das Turmzimmer im Erdgeschoß, soviel ich weiß, bis diesen Tag unverändert geblieben ist.

Dies untere Turmzimmer kann als ein in seiner Art interessanter Raum gelten. Man hat hier alles in Bild und Schrift beisammen, die Personen und die Gedanken, die Gentzrode seinerzeit entstehen ließen. Es ist eine dunkelgrüne runde Halle, oben mit goldenen Sternen bemalt. Als Wandbilder (von Wilhelm Gentz herrührend), erst der alte Johann Christian, dann Alexander Gentz, dann der erste Torfmeister, der erste Förster, der erste Brenner, der erste Inspektor. Dazu Versinschriften. Zwischen den beiden Gentz, Vater und Sohn, stehen folgende Reime:

Wer Großes schafft, muß viele Plagen
Mit zähem Muthe fest ertragen.
Auch Dem, der hier den wüsten Sand
Der Kahlenberg' in urbar Land
Verwandelt hat mit Müh und Fleiß,
Ihm machte man sein Streben heiß.
Philisterrede, Spott und Hohn,
War Anfangs seiner Mühe Lohn,
Alsdann des Waldbrands grimme Noth
Hat Untergang ihm fast gedroht.
Doch hat er all die Müh' und Plagen
Mit zähem Muthe fest ertragen.
Er dacht': wem Großes soll gedeihn,
Darf keine Müh und Arbeit scheun,
Muß rüstig brauchen Kopf und Hände,
Dann führt er's doch zum guten Ende.

Dieser längeren Reiminschrift gegenüber stehen folgende kurze Sprüche:

Was verkürzt die Zeit?
Thätigkeit.
Was bringt in Schulden?
Harren und Dulden.

Was macht gewinnen?
Nicht lange besinnen.
Was bringt zu Ehren?
Sich wehren.

So das runde Zimmer im Erdgeschoß. Auch das im ersten Stock war seinerzeit reich geschmückt mit Teppichen, Geweihen und Tigerfellen, mit Raubvögeln und Wildschweinsköpfen, meist selbstgemachte Jagdbeute. Dazwischen waren andre Räume mit Waffen gefüllt, so daß sie einer Rüstkammer glichen; oben aber lief ein Außengang um den Turm herum, von dem aus man einen trefflichen Überblick über Näh' und Ferne hatte.

Das obere Zimmer war Arbeitszimmer für Alexander Gentz, wenn er, auf länger oder kürzer, in Gentzrode verweilte, während das Rundzimmer im Erdgeschoß als Empfangsraum für die Besucher diente, deren sich, in den Sommermonaten, beinah täglich etliche hier zusammenfanden. Auch solche, die für längere Zeit in Gentzrode verweilten, hatten in diesem Parterreraum ihr regelmäßiges Frühstücksrendezvous mit der Familie. Diese Besucher waren meist Freunde aus Berlin, unter ihnen Adolf Stahr und Fanny Lewald, die hier vorübergehend ihren Sommeraufenthalt nahmen.

*

All dies war in den ersten siebziger Jahren. Aber wie seinerzeit das »Inspektorhaus« nicht mehr genügt hatte, so wollte jetzt auch der »Turmausbau« nicht mehr genügen und Alexander Gentz, dessen Torfgeschäft »im Wustrauer Luch« nach wie vor große Gewinnsummen abwarf, hielt jetzt den Zeitpunkt für gekommen, um seine speziell hier in Gentzrode von Anfang an auf das künstlerisch Prächtige gerichteten Ideen verwirklichen zu können. Mit andern Worten, es handelte sich darum, zum Abschluß des Ganzen ein Schloß, einen Park, ein Mausoleum entstehn zu lassen. Und mit dem ihm eignen Feuereifer ging er an die Durchführung dieser neuen Idee. Sein Bruder Wilhelm, der schon damals, einigermaßen kopfschüttelnd, dem allen zusehen mochte, schreibt mir über das Vorgehen aus jenen Tagen: »Alexander wandte sich zunächst an die Herren Kyllmann und Heyden und bat dieselben um einen Entwurf. Aber was die Herren ihm einsandten, eine reizende Zeichnung im Villenstil, mißfiel ihm, weil es ihm nicht groß genug war. Er ging nun die Herren Gropius und Schmieden um einen andern Plan an. Dieser kam und gefiel ihm. Er war mehr oder weniger orientalischem Geschmacke angepaßt und diesem neuen Plane gemäß, ward denn auch beschlossen, mit dem Bau zu beginnen. Zuvor aber erschien meinem Bruder Alexander, und von seinem Standpunkt aus mit Recht, eine Erhöhung des Terrains nothwendig und zwar ›imposanteren Aussehns halber‹. Viele Tausende wurden dafür ausgegeben. Schmieden erzählte mir später, es sei ihm angst und bange geworden bei den Ausgaben, die das alles verursacht habe. Nun gleichviel, es kam zu Stande, desgleichen eine dem Schloß gegenübergelegene, durch eine künstliche Felsengrotte verschönte Parkanlage, die Richard Lucae, bei seinem Besuch in Gentzrode, ein Meisterstück gärtnerischer Kunst nannte.«*

So war das, was hier entstand. Die ganze Prachtschöpfung ging ihrem Abschluß entgegen, und nur das »Mausoleum« fehlte noch. Die Pläne zu demselben lagen schon vor und Alexander Gentz war von einer fieberhaften Hast erfüllt, daß mit der Ausführung begonnen werde. Die Mittel waren da, denn es war die Zeit unmittelbar nach den Gründerjahren und Ansehen und Vermögen standen auf der Höhe. »Gestehe, daß ich glücklich bin«, konnte der Herr auf Gentzrode, wenn er Umschau hielt, wie König Polykrates ausrufen und im Gefühle dieses seines Glücks kam er auf den Einfall, neben andrem auch sein und seines Werkes eigner Geschichtsschreiber sein zu wollen. Diesem Einfall verdanken wir ein, meines Wissens, in seiner Art einzig dastehendes Schriftstück. Energisch und rasch wie in allem, so ging er auch in dieser Sache vor und schrieb eine Geschichte der Entstehung von Gentzrode nieder, die, nach seinem Wunsch und Willen, in den großen vergoldeten Turmknopf des in Vorstehendem ausführlich geschilderten Speicheranbaus deponiert werden sollte. Der Ernst, fast könnte man sagen die Feierlichkeit, mit der

* Von anderer Seite her wird mir über eben diesen Park geschrieben: »Überraschend schön und kühn ist die westlich vom Gutshofe sich hinziehende Parkanlage. Die Verteilung von Rasenflächen und Busch innerhalb derselben, die Gruppierungen von Nadel- und Laubhölzern, endlich die Auswahl der letzteren in bezug auf Wechsel in der Farbe des Laubes je nach der Jahreszeit — all das ist das Resultat eines geläuterten Geschmacks. Entworfen wurde das Ganze von dem verstorbenen Gartendirektor Meyer aus Berlin, ausgeführt aber von Alexander Gentz selbst, der im einzelnen auch zu kleinen Änderungen schritt. Ob zum Vorteil, stehe dahin. Der Park schließt ab mit einer Felsengrotte, zu der mächtige, bis zu 50 Fuß hohe Felsblöcke verwandt wurden, um deren Wände sich dichter Efeu rankt.«

er dabei verfuhr, erhellt am besten aus den Einleitungsworten zu dieser »Urkunde«. Dieselben lauten:

»Im Namen Gottes!«

»Im Namen Gottes! Johann Christian Gentz und ich, Alexander Gentz (Sohn Johann Christians) haben das auf den Kahlenbergen bei Neu-Ruppin belegene Gut Gentzrode durch Ankauf von Ländereien im Jahre 1856 begründet und das Jahr drauf mit Herstellung der nöthigen Wirthschaftsgebäude begonnen. In den vergoldeten Knopf, den ich dem Thurm am Kornspeicher vor Jahren gegeben habe, soll diese Schrift niedergelegt werden und unseren Nachkommen über unsre bisherige Wirksamkeit auf Gentzrode Kunde geben.«

So der Beginn, an den sich, am Schluß des Ganzen, folgende Worte reihen:

»Die vorstehenden, für den Thurmknopf am Kornspeicher bestimmten Aufzeichnungen habe ich in den Nächtestunden geschrieben, die mir der letzte Winter gewährte. Der erste Gedanke war, nur einfach in richtiger Reihenfolge niederzuschreiben, wie das alles nach und nach entstand. Im Schreiben selbst aber kam mir dann die Lust zu allerhand Exkursionen, die nun Schlaglichter warfen auf die Personen, mit deren Beschränktheit und Schlauheit ich all die Zeit über zu kämpfen hatte. Was ich im Luch an Torfwiesen erstand, das hatte nur den Zweck des Gelderwerbes, meine Thätigkeit in Gentzrode dagegen war meine Lust und Freude. Zugleich hab ich es ins Leben gerufen, um es zur Grundlage für den Wohlstand und Zusammenhalt einer Familie zu machen, denn der Grundbesitz bleibt das sicherste und stabilste Besitzthum.«

So schrieb er damals, ahnungslos, wie bald diese Herrlichkeit und mit ihm der stolze Plan eines andauernden Familienbesitzes zusammenbrechen würde. Die Katastrophe war nah.

Aber ehe wir diese schildern, wenden wir uns dem Manuskript zu, das in den vergoldeten Turmknopf gelegt werden sollte.

3

Die Turmknopf-Urkunde

Das Niederschreiben einer für den Turmknopf bestimmten Urkunde*, deren Vor- und Nachwort ich am Schluß des vorigen Kapitels bereits mitteilte, war es, was Alexander Gentz, nach vorläufigem Abschluß seiner Gentzroder Bautätigkeit, einen Winter lang beschäftigte. Wie mir nicht zweifelhaft ist, zu seiner besonderen Befriedigung. Und eine solche Befriedigung zu fühlen, dazu war er nicht nur aus menschlicher Schwachheit (er wollte den Ruppinern etwas anhängen), sondern auch ästhetisch und künstlerisch angesehen, vollkommen berechtigt. Ja, was er da niedergeschrieben hat, zum Teil in einem brillanten Stil, ist durchaus eine literarische Tat, und das bekannte, für die fachmäßige Schriftstellerwelt freilich nicht allzu schmeichelhafte Wort: »ein Schriftsteller kann jeder sein, der was zu sagen hat«, empfängt aus diesen Alexander Gentzschen Aufzeichnungen eine Bestätigung. Eine literarische Tat, so sagte ich. Aber damit ist die Sache noch keineswegs erschöpft, der eigentliche Wert dieser Urkunde liegt in ihrer lokalhistorischen Bedeutung. Es wird darin ein kleines märkisches Städtebild aus der Mitte des Jahrhunderts gegeben, ein Bild, wie's bis dahin nicht da war und auch auf lange hin mutmaßlich nicht wiederkommen wird. Eingelebtsein in alle Verhältnisse, scharfe Beobachtung und große Klugheit, vereinigten sich hier mit angeborner schriftstellerischer Begabung und ließen ein Werk entstehen, das nun für alle die, die dermaleinst märkische Kulturhistorie schreiben wollen, und ebenso für die märkische Novellistik der Zukunft unschätzbar erscheint. Ein Mikrokosmus, wie er nicht schöner gedacht werden kann.

Der ursprüngliche Zweck der Urkunde, »wie Gentzrode ward und wuchs«, wird nie ganz aus dem Auge verloren, aber wie sein eignes vorzitiertes Schlußwort es auch ausspricht, überall finden wir Exkurse, denen sich Porträtierungen gesellen, eine ganze Galerie von kleinstädtischen Charakterköpfen.

Und nun geb ich dem Verfasser selber das Wort, nur hier und da, beßren Verständnisses halber, eine kurze Bemerkung einfügend.

---

* Ob das ursprüngliche, von Alexander Gentz selbst herrührende Manuskript wirklich in den Turmknopf hineingelegt worden ist, weiß ich nicht. Was mir für diese meine Arbeit vorgelegen hat, war eine beglaubigte Abschrift.

»... Ich war nun also Mitglied des Magistrats-Collegiums und damit scheint mir der Zeitpunkt da, mich über diese Körperschaft oder doch wenigstens die Hervorragendsten darin auszusprechen. Eh' ich aber den Einzelnen mich zuwende, muß ich noch meiner Einführung als solcher gedenken. Ich meinerseits war im Frack erschienen und unterwarf mich eben der herkömmlichen Begrüßungsanrede von Seiten des Bürgermeisters, als ein älteres Mitglied den Sprechenden ohne Weiteres unterbrach, um ihn darauf aufmerksam zu machen, ›daß zwei Collegen ohne Frack erschienen seien, was gegen die Etiquette verstoße und zuvörderst gerügt werden müsse‹. Nun erst, nach erteilter Reprimande, konnte der Sprecher in seiner Anrede fortfahren.

Wie sich denken läßt, war das Collegium, dem ich von da ab angehörte, von sehr verschiedener Zusammensetzung. Da waren zunächst der Rathszimmermeister Söhnel, Kürschnermeister Emden und Buchbindermeister Siecke, – gute, treffliche, wohlwollende Herren, der letztere, vielleicht weil er die Kirchenverwaltung hatte, etwas zu zaghaft. Dann war da der Partikulier Loof, eng überhaupt, am engsten aber in Geldsachen, zumal wenn es seinen eignen Beutel anging, in welchem Fall er sich, wo nützlich, noch conservativer erwies, als in der Politik. Ein Fünfter war Möbelfabrikant König. Er genoß des Vorzugs, die beste Rathsherrnfigur zu haben. Auch Kaufmann und Gutsbesitzer Windaus hätte gelten können, wenn er etwas besser auf dem Posten gewesen wäre. Windaus hatte das Einquartierungswesen, kam aber Mobilmachung oder dergleichen, so zog er sich auf sein Gut Herzberg zurück und überließ das Nöthige seinen Deputirten. Partikulier Menzel (ehemaliger Apotheker), der mit der Abschätzung zu thun hatte, war erheblich anfechtbarer. Man wußte nie, was eigentlich seine Meinung war und wäre die Grafschaft Ruppin noch katholisch gewesen, so hätte man glauben müssen, er sei in einem Jesuitenkloster erzogen. Posthalter Höpfner ersetzte, was er an Tüchtigkeit nicht besaß oder wenigstens nicht zeigen wollte, durch ausdrucksvolle Rede, die, je länger sie dauerte, desto schöner wurde. Vor allem bemerkenswerth indeß war der stellvertretende Bürgermeister und Auskultator a. D. Mollius, Sohn des im vorigen Jahrhundert in der Ruppiner Geschichte vielgenannten Rathsherrn Mollius. Vor diesem Auskultator a. D., wenn man ihm in der Dämmerung begegnete, konnte man sich fürchten, denn zu eingezogenem Kreuz und durchbohrendem Blick trug er das Gesicht bis an die Nasenspitze derartig in ein dickes Halstuch gewickelt, daß man ihn für Robespierre halten konnte. Bei näherer Bekanntschaft wurde man freilich gewahr, daß dies anscheinende Revolutions- und Schreckgespenst, trotz seiner sechzig Jahre, von sehr kümmerlicher Konstitution war und zu nicht viel mehr als einem zarten Knaben zusammenschrumpfte. So war Mollius. Das Lumen des ganzen Collegiums aber und zugleich die Geißel desselben war Mühlenbesitzer und Partikulier Gustav Schultz, den mein Vater immer nur ›Gustav von Gottes Gnaden‹ nannte. Sein Verstand und seine praktische Befähigung waren gut, aber er hütete sich auch, sein Licht unter den Scheffel zu stellen, und wer dies Licht dennoch nicht sehen wollte, der war sein Feind. Das Oberhaupt dieser rathsherrlichen Körperschaft war Bürgermeister v. Schultz, früher Offizier in dem in Ruppin garnisonirenden Infanterie-Regiment.

So war der Magistrat. Neben diesem aber gab es auch freiere, natürlich in beständiger Fehde mit- und untereinander lebende Gemeinschaften, die Capulets und Montecchi's von Ruppin, von denen jene die Gruppe der Haus-, diese die Gruppe der Ackerbesitzer bildeten. Unter den Capulets der Hausbesitzer (nur dieser einen Gruppe sei hier in Kürze gedacht) ragten zwei hervor: zunächst der Sattlermeister Rosenhagen, ein Greis von über achtzig, der aus verschiedenen Gründen als ein Orakel galt. 1789 war er in Paris gewesen und hatte den Bastillensturm miterlebt, weshalb er – wohl mit sehr fraglichem Recht – der ›Bastillenstürmer‹ hieß. Es paßte dazu, daß seine beiden Söhne sich in Frankreich niedergelassen hatten; er selber trug sich französisch, in der Tracht des vorigen Jahrhunderts. – Neben ihm, auch aus der Gruppe der Hausbesitzer, und von ähnlicher Bedeutung wie Rosenhagen, wenn auch nicht voll so wichtig, stand Schmiedemeister Krausnick, der sich auf den Philosophen hin ausspielte. Von ihm hieß es, daß er die sämmtlichen Bände des Allgemeinen Landrechts besessen habe, was auf seine Mitbürger derartig wirkte, daß seine juristische Befähigung außer Zweifel war.

Hausbesitzer und Ackerbesitzer waren zwei große Körperschaften außerhalb des Rahmens der eigentlichen Stadtregierung, während eine mit der Stadtforstverwaltung betraute Bürgergruppe, deren nebenherlaufende Zugehörigkeit zu der einen oder andern der großen Körperschaften unerörtert bleiben mag, schon mehr innerhalb des Regierungsrahmens stand. Es waren ihrer zwölf. Vorsitzender war der schon als Magistratsmitglied genannte Kürschnermeister Emden, ein ordentlicher, einsichtsvoller Mann, dem Drechslermeister Krengemann als ›Sachverständiger‹ beigegeben war. Der wußte von Wald und Forst zu reden, daß es eine Freude war, und wenn Gott für den ausgestreuten Kiefernsamen rechtzeitig Regen und Sonnenschein schickte, so bewies sich unser ›Sachverständiger‹ auch als Sachverständiger comme-il-faut. Blieb aber der liebe Gott aus, ja, wo blieben da Krengemann und seine Fichten! Neben Krengemann lagen dem Schuhmacher Lehmann die vorzunehmenden ›Culturarbeiten‹ ob und er unterzog sich dieser Aufgabe mit einer fast ans Krengemannsche grenzenden Wald- und Forst-Weisheit. Von ähnlicher Bedeutung oder auch von größerer – weil er das Amt eines Kassen-Rendanten verwaltete – war Schlosser Grunow, ein wohlhabender, kinderloser Mann, bei dem die 800 Thaler, die nach stattgehabter Holz-Auktion den jedesmaligen Höhepunkt der Kasse bildeten, wenigstens schloßsicher lagen. Im übrigen war sein Kopf so zäh wie das Eisen, das er schmiedete. Vieler Ehren war er theilhaftig und als er auch noch Schützenmajor wurde, trug er einen Schnurrbart. Fünfter im Kreise war Kürschnermeister Michaelis, ein Mann von frommem Gemüth, dem, weil er richtig schreiben konnte, die Protokollführung und die höheren Arbeiten zufielen. Nicht auf gleicher Höhe stand Schneidermeister Werner. Er war, wie Sattlermeister Rosenhagen, ›der Bastillenstürmer‹, bis Paris gekommen und von dort her als ›Tailleur für die höheren Stände‹ zurückgekehrt. Er hielt zu dem Satze, ›daß der Rath immer mehr sei als die That‹, weshalb er denn auch einem Maurer, der einen hohen Dampfschornstein von innen her aufmauerte, den Rath gab, ›lieber ein Gerüst anzulegen, der Schornstein würde sonst krumm‹. Da Werner einen Puckel hatte, so fiel die Antwort drastisch genug aus. Lohgerber Gienboldt (der siebente) wählte von 1848 an immer demokratisch, ohne sich um ›untergeordnete Fragen‹ zu kümmern, und Schuhmacher Eberhardt tat dasselbe, vorausgesetzt, daß er gerade nüchtern genug war, um beim Wahlakt erscheinen zu können. Seiler Heyer und Sattler Schommer waren freundliche Leute, was man vom Böttcher Kisten auch sagen konnte, wenn er nicht gerade seinen groben Tag hatte. Über den zwölften und letzten schweigt des Sängers Höflichkeit. Zu vielen dieser Männer, namentlich aus der Gruppe der in Einzelgestalten von mir nicht skizzierten Acker-Besitzer, trat ich, beim Ankauf der Kahlenberge, in geschäftliche Beziehungen und kann nicht sagen, daß dieselben erfreulicher Art gewesen wären. Ich will einen gewissen Kern von kleiner bürgerlicher Tüchtigkeit, der in der Mehrzahl dieser Männer steckte, gern anerkennen, auch zugeben, daß etliche, wie Söhnel und Emden, die Ebells, Haacks und Hagens von mehr oder weniger vorzüglichem Charakter waren, die meisten aber waren nicht bloß kleine, sondern meist auch kleinliche Leute, denen der Sinn der Anerkennung für ihnen geleistete Dienste jederzeit fehlte; prosaisch, eng, argwöhnisch, ohne Pietät und Dankbarkeit. Den Obersten von Wulffen, dem sie die herrlichen, immer schöner werdenden Anlagen vor dem Rheinsberger Thore verdanken, ärgerten sie zur Stadt hinaus und so machten sie's mit jedem, der ihnen Gutes that und die Stadt und die Grafschaft unter Dransetzung von Kraft und Vermögen zu fördern suchte.« »Was wird mein Loos sein?« setzt Alexander Gentz ahnungsvoll hinzu.

*

So das für den Turmknopf bestimmte Manuskript, in dem Alexander Gentz beflissen war, ein Zeit- und Sittenbild seiner Stadt, aber zugleich auch der ganzen Grafschaft zu geben. Von den angesehensten Familien adligen und bürgerlichen Standes, von den Kohlbachs, Scherz, Jacob, von Quast und von Knesebeck wird, meist kurz, in mehr anerkennenden als tadelnden Bemerkungen gesprochen, ausführlich aber wendet er sich einem zu: dem alten Grafen Zieten auf Wustrau. Was ihn zu dieser auf Vorliebe deutenden ausführlichen Behandlung bestimmte, läßt sich mit Sicherheit nicht sagen und hatte wohl in Verschiedenem seine Veranlassung, unter andern auch darin, daß er in seinem künstlerischen Sinn erkannte: Dieser alte Graf ist ein besonders glücklicher Stoff für die literarische Behandlung. Und darin hat er sich nicht geirrt. Das Bild, das er vom alten Grafen Zieten gibt, von seinem Leben und Sterben, ist das Glanzstück in seinem Manuskript, aus dem ich nun wieder zitiere.

Der alte Graf Zieten auf Wustrau

»... Der alte Graf Zieten auf Wustrau war der Sohn des berühmten General von Zieten und ein größerer Abstand als der zwischen seinem gefeierten und beinah ehrwürdigen Namen und seiner persönlichen Erscheinung war nicht denkbar. Friedrich der Große hatte ihn 1765 über die Taufe gehalten und davon blieb ihm Zeitlebens ein hohes Selbstgefühl, auch das Gefühl, sich was erlauben zu dürfen. Als Anfang der 30er Jahre Prinz Wilhelm (der spätere Kaiser) zur Inspection nach Ruppin kam, war natürlich auch Landrath von Zieten zur Begrüßung da, neben ihm ein Wustrauer Bauer, der beim Erscheinen des Prinzen den Gruß vergaß oder vielleicht auch nicht grüßen wollte. Zieten schlug ihm sofort die Mütze vom Kopf. Schon als Täufling empfing er das Fähnrichspatent und war später ein übermüthiger Lieutnant, enthielt sich aber aller heldischen Thaten, die an seinen Vater hätten erinnern können.

Eins ist ihm unbedingt zu lassen: er war, von Übernahme des Guts an, ein guter Landwirth und ein noch besserer Financier. Man darf vielleicht sagen ›ein zu guter‹. Als er das Gut übernahm, standen Schulden darauf, die den alten Zieten, den Vater, während seiner letzten Lebensjahre stark gedrückt hatten. Der Sohn wußte sehr bald Wandel zu schaffen, die Schulden wurden abgezahlt und das Gut erhob sich zum Range eines Mustergutes, dessen Werth mit jedem Jahre stieg, und, wie schon hier bemerkt sein mag, beim Tode des alten Grafen (1854) den zehnfachen Werth haben mochte, wie siebzig Jahre früher bei Übernahme des Gutes. Seine, des alten Grafen, besondere Liebe war der Park und durch das, was er hier that (auch das Barocke mit eingeschlossen), hat er sich in hohem Maße den Dank der Ruppiner, der Stadt wie der Grafschaft verdient. Ganz der Sohn einer in der Oberschicht der Gesellschaft das Christenthum mehr oder weniger verspottenden Zeit, gab er diesem spöttischen Zuge, der ihn sein ganzes Lebelang beherrschte, beständigen Ausdruck und beging Dinge, die man heutzutage mit Achselzucken begleiten oder doch mindestens als Geschmacklosigkeiten bezeichnen würde. Damals freute man sich daran und hatte, weil es als ›Esprit‹ galt, sogar Respekt davor. An die Thür einer Art Kapelle war ein Todtenkopf und an die Bretterwand eines benachbarten Pavillons ein Christuskopf gemalt, zwischen Kapellchen und Pavillon aber lag ein Kirchhof mit Kreuzen und Gedächtnißtafeln und allerhand Inschriften darauf. All das war aber bloß Ornament, Park- und Garten-Ausschmückung, um auf die Besucher eine bestimmte sentimentale Wirkung auszuüben, denn unter den Kreuzen lag nichts oder – Schlimmeres als nichts. Ein ›falscher Kirchhof‹ also, was übrigens niemanden verdroß oder in seinem religiösen Gefühl verletzte. Man nahm das alles nicht ernst und der Philister, der bewundernd oder schmunzelnd an diese Gräber herantrat, war gerade so spottsüchtig und ungläubig, wie der Landrath v. Zieten selbst. Dieser wußte das auch und kannte nichts Lieberes und Schöneres – und dies war eine wirklich erquickliche Seite an ihm, die mit vielem aussöhnen konnte – als seinen Wustrauer Park mit seinen prächtigen alten Bäumen, seinen Lagerplätzen und seinen zur Fahrt auf den See bereitliegenden Booten und Gondeln von seinen lieben Ruppinern besucht zu sehen. Ich mache mich keiner Übertreibung schuldig, wenn ich sage, daß zu Zeiten bis zu fünfzig Familien in dem Park anzutreffen waren. Denn es gab nichts in der Nähe, was mit Wustrau wetteifern konnte. Sogar Fremde kamen. Und je mehr ihrer kamen, desto glänzender war des Alten Laune. Er erschien dann plötzlich, vom Schloß her, in blauem Rock und hellblauen Pantalons, einen Stern auf der Brust, und verlangte nichts als einen Gruß, den er mit großer Freundlichkeit erwiderte. Niemand fuhr besser dabei, als sein Gärtner, der den Namen Geduldig führte, und dem er eine Art Schankgerechtigkeit, nämlich das Recht einer Milch- und Kaffeewirtschaft verliehen hatte. Besonders Liebespaare liebten Wustrau sehr und viele Verlobungen sind in den verschwiegenen Gängen am See hin geschlossen worden.

Er galt für geizig und fast darf man sagen, seine Thaten auf diesem Gebiet übertrafen noch seinen Ruf. Es wäre lohnend, hier Details zu geben, aber das Beste davon entzieht sich der Möglichkeit der Mittheilung und nur das eine, vergleichsweise Harmlose, mag hier eine Stelle finden, daß er, bei kleinen Diners, die gelegentlich stattfanden, persönlich mithalf und mit einer im Laufe der Zeit gewonnenen Übung aus ein paar Heringen ein paar Dutzend Sardellen herauszuschneiden wußte. Wahrscheinlich erfunden, aber erfundene Geschichten derart sind gerade so gut wie die wirklichen; zwischen den echten und unechten Friedericianischen Anekdoten ist kein Unterschied.

Bis in sein hohes Alter hinauf war er Landrath. Er hatte den Kreis gut verwaltet und viele Chausseen angelegt. Unter andrem half er auch dadurch, daß er bei Hofe, wo er namentlich bei Friedrich Wilhelm IV. als »Original« sehr angesehen war, allerlei durchzusetzen wußte, was einem Manne von gleichgültigerem Namen muthmaßlich nicht geglückt wäre. Mit eben diesem Ansehen bei Hofe hing es auch zusammen, daß er, schon 1840 gegraft, 1851, unter ganz besonders auszeichnenden Förmlichkeiten, zur Enthüllungsfeier des Friedrichdenkmals nach Berlin geladen wurde. Hochbeglückt durch diese Gunstbezeugung kam er nach Wustrau zurück. Aber dieselben letzten Lebensjahre, die so viel Auszeichnendes für ihn brachten, brachten ihm auch Kränkungen aller Art, Ärgernisse, die um so ärgerlicher waren, als sie von Personen seiner nächsten Umgebung ausgingen. An der Spitze dieser plötzlich auf dem Plan erschienenen Feinde stand sein ehemaliger Sekretär C. A. Frost, der, so lang er noch in gräflichen Diensten war, nie mehr als 120 Thaler Gehalt bezogen und jedes beim Grafen eingereichte Gesuch um Gehaltsverbesserung abschlägig beantwortet gesehen hatte. Hinsichtlich der Charaktere war eine gewisse Verwandtschaft zwischen Herr und Diener und was dem Letzteren bei Beginn seiner Laufbahn an Verschlagenheit gefehlt haben mochte, das wußt' er bald einzubringen. Von Natur klüger als sein Herr und mit einem entschiedenen Talent für bureaukratische Schreibereien ausgerüstet, wußt' er sich bald derartig zur Seele der landräthlichen Verwaltung zu machen, daß er nicht ganz unrecht hatte, die seinem Herrn reichlich zufallenden Anerkennungen sich gut zu schreiben. Aber noch war die Zeit nicht da, dies Conto zu begleichen. Diese Zeit kam erst, als die Verhältnisse ihn zwangen, sich nach aufbessernden Mitteln zur Durchbringung seiner immer zahlreicher werdenden Familie umzusehen. Die Gelegenheit zu dieser Aufbesserung war bald gefunden, und zwar sonderbarerweise (wenn auch nur mittelbar) durch den alten Landrath selbst. Dieser, dem finanziellen Zuge der damaligen, in die 40er Jahre fallenden ersten Gründerperiode folgend, fing an, große Strecken seines ›Wustrauer Luchs‹ an Torf-Ausbeutungsgesellschaften zu verkaufen und in eine dieser Gesellschaften trat Frost selbst ein, mit Genehmigung seines Herrn, der auf die Weise hoffen mochte, den ewigen Gesuchen um Gehaltsverbesserung ein für allemal enthoben zu werden. Ja, der sonst so Geizige ging weiter, und schoß seinem Sekretär aus freien Stücken 1000 Thaler vor, um demselben Gelegenheit zu geben, mit Hülfe dieser Einzahlung, als ›Aktionär‹ in die Torf-Exploitirungs-Gesellschaft eintreten zu können. Zieten gratulirte sich zu einem Meistercoup. Aber es kam anders, als er erwartet hatte, total anders. Sekretär Frost, der sich, bei seiner genauen Kenntniß aller einschlägigen Verhältnisse, sehr bald den Torf-Aktionären unentbehrlich zu machen wußte, stieg ebenso rasch an Ansehen, Macht und Vermögen und benutzte nunmehr seine finanziell glänzend gewordene Stellung, um im Interesse der ›Gesellschaft‹, der er jetzt zugehörte, Forderungen zu stellen. Als der alte Landrath auf diese Forderungen nicht eingehen wollte, dagegen von den ihm vorgestreckten ›1000 Thalern‹ sprach, warf ihm der über Nacht mächtig Gewordene die ganze Summe vor die Füße und suchte den Widerstand, den der Alte nach wie vor seinen Plänen entgegensetzte, dadurch zu brechen, daß er mit einem Briefe drohte, den er an den König Friedrich Wilhelm IV. schreiben wolle. Schließlich schrieb er diesen Brief auch wirklich und entwarf darin ein Charakterbild des Alten, der Zeit seines Lebens nichts als eine Mischung von Engherzigkeit, Habsucht und Unfähigkeit gewesen sei, stets nur verstanden habe, andere für sich arbeiten zu lassen und sich mit fremden Federn zu schmücken. Was in den letzten Jahrzehnten im Kreise geschehen sei, sei durch die landräthlichen Sekretäre geschehen, speciell durch ihn und sein Aushalten im Dienst, was nichts Leichtes gewesen sei, denn seine Vorgänger hätten sich, bei der Unerträglichkeit des ihnen auferlegten Lebens, das Leben genommen. So Frosts Eingabe. Sehr geschadet kann sie dem von ihm Verklagten aber nicht haben, denn es brachen gerade jetzt die vorerwähnten Zeiten an, die dem Alten Auszeichnungen über Auszeichnungen brachten. Indessen so wenig unempfindlich der Alte gegen solche königlichen Gnaden war, ging die heimische Fehde doch nicht spurlos an ihm vorüber, und es würde sich von einer Verkürzung seines Lebens durch eben dieselbe sprechen lassen, wenn er nicht trotz alledem sein Leben bis auf neunundachtzig Jahre gebracht hätte. Am 29. Juni 1854 starb er nach längerem Krankenlager.«

Etwa eine Woche später war das Begräbnis und mit einer Gentzschen Schilderung desselben möchte ich diese Graf-Zieten-Skizze schließen.

»An Betheiligung war kein Mangel, ja es waren mehr Personen zugegen, als eigentlich Anspruch darauf hatten. Zunächst fehlte kein Edelmann und Rittergutsbesitzer aus dem ganzen Ruppiner Kreise; das war selbstverständlich. Aber auch das Bürgerthum, das ›Volk‹, machte sich auf den Weg und die nach Wustrau führende große Straße war schon in aller Frühe von schwarzgekleideten Trauergästen belebt. Wer keinen Wagen hatte, ging zu Fuß, und so sah ich Ruppiner Damen aus den oberen Ständen, die nur zur Befriedigung ihrer Neugier die kleine Fußreise (fünfviertel Meilen) machten. Endlich erschien auch die Ruppiner Schützengilde mit Epauletts und Tressen und goldgesticktem Kragen. Jeder sah aus wie ein Major. Überhaupt war, wenn ich von den angeschimmelten Kaschmirhosen einiger Landstandsmitglieder absehe, kein Mangel an glänzenden Uniformen, besonders an Husaren-Uniformen, unter denen eine von alterthümlichem Schnitt (wahrscheinlich aus der Zeit unmittelbar vor 1806) am meisten Bewunderung fand. Es war ein alter weißköpfiger von Bredow, der sie trug.

Alles versammelte sich zunächst vor dem Schloß und hatte, bei der besonders starken Hitze, die herrschte, durchaus kein

Verlangen, in das Schloß hinein und in die Nähe des Todten zu kommen. Aber endlich war es nicht länger hinauszuschieben und da standen wir nun – auch die ›Honoratioren‹ hatten Zutritt – am Sarge, zu dessen Häupten die von Tassaerts Meisterhand herrührende Porträtbüste seines Vaters, des alten berühmten Zieten, aufragte. Daneben stand der Prediger und hob seinen Sermon an und wer nicht wußte, daß es der Sohn sei, der hätte glauben müssen, es sei der Vater. Der Sohn aber, wenn er hätte sprechen können, hätte mit seiner scharfen Stimme gerufen: ›Du lügst‹, denn wie schwach es mit des alten Grafen Tugenden auch stehen mochte, von einer Sünde war er frei, von der der Heuchelei. Ganz ein Kind des vorigen Jahrhunderts, in dessen Aufklärungsjahrzehnte seine Jugend fiel, war er voll Haß gegen die Kirche und voll Spott gegen ihre Diener. Das Letzte der ganzen Scene war ein Akt des Heroismus: Die Wustrauer Bauern nämlich, ohne sich mit der vom Mittelalter überkommenen Citrone bewehrt zu haben, traten heran, luden den Sarg auf ihre Schultern und trugen ihn bis zu der Begräbnißstätte, die der Alte sich sorglich vorher bereitet hatte.

Gesang und Gebet. Dann aber war alles beflissen – denn jeder sehnte sich nach Imbiß und Stärkung – vom Kirchhofe wieder nach dem Schlosse zurückzukehren, indessen mit den Portraits der ehemaligen Offiziere des Zietenschen Husarenregiments geschmückten großen Saal man mittlerweile Tische gestellt und die Tafel gedeckt hatte, gedeckt mit einem Gefühl für Repräsentation, ja mit einer Opulenz, die diese Räume seit länger als einem halben Jahrhundert nicht mehr gesehen hatten. Diese Opulenz entsprach denn auch der Bravour-Angriff auf die Flaschen-Batterie, der einige der Jüngeren, bei der eminenten und fortgesetzten Energie des Angriffs, zu erliegen drohten.

Und jetzt war es denn auch, daß von draußen her der Ruf in den Saal drang, ›wir haben auch Hunger‹, – ein immer lauter werdender Schrei, der von den vielen Hunderten ausging, die nicht eigentlich zu den Geladenen zählten, inzwischen aber auf dem Rasenplatz vor dem Schloß und besonders auf der Rampe desselben Aufstellung genommen hatten. Es wurden aufrichtig gemeinte Versuche gemacht, das von außen her um Brot schreiende Volk zu befriedigen, aber die besten Anstrengungen erlahmten an der Menge derer, die forderten, und so kam es denn, daß, eh es möglich war, es zu hindern (auch fehlte wohl, weil man kein Ärgerniß geben wollte, der Wille dazu) die draußen versammelte Menge von der Rampe her in das Schloß einbrach und durch einen feinen Instinkt, vielleicht auch durch die Lokalkenntniß eines Einzelnen geleitet, ihren Weg in den über Erwarten leidlich ausgestatteten Weinkeller nahm. Nun war dieser Keller sicherlich nicht die Stätte nennenswerter Chateau-Weine, das lange Lagern indeß, zu dem die wirthschaftlichen Normen des Alten die reichste Gelegenheit geboten hatten, hatte zur Aufbesserung wenigstens das Möglichste gethan und immerhin etwas Trinkbares hergestellt. Was nicht an Ort und Stelle ausgetrunken wurde, nahm man in Park und Garten mit hinauf und als die letzte Flasche leer war, begann ein Singen und ein allgemeines Verlangen nach den Dorfmusikanten, die glücklicherweise nicht kamen und den Begräbnißtag des letzten Wustrauer Zieten davor bewahrten, in einem bal champêtre sein Ende zu finden. Endlich erschienen aus der Stadt herbeigerufene Polizei-Sergeanten und räumten den Park, denselben Park, den der Alte (die beste That seines Lebens) mit so viel Liebenswürdigkeit durch zwei Menschenalter hin zur Verfügung des Ruppiner Volkes gestellt hatte. Mit Kraftliedern und Zechgelagen war ihm heute der ›Dank des Volkes‹ dafür abgestattet worden.«

*

So der Teil des Alexander Gentzschen Manuskripts, der sich mit den Personen und Zuständen einer um mehr als dreißig Jahre zurückliegenden Epoche beschäftigt.

Alle die genannt wurden, sind längst vom Schauplatz abgetreten, vielfach auch schon wieder ihre Kinder. Trotzdem wird es nicht ausbleiben, daß sich einzelne durch gegen den Vater oder Großvater gerichtete Spöttereien unangenehm berührt fühlen. Auch das über den alten Grafen Zieten Gesagte wird einer Beanstandung in einzelnen Gesellschaftskreisen nicht entgehn. Allen aber möchte ich aus einer langen literarischen Erfahrung zurufen dürfen: wer solche Quellen aus Familienrücksichten absperren will, der steht nicht bloß der historischen Forschung (zu deren vorzüglichsten Objekten auch das Studium des Kleinlebens gehört), sondern vor allem auch sich selbst und den Seinen im Lichte. Das protestantische Volk verlangt keine Heiligen, eher das Gegenteil; es verlangt Menschen*, und alle seine Lieblings-

---

* »Wir lieben nur das Individuelle«, schreibt der in allem rechtbehaltende Goethe. »Daher (so fährt er fort) unsere große Freude an Bekenntnissen, Memoiren, Briefen und Anekdoten abgeschiedener, selbst unbedeutender Menschen.« Und er hätte hinzusetzen können, auch solcher »of a quaestionable shape«.

figuren: Friedrich Wilhelm I., der große König, Seydlitz, Blücher, York, Wrangel, Prinz Friedrich Karl, Bismarck sind nach einer bestimmten Seite hin, und oft nach mehr als einer Seite hin, sehr angreifbar gewesen. Der Hinweis auf ihre schwachen Punkte hat aber noch keinem von ihnen geschadet. Gestalten wie Moltke bilden ganz und gar die Ausnahme, weshalb auch die Moltkebegeisterung vorwiegend eine Moltkebewunderung ist und mehr aus dem Kopf als aus dem Herzen stammt.

4

Vom Bau des Gentzroder Herrenhauses 1877 (?) bis zum Mai 1880. Der Krach. Der Prozeß. Alexander Gentz' Übersiedelung nach Stralsund. Sein Tod. Versuch einer Charakteristik seiner selbst und seines Prozesses.

Als Alexander Gentz an seiner »Geschichte der Erwerbung« von Gentzrode schrieb, stand er, um es zu wiederholen, auf der Höhe seines Glückes. Er hatte den vollen Glauben an sich und seinen Stern, und der Gedanke lag ihm fern, daß eine Wendung der Dinge je kommen, ihn niederwerfen und demütigen könne. Gegen Warnerstimmen, an denen es nicht fehlte, war er taub, wie jeder in gleicher Lage – der Glückswagen, der ihn trug, mußte sein Ziel erreichen oder in Stücke gehen. Ein Aufhalten gab es nicht.

Und so kam die Katastrophe.

Über die dieser Katastrophe voraufgehenden Zeit liegt nur ein kurzer Bericht vor, dem ich folgendes entnehme.

»... Gentzrode wuchs; Wiesen waren neuerdings erworben worden und die Bäume gediehen noch über Erwarten hinaus, so daß in den Gründerjahren viele Tausende davon verkauft werden konnten. Ausfälle, die trotzdem eintraten, konnten durch die reichen Torfstich-Erträge leicht gedeckt werden. Alexander Gentz verfolgte rastlos den Plan einer allgemeinen Arrondierung seines Besitzes, sowohl seiner Äcker in Gentzrode, wie seiner Torf-Gräbereien im Luch. Die Leute nannten ihn den ›alten Blücher‹, in Anerkennung der Energie, mit der er alles durchführte, was er sich vorgesetzt hatte. Die meisten Kämpfe, deren es viele, sowohl mit den Konkurrenten wie mit der Regierung gab, kostete das Luch, an dessen wachsenden Erträgen alles hing. Und diese Kämpfe wurden im ganzen genommen siegreich geführt. Da, mit einem Male, war es, trotz dieser Siege, mit den ›wachsenden Erträgen aus dem Luch‹ aus und dadurch mit Gentzrode, ja mit dem Wohlstand der Familie vorbei. Wie kam das? Der Torf war über Nacht außer Mode gekommen. Alles brannte Steinkohlen oder Briketts und selbst die Ziegeleien, die bis dahin, ein sehr wichtiger Punkt, die Konsumenten der sonst halb wertlosen Torfabgänge gewesen waren, bauten ihre Brennöfen um, um mit Hilfe dieser Neubauten die Vorteil versprechende Mode mitmachen und Steinkohlen statt Torf verwenden zu können. Dies allein hätte genügt, dem Gentzschen Geschäft, dessen solide Grundlage der Torf war, einen tödlichen Schlag zu versetzen, zur Beschleunigung des Niederganges aber stellten sich noch andere Schädigungen ein, die freilich mit den veränderten Konjunkturen in einem mehr oder weniger nahen Zusammenhange standen, zum Teil direkt daraus resultierten. Ein Hauptwerk Alexander Gentzs im Luch war die mit enormen Kosten errichtete große Schiffahrtstraße nach Berlin, der sogenannte Fehrbelliner Kanal samt dem schwarzen Graben. Alle fremden Kähne, so viel war ihm seitens der Regierung als Ausgleich für das Geleistete zugebilligt worden, hatten, wenn sie die Wasserstraße benutzten, unter dem Namen eines Schleusengeldes einen Zoll an ihn zu zahlen, dessen Beträge zunächst zur Verzinsung resp. Amortisierung des Anlagekapitals dienten. Es waren dies sehr beträchtliche Summen, die sich infolge der plötzlich veränderten ›Konjunkturen‹ ebenfalls rasch herabminderten, so daß a tempo zweierlei hinschwand oder doch ins Schwinden kam:

die Torfgelder für den selbstproduzierten Torf und
die Schleusengelder für die Torfverschiffung der Mitproduzenten.

Aber auch dieser Doppelübelstand erschöpfte noch nicht das Maß der Verlegenheiten. Eine dritte Schädigung kam noch hinzu: der Sommer und Herbst 1877 waren sehr regnerisch gewesen, so daß der im Luch überall umherstehende, teils naß gewordene, teils von Anfang an nicht recht ausgetrocknete Torf (der, wie sich denken läßt, eine sehr bedeutende Summe repräsentierte) nicht verschifft, mithin auch das Wenige, was von Nachfrage da war, nicht einmal befriedigt werden konnte. Die Folge davon war, daß es schon im Winter 1877 auf 1878 mit Gentz' Finanzlage kritisch genug stand, bis sich ein Weg fand, dem Unheil noch einmal zu steuern. Dies war durch Verpfändung der gesamten Torfgräbereien mit Rückkaufsrecht. In der Tat nahm alles noch einmal einen gewissen Aufschwung, zum mindesten war auf Jahr und Tag hin ein Stillstand geschaffen. Aber schon am 25. Mai 1880 hieß es abermals an der Berliner Börse: ›Gentz ist bankrott.‹ Und diesmal war kein Einhalt zu tun. Ein Konkursverwalter ward ernannt, der, um ›Verdunkelungen‹ vorzubeugen (es handelte sich um Nachweis etwaiger Schuld aus den Geschäftsbüchern), Gentz' Verhaftung beantragte. Verschiedene Verhöre vor dem Konkursrichter fanden statt, einem vom Verteidiger gestellten Antrage auf Freilassung wurde nicht Folge gegeben und erst das Landgericht hob in einer Sitzung die weitere Untersuchungshaft auf. Diese Haft hatte zwölf Wochen und fünf Tage gedauert.

Inzwischen schritt man zur Formulierung der Anklage, die schließlich auf Betrug in fünfunddreißig Fällen und außerdem auf einfachen Bankrott lautete. Seit Beginn der Untersuchungshaft waren bis zur Fertigstellung der Anklage bzw. bis zur Einleitung des Prozesses fast drei Jahre vergangen. Vom 13. bis 15. Februar 1883 fanden die Verhandlungen statt. Einige fünfzig Zeugen waren geladen. Der Tatbestand des Betruges war darin erkannt worden, daß Gentz in der Zeit vom 1. Januar bis 4. Juni 1880, als angeblich schon eine Unterbilanz vorhanden war, noch zahlreiche Depositen angenommen habe. Nach Ausweis seiner Bücher stellte sich jedoch heraus, daß er am 1. Januar genannten Jahres noch eine Überbilanz von 790 000 Mark gehabt. Damit fiel die Betrugs-Anklage zu Boden, während seine schließliche Verurteilung zu vier Monaten Gefängnis auf einfachen Bankrott hin erfolgte, von welchem Strafmaß die lange Untersuchungshaft in Abrechnung kam. Ein Begnadigungsgesuch unterblieb und die Strafe wurde angetreten. Als er wieder frei war, war er ein gebrochener Mann, gebrochen an Leib und Seele. Trotzdem widerstand es ihm, in seiner Vaterstadt das Feld ohne weiteres zu räumen, bloß um unbequemen Begegnungen aus dem Wege zu gehen. Und so blieb er denn.

Erst nach Ablauf mehrerer Jahre verließ er Ruppin und übersiedelte im März 1886 nach Stralsund, um daselbst ein Geschäft von dem geringen Vermögen seiner Frau zu kaufen. Es gelang auch damit. Aber sehr bald schon warf ihn Krankheit darnieder und von unaufhörlichen Schmerzen gepeinigt, sah er seine Kräfte hinschwinden; Abzehrung stellte sich ein und er fühlte die Nähe des Todes. Als er im Mai (?) 1888 die Ruppiner Zeitung in die Hand nahm und las, ›daß die erste Nachtigall im Tempelgarten (der ihm neben Gentzrode das Liebste war) geschlagen habe‹, wurd' er still und stiller. Er ließ seine Kinder, von denen keins daheim war, aus der Ferne kommen und ordnete an, daß er auf dem alten Ruppiner Kirchhof an der Seite seiner Eltern begraben sein wolle. Bald danach kam ein Blutsturz und am 3. Juli 1888 starb er. Nach seinem Willen wurde verfahren und seine Leiche nach Ruppin übergeführt. Da ruht er in Front der Familien-Begräbnisstätte, deren Mittelwand die Inschrift trägt:

Ungunst und Wechsel der Zeiten zerstörte was wir geschaffen,
Die wir im Leben gekämpft, ruhen im Tode hier aus.«

*

Es erübrigt uns noch ein Wort über Erscheinung und Charakter dieses eigenartigen Mannes.

Alexander Gentz war ein echter Sohn seiner Ruppiner Heimat: lang aufgeschossen, mit anscheinend wenig Rückgrat und einem bequemen Schlenkergang, wie die Matrosen ihn haben. Und zu diesem sich wiegenden Matrosengange jene blassen, etwas vortretenden Amphibienaugen, denen man in dem alten Dossaner Gau, dem Lande zwischen Rhin und Dosse, so oft begegnet, Augen, die blöd und unbedeutend wirken und auf Mangel an Energie hinzudeuten scheinen, bis man an einem plötzlichen und beinahe unheimlichen Aufblitzen wahrnimmt, daß das alles nur Schein und Täuschung war und daß hinter dieser schlaffen Unbedeutendheit eine ganz ungewöhnliche Tatkraft lauert, Hang ins Weite, Lust am Hazardieren, Abenteuerlust. Alles in allem, auf den ersten Blick sehr unscheinbare, hinterher aber ungewöhnlich interessante Menschen. Und ein solcher interessanter Mensch war auch Alexander Gentz, was, so mein' ich, selbst von seinen Feinden, deren er ein gerüttelt Maß hatte, nicht bestritten werden wird. Seine reichen Gaben freilich, nachdem sie viel Gutes gestiftet, wurden ihm verhängnisvoll. Von Natur klug und auf Schulen hervorragend gut unterrichtet, stand ihm, von Beginn seiner Geschäftsführung an, ein für einen kleinstädtischen Ladenbesitzer ganz ungewöhnliches Maß von Bildung zur Seite, das sich durch seine Reisen in Westeuropa noch gesteigert und ihm ein etwas bedrückliches Gefühl der Überlegenheit gegeben hatte. Zu diesem Gefühl intellektueller Überlegenheit gesellte sich alsbald auch noch das Hochgefühl, innerhalb seines Kreises der reichste Mann zu sein, so daß es nur noch seiner Verheiratung mit Helene Campe, der klugen und schönen Tochter des als Heinrich-Heine-Verlegers mitberühmt gewordenen Buchhändlers Campe bedurfte, um sein Selbstgefühl bis ins Ungemessene zu steigern.

Wie das Turmknopf-Manuskript, aus dem ich Auszüge gegeben, deutlich bekundet, sah er auf die ganze Ruppiner Welt als auf etwas unendlich Kleines herab, und lebte sich immer mehr und mehr in ein gewisses, über den Personen und selbst über dem Gesetz (soweit die »Kleinstädter« es handhabten) stehendes Herrschergefühl ein, das ihn auch nicht verließ, als er schon vor Gericht stand. Vor den Konkursrichter geführt, nahm er vor diesem, was ganz seinem Wesen entsprach, eine derartig legere Haltung an, daß sich der Richter gezwungen sah, ihm vor Eintritt in die Verhandlung zuzurufen: »Hut ab; Hände aus den Hosen!« ein Zuruf, der (wie ich zufällig weiß) nicht nur das empörte Staunen des Angeklagten, sondern auch das seiner Familie wachrief, woran sich, als an einem rechten Musterbeispiele, zeigen läßt, in einem wie hohen Grade das ganze Haus Gentz ein vollkommen dynastisches Gefühl ausgebildet hatte. Alexander Gentz stand nicht als einfacher Alexander Gentz, sondern als eine Art Karl Stuart vor seinen Richtern, der bekanntlich, als ihm während der Verhandlung sein Stöckchen aus der Hand fiel, sich wunderte, daß niemand der Richter zusprang, das Stöckchen wieder aufzuheben und ihm zu überreichen.

Und mit diesem charakteristischen Zug aus der Zeit des gegen Alexander Gentz angestrengten Prozesses bin ich nunmehr bei dem Prozesse selber angelangt und habe zu diesem, der seinerzeit soviel Staub aufwirbelte, Stellung zu nehmen. Wie stand es damit? Zunächst mit dem Konkurs selbst? Von befreundeter Seite wird mir darüber geschrieben: »Daß ihn (Gentz), wie fast jeden, der zur Bankrotterklärung gezwungen wird, ein bestimmtes Maß von Schuld trifft, ist wohl nicht zu leugnen. Ein vorsichtiger Kaufmann muß rechtzeitig für Reservegelder sorgen und auf den Wandel der Zeiten achten. Beides unterließ er. Er war nicht weitsichtig genug. Dazu kam, daß der ihm angeborene Hang, alles nach Möglichkeit schön und künstlerisch zu gestalten, ihn zu ganz unnützen Mehrausgaben veranlaßte. Nicht bloß seine Parkanlagen sind ein vollgültiger Beweis dafür, derselbe Zug prägte sich auch bei den Kanalbauten im Luch aus, wo er sich's beispielsweise nicht nehmen ließ, erst die lange Wasserstraße selbst und dann die Torfgräberhäuser mit niedlichen Anpflanzungen zu umgeben. Diese künstlerische Liebhaberei verschlang ein Vermögen.«

Ich habe dieser trefflichen und selbst in ihrem Tadel noch in gewissem Sinne verbindlichen Schilderung nichts hinzuzufügen. Er raste, jeder Warnung unzugänglich, in sein Verderben hinein, durch nichts berechtigt oder entschuldigt, als durch den Glauben an seinen Stern. Und so war es denn weder verwunderlich, noch auch die Betätigung eines besonderen staatsanwaltlichen Rigorismus, ihn schließlich zur Verantwortung gezogen zu sehn. Nur der Modus konnte vielleicht in diesem und jenem ein anderer sein. Es war ein Vorgehen, das in vielen Stücken an den berühmteren Professor Gräfschen Prozeß erinnert, bei welcher Gelegenheit auch die von Gräfs Schuld Überzeugtesten sich mit einzelnen Details des Verfahrens nicht einverstanden erklären konnten. Ähnlich im Prozeß Gentz. Das Richtige, das was sein soll, kam schließlich in jedem Anbetracht zu seinem Recht, er war schuldig, und das Maß der ihm zudiktierten Strafe wurde sicherlich nicht zu hoch bemessen, aber in das, was der eigentlichen Prozeßverhandlung voraufging, mischte sich wohl manches ein, was besser gefehlt hätte; lange bevor ihn das Gericht verurteilen konnte, war er schon verurteilt durch die Gefühle seiner Mitbürger. Daß diese Gefühle durchweg die richtigen gewesen wären, kann ich nicht zugeben. Es brauchte seine Schuld nicht beschönigt, am wenigsten geleugnet zu werden, aber wenn jemals »mildernde Umstände« da waren und mitsprechen durften, so war hier ein solcher Fall gegeben. Alexander Gentz war das Opfer großer Unternehmungen, die, wenn auch vorwiegend zum eigenen Nutzen unternommen, doch schließlich der Gesamtheit von Stadt und Land zugute gekommen waren. Dem trug man nicht Rechnung. Sein Fall, statt Mitleid zu wecken, weckte nur Freude, denn kein Jubel ist größer, als der Jubel derer, die – nachdem man über sie gelacht – sich schließlich als die Klügeren oder doch jedenfalls als die Siegreichen erweisen.

Jetzt, wo das Grab ihn deckt und das furchtbare Leid, durch das er ging, viele seiner alten Gegner mit ihm ausgesöhnt haben wird, wird auch sein Name wieder wachsen, und wenn abermals ein Menschenalter verflossen und der Letzte seiner Mitlebenden heimgegangen sein wird, wird sich das dann lebende Geschlecht seiner als eines Wohltäters der Grafschaft erinnern, als eines Mannes, der in manchem als eine Warnung, in vielem aber auch als ein Vorbild gelten kann.

In seiner Schöpfung Gentzrode lebt er fort.

5

Gentzrode von 1881 bis jetzt

Um die Gläubiger in ihren Ansprüchen wenigstens bedingungsweise befriedigen zu können, war, gleich nach der Konkurserklärung,

der Tempelgarten von der Stadt,
die Torfstiche von der Deutschen Bank,
Gentzrode selbst von den Herren Albert Ebell und Oberamtmann Troll übernommen worden.

Nur mit den Schicksalen von Gentzrode haben wir uns in diesem Schlußkapitel zu beschäftigen.

Es war im September 1881, daß die vorgenannten Herren (Ebell und Troll), die beide Gläubiger, aber nicht Inhaber von Hypotheken waren, Gentzrode, das ungefähr eine Million gekostet hatte, kauften, und zwar für die Summe von 210 000 Mark. Sie hatten von vornherein nicht die Absicht, sich hier zu behaupten, sondern gingen lediglich in der Erwartung einer guten Finanzoperation vor, worin sie sich auch nicht getäuscht sahen. Eine nicht unbeträchtliche Summe floß ihnen aus der Realisierung des überreich ausgestatteten Inventars zu, welcher Inventar-Realisierung im Juli 1882, also nach kaum zehnmonatlichem Besitz, der Wiederverkauf von Gentzrode selbst folgte. Die Kaufsumme war auf 270 000 Mark gestiegen. Der diesmalige Käufer des Gutes war der zu Halle a. S. lebende Herr A. Wernicke, Fabrikant für Maschinen landwirtschaftlichen Betriebs, insonderheit für Zuckerfabriken. Es ist wahrscheinlich, daß sein Plan dahin ging, Gentzrode ganz auf Zuckerfabrikation hin umzugestalten. Er mußte sich aber bald von der Unmöglichkeit überzeugen – die Maschinen standen ihm zur Verfügung, aber der alte Dünensand der Kahlenberge, wieviel man auch aus ihm gemacht hatte, war doch kein Rübenland. A. Wernicke hielt im übrigen das Gut in gutem Stande, war aber schließlich doch froh, es nach fünfjährigem Besitz gegen Austausch wieder veräußern zu können. Er übernahm das in der Provinz Posen gelegene Gut Konooko und trat dafür Gentzrode an den Besitzer ebengenannten polnischen Gutes, Herrn Paul Höpffner ab. Konooko war bei diesem Tausch auf 500 000 Mark, Gentzrode auf 300 000 Mark berechnet worden, so daß Herr Paul Höpffner noch einen Zuschlag von 200 000 Mark empfing.

Dies war im Januar 1887. Schon im Juni 1888 entäußerte sich Herr Paul Höpffner seines Gentzroder Besitzes wieder und verkaufte denselben, und zwar für die Summe von 300 000 Mark an den früheren bremensischen Konsul in Argentinien, Herrn F. W. Nardenholz. Dieser gedenkt das Gut zu halten und in dem Geiste weiterzuführen, der es vor grad einem Menschenalter ins Leben rief. Es soll aufhören, ein Spekulationsobjekt zu sein, sondern umgekehrt wieder ein Gegenstand des Pflanzens, der Passion, des landwirtschaftlichen Versuchs werden. Alles wie dereinst unter den Begründern, Gentz Vater und Sohn. Konsul Nardenholz will hier leben, nicht erwerben, er will entstehen sehen und sich des Entstehenden freuen.

*

Und nun noch ein Schlußwort.

Der Reiz, den diese Gentzroder Schöpfung von Anfang hatte, wird ihr noch auf lange hin verbleiben, der Reiz, daß hier alles erst im Werden ist. Unsere Teilnahme haftet am Unfertigen. »Was wird sich bewähren, was nicht«, »wie wird sich's entwickeln?« Das sind die Fragen, die, von alters her, uns an Menschen und Dingen am meisten interessiert haben. Die ganze landwirtschaftliche Welt unsrer Provinz verkehrt in Gentzrode oder fährt hier vor, um den in einen Eichwald umgewandelten Dünensand nach Art eines »interessanten Falls« zu studieren. Und vieles in der Tat ist hier zu lernen, auch seitens derer, die hier anderen Fragen nachsinnen, als denen der Agrikultur. Eine neue Macht hat sich etabliert: das intelligente, dem Mittelalterlichen ab-, dem Fortschrittlichen zugewandte Bürgertum, das, aus Überlieferung und Vorurteil gelöst, um dieser Welt willen lebt und das Glück im Besitz und in der Verklärung des Diesseitigen sucht.

Ob es erreicht werden wird? Es wird bejaht und bestritten. Aber wie immer auch die Antwort auf diese Frage lauten möge, wir haben uns zunächst einer natürlich fortschreitenden Entwicklung alles Lebenden um uns her zu freuen, ungetrübt durch die Betrachtung, ob diese Fortentwicklung ein Schritt aufwärts zu höherem Dasein oder ein Schritt abwärts zu Tod und Auflösung ist. Das Wachsende, gut oder nicht, tritt an die Stelle des Fallenden, um über kurz oder lang selber ein Fallendes zu sein. Das ist ewiges Gesetz.

ANHANG

Bemerkung zu Fontanes Quellen

An erster Stelle stehen die Erfahrungen, Entdeckungen, Beobachtungen, Erlebnisse usw. seiner Wanderungen, die sich über dreißig Jahre von 1859–1889 erstrecken. Dazu treten »mündliche und briefliche Mitteilungen«, Memoiren, Briefliteratur, sowie Funde in Familienarchiven. Ferner hat Fontane die reichhaltige gedruckte Literatur über die gesamte in Frage kommende märkische Geschichte – Geschichte im weiteren Sinne verstanden – eingehend studiert und benutzt.

Eine (nicht immer vollständige) Übersicht über diese Quellen, die in der Regel in Buchform, aber auch als Aufsätze erschienen sind oder in Handschriften vorliegen, hat Fontane im Anhang der ersten Ausgaben des 1. bis 3. Bandes der »Wanderungen« unter dem Vermerk »Benutzt« in seinen ergänzenden »Anmerkungen« gegeben. Diese Anmerkungen, von deren Erweiterungen manches bei neuen Auflagen in den Text der einzelnen Kapitel übernommen und verarbeitet wurde, sind später fortgefallen; in der »Wohlfeilen Ausgabe« (1892) sind sie nicht mehr enthalten. Der 4. Band (Spreeland) ist von der Erstausgabe an ohne »Anmerkungen« erschienen.

Die wesentlichsten Quellen, die er benutzte, hat Fontane im Text der einzelnen Bände, oft nur in kurzer Form, zitiert. Sie sind, soweit gedruckt, in der vorliegenden Ausgabe mit Titel, Verfasser und Erscheinungsjahr in unseren »Anmerkungen« der betreffenden Bände angegeben. Dabei ist ein Verzeichnis in der wertvollen Arbeit von Jutta Fürstenau »Fontane und die märkische Heimat«, Berlin 1941 (Germanische Studien, Heft 232), S. 197 ff. dankbar benutzt worden.

Erscheinungsjahre der Auflagen der einzelnen Bände der »Wanderungen« zu Fontanes Lebzeiten

(sämtlich im Verlag Wilhelm Hertz in Berlin erschienen)

I. GRAFSCHAFT RUPPIN	1862
	1865 (2)
	1875 (3)
	1883 (4)
	1892 (5)
	1896 (6)
II. ODERLAND	1863
	1868 (2)
	1880 (3)
	1889 (4)
	1892 (5)
III. HAVELLAND	1873
	1880 (2)
	1889 (3)
	1892 (4)
IV. SPREELAND	1882
	1886 (2)
	1892 (3)

Die Ausgabe aller vier Bände von 1892 ist auf dem Titelblatt als »Wohlfeile Ausgabe« bezeichnet.

FÜNF SCHLÖSSER	1889

Stücke des I. Bandes die Fontane in späteren Ausgaben wieder ausgeschieden hat

(für Nr. 1 s. besondere Bemerkung)
(Umarbeitungen, Teilkürzungen oder Ergänzungen in späteren Ausgaben sind nicht berücksichtigt worden)

1. *Hermann Wagener*
Der Aufsatz über den Begründer und Chefredakteur der »Kreuzzeitung« und Vertreter der Idee eines »sozialen Königtums« Hermann Wagener (1815–1889) konnte entgegen Fontanes Wunsch wegen Raummangels nicht in die »Volksausgabe« (1892) von Band I der »Wanderungen« aufgenommen werden. Die beiden Entwürfe hat Mario Krammer aus dem Nachlaß des Dichters mitgeteilt.
Abgedruckt in: Deutsche Rundschau, Bd. 192, Juli-Heft 1922, S. 50–53.

2. *Das Schildhorn bei Spandau*
Erstausgabe »Wanderungen« Bd. I (1862), S. 377 unter »Der Teltow«
(Vorabdruck: Morgenblatt für gebildete Leser, Stuttgart, Jg. 54, 1860, Nr. 34, 19. Aug., S. 806–808).
Ausgeschieden: seit 2. Aufl. 1865.

3. *Fehrbellin*
Erstausgabe »Wanderungen« Bd. I (1862), S. 162 ff.
(Vorabdruck: Morgenblatt für gebildete Leser, Stuttgart, Jg. 54, 1860, Nr. 35, 26. Aug., S. 824–827).
Ausgeschieden: seit 3. Aufl. 1875.

4. *Fehrbellin in Sage, Kunst und Dichtung*
Erstausgabe »Wanderungen« Bd. I (2. Aufl. 1865)
Ausgeschieden: seit 3. Aufl. 1875.

5. *Dörfer und Flecken im Lande Ruppin*
Erstausgabe »Wanderungen« Bd. I (2. Aufl. 1865)
Ausgeschieden: seit 3. Aufl. 1875.

HERMANN WAGENER

Erster Entwurf

»1860. Schon 2 oder 3 Jahre weg (von der ›Kreuzzeitung‹); kam aber noch oft; Diners; Kaisersgeburtstag; konservative Abendgesellschaften, die bei ihm, beim Chefredakteur, vielleicht auch bei Graf Eberhard Stolberg stattfinden. Des letzteren bin ich nicht ganz sicher, doch war Graf Stolberg immer zugegen und einer der Eifrigsten. Auf der ›Kreuzzeitung‹ trat er nur selten auf (immer nur bei besonderen Gelegenheiten, wo er nicht gut fehlen konnte), was wohl zunächst damit zusammenhing, daß man nie gern in Geschäften oder Lokalen erscheint, wo man mal angestellt oder gar tonangebend war. Auch sah er wohl auf seine ganze Nachfolgerschaft mit sardonischem Lächeln herab. Sein Nachfolger war wie andere mehr, und ein paar andere waren an ihrer Stelle geschickt genug (Hesekiel und Gödsche), aber alles war doch nur angethan, um einen so superioren Mann mit Heiterkeit zu erfüllen. Er war wirklich eine superiore Natur und gehört zu den wenigen mir in meinem Leben begegneten Menschen, denen man diese Superiorität abfühlte. Das ewig Wiederkehrende, ganz besonders bei Beamten in hohen Stellungen, ist das, daß man die Sache nicht recht begreifen kann. Hier lag es anders. Er hatte die Allüren dieser Superiorität und durfte sie haben. Diese Allüren aber (ein Kennzeichen mehr für seine ganz ungewöhnliche Potenz) waren aber keineswegs von der bureaukratischen Sorte, ganz im Gegenteil, er hatte 'was bummlig Geniales, anscheinend Leidenschaftsloses, viel Bonhommie, glänzenden Witz, wundervolle Einfälle und ließ dies alles ruhig spielen und gewärtigte die Wirkung aller dieser Gaben und Vorzüge. Diese Wirkung konnte bei leidlich klugen Menschen auch gar nicht ausbleiben, blieb sie bei den Stupiden oder lächerlich Selbstbewußten aber doch aus, so half er mit einem Witz, einem feinen Spottwort nach, und ich habe nicht erlebt, daß jemand diesen hingeworfenen Handschuh aufgenommen hätte. Dabei war er von einer enormen Forscheté, ganz grand, ganz unkleinlich, und wenn man ihm, und mit Recht, einen grenzenlosen Geldkonsum vorgeworfen hat, so darf doch aber auch gesagt werden, er leistete was damit und hatte eine offene Hand und einen offenen Weinkeller. Dies war überhaupt eine glänzende Seite bei den damaligen Trägern der ›Kreuzzeitung‹, nicht der Kreuzzeitungs-Partei, sondern der Kreuzzeitungsleute selbst und George Hesekiel trieb es bis ins Großartige. Im Gasthause Alexander in der Neuen Friedrichstraße habe ich Abende mit durchgemacht, wo er für die ganze Gesellschaft zahlte. Ausgaben von 50 bis 100 Thalern waren nichts Seltenes, was damals (Anfang der 50er Jahre) eine große Summe war. Er verschuldete dann auch durch Zins auf Zins bis hoch in die Tausende hinein, hat es aber durch einen noch großartigeren Fleiß alles wieder abgearbeitet. Auch darin ganz wie sein großes Vorbild Walter Scott. Und so war auch Wagener, vielleicht nicht ganz so gütig, aber bei seinen großen Mitteln viel großartiger in der Inscenierung der Sache. Alle diese Leute hatten einen genialen Zug und Wagener war pur sang. Die sozialpolitischen Fragen waren schon damals sein Gebiet, ich konnte nicht folgen und hielt es für Phantasmagorien, für Ulk (vielleicht war ich der Wahrheit dadurch sehr nahe) – aber wenn ich auch nichts davon verstand und also an der Sache selbst nicht recht ein Interesse nehmen konnte, so interessierte mich doch die Debatte, die sich daran knüpfte. Zu dieser hatte freilich nur einer den Muth und allenfalls auch die Fähigkeit. Dieser eine war Geh. Rat Ludwig Hahn, damals sehr angesehen bei beiden Manteuffels. Er bekämpfte das Programm und wies – die Scene steht mir noch deutlich vor der Seele; es war in dem Hause der Köthener Straße, wo Wagener damals wohnte – auf das Gefährliche, das Staats- und Gesellschaftsstürzende dieser Ideen hin, alles mit Gewandtheit, logisch geordnet, gebildet und aufgebaut, auch mit aufrichtiger Überzeugung. Ich selbst stand dabei ganz auf Hahns Seite; mir leuchtete das alles ein, während das Wagenersche, mir ganz fremd, etwas von Tohubohu hatte. So standen die Meisten. Wagener wußte das auch und war überhaupt nicht der Mann, der sich über etwas wunderte, am wenigsten über die Dummheit und Inferiorität derer, die ihn umgaben. Daran war er gewöhnt. Und in der Tat, ich sehe noch das Lächeln, womit er Hahns Auslassungen begleitete, wie wenn er hätte sagen wollen: ›nu ja, lieber Hahn, für *Sie* ist das ganz gut, für mich ist es Null; ich habe mir diese Weisheit längst an den Schuhsohlen abgelaufen.‹

Parallele mit Alexander Gentz. Solche Figuren sind der Gegend eigenthümlich.«

Zum Schluß

»Daß er große Fragen behandelt – die Sozialpolitik, das Wohl der arbeitenden Klassen – oder den Staat vor den drohenden Gefahren zu sichern (gesucht hat), daß er das alles geleistet hat, ist sicher und bleibt sein Verdienst, um nicht zu sagen sein Ruhm. Die Motive dazu liegen nicht so klar. Daß er aus einer christlichen Anschauung heraus, aus Humanität, Mitleid, so vorging, glaub' ich nicht, glaubt wohl niemand, der ihn gekannt hat. Er war ganz unsentimental, nichts von Philanthrop, Menschenbeglücker, Peabody etc. Nach meiner Meinung war er ein spekulativer Kopf, den Ehrgeiz und Bethätigungsdrang dazu drängten, seine Spekulationen auch verwirklicht zu sehen, ein Naturforscher, Physiker, Mathematiker, der Gesetze hat und nun die Proben aufs Exempel zu machen wünscht.

Aber wozu bei dieser Frage verweilen. *Das* bleibt, was er gethan und anderes, zu dessen Geschehen er die Anregung gegeben hat. Und das ist genug.«

Zweiter Entwurf (Zum Schluß)

»Mein Urteil, wie sich's jetzt stellt. – Höchst anfechtbar, aber doch mit einer ganz anderen Elle zu messen. Tritt man an ihn mit der gewöhnlichen bürgerlichen Respektabilitätselle heran, so kommt er zu kurz. Aber es ist, wie wenn man Bismarck nach den Grausamkeiten gegen Harry Arnim, nach Geffcken etc. beurteilen will. Viel Licht, viel Schatten. Aufs Ganze hin angesehen, war er ein bedeutender, ganz gewiß ein eminenter Mann. Talent, Klugheit, ganz ungewöhnlich. Aber was er auch peccirt haben mag, auch das Land, die Gesellschaft haben große Vorteile von ihm gehabt. Er hat die Bourgeoisie und den Liberalismus bekämpft, aber er hat immer ein Herz, ein Interesse, eine große Wirksamkeit für Volk und Menschheit, *für die großen Realitäten des Lebens* gehabt. Mit der Bourgeoisie ist es so, so. Ich mag in ihren Verdammungsschrei nicht einstimmen, aber ich begreife den Haß gegen dieselbe. Sie legt das Gewicht auf das Fragwürdigste, auf das Geld.«

DAS SCHILDHORN BEI SPANDAU

Meine Götter sind Spott,
Rette du mich, Christengott.

Spandau ist eine der ältesten Städte der Mark und seine Lokalgeschichte zählt zu den interessanteren. Hier an den Ufern der Havel entschieden sich die Kämpfe zwischen Christen und Wenden, hier faßte die Reformation zuerst festen Fuß in brandenburgischen Landen und hier war es, wo der junge Friedrich Wilhelm (der spätre »große Kurfürst«) nach einer Zeit voll Elend und Erniedrigung, siegreich seinen Einzug hielt, in dieselbe Festung, die August Moritz v. Rochow vorgab, als *kaiserlicher* Oberst *für* den Kaiser und *gegen* den Kurfürsten und Landesherrn halten zu müssen.

Aber diese Vorgänge, die theils einen Ruhm der Stadt bilden, theils ihr ein historisch poetisches Interesse leihen, liegen weit zurück und sind erstorben im Bewußtsein der Gegenwart. *Das* Spandau, das wir kennen, an das sich gewisse Schreckensvorstellungen unserer Jugend knüpfen, war, bis in die neueste Zeit hinein, ein höchst unpoetischer Ort. Die Stadt selbst, mit ihren verschnittenen Lindenbäumen und gelb getünchten Häusern, nahm sich an und für sich um kein Haarbreit unfreundlicher aus, als andere märkische Städte, aber die Heiterkeit der Farben konnte an keinem Ort zur Geltung kommen, den man sich gewöhnt hatte nur mit der Nachtseite menschlicher Dinge in Verbindung zu bringen. Festungsgräben mit Militairsträflingen, Kasematten mit politischen Gefangenen, Correctionshäuser und Strafanstalten aller Art – daneben verschwand das arme Grün der Lindenbäume, und die Vorstellung des Unheimlichen setzte sich auf viele Jahre hin fest. Zum Ueberfluß suchte noch die Residenz Berlin die nachbarliche Schwesterstadt zum nicht beneidenswerthen Schauplatz für die Vollstreckung letzter Urtheile zu machen, und was dem Maß der Schrecken bis dahin gefehlt hatte, war nun erfüllt. Das Haupt Tschechs fiel auf der Spandauer Feldmark und die Stadtchronik jener Epoche ist mit Blut geschrieben.

Aber auch *dieses* Spandau, das Spandau unserer Jugend, hat sich überlebt und einem neuen Platz gemacht. Der helle Pfiff der Lokomotive hat die dunkeln Wolken, die über der Stadt hingen, wie mit leuchtendem Schwert vertrieben; die Stille, die Stagnation, die so leicht zum Brütwinkel alles Finstern und Unheimlichen werden, sind dem Leben und der Bewegung gewichen, bunte Menschenströme kommen und gehen, und Fabrikgebäude und Sommerhäuser haben in lachenden Farben einen heitern Kranz um den alten Griesgram gezogen. Dampfschiffe beleben den schönen breiten Strom, und der dunkle Hintergrund, der auch jetzt noch dem Bilde geblieben, schreckt nicht mehr ab, sondern steigert nur den Reiz.

Weder Spandau selbst indeß noch seine Geschichte haben uns heut in die alte Havelfestung geführt, sondern lediglich der Wunsch, einen Ausflug in seine nächste Umgebung zu machen, flußabwärts jenem malerischen Punkte zu, der den Namen »das Schildhorn« führt. Wir schwanken einen Augenblick, ob wir mit Dampf oder Ruder die Fahrt versuchen sollen, und endlich, das Segelboot als gefälliges Auskunftsmittel wählend, treiben wir jetzt mit Strom und Wind, zunächst an Wiesen und Dörfern, dann aber an prächtigen Waldpartien vorüber, dem Ziel unserer Reise zu. Wie unverdient ist der Spott, der unsere märkische Landschaft zu verfolgen pflegt, wenigstens *hier!* Die breite, blaue Wasserstraße theilt sich und einigt sich wieder und schafft eine ununterbrochene Kette von Inseln und Seen. Die Eilande selbst wechseln in ihrem Charakter; neben dem fruchtbaren Grasland des einen, auf dem die Häuser und Heerden den Wohlstand seiner Bewohner verrathen, erheben sich die Sandberge einer zweiten und dritten Insel, kahl an ihren Abhängen, aber tannenbedeckt auf ihrer Höhe. Auf- und abwärts gleiten die Elb- und Oderkähne, die noch immer den großen Handel zwischen Ost- und Nordsee vermitteln, und der Wind, plötzlich die Richtung wechselnd, klappt das eben noch vollgebauschte Segel mit dumpfem Schlag an den Mast. Reusen und Netze durchziehen die schmaleren Arme des Stromes und sperren ihn fast; nur vereinzelte Schwäne (die Havel hat deren tausende) gleiten unaufgehalten ihres Wegs. Die rechts gelegenen Ufer sind ziemlich unmalerisch, zur Linken aber auf hohem Plateau, das bald sich rundet und buchtet, bald Landzungen weit in den breiten Strom hinein streckt, erheben sich die prächtigen Tannen des *Grunewalds* und spannen ihre dunkelgrünen Schirme aus. Die Stämme sind hoch und schlank und alles Unterholz fehlt; so blickt man durch den Rahmen der rothbraunen Stämme bis tief in den Wald hinein und belauscht das Wild, das, gehegt und gepflegt in jenen weiten Jagdrevieren, wie in paradiesischer Sicherheit den Forst durchschreitet und von den vorspringenden Kuppen aus neugierig auf den Fluß und sein Treiben hernieder blickt. Sei es die Pflege, die diesem schönen Walde zu Theil wird, oder sei es die Nähe des Wassers, das mit feuchter Kühle die Nadeln labt und leise Nebel um seine Kronen spinnt, gleichviel, die Tannen erscheinen schöner und edler hier als irgendwo anders und stehen da, als fühlten sie sich als die eingeborenen Herren dieses Landes. Das heimathliche Volkslied hat diese schönen Havelforsten oft gefeiert, und wer sie jemals wandernd durchzogen hat, der stimmt gern mit ein in die alte Weise:

Blaue Havel, Grunewald,
Grüß mir alle beide,
Grüß und sag', ich käme bald,
Und die Tegler Haide.

Wir sind mit voller Gunst des Windes eine Stunde gefahren und die letzten Werder- und Inselgruppen liegen hinter uns. Mit halb eingezogenen Segeln biegen wir eben um eine vorspringende Waldecke herum in die volle Stromesbreite hinein, als wir in der Entfernung einer guten Viertelmeile einer Landzunge ansichtig werden, die von der linken Uferseite her weit in den Fluß hinein ragt und die Hälfte seines Bettes dämmt und absperrt. Die Landzunge ist nicht flach, sondern ein hoher Sanddamm, ein Molo, der auf seinem Rücken niedrige Tannenbäume, an seiner vordersten Spitze aber ein grauschwarzes, wunderliches Bildwerk trägt, das halb an Telegraphenpfosten, halb an Fabrikschornsteine mahnt und doch durch allerhand Schnörkel und Ornamente keinen Zweifel darüber läßt, daß es keines von beiden sei.

Wir haben uns inzwischen der Landzunge mehr und mehr genähert und die Formen nehmen bestimmtere Gestalt an. Wir erkennen deutlich eine Säule, die in der Mitte ihres Schaftes einen Schild und auf der Höhe des Ganzen ein Kreuz trägt. Unser Boot legt an und wir erklimmen den Damm, der nach vorn hin ziemlich abschüssig in den Fluß fällt. Dieser Vorsprung, die hohe Sandklippe, auf der wir uns nunmehr befinden, ist das Ziel unserer Reise, *»das Schildhorn«*. Der Vorgang, der ihm diesen Namen gab, ist der folgende.

Brennibor (Brandenburg) war endlich nach langer Belagerung von Albrecht dem Bären erstürmt und das Wendenthum, seit lange von der Elbe zurückgedrängt, schien auch das Havelland nicht länger halten zu können. Aber Jaczko, der Wendenfürst, war wenigstens gewillt, die alten Sitze seiner Väter nicht ohne Schwertstreich aufzugeben, und noch einmal sammelte er die Seinen zum Kampf. Bei Spandau kam es zu einer letzten Schlacht. Jaczko unterlag, und hinfliehend am rechten Havelufer, von den siegestrunkenen Deutschen verfolgt, sah er kein anderes Heil mehr, als den Fluß und das jenseitige Ufer. Gegenüber dem jetzigen Schildhorn, wo die weit vorspringende Landzunge die Breite der Havel fast halbirt, gab er seinem Pferd die Sporen und setzte in den Fluß. Aber sein Pferd war matt und müde vom Kampf, und ehe es die rettende Landzunge halb erreicht hatte, empfand sein Reiter die schwindende Kraft des treuen Thiers. Da Angesichts des Todes warf das Herz des Wendenfürsten die alten Heidengötter von sich, und die Hand, die den Schild hielt, hoch gen Himmel erhebend, rief er den Gott der Christen an, ihm zu helfen in seiner Noth. Da war es ihm, als faßte eine Hand den erhobenen Schild und hielte ihn mit leiser, aber sicherer Macht über dem Wasser; dem sinkenden Pferde kehrten die Kräfte zurück und der Vorsprung war erreicht. Jaczko hielt, was er gelobt, und wurde Christ. Seinen *Schild* aber, den der Finger Gottes berührt, ließ er dem Ort, wo das Wunder sich vollzogen hatte. Der Schild des Heiden war ihm zum Glaubensschild geworden.

Dies sind die Elemente, die man zur Hand hatte, als es sich darum handelte, zur Erinnerung an jenen Tag der Bekehrung und zur Festigung und Neubelebung der alten Tradition, auf dem Schauplatz derselben, dem *Schildhorn,* ein Denkmal zu errichten. Man hat bei Ausführung dieses Planes in nicht gut zu heißender Weise auf den malerischen Effekt Verzicht geleistet. Es wäre ausreichend gewesen, auf hoher griechischer Säule einen Schild aufzurichten und diesen Schild mit einem Kreuz von mäßiger Größe zu krönen. Das würde ein weithin erkenntliches Bild in durchaus bestimmten Umrissen gegeben und »den Sieg des Kreuzes über das Heidenthum«, diesen selbstverständlichen und durchaus berechtigten Gedanken in aller Klarheit dargestellt haben. Archäologischer Übereifer aber glaubte ein Uebriges thun zu müssen und hat seinen Sieg auf Kosten des guten Geschmacks gefeiert. Man hat den Stamm einer alten knorrigen Eiche in Sandstein nachgebildet und dadurch eine ohnehin schwerverständliche Figur geschaffen; der inmitten des Stammes aufgehängte Schild aber, der wie eine Scheibe an einem Pfosten klebt, schafft, aus der Ferne gesehen, vollends eine durchaus unklare und räthselhafte Figur. Eben so unklar und verworren nimmt das Kreuz sich aus, das den Oberbau der Säule krönt. Etwas *Apartes* ist gewonnen, nichts Schönes, das der eigenthümlichen Schönheit der Landschaft entspräche. Möglich, daß jene Apartheit Zweck war; sie sichert allerdings dieser Säule einen Eindruck, dessen sie vielleicht entbehrte, wenn sie schöner und mehr im Einklang mit dem Ueblichen wäre.

Der Sagenschatz der Mark ist arm; das mag es erklären, daß sich unsere heimischen Dichter und Künstler mit Vorliebe der Behandlung eines Stoffes zugewandt haben, der, wenn auch keineswegs ohne Reiz überhaupt, doch schon in seiner Entlegenheit allerhand Schwierigkeiten bietet. Unsere Lokalpoeten sind denn auch meist an dieser Schwierigkeit gescheitert, und die einfache schlichte Überlieferung wird der poetischen Version, deren eigene Zuthat schwach ist, gemeinhin und mit vollem Rechte vorgezogen.

Eine glücklichere Hand hatten unsere Maler, besonders Professor von Kloeber, einer der Altmeister unserer Kunst. Er malte den Gegenstand zweimal, als ausgeführte Farbenskizze und später in Lebensgröße. Eins der Bilder befindet sich im Schloß. Am rechten Havelufer erblickt man die Gruppe der Kämpfenden; Jaczko schwimmt bereits inmitten der Havel und hat bittend Haupt und Schild erhoben. Über ihm schwebt die Gestalt eines Engels und deutet auf den aufragenden Vorsprung, der Rettung verspricht. Die Arbeit ist verdienstlich, wenn auch nicht eben mehr.

Aber sind auch Kunst und Dichtung bisher umsonst bemüht gewesen, eine goldene Frucht von dem Baume der alten Tradition zu brechen, die Sage selbst wird fortleben von Mund zu Mund, und jeder, der das *Schildhorn* besucht und den stillen Zauber auf sich wirken läßt, den die immer wechselnden Bilder von Wald und Fluß, die weißen Segel über dem Wasser und die „Segler in den Lüften“ hier leise zusammenspinnen, der wird, in aufkeimendem romantischem Bedürfniß, sich das Westufer des Flusses plötzlich mit allerhand Gestalten beleben und den Wendenfürsten selbst, den umleuchteten Schild zu seinen Häupten, auf dem gekräuselten Wasser sehen. Ein Lächeln wird dem Traumbild folgen, aber eine dankbare Erinnerung wird ihm bleiben an das märkische Landschaftsbild, das das *Schildhorn* vor ihm entrollte.

FEHRBELLIN

Das war ein rasches Reiten vom Rhein bis
an den Rhin,
Das war ein heißes Streiten am Tag von
Fehrbellin.
Julius Minding

Schon im Havelland, aber unmittelbar an der Grenze der Grafschaft Ruppin (kaum eine Viertelstunde davon entfernt), liegt Fehrbellin und sein berühmtes Schlachtfeld. Es ist fraglich, ob uns unsere Wanderungen so bald wieder in diese Gegenden führen, so sei es denn gestattet, die Nachbarstadt, die schon jenseits der Peripherie des Kreises liegt, an dieser Stelle mit in den Kreis hineinzuziehn.

Wir kommen von Wustrau her, fahren am Nordrande des durch seine Torflager berühmten Rhinluches (an dieser Stelle das Wustrauer Luch geheißen) entlang und erreichen nach kurzer Fahrt einen langen mit Weiden besetzten Damm, der uns rasch dem Städtchen Fehrbellin, der Hauptstadt des kleinen »Ländchens Bellin« entgegenführt. Dies Ländchen Bellin, jetzt dem Havellande einverleibt, ist ein schmaler Streifen Land am Rhinfluß entlang, und so glau und sauber, wie der Name »Bellin« ist, so hübsch ist das Ländchen selbst.

Fehrbellin liegt am Ausgange des Dammes, an der Südseite des Rhin. Die Einfahrt in die Stadt ist reizend, besonders der Blick von der Rhinbrücke aus, die wir eben passiren. Zur Linken, im Schmucke hoher Silberpappeln, streckt sich vom jenseitigen Ufer her eine Halbinsel in das schilfige Flüßchen hinein und giebt dem Ganzen den Charakter einer in's Wasser vorgeschobenen Parkanlage. Die Attribute kleinstädtischen Lebens geben dem Bilde mehr, als sie ihm nehmen, und wir entbehren gern das Schwanenhaus und den Vogel Leda's um der Enten und Gänseschaaren willen, die das Schlammufer von allen Seiten umspielen und umschnattern. Die Stadt ist, wie kleine märkische Städte zu sein pflegen, schlicht, freundlich, in der Front abgeputzt und zwei Linden vor der Thür, ganz wie die Mädchen, die in diesen Städtchen wohnen. Alles stattlich Damenhafte fehlt; sie stricken, haben Lesekränzchen und kichern verlegen, wenn ein Fremder zu ihnen spricht, aber ihre lachende Freundlichkeit thut wohl.

An den Namen Fehrbellins knüpft sich allerhand Liebes und Gutes. Hier wirkte Friedrich Bolte, einer unserer heimischen Poeten aus der alten märkischen Schule, die nicht voll so schlecht war, wie die Olympier in Weimar es wahr haben wollten; hier wurde unser Thierbildner Friedrich Wilhelm Wolff geboren, der sich den auszeichnenden Namen der »Thier-Wolff« erworben hat, und hier endlich, um das Beste nicht zu vergessen, wurde die berühmte Schlacht geschlagen, die vor beinahe zwei Jahrhunderten den Grund zu der Selbständigkeit und Größe unserer Monarchie legte.

Diesem Schlachtfelde gilt unser Besuch. Es liegt noch eine halbe Meile jenseits Fehrbellin, dicht an der Straße, die sich wie eine Grenzlinie zwischen dem Luch und der Höhe hinzieht. Zunächst erreicht man das Dorf Tornow, dann das Dorf *Hakenberg*, wo das Höhenterrain beinahe senkrecht in das Luch hinein abfällt. In unmittelbarer Nähe des letzt genannten Dorfes fand das berühmte Reitergefecht statt, das indeß, zum Glück für alle preußischen Poeten, statt des Namens »Gefecht bei Hakenberg«, den schönen Namen der *Schlacht von Fehrbellin* erhalten hat. Jeder, der sich in der Welt der Reime umhergetummelt hat, wird sich der Verlegenheiten entsinnen, die ihm die Sylben »berg« und »burg« bereitet haben. Vollklang und Reimfülle aber stehen wie lachende Genien neben dem Wort »Fehrbellin«.

Unmittelbar hinter dem Dorf, bereits auf historisch verbürgtem Schlachtgrund, befindet sich die Mühle des Müllers Conrad und dicht daneben das Monument, das, zum Andenken an die Schlacht, im Jahre 1800 errichtet und im Jahre 1857 erneuert worden ist. Das Denkmal, einfach aus Sandstein aufgeführt, ist ein Oblong, auf dessen oberem Theil eine Schale oder Urne steht. Der Hinweis auf diese Schlichtheit soll dem Monument kein Vorwurf sein, im Gegentheil. Es werden jetzt so viele Denkmäler errichtet, bei deren Errichtung man nicht weiß, wer und was eigentlich verherrlicht werden soll, ob der Held, dem das Denkmal gilt, oder die Zeit, die so erleuchtet ist, jenem Helden ein Monument zu setzen, oder endlich der Künstler selbst, der selber wieder zum Helden wird und gleichsam den Lorbeerkranz von der Stirn seiner eigenen Schöpfung nimmt. Solchem Gebahren gegenüber, für das die Beispiele nahe liegen, erfreut man sich doppelt beim Anblick jener einfacheren Gedenksteine, die nicht der Mode und der Eitelkeit, sondern der Gesinnung und dem Eifer eines Einzelnen ihre Entstehung verdanken. Es kommt nicht immer auf den *Kunstwerth* dessen an, was zu uns spricht; der Appell an unser Herz bleibt immer die Hauptsache. Das gekritzelte Briefchen von der Hand unserer verstorbenen Mutter hat als Erinnerungszeichen denselben Wert für uns wie das Portrait im Roccocorahmen, das über unserem Sopha hängt. Einen künstlerischen Genuß kann das Sandsteinoblong, das neben der Mühle des Müllers Conrad steht, freilich nicht gewähren, aber man liest nicht ohne freudige Bewegung die schlichten Worte, die in dasselbe eingegraben sind, und nimmt eine mangelhafte Accusativform, anderer Stileigenthümlichkeiten zu geschweigen, als ein Zeichen der Aechtheit aufrichtig dankbar mit in den Kauf.

Diese Worte sind folgende: »Hier legten die braven Brandenburger den Grund zu Preußens Größe. Das Andenken an den Held und seiner Getreuen erneuert dankbar mit jedem Freunde des Vaterlands Friedrich Eberhard von Rochow auf Rekahn, 1800.« – Die andern Seiten des Monuments zeigen die Namen derjenigen Offiziere, die sich am Schlachttage besonders ausgezeichnet haben. Sie lauten: Dörflinger, v. Görtzke, v. Lütke, v. Götz, von Canofsky, v. Mörner, Froben,

Friedrich Landgraf von Hessen, v. Treffenfeld, v. Straus, v. Sydow, v. Zabeltitz. Ein Eisengitter faßt das Denkmal ein; an den Frontstäben desselben befindet sich ein herzförmiges Täfelchen mit der Inschrift: »Erneuert und bewehrt durch den Kriegerverein zu Fehrbellin 1857.«

Die unmittelbare Umgebung des Denkmals ist wenig poetisch und wird den Erwartungen derer wenig entsprechen, denen das schöne Wort »Fehrbellin« verführerisch im Ohre klingt, oder die den »Prinzen von Hessen-Homburg« unseres Heinrich von Kleist begeistert im Herzen tragen. Die Umgebung ist schlicht-märkisch, aber nicht fehrbellinisch. Ein Kartoffelfeld schließt das Denkmal ein, und die einzige Hoffnung, die dem Besucher bleibt, knüpft sich an die Lehre von der Fruchtfolge. Eine liebenswürdige Dame, die als Prinzessin Clotilde* im Kleist'schen Drama ihren ersten Bühnentriumph gefeiert, hatte mir den Auftrag gegeben, ihr Blumen vom Fehrbelliner Schlachtfeld mitzubringen. Lebhaft und phantasievoll, wie sie war, hatte sie sich die Umgegend von Hakenberg wie einen Rosengarten gedacht. Da stand ich nun und suchte umher; Schafgarbe, Winde und Glockenblume war alles, wozu sich die Natur hier zusammenraffte. Ich gab es auf, einen Strauß an dieser Stelle zu pflücken, und borgte von einem Nachbarfelde drei Haferhalme, die ich später mit folgenden Zeilen überreichte:

Auf der Fehrbelliner Flur
Gab es *Blumen* am Schlachttag nur.

Märkische *Rosse* gewannen die Schlacht,
Haben das Feld berühmt gemacht.

Und dies Feld, es zahlt mit Glück
Alte Schulden in *Hafer* zurück.

An diesem Siegesdenkmal findet alljährlich am 18. Juni, dem Jahrestage der Fehrbelliner Schlacht, eine hübsche Feier statt, die sich ohngefähr aus folgenden Theilen zusammensetzt. Am Morgen des Tages schleppt Müller Conrad sechsunddreißig rostige Kanonenkugeln, die er und seine Väter auf dem Schlachtfelde gefunden haben, an das Denkmal und beginnt die Ausschmückung desselben. Eine Stunde später beleben sich alle Landstraßen, die nach Hakenberg führen, und die Schützengilden von Linum** und Fehrbellin, namentlich aber die

*Versehen oder Druckfehler, gemeint ist: Prinzessin Natalie (Anm. d. H.).

** In Linum, wo man von Grund aus fehrbellinisch-patriotisch ist, werden noch in einzelnen Häusern Erinnerungsstücke an die Fehrbelliner Schlacht gezeigt, z. B. eine schwedische Trommel, einige Lanzen u. dgl. m. Man kann aber, da alle diese Dinge sicherlich n i c h t aus der Schwedenzeit herrühren, nur

Schuljugend aller benachbarten Dörfer, von Brunne, Dechtow und Karwesee kommen von links und rechts herbei und marschiren dem gemeinschaftlichen Sammelplatze, dem Hakenberger Kirchhofe zu. Hier begrüßt man sich; Prediger und Magistrate stellen sich an die Spitze, und gegen tausend Mann stark, darunter sechshundert Kinder, geht es mit Sang und Klang nach dem Denkmal hinaus. Vor demselben wird Kreis geschlossen, der Hakenberger Geistliche tritt in die Mitte und hält eine kurze Ansprache an die Kinder, worin er sie auffordert, gute Preußen und gute Brandenburger zu sein, und wenn es Noth thut, an jedem Tag im Jahre so brav und tapfer zu Land und Thron zu stehen, wie am 18. Juni 1675 ihre Väter hier gestanden haben. Dann giebt es ein Hurrah und Mützenschwenken, und Musik vorauf, gemeinhin nach den Klängen des »alten Dessauers« marschiren nun Alt und Jung über das eigentliche Schlachtfeld hinweg, jener Hügelreihe zu, die nach Süd-Osten hin, den ziemlich schmalen Streifen, auf dem gekämpft wurde, begränzt. Die höchste dieser Hügelkuppen, kahl und unscheinbar und nur im Hintergrunde von einigen Pappeln überragt, heißt der Kurfürstenberg, weil von ihm aus der Kurfürst den Angriff und die Bewegungen der Schlacht leitete. Auf diesem und dem benachbarten Froben-Hügel macht man Halt, und unter allerhand Turnerspielen, mit Ringen und Laufen, Springen und Klettern verbringt die Jugend den Tag, bis spät am Nachmittag der Rückzug in die Städte und Dörfer beginnt.

Das ist ein Volksfest im besten Sinne des Worts, besser als unsere großstädtischen Festzüge, denen jeder geistige Mittelpunkt (wenn sie ihn jemals hatten) längst abhanden gekommen ist. Es gibt nichts kläglicheres, als die Volkslustbarkeiten unserer Residenzen, als der »Stralauer Fischzug« und alles, was ihm ähnlich sieht. In unsern *kleinen* Städten aber steckt noch ein guter und gesunder Rest von Volks- und Kinderfesten, und jeder, der ihnen beiwohnt, wird sich erheitert und gehoben fühlen. Man wirft unserem norddeutschen Leben vor, daß es nüchtern sei und des poetischen Schwunges entbehre. Das ist in gewissem Sinne wahr. Es fehlt uns das Bunte der Costüme und das

---

die oft gemachte Erfahrung daran aufs Neue machen, daß ein hervorragendes historisches Ereigniß jedesmal zur Domaine, zur Spezialität einer bestimmten Oertlichkeit wird, und zwar so, daß diesem einen Ereigniß, sich alles Spätere anpassen und unterordnen muß. Es ist erwiesen, daß das Bett der Maria Stuart in Holy-Rood-Palace nicht 300 (wie es müßte), sondern höchstens 150 Jahr alt ist, aber es muß das Bett der Maria Stuart sein, wenn es überhaupt noch etwas sein will. So ist es in den Dörfern des Ländchens Bellin mit Rücksicht auf die Fehrbelliner Schlacht. Alles ist »Fehrbellinisch«, dem klarsten Augenschein zum Trotz. Die Lanzen in Linum sind Landwehr-Ulanen-Piken aus den Tagen von Großbeeren und Dennewitz her (zur Schwedenzeit gab es gar keine Lanzenreiter) und die Trommel trägt auf ihrem Pergament einfach die Inschrift: »Landsturm-Trommel für Linum, 4te Compagnie, 1813.« Aber trotz der Inschrift bleibt es die Schwedentrommel von 1675.

Coulissenwerk einer Wald- und Bergnatur, und weil wir dieser Requisiten entbehren, mag bis zu einem gewissen Grade die Lust und die Fähigkeit in uns verkümmert sein, ein Schauspiel im großen Stile aufzuführen. Es fehlt uns außerdem die katholische Kirche, die große Lehrmeisterin der Festzüge und Processionen. Zugegeben das. Aber ein neues Volk, wie wir sind, dessen Traditionen über den Tag von Fehrbellin kaum hinausreichen, hat sich hierzulande eben alles abweichend von dem sonst Ueblichen gestaltet, und mit einem ganz neuen Lebensinhalt ist eine neue Art von Volkspoesie, mit dieser Poesie aber eine neue Art von Volksfesten geschaffen worden. *Das Soldatische hat sich zum poetischen Inhalt unseres Volkslebens ausgebildet.* Wir feiern Dennewitz und Großbeeren, und wenn wir an malerischem Effekt und an gutem Humor hinter den Volksfesten des Rheins und der Donau zurück bleiben mögen, so haben wir vielleicht einen bestimmteren Inhalt, einen geistigeren Mittelpunkt vor ihnen voraus. Es ist ein Unterschied, ob man in hundert lang bespannten Wagen auf die Theresienwiese fährt, um den König Gambrinus und vor allem sich selber leben zu lassen, oder ob man ernst und schmucklos sich auf den Kunersdorfer Höhen lagert, um den Jahrestag einer unglücklichen Schlacht zu begehen und die Stelle aufzusuchen, wo Prittwitz den schon verlorenen König in die Mitte seiner Husaren nahm. Wir verachten den König Gambrinus und seine Feier nicht, aber man soll auch *unsere* Art und Weise gelten lassen.

Wir verließen nun das Denkmal, beschrieben auf dem Rückwege zunächst einen Bogen, um vom Kurfürstenberge aus nochmals einen Überblick über das Schlachtfeld zu haben, und begaben uns dann nach Dorf Hakenberg, wo unser historischer Forschereifer den Geistlichen, von dessen Freundlichkeit wir allerhand Aufschlüsse und Anekdoten erwarteten, bei Tische unterbrach. Er ließ uns diese Störung nicht entgelten und war sogar freundlich genug, das, was er an historischen »Kosthäppchen« uns beim besten Willen nicht bieten konnte, durch eine freundliche Einladung zum Mittagessen ausgleichen zu wollen. Wir lehnten ab und machten statt dessen einen Spaziergang über den reizend gelegenen Hügelkirchhof, auf dessen höchster Spitze sich der Backsteinbau einer alten gothischen Kirche mit halb eingestürztem Dach erhebt. Diese Kirche, wie wir später vernahmen, geht einem gründlichen Umbau entgegen, der mit besonderer Rücksichtnahme auf den Fehrbelliner Schlachttag eingeleitet werden soll. Der Thurm wird wesentlich erhöht und nach Art alter Castellthürme mit vier Seitenthürmchen geschmückt werden, die wie eben so viele Ausluge (lookouts) aus der Mauerzinne hervorspringen sollen. Von diesen Thürmchen aus wird man dann nach allen Seiten hin einen prächtigen Ueberblick über das Luch und das Höhenland haben, bis Cremmen und Oranienburg, bis Nauen und Ruppin. Auch das Innere der Kirche wird mit besonderer Rücksicht auf den Schlachttag restaurirt und mit Votiv- und Erinnerungstafeln geschmückt werden. Wenn ich nicht irre, sind auf dem Hakenberger Kirchhof einige hervorragende Führer, die bald nach der Schlacht ihren Wunden erlagen, begraben worden, und ein gemeinschaftliches Grabmonument zu Ehren dieser würde vielleicht die beste Gelegenheit zu einer Inschrift und Mahnung bieten. Kommt dieser Plan zur Ausführung, so wird die Kirche zu Hakenberg über kurz oder lang zu einem Wallfahrtsplatz unserer Mark, zu einem Zielpunkt für Turnerfahrten und Schulexcursionen werden. Fehrbellin und das Luch, der alte Friedhof und seine Kirche, der Kurfürstenberg und das Denkmal, daraus baut sich schon ein Stück Interesse auf, und die Marmortafeln, die dann beim Eintritt in die Kirche von Derffling und Froben, von Treffenfeld und dem Prinzen von Hessen-Homburg melden werden, werden aus dem kleinen Sagenkreis einen Zauberkreis für junge Herzen schaffen.

Ich mag nicht schließen, ohne meiner Schilderung eine kurze Legende hinzugefügt haben, die, an den Fehrbelliner Schlachttag anknüpfend, zugleich den Hang zum *Legendenhaften* zeigt, der, wie die Freude am Mährchen und an der Sage, im Herzen jedes unverbrauchten Volkes lebt.

In alten Zeiten, wo innerhalb der Kirche das ganze geistige Leben des Volkes lag, wuchs auch die Legende nur auf kirchlichem Boden, und der Heiland und seine Jünger, die Heiligen und fromme Mönche hatten das schöne Vorrecht, die Träger einer solchen Legende zu sein. Der märkische Boden hat nicht Zeit gehabt, solche Legenden zu zeitigen, denn die katholische Kirche hat es nie zu einer Glanz- und Blüthenzeit auf diesem Boden gebracht. Kaum siegreich über die heidnischen Wenden, kaum fest geworden in ihrem Besitz, sah sie schon die Zeit des Verfalls kommen, die unmöglich Blumen hervorbringen konnte, wie sie immer nur auf dem Boden des Glaubens und eines unerschütterten Vertrauens gewachsen sind. Die Marken, wenn man den Ausdruck gestatten will, wurden um ihre Legendenzeit betrogen, wie manche Kinder um ihre Jugend betrogen werden; aber in derselben Weise, wie Kinder, die nie Kinder sein durften, in späteren Lebensjahren ein rührendes Verlangen zeigen, spielen und »dalbern« zu können, in derselben Weise, scheint es, haben die Brandenburger sich schadlos zu halten gesucht.

Sie haben ihre Lieblingsfürsten unter den Hohenzollern zu halb sagenhaften Gestalten ausgebildet und sie zu Trägern lieblicher Legenden gemacht. Die Geschichte von Froben gehört theilweis hierher; sie ist eine Sage, die nur da entstehen konnte, wo die *»Treue«* wie eine Pflicht und ein Bedürfniß im Herzen des Volks empfunden wurde. Die Geschichte vom Hakenberger Bauernkind aber geht noch einen Schritt weiter und nimmt völlig den Charakter und die Formen einer Legende an.

Der Kurfürst, als er zur Schlacht ritt, so erzählt die Legende, kam durch Hakenberg. Das Dorf war ausgestorben und leer, nur auf der Schwelle eines Hauses saß ein dreijähriger Blondkopf, den die fliehenden Dörfler in der Hast und Unruhe des Augenblicks im Dorf zurückgelassen hatten. Er streckte die Händchen nach dem Fürsten aus. Der Kurfürst hielt sein Pferd an, bückte sich tief, hob das Kind auf und setzte es vorn auf seinen Sattel. »Wirst schon jemand finden«, dachte er, »der sich seiner annimmt.« So ritt er aus dem Dorf. Aber da war niemand, der Lust gehabt hätte, sich des Kleinen anzunehmen; die schwedischen Geschütze schickten bereits Kugel auf Kugel herüber und der Kurfürst selbst vergaß des Kindes, das ruhig und furchtlos auf der Sattelkruppe saß. Das Regiment Mörner kam eben vorüber und der Kurfürst setzte sich an seine Spitze. Die Brandenburger hieben sich wacker durch das Regiment Dalwigk hindurch und die Schweden flohen. Als der Kampf vorüber war und Kurfürst Friedrich Wilhelm sich im Sattel hob, um aufathmend dem Gott der Schlachten für diesen Sieg zu danken, sah er den Blondkopf, der, mit beiden Händen am Riemenwerk des Panzers sich festhaltend, furchtlos zu seinem Retter aufblickte. Hier bricht die Legende ab. Der Kurfürst hatte das Kind und das Kind hatte den Kurfürsten gerettet, denn der Blondkopf, der auf der Schwelle des *Bauern*hauses saß, war deutungsreich – der Schutzgeist der Hohenzollern.

FEHRBELLIN IN SAGE, KUNST UND DICHTUNG

Großes zählt zu den fremden Dingen,
Kleines steht näher und läßt sich bezwingen;
Großes drückt wie ein schwerer Stein,
Aber das Kleine schmeichelt sich ein.

Das Große soll herrschen, und es herrscht auch. Aber, wie paradox es klingen mag, neben dem Großen herrscht gleich das *Kleine*, und in vielen Fällen läuft es dem Großen den Rang ab. Es zieht sich ein gewisses »Davidthum, das den Goliath schlug«, durch die ganze Weltgeschichte. Sagen und Märchen behandeln dies Thema in allen Formen und die Dänen haben ein Nationallied »das Lob der Kleinen«. Der Instinkt des Volks (denn wir sehen etwas Tieferes darin, als nur Laune oder Zufall) geht seine eignen Wege. Ein Dichter schreibt Dramen und Epopöen, nach 50 Jahren sind sie vergessen; – aber ein Wein- oder Wanderlied, das er als Student trällernd improvisirte, als er den Rheingau oder die Bergstraße entlang zog, es kommt auf die Nachwelt. Fürsten regieren ein halb Jahrhundert und darüber, sie erobern eine Provinz, sie schreiben ein Gesetzbuch, und niemand weiß es, – nichts lebt fort von ihnen, als ein Bonmot, oder eine Liebschaft mit einer Bäckerstochter.

So ist es auch mit Schlachten und militärischen Großthaten. Nichts scheint gleichgültiger als Menschenhekatomben. Große dreitägige Massacres, ganze Kriegsabschnitte (ich erinnere nur an unsere Kriege von 1793–95) werden vergessen und kleine Scharmützel leben fort. Wer in unsrer Mark, Fachleute und die nächsten Anwohner abgerechnet, kennte die blutige Schlacht bei Wittstock (24. September 1636) und wer andrerseits kennte *nicht* den Tag von »Fehrbellin«. Und doch wurden beide Schlachten in demselben Jahrhundert und fast auf demselben Terrain geschlagen; Schweden und Deutsche standen sich in beiden Fällen einander gegenüber; Banier war berühmter als Wrangel; das eine war eine große Schlacht, das andre ein bloßes Reitergefecht, und doch ist Wittstock vergessen und Fehrbellin lebt fort in aller Herz und Mund. Freilich es war ein *erster* Sieg, allein und mit *eignen* Mitteln über einen fast für unüberwindlich gehaltenen Gegner davongetragen; freilich hatte dieser Reiterkampf seine poetischen Momente (abgesehen von Allem, was später poetisch *hineingetragen* wurde), aber wie viele Erklärungen sich finden lassen mögen – und wir sind keineswegs gewillt, etwas unerklärliches darin erblicken zu wollen – sie ändern nichts an der Thatsache, daß das Kleine, der Liebe nach die es weckt, das Große oft weit hinter sich zurück läßt, und daß der Tag von Fehrbellin unserem märkischen Volke mehr ans *Herz* gewachsen ist, als die großen Tage von Prag und Leuthen, vielleicht selbst als die Tage von Leipzig und Waterloo. In der Geschichte füllen diese großen

Tage freilich ein größeres Blatt, aber sie müssen zurücktreten gegen Fehrbellin in Sage, Kunst und Dichtung.

Ich stelle nachstehend zusammen, wo überall ich dem Fehrbellin-Stoff zumal in Liedern und Balladen, begegnet bin.

Sagen

1) Der Sagen-Cyclus der an den Landrath *von Briest* auf Bamme und an die Ueberrumpelung von *Rathenow* anknüpft.

2) Die Sage vom Hakenberger »Bauernkind«, das der Kurfürst vorn auf den Sattel setzte und mit in die Schlacht nahm. (Vgl. das vorige Kapitel.)

3) Die Sage von dem Ungehorsam, der Verurtheilung und Begnadigung des Prinzen von *Hessen-Homburg.*

4) Die Froben-Sage (der Pferdetausch in der Schlacht).

Dramatische Arbeiten

1) *Blum:* Das befreite Rathenau. Schauspiel. (Leipzig, Weygand, 1775.)

2) *Fr. Rambach:* Der große Kurfürst vor Rathenow. Vaterl. Schauspiel. (Berlin. Maurer, 1795.)

3) *E. Mehrmann:* Friedrich Wilhelm der Große oder Rathenow's Errettung. Vaterl. Schauspiel in 4 Akten. (Rathenow, Flick, 1826.)

4) *Heinrich von Kleist:* Prinz Friedrich von Hessen-Homburg.

5) *Leo Goldammer:* Vom Rhein zum Rhin.

6) *Hans Koester:* Der große Kurfürst. Hist. Schauspiel in 5 Akten.

(Die Zahl der geschriebenen, aber weder aufgeführten noch gedruckten Dramen, die ebenfalls *Fehrbellin und Rathenow* zum Gegenstand haben – so bemerkt mein auf dem Felde des Drama's wohlbewanderter Gewährsmann – ist wahrscheinlich Legion.)

Balladen. Erzählende Gedichte

1) *Balthasar Müller* (Subrektor des Joachimsthaler Gymnasiums): Ehren- und Trauergedicht über Emanuel v. Froben. 1675.

2) König Davids und seiner Unterthanen Kriegs- und Siegeslitanei, von Chr. Gottschalk. Guben 1675.

3) *v. Besser's* Verse auf die Schlacht bei Fehrbellin.

4) *Wagner:* Der große Kurfürst und Stallmeister Froben bei Fehrbellin.

»Elf stehn jetzt wider sieben, zurück ist das Geschütz«,
So warnen die Genrale. Ihn dünkt die Red' unnütz.
»Wollt ihr die Feinde zählen, so thut es, wenn sie todt;
Folgt meinem Beispiel, Kinder«; – dies war sein einziges Gebot. etc.

5) *Julius Curtius:* Fehrbellin und der Prinz von Hessen-Homburg.

Auch in Brandenburgs Gefilden fließt ein Wasser, *Rhein* genannt,
Schlingt sich durch beblümte Wiesen und durch braunes Haideland. etc.

6) *Julius Minding:* Fehrbellin.

Herr Kurfürst Friedrich Wilhelm, der große Kriegesheld,
Seht, wie er auf dem Schimmel vor den Geschützen hält;
Das war ein rasches Reiten vom Rhein bis an den Rhin,
Das war ein heißes Streiten am Tag von Fehrbellin. etc.*

7) *Das Lied vom Feldmarschall Derfflinger.* (Volkslied.)

Unterdessen war es den Schweden eingefallen
In die Mark hereinzufallen,
Streiften schon bis bei Berlin.
Wollten sich auch weiter wagen,
Wurden auf das Haupt geschlagen:
O du schöne Schlacht bei Fehrbellin!

8) *G. Hesekiel:* Der große Kurfürst bei Fehrbellin!

Da mit Pauken und Trompeten
Fielen in das Land die Schweden,
Weil der Churfürst nicht daheim,
Bei dem Heere an dem Rhein
Gegen die Franzosen.

Friedrich Wilhelm störte endlich
Dieses Leben gar zu schändlich,
Eilte mit der Reiterei
Ueber Magdeburg herbei,
Gnad' euch Gott, ihr Schweden!

»Frisch! getrommelt und gepfiffen
Kinder«, rief er, »angegriffen,
Daß die Kerle sehen ein,
Daß wir wieder heime sein,
Ich und meine Reiter!«

Und nun ging es auf die Schweden,
Trotz Kanonen und Musketen
Thäten sie wie Schelme fliehn
Durch den Sand bei Fehrbellin.
Liefen bis zum Meere.

---

* Einzelne dieser Lieder geb' ich in den Anmerkungen. (Diese »Anmerkungen« Fontanes sind in unsere Ausgabe nicht aufgenommen. Vgl. dazu »Fontanes Quellen« S. 523. Anm. d. H.).

Dreizehnhundert Schweden lagen
Auf dem blut'gen Sand erschlagen;
Die man auf der Flucht noch fing,
Deren Zahl war nicht gering,
Auch noch nah an Tausend.

Und der Churfürst stieg vom Pferde,
Kniete nieder auf die Erde,
Dankte Gott für seinen Sieg,
Denn absonderlich im Krieg
Lernet sich das Beten.

9) *G. Hesekiel:* Das Kind von Fehrbellin.
Der Churfürst reitet gewaltig zur Schlacht
Mit seinen Paladinen,
Der Derffling, Görtzcke, Hennig, Kracht
Sind allesammt erschienen,
Churbrandenburg'sche Reiterwacht,
Und Gott im Himmel mit ihnen. etc.

10) *G. Hesekiel:* Emanuel von Froben.
Und an Friedrich Wilhelm's Seit'
Emanuel von *Froben* reit't,
War ein Diener treu wie Gold,
Was er heute zeigen sollt'. etc.

11) *G. Hesekiel:* Hennig v. Treffenfeld.
Wer so die Feinde treffen kann
Im Feld, der ist ein Edelmann,
Steht auf mein tapfrer Kriegesheld
Als *Hennig* Herr von *Treffenfeld.* etc.

12) *Friedrich v. Sallet:* Der Derfflinger.
Ein Gott den Soldaten, ein Teufel im Streit,
Wie maß er der Schwedischen Heer
Bei Fehrbellin die Läng' und die Breit'; –
Die eiserne Elle war schwer. etc.

13) *Eugen Herzog von Württemberg:* Fehrbellin.
Es stürmen die Reiter wie Windsbraut daher,
Es schmieden die Schwerter wie Hämmer so schwer,
Und schmettern die Donner des Feindes darein,
Es gilt im Getümmel der Vorderste sein. etc.

14) *Julius Metz* (Landwehrmann aus Luckenwalde): Im Feld bei Fehrbellin.
Im Kriegsgefild bei Fehrbellin, wenn naht die Mitternacht,
Wenn Alles ruhig schlummert, und kaum ein Sternlein wacht,
Da wird, wenn's zwölf geschlagen, die Nacht zum hellen Tag,
Die Luft erdröhnet mächtig, wie von Geschütze Schlag. etc.

1) Denkmal in Rathenow.
2) Denkmal auf dem Fehrbelliner Schlachtfeld.
3) Gobelin-Tapete im Königl. Schloß: Schlacht bei Fehrbellin.
4) *Eybels* großer Kurfürst bei Fehrbellin (im Königl. Schloß).
5) *Weitsch:* Der Prinz von Hessen-Homburg als Gefangener vor dem Kurfürsten. (Wahrscheinlich im Königl. Schloß; im Stich mannigfach verbreitet.)
6) *Bernhard Rode:* Die Schlacht bei Fehrbellin. (Im Besitz des Geh. Commerzienraths Fretzdorff in Stettin.)

Diese Aufzählungen – deren gewiß vielfache Lücken ich die Leser meines Buches ersuche, je nach dem Maß ihres beßren Wissens auf diesem oder jenem Gebiet ausfüllen zu wollen – werden trotz ihrer Unvollständigkeit ausreichen, ein Bild davon zu geben, was »Fehrbellin« zu allen Zeiten dem Gemüth unsres Volkes gewesen ist. Keine Schlacht, von den vielen die kamen, hat jenen ersten »achtzehnten Juni« zu überflügeln oder zu verdrängen vermocht. Und das *letzte* Bild ist noch nicht gemalt und das *letzte* Lied noch nicht gesungen.

Barsekow. Eine Meile von Neustadt a. D. – Altes Dorf. Das Patronatsrecht der Kirche war bis 1540 beim *Kloster Zehdenik.* Barsekow hat ein altes Kirchenbuch, das mit 1670 beginnt. Darin befindet sich ein von dem Prediger *Michael Stechow* in dem genannten Jahre 1670 geschriebener Aufsatz über die *»Kirchen-Agende zu Barsikow«.* Dieser Aufsatz enthält mancherlei Interessantes, das ich auszugsweise in den Anmerkungen mittheile. Eben daselbst gebe ich auch Auszüge aus einem langjährigen, die Zeitverhältnisse gut charakterisierenden Prozeß, der, wegen der Wiesen im Rhinluch, von 1567–1598 zwischen den Barsikowern und Reimer v. Winterfeldt geführt wurde.

Bechlin. Ein großes, wohlhabendes Dorf (800 Einw.), etwa eine drittel Meile von Ruppin. Die alte Feldstein-Kirche gilt (verglichen mit anderen Dorfkirchen hierlandes) als ein Musterstück romanischen Baustils. Meiner Meinung nach indeß zeigen einzelne alte Kirchen im Ober-Barnim, z. B. im *Ringenwalde,* diesen Stil reiner und charakteristischer. Der Altarschrein, groß und in Ansehung der Verhältnisse mit einer gewissen Munifizenz ausgestattet, ist eine säulengeschmückte, zum Theil vergoldete Roccoco-Arbeit (1713), die sich in dem schmucklos-strengen romanischen Bau etwas überraschend ausnimmt. Und doch kann man nicht sagen, daß diese Ueberraschung störe; gegentheils, eine strenge Nüchternheit wird beinah wohltuend unterbrochen.

Auf dem Dach der Bechliner Kirche befindet sich das Wahrzeichen des Dorfes, das sogenannten »Knief«. Knief (das englische knife) bedeutet *Messer,* aber doch nur eine bestimmte *Art* und zwar sichelartig-

* Dies Kapitel ist ein bloßer *Versuch;* von der Art, wie er aufgenommen wird, werde ich es abhängig machen, ob ich ihn erneure und erweitre, oder nicht. Jedes Dorf beinah hat irgend etwas, das einer kurzen Aufzeichnung wohl werth sein möchte, ohne doch andererseits den Stoff für eine ausführlichere Besprechung zu bieten. Auf solche *kleineren* Details hin (Sagen und historische Miscellen, Glocken und Grabsteine, Bilder und Curiositäten) hab' ich nun vorläufig die Ruppiner Landschaft abgesucht, besonders das Terrain am gleichnamigen See. Ob ich dabei immer eine richtige Auswahl getroffen habe, überhaupt in der richtigen Weise verfahren bin, steht freilich sehr dahin. Der Sammler weiß dies in der Regel am wenigsten; er ist zu sehr Partei. Ausschließen, weglassen ist schwer und alles bringen ist gefährlich. Dazu kommt, daß ich selbst bei *diesen* Dingen glaube bemerkt zu haben, wie das Auge mit dem man sah und *die Stimmung in der man schrieb, vielfach mehr in Betracht kommen, als die Sache selbst.* Auch die bloße »Notiz« erhebt noch ihre Ansprüche an Darstellung und es ist nicht gleichgültig wie diese ausfällt. Manches sachlich Aufzeichnenswerthe ist gescheitert und manches Gleichgültige ist geglückt. Vielleicht stellt sich das Urtheil am günstigsten für mich und diese Art der Einheimsung, wenn der Leser vom Einzelnen absieht und das Ganze auf sich wirken läßt.

geschweifte. Wort und Sache sind bis diesen Tag in Gebrauch. Am meisten Aehnlichkeit hat das »Knief« mit einem großen Gärtnermesser.

Die Geschichte vom »Knief« aber ist folgende:

Ein Jäger hatte eine Liebschaft mit einem Mädchen. In der Beichte bat er um Absolution und als ihm diese verweigert oder an allerhand Bedingungen geknüpft wurde, erstach er den Priester. (Aber *nicht* mit dem »Knief«, wie sich die Bechliner irrthümlich erzählen.) Bechlin wurde nun in den Bann gethan und mußte selber Wachen ausstellen, die jeden Verkehr mit dem Dorfe zu hindern hatten. Die Stelle (an der Ruppiner Grenze), wo die Wachtposten standen, heißt bis diesen Tag die »Warnung«. Eines Tages erschien der Ruppiner Graf und machte Miene die Grenze ohne Weiteres zu passiren. Der Wachtposten aber sprang vor und zerschnitt mit dem »Knief«, das er, als eine Art Sensenmann, in Händen hatte, die Stränge der Pferde. Dieser Gehorsam gegen die Anordnungen der Kirche, söhnte die letztere mit den Bechlinern wieder aus und der Bann wurde von ihnen genommen. Das »Knief« aber wurde zum ewigen Gedächtniß zwischen den zwei Thurmspitzen aufgehängt. Jetzt, nach dem Umbau des Thurmes, befindet es sich an der Giebelseite der Kirche.

Ihr Wahrzeichen scheint übrigens den Dorfbewohnern Glück zu bringen. Anno 13, 14 und 15 ist von allen Bechlinern, die in's Feld zogen, nur *einer* gestorben, *keiner* gefallen. – Vor Düppel waren 23; 17 davon machten den Sturm und den nachfolgenden Kampf mit, aber keiner ist geblieben. (Wie es ihnen auf »Alsen« ergangen – wo bekanntlich die 24er und 64er die Hauptarbeit hatten – hab' ich nicht in Erfahrung gebracht.)

Binenwalde. War früher (so wird erzählt) ein bloßes Forsthaus im Zühlen'schen Forstrevier. Zur Zeit, als Kronprinz Friedrich in Rheinsberg residirte, wohnte hier Förster *Kusig.* Seine schöne Tochter *Sabine* – gewöhnlich Binchen oder »die Bine« geheißen – stand in einem Verhältnis zum Prinzen, der eine Zeitlang nirgends lieber verweilte, als im Forsthaus. 1753, also fast 20 Jahre später, schenkte er dem Vater der »Bine« einige benachbarte Ländereien und gab diesen den Namen »Binenwalde«. Liegt dieser Erzählung etwas Wahres zum Grunde (und soviel steht fest, daß die Försterstochter Sabine Kusig hieß), so muß der Ort – wie auch viele thun – Binenwalde und nicht Bienenwalde geschrieben werden. Vor dem jetzigen Gutshause steht eine Statue, von der das Volk sagt: »es ist die Bine«.

Buskow. Eine Viertelmeile von dem Zieten'schen Wustrau. Das Buskower Herrenhaus war Zeuge der ersten Kränkung, die unserm *Hans Joachim v. Zieten,* gleich an der Schwelle seiner militairischen Laufbahn, widerfuhr. Buskow gehörte 1713 dem General *v. Schwendy,* dem Inhaber des Schwendy'schen Infanterie-Regiments, in das der damals erst 14jährige Hans v. Zieten eintreten sollte. Er ging von

Wustrau nach Buskow hinüber, um sich dem General, der gerade auf seinem Gute anwesend war, vorzustellen. Er ließ sich melden. Der General, ein großer, stattlicher Herr, trat dem 14jährigen, sehr kleinen und sehr häßlichen Junker entgegen, der so verschüchtert war, daß er nur eben noch sagen konnte: »ich bitte um die Erlaubniß, dem Herrn General aufwarten zu dürfen.« Der General musterte den Junker und sagte nur: »thu' Er das«, drehte sich dann um und legte sich, ohne weitere Notiznahme zum Fenster hinaus. Zieten hat diese Kränkung nie vergessen können und er verfärbte sich, noch in späteren Lebensjahren, jedesmal, wenn er davon erzählte.

Die Buskower Kirche ist ein alter, durch die seltsame Schindel-Kappe, die der Thurm trägt, höchst malerischer Bau. Innen ist er desto öder. Nach der Dorfgasse zu, lehnt sich ein Erbbegräbniß an die eine Längsseite der Kirche an. In dieser Gruft sind wahrscheinlich, neben verschiedenen Mitgliedern der Familie Kröcher, der General *v. Schwendy* (von dem ich oben erzählt) und der Feldmarschall *v. Dossow* beigesetzt worden, der unter Friedrich Wilhelm I. sehr angesehen und unter denjenigen Generalen war, die den König in seiner Bitterkeit gegen den Kronprinzen bestärkten. – Die Gruft ist seit Kurzem zugemauert worden.

Campehl. Eine Viertelmeile von Neustadt a.D. Gehörte früher der alten Familie v. Kahlebutz, die seit etwa Mitte des vorigen Jahrhunderts ausgestorben ist. 1732 gab es noch einen Hauptmann v. Kahlebutz, der (vgl. S. 61)* eine Compagnie im Regiment Kronprinz kommandirte. – Die Sehenswürdigkeit von Campehl ist die Leiche eines Majors v. Kahlebutz, die, völlig mumificirt, in der alten, mit allerhand Gewaffen ausstaffirten, aber ziemlich wüsten Gruftkammer ruht. Diese »Mumie des Herrn v. Kahlebutz« hat eine völlige Geschichte und ist der Gegenstand, an den das Spuk- und Sagenbedürfnis des Volks in dortiger Gegend, mit besonderer Vorliebe anknüpft. Es heißt »Herr v. Kahlebutz verwest nicht, weil er seinen Schäfer erschlagen«. Ich weiß nicht, was es damit auf sich hat, aber die Mumie selbst hat die verschiedensten Schicksale erfahren. Uebermüthige Franzosen, so wird erzählt, schafften (1806 oder 7) die Mumie aus der Gruft in die Kirche und begannen, in höllischer Blasphemie, ihn als Gekreuzigten auf den Altar zu stellen. Einem unter den Uebelthätern mochte das Herz schlagen. Als er beschäftigt war, die linke Hand festzunageln, fiel der erhobene Mumienarm zurück und gab dem untenstehenden Franzosen einen Backenstreich. Dieser fiel todt um; Schreck und Gewissen hatten ihn getödtet.** Natürlich *spukt* Herr v. Kahlebutz auch.

---

* s. »Kronprinz Friedrich in Ruppin« Bd. I, S. 75 unserer Ausgabe (Anm. d. H.).

** Aehnliches wird in Bechlin erzählt; –dort sollen es die Schweden (im 30jährigen Krieg) gewesen sein, die einen Geistlichen aus der Gruft holten. Was übrigens die Campehler Geschichte angeht, so muß es sich damit nothwendig

Auf dem Wege nach Neustadt und nach Wusterhausen treibt er sein Wesen. Er springt den Leuten auf den Rücken (»er huckt hinten auf«) und wird immer schwerer, je mehr sie sich mühen ihn abzuschütteln. Nur über die Dosse kann er nicht. »Als ich auf die Brücke kam – erzählte mir eine alte Frau – hörte ich etwas in's Wasser fallen und im selben Augenblick war ich frei.«

Vor einigen Jahren zog Herr v. Kahlebutz aus, d. h. seine Mumie kam nach Neustadt. Sie wurde einem dortigen Arzt zum Geschenk gemacht und dieser, um das Geschenk zu ehren, gab Herrn von Kahlebutz einen Platz in seinem Empfangszimmer. Aber es währte nicht lange. Keiner war auf die Dauer befriedigt. Viele Patienten, – nachdem sich's ausgesprochen, daß Herr v. Kahlebutz beim Doktor in der Zimmer-Ecke stehe, – wollten diesen nicht länger besuchen; Frauen, die es nicht wußten, erschraken, oder fielen in Ohnmacht. Unbefriedigt waren auch die Handwerksburschen, die Campehl passirten und beim Küster anfragten, »ob sie nicht den Herrn v. Kahlebutz sehen könnten.« Am unzufriedensten aber war der Küster, der durch die Translocirung der Mumie eine nicht unwesentliche Einnahmequelle verloren hatte. Die natürliche Folge war, daß der alte Zustand der Dinge wiederhergestellt und zur Freude und Befriedigung aller Betheiligten Herr v. Kahlebutz nach Campehl zurückgebracht wurde. Er ruht nun wieder an alter Stelle und die Handwerksburschen, die zwischen Berlin und Hamburg ziehen, besuchen ihn in seiner Gruft.

Carwe. (Vgl. S. 14).* Carwe, wie mehrere andere Dörfer im Ruppinschen, hat ein ziemlich weit zurückgehendes Kirchenbuch. Die ältesten Notizen sind aus dem Jahre 1611. Die Schrecknisse, die der 30jährige Krieg dem Dorfe Carwe brachte, werden von 1626 an aufgezählt; doch enthalten diese Notizen (Pest, Plünderung, Mißwachs) nichts, was zu dem oft entworfenen Bilde einen neuen Zug hinzufügte. Der Schilf-Wald im See, den ich in dem Carwe-Kapitel beschrieben, spielte übrigens schon damals (während des 30jährigen Krieges) seine Rolle. Menschen und Vieh versteckten sich darin, wenn die Plünderer anrückten.

Die Carwer Kirche ist alt. Ein mit dem Kreuze geschmücktes Feldsteinportal, vom Feldmarschall v. d. Knesebeck 1844 errichtet, führt von der Dorfgasse auf den Kirchhof. Das Portal hat, nach außen und innen zu, eine Inschrift. Die *Außen*-Inschrift lautet:

---

anders verhalten. Herr v. Kahlebutz liegt mit gefalteten Händen da, *die Finger beider Hände wie in eins zusammengewachsen.* Das Sagenbedürfniß des Volks läßt sich indessen durch solche widerstrebenden Thatsachen nicht stören.

* s. »Karwe« Bd. I, S. 25 unserer Ausgabe (Anm. d. H.).

Des Menschen Dasein auf der Erde
Ist Sorg' und Kampf mit sich und ihr,
Dann kommt der Ruf fort von der Erde,
Zum Richter dort, zur Ruhe hier.

Die Inschrift an der *Innen*-Seite ist folgende:

Die sanft hier ruhn, die sind verwandelt,
Befreit von Erdensorg' und Pein,
Und wer nach Christi Wort gehandelt,
Darf sich der Gnad' des Richters freun.

Beide Sprüche tragen die Unterschrift v. d. K.

Links auf dem Friedhof, unter sechs Linden, die eine große Laube bilden, befindet sich die Grabstätte der Knesebecks. Auch Generalmajor v. Bojanowski ist hier begraben. Unter einem aufrecht stehenden Granitstein, wie deren auf den Feldmarken von Wustrau und Carwe so prächtige Exemplare gefunden werden, ruht Friedrich Wilhelm Leopold v. d. Knesebeck, der Vater des Feldmarschalls. In den Stein ist eingemeißelt: F. W. L. v. d. K.; – gb. 1734, gst. 1803. Daneben liegt ein zweiter Granitblock, viel größer als der vorige, mit der Inschrift: Der Knesebecken Grab. Unter diesem Stein wollte der Feldmarschall begraben sein, *wenn er in Carwe stürbe;* sonst da (so hatte er es angeordnet), wo er sterben würde. Er starb in Berlin und wurde auf dem Garnisons-Kirchhof beigesetzt. In der Kirche zu Carwe aber wurde ihm eine eiserne Gedächtnißtafel errichtet. Die Inschrift derselben lautet »Carl Friedrich v. d. Knesebeck, geb. zu Carwe 1768, gest. zu Berlin 1848. Königl. Preußischer General-Feldmarschall, focht zur Ehre seines Königs und seiner Nation in siebzehn Schlachten und diente dem Wohl des Vaterlandes von seinem 13. Lebensjahre bis zu seinem Tode. Friede seiner Asche, Ehre seinem Andenken«.

Daneben hängt die Gedächtnißtafel für die 1813–15 Gefallenen. Sie trägt die Inschrift:

Und ist unsre Stunde kommen,
So lasset uns ritterlich sterben.

Dann folgen die Namen. Carwe hatte damals nur wenig über 200 Einwohner; davon waren 27 in den Krieg gezogen, 9 fielen, 2 kehrten mit dem eisernen Kreuz heim. (Im letzten Kriege waren 20 Carwenser mit bei Missunde und Düppel.)

Auf dem Altar stehen ein großes gußeisernes Crucifix und zwei Altarleuchter. Sie sind ein gemeinschaftliches Geschenk Friedrich Wilhelms III. und des Kaisers Alexander. Die Veranlassung war folgende. 1818 besuchte Kaiser Alexander, begleitet vom König und unsrem Knesebeck, die Königl. Eisengießerei. Knesebeck, der kurz vorher die oben erwähnte Gedächtnißtafel für die Gefallenen bestellt hatte, fand

Gelegenheit dem Kaiser von der Bravour und Loyalität seiner Carwenser zu erzählen. Als er (Knesebeck) gleichzeitig Crucifix und Leuchter für seine Kirche erstehen wollte, sagte der König zum Kaiser: »Wir wollen's der Carwer Kirche gemeinschaftlich schenken.« Und so geschah's. Silberplatten, die in das Fußgestell des Crucifixes eingelegt sind, geben die nöthigen Namen und Daten. Eine der Platten trägt die Inschrift:

Gott war mit uns in heißer Wehr,
Allein Gott in der Höh' sein Ehr'.

Garz. Auf dem großen Wirthschaftshofe, der ein längliches Viereck bildet, stehen zwei alte Thürme. Der größere ist viereckig und in drei Stockwerken fast ganz aus Feldstein aufgeführt. Bis vor ohngefähr 40 Jahren hatte der Thurm noch eine Fachwerk-Etage mehr, die aber wegen Baufälligkeit herunter genommen wurde; nur die alte Wetterfahne kam auch auf das neue Dach. Sie zeigt die Buchstaben G. W. v. Q. (General-Wachtmeister v. Quast) 1660. Der Thurm, der in Keller, Erdgeschoß und erstem Stock gewölbt ist, ist, höchst wahrscheinlich, aus dem 14. Jahrhundert und war, muthmaßlich bis in die Zeiten *nach* dem 30jährigen Kriege, das *Wohnhaus der Familie.* Der Treppenanbau ist später. Besser als irgend ein anderer alter Burg- oder Schloß-Bau, den ich in der Mark kennen gelernt habe (es sind ihrer nur wenige vorhanden), giebt uns dieser Garzer Thurm ein Bild davon, wie der märkische Adel vor vier, drei und selbst vor zwei Jahrhunderten, wohnte und lebte. Der ganze Bau besteht aus einem Keller und drei Zimmern, alle gleich groß; nur in *Klein-Machenow,* zwei Meilen von Berlin und den Hakes gehörig, bin ich einem viereckigen Thurm, von ziemlich gleichem Alter und gleicher Gestalt wie der Garzer begegnet.

Dieser Thurm stand inmitten einer Graben-Einfassung, die sich ebenfalls sehr lange intakt erhalten hat und erst zu Anfang dieses Jahrhunderts zugeworfen wurde. – Zu der ganzen ehemaligen Befestigungs-Anlage gehört auch der aus Backstein aufgeführte *Rundthurm,* der ebenfalls auf dem Wirthschaftshofe, aber etwa 100 Schritt weiter rückwärts liegt. Sein unteres Geschoß zeigt ein gothisches Polygonen-Kreuzgewölbe von bemerkenswerther Zierlichkeit. In den Mauern steckten bis vor Kurzem schwere eiserne Ringe, woraus man, und gewiß mit Recht, geschlossen hat, daß es der Thurm für die Gefangenen war. Hier saßen also höchst wahrscheinlich die Jüterbocker Bürger »im Thurm«, die in einer Fehde zwischen Magdeburg (Jüterbock war erzbischöflich) und den Quästen, von diesen letztern gefangen genommen wurden. Dies war 1419. *Jetzt dient dieser Thurm als Taubenhaus.*

Genzrode. Eine erst seit wenigen Jahren bestehende, *in mehr denn einer Beziehung höchst interessante Neuschöpfung der Familie Genz.* Kaufmann Genz in Ruppin (derselbe der den Fridericianischen Garten und den »Tempel« besitzt, von dem ich Seite 69* ausführlicher gesprochen habe) brachte einen wesentlichen Theil der sogenannten »Kahlenberge« käuflich an sich. Diese Kahlenberge, wie mehrfach erwähnt, sind – ganz nach Art der historisch berühmten »Rehberge« – bloße Sandkegel und die Aufgabe, die Kaufmann Genz sich stellte, war die, das scheinbar absolut-Unfruchtbare in Parkland und blühende Felder zu verwandeln. Es war dies ein Unternehmen, das natürlich nur mit bedeutenden Mitteln in's Leben gerufen werden konnte, ein Vorhaben, dessen Rentabilität, ja auch nur dessen Durchführung überhaupt, mindestens zweifelhaft blieb. Aber darin lag der Reiz. Ein Pferd, einen Hund dressiren, kann jeder; aber einen Fuchs so weit abrichten, daß er die Dienste eines Hofhundes thut, das war eine Aufgabe, die in gewissem Sinne lohnenswert erschien. Etwa nach diesem Prinzip wurde *Genzrode* auf dem ehemaligen Kahlenberge gegründet. Die Anlage ist erst sieben Jahre alt (seit 1857). Mitten auf einem weiten Sandplateau wurde eine *Brennerei* und eine Anzahl von *Viehställen* gebaut. Sie gaben das Fundament der Wirthschaft. Die Abgänge der Brennerei nährten das Vieh, die Abgänge des Viehs nährten den Boden; – so wurde der Sandscholle nach und nach (wenn man bei 7 Jahren von einem »nach und nach« sprechen kann) eine gewisse Tragfähigkeit gegeben. Eine *Ackerwirthschaft* ist im Gange; weite Strecken sind mit Laubholzschonungen, namentlich mit Eichen, bepflanzt; eine 60 Morgen große Parkanlage, die das Wohnhaus umgiebt, zeigt bereits hohes Gebüsch und leiht Schatten. Die Schwierigkeiten des Unternehmens treten einem am deutlichsten entgegen, wenn man erwägt, daß das ganze Gut *keinen Tropfen Wasser* hat. Ein mächtiger Brunnen schafft erst das Wasser, das Wirthschaft und Brennerei gebrauchen, von tief unten herauf und das abfließende Brennerei-Wasser schafft erst den *Tümpel,* ohne den ein Wirthschaftshof nicht bestehen kann.

Ob die Anlage sich jemals als vortheilhaft für den Besitzer herausstellen wird, muß, wie schon angedeutet, dahingestellt bleiben. Jedenfalls aber hat sie ihre *landwirthschaftliche Bedeutung.* Sie wird, und zwar glänzender als irgend eine andere mir bekannt gewordene Anlage, zeigen, was unter Umständen aus der trübseligsten und hartnäckigsten Sandscholle zu machen ist. Sollten dann die *Gesammt-Resultate* auch wirklich derart sein, daß sie nicht zu *direkter* Nachahmung aufforderten (was wegen des Anlage-Kapitals immer seine Schwierigkeiten haben wird), so würden doch im Einzelnen manche Erfahrungen und unzweifelhaft auch manche *Erfolge* gewonnen sein. Das läßt sich schon jetzt absehn. Werden namentlich kleinere Besitzer auch vielleicht nie dem Beispiel folgen können, das hier gegeben wird, so werden es doch alle diejenigen können, die über große Mittel ge-

---

* s. »Kronprinz Friedrich in Ruppin«, Bd. I, S. 81/82 unserer Ausgabe (Anm. d. H.).

bieten, und man darf sagen, die Resultate werden im Verhältnis zu den jedesmaligen Mitteln stehn, die man im Stande oder geneigt sein wird, an eine solche colonisirende Aufgabe zu setzen. *Diese Sand-Colonisirungs-Versuche* sind eigentlich das unausbleibliche Seitenstück zu den *Sumpf-Colonisirungs-Versuchen,* die vor nunmehr 100 Jahren von unsren Königen in den Lüchern und Brüchern der Provinz begonnen wurden. Man versprach ihnen damals wenig Erfolg; – jetzt weiß man mit wie großem Unrecht. Vielleicht hat auch noch der Sand eine Zukunft.

Was dieser Anlage Genzrode noch einen besondren Reiz verleiht, das ist ihr *ausgesprochen bürgerlicher Charakter.* Es tritt dies in einzelnen Zügen mit einer gewissen Ostentation hervor (in der Halle z. B., in der sich, statt der Ahnenbilder, nicht nur die Portraits der Familie Genz befinden, sondern auch die Portraits der *Inspektoren, Gärtner* und *Brenner,* die mitgeholfen haben, diese Anlage in's Leben zu rufen), aber es ist dies durchaus ein Ort, wo man die *Pflicht* hat über manches hinwegzusehn, was einem mißfällt, und wo es sich geziemt der Kraft und der Unermüdlichkeit Respekt zu bezeugen, die den Muth hatten, große Ziele in's Auge zu fassen. Was an kleiner Menschlichkeit mit drunter läuft, darf uns die Freude daran nicht verderben. Ich spreche es mit Ueberzeugung und mit besonderem *Nachdruck* aus, daß hier (gern gesehn oder nicht) eine *Kraft* liegt, ein Hinweis, ein Vorbild. – Die Sprüche in der schon erwähnten Bilder-Halle entbehren eines romantischen Klanges, es sind keine Schild- und keine Banner-Sprüche, aber eben deshalb passen sie *hierher.* Auch mancher andere könnte sie beherzigen. Sie lauten:

Was verkürzt die Zeit?
Thätigkeit.
Was macht gewinnen?
Nicht lange besinnen.
Was bringt zu Ehren?
Sich wehren.

Gnevkow. Schön gelegenes Dorf am Ostufer des Ruppiner See's, eine halbe Stunde von Carwe, eine Stunde von Wustrau. Altes Besitzthum der Familie v. Woldeck (in diesem Zweig erloschen). Interessant sind die, beinah nachbarlichen Zerwürfnisse, die in den 30er Jahren zwischen dem *letzten* Zieten-Wustrau und dem *letzten* Woldeck-Gnevkow vorkamen. Zieten, damals Landrath, war nicht ohne Schuld; aber doch mehr im Recht als sein Gegner. Ich komme zu andrer Zeit auf diese Vorfälle zurück.

Auf dem Kirchhof liegt der große, schwer zu entziffernde Grabstein eines Rittmeisters Gregor v. Woldeck, geb. 1667, gest. 1735. Interessanter ist, innerhalb der Kirche selbst, ein großes Transparent-Bild, ein Ueberbleibsel jener Feier, die hier, bei Gelegenheit seines 50jährigen

Dienstjubiläums, zu Ehren des Generallieutenants v. Woldeck stattfand. Das Transparent, das fast die Höhe der Kirchenwand hat, stellt einen Obelisken dar, zu dessen Seiten Mars und Minerva stehn, während Posaunen-Engel in die Tuba blasen und die Muse der Geschichte die Thaten v. Woldecks mit ehernem Griffel aufzeichnet. Das Ganze – ein papiernes Seitenstück zu den Rheinsberger Festlichkeiten, die damals, mit mehr oder weniger Glück, überall im Lande kopirt wurden. Die Inschrift lautet: »Dem würdigsten General-Lieutenant Alexander Friedrich v. Woldeck zum Dienst-Jubilaeo. – Geb. 1720. Er focht als Held bei Molwitz, Hohenfriedberg, Soor, Prag und Collin; empfing Wunden der Ehren bei Breslau, Kunersdorff und Freiberg; war unter Prags Belagerern zu zweien Malen; entging dem nahen Tode bei Malchin; wurde von seinem Könige zum General-Lieutenant ernannt den 19. Mai 1789. Gewidmet von dem Corps der Offiziere seines (des Prinz Ferdinand'schen) Regiments den 18. Juni 1789«. Das Ganze, wiewohl nicht ohne ein gewisses Geschick entworfen, macht einen so unkirchlichen Eindruck wie nur möglich und ich möchte wissen, wie sich die Gnevkower mit diesen heidnischen Theaterpuppen abfinden. Eine Bemerkung übrigens, durch welche ich keineswegs um Exmission petitionirt haben möchte.

Gottberg. Die Kirche zu Gottberg besitzt das älteste Kirchenbuch im Lande Ruppin; überhaupt wird es wenige Kirchenbücher in der Mark geben, die älter sind. Es dient vollständig als *historische Quelle* für die Zeiten des 30jährigen Krieges, deren Verwüstungen speziell in der Grafschaft Ruppin (und dieser Landestheil soll mehr gelitten haben, als irgend ein anderer) darin mit großer Ausführlichkeit von Seiten des damaligen Gottberger Predigers erzählt werden. Bratring, in seiner Geschichte Ruppins, hat sich vielfach auf diese Schilderungen gestützt. Sie sind übrigens auch, Ausgangs des vorigen Jahrhunderts, im 8. Stück des *Ruppinisch-Priegnitzischen* Wochenblatts gedruckt worden, eine Zeitschrift indeß, die jetzt wahrscheinlich noch schwerer zu haben ist, als das Gottberger Kirchenbuch, das (mit vollem Recht) nicht außer Händen gegeben wird.

Krentzlin. Eine halbe Meile von Ruppin. Eine kurze Strecke vor dem Dorf, rechts am Ruppiner Wege, waren noch zu Anfang dieses Jahrhunderts Wall und Graben und die Auffahrt zu einer Burg sichtbar. Noch jetzt markiert sich die Stelle. Allerhand Sagen knüpfen daran an. Es heißt, von der Krentzliner-Damm-Brücke aus, die man noch jetzt passiren muß, führte in alten Zeiten ein unterirdischer Draht zum Schloß hin. Kamen nun Reisende des Wegs und fuhren über die Brücke, so zerrte der Draht an einer Glocke im Schloß; alles warf sich dann auf die Pferde und griff die Reisenden an. Es heißt weiter, der Krentzliner Schloßherr (dessen Name übrigens nicht genannt wird) habe zwei Brüder gehabt, von denen der eine das alte Seeschloß zu Alten-Ruppin, der andre das Schloß zu Wildberg inne hatte. Während eines großen Gastmahls, das der Alt-Ruppiner Schloßherr gab und zu dem auch seine beiden Brüder geladen waren, griffen die Neu-Ruppiner Bürger die Krentzliner Burg an und brannten sie nieder. Man fand noch zu Anfang dieses Jahrhunderts Holzkohlen und angebrannte Balken.

Die Familie Fratz, die übrigens auch schon wieder inzwischen ausgestorben, war schon 1327 in Besitz von Krentzlin. Die alte Feldsteinkirche, mit hohem Schindelthurm, besitzt einen sehr schönen Abendmahlskelch, der ein Geschenk dieser alten Familie *v. Fratz* ist. Der Kelch hat jene schöne Tulpenform und überhaupt alle jene Ornamente, wie ich sie in Band II. dieser Wanderungen, in dem Kapitel »Kloster Friedland,« beschrieben habe. Es ist ersichtlich, daß jene Friedländer Kelche und dieser Krentzliner desselben Ursprungs sind. Die Inschrift des letztern lautet: »Diesen Kelch hat Wolf Fratz und seine Hausfrau Maria Riben zu Gottes Ehren geben«. Dazu ein aufgelöthetes Cruzifix und die Jahreszahl 1600. Vier Wappenbilder sind eingegraben: Ein Pfau; dazu W. F. (Wolf Fratz); ein Fisch oder eine Otter; dazu M. R. (Maria Riber). Von den zwei andern Wappen scheint eins das Zieten'sche zu sein.

An einigen Stellen des Kelches ist das Gold abgekratzt. Ich hörte dabei, was mir neu war, daß die Landleute, wenn einer der Ihren schwer krank ist, sich gern an den Prediger wenden und etwas *Gold vom Abendmahlskelch* für ihren Kranken erbitten. Sie mischen es dann in die Medizin und glauben fest, wenn noch etwas helfen kann, so hilft *das.*

(Das Krentzliner Predigerhaus war ein Lieblingsaufenthalt Schinkels. Seine ältere Schwester war daselbst verheirathet. In seinen Knabenjahren hatte er ein ganzes Zimmer des Predigerhauses mit Bildern ausgemalt. Bis Anfang der 20er Jahre pflegte er Krentzlin alljährlich, während der Sommermonate, zu besuchen.)

Lögow. Nachbargut von Wildberg und Alt-Zieten'scher Besitz wie dieses. Die Kirche ist renovirt; die Erbbegräbnisse, links das Zieten'sche, rechts das Wuthenow'sche, sind zugeschüttet. Auf dem Kirchhofe ruht, unter einem mächtigen Sandstein, der Vorbesitzer des Guts. Die Grabschrift ist ansprechend: »Hier ruhet Hans Balthasar v. Zieten, weiland Kgl. Preuß. Obristlieutenant und Ritter des Verdienstordens, Erb-, Lehns- und Gerichtsherr auf Lögow. Geboren den 11. März 1753, starb er nach einem *heitren, langen Leben voll reger Kraft und wahrer Ehre,* den 1. April 1833.« (Durch seine Tochter ist er der Großvater des jetzigen Grafen Zieten-Schwerin auf Wustrau.) – In der Kirche befindet sich eine alte Kanzel, an der sich Lucia v. Zieten als Künstlerin versucht hat. Sie hat 3 Evangelisten gemalt, den vierten aber unterschlagen; ich weiß nicht mehr, wer dieser Bevorzugte ist. Controversen über die Urheberschaft sind unmöglich; gewissenhaft verzeichnet finden wir: Lucia v. Zieten 1636 pinxit.

Planitz. Eine Viertelmeile von Neustadt. Alter Besitz der Familie *v. Rathenow,* die hier seit über 400 Jahren angesessen ist. Hier wurde Andreas Fromm, der in den kirchlichen Kämpfen der Paul Gerhardt-Zeit eine hervorragende Rolle spielte und (später zu den Jesuiten übergetreten) von Schulrath Otto Schulz als der Verfasser der Lehnin'schen Weissagung angesehen wird, geboren. (Vgl. S. 46.)*

Radensleben. In der alten Kirche, deren ursprünglich schmale gothische Spitzbogenfenster neuerdings wiederhergestellt worden sind, befindet sich das Grabdenkmal (zugleich mit seinem Bildniß) des *Hans Georg v. Quast,* der bei Mollwitz fiel. Das Denkmal wurde ihm von seinen beiden ältren Brüdern errichtet, die bei dem berühmten Kürassier-Regiment *Ansbach-Bayreuth* standen und mit bei *Hohenfriedberg* waren. Die Inschrift lautet: »Der Hochwohlgeborne Herr, Herr *Hans George v. Quast,* Erb- und Gerichtsherr wie auch Kirchenpatron auf Radensleben, ward geboren den 3. Juli 1710. Verstand, Muth und Lebhaftigkeit begleiteten ihn. Er erwarb die Gnade des Königs, die Gewogenheit der Obern, die Liebe beider Regimenter der Leib-Cürassiers und Leib-Carabiniers. Jedermann wünschte ihm Glück. Dieses zu befördern, ward er von einem Regiment (den Cürassiers) zu diesem (den Carabiniers) versetzt, aber es beförderte seinen Tod. Er blieb den 10. April 1741 in der blutigen Schlacht bei Mollwitz. Der Geist ging zu Gott, der Leib ward von den siegenden Gefährten zu Grüningen bei Brieg beerdigt und dieses Denkmal setzten ihm seine schmerzlich betrübten Geschwister«. (Er trägt auf dem Bilde den pour le mérite, den er wahrscheinlich bei Mollwitz erhielt.)

(Radensleben, wenigstens ein Theil des Guts, war seinerzeit in Besitz des berühmten Kanzlers *Distelmeyer.* Ob derselbe sich jemals auf diesem seinem Gute aufgehalten hat, steht nicht fest.)

Ruppin (Alt-). Schloß Alt-Ruppin war die Residenz der Ruppiner Grafen, wahrscheinlich (es ist nicht genau nachweisbar) von Ausgang des 12. bis zu Anfang des 16. Jahrhunderts. Graf Wichmann, der Enkel der mehrgenannten Gräfin Anna Jacobine, starb hier 1524. – Er war der letzte Graf zu Lindow und Ruppin. (Vgl. S. 35)**

Von da ab, nachdem, wie wir gesehen haben, das Ruppiner Land als Lehn von Seiten des Kurfürsten eingezogen worden war, residirten *churfürstliche Landhauptleute* auf dem Alt-Ruppiner Schlosse. Diese Verwaltung des Landes durch Landhauptleute dauerte fast 200 Jahre und waren es nachweisbar ihrer 14, die von 1524 bis 1723 dies Amt bekleideten. Es waren: Matthias v. Oppen, Nickel v. Kötteritz, Hans Posen, Curt v. Rohr (ihm war außerdem noch die Grafschaft gegen 20,000 Gulden, die er vorgestreckt hatte, verpfändet), Rudolph v.

---

* s. »Andreas Fromm«, Bd. I, S. 71 unserer Ausgabe (Anm. d. H.).

** s. »Neu-Ruppin« Bd. I, S. 54 unserer Ausgabe (Anm. d. H.).

Knesebeck, Hunold v. Zerbst, Christian v. Bellin, Balthasar v. Brunn, Curt Bertram v. Pfuel, Johann Friedrich v. d. Loeben, Otto v. Schwerin, Otto v. Barfus, Geh.-Rath v. Prinz, Oberst Adam Christian v. Flanß. Später wurde die Grafschaft ein kurmärkischer Kreis und erhielt *Landräthe* (früher Kreis-Commissarien genannt) wie die andern Kreise.

1535 war die ganze Herrschaft Ruppin durch Kurfürst Joachim II. seiner Gemahlin *Hedwig von Polen* als Leibgedinge ausgesetzt worden und es ist erwiesen, daß sie 1571, nach Joachims Tode, das Alt-Ruppiner Schloß bezog, auch daselbst verstarb. Nur über das Jahr ihres Todes schwanken die Angaben; nach einigen starb sie 1573, nach andern 1583. Das Schloß selbst blieb noch durch Jahrhunderte hin; jetzt ist jede Spur davon verschwunden. Bratring giebt folgende Beschreibung des Schlosses, wie es im 16. Jahrhundert war:

»Es war ein stattlicher Bau (an der Nordspitze des See's) und galt als eine der angesehendsten Vesten des Landes. Der tiefe Graben, der es einfaßte, stand mit dem See in Verbindung und die 36 Fuß hohe Mauer war durch 20 Rundthürme gekrönt. Eine Zugbrücke und nur ein einziges Thor, führte an der Nordseite, wo noch gegenwärtig die Auffahrt zum Amtshofe ist, auf den *Burghof;* dieser war rund und von allen Seiten mit Gebäuden bebaut, die sich an die Mauer lehnten. Dem Eingang gegenüber stand das gräfliche Schloß, welches mit der Schloßkirche und dem rechten Flügel einen kleinen viereckigen Hofraum einschloß. Es war ein massives, zwei Geschoß hohes Gebäude, mit vielen Zimmern und Sälen, deren Decken der meisterhaften Stukkatur-Arbeit wegen, sehenswerth waren. Groß muß die Anzahl der Zimmer gewesen sein, da im 14. Jahrhundert *vier* regierende Grafen zugleich im Schloß wohnten. Eine vorzüglich schöne Treppe führte zum zweiten Geschoß, in welchem sich über dem Portal eine kleine *Kapelle* befand, mit einem Altar, einer gewölbten Decke und verschiedenen in Stein gehauenen Statuen der Grafen geziert. Sie war der heiligen *Anna* gewidmet, und diente der gräflichen Familie zu den täglichen Messen. An einer der Wände las man folgende Inschrift:

Anno millino quingenteno tria lustra
Jungito, dum tauri medium sol cernerit albi,
Dumque duodenum Wichmannus tangerit annum
Nobis hic Comes, est pictum hoc sic arte sacellum.

Am südlichen Ende des linken Flügels stand die ansehnliche *Schloßkirche.* Diese ist aber mit dem ganzen Flügel im dreißigjährigen Kriege verwüstet, wahrscheinlich angezündet, weil man, so lange noch Rudera davon übrig waren, die deutlichsten Spuren von Brand sah. Alle unsere Zeitgenossen (1799 geschrieben) haben nur noch die Mauern der Kirche und eine einzige Wand des Flügels gesehen. Die übrigen Theile des Schlosses hatten sich mit ihren schönen Kellern bis zum

Jahre 1779 so ziemlich erhalten; damals aber stürzte das Dach ein, durchschlug die beiden Decken im ersten und zweiten Geschoß, und verwandelte das Innere in einen Schutthaufen. Das Mauerwerk dieser schönen Ruine ward endlich 1787 theils zu dem Neu-Ruppiner Bau, theils zum Bau des neuen massiven Amtshauses abgebrochen. Ein gleiches Schicksal hatten die Neben-Gebäude, welche den Schloßhof umgaben, so daß gegenwärtig nur noch ein geringer Theil am *Thorwege* vorhanden ist (seitdem auch verschwunden), der von der ehemaligen Beschaffenheit der Gebäude eine Idee geben kann. Alles Uebrige ist nach und nach demolirt, der Schloßgraben verschüttet und dem neuen Amtshofe die Gestalt eines Vierecks gegeben.«

Walsleben. In früherer Zeit ein Klitzing'sches Gut. An der alten Kirche daselbst befindet sich ein aufrecht stehender Grabstein, der die geharnischte Reitergestalt eines v. Klitzing, und zwar von hervorragend schöner Arbeit, zeigt. Vielleicht derselbe Klitzing, der zu Ausgang des 30jährigen Krieges und in der nächstfolgenden Epoche sich auszeichnete.

Wildberg. Großes Dorf, halbenwegs zwischen Neustadt und Ruppin; früher ein Flecken. In Zeiten, die dem Aussterben der Ruppiner Grafen vorausgingen, besaßen sie theils diese, theils die *Zietens.* Diese letzteren haben sich hier seit 1525 erhalten. Es ist der Mittelpunkt des ansehnlichen Stück Landes, das man als »Zieten-Land« bezeichnen kann und in alter Zeit die Dörfer Wustrau, Wildberg, Langen, Walchow und Buskow (zu Zeiten auch Theile von Nackel, Protzen, Krentzlin und Metzelthin) umfaßte. Es ist in der Ordnung, daß der Wildberger Gasthof »zum alten Zieten« heißt.

Burg *Wildberg* war, neben der Burg zu Alten-Ruppin, die festeste in der Grafschaft. Wer sie besaß, ist nicht mit Bestimmtheit zu sagen. Es gab im 14. Jahrhundert »Herren zu Wildberg« und steht es dahin, ob diese, oder die Ruppiner Grafen oder die Zietens, letztere vielleicht als erbliche Burghauptleute, die Burg inne hatten. Denn die Zietens waren hier höchst wahrscheinlich lange vor 1525 angesessen.

Wann, durch wen und unter welchen Verhältnissen die alte Burg zerstört wurde, ist nicht mehr festzustellen. Der Sage nach wurde sie durch Kurfürst Friedrich I. niedergebrochen; doch würden darüber höchst wahrscheinlich Aufzeichnungen existiren, wie über das Brechen der Quitzow-Schlösser: Friesack, Plaue, Golzow und Beuthen. So viel ist erwiesen, daß die »Burg« nicht mehr existirte, als die dazu gehörigen Ländereien der Gräfin *Anna Jacobine,* der Großmutter des letzten Grafen von Ruppin (vgl. S. 35)* im Jahre 1478 als Wittwensitz zugeschrieben wurden. Die alte Gräfin soll zwar 1499 eine Zeit lang auf dem »Schlosse zu Wildberg« gewohnt haben, ein Ausdruck, der

* s. »Die Grafen von Ruppin« Bd. I, S. 54 unserer Ausgabe (Anm. d. H.).

aber nicht anders zu verstehen ist, als z. B. das Wohnen auf dem Nicolai- oder Georgen-Kirchhof. Bezeichnungen derart überdauern die Sache und haften zuletzt am *Lokal.*

1713 existirte Burg Wildberg, d. h. die bloßen Feldsteinwände, noch ziemlich vollständig und zu Anfang dieses Jahrhunderts stand das Gemäuer noch übermannshoch. Jetzt ist nur noch der aufgeschüttete Erdhügel da. Aber auch dieser, etwa 20 Fuß hoch und 100 Schritt tief, dabei von einem breiten Schilfgraben eingefaßt, über den eine Art Zugbrücke führt, – ist interessant genug und zwar dadurch, daß er uns ein Musterbeispiel von der Anlage einer alten *Sumpfburg* giebt. Was der alte Garzer Thurm (vgl. dies Kapitel unter Garz) nach der *baulichen* Seite hin ist, das ist dieser Ueberrest von Burg Wildberg nach der Seite *territorialer Anlage* hin. Wir sehen hier, nicht *wie* man baute, sondern *wo;* welches Terrain man aussuchte und wie man es benutzte. Sumpfland, an manchen Stellen eine halbe Meile breit, hinderte jeden Zugang und die Ausgedehntheit des Sumpfterrains machte eine Umstellung und Aushungerung fast unmöglich. Wer es dennoch eroberte, bleibt, wie schon angedeutet, unermittelt.

Die Kuppe des Hügels wird jetzt als Ackerland benutzt, nachdem man den »ehemaligen Burghof« nach Schätzen genugsam durchgraben hat. Man hat aber nichts gefunden als ganze Lager hochaufgeschichteter Knochen. »Diese wurden verkauft und mancher hat einen hübschen Erlös daraus gehabt.« Die Sage ist natürlich geschäftig, an jene Knochenmassen (ich verschweige absichtlich die Centner-Zahl, die man mir sagte) allerhand Schauergeschichten zu knüpfen; doch scheint *das* das einzig Richtige, daß in den Tagen des 30jährigen Krieges, wo immer wiederkehrende Seuchen die Hälfte der Bevölkerung wiederholentlich fortrafften, die Todten auf dem alten Burghof begraben wurden.

Die Kirche in Wildberg hat den höchsten Thurm in der ganzen Grafschaft. Seine Höhe ist 229, nach andern 240 Fuß. Man überblickt von ihm aus 18 Dörfer, eine prächtige Wiesenlandschaft, und die Städte Neu-Ruppin, Wusterhausen und Fehrbellin schließen den Horizont. Die Kirche selbst, in katholischer Zeit mit Altären reich geschmückt, ist jetzt öde; nur dem Zieten'schen Wappen begegnet man noch am Kirchenstuhl und über der zugemauerten Gruft.

Wulkow. Mitte und Ausgangs des vorigen Jahrhunderts im Besitz von *v. Seel* und *v. Teiffel,* beide Offiziere im Zieten'schen Husaren-Regiment. v. Seel fiel als Oberst bei Hochkirch. (Die Portraits der Rittmeister v. Seel und v. Teiffel befinden sich im Wustrauer Herrenhause, dessen einer Saal – vgl. S. 7 und 8* – die Portraits von 16 Offizieren des Zieten'schen Regiments enthält. Wenn, wie mir von anderer Seite gesagt worden ist, die Herren v. Seel und v. Teiffel auf Wulkow, *nicht* Zieten'sche Offiziere waren, so müssen es nothwendig

---

* s. »Wustrau« Bd. I, S. 19 unserer Ausgabe (Anm. d. H.).

die Söhne der genannten Beiden sein. Die Seltenheit beider Namen läßt keine andere Auslegung zu. Uebrigens hieß es damals beim Verkauf des Guts: »Seel ist zum Teiffel« gegangen. Vielleicht ist das Wortspiel auch aus späterer Zeit.) Der letzte Besitzer war Landrath v. Schenkendorff. In der *Wulkower* Haide fand das Duell statt, in dem Lieutenant v. Dolffs den Hauptmann Willmer, den Bräutigam der verwittweten Frau v. Beeren (vgl. das Kapitel Geist v. Beeren)* erschoß. Man zeigt noch die Stelle, wo Willmer zusammensank. – Hier in Wulkow, unter einer prächtigen Kirchhofslinde, pflegen alljährlich Kinder-Missionsfeste gefeiert zu werden, an denen die Schuljugend aus den umliegenden Dörfern, wie an einem Volksfeste, freudig theilnimmt. (Zur Zeit der Ruppiner Grafen, also bis 1524, war der Wulkower Pfarrherr zugleich Schloßkaplan in Alt-Ruppin.)

Wuthenow. Gegenüber von Ruppin, an der andern Seite des See's. In einer Art Vorhalle der Kirche hängt ein ziemlich großes Bild, das Ruppin am Schlusse des 17. Jahrhunderts darstellt. Es hat eine lateinische Unterschrift, die da lautet: Prospectus Rupinensis ac Wuthenoviensis, inventus a M. Samuele Dietrich, Petri Inspect.; pictus ab Henrico Crügero 1694. Also: Ansicht von Ruppin und Wuthenow; *erfunden* von Herrn Samuel Dietrich, Superintendent an der St. Petri Kirche; *gemalt* von Heinrich Krüger 1694.

Dies seltsame Bild, das nicht nur »gemalt«, sondern (wie ein ächtes Kunstwerk) auch »erfunden« ist, besteht allerdings aus zwei Hälften, aus einer realistischen und einer allegorischen, von denen die *realistische* (pinxit ab Henrico Crügero) sich damit begnügt, Ruppin mit seinen Kirchen, Thoren und Mauerthürmen zu conterfeien, während die *allegorische* Hälfte (inventus ab Samuele Dietrich) die kirchlichen Beziehungen zwischen dem Ruppiner Superintendenten und seinem Wuthenower Filiale darstellt.

Beide Hälften sind interessant genug. Das alte Ruppin ist 1787 niedergebrannt und *lebt nur in diesem Wuthenower Bilde noch.* Vor dem gothischen Stadtthor steht ein Wachtposten mit *Spieß* und *Horn* und der jeden Zweifel über sein eigentliches Amt beseitigenden Umschrift: »Wo der Herr nicht die Stadt behütet, so *wachet der Wächter umsonst.«* (Behüt' das Feuer und das Licht etc.)

Pikanter noch ist die allegorische Hälfte, in der die »Erfindung« zu Tage tritt. Sie besteht darin, daß uns der Ruppiner Geistliche und sein Küster in den verschiedenen Phasen ihrer sonntäglichen Kirchenfahrt gen Wuthenow vorgeführt werden. Verschiedene Scenen, die in Wirklichkeit der *Zeit* nach auf einander folgen, folgen sich hier dem *Raume* nach und die *zeitlichen* Zwischenräume von 5 oder 10 Minuten werden durch *räumliche* Zwischenräume von 5 bis 10 Zoll Durchmesser ausgedrückt. Sinnreich genug. *Erste* Phase: Pastor und Küster steigen

---

* s. »Links der Spree«, Bd. IV unserer Ausgabe (Anm. d H.).

in's Boot; sie bitten aber Christus, der eben erschienen ist, *vor* ihnen einzusteigen. *Zweite* Phase: Sie rudern über den See; Christus führt das Steuer. *Dritte* Phase: Sie landen; Pastor und Küster lassen dem Herrn Christus abermals den Vortritt. *Vierte* Phase: Pastor und Küster, mit Christus untergefaßt, marschiren am jenseitigen Ufer. *Fünfte* Phase: Sie kommen an die Wuthenower Kirche (aus deren Thurmluke der Glöckner neugierig herniedersieht) und der Pastor macht abermals jene freundliche Handbewegung gegen Christus, die da sagen soll: bitte, ich bin hier zu Haus.

An Naivität läßt das Ganze nichts zu wünschen übrig.

S. 11 Vorwort zur Volksausgabe: der zurückgestellte Aufsatz über Hermann Wagener ist im Anhang dieses Bandes abgedruckt, s. S. 526.

S. 17 der bekannte Kupferstich Chodowieckis: existiert nur als Einzelstück, das von dem Oberhofbuchdrucker und Verleger Dekker in Subskription vertrieben worden war. Im Parolesaal des Königl. Schlosses zu Berlin sitzt links der alte Zieten, vor ihm steht der König, der ihm die Hand auf die Schulter legt und ihn zum Sitzenbleiben auffordert. Um die Gruppe herum stehen die Königlichen Prinzen, Generale und andere Offiziere. Unterschrift: »Ziethen sitzend vor seinem König, den 25. Januar 1785. Der hinterlassenen Gattin des Helden ehrerbietigst gewidmet. gez. u. gest. von D. Chodowiecki.« Vgl. Fontanes »Schlußwort« im 4. Bande dieser Ausgabe.

S. 18 die siebzigjährige Marquise La Roche Aymon: vgl. dazu »Zwischen Buberowwald und Huvenowsee« im Kap. »Rheinsberg« dieses Bandes und die Gestalt der Gräfin Amelie in Fontanes Roman »Vor dem Sturm«. – Schadows alter Zieten: gemeint ist das Zieten-Standbild Gottfried Schadows (1764–1850) auf dem Berliner Wilhelmplatz, wo auch Schadows Denkmal des Alten Dessauers und Antoine Tassaerts (1727–1788) Keith- und Seydlitz-Statuen aufgestellt waren. Die Marmororiginale wurden 1862 ins Museum gebracht und durch Bronzekopien ersetzt (s. den Roman «Stine«, 11. Kap., S. 275 unserer Ausgabe).

S. 20 Zietens Biographie: von Luise Joh. Leopoldine von Blumenthal geb. von Platen »Lebensbeschreibung Hans Joachims von Zieten«, Berlin 1797.

S. 23 Zietens Sohn: s. auch S. 506 ff.

S. 24 Lust an der Mystifikation: diesen Zug hat Fontane auf seinen General Bamme in »Vor dem Sturm« übertragen, s. Kap. 20, S. 133 f. unserer Ausgabe.

S. 25 Karwe I u. II: hierzu gibt Fontane in den später fortgefallenen »Anmerkungen« der 1. bis 3. Auflage als Hauptquelle neben mündlichen und brieflichen Mitteilungen die 1850 als Manuskript gedruckte Autobiographie des Feldmarschalls v. d. Knesebeck an.

S. 30 der alte Gleim: der seit 1747 als Domsekretär in Halberstadt ansässige Joh. Ludwig W. Gleim (1719–1803), Vertreter der anakreontischen Dichterschule und »Vater« der deutschen Dichterjugend seiner Zeit. Seine »Preußischen Kriegslieder in den Feldzügen 1756 und 1757, von einem Grenadier« waren der dichterische Ausdruck für das bürgerlich-nationale Erleben des Siebenjährigen Krieges; vgl. auch S. 192.

S. 31 Steuben; Paris, 1814: Carl von Steuben (1788–1815), als Maler und Lithograph in Paris ansässig, seit er 1803 durch Schillers Vermittlung – seine Taufpatin war Schillers Schwiegermutter Henriette von Wolzogen – in die französische Hauptstadt gekommen war, malte 1814 die preußischen Prinzen, alle mit der Alliiertenbinde am Arm dargestellt.

S. 32 des jungen Prinzen Friedrich Wilhelm: der spätere Kaiser Wilhelm II. (gest. 1941).

S. 37 ein Bruder des Suhm: Ulrich Friedrich von Suhm (1691–1740), von 1720–1730 sächsischer Gesandter am preußischen Hof, war ein Vertrauter des Kronprinzen Friedrich, der durch ihn zum Studium der Wolffschen Philosophie angeregt wurde; seine Korrespondenz mit dem Kronprinzen wurde erstmals Berlin 1787 gedruckt.

S. 40 Landschaft Blechens: Karl B. (1798–1840), Prof. der Berliner Akademie, wegen seiner vortrefflichen Wiedergabe vor allem der märkischen Atmosphäre »Vater der märkischen Landschaftsmalerei« genannt. In der zweiten Ausgabe (1864) heißt es noch weiter: »Der Gegenstand gehört der Fremde an, aber wir finden die Brücke zu Blechen hinüber. Er war unser Landsmann.«

S. 41 Papst Julius: Julius II. (1503–1513), der Raffael und Michelangelo nach Rom berief.

S. 44 Waagens Reisen durch Deutschland: gemeint ist das zweibändige Werk »Kunstwerke und Künstler in Deutschland« (Leipzig 1843-45) von Gustav Friedrich W. (1794–1868), der seit 1830 Direktor der Berliner Gemäldegalerie war.

S. 45 Selinus: lat. Form des ital. Selinunt(e), dorische Kolonie im südwestlichen Sizilien, mit den Resten der berühmten sieben Tempel, die die Karthager zerstört hatten.

S. 48 nach dem großen Feuer: der große Brand von 1787, dem zwei Drittel der Stadt zum Opfer fielen.

S. 49 eines berühmten Niederländers: Aelbert oder Aelbrecht Cuyp (1620–1691), holländischer Landschafts-, Tier- und Porträtmaler, der vom Stil des holländischen Landschaftsmalers Jan von Goyen ausgeht (Leuchten der sonnendurchstrahlten Atmosphäre). – Kriegstrophäe: 1849 in dem nur wenige Monate dauernden preußisch-dänischen Krieg um Schleswig-Holstein erbeutet.

S. 52 Verwirrungen der bayrisch-luxemburgischen Periode: 1323 belehnte König Ludwig der Bayer seinen unmündigen Sohn Ludwig d. Ä. mit der Mark, 1348 erschien der falsche Waldemar, den Kaiser Karl IV. aus dem Hause Luxemburg als echt anerkannte. Ludwigs Bruder, Otto der Faule, mußte 1373 das Land an Karl IV. abtreten. – Am Cremmer Damm: über den dort geführten Kampf vgl. Fünf »Fünf Schlösser«, Bd. V dieser Ausgabe, Quitzöwel Kap. 7, und den Roman »Der Stechlin« Kap. 10, S. 94 unserer Ausgabe.

S. 53 ein Freund des dichterischen Markgrafen Otto mit dem Pfeil: Otto IV. (1266–1309), einer der glänzendsten Fürsten seiner Zeit, war als Minnesänger bekannt geworden. Er ist mit sieben Liedern in der berühmten Manessischen Liederhandschrift aus der ersten Hälfte des 14. Jhs. vertreten. Blatt VI: margrave otte von brandenburg mit dem pfîle, stellt den Markgrafen mit seiner Gemahlin beim Schachspiel dar, darunter befinden sich Musikanten.

S. 54 Haftitius: Petrus H., Berliner Schulmann, verfaßte 1599 ein Microchronicon Marchicum, das aber erst im 19. Jh. veröffentlicht wurde.

S. 62 Kanzler Johann von Löben: 1561–1636. – Konrad von Burgsdorf: s. Bd. II, Das Pfulen-Land, Jahnsfelde. – Bratring: Fr. Wilh. Aug. B. »Die Grafschaft Ruppin«, Berlin 1799.

S. 63 Nikolaus Rensperger: sein großes Werk »Astronomia Teutsch« ist 1569 in Augsburg erschienen. – Balthasar Leutinger: jüngerer Bruder des bekannten märkischen Historikers Nicolaus L., Magister in Frankfurt a. O., wurde als überzeugter Lutheraner nicht befördert. Als er 1580 zu Spandau die Konkudienformel unterschrieb, wurde er zeitweilig in Haft genommen. Sein Hauptwerk: Tractatus apodicticus de principio theologico. – George Pondo: Berliner Dramatiker um 1600, sein »Knabenspiegel« ist 1596 im Druck erschienen.

S. 64 Lehninsche Weissagungen: s. Bd. III, S. 72 ff. »Die Wenden und die Kolonisation der Mark durch die Zisterzienser«.

S. 66 Die Calixtiner sind verdammt: Anhänger des Helmstädter Theologen Georg Calixt (1586–1656), der für eine Aussöhnung der Konfessionen und für freiere kirchliche Anschauungen eintrat; sein Kampf galt der Wittenberger Orthodoxie. – Diakonus Heinzelmann: Johannes H. (1626–1687) war 1658–60 dritter Diakonus an St. Nicolai in Berlin, danach bis zu seinem Tode Superintendent in Salzwedel. – Hofprediger Bergius: Johann Berg (1587–1658), seit 1618 reformierter Hofprediger und seit 1637 Konsistorialrat in Berlin, war Teilnehmer an den Religionsgesprächen zu Leipzig (1631) und Thorn (1645).

S. 70 Abraham Calow: Professor der Theologie in Wittenberg, streng orthodoxer Dogmatiker (1612–1686).

S. 75 Preuß sagt: Joh. David Erdmann Pr. hat mehrere Werke über Friedrich d. Gr. geschrieben; hier ist sein Buch »Friedrich des Großen Jugend und Thronbesteigung«, Berlin 1840, gemeint.

S. 77 Bernhard Feldmann: nach Fontanes Angabe in den »Anmerkungen» zur ersten Auflage von Bd. I (unter Neu-Ruppin) lagen ihm die Miscellanea historica als Manuskript vor.

S. 84 die Büsching erzählt: Anton Friedrich B. in seiner Schrift »Character Friedrichs des Zweyten, Königs von Preußen«, Halle 1788.

S. 91 Kosciuzkos Auftreten: Thaddäus K. (1746–1817), polnischer Freiheitskämpfer und Nationalheld, zeichnete sich u. a. als Verteidiger Warschaus gegen die Russen und Preußen (1794) aus. – Angriff Madalinskis: General A. v. M. (gest. 1804), einer der Führer der polnischen Aufstandsbewegung, hatte im März 1794 bei Szrenk eine preußische Husarenschwadron angegriffen und überwältigt. – Droysen: Joh. Gustav D. »Das Leben des Feldmarschalls Grafen York von Wartenburg«, Berlin 1851–52.

S. 93 bei Warschau geschlagen: die dreitägige Schlacht bei Warschau (28.-30. Juli 1656) wird von Fontane des öfteren erwähnt. Vgl. u. a. Bd. II Kap. Sparrenland und im Anhang zu Bd. IV den Aufsatz »Die Mark und märkische Kriegsobersten zur Zeit des dreißigjährigen Kriegs«, wo es gegen Schluß heißt: »Unsere Geschichte hatte ihren Anfang genommen, auf den ersten Blättern standen die Namen Warschau und Fehrbellin.«

S. 99 beider Gillys, Vater und Sohn: David Gilly (1745–1808), Friedrich Gilly (1771–1800); letzterer leitete die klassizistische Richtung in Berlin ein, die Schinkel dann vollendete.

S. 101 William Turner: engl. Landschaftsmaler (1775–1851), der als Vorläufer des Impressionismus gilt.

S. 103 Gropiussche Weihnachtsausstellungen: Karl Wilh. Gr. (1793 bis 1870), künstlerische Dekorationsmaler der Berliner Königlichen Schauspiele, zeigte auf seinen vielbesuchten Weihnachtsausstellungen perspektivische Rundbilder, die er seit 1827 (bis 1848) durch sein »Diorama« ersetzte, eine Art durchscheinender Panoramabilder, wie sie zuerst von Daguerre in Paris gezeigt wurden.

S. 104 die jetzt der National-Galerie zugehörige Wagenersche Sammlung: der Berliner Kaufmann Joachim Heinrich Wilhelm Wagener hatte bei seinem Tode 1861 seine große Sammlung von 262 Bildern zeitgenössischer Künstler dem preußischen Staat vermacht; sie bildete den Grundstock der Nationalgalerie, in die sie nach der Einweihung des Gebäudes 1876 kam. W.'s Schinkel-Bilder wurden 1931 dem Berliner Schinkel-Museum übergeben. – Farbenzauber der Achenbachs: die Landschaftsmaler Andreas A. (1815–1910) und Oswald A. (1827–1905), unter italienischem Einfluß stehend, vgl. auch Fontanes »Irrungen, Wirrungen«, Kap. 7, S. 122 f. unserer Ausgabe.

S. 105 Christopher Wrens: Sir Chr. Wren, königl. Generalarchitekt von England (1632–1723), Erbauer der Londoner Paulskathedrale und vieler Kirchen und öffentlicher Gebäude im klassizistischen Stil. – Alles war niedergebrannt: der Brand von London war 1666.

S. 109 Scotts Schilderungen im »Piraten«: in seinem Roman »Der Pirat« (1821) schildert W. Scott eine Klippe Sunburgh-Head auf der größten der Shetlandinseln. – Verdienst Alfreds von Wolzogen: Carl August Alfred von W. (1823–83), Aus Schinkels Nachlaß. Reisetagebücher, Briefe und Aphorismen, Berlin 1862–64. W. war der Schwiegersohn Schinkels gewesen.

S. 110 Landschaften Rottmanns: Münchner Maler Karl R. (1798–1850), heroisch-romantische Landschaften, Zyklus ital. Landschaften (Fresken in den Hofgarten-Arkaden, München) und Studien für griechische Landschaftsbilder.

S. 111 des Hermbstädtischen Monuments: für den Berliner Obermedizinalrat, Chemiker und Pharmazeuten Siegmund Friedrich H. (1760–1833). Das schlichte Grabmal stand auf dem Dorotheenstädtischen Friedhof (dort auch Schinkels Grab).

S. 118 Kurfürstenbild auf der langen Brücke: Andreas Schlüters berühmtes Reiterstandbild auf der Langen (Kurfürsten-) Brücke; heut im Vorhof des Charlottenburger Schlosses.

S. 120 Oberst von Petery: Anton v. P. (1781–1851) war seit 1826 Oberst später Kommandant der Festung Spandau, gestorben als Generalleutnant. – Rellstab: Ludwig R. (1799–1860), sehr einflußreicher Berliner Musikkritiker an der Vossischen Zeitung und einer der Begründer des Berliner Feuilletons.

S. 122 Chamisso erzählt in seiner »Reise um die Welt«: der russische Kapitän Otto von Kotzebue, ein Sohn Augusts von Kotzebue, umfuhr dreimal die Erde. Auf seiner zweiten Fahrt mit dem Schiff »Rurik« (1815–18) begleitete ihn der Dichter Adelbert von Chamisso (1781–1838) als Naturforscher; diese Reise um die Erde hat er in dem genannten Buch beschrieben. – Barth usw.: der Geograph und Forschungsreisende Heinrich B. (1821–1865) erforschte seit 1850 mit einer englischen Expedition des Missionars und Afrikaforschers James Richardson (1809–1851) und mit Adolf Overweg (1822–1852) besonders das Gebiet des Tschadsees, später auch allein das Innere Afrikas. Bahnbrechend für die Erschließung Afrikas, wie die zahlreichen Entdeckungen des berühmten englischen Afrikaforschers David Livingstone (1813–1873). – die erste »Illustrierte Zeitung«: so hieß das bei J. J. Weber in Leipzig seit 1843 (– 1943) erscheinende, sehr angesehene Wochenblatt. – Trancheen vor Antwerpen: die Laufgräben bei Belagerung der Stadt durch den französischen Marschall Gérard Ende 1832.

S. 123 Paskewitsch: Iwan Fedorowitsch P. (1782–1856) beendete als Oberbefehlshaber der russischen Truppen den polnischen Aufstand durch Erstürmung von Warschau (6./7. September 1831).

S. 129 König Roberts Herz: James Douglas (1286–1330) brachte als treuer Waffengefährte das Herz König Robert Bruces seinem Wunsch entsprechend nach Jerusalem. Vgl. die von Fontane hochgeschätzte Ballade »Das Herz von Douglas« von dem Grafen Moritz von Strachwitz.

S. 131 Dr. Paetsch: Heinrich Friedrich Wilhelm P. (1801–1856), Sohn eines Oberförsters, war nach seiner Ruppiner Zeit von 1836 bis zu seinem Tode Pfarrer in Rudow bei Berlin. – Superintendent Bientz: Leberecht B. (ca. 1770–1834), reformierter Superintendent von 1811 bis zu seinem Tode.

S. 132 von le Vaillant: François Levaillant (1753–1824), franz. Forschungsreisender und Vogelforscher, »Voyage dans l'Interieur de l'Afrique par le Cap de Bonne-Esperance« (1790) und »Second voyage dans l'Interieur de l'Afrique« (1796), beide übersetzt von Reinhold Forster, Berlin 1790 bzw. 1796. – die Elginschen Abgüsse: Thomas Bruce Graf von Elgin (1766–1842), engl. Gesandter in Konstantinopel, erwarb auf seinen Reisen in Griechenland eine Sammlung hervorragender altgriechischer Skulpturen. Die Parthenon-Skulpturen stellen das kostbarste Stück dieser berühmten Sammlung dar, die seit 1816 im Besitz des Britischen Museums ist.

S. 149 das Feilnersche Haus: von Schinkel 1829 entworfen für Tobias Christoph Feilner, den Fabrikanten von Porzellankachelöfen sowie von glasierten Backsteinen und gebrannten Tonreliefs, die Schinkel gern für seine Bauten benutzte. – Jenny Lind im Jahre 1842: infolge anderweitiger Verpflichtungen kam die berühmte Sängerin erst im Oktober 1844 auf Drängen Meyerbeers nach Berlin.

S. 152 Kosleck: Julius K., Virtuose auf der Trompete, zuerst im 2. Garderegiment, dann Kammermusiker in der Königlichen Kapelle, seit 1873 Lehrer für Trompete und Professor an der Kgl. Hochschule für Musik. Begründer des »Kaiser-Kornett-quartetts«.

S. 153 von Rahl gemalt: Karl Rahl (1812–1865), zeitweilig Professor an der Wiener Akademie, an Rubens und Tizian geschult, war ein bedeutender Vertreter der Monumentalmalerei seiner Zeit.

S. 154 so kann denn Bismarck sein Barbarossadrama noch prächtiger in Szene setzen: bezieht sich vermutlich auf den Bismarckschen »Kulturkampf« gegen den Ultramontanismus; Gentz wird dabei offenbar an Friedrich Barbarossas Kampf mit der hierarchischen Kurie erinnert.

S. 155 Capellini: Giovanni C. (1833–1922), italienischer Paläontologe und Geologe, Professor in Bologna, Begründer des internationalen Kongresses für Anthropologie und prähistorische Archäologie.

S. 158 Bildhauer Byström: Johann Niklas B. (1783–1848), schwedischer klassizistischer Bildhauer.

S. 163 als Illustration zu Ebers: der Roman »Homo sum« des Ägyptologen und vielgelesenen Schriftstellers Georg Ebers (1837 bis

1898) war 1878, das Prachtwerk »Ägypten in Wort und Bild« 1878/79 in zwei Bänden erschienen (2. Auflage 1879/80).

S. 164 das Diebitschsche Haus: das »Maurische Haus« am Hafenplatz 4, Berlin, das maurische Ornamentik in Gips mit dem märkischen Backsteinbau verband, war 1857 von dem Baumeister Karl von D. erbaut worden, der 1869 als Hofarchitekt des ägyptischen Vizekönigs in Kairo starb. Vgl. Fontanes Roman »Cécile«, Kap. 17, S. 227 unserer Ausgabe.

S. 166 Wereschtschagin: Fontane war dem berühmten russischen Maler Wassili W. (1842–1904) im Februar 1882 begegnet.

S. 167 Hermann Maron: Vorsitzender des Berliner Lenau-Vereins, dem Fontane im Sommer 1840 beitrat, gest. 1883. S. »Von Zwanzig bis Dreißig«, Abschnitt »Berlin 1840«, Kap. 2.

S. 171 der sogenannte Marine-Krause: Wilhelm Krause (1803–1864) war der erste, der in Berlin die Marinemalerei pflegte; er begründete eine Schule dieses Malzweiges.

S. 172 ein Pferd wie das des ersten Napoleon: der franz. Maler Ernest Meissonier (1815–1891) malte gern Episoden aus den Feldzügen Napoleons I. und III. – Genreszenen wie Knaus: Ludwig K. (1829–1910) war berühmt durch seine Genrebilder aus dem Volks- und Kinderleben.

S. 174 Civibus aevi futuri: die lat. Inschrift (den Bürgern des zukünftigen Zeitalters) empfing den jungen Fontane, als er das große Ruppiner Gymnasialgebäude mit seiner Mutter betrat, vgl. »Meine Kinderjahre« gegen Schluß.

S. 176 Thormeyer: Friedrich Th. (gest. 1835), Rektor 1805–1834. Fontane wird dem bewährten Pädagogen nicht ganz gerecht; s. dazu auch das Schlußkapitel von »Meine Kinderjahre«.

S. 177 Starke: Friedrich St. aus Thüringen (1792–1877), Rektor des Ruppiner Gymnasiums 1834–1864. Sein Nachfolger wurde der bekannte Sagenforscher Wilhelm Schwartz (1821–1899), Rektor in Ruppin 1864–1872. – Geheimer Rat von Quast: Ferdinand von Qu. (1807–1877) war Konservator der preußischen Kunstdenkmäler.

S. 179 Thor- und Odinswagen: hierzu vgl. Fontanes Roman »Vor dem Sturm«, Kap. 13, S. 83 ff. unserer Ausgabe.

S. 192 Auf einer Trommel saß der Held: vgl. Anm. zu S. 30.

S. 194 Archenholz: Joh. Wilh. Archenholz »Geschichte des siebenjährigen Krieges in Deutschland«, Berlin 1793 und öfter.

S. 195 Clausewitz: Karl von Cl., preuß. Offizier (1780–1831), 1812 in russischen Diensten, nahm an der Konvention von Tauroggen teil. Nach dem Kriege wieder ins preußische Heer eingereiht, stieg er bis zum General auf. Verfaßte mehrere militärwissenschaftliche Bücher. Sein bedeutendes Werk »Vom Kriege«, das das geistige Element der Kriegführung behandelt, blieb unvollendet und erschien zunächst in den ersten drei Bänden seiner

»Hinterlassenen Werke«, die in zehn Bänden von seiner Witwe herausgegeben wurden (1832/37).

S. 196 Kommandant des Berliner Invalidenbataillons: das Invalidenhaus in der Scharnhorststraße hatte Friedrich II., nach dem Muster des von Ludwig XIV. 1671 in Paris gegründeten »Hotel des Invalides«, für verdiente kriegsinvalide Offiziere und Soldaten geschaffen; es war ganz militärisch eingerichtet.

S. 197 Pastor Heydemann: Ferdinand H. »Die neuere Geschichte der Stadt Neu-Ruppin«, 1863. Fontane hatte mit Pastor H. (1814 bis 1866), der von 1842 bis zu seinem Tode Diakonus in Neu-Ruppin war, persönliche Beziehungen gehabt.

S. 228 die hohe Libertas trug das Kleid des Rehbergers: um die große Arbeitslosigkeit zu mildern und zugleich die Hinterbliebenen der Märzrevolution zu unterstützen, ließ der Berliner Magistrat 1848 in den »Rehbergen«, einem hügeligen Sand- und Fichtengelände etwa eine Meile nördlich der damaligen Stadt, Erdarbeiten durchführen. Die Arbeiter zeichneten sich durch eine besonders ruppige Haltung und Kleidung aus und schlossen sich wiederholt zu politischen Kundgebungen und Umzügen zusammen, die ein Schrecken der Berliner Bürgerwehr waren.

S. 232 Mieroslawski: Ludwig von M. (1814–1878), polnischer Revolutionär, 1849 Obergeneral der revolutionären Armee in Baden, floh nach deren Zusammenbruch in die Schweiz.

S. 253 Pöllnitz: Karl Ludwig Freiherr von P. (1692–1775), nach einem Abenteuerleben Oberzeremonienmeister Friedrichs des Großen und eine Art Hofnarr, schrieb mehrere Memoirenwerke.

S. 271 Einfluß der Rietz: Wilhelmine Enke (1752–1820), Tochter eines Musikers, mußte als Geliebte Friedrich Wilhelms II. zum Schein den Kammerdiener Rietz heiraten, wurde später morganatisch mit dem König getraut und 1796 zur Gräfin Lichtenau erhoben.

S. 273 schreibt Heinrich von Bülow: Fontane zitiert aus dem Werk des H. v. B. (1757–1808) »Prinz Heinrich von Preußen. Kritische Geschichte seiner Feldzüge«, Berlin 1805. Bülow ist übrigens eine der Nebenfiguren von Fontanes »Schach von Wuthenow« (s. Bd. 2 unserer Ausgabe).

S. 274 Kriegs- und Siegeszüge Moreaus: der franz. General Jean Victor M. (1763–1813), der 1796–1800 in Süddeutschland siegreich kämpfte, in russischen Diensten schwer verwundet und gestorben.

S. 278 schreibt Thiébault: Baron Dieudonné Th. verfaßte ein fünfbändiges französisches Werk über Friedrich den Großen, Paris und Leipzig 1827. – »le beau Knyphausen«: vgl. die ausführliche Schilderung in den »Fünf Schlössern« (im fünften Band der vorliegenden Ausgabe) im Hoppenrade-Teil, 4. bis 9. Kapitel. – Minister Hertzberg: Ewald Friedrich Graf von H. (1725–1795), preußischer Außenminister.

S. 285 von der Hand Dubuissons: Augustin D. (1700–1771), zweiter Sohn des in Paris geborenen Landschafts- und Blumenmalers Jean Baptiste D. und Schüler seines Schwagers Antoine Pesne, mit dem er nach Berlin kam und als Blumen- und Früchtemaler bekannt wurde. Er malte für die Schlösser Rheinsberg, Potsdam und Sanssouci. Seine Kunst wurde von Friedrich d. Gr. sehr geschätzt.

S. 286 Demoiselle Meroni: Maria M. (1751–1838), Tänzerin an der Berliner Kgl. Oper bis 1798.

S. 292 einen Dieb gehabt: rußenden Nebendocht.

S. 295 eine Trüffel- oder Zervelatwurst: Fontane hat diese Anekdote später noch einmal im »Stechlin« erzählt (4. Kapitel, S. 38 f. unserer Ausgabe).

S. 314 Herrichtung von Glashütten: vgl. dazu S. 317 und den Roman »Der Stechlin« (Globsower Glashütte), besonders das 6. Kapitel S. 60 ff. unserer Ausgabe.

S. 331 Superintendent Kirchner: Ernst Daniel Martin K. (1802–1879), 1867-79 Pastor, später auch Superintendent in Walchow, vorher in Gransee. Von seinen auf S. 333 zitierten Schriften ist die Geschichte der Arnims 1860, das Buch über die Kurfürstinnen 1860-70 und die Arbeit über Thors Donnerkeil 1853 erschienen. – Grundvig: Nikolai Frederik Grundvig (1783–1872), dänischer Dichter, Theologe und Pädagoge; Schöpfer der ländlichen Volkshochschulen in Dänemark.

S. 333 Nilsson in Stockholm: der schwedische Altertumsforscher und Zoologe Sven N. (1787–1883). – Ledebur: Leopold Freiherr von L., Geschichtsforscher (1799–1883). – Bei meinem ersten Besuche: Fontane war im September 1864 in Kopenhagen gewesen und hatte darüber im »Morgenblatt für gebildete Leser«, 1865, Nr. 11–13, 15 und 16 berichtet; dort äußerte er auch seine Zweifel an der »Drei-Zeitalter-Einteilung«.

S. 334 entsprach damals Leygebe: Paul Carl Leygebe, Historien- und Tiermaler (1664–1730), 1696 Hofmaler König Friedrichs I.

S. 335 aus Scotts herrlicher Dichtung: Zitat aus Walter Scotts »The Lay of the last Minstrel«, Beginn des zweiten Gesanges. Fontane übersetzte die Worte in dem Abschnitt »Melrose-Abbey« in seinem Schottland-Buch »Jenseit des Tweed« (1860) folgendermaßen: »Und willst Du des Zaubers sicher sein, so besuche Melrose (bei Mondenschein)«.

S. 336 diese richtige Lesart der lateinischen Glockeninschrift nach der 3. Aufl. des ersten Bandes der »Wanderungen«.

S. 344 Wie mir Häuser ... herausgegeben hatte: gemeint ist das Haus Franz Kuglers (1808–1858), des Tunnelfreundes Fontanes und Schwiegervaters Paul Heyses (s. Fontanes Brief an Georg Friedlaender vom 3. Oktober 1893 und das Storm-Kapitel in Fontanes »Von Zwanzig bis Dreißig«).

S. 357 das Regiment Gendarmes: vgl. den Roman »Schach von Wuthenow«, bes. Kap. 11 und 13.

S. 358 der »tolle Quast«: diese Anekdote erzählt Fontane auch in »Vor dem Sturm« (46. Kap., S. 365 f. unserer Ausgabe).

S. 361 Friedrichs II. Besuch: »das lange Gespräch zwischen Friedrich II. und Amtmann Fromm« hatte Fontane »zufällig auf einem Einwickelbogen« gefunden, »der mir ins Haus kam«; er »hatte Grips genug einzusehn, daß es ein wahrer Schatz für mich sei« und »das Beste in dem ganzen Bande«, so schreibt er am 9. Juni 1882 an seinen Verleger Wilhelm Hertz. – Den Brief seines Schwestersohnes Fromme gab Gleim unter folgendem Titel heraus: »Reisegespräch des Königs im Jahre 1779. Zum Besten armer Soldaten in Druck gegeben / vom Verfasser der preußischen Kriegslieder / am Geburtstage des Landesvaters im Jahr 1784 / Halberstadt / zu finden beim Buchhändler Groß und Candidat Hartmann.« Ein Nachdruck, der nur geringfügige Abweichungen von Fontanes Wiedergabe enthält, ist 1926 als Vereinsgabe für die Mitglieder des Berliner Bibliophilen-Abend erschienen.

S. 380 mit vor Kopenhagen: 1658 überfiel der schwedische König Karl X. Gustav Dänemark und belagerte Kopenhagen, mußte aber 1659 die Belagerung aufgeben.

S. 386 im Theatrum Europaeum: Chronik der Zeitereignisse (21 Bände, 1627–1738) von Joh. Philipp Abelin gegründet, Kupfer von M. Merian, behandelt die Zeit von 1617–1718. Die Chronik wurde von der Kupferstecherfamilie Merian und dem Baumeister Eosander von Goethe fortgeführt. – Pufendorf: Samuel Frhr. v. P. (1632–1694), sein zweibändiges Werk »De Rebus gestis Friderici Wilhelmi Magni« ist 1695 erschienen.

S. 387 der Hofpoet Besser: Johann von B. (1654–1729), von 1680 bis 1701 in Berlin (1690 Zeremonienmeister am Hof), schrieb prunkvolle höfische und gewagte galante Dichtungen.

S. 388 das schwierige Thema de Jure Emphyteusis: über das Erbzins- und Erbpachtrecht.

S. 419 Mathilde von Rohr: der Aufsatz, schon für den Druck in den »Wanderungen« gesetzt, wurde von Fontane zunächst zurückgestellt, da die Dobbertiner Konventualin Jeanette von Bülow (1825–1900), mit der Mathilde von Rohr befreundet gewesen war, daran Anstoß nahm. Er erschien dann im März 1892 in der Zeitschrift »Daheim«. In die »Wanderungen« wurde er erst nach Fontanes Tod in die 8. Auflage 1903 aufgenommen.

S. 422 der blinde Professor Müller: Adolf Müller (1798–1871), später nannte er sich, um sich von den zahllosen andern Müllers zu unterscheiden, unter Vorfügung des mütterlichen Familiennamens Schottmüller. Er war vornehmlich Privatlehrer in vornehmen Berliner Familien. – Graf Fritz Eulenburg, der spätere

Minister: Graf Friedrich Albrecht von Eulenburg (1815–1881), Diplomat und 1862–78 preußischer Innenminister.

S. 424 Hülsen: Botho von H. (1815–86) war zuerst Offizier, wurde 1851 General-Intendant der Königlichen Schauspiele in Berlin, seit 1867 führte er auch die Oberaufsicht über die anderen preußischen Hoftheater (Hannover, Kassel, Wiesbaden).

S. 425 Glasbrenner: Adolf G. (1810–76), der »Vater des Berliner Witzes«, Verfasser satirischer Bilder aus dem Berliner Alltagsleben, etwa »Berlin, wie es ist und – trinkt«; er wurde politisch verfolgt, schrieb unter dem Pseudonym: Brennglas.

S. 426 Prinzen Georg: Georg, Prinz von Preußen (1826–1902), General, schrieb dramatische Dichtungen unter dem Namen Georg Conrad. – der berühmte Böckh: Philipp August B. (1785–1867), bedeutender klassischer Philologe, Professor an der Berliner Universität.

S. 453 homme de bois: hier Strohmann beim Kartenspiel.

S. 456 *Emanuel* Collasius (Kohlhase): Collasius wurde 1632 Pastor in Protzen, dann in Gottberg, wo er 1666 gestorben ist.

S. 459 Feldmann: s. Anm. zu S. 77. – W. Schwartz: s. Anm. zu S. 177.

S. 469 Knuth: Friedrich Knuth »Chronik von Gransee«, Berlin 1840.

S. 483 der 1848 historisch gewordenen Rehberge: s. Anm. zu S. 228.

S. 496 Professor Koch in Berlin: der Botaniker Karl K. (1809–79), seit 1859 Professor an der Landwirtschaftlichen Hochschule; er war bekannt durch seine dendrologischen und gartenbaulichen Handbücher.

S. 499 an die Herren Kyllmann und Heyden usw.: Walter K. (1837 bis 1913) und Adolf H. (1838–1902) bauten u. a. 1869–73 die damals viel bewunderte Passage Unter den Linden und schufen zahlreiche Bauten im Renaissancestil. – Martin Gropius (1824 bis 1880), Vetter von Karl Wilhelm Gropius (s. Anm. zu S. 103) baute mit Schmieden zusammen Wohnhäuser und öffentliche Gebäude in Schinkelscher Art.

S. 500 Richard Lucae (1829–1877), Freund Fontanes aus der Tunnel- und Ellorazeit, Direktor der Bauakademie, baute in Berlin u. a. das sehr bekannte Palais Borsig und lieferte den Entwurf für das Gebäude der Technischen Hochschule Charlottenburg.

S. 511 von Tassaerts Meisterhand: s. Anm. zu S. 18.

S. 518 an den berühmteren Professor Gräfschen Prozeß erinnert: der Kunstmaler Professor Gustav Graef war wegen unsittlicher Verfehlungen an einem minderjährigen Modell und wegen Meineids angeklagt worden. Fontane verfolgte den Prozeß, der mit einem Freispruch endete, aufmerksam; s. Th. Fontane, Briefe an Georg Friedlaender, hrsg. und erläutert von Kurt Schreinert, Heidelberg 1954. Brief vom 7. Okt. 1885, S. 23 und Anmerkung dazu Nr. 30.

INHALT

AUF DEM PLATEAU

GENTZRODE

ANHANG